KB075454

세상의 속도를
따라잡고 싶다면

Do it!

진짜 개발자가 되는 Java 프로그래밍 입문서

자바 완전 정복

Java 8 & 11
버전 지원

프로그래밍이 작동하는 모습까지 하나하나 도해로 보여 준다!

김동형 지음

이지스퍼블리싱

세상의 속도를 따라잡고 싶다면 **Do it!**
변화의 속도를 즐기게 될 것입니다.

Do it!

Do it!

자바 완전 정복

Do it! Perfect Guide to Java

초판 5쇄 • 2024년 9월 9일
초판 발행 • 2021년 9월 1일

지은이 • 김동형
펴낸이 • 이지연
펴낸곳 • 이지스퍼블리싱(주)
출판사 등록번호 • 제313-2010-123호
주소 • 서울특별시 마포구 잔다리로 109 이지스빌딩 3층(우편번호 04003)
대표전화 • 02-325-1722 | **팩스** • 02-326-1723
홈페이지 • www.easyspub.co.kr | **페이스북** • www.facebook.com/easyspub
Doit! **스터디룸 카페** • cafe.naver.com/doitstudyroom | **인스타그램** • instagram.com/easyspub_it

총괄 • 최윤미 | **기획 및 책임편집** • 한승우 | **기획편집 2팀** • 한승우, 신지윤, 이소연
베타 테스터 • 고유림, 김혜진, 박수아, 신예지, 임별이 | **교정교열** • 안종군
표지 디자인 • 트인글터 | **본문 디자인** • 트인글터, 북누리 | **인쇄** • SJ프린팅
마케팅 • 권정하 | **독자지원** • 박애림, 김수경 | **영업 및 교재 문의** • 이주동, 김요한(support@easyspub.co.kr)

ISBN 979-11-6303-281-6 13000
가격 30,000원

느려도 꾸준하면
경기에서 이긴다.

Slow and steady
win the race.

영국 속담

학교부터 현장까지 개발자라면 반드시 갖춰야 할 자바 기본기 완전 정복!

자바 프로그래밍을 학생들에게 가르치던 어느 날이었습니다. 곱하기(*) 연산자 문법을 실습하기 위해 원통의 부피를 구하는 예제를 작성해 보는 시간이었습니다. 학생들이 작성한 결과물을 받아보니 반지름과 높이 값을 입력받느라 불필요한 코드가 너무 많았습니다. 또 원통의 부피를 구하는 공식을 다시 떠올리느라 프로그램을 미처 다 작성하지 못한 학생도 있었습니다. 자바 프로그래밍을 처음 배우는 학생이 이렇게 핵심이 아닌 문제에 씨름하다 보면 자바를 충분히 이해하고 실습 경험을 쌓기 전에 지쳐버릴 것 같았습니다. 학생들이 자바 프로그래밍의 기본기를 익히는 데 집중할 수 있는 책을 직접 집필하고 싶다는 마음을 먹은 출발점이었습니다.

문법에 집중해 예제 코드는 간결하게, 설명은 개념까지 친절하게

이 책에서 사용한 예제는 모두 전달하고자 하는 자바 문법에 초점을 맞추어 구성했습니다. 예제에 따라서는 너무 간단한 형태인 것도 있지만 해당 문법을 익히는 데는 충분합니다. 예제에 사용하는 변수나 클래스 이름 또한 int a, class B와 같이 가능하면 간단히 만들어서 프로그램의 구성이 한눈에 쉽게 파악될 수 있도록 했습니다. 그 대신 독자가 예제를 풀 때마다 최대한 많은 내용을 공부할 수 있게 코드마다 설명을 친절하게 달았습니다.

비유와 그림, 프로그래밍 상식까지! 자바 문법, 그 이상을 만난다

이 책을 집필하면서 정형화된 문법 구조만 외우는 방식에서 벗어나 각각의 문법과 관련된 프로그래밍 개념과 메모리 구조 등과 함께 자바 문법을 소개하기 위해 많은 공을 들였습니다. 그러다 보니 문법 자체와는 다소 거리가 멀어 보이는 메모리 그림과 붕어빵 기계와 같은 비유적인 표현이 많이 포함되었습니다. 하지만 감히 단언컨대 이렇게 공부하는 과정이 좋은 자바 개발자로 성장하기를 바라는 여러분에게 훨씬 질 좋은 밑거름이 될 것입니다.

이해는 했는데 프로그램을 못 짜겠다면? 이렇게 연습하자

자바를 포함한 모든 컴퓨터 프로그래밍 언어도 하나의 언어입니다. 단지 컴퓨터가 알아들을 뿐이죠. 그래서 프로그래밍 능력은 소질이 아니라 이해한 채로 얼마나 반복해서 연습하는지에 따라 결정됩니다. 현장에서 자바 프로그래밍 수업을 하다 보면 '이해했다고 생각했는데 막상 프로그램을 짜려면 어떻게 해야 할지 모르겠어요. 아마 저는 프로그래밍에 소질이 없나 봐요!'와 같은 학생들의 넋두리를 심심찮게 듣습니다. 하지만 우리가 영어를 배우러 학원에 갔을 때를 떠올려 보세요. 3시간 동안 to 부정사 문법을 배웠고, 내용을 모두 이해했다고 자신해도 막상 그 문법을 쓴 문장을 밥 먹듯이 자유롭게 말하기는 쉽지 않습니다. 자바를 배울 때도 마찬가지입니다. 내용을 이해했는데 프로그램을 바로 못 짠다고 해서 좌절하지 마세요. 외국어를 배울 때처럼 처음엔 잘 못하는 게 너무나도 당연하니까요. 결국 외국어를 이해하고 입으로 내뱉으며 익히듯이 자바를 이해한 다음 손가락으로 직접 키보드를 두드리며 반복해서 연습하는 것이 자바를 잘할 수 있는 유일한 방법입니다.

코딩 실력을 더 빨리 늘릴 수 있는 한 가지 팁을 더 드리자면, 예제 프로그램을 작성하기 전에 실행 결과를 미리 머릿속으로 예측해 보고 자신이 만든 프로그램의 결과와 비교해 보세요. 이렇게 잠깐 동안 프로그램이 작동하는 과정과 그 결과를 머릿속으로 그려 보는 것만으로 학습 효율이 훨씬 높아집니다.

감사의 뜻을 전하며

평소 정해진 수업 시간 안에 다하지 못한 말들을 마구마구 적다 보니 초안 원고 양이 1,500쪽 정도 나왔습니다. 서투른 구성을 다듬어 주느라 긴 시간 너무나 고생하신 한승우 편집자님께 가장 먼저 감사드리고 싶습니다. 책을 집필하는 것과 책을 만드는 것은 전혀 다르다는 것을 이번 기회에 알게 되었습니다. 3차 조판이 끝났을 때 현장 실습과 아르바이트하느라 바쁜 가운데 베타테스터로 흔쾌히 참여해 준 우리 학생들, 혜진이, 수아, 예지, 별이, 그리고 유림이에게도 고마운 마음을 전합니다. 마지막으로 예제에 자기 이름이 들어갔다면서 출간되기만을 손꼽아 기다리는 현지와 민성이, 그리고 책이 출간되면 모두 다 사주겠다고 약속한 착한 아내에게 이 책을 바칩니다.

김동형 드림

개발 실력과 자신감이 저절로 쌓이는 책이에요! — 베타테스터의 한마디

추상적인 개념은 그림으로 자세히 설명해 줘서 프로그래밍을 처음 시작한 사람도 프로그램의 구조와 동작을 쉽게 이해할 수 있습니다.

— 자바로 첫 개발을 시작한 **신예지** 님

자바를 처음 접하거나 자바의 기초를 탄탄하게 닦고 싶은 사람에게 추천합니다. 기초부터 심화 내용까지 친절하게 풀어서 설명해 줘서 기초 실력을 쌓기에 부족함이 없습니다.

— 웹 개발자를 꿈꾸는 대학생 **고유림** 님

수많은 예제와 연습 문제를 풀면서 배운 걸 바로바로 응용하다 보니 나도 개발할 수 있다는 자신감이 저절로 키워집니다.

— 소프트웨어융합과 3학년 **임별이** 님

'왜 이렇게 될까?' 라는 질문이 떠오를 때마다 마치 선생님이 내 질문을 듣고 답변해 주듯 설명이 섬세하게 이어져서 책을 읽는 데 막힘이 없었습니다.

— 나만의 프로그램을 만들고 싶은 **박수아** 님

자바를 처음 배우는 학생에게 꼭 선물하고 싶은 책입니다.

— 코딩이 즐거운 대학생 **김혜진** 님

1년치 컴공과 영상 강의 대공개!

총 178개의 저자 직강 동영상을 무료로 제공합니다. 책만 읽어도 충분하지만, 혹시 책을 읽다가 어려운 부분이 생긴다면 장마다 있는 QR코드로 접속해 동영상과 함께 해보세요. 전체 재생 목록은 이지스퍼블리싱 유튜브 채널에서 확인하세요.

- **저자 동영상 강의:** https://vo.la/WhWqC
- **이지스퍼블리싱 유튜브:** youtube.com/user/easyspub

특별 부록! 심화 내용은 PDF 책으로 제공

입문자를 고려해 이 책에서 다루지 않는 '자바 네트워크'와 '자바 API의 함수형 인터페이스'는 PDF 책으로 제공합니다. PDF 책에 해당하는 내용도 동영상 강의를 제공합니다.

- **이지스퍼블리싱 홈페이지:** www.easyspub.co.kr → 자료실 검색

140쪽 분량의 PDF 책!

진짜 개발자처럼! 이클립스 단축키 활용 가이드

이 책에서는 자바를 실습할 때 이클립스라는 통합 개발 환경 프로그램을 사용합니다. 이클립스는 자바 프로그래밍을 할 때 사용하면 편리한 단축키를 다양하게 제공합니다. 프로그래밍에 익숙하지 않은 독자를 위해 단축키를 잘 활용하는 방법도 동영상으로 알려 드립니다.

QR코드로
열어 보세요!

완성 소스 파일과 함께 공부해 보세요

이 책에 담긴 예제와 실습, 연습 문제를 풀면서 완성 소스 파일과 비교해 보세요. 이지스퍼블리싱 홈페이지와 저자 깃허브에서 완성 소스 파일을 제공합니다.

- **이지스퍼블리싱 홈페이지:** www.easyspub.co.kr → 자료실 검색
- **저자 깃허브:** https://github.com/kimdh-hyw → 각 장의 저장소(repositories) 내려받기
- **깃허브 활용법:** https://youtu.be/jALoE5BGFls

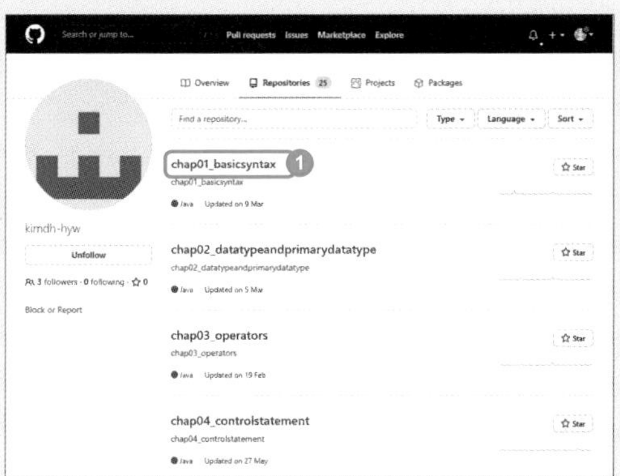

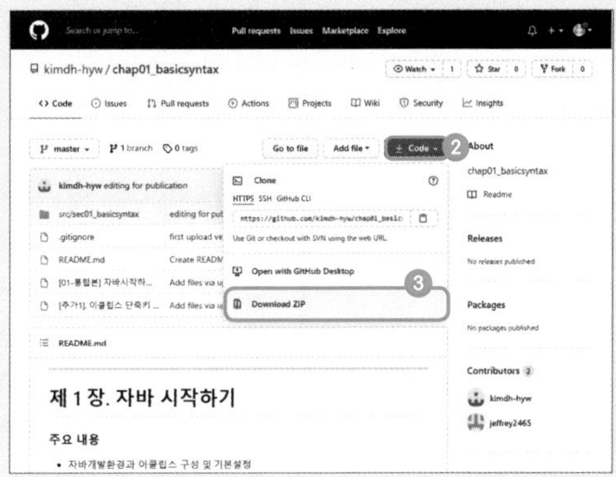

1 저장소를 클릭하세요.

2 <Code>를 클릭하세요.

3 <Download ZIP>을 클릭해 압축 파일을 내려받으세요.

두잇 스터디룸에서 친구와 함께 공부하고 책 선물도 받아 가세요!

이지스퍼블리싱에서 운영하는 네이버 카페 '두잇 스터디룸'에서 같은 고민을 하는 친구들과 함께 공부해 보세요. 내가 잘 이해한 내용은 남을 도와주고 내가 잘 이해하지 못한 내용은 도움을 받으면서 공부하면 복습 효과도 누릴 수 있습니다. 서로서로 코드와 개념 리뷰를 하며 훌륭한 개발자로 성장해 보세요(회원 가입과 등업은 필수).

■ Do it! 공부단 ■

공부단을 완주하면
책 선물을 드려요!

공부단 수료 도서 신청

베스트 자료

두잇 스터디룸: cafe.naver.com/doitstudyroom

16주 완성

독학하는 학생과 가르치는 선생님 모두에게 필요한 16주 차 진도표를 제공합니다. 혼자 공부하는 사람이라면 스스로 공부 계획을 세워 보세요. 학생을 가르치는 선생님이라면 매주 한 회씩 진도를 나가 보세요.

주	학습 범위	완료 날짜
1주 차	1장 자바 시작하기	/
2주 차	2장 자료형 ~ 3장 연산자	/
3주 차	4장 제어문과 제어 키워드	/
4주 차	5장 참조 자료형	/
5주 차	6장 클래스와 객체 ~ 7장 클래스 내부 구성 요소	/
6주 차	8장 클래스 외부 구성 요소 ~ 9장 자바 제어자	/
7주 차	10장 클래스의 상속과 다형성	/
8주 차	11장 자바 제어자 ~ 13장 이너 클래스와 이너 인터페이스	/
9주 차	14장 예외 처리	/
10주 차	15장 쓰레드(1/2)	/
11주 차	15장 쓰레드(2/2)	/
12주 차	16장 제네릭	/
13주 차	17장 컬렉션 프레임워크(1/2)	/
14주 차	17장 컬렉션 프레임워크(2/2)	/
15주 차	18장 람다식 ~ 19장 자바 입출력(1/2)	/
16주 차	19장 자바 입출력(2/2)	/

1장 자바 시작하기

2장 자료형

3장 연산자

4장 제어문과 제어 키워드

1장 자바 시작하기

1장에서는 자바를 개발하는 데 필요한 환경을 설정하는 방법과 기본적인 사용 방법을 익힌다. 이 과정에서 우리가 프로그래밍한 것을 컴퓨터가 어떻게 이해하는지, 프로그래밍의 작동 원리는 무엇인지를 자연스럽게 이해하게 될 것이다. 이 책을 읽다가 이해되지 않는 부분은 동영상을 참고하기 바란다. 동영상을 시청한 후에 실제로 실습해 보면 자연스럽게 이해하게 될 것이다.

교수님의 동영상 강의
자바가 처음인가요?
그렇다면 동영상으로
예습부터 해 보세요~

1.1 프로그래밍 언어와 자바

1.1.1 프로그래밍 언어

프로그래밍 언어는 컴퓨터가 이해할 수 있는 명령을 작성하기 위한 도구를 말한다. 컴퓨터는 0과 1만 이해할 수 있고, 사람의 말은 이해할 수 없다. 따라서 자바Java, C, C++과 같은 프로그래밍 언어를 사용해야 한다. 이런 프로그래밍 언어들은 기계어로 바뀌어 컴퓨터에 전달된다. 프로그래밍 언어는 사람의 말에 가까운지, 기계어에 가까운지에 따라 크게 고급 언어, 어셈블리어, 기계어로 나뉜다.

고급 언어

고급 언어는 인간이 이해하기 쉬운 문장을 사용해 컴퓨터가 수행해야 할 작업을 정의한 언어로, C, C++, 자바 등이 있다.

기계어

기계어는 2진 데이터(0010100100111...)로 구성돼 있어 컴퓨터가 직접 알아들을 수 있는 언어를 말한다.

어셈블리어

고급 언어와 기계어 사이에는 어셈블리어가 있다. 어셈블리어는 기계어와 1 대 1로 대응되는 언어로, 굳이 따지면 기계어와 좀 더 가깝다고 할 수 있다.

즉, 사람이 이해할 수 있는 언어를 구사하는 것이 '고급 언어', 이를 컴퓨터가 이해할 수 있는 언어로 번역한 것이 '기계어'인 셈이다. 따라서 고급 언어를 사용해 컴퓨터에게 명령을 전달하려면 반드시 '번역'이라는 과정을 거쳐야 한다. 그림 1-1을 살펴보자.

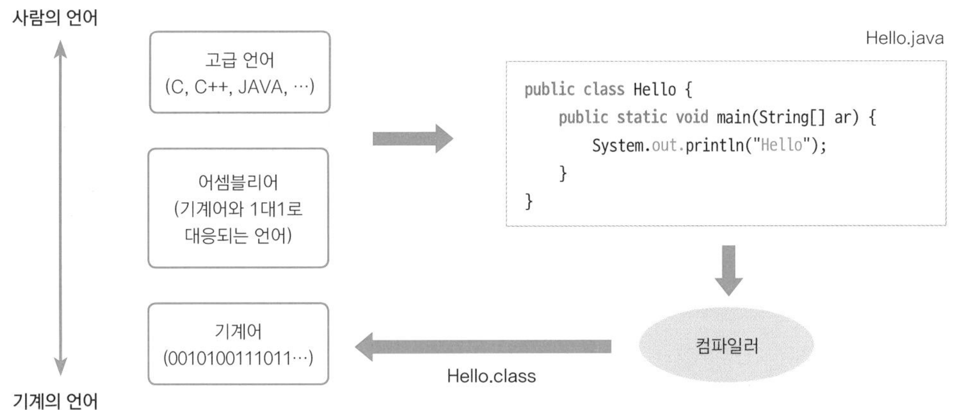

그림 1-1 프로그래밍 언어의 종류와 컴파일러의 개념

자바를 비롯한 고급 언어는 사람이 이해하기 쉬운 문장으로 구성돼 있다. 컴퓨터는 이 언어를 바로 이해하지 못한다. 따라서 컴퓨터가 이해할 수 있는 언어로 변환하는 과정이 필요하며, 이 과정을 수행하는 것이 컴파일러compiler다. 프로그램을 언어의 관점으로 바라봤을 때 컴파일러는 '번역기' 정도로 이해하면 될 것이다.

전공자라면 이 정도는 꼭!

모든 컴퓨터는 똑같은 기계어를 사용할까?

C 언어와 같은 프로그램을 배운 경험이 있다면 위 이야기는 익숙할 수 있다. 하지만 잠시 기계어가 무엇인지 생각해 보자. 기계어는 '컴퓨터가 이해할 수 있는 언어'라고 했다. 여기서 반드시 짚고 넘어가야 할 점은 '모든 컴퓨터는 똑같은 기계어를 사용할까?'라는 것이다. 답은 당연히 '다르다.'이다. 인간이 사는 지역마다 서로 다른 언어를 사용하듯이 컴퓨터도 자신의 플랫폼에 따라 서로 다른 언어를 사용한다. 예를 들어 윈도우Windows 컴퓨터와 맥Mac 컴퓨터는 서로 다른 기계어를 사용한다. 따라서 동일한 고급 언어로 작성된 프로그램이라 하더라도 다른 플랫폼상에서 동작하도록 하기 위해서는 다른 컴파일러를 사용해야 한다. 이는 다른 프로그래밍 언어들과 비교해 자바가 지니고 있는 가장 큰 장점인 '플랫폼 독립성'이라는 개념을 이해하는 데 필수적인 사항이므로 반드시 기억해 두자.

1.1.2 자바의 역사

자바의 전신은 1991년 가전 제품의 셋톱settop용 프로그램으로 만든 오크oak다. 이후 인터넷이 빠르게 발전하면서 인터넷 환경에 적용할 수 있도록 오크의 개발 방향을 바꿨는데, 이것이 바로 자바의 시작이다.

자바라는 이름 자체에는 특별한 의미가 없다. 그냥 여러 단어 중 무작위로 선택했다고 한다.

1995년 '핫 자바hot java'라는 웹 브라우저를 자바로 개발해 발표했으며, 이듬해인 1996년 자바 1.0을 정식 발표하면서 버전을 지속적으로 업그레이드해 왔다. 그중 중요한 업그레이드 버전은 '자바 8'이다. 2014년에 발표된 자바 8에서는 람다식lambda expression, 인터페이스 내의 정적static 메서드, 디폴트default 메서드 등이 추가됐다. 이후 자바 9부터는 6개월(매년 9월과 3월)마다 새로운 버전을 발표하고 있으며, 2018년 9월에 발표된 자바 11은 2023년까지 주요 기술 지원을 받을 수 있는 장기 지원LTS: long term support 버전이다.

이 책에서 사용하는 버전

현재 시점에서 최신 장기 지원 버전은 자바 11 버전이므로 이를 기준으로 설명한다. 하지만 이전의 많은 프로그램이 자바 8을 이용해 작성돼 있으므로 호환성을 고려해 자바 8도 함께 설치하고 필요에 따라 변환해 사용하길 권장한다. 물론 이 책의 모든 예제는 자바 8과 자바 11에서 호환된다.

1.1.3 자바의 플랫폼 독립성

자바는 가장 널리 쓰이는 프로그래밍 언어 중 하나다. 자바는 어떻게 높은 점유율을 얻으면서 전 세계 개발자들에게 사랑받게 됐을까? 자바는 플랫폼 독립성, 객체지향 언어, 함수형 코딩 지원, 분산 처리 지원, 멀티 쓰레드 지원 등 여러 가지 특징을 지닌 프로그래밍 언어다. 이 중 가장 큰 특징은 '플랫폼 독립성'이다. 이 특징은 자바의 좌우명인 'Write Once, Run Anywhere(한 번 작성하면 어느 플랫폼에서나 실행)'와도 직결된다. 나머지 특징들은 나중에 알아보기로 하고, 여기서는 자바의 대표적인 특징인 플랫폼 독립성부터 알아보자.

플랫폼 종속성, 플랫폼 독립성이란?

플랫폼 독립성이라는 말은 어떤 의미일까? 이를 이해하기 위해 먼저 반대 개념인 플랫폼 종속성을 그림 1-2와 함께 이해해 보자. 플랫폼 종속성의 대표적인 예로는 윈도우, 맥, 리눅스 운영체제의 대표적인 실행 파일(.exe, .app, .sh)을 들 수 있다. **실행 파일은 일종의 '기계어 집합'**이다. 즉, 컴퓨터가 알아들을 수 있는 명령어들의 집합인 셈이다. 앞에서 언급했듯이 서로 다른 플랫폼을 사용하는 컴퓨터는 서로 다른 기계어를 사용한다. 즉, 다른 플랫폼에서 사용하는 기계어는 알아듣지 못한다.

플랫폼은 응용 프로그램을 실행하는 데 쓰이는 하드웨어와 소프트웨어의 결합을 말한다.

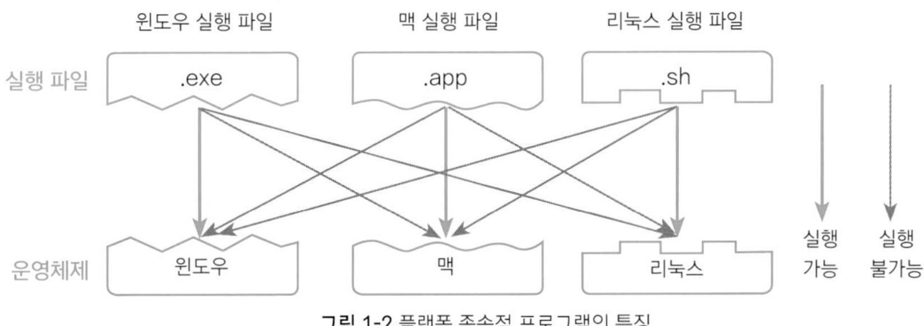

그림 1-2 플랫폼 종속적 프로그램의 특징

윈도우 실행 파일(.exe)은 윈도우 플랫폼에서는 동작하지만, 다른 플랫폼에서는 동작하지 않는다. 맥과 리눅스 실행 파일도 자신의 플랫폼에서만 실행된다. 이런 특징을 '플랫폼 종속성 platform dependence'이라 한다. 결론적으로 말하면, 플랫폼 종속성이란 '하나의 실행 파일은 하나의 특정 플랫폼에서만 실행할 수 있다.'는 것을 의미한다.

플랫폼 종속성을 이해하면 플랫폼 독립성 platform independence의 의미는 쉽게 유추할 수 있을 것이다. 그림 1-3과 같이 **하나의 프로그램이 모든 플랫폼에서 실행 가능**할 때 플랫폼 독립성이 있다고 말한다.

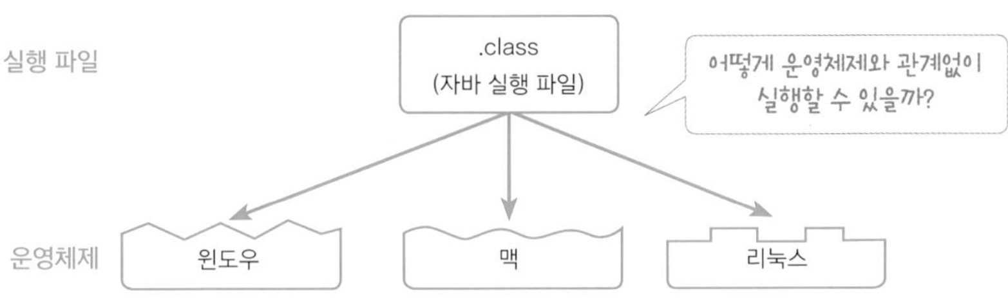

그림 1-3 플랫폼 독립적 프로그램의 특징

여기서 의문이 생긴다. 분명히 모든 플랫폼은 각각의 기계어를 사용한다고 했다. 자바의 실행 파일인 .class도 특정 플랫폼만 이해할 수 있는 기계어의 집합이다. 그림 1-3을 살펴보면 자바의 실행 파일은 어떤 플랫폼과도 일치하지 않으므로 어디에서도 실행할 수 없을 것처럼 보인다. 그렇다면 자바는 어떻게 플랫폼 독립성을 지닐 수 있었을까? 그것은 바로 **자바 가상 머신** JVM: Java Virtual Machine 덕분이다.

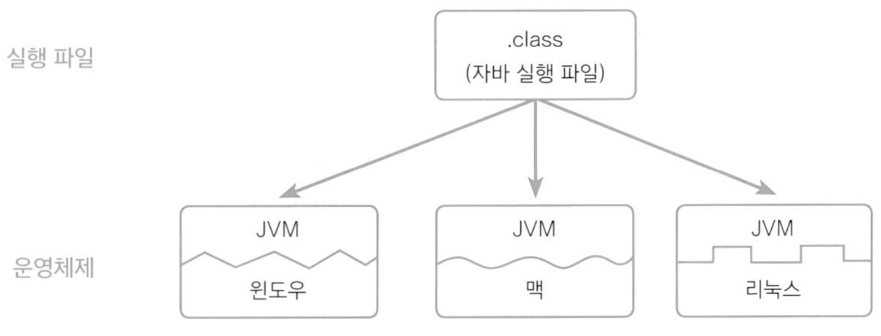

그림 1-4 자바 가상 머신을 이용한 자바의 플랫폼 독립성

먼저 다양한 플랫폼 위에 '자바 가상 머신'이라는 도구를 설치한다. 윈도우 플랫폼의 예를 들면 .exe만 실행하는 윈도우에도 자바에서 만든 .class 파일을 실행하게 해 주는 가상 컴퓨터를 올려 놓는다는 이야기다. 자바의 실행 파일(.class)은 바로 이 가상 머신이 사용하는 기계어의 집합으로 구성돼 있으므로 가상 머신을 이용해 어떤 플랫폼에서도 .class 파일을 실행할 수 있는 것이다. 물론 이것이 가능하려면 그림 1-4와 같이 윈도우용, 맥용, 리눅스용 자바 가상 머신을 각각 만들어야 한다. 그 이유는 플랫폼마다 가상 머신의 모양이 다르기 때문이다. 하지만 오라클에서는 플랫폼별로 자바 가상 머신을 제공하므로 개발자는 이를 고려할 필요가 없다. 단지 자신의 플랫폼에 맞는 자바 가상 머신을 설치해 주기만 하면 되는 것이다. 이것이 바로 '자바의 플랫폼 독립성'이다.

1.1.4 자바 개발 도구와 자바 실행 환경

프로그램을 자바로 개발하려면 반드시 자바 개발 도구[JDK: Java Development Kit]와 자바 실행 환경[JRE: Java Runtime Environment]을 이해해야 한다.

자바 개발 도구란?

JDK는 말 그대로 자바를 이용해 프로그램을 개발하는 데 필요한 도구를 모아 둔 집합이라 생각하면 된다. 여러분들에게 블록들로 채워진 장난감 상자를 주고 각자 원하는 것을 만들라는 미션을 부여했다고 가정해 보자. 어떤 사람은 자동차, 어떤 사람은 집을 만들 것이다. 이 상황에서 블록들로 채워진 상자가 JDK, 완성품이 각자 개발한 자바 프로그램이다. 만일 기존의 장난감 상자에 원형, 타원형 등의 블록이 추가된다면 여러분은 이전보다 다양한 완성품을 만들어 낼 수 있을 것이다. 이것이 새로운 JDK 버전이라 생각하면 된다.

이번에는 JRE에 관해 이야기해 보자. 억지스러운 비유일 수 있겠지만, 여러분이 조립한 장난감 완성품을 널찍한 판에 세워 고정시키는 과정은 여러분이 작성한 프로그램을 실행하는 과

그림 1-5 자바 프로그램, 자바 개발 도구, 자바 개발 환경의 개념

정에 비유될 수 있다. 다시 말해 JRE는 완성된 프로그램을 실행하는 데 필요한 환경을 말한다. 즉, JDK를 가져와 프로그램을 완성하고 JRE 위에서 실행하면 프로그램이 돌아가는 것이다. 이상의 내용을 블록 장난감을 완성하는 과정에 비유하면 그림 1-5와 같다.

앞으로 프로그램을 만들 때는 프로그램이 잘 만들어지고 있는지 수시로 실행해 보면서 작성해 나갈 것이다. 이때 JDK만 설치돼 있고 JRE가 없다면 무척 불편할 것이다. 그래서 JDK의 내부에는 JRE가 포함돼 있다. 또한 자바 프로그램, 즉 자바 실행 파일(.class)은 자바 가상 머신 위에서만 실행할 수 있으므로 자바 실행 환경을 제공하기 위해서는 반드시 자바 가상 머신을 설치해야 한다. 즉, JRE 내부에는 자바 가상 머신이 포함돼 있어야 하는 것이다. 이상의 내용을 정리하면 그림 1-6과 같이 JDK ⊃ JRE ⊃ JVM의 포함 관계가 성립된다.

자바의 실행 파일(.class)은 자바 가상 머신이 이해할 수 있는 바이트의 집합으로 구성돼 있어 '바이트 코드'라 부른다.

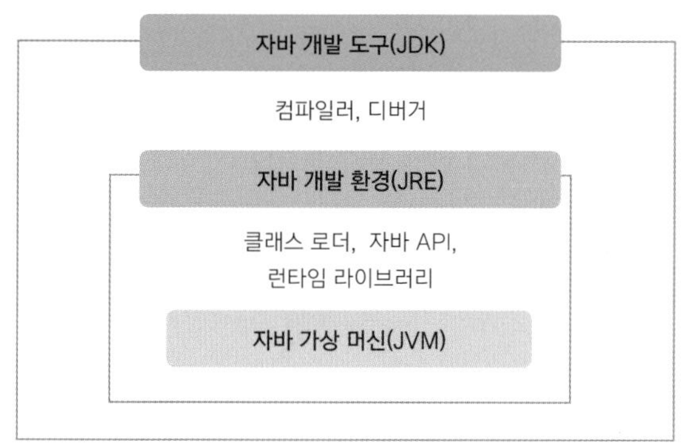

그림 1-6 자바 개발 도구, 자바 개발 환경 그리고 자바 가상 머신의 포함 관계

자, 이제 본격적으로 JDK를 설치해 보자!

1.2 자바 개발 환경

자바를 개발하기 위해서는 JDK^Java Development Kit^와 이클립스^Eclipse^를 순서대로 설치해야 한다.

1.2.1 JDK 설치하기

JDK는 다음의 오라클 사이트에서 내려받을 수 있다.

```
https://www.oracle.com/java/technologies/javase-downloads.html
```

여기서는 현시점에서 가장 최신 LTS 버전인 **JDK SE 11을 기준**으로 설명한다. 다만 앞에서 언급한 것과 같이 이전의 여러 프로그램이 대부분 JDK SE 8 버전으로 작성돼 있으므로 2가지 버전 모두 설치하길 권장한다.

JDK SE 8은 32비트 운영체제를 지원하는 마지막 버전이므로 자신의 개발 환경이 32비트라면 무조건 JDK SE 8을 설치해야 한다.

1단계 JDK 11 내려받기

1. 오라클 사이트에 접속한다. 최초로 접속할 때는 [모든 쿠키 수락]을 클릭한다. 그런 다음 상단의 [Developer]를 클릭하고, [Developer Resource Center]를 클릭한다.

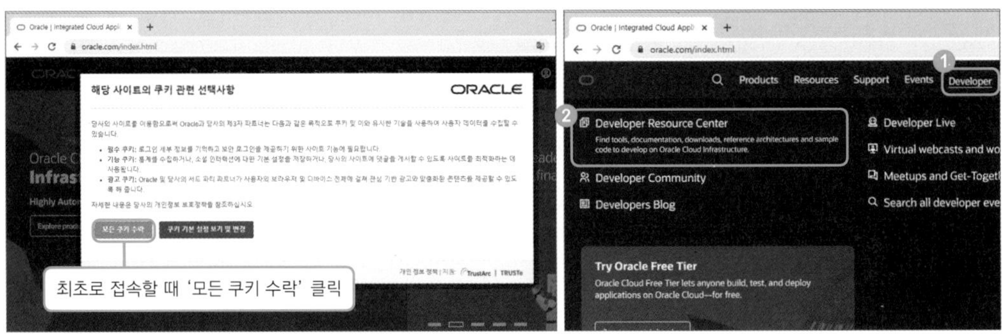

2. 여러 탭 중 [Technologies]를 선택한 후 [Java]를 클릭한다. 새로 나타난 페이지의 [Java SE Technologies] 항목 중에서 [Download Oracle JDK]를 클릭한다.

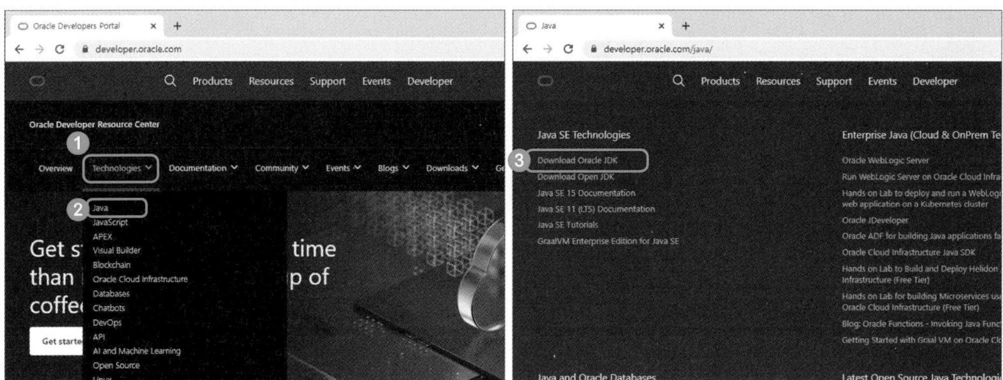

3. [Java SE 11(LTS)] 버전 항목에 있는 [JDK Download]를 클릭한다. 새로 나타난 페이지에서 자신의 운영체제에 맞는 설치 파일을 클릭한다.

Java SE 8을 내려받으려면 [Java SE 8] 버전 항목에 있는 [JDK Download]를 클릭하면 된다. 나머지 과정은 모두 동일하다.

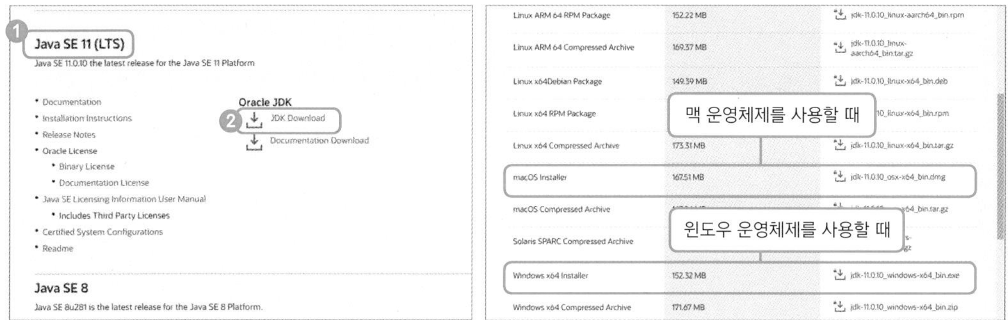

4. [라이선스 동의]에 체크한 후 다운로드 버튼을 클릭한다. 그러면 오라클 계정 로그인 화면이 나타난다. 오라클 사용자명과 암호를 넣은 후 [로그인]을 클릭하면 내려받기가 시작된다.

JDK를 내려받기 위해서는 오라클 계정이 필요하다.

2단계 JDK 11 버전 설치하기

내려받은 설치 파일을 클릭하면 설치 안내 문구가 나타난다. [Next]를 클릭하면 설치 옵션과 설치 위치를 지정하는 창이 나타난다. 기본 설정을 그대로 둔 채 [Next]를 클릭하면 설치가 진행된다. 모든 설치가 끝나 설치 완료 창이 나타나면 [Close] 버튼을 클릭해 창을 종료하면 된다.

나중을 위해 JDK의 설치 위치를 기억해 두자.

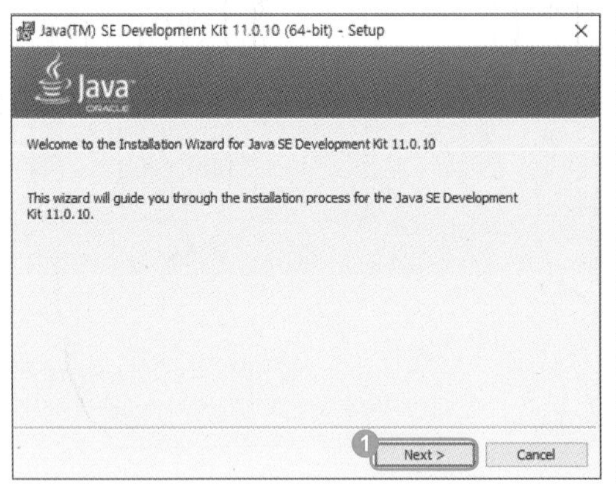

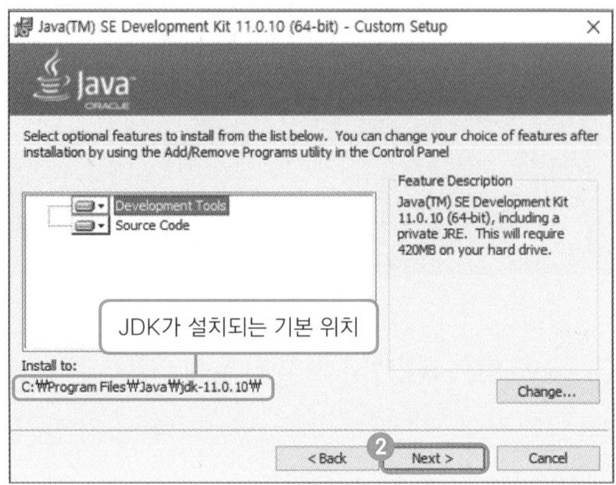

지금까지의 자바 개발 도구 설치 과정에서 기본 설치 폴더를 바꾸지 않았다면 추가 작업 없이 이클립스만을 설치해 프로그램을 작성 및 실행할 수 있다.

전공자라면 이 정도는 꼭!

설치 위치를 바꾸거나 이클립스 이외의 개발 도구를 사용하려면?

자바 개발 도구의 설치 위치를 변경했거나 이클립스가 아닌 다른 개발 도구를 사용할 때는 운영체제에 자바 개발 도구의 위치를 알려 줘야 한다. 이것이 바로 '환경 변수 등록'이다. 윈도우 10 운영체제를 기준으로 환경 변수를 등록하는 과정은 다음과 같다.

1. 윈도우 탐색기의 [내 PC]에서 오른쪽 마우스 버튼을 클릭한 후 [속성]을 선택한다. [시스템]에서 [고급 시스템 설정]을 클릭한다.

윈도우 업데이트 버전에 따라 화면 구성에 차이가 있을 수 있지만, [고급 시스템 설정]을 찾아 클릭하는 것은 동일하다.

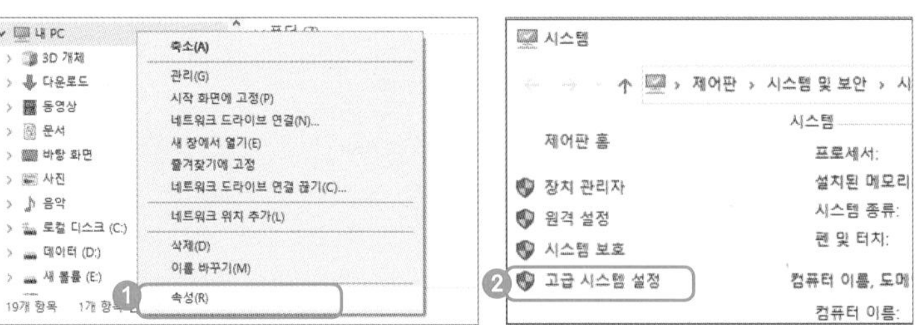

2. [고급] 탭을 열고 [환경 변수]를 클릭해 환경 변수 창을 연다. 그리고 시스템 변수의 [새로 만들기]를 클릭한다.

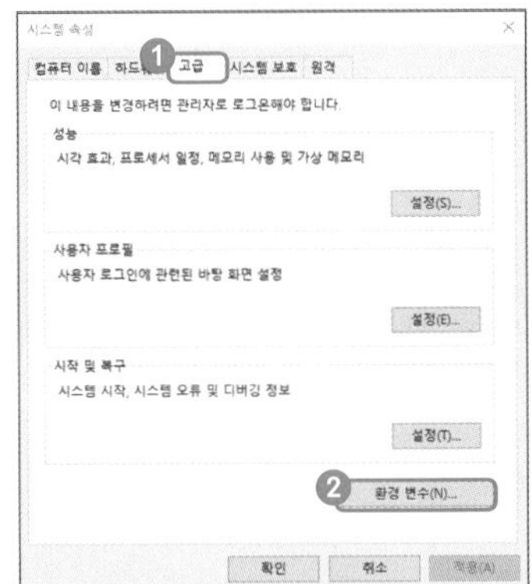

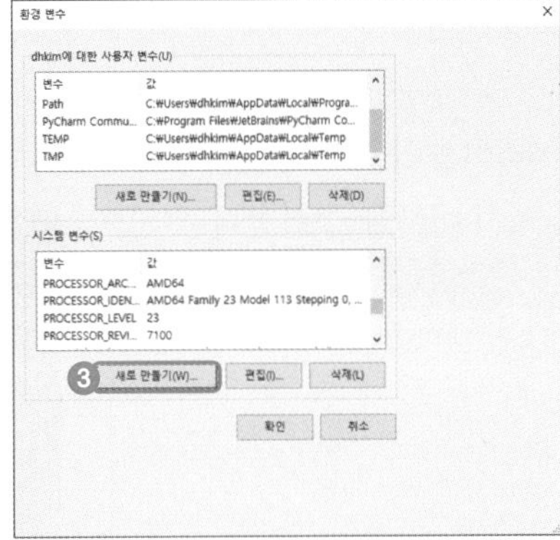

3. 새 시스템 변수명에 'JAVA_HOME'을 입력한 후 변숫값에는 JDK가 설치된 폴더를 입력하고 [확인]을 클릭한다.

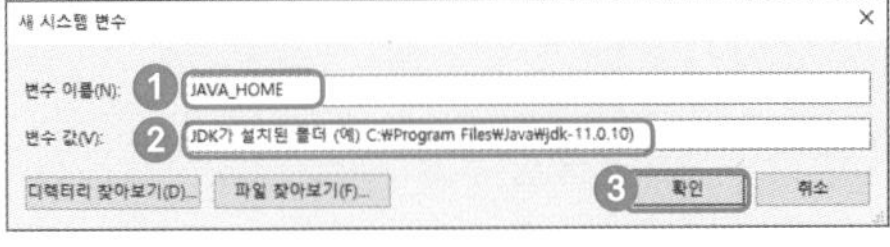

4. 시스템 변수 중 Path 변수를 선택한 후 [편집]을 클릭해 환경 변수 편집 창을 연다. 편집 창의 아래쪽에 '%JAVA_HOME%\bin'을 입력한 후 [확인]을 클릭한다.

%JAVA_HOME%은 앞서 지정한 시스템 변수인 JAVA_HOME이 가리키는 경로를 의미한다.

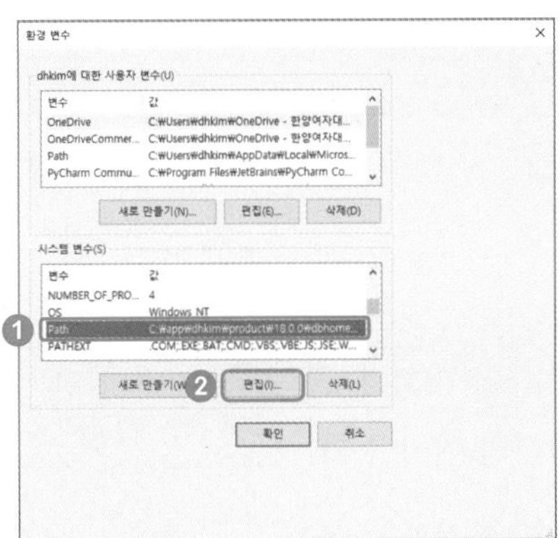

5. 마지막으로 CLASSPATH를 지정하기 위해 시스템 변수의 [새로 만들기]를 클릭해 시스템 변수 편집 창을 연다. 그리고 새 시스템 변수명에 'CLASSPATH'를 입력한 후 변숫값에 '%JAVA_HOME%lib'를 입력하고 [확인]을 클릭한다.

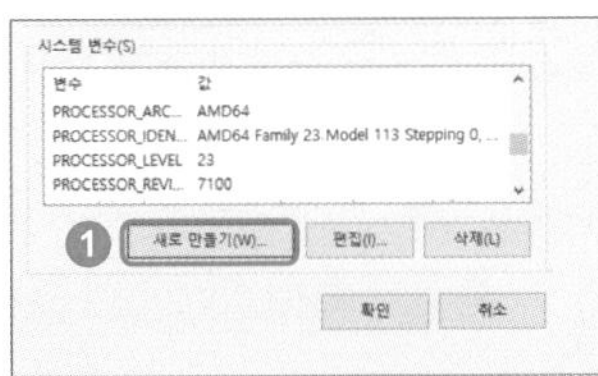

시스템 변수 편집

변수 이름(N): CLASSPATH

변수 값(V): %JAVA_HOME%₩lib

디렉터리 찾아보기(D)... 파일 찾아보기(F)... 확인 취소

1.2.2 이클립스 설치하기

이클립스[Eclipse]는 자바 개발에 가장 많이 사용되는 무료 통합 개발 환경[IDE: Integrated Development Environment]으로, 자바뿐 아니라 C, C++, PHP, 파이썬 등의 개발에도 사용된다.

1. eclipse.org 사이트에 접속한 후 [Download] 버튼을 클릭한다.

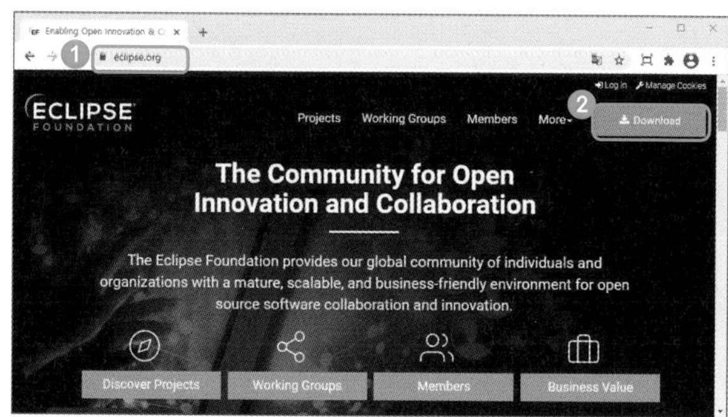

2. 플랫폼에 따라 자동으로 최신 버전의 설치 파일이 선택된다. [Download x86_64] 버튼을 클릭해 다운로드 페이지로 이동한 후 [Download]를 클릭하면 설치 파일 내려받기가 시작된다.

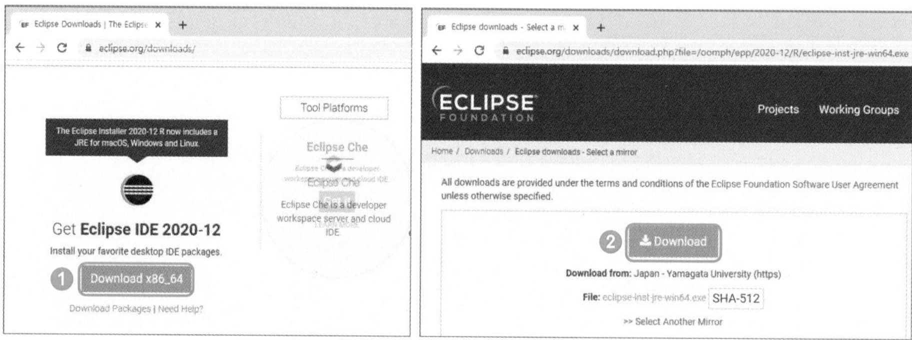

3. 내려받은 파일을 더블클릭한 후 [Eclipse IDE for Java Developers]를 선택한다. 설치 폴더의 위치를 확인한 후 [INSTALL] 버튼을 클릭한다.

설치하는 컴퓨터의 계정명에 한글이 포함돼 있을 때는 설치되지 않는다. 이때는 영문 계정을 새로 생성하거나 설치 파일(.exe)이 아닌 압축 파일(.zip)을 내려받아 실행한다.

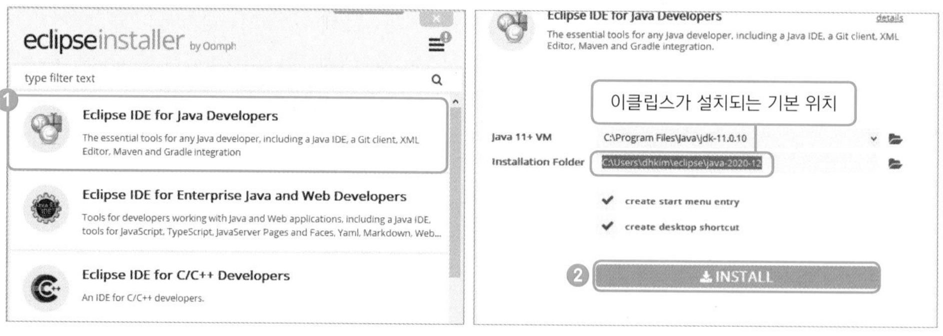

4. 설치가 자동으로 진행된다. 설치가 끝나면 완료 창이 나타난다. [LAUNCH] 버튼을 클릭해 이클립스를 실행할 수도 있다.

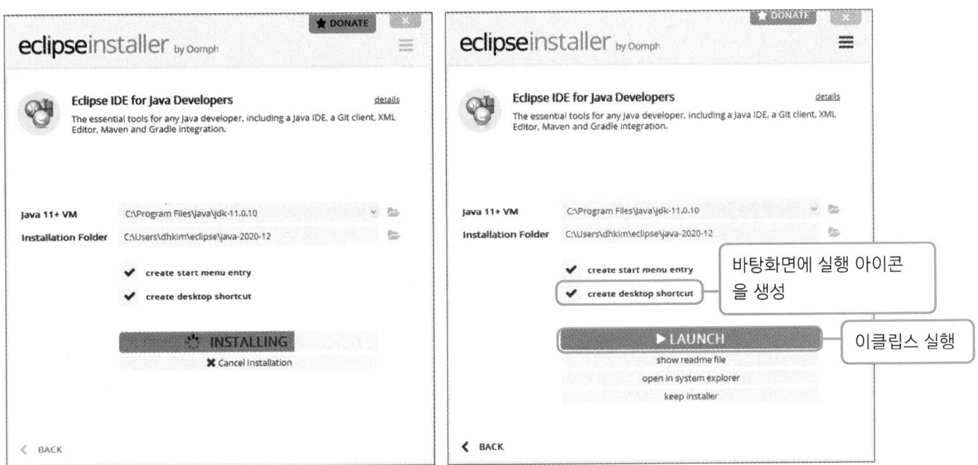

5. 이클립스의 기본 설치 위치(C:\Users\사용자이름\eclipse\java-2020-06\eclipse)에 들어가면 실행 파일(eclipse.exe)을 확인할 수 있다.

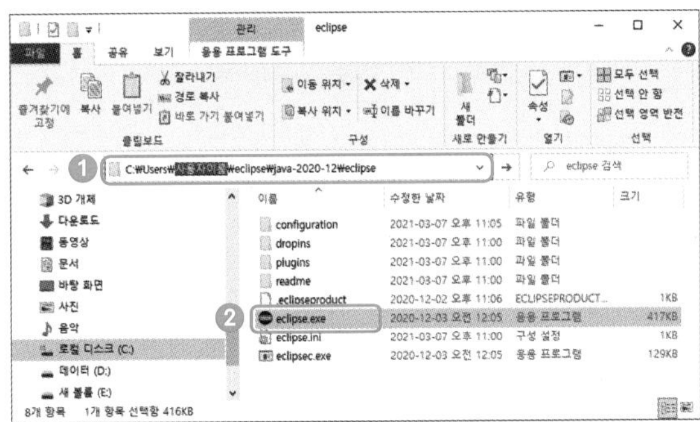

1.2.3 이클립스 구성 및 환경 설정하기

작업 위치 지정하기

이클립스를 처음 실행하면 작업할 폴더의 위치를 지정하는 대화상자가 나타난다.

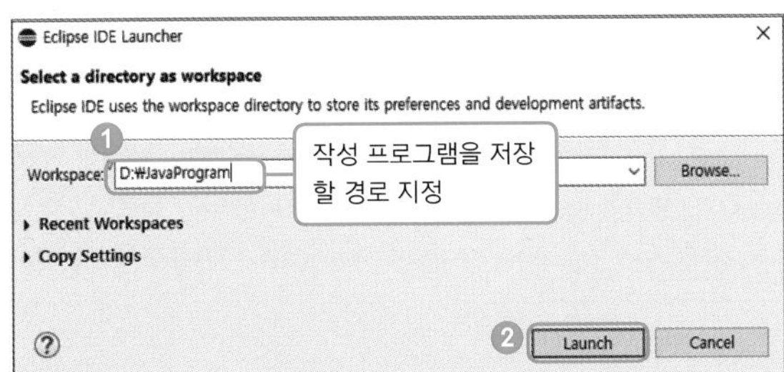

이후에 작성하는 모든 자바 프로젝트 폴더가 바로 이 워크스페이스workspace에서 지정한 위치에 생성된다. 이 폴더의 위치는 나중에 [file → switch workspace] 메뉴를 이용해 바꿀 수 있다. 다만 이클립스 설정 파일들은 워크스페이스(폴더)별로 관리되므로 작업할 위치를 바꾸면 이클립스가 다시 시작된다. 워크스페이스 경로를 입력한 후 [Launch]를 누르고 잠시 기다리면 이클립스가 실행된다.

이클립스 화면 구성 변경하기

워크스페이스를 지정한 후 이클립스를 처음 실행하면 이클립스 설정, 튜토리얼 등이 포함된 Welcome 페이지가 나타난다. 이 페이지를 닫으면 이클립스의 작업 화면이 나타난다. 여기에서 프로그램을 작성하면 된다.

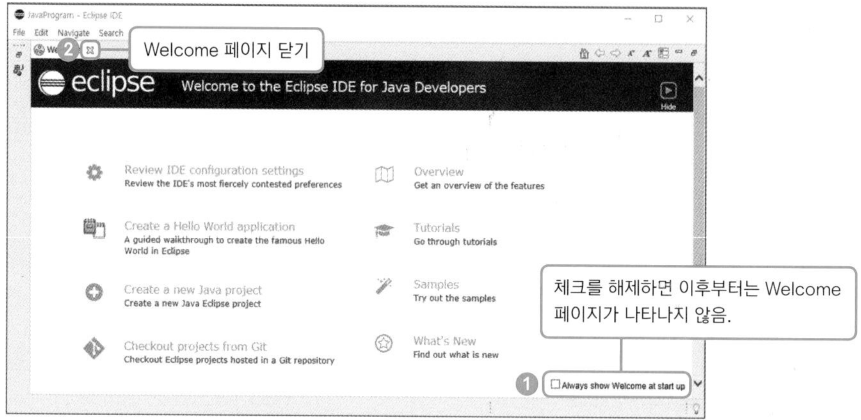

이클립스를 처음 설치했다면 작업 화면이 4가지 영역(패키지 탐색기, 코드 편집기, 아웃라인, 콘솔 등 기타 영역)으로 구성돼 있을 것이다.

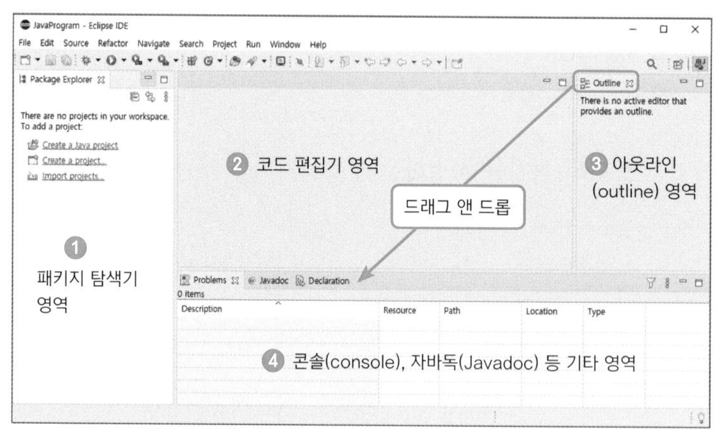

이클립스 작업 화면의 초기 구성은 버전마다 다르다. 이전 버전에서는 태스크 리스트(Task List)까지 5개의 영역이었다.

물론 자신의 취향에 따라 초기 구성으로 작업해도 되지만, 일반적으로 많은 개발자가 패키지 탐색기, 코드 편집기, 기타 영역의 3가지로 분류해 사용한다. 그 이유는 코드 편집기를 가장 많이 사용하기 때문이다. 각 뷰는 드래그 앤 드롭으로 어디든지 위치시킬 수 있다. 따라서 아웃라인[outline]을 드래그해 기타 영역으로 옮겨 놓으면 3개의 큰 영역으로 구성해 사용할 수 있다.

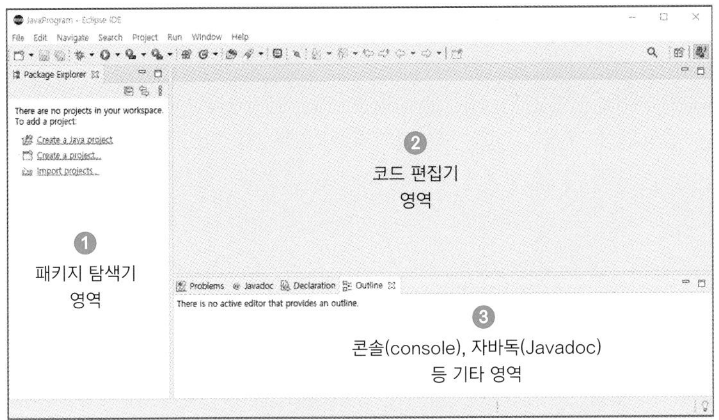

1.2.4 이클립스에서 다양한 설정 바꾸기

이클립스에 기본적으로 설정돼 있는 글꼴, 문자 인코딩 방식, JRE 버전 등의 설정값을 변경하고자 할 때는 [Window → Preferences] 메뉴를 선택해 설정한다.

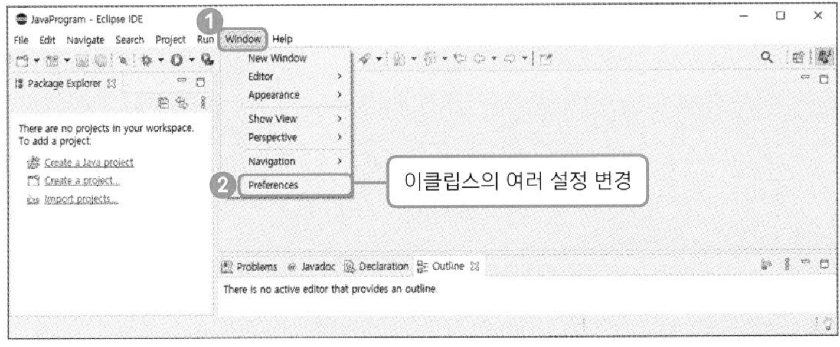

글꼴 설정 바꾸기

글꼴 설정을 바꾸려면 [Preferences] 창의 [General → Appearance → Colors and Fonts → Basic → Text Font]를 선택한다.

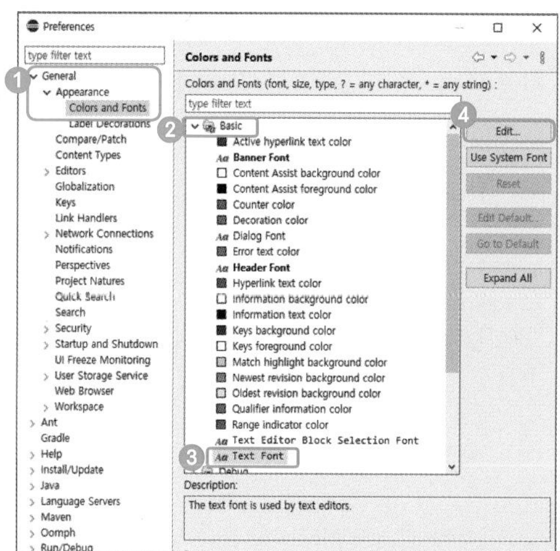

선택 과정이 복잡해 보이지만, Basic까지는 [Preferences] 창에서 가장 위에 있는 항목만 연속적으로 선택하면 된다. [Edit] 버튼을 클릭한 후 이클립스에서 사용하는 글꼴, 스타일, 크기를 지정하고 [확인]을 클릭한다.

글꼴은 각자의 취향에 따라 바꿀 수도 있지만, 모든 문자의 좌우 폭이 동일한 consolas를 추천한다.

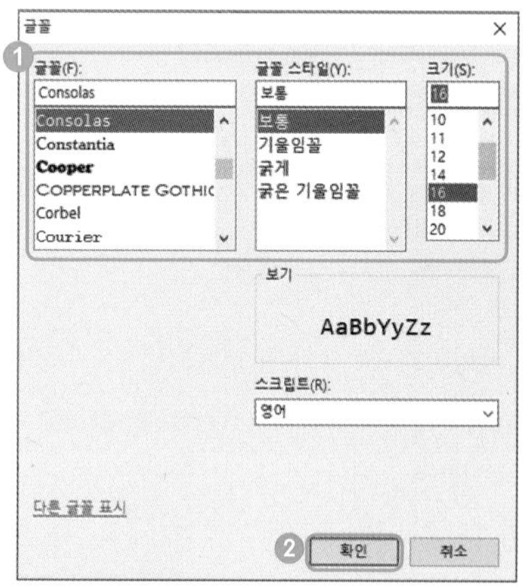

전공자라면 이 정도는 꼭!

외우면 좋은 단축키

consolas가 기본 글꼴이다 보니 글자 크기만 수정해 사용할 때가 많다. 이클립스에서 코드를 작성하다가 Ctrl + + 또는 Ctrl + -를 누르면 글자 크기를 더 편하게 변경할 수 있다. 이때 +와 -는 키보드 오른쪽의 숫자 키패드에 있는 것이 아닌 Backspace 옆의 키만 동작하므로 주의하자.

텍스트 인코딩 변경하기

텍스트 인코딩text encoding은 영문, 한글 등의 문자를 바이트 단위의 배열로 저장하는 방식을 말한다. 윈도우에서 설치한 이클립스의 기본 텍스트 인코딩 방식은 MS949이다. 반면, 깃허브github, 데이터베이스 등을 비롯한 여러 서버용 플랫폼은 대부분 UTF-8 방식의 텍스트 인코딩을 사용한다. MS949와 UTF-8은 영문자 및 숫자를 저장할 때는 모두 1byte를 사용하지만, 한글 문자를 저장할 때는 MS949는 2byte, UTF-8은 3byte를 사용한다. 따라서 이클립스에서 코드를 작성할 때 한글로 주석을 달거나 코드 자체에 한글을 사용한 프로그램을 서버에 업로드하면 한글이 모두 깨지는 문제가 발생한다. 그러므로 MS949 문자 인코딩을 반드시 사용해야 하는 특수한 상황이 아니라면(사실 저자는 이런 특수한 상황을 아직 보지 못했다) 텍스트 인코딩은 호환성을 위해 UTF-8로 변경하는 것이 좋다.

다음과 같이 [Preferences] 창에서 [General → Workspace → Text file encoding → Other: UTF-8]을 선택한 후 [Apply and Close]를 클릭하면 이 워크스페이스에서 작성되는 모든 텍스트가 UTF-8 방식으로 인코딩된다.

워크스페이스 단위가 아닌 프로젝트별로도 인코딩을 설정할 수 있다.

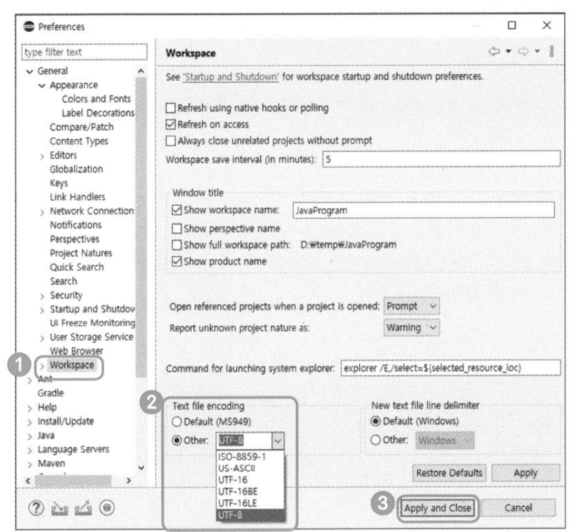

이 책의 모든 예제 파일은 모두 UTF-8 방식으로 인코딩돼 있다. 따라서 예제 파일을 그대로 불러와 사용하고자 할 때는 반드시 **텍스트 인코딩 방식을 UTF-8로 설정해야 한글이 깨지지 않는다.**

1.2.5 이클립스 단축키

이클립스는 자바 프로그램의 편리한 작성을 위해 다양한 단축키를 제공한다. 일단 편집과 보기 기능에 관련된 단축키만 기억해 두고 나머지 단축키는 나중에 해당 내용을 학습할 때 활용하자.

표 1-1 이클립스의 단축키

구분	단축키	기능
주요 펑션키 (Function Key)	F2	패키지/클래스명 바꾸기(rename)
	F3	클래스 및 함수 정의로 이동 (자바 API 클래스 및 함수는 class source 연결 필요)
	F4	클래스 정의 확인(상속 관계 포함)
기능 관련 단축키	Ctrl + Shift + O	자동 임포트
	Ctrl + /	1줄 주석 설정 및 해제
	Ctrl + Shift + / Ctrl + Shift + \	블록 주석 설정 및 해제
	(클래스명 선택 후) Ctrl + T	상속 관계 표현(한 번 더 Ctrl + T 입력 시 슈퍼 타입 확인)
편집 관련 단축키	Ctrl + Shift + F	자동 정렬
	Alt + + Alt + -	블록을 선택했을 때: 블록 전체를 위아래로 이동 블록을 선택하지 않았을 때: 커서 위치 라인을 위아래로 이동
	(한글 ㄱ~ㅎ을 입력한 후) 한자	특수키 입력
편리하게 보기 위한 단축키	Ctrl + + Ctrl + -	폰트 확대 및 축소
	Ctrl + Shift + - Ctrl + Shift + [	화면 가로 및 세로 나누기
	Alt + ← Alt + →	이전 자바 파일 히스토리로 이동(자바 파일)

▶ 이클립스 단축키를 활용하는 자세한 방법을 보고 싶다면 동영상(https://youtu.be/CdlSAwh89e0)을 참고하자.

1.3 자바 프로젝트

1.3.1 자바 프로젝트 생성 및 실행하기

자바 프로젝트를 생성하고 실행하는 과정은 다음 그림과 같이 5단계로 구성된다.

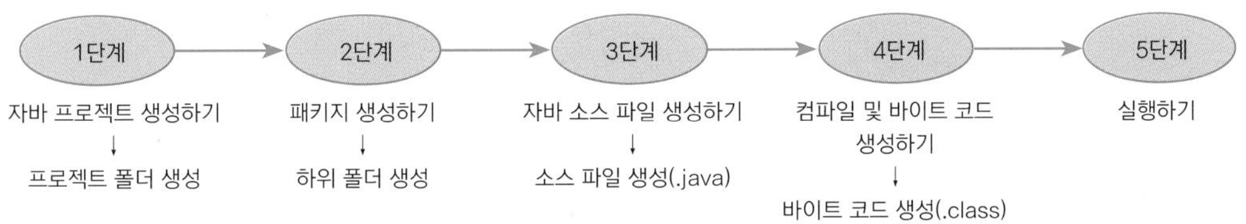

그림 1-7 자바 프로젝트의 생성 및 실행 과정 5단계

이 단계대로 자바 프로젝트를 생성하고 실행해 보자.

1단계 자바 프로젝트 생성하기

1. 앞서 설치한 이클립스의 실행 아이콘을 클릭하면 다음과 같이 워크스페이스를 설정하는 창이 나타난다. 체크 박스에 체크하면 이후에는 동일한 워크스페이스가 자동으로 설정돼 이 과정을 생략할 수 있다. 경로를 확인한 후 [Launch]를 클릭한다.

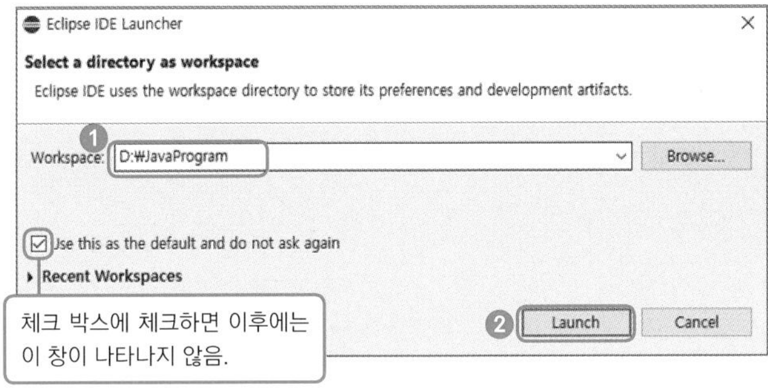

2. 첫 번째는 자바 프로젝트를 생성하는 단계로, 메뉴에서 [File → New → Java Project]를 생성하거나 [아이콘] 모양 아이콘 옆의 삼각형을 클릭해 [Java Project]를 직접 선택할 수도 있다.

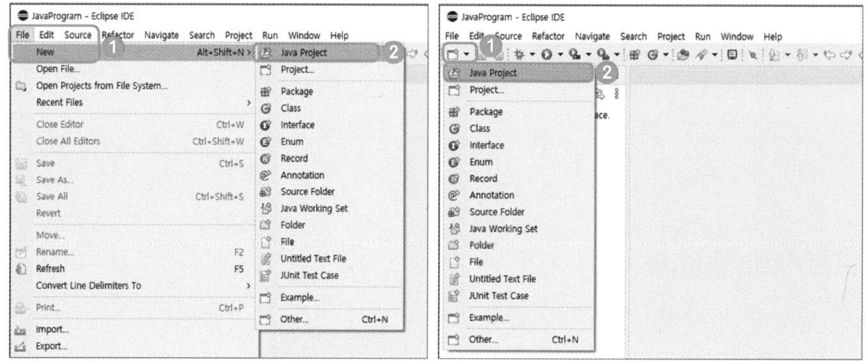

3. [프로젝트 설정] 창이 나타나면 프로젝트명을 입력한 후 JRE 버전을 확인하고 [Next] 버튼을 클릭한다.

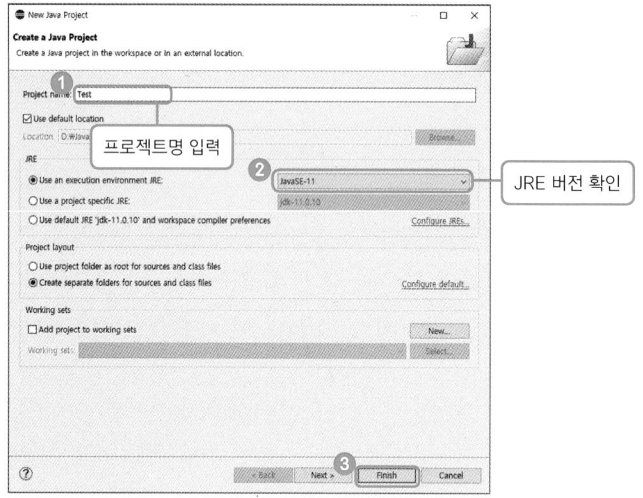

4. [Create module-info.java file] 항목 체크 박스의 체크를 해제하고 [Finish]를 클릭한다. 모듈은 자바 9에서 도입된 기능으로 일종의 패키지의 집합을 의미한다. 따라서 모듈을 사용하지 않을 때 자바 11에서는 번거롭더라도 이렇게 모듈 파일 생성을 해제하는 과정을 거쳐야 한다.

JRE 8 버전은 모듈 개념이 도입되기 전이므로 바로 [Finish] 버튼을 클릭해 프로젝트를 생성한다.

만일 module-info.java 파일을 이미 생성했다면 파일을 선택한 후 Delete를 눌러 삭제하면 된다.

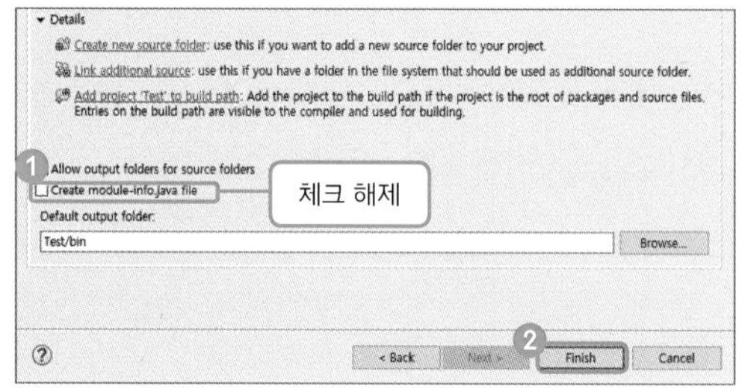

5. 이상의 과정을 거치면 이클립스를 시작할 때 설정했던 워크스페이스 안에 프로젝트 단위의 폴더가 생성된다.

2단계 패키지 생성하기

1. 두 번째는 패키지를 생성하는 단계로, 소스 파일이 저장되는 src 폴더와 바이트 코드가 저장되는 bin 폴더 내에 하위 폴더를 생성한다. 프로젝트 폴더를 선택한 후 마우스 오른쪽 버튼으로 클릭하면 나타나는 팝업 창에서 [New → Package]를 순서대로 선택해 생성할 수 있다.

패키지는 비슷한 목적으로 생성한 클래스 파일들을 한곳에 모아 둔 폴더를 말한다.

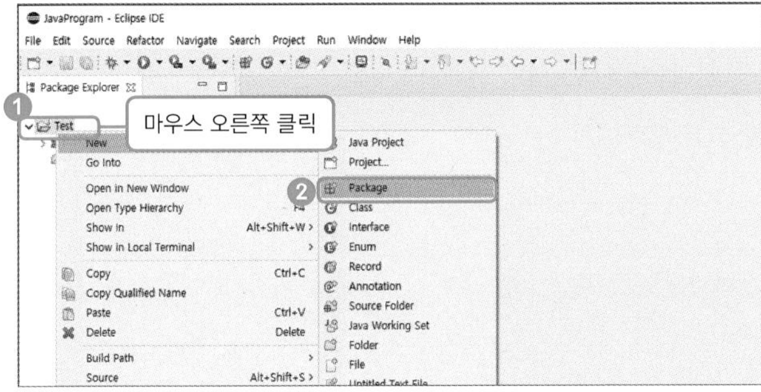

2. 패키지 생성 창이 나타나면 패키지명을 입력한 후 [Finish] 버튼을 클릭한다.

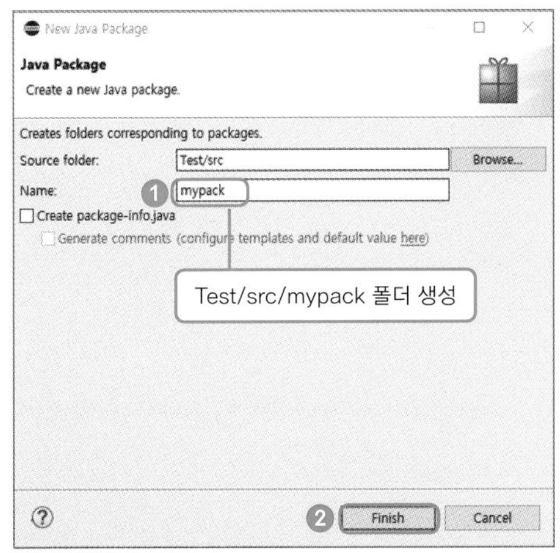

3. src 폴더 아래에 앞에서 입력한 패키지명으로 폴더가 생성된 것을 확인할 수 있다.

패키지 탐색 창에서는 src 폴더만 확인할 수 있고, 바이트 코드가 저장되는 bin 폴더의 내용을 확인하려면 윈도우 탐색기를 사용하거나 이클립스의 내비게이터navigator 창을 사용해야 한다.

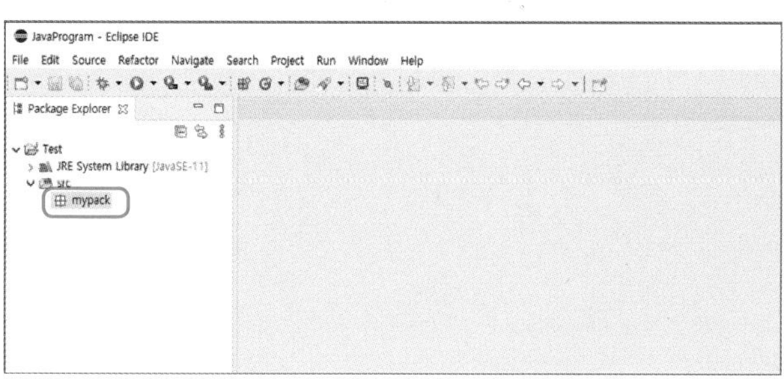

패키지명에 들어가는 '.'은 각각의 하위 폴더를 의미한다. 예를 들어 패키지가 abc.bcd일 때 src 폴더와 bin 폴더 하위에 abc 폴더가 생성되고, 다시 abc 폴더 하위에 bcd 폴더가 생성된다.

자바는 소스 파일명의 충돌을 방지하기 위해 2개 이상의 '.'을 사용할 것을 권장한다.

3단계 자바 소스 파일 생성하기

1. 세 번째는 자바 소스 파일을 생성하는 단계로, 프로젝트 폴더를 선택한 후 마우스 오른쪽 버튼 클릭하면 나타나는 팝업 창에서 [New → Class] 메뉴를 클릭한다.

[File → New → Class] 메뉴를 선택할 수도 있다.

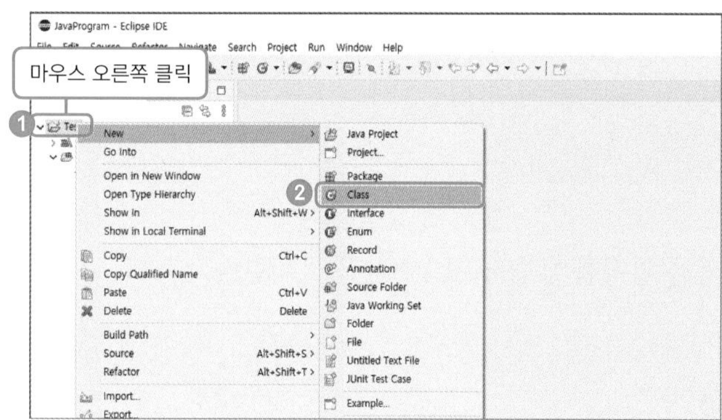

2. 클래스 생성 창이 나타나면 클래스명을 입력하고 [Finish]를 클릭한다. 앞에서 생성하지 않은 패키지라도 여기서 지정하면 패키지와 클래스의 생성을 한 번에 할 수 있다. 패키지를 지정하지 않으면 디폴트 패키지default package가 지정되는데, 이는 src 폴더와 bin 폴더 아래에 하위 폴더 없이 바로 소스 파일과 바이트 코드 파일이 각각 위치한다는 의미다.

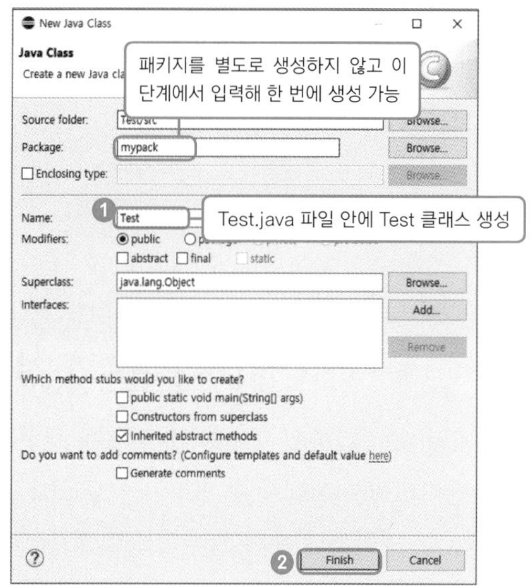

3. 여기서 클래스를 생성하다 보니 바이트 코드인 .class 파일을 생성한다고 생각할 수 있다. 자바는 객체지향형 언어이므로 클래스를 생성하면 소스 파일(.java)이 생성된다. 따라서 클래스를 추가한다는 의미는 자바 소스 파일 작성의 시작을 알리는 셈인 것이다. 클래스를 생성해 자바 소스 코드가 추가된 화면은 다음과 같다.

클래스는 자바에서 사용하는 객체지향적 문법 요소 중 하나다. 클래스는 6장에서 자세히 알아본다.

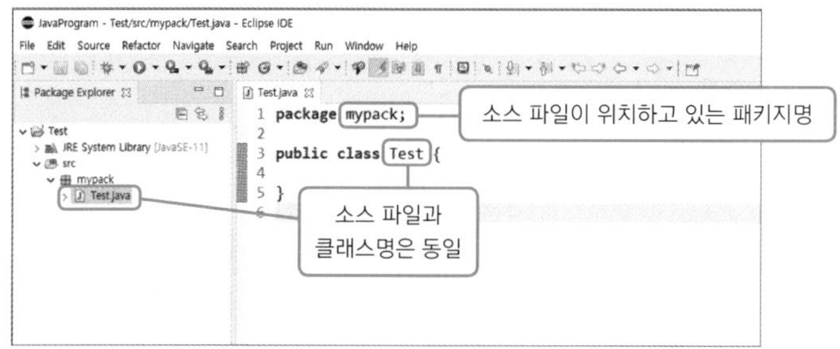

생성된 소스 코드(Test.java)와 소스 코드 내의 클래스명(Test)은 동일하며, 소스 코드의 가장 첫 줄에는 소스 코드가 있는 패키지의 정보가 위치한다.

4. 이후 실행 과정에서 간단한 출력을 할 수 있도록 다음과 같이 클래스 내부에 3줄의 코드를 작성했다.

화면 출력을 나타내는 추가 코드의 내용은 나중에 자세히 알아본다.

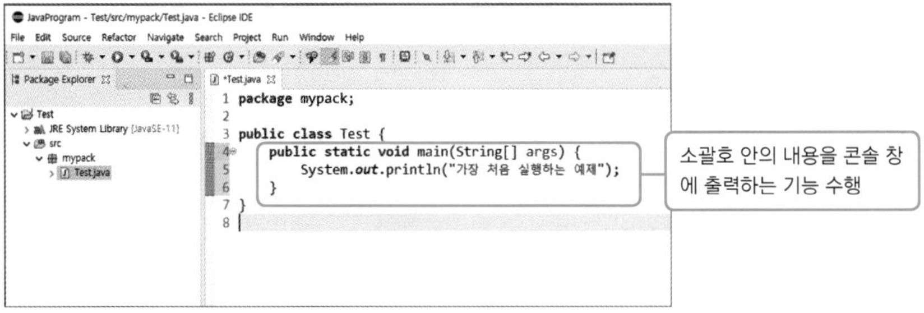

4단계 컴파일 및 바이트 코드 생성하기

네 번째는 컴파일 및 바이트 코드를 생성하는 단계로, 자바 소스 파일을 컴파일하면 자바 가상 머신에서 실행할 수 있는 바이트 코드(.class)가 생성된다. 컴파일은 명령 프롬프트상에서 javac 명령을 이용해 명시적으로 실행해야 하지만, 이클립스를 사용해 개발할 때는 소스 파일의 저장과 동시에 자동 컴파일이 수행되므로 컴파일을 하기 위해 별도의 작업을 할 필요가 없다. 컴파일 결과로 생성된 바이트 코드는 bin 폴더 내에 위치한다. 윈도우 탐색기를 이용해 [워크스페이스 폴더 → 프로젝트 폴더 → bin → 패키지 폴더]로 이동하면 컴파일된 자바 바이트 코드(.class) 파일을 확인할 수 있다.

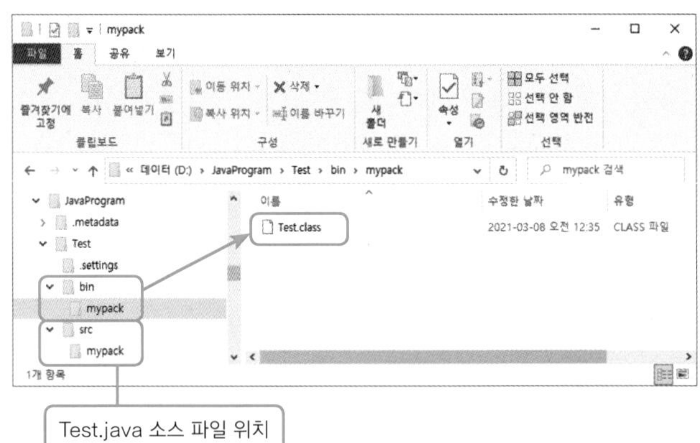

내비게이터 창을 이용하면 bin 폴더의 내용을 이클립스에서도 확인할 수 있다. 내비게이터 창을 추가하려면 [Window → Show View → Navigator] 메뉴를 선택한다.

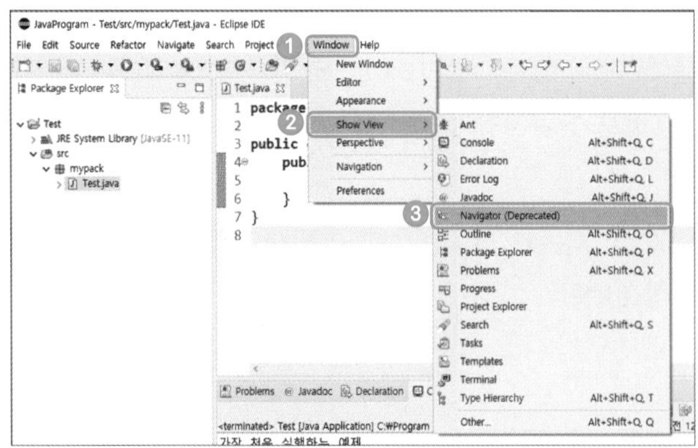

이렇게 추가된 내비게이터 창에서 [프로젝트 폴더 → bin → 패키지 폴더]를 선택하면 윈도우 탐색기에서와 마찬가지로 컴파일된 자바 바이트 코드(.class) 파일을 확인할 수 있다.

이클립스에서의 내비게이터 창은 윈도우 탐색기의 기능을 제공하는 이클립스 창의 한 종류다.

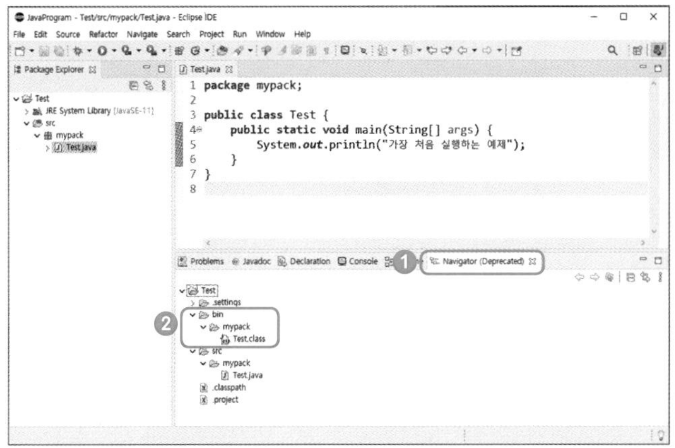

5단계 실행하기

다섯 번째는 앞의 네 단계를 거쳐 생성된 바이트 코드(.class)를 실행하는 단계다. [Run → Run As → Java Application] 메뉴를 선택하면 실행된다.

이클립스의 단축키인 Ctrl + F11 키를 눌러 바로 실행할 수도 있다.

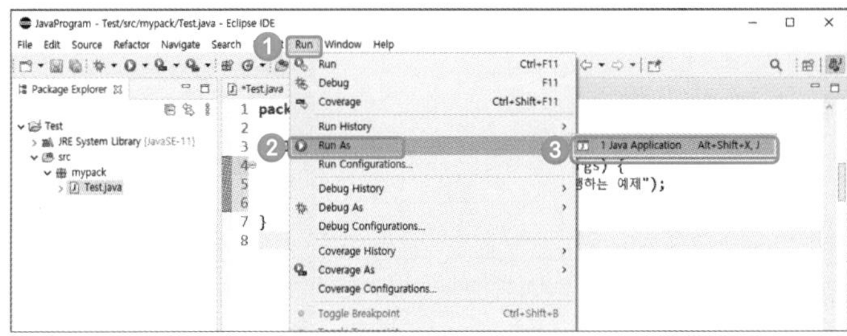

아이콘을 클릭해도 실행할 수 있다.

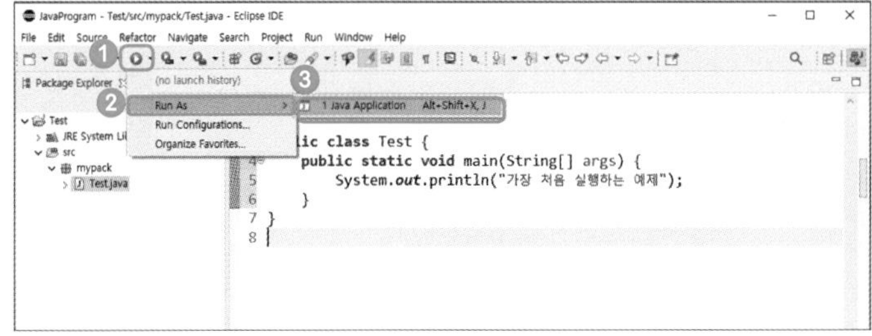

만약 구문에 화면에 값을 출력하는 내용이 있으면 콘솔 창에서 출력 결과를 확인할 수 있다. 다음은 앞에서 Test 클래스에 추가한 실행 결과로 출력된 값이다.

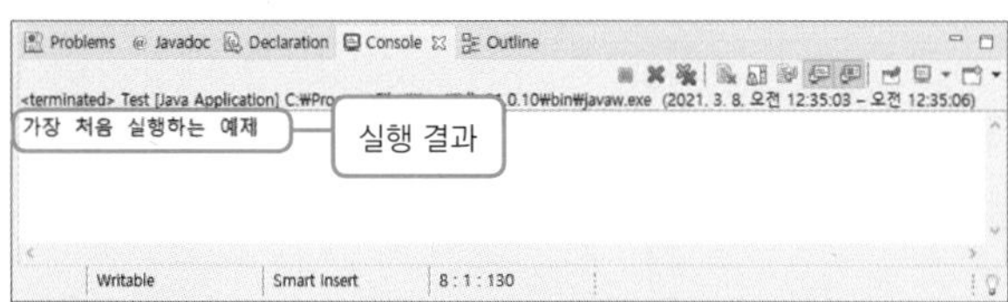

1.3.2 자바 프로젝트 생성 실습하기

앞서 살펴본 다섯 단계의 자바 프로젝트 생성 방법을 바탕으로 다음과 같이 4개의 프로젝트를 만들어 보자. 먼저 첫 번째 프로젝트명은 Test01, 소스 파일명은 Test.java로 생성한다. 패키지는 디폴트 패키지를 지정하는데, 이는 앞서 설명한 것처럼 패키지를 지정하지 않았다는 것을 의미한다.

프로젝트명	Test01
패키지명	디폴트 패키지(패키지를 지정하지 않음)
소스 파일명	Test.java

Test01 프로젝트의 생성 화면을 살펴보면, 소스 코드인 Test.java 파일이 디폴트 패키지 아래에 위치하고 있다는 것을 알 수 있다. 즉, 소스 코드가 src 폴더 바로 아래에 위치하고 있는 것이다.

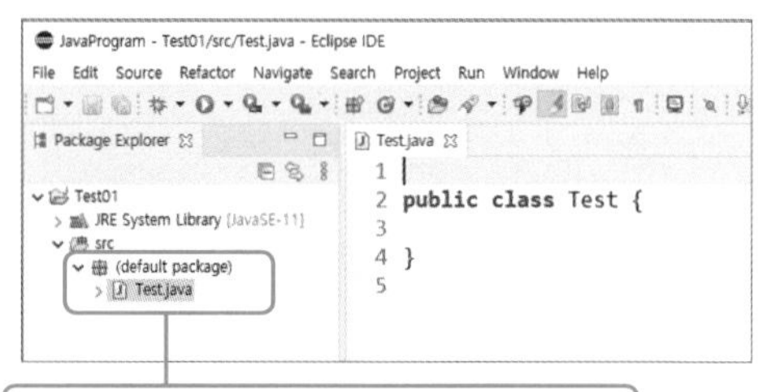

default package는 패키지(하위 폴더)를 생성하지 않았다는 것을 의미함. 즉, src 폴더 아래에 바로 Test.java가 위치함.

두 번째 프로젝트명은 Test02, 패키지와 소스 파일명은 각각 abc와 Test.java로 지정했다.

프로젝트명	Test02
패키지명	abc
소스 파일명	Test.java

다음은 Test02 프로젝트의 생성 화면으로, src 폴더 하위의 abc 패키지 하단에는 Test.java가 위치하고 있고, 소스 코드의 상단에는 패키지의 정보가 포함돼 있다.

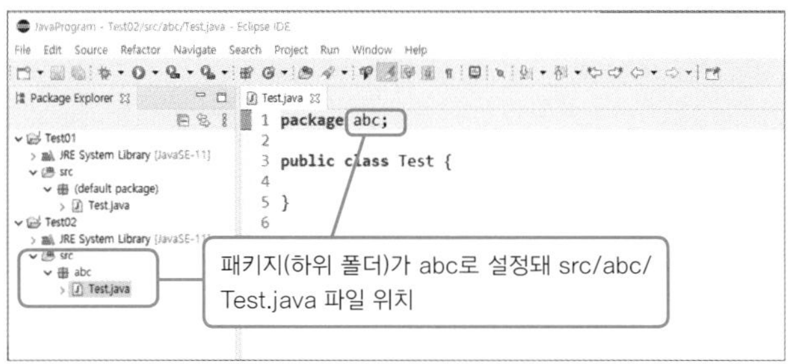

세 번째 프로젝트는 두 번째와 같은 형태이고, 패키지가 abc.bcd와 같이 2단계로 구성된 것만 다르다.

프로젝트명	Test03
패키지명	abc.bcd
소스 파일명	Test.java

역시 최종 생성된 Test03 프로젝트를 살펴보면 src 폴더 하위의 abc.bcd 패키지 아래에 Test.java 파일이 위치하고 있는 것을 알 수 있다. 내비게이터 창에서도 확인할 수 있는 것처럼 abc.bcd는 abc 폴더 아래의 bcd 폴더를 의미한다.

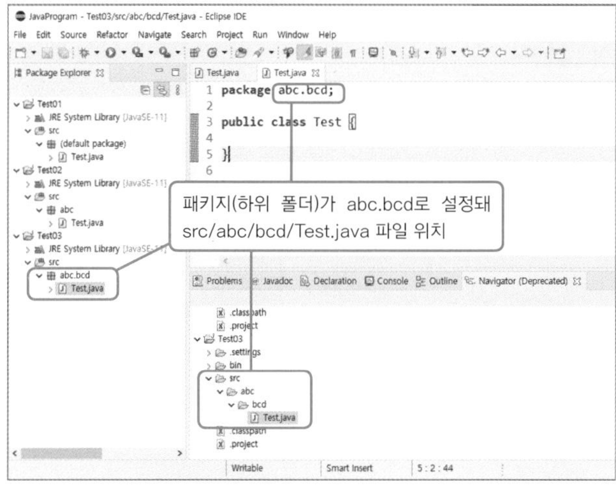

마지막 네 번째 프로젝트는 위 3개의 프로젝트에서 생성한 내용을 하나의 프로젝트 안에 구성한 예다. 즉, 하나의 프로젝트 안에 3개의 클래스 파일을 추가한 것이다.

프로젝트명	Test04
패키지만을 구분해 위의 세 프로젝트를 묶어 하나의 프로젝트로 작성	

생성된 Test04 프로젝트를 살펴보자. 하나의 프로젝트 안에 동일한 이름의 Test.java 파일이 3개 존재하는데도 오류가 발생하지 않는다.

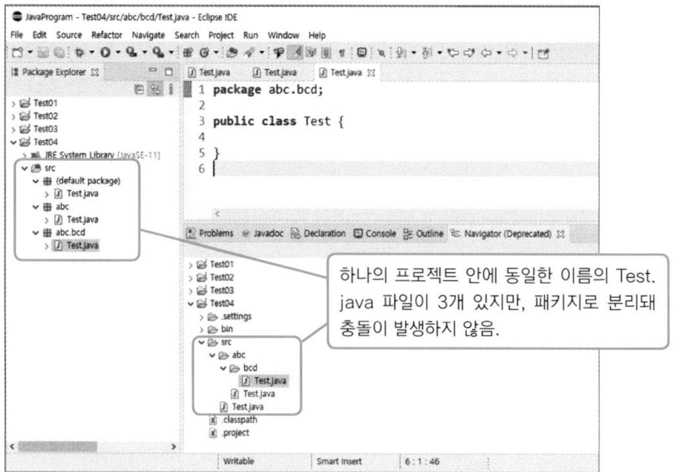

이미 눈치챈 사람이 많겠지만, 이것이 패키지를 사용하는 주요 이유 중 하나다. 동일한 이름의 소스 파일이 있어도 패키지로 분리돼 있으면 충돌이 발생하지 않는 것이다. 즉, 여러 개의 프로젝트를 합칠 때 우연히 동일한 이름의 자바 소스 파일을 생성했다 하더라도 패키지가 구분되면 합치는 데 전혀 문제가 발생하지 않는다.

1.4 자바 프로그램의 기본 구조

1.4.1 자바 소스 코드의 실행 과정

자바 소스 코드의 실행 과정은 크게 4가지 단계로 진행된다. 먼저 소스 파일(.java)을 작성한 후 컴파일을 수행하면 자바 가상 머신상에서 동작하는 바이트 코드(.class)가 생성된다. 앞서 설명한 것처럼 이클립스를 사용할 때는 소스 코드의 저장만으로도 컴파일이 자동으로 수행되며, 소스 파일과 바이트 코드는 각각 프로젝트 내의 src 폴더와 bin 폴더 안에 위치한다. 이후 바이트 코드를 실행하면 자바 가상 머신은 운영체제에서 메모리를 할당받아 자바 프로그램을 실행한다.

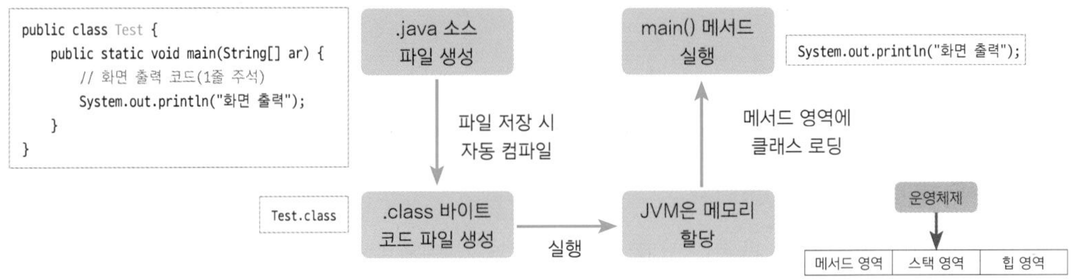

그림 1-8 자바 프로그램의 실행 과정

전공자라면 이 정도는 꼭!

자바 가상 머신이 할당한 메모리 영역은?

자바 가상 머신은 메모리를 효율적으로 관리하기 위해 메모리를 크게 메서드^{method} 영역, 스택^{stack} 영역, 힙^{heap} 영역으로 나눠 사용한다. 우리가 옷을 정리할 때 상의, 하의, 속옷 등을 다른 서랍에 보관하는 것과 같은 원리다. 특히 메모리의 메서드 영역은 클래스^{class} 영역, 정적^{static} 영역, 상수^{final} 영역이라고도 부른다. 메모리 할당 이후 실행 파일인 바이트 코드는 메모리의 메서드 영역에 로딩되며, 이후 클래스 내에 포함돼 있는 `main()` 메서드를 실행하는 것이 자바 가상 머신의 역할이다. 즉, `main()` 메서드가 자바 프로그램의 시작 지점이자 끝 지점인 것이다.

1.4.2 소스 코드의 기본 구조 분석

이번에는 소스 코드의 기본 구조를 분석해 보자.

```
/*
처음 만든 클래스
(여러 줄 주석)
*/
package exam01;

public class Test {

    public static void main(String[] ar) {
        // 화면 출력 코드(1줄 주석)
        System.out.println("콘솔 화면 출력");
    }

}
```

주석

먼저 프로그램을 작성하는 과정에서 일종의 메모의 기능을 수행하는 주석comment은 협업을 할 때 프로그램의 가독성을 높이는 데 필요하다. 주석을 1줄만 쓸 때 '// 주석 내용', 주석을 2줄 이상 쓸 때 '/* 주석 내용 */'과 같이 표기한다. 주석이 1줄일 때는 '//'가 표기된 위치부터 해당 줄의 끝까지가 주석으로 처리된다. 주석 처리된 문장은 컴파일할 때 제외되므로 실행 자체에는 아무런 영향을 미치지 않는다.

표 1-2 주석 사용 방법

줄 수	형식	단축키
1줄	// 주석 내용	Ctrl + /
2줄 이상	/* 주석 내용 */	Ctrl + Shift + /

패키지 선언부

패키지를 지정하면 주석을 제외한 첫 줄에 반드시 패키지의 선언이 와야 한다. 위 예제처럼 첫 줄에 `package exam01`이 정의돼 있다면, 이는 소스 파일이 exam01 패키지 안에 위치하고 있다는 의미다. 앞에서 언급한 것처럼 패키지를 지정하지 않았을 때, 즉 디폴트 패키지를 사용할 때는 패키지 선언이 생략된다.

클래스 선언부

이제 가장 중요한 클래스의 선언부를 살펴보자.

```
public class Test {
       클래스라는 것을 알려 주는 자바 키워드      클래스명
}
```

먼저 `public`은 이 클래스를 다른 패키지에서도 사용할 수 있다는 의미를 지닌 접근 지정자다. 접근 지정자는 9장에서 자세히 알아본다. 여기서는 1개의 소스 파일에는 여러 개의 클래스가 존재할 수 있는데, 몇 개의 클래스가 존재하든 최대 1개의 클래스만 `public`을 포함할 수 있다는 사실만 기억하자.

`class Test`는 클래스명이 Test라는 것을 나타낸다. 클래스명은 반드시 소스 파일명과 일치해야 한다. 즉, 이 소스 파일명은 Test.java이어야 한다. 클래스명 뒤에는 중괄호({})가 오고, 중괄호 안에 클래스의 내부에 포함될 수 있는 내부 구성 요소가 위치한다. 나중에 배우겠지만 내부 구성 요소는 필드^field^, 메서드^method^, 생성자^constructor^, 이너 클래스^inner class^이다. 이들 4개의 종류를 제외하고는 단 1줄도 올 수 없다. 앞의 예제는 내부 구성 요소로 메서드가 왔을 때다.

main() 메서드

메서드의 구조는 '리턴 타입 메서드명(...) {}'의 형태를 띤다. 다음 예에서 리턴(반환)타입은 `void`, 메서드명은 `main`이다.

```
public static void main(String[] ar) {
            리턴 타입    메서드명
}
```

메서드 원형 앞에 위치한 `public`은 접근 지정자, `static`은 정적 메서드를 나타내는 키워드이다. 여기서는 `public static`을 '빨간 사과'에서 '빨간'처럼 메서드를 꾸며 주는 수식어 정도로

이해하면 된다. 즉, 'public static한 메서드'라고 생각하면 된다. 바이트 코드(.class)가 메서드 영역에 로딩되면 자바 가상 머신은 main() 메서드부터 찾는다. 따라서 실행 이후 가장 먼저 실행되는 메서드가 main() 메서드라는 것을 기억하자.

Do it! 실습 생성 프로젝트의 기본 구조 JavaBasicStructure.java

```
package sec01_basicsyntax.EX01_JavaBasicStructure;
/* Ctrl+Shift+'/'
   처음 만든 클래스
   (여러 줄 주석)
*/

public class JavaBasicStructure {
    public static void main(String[] args) {
        // 1줄 주석: 화면 출력 코드 Ctrl+'/'
        System.out.println("콘솔 화면에 출력");
    }
}
```

실행 결과

```
콘솔 화면에 출력
```

1.4.3 소스 파일 컴파일과 바이트 코드 생성

1개의 소스 파일에는 여러 개의 클래스 파일이 포함될 수 있다. 그렇다면 여기서 2가지 의문이 생길 수 있다. 소스 파일명은 반드시 클래스명과 같아야 한다고 했다. 그런데 하나의 자바 소스 파일에 클래스가 여러 개면 그 많은 클래스 중 어떤 클래스와 이름을 일치시켜야 할까? 정답은 public이 붙은 클래스다. 이것이 바로 하나의 소스 파일에 최대 1개의 public 클래스만 존재해야 하는 이유다.

소스 파일에 public 클래스가 하나도 없을 때도 있는데, 이때 파일명은 내부에 포함된 임의의 클래스명으로 저장할 수 있다.

그럼 이제 두 번째 의문을 풀어 보자. 다음 소스 파일을 컴파일하면 바이트 코드(.class)가 몇 개 생길까? 즉, 소스 파일(.java)당 바이트 코드(.class)가 1개일까, 정의된 클래스(class)당 바이트 코드(.class)가 1개일까? 바이트 코드(.class)의 확장명에서 힌트를 얻을 수 있는 것처럼 자바의 바이트 코드(.class)는 클래스당 하나씩 생성된다. 하나의 소스 파일에 100개의 클래스가 정의돼 있으면 100개의 바이트 코드(.class)가 생기는 것이다. 다음 예를 살펴보자.

A.java

```
public class A {
    // ...
}
class B {
    // ...
}
class C {
    class D {
        // ...
    }
}
```

1개의 소스 파일(.java)에는 최대 1개의 public class만 선언할 수 있음.

먼저 1개의 파일에 4개의 클래스가 정의돼 있다. 쉽게 말해 class라는 키워드가 4개 있다는 말이다. 일단 public은 class A 앞에 선언돼 있으므로 소스 파일명은 A.java일 것이다. 이제 이 소스 파일을 컴파일하면 바이트 코드(.class)가 파일 단위가 아닌 클래스 단위로 생성되므로 4개의 바이트 코드가 생성될 것이다. 이제 남은 것은 생성되는 바이트 코드명이다. 외부에 있는 클래스는 '클래스명.class'와 같이 생성된다(class A{} → A.class, class B{} → B.class, class C{} → C.class). 반면 클래스 내부에 포함된 이너 클래스는 반드시 자신을 감싸고 있는 클래스부터 표현해야 한다. 즉, class D와 같은 표현은 할 수 없고, 반드시 'class C 안에 있는 class D'와 같이 표현해야 하는 것이다. 따라서 생성되는 바이트 코드도 '아우터 클래스$이너 클래스.class'와 같이 생성된다(C$D.class).

클래스 내부에 포함된 클래스를 이너 클래스라 하고, 이너 클래스를 포함하고 있는 클래스를 아우터 클래스라 한다.

Do it! 실습 컴파일 후 생성되는 바이트 코드(.class) ByteCodeFiles.java

```
package sec01_basicsyntax.EX02_ByteCodeFiles;

class A {     // A.class
}
class B {     // B.class
}
class C {     // C.class
    class D {     // C$D.class
```

```
        }
}
public class ByteCodeFiles {    // ByteCodeFiles.class
    public static void main(String[] args) {
    }
}
```

1.4.4 콘솔 출력 메서드와 문자열 출력

본격적으로 자바 프로그램을 작성하기 전에 콘솔 출력 메서드와 문자열을 출력하는 방법을 알아보자. 자세한 내용은 이후 각 파트에서 다루도록 하고, 여기에서는 사용 방법을 먼저 익혀 보자.

문자열 표현하기

먼저 문자열을 알아보자. 문자열은 `String` 자료형으로 저장되며, 값의 표현은 **"안녕"**, **"반가워"** 등과 같이 반드시 큰따옴표("") 안에 표기해야 한다. 문자열과 문자열을 더하거나 문자열과 기본 자료형을 더하면 다시 문자열이 되며, 연산 결과는 문자열을 연결한 형태가 된다. 예를 들어 **"안녕" + "반가워" = "안녕반가워"**, **"안녕" + 3 = "안녕3"**이 되는 것이다. 이 단계에서 기본 자료형은 단순히 숫자(정수 또는 실수)로만 생각하자.

줄 바꾸면서 출력하기 - System.out.println()

이제 콘솔에 출력하는 방법을 알아보자. 콘솔에 값을 출력하기 위해서는 `System.out.println()`, `System.out.print()` 또는 `System.out.printf()` 메서드를 활용해야 한다. 먼저 `System.out.println()` 메서드는 소괄호 안의 내용을 출력하고 줄을 바꾼다. 그래서 line을 축약한 ln이 print 뒤에 들어갔다. 다음 예를 직접 입력해 보면서 살펴보자.

```
System.out.println("화면 출력");           // 화면 출력
System.out.println("화면" + "출력");       // 화면출력
System.out.println(3.8);                  // 3.8
System.out.println(3 + 5);                // 8
System.out.println("화면" + 3);           // 화면3
System.out.println("화면" + 3 + 5);       // 화면35
System.out.println(3 + 5 + "화면");       // 8화면
```

System.out.println("**화면 출력**")을 실행하면 소괄호 안의 "**화면 출력**"이 출력되고 커서는 다음 줄로 이동해 이후 출력을 기다린다. "**화면**" + "**출력**"일 때 문자열 + 문자열의 형태이므로 결과적으로는 "**화면출력**"이 나온다. 소괄호 안에 문자열 대신 숫자를 입력해도 소괄호 안의 값이 그대로 출력되며, "**화면**" + 3과 같이 문자열과 기본 자료형을 더하면 이들 2개가 연결된 문자열인 "**화면3**"이 출력된다. "**화면**" + 3 + 5일 때 + 연산자는 순차적으로 수행되므로 먼저 "**화면**" + 3의 연산 결과로 "**화면3**" + 5와 같이 축약되고, 이 역시 문자열 + 기본 자료형이므로 "**화면35**"가 출력된다. 반면 3 + 5 + "**화면**"일 때 먼저 수행되는 3 + 5는 양쪽 모두 기본 자료형이다. 이때는 말 그대로 더하기가 수행된다. 따라서 8 + "**화면**"으로 축약되고, 기본 자료형 + 문자열의 형태이므로 "**8화면**"이 출력된다.

변수에 넣어 출력하기

소괄호 안에 값을 직접 입력해도 되지만, 변수라는 저장 공간에 값을 담은 후 변수를 넘겨 줘도 동일한 결과를 얻을 수 있다. 다음 예를 살펴보자.

```
int a = 3;
String b = "화면";
System.out.println(a);                    // 3
System.out.println(b);                    // 화면
System.out.println(b + "출력");           // 화면출력
System.out.println(a + b + "출력");       // 3화면출력
```

정숫값 3을 기본 자료형 중 정수를 저장할 수 있는 변수인 a 공간에 넣어 뒀다. 문자열 "**화면**" 역시 문자열을 저장할 수 있는 변수인 b 공간에 넣어 두고, 이후 각 변숫값을 소괄호 안에 넣어 콘솔에 출력했다. 소괄호에 변수를 넘겨 주면 변수 안의 값으로 대체돼 출력되므로 앞의 예제와 동일한 동작을 수행하게 된다.

1줄로 출력하기 - System.out.print()

이제 System.out.print() 메서드를 알아보자. print() 메서드는 출력 이후 개행하지 않는다는 점을 제외하면 println() 메서드와 동일하다. 즉, 모든 출력을 연속적으로 1줄로 출력한다. System.out.print("**화면**")을 실행하면 콘솔에는 "**화면**"이 출력된다. 이때 커서는 "**화면**" 다음에 위치하며, 이후 출력을 대기하고 있다. 따라서 이어 출력되는 "**출력**"은 화면 옆에 나란히 출력된다.

```
System.out.print("화면");
System.out.print("출력");
System.out.print(3);        // 화면출력3이 1줄로 연결돼 출력
```

\n을 출력하면 개행, 즉 줄바꿈을 실행된다. 따라서 다음 두 코드는 동일한 기능을 수행한다.

```
System.out.println("출력");
System.out.print("출력\n");
```

형식대로 출력하기 - System.out.printf()

이제 마지막으로 System.out.printf() 메서드다. 이 메서드는 C 언어의 printf()와 동일한 동작을 수행하며, 기본 형식은 System.out.printf("**출력 포맷**", 인자, 인자, ...)의 형태를 띤다. 말 그대로 출력 포맷print format을 지정하는 메서드로, 큰따옴표("") 안에 출력하고자 하는 형식을 지정한다. 출력 포맷 내에 %로 시작하는 위치는 인자로 값이 넘어오는 위치이며, 출력 타입은 % 다음에 나오는 문자에 따라 결정된다. %d, %o, %x는 각각 정수를 넘겨받아 10진수, 8진수, 16진수로 출력한다. %s와 %f는 각각 문자열과 실수를 인자로 넘겨받아 출력한다. %f로만 출력할 때는 소수점 아래의 자릿수가 여러 개 표현되는데, 이를 정형화하는 방법으로 '%전체 자릿수 + . + 소수점 자릿수 + f'와 같이 표현할 수 있다. 즉, %4.2f는 전체 자릿수를 4개로 하고, 소수점 아래는 2자리까지 표현하라는 의미다. 마지막으로 하나의 출력 포맷 안에는 여러 개의 %가 포함될 수 있고, 이때 인자는 순서대로 전달된다.

```
System.out.printf("%d\n", 30);                  // 30(10진수)
System.out.printf("%o\n", 30);                  // 36(8진수)
System.out.printf("%x\n", 30);                  // 1e(16진수)
System.out.printf("%s\n", "출력");               // 출력
System.out.printf("%f\n", 5.8);                 // 5.800000
System.out.printf("%4.2f\n", 5.8);              // 5.80
System.out.printf("%d와 %4.2f\n", 4, 5.8);       // 4와 5.80
```

Do it! 실습 기본적인 콘솔 출력 방법 ConsoleOutput.java

```java
package sec01_basicsyntax.EX03_ConsoleOutput;

public class ConsoleOutput {
    public static void main(String[] ar) {
        // 1. System.out.println()
        System.out.println("안녕하세요");
        System.out.println("안녕" + "하세요");
        System.out.println(2 + 4);
        System.out.println(4.6);
        System.out.println("문자" + 1);
        System.out.println("문자" + 1 + 2);
        System.out.println(1 + 2 + "문자");
        System.out.println();
        int a = 5;
        String b = "하세요";
        System.out.println(a);
        System.out.println(b);
        System.out.println("안녕" + b);
        System.out.println(a + "안녕" + b);
        System.out.println();
        // 2. System.out.print()
        System.out.print("반갑");
        System.out.print("습니다");
        System.out.print("7");
        System.out.print("\n");
        System.out.print("\n");
        // 3. System.out.printf()
        System.out.printf("%d\n", 10);
        System.out.printf("%o\n", 10);
        System.out.printf("%x\n", 10);
        System.out.printf("%s\n", "문자열 출력");
        System.out.printf("%f\n", 3.2582);
        System.out.printf("%4.2f\n", 3.2582);
        System.out.printf("%d와 %4.2f\n", 10, 3.2582);
    }
}
```

실행 결과

```
안녕하세요
안녕하세요
6
4.6
문자1
문자12
3문자

5
하세요
안녕하세요
5안녕하세요

반갑습니다7

10
12
a
문자열 출력
3.258200
3.26
10와 3.26
```

실력 상승! 연습 문제

Q1 자바 프로그램 개발 환경에 필요한 요소 중 자바 가상 머신(JVM), 자바 개발 도구(JDK), 자바 개발 환경(JRE)의 포함 관계를 쓰시오.

____________ ⊃ ____________ ⊃ ____________

Q2 다음은 이클립스에서 자주 사용되는 단축키다. **보기**를 보고 표를 완성하시오.

보기 Ctrl + O, Ctrl + Shift + O, Ctrl + /, Ctrl + Shift + F, Ctrl + +

동작	단축키
자동 임포트	
1줄 주석 설정 및 해제	
자동 정렬	
폰트 확대	

Q3 자바의 가장 큰 특징인 플랫폼 독립성을 바르게 기술한 것을 고르시오.

① 자바 가상 머신을 사용해 하나의 소스 코드를 컴파일한 결과로, 어떤 플랫폼에서든 실행할 수 있다.

② 윈도우용은 윈도우용 자바 프로그램, 리눅스용은 리눅스용 자바 프로그램을 따로 만들어야 한다.

Q4 다음과 같이 Exam 프로젝트의 소스 파일이 src/abc/bcd/cde/Test.java에 위치할 때 패키지명을 정확히 쓰시오.

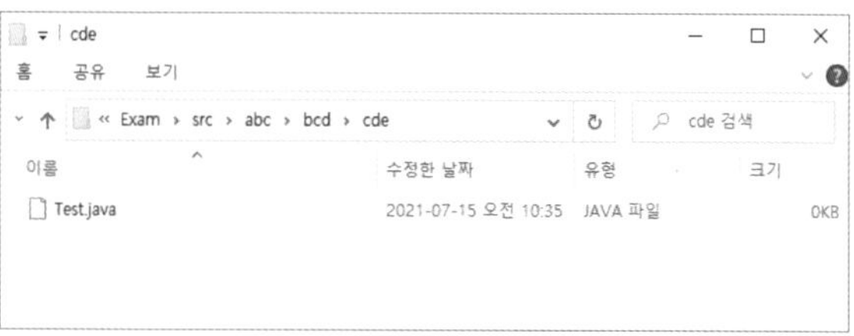

• 패키지명 : ____________________

Q5 소스 코드가 다음과 같을 때 소스 코드의 파일명과 컴파일 이후에 생성되는 바이트 코드 파일명을 모두 쓰시오(반드시 확장명을 함께 표기할 것).

```
class A {
    class B{

    }
}
public class C {
    class D {
        class E {

        }
    }
}
```

• 소스 코드 파일명 : ______________________

• 바이트 코드 파일명 : ______________________

Q6 다음 코드를 콘솔에서 실행했을 때 실행 결과를 쓰시오.

```
System.out.println("안녕" + 5.8);
System.out.print(3 + 5 + "방가" + 4 + 2);
System.out.printf(" %s:%d", "홍길동", 15);
```

정답 홈페이지 참조

2장 자료형

프로그래밍의 기본은 데이터를 저장하고 그 값을 읽어 오는 것이다. 2장에서는 이 과정을 이해하는 데 꼭 필요한 기본 개념인 변수와 자료형을 알아본다.

2.1 변수와 자료형

2.2 이름 짓기

2.3 자료형의 종류

2.4 기본 자료형 간의 타입 변환

교수님의 동영상 강의
자바가 처음인가요?
그렇다면 동영상으로
예습부터 해 보세요~

2.1 변수와 자료형

프로그래밍programming에서 가장 기본적인 동작은 데이터를 저장하고, 저장된 데이터값을 읽어오는 것이다. 데이터를 저장하려면 메모리에 값을 저장할 공간을 생성하고 이름을 부여해야 한다. 이때 메모리 공간에 부여하는 이름을 '변수'라고 한다. 사물함이 여러 개 있을 때 물건을 보관하고 쉽게 꺼내 올 수 있도록 각각 번호를 매기는 모습을 상상해 보자. 여기서 사물함이 '메모리', 사물함의 번호가 '변수'라고 보면 된다.
데이터를 저장하기 위해 생성하는 메모리 공간은 목적에 따라 크기와 특징이 다른데, 이를 자료형data type이라고 한다. 즉, 메모리 공간의 자료형에 따라 저장할 수 있는 값의 종류와 특징이 결정된다.

2.1.1 자료형 선언하기

C, 자바 같은 컴파일compile 언어는 변수를 사용하기 전에 반드시 자료형을 선언해야 한다. 변수의 자료형을 선언할 때는 변수 이름 앞에 자료형을 표기해야 한다. 변수에 자료형이 선언되면 메모리에는 변숫값을 저장할 수 있는 공간이 만들어진다.

변수를 사용한다는 것은 변수에 값을 대입하거나 읽는 것을 의미한다.

자료형 선언 방법

```
자료형 변수명;
```

예

```
int a;      // a는 int형 변수
String b;   // b는 String형 변수
```

이때 2가지 주의할 점이 있다. 첫째, 자료형은 반드시 사용하기 전에 선언해야 한다. 자료형이 선언되지 않은 변수는 사용할 수 없다. 둘째, 자료형은 반드시 한 번만 선언해야 한다. 자료형이 한 번 선언된 변수의 자료형은 바꿀 수 없다. 다음 예를 살펴보자.

자료형의 선언 예 1

```
int a = 3;          // (○)
b = 5;              // (X) -> 자료형을 선언하지 않으면 사용 불가능
String c;
c = "안녕";         // (○)
```

자바스크립트, 파이썬과 같은 스크립트 언어는 자료형을 선언하지 않고도 변수를 사용할 수 있다.

변수 a는 int라는 자료형으로 선언함과 동시에 값으로 3을 입력했다. 이때 변수 a가 먼저 int 자료형으로 선언되고, 이후 값의 대입이 이뤄지므로 올바른 코드다. 변수 b는 자료형을 선언하지 않고 바로 5라는 값을 대입했으므로 오류가 발생한다. 변수 c는 자료형의 선언과 값의 대입을 2줄로 나눠 작성했다. 자료형을 먼저 선언했으므로 올바른 코드다.
변수에 한 번 지정된 자료형을 바꿀 수 없는 이유는 변수의 자료형이 처음 선언되면 메모리에는 선언된 자료형의 데이터만 저장할 수 있는 공간이 만들어지는데, 메모리에서 한 번 만들어진 공간은 사라질 수는 있어도 데이터를 저장하는 기능은 변경할 수 없기 때문이다. 서랍에 연필과 지우개를 보관하는 상자를 크기에 맞게 각각 준비해 놓은 모습을 상상해 보자. 자바에서는 연필 상자에 연필만 넣을 수 있고, 지우개 상자에 지우개만 넣을 수 있는 것이다.

자료형의 선언 예 2

```
int a = 3;              // (○)
double a = 5;           // (X) -> 변수 a는 int 자료형으로 선언돼 다른 자료형으로 변경 불가능
String b = "안녕";      // (○)
b = 10;                 // (X) -> String 자료형에는 문자열만 저장 가능
```

2.1.2 변수 사용하기

이번에는 변수를 사용하는 방법을 구체적으로 알아보자. 변수를 사용하려면 두 단계를 거쳐야 한다. 첫째, 앞서 살펴본 변수에 자료형을 지정해 선언하는 변수의 선언 과정이다. 둘째, 선언된 변수에 값을 대입하는 과정이다. 값의 대입 시점은 다음 2가지로 나눌 수 있다.

변수 선언과 함께 값 대입하기

첫 번째는 변수의 선언과 값의 대입을 함께 수행해 한꺼번에 처리하는 방법이다. 명령 하나로 2개의 수행 내용(선언 및 대입)을 처리하지만, 내부에서는 변수 선언이 먼저 수행돼 메모리에 공간이 생성된 다음 생성된 공간에 값이 대입된다.

변수의 선언과 동시에 값 대입

```
자료형 변수명 = 값;
```

예	`int a = 3;`

그림 2-1은 변수의 선언과 함께 값을 대입하는 방법으로 정수만 저장할 수 있는 변수 a를 선언하고, 값 3을 저장할 때를 표현한 것이다. 왼쪽의 `int a`로 메모리에는 a라는 이름의 공간이 생기고, 오른쪽의 `a = 3`으로 생성된 공간에는 값 3이 저장된다.

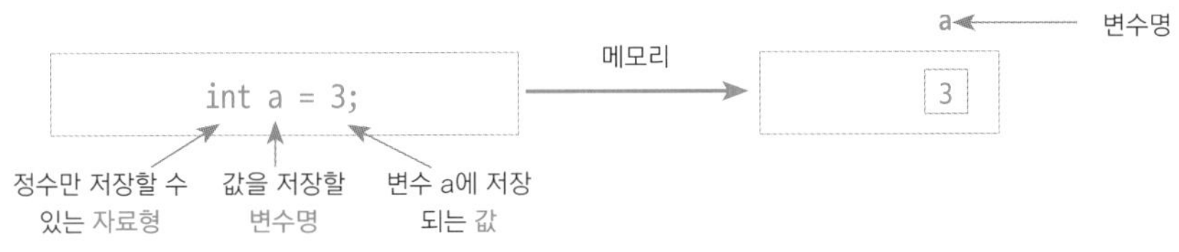

그림 2-1 변수 선언과 함께 값 대입하기

변수 선언과 값 대입 분리하기

두 번째는 변수의 선언과 값의 대입을 분리해 수행하는 방법인데, 앞서 설명한 것처럼 변수의 선언이 먼저 이뤄져야 한다. 어떤 값을 저장할 수 있는 변수인지를 먼저 정해야 적절한 값을 대입할 수 있기 때문이다.

변수의 선언과 값의 대입을 분리

```
자료형 변수명;
변수명 = 값;
```

예

```
int a;
a = 3;
```

두 번째 방법은 2개의 수행 내용(선언 및 대입)을 명령 2개로 처리한다는 점에서 첫 번째 방법과 문법에 차이가 있다. 그 결과 메모리에 변수가 선언되고, 값이 대입되는 과정에서도 약간 차이점이 있다.

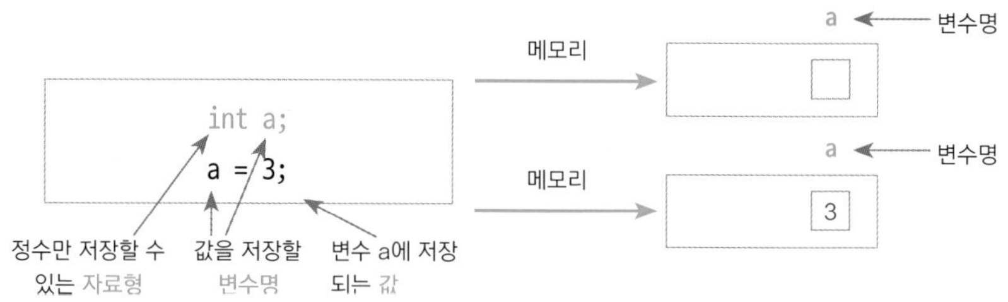

그림 2-2 변수 선언 이후 값 대입하기

첫 번째 명령인 int a에서는 메모리에 a라는 이름의 공간만 생성된다. 하지만 값이 바로 대입되지 않으므로 첫 번째 명령을 수행한 이후에는 변수 a의 공간이 비어 있는 상태다. 이러한 상태에서 값을 읽으려고 하면 컴파일 오류가 발생하므로 어떤 값이든 대입해야 한다. 두 번째 명령인 a = 3을 수행하면 비로소 변수 a의 빈 공간에 값 3이 입력된다. 이제 변수 a의 값을 읽으면 3이 출력될 것이다.

힙heap 메모리에 값이 들어갈 때는 다르게 동작(강제 초기화)하지만, 여기서는 일단 빈 공간이라고 생각하자.

Do it! 실습 변수 선언과 값을 대입하는 2가지 방법 UsageOfDataType.java

```java
package sec01_datatype.EX01_UsageOfDataType;

public class UsageOfDataType {
    public static void main(String[] args) {
        // 변수 선언과 함께 값 대입
        int a = 3;
        // 변수 선언과 값 대입 분리
        int b;
        b = 4;
        System.out.println(a);
        System.out.println(b);
    }
}
```

실행 결과

```
3
4
```

2.2 이름 짓기

변수와 상수의 이름을 지을 때는 필수 사항과 권장 사항을 준수해야 한다. 필수 사항은 지키지 않으면 문법 오류[syntax error]가 발생해 컴파일 자체가 안 된다. 반면 권장 사항은 개발자끼리 약속한 정도로 이해하면 되고, 지키지 않는다 하더라도 문법 오류가 발생하지 않는다. 하지만 권장 사항을 지키지 않으면 코드의 가독성이 현저히 떨어지므로 협업에서는 반드시 준수하는 것이 좋다.

변수(변할 수 있는 수)는 대입된 값을 변경할 수 있지만, 상수(항상 똑같은 수)는 변경할 수 없다.

2.2.1 이름을 지을 때 지켜야 하는 필수 사항

변수, 상수, 메서드의 이름을 지을 때 반드시 지켜야 하는 공통 사항

자바 문법을 구성하는 가장 대표적인 요소로는 변수, 상수, 메서드가 있다. 이들 구성 요소의 이름을 지을 때 꼭 지켜야 하는 4가지 사항은 다음과 같다. 이를 준수하지 않으면 문법 오류가 발생한다.

- 영문 대소 문자와 한글을 사용할 수 있다.
  예 abc(O), ABC(O), aBc(O), 가나다(O)
- 특수 문자는 밑줄(_)과 달러($) 표기만 사용할 수 있다.
  예 $abc(O), _abc(O), ab_c(O), $abc_(O)
- 아라비아 숫자를 사용할 수 있다. 단, 첫 번째 글자로는 사용할 수 없다.
  예 a3bc(O), ab3c(O), abc3(O), 3abc(X)
- 자바에서 사용하는 예약어는 사용할 수 없다.
  예 int(X), break(X), public(X), static(X)

자바의 예약어는 지금 모두 외울 수도 없고, 외울 필요도 없다. 이 책을 마지막 장까지 공부하다 보면 자바에서 사용하는 대부분의 예약어를 자연스럽게 알게 될 것이다.

2.2.2 이름을 지을 때 지키면 좋은 권장 사항

다음은 이름을 지을 때 꼭 지키지 않아도 되지만, 지키면 좋은 권장 사항이다. 물론 권장 사항은 앞에서 살펴본 필수 사항을 충족하는 범위 내에서만 유효하다. 권장 사항의 핵심은 변수,

상수 그리고 메서드를 그 이름이나 구조만으로도 구분할 수 있게 하는 것이다. 그럼 변수부터 살펴보자.

변수명을 지을 때 권장 사항

변수명을 지을 때는 다음 2가지를 준수하는 것이 좋다.

- 영문 소문자로 시작한다.
  예 avg, name, value
- 영문 단어를 2개 이상 결합할 때는 새로운 단어의 첫 글자를 대문자로 한다.
  예 myWork, maxValue, bestPosition

변수명을 지을 때의 권장 사항을 정리해 보면, 이름은 소문자로 시작하고 새로운 단어를 결합할 때는 의미를 파악하기 쉽도록 대문자로 시작한다는 것이다. 이를 낙타의 혹처럼 생겼다고 해서 '낙타 표기법camel case'이라고도 한다.

낙타 표기법의 예

```
int ourClassNum;
```

상수명을 지을 때 권장 사항

이번에는 상수명을 짓는 방법을 살펴보자. 상수는 변수와 구분하기 위해 모두 대문자로 표기한다. 다만 단어가 여러 개 결합하면 가독성이 떨어지므로 각각 밑줄(_)을 사용해 분리한다.

상수는 자료형 앞에 final 키워드를 붙여 선언한다. final 키워드에 대해서는 11장에서 자세히 알아본다.

상수명 짓기 예

```
final int MY_DATA;
```

메서드명을 지을 때 권장 사항

메서드명을 지을 때의 권장 사항은 변수명일 때와 같다. 단, 메서드는 이름 뒤에 소괄호(())와 중괄호({})가 붙는다. 메서드는 7장에서 상세하게 다룰 예정이므로 여기에서는 각각의 이름 규칙만 기억해 두자. 다시 한번 말하지만, 권장 사항은 개발자끼리 무언의 약속이므로 습관처럼 지키는 것이 좋다.

Do it! 실습 변수와 상수명 짓기 NamingVariableAndConstant.java

```
package sec01_datatype.EX02_NamingVariableAndConstant;

public class NamingVariableAndConstant {
    public static void main(String[] args) {
        // 변수
        boolean aBcD;           // 대문자는 새로운 단어의 앞 글자에 사용 권장
        byte 가나다;             // 한글로 작성 가능(권장하지 않음)
        short _abcd;
        char $ab_cd;
        // int 3abcd;           // 숫자는 이름 맨 앞에 올 수 없음.
        long abcd3;
        // float int;           // 자바 예약어는 사용할 수 없음.
        double main;
        // int my Work;         // 스페이스, 특수 키는 사용할 수 없음.
        String myClassName;
        int ABC;                // 전부 대문자로 작성(권장하지 않음)

        // 상수
        final double PI;
        final int MY_DATA;
        final float myData;     // 소문자 사용(권장하지 않음)
    }
}
```

2.2.3 변수의 생존 기간

변수의 생존 기간은 메모리에 변수가 만들어진 이후 사라지기까지의 기간을 의미한다. 자바에서는 개발자가 직접 변수를 생성한다. 하지만 메모리에서 변수를 삭제하는 작업은 자바 가상 머신이 알아서 한다. 변수를 삭제하는 주체가 개발자가 아니다 보니 메모리에서 변수가 사라지는 시점을 이해하는 것은 매우 중요하다. 만일 사라진 변숫값을 읽거나 값을 대입하려고 하면 문법 오류가 발생하기 때문이다.

그렇다면 메모리의 변수는 정확히 언제 생성되고 사라질까? 먼저 변수는 선언된 시점에 생성된다. 이후 생성된 변수는 자신이 선언된 열린 중괄호({)의 쌍인 닫힌 중괄호(})를 만나면 메모리에서 삭제된다.

변수의 생성 시점이 값을 대입한 시점이 아니라 선언한 시점이라는 점에 유의하자.

변수의 생성과 소멸 시점의 예

```
{
    int a ;          // 변수 a의 생성 시점
    {
      a = 3;
    }
}                    // 변수 a의 소멸 시점
```

Do it! 실습 변수의 생존 기간 RangeOfVariableUse.java

```
package sec01_datatype.EX03_RangeOfVariableUse;

public class RangeOfVariableUse {
    public static void main(String[] args) {
        int value1 = 3;   변수 value1이 생성되는 시점
        {
            int value2 = 5;   변수 value2가 생성되는 시점
            System.out.println(value1);
            System.out.println(value2);
        }   변수 value2가 사라지는 시점

        System.out.println(value1);
        // System.out.println(value2);      // 오류
    }   변수 value1이 사라지는 시점
}
```

실행 결과

```
3
5
3
```

앞의 예제와 같이 단순히 중괄호({})만 삽입하는 예는 거의 없으며, 주로 나중에 다룰 클래스 또는 제어문에 포함된 중괄호 안에서 변수를 선언해 사용한다.

2.3 자료형의 종류

자료형은 크게 '기본 자료형'과 '참조 자료형'으로 나눌 수 있다. 자바에는 8가지 기본 자료형이 있으며, 이외의 모든 자료형은 '참조 자료형'이라고 보면 된다. 참조 자료형은 개발자가 직접 정의할 수도 있으므로 가짓수가 무한개이다.

표 2-1 자바에서 사용하는 자료형의 종류

구분	저장값	자료형
기본 자료형	참, 거짓: true, false	boolean
	정수: …, -1, 0, 1, …	byte, short, int, long
	실수: -5.4, 1.7, …	float, double
	문자(정수): 'A', 'b', …	char
참조 자료형	객체: Object	배열, 클래스, 인터페이스

자료형을 이렇게 구분해야 하는 이유는 기본 자료형과 참조 자료형의 값 저장 방식이 서로 다르기 때문이다. 자료형의 구분을 이해하려면 먼저 메모리의 구조를 알아야 한다. **메모리**는 목적에 따라 크게 **3가지 영역**으로 나뉜다. 첫 번째 영역은 클래스[class] 영역, 정적[static] 영역, 상수[final] 영역, 메서드[method] 영역이라는 4개의 이름으로 불린다. 클래스를 배우면 첫 번째 영역에 왜 이렇게 다양한 이름이 붙었는지 자연스럽게 이해할 수 있다. 두 번째 영역은 스택[stack] 영역으로, 변수들이 저장되는 공간이다. 마지막 영역은 힙[heap] 영역으로, 객체들이 저장되는 공간이다.

실제 메모리는 레지스터[register] 영역을 포함한 4개 영역이지만, 개발자의 관점에서는 3개 영역만 고려하면 된다.

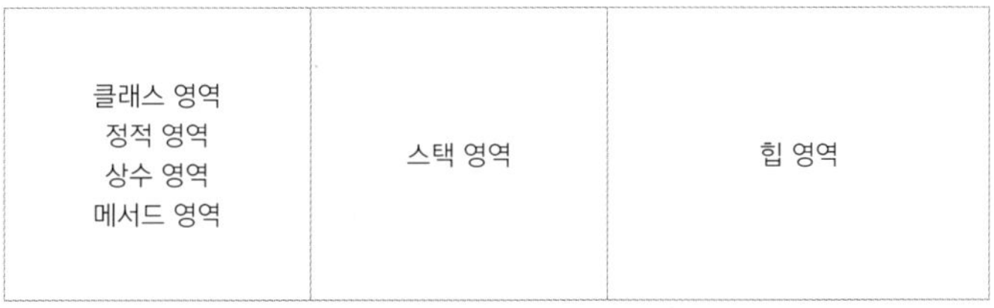

클래스 영역 정적 영역 상수 영역 메서드 영역	스택 영역	힙 영역

그림 2-3 자바의 메모리 구조

2.3.1 기본 자료형과 참조 자료형의 차이

자료형의 이름 규칙

기본 자료형과 참조 자료형의 첫 번째 차이점은 자료형 자체의 이름 규칙에 있다. 자바에서 제공하는 기본 자료형 8개의 이름은 모두 소문자(int, long, float, double, …)로 시작하는 반면, 참조 자료형의 이름은 모두 대문자(String, System, …)로 시작한다.

단, 기본 자료형을 원소로 하는 배열 참조 자료형은 int[], double[]과 같이 소문자로 시작한다. 배열은 5장에서 자세히 알아본다.

물론 권장 사항이므로 직접 생성하는 참조 자료형 이름이 소문자로 시작해도 오류는 발생하지 않는다. 하지만 앞서 말했듯이 권장 사항은 개발자 사이의 무언의 약속이므로 웬만하면 꼭 지켜야 한다.

실제 데이터값의 저장 위치

기본 자료형과 참조 자료형의 두 번째 차이점은 실제 데이터값의 저장 위치가 다르다는 것이다. 기본 자료형과 참조 자료형 모두 변수의 공간이 스택 메모리에 생성되지만, 그 공간에 저장되는 값의 의미가 서로 다르다. **기본 자료형은 스택 메모리에 생성된 공간에 실제 변숫값을 저장하는 반면, 참조 자료형은 실제 데이터값은 힙 메모리에 저장하고, 스택 메모리의 변수 공간에는 실제 변숫값이 저장된 힙 메모리의 위칫값을 저장한다.** 그림 2-4를 살펴보자.

그림 2-4 기본 자료형과 참조 자료형에서 실제 데이터값의 저장 위치 비교

기본 자료형에 속하는 변수 a는 공간이 스택 메모리에 만들어지고, 이 공간 안에 실제 데이터값(3)이 저장된다. 반면, 참조 자료형 변수 b에서 실제 데이터값("안녕")은 힙 메모리에 저장하고, 스택 메모리에 있는 b의 공간에는 힙 메모리에 있는 실제 데이터값의 위치가 저장된다. 자바는 힙 메모리에 직접 접근할 수 없으므로 반드시 위칫값을 저장하고 있는 참조 변수 b가 필요하다.

참조 자료형에서 참조는 '가리킨다.'를 뜻한다. 즉, 참조 자료형 변수인 참조 변수는 실제 데이터값을 가리키는 변수를 의미한다.

참조 자료형은 5장에서 자세히 설명하고 여기서는 기본 자료형부터 하나하나 자세히 알아보자.

2.3.2 기본 자료형의 메모리 크기와 저장할 수 있는 값의 범위

기본 자료형에는 참true과 거짓false을 저장하는 boolean, 정수를 저장하는 byte, short, int, long, 실수를 저장하는 float과 double 그리고 문자(정수)를 저장하는 char 자료형이 있다. 각 자료형이 차지하는 메모리의 크기와 저장할 수 있는 값의 범위는 표 2-2와 같다.

표 2-2 기본 자료형의 크기와 값의 범위 비교

자료형		자료의 크기	값의 범위
부울대수	boolean	1byte	true, false
정수	byte	1byte	$-2^7 \sim 2^7-1$
	short	2byte	$-2^{15} \sim 2^{15}-1$
	int	4byte	$-2^{31} \sim 2^{31}-1$
	long	8byte	$-2^{63} \sim 2^{63}-1$
실수	float	4byte	$\pm(1.40 \times 10^{-45} \sim 3.40 \times 10^{38})$
	double	8byte	$\pm(4.94 \times 10^{-324} \sim 1.79 \times 10^{308})$
문자(정수)	char	2byte	유니코드 문자($0 \sim 2^{16}-1$)

우선 정수를 저장할 수 있는 자료형 4개를 살펴보면, 자료형의 크기가 클수록 저장하는 값의 범위도 넓어지는 것을 알 수 있다. 표현할 수 있는 값이 많은 만큼 차지하는 메모리의 크기도 증가하는 방식이므로 이는 당연한 결과라고 할 수 있다.

그렇다면 각 정수 자료형의 값 범위는 어떻게 결정될까? 우선 n개의 비트bit로 표현할 수 있는 정수는 2^n개다. 예를 들어 2비트로 표현할 수 있는 정수는 $2^2(=4)$개(00, 01, 10, 11)다. 그렇다면 1byte(=8bit) 크기인 바이트 자료형으로 표현할 수 있는 정수는 $2^8(=256)$개일 것이다. 정수는 음수, 0, 양수를 포함하므로 표현할 수 있는 전체 개수 중 반은 음수, 나머지 반은 0과 양수에 할당한다. 그 결과 바이트 자료형의 값 범위는 $-2^7 \sim 2^7-1$이다. 이와 같은 원리로 short, int, long 자료형도 값의 범위를 쉽게 계산할 수 있다.

이제 실수를 살펴보자. float과 double 자료형은 각각 4byte와 8byte로 int, long과 같지만, 저장할 수 있는 값의 범위는 훨씬 넓다. 이는 실수의 저장 방식이 부동 소수점, 즉 '가수×밑지수'의 형태로 저장하기 때문이다(IEEE-754 표준).

실수는 같은 비트 수로 정수보다 훨씬 넓은 범위의 값을 표현할 수 있지만, 표현할 수 있는 값의 가짓수는 동일한 바이트 수를 갖는 정수와 같다.

실수 자료형의 구성을 살펴보면 표 2-3과 같이 float 자료형에는 부호, 가수, 지수에 각각 1bit, 23bit, 8bit, double 자료형에는 각각 1bit, 52bit, 11bit를 할당한다.

표 2-3 실수 자료형의 구성

구분	부호 비트	가수 비트	지수 비트
float(32bit)	1	23	8
double(64bit)	1	52	11

부동 소수점 표현 방식에서 지수는 표현할 수 있는 값의 범위에 영향을 미치는 요소, 가수는 값의 정밀도에 영향을 미치는 요소다. 일반적으로 float의 정밀도는 소수점 7자리, double의 정밀도는 소수점 15자리 정도다.

Do it! 실습 float과 double의 정밀도 비교 FloatVsDouble.java

```
package sec02_primarydatatype.EX01_FloatVsDouble;

public class FloatVsDouble {
    public static void main(String[] args) {
        // float의 정밀도(대략 소수 7자리)
        float f1 = 1.0000001f;
        System.out.println(f1);     정상 출력
        float f2 = 1.00000001f;
        System.out.println(f2);     오차 발생

        // double의 정밀도(대략 소수 15자리)
        double d1 = 1.000000000000001;
        System.out.println(d1);     정상 출력
        double d2 = 1.0000000000000001;
        System.out.println(d2);     오차 발생
    }
}
```

실행 결과

```
1.0000001
1.0
1.000000000000001
1.0
```

2.3.3 부울대수 자료형 - boolean

boolean은 `true`(참)과 `false`(거짓)의 값만 저장할 수 있는 자료형이다. 불리언은 이렇게 2가지 값만 포함할 수 있으므로 실제로는 1bit로도 충분하지만, 자료 처리의 최소 단위가 바이트이므로 1byte가 할당된다. 실제로 할당된 1byte(=8bit) 가운데 상위 7bit는 사용하지 않는다.

```
boolean a = true;
boolean b = false;
```

2.3.4 정수 자료형 - byte, short, int, long

정수를 저장할 수 있는 자료형에는 byte, short, int, long이 있으며, 크기는 각각 1byte, 2byte, 4byte, 8byte다. 예를 들어 변수 a에 정수 3을 저장한다면 다음과 같이 4가지 자료형으로 각각 다르게 정의할 수 있다.

```
byte a = 3;
short a = 3;
int a = 3;
long a = 3;
```

전공자라면 이 정도는 꼭!

똑같은 정수를 저장하는데 왜 자료형이 4개나 필요할까?

메모리의 효율성 때문이다. 이는 크기가 다양한 그릇으로 식사하는 것과 같은 원리다. 만일 큰 그릇 한 종류만 사용한다면 작은 콩 한 알도 이 그릇에 담아야 하므로 공간 낭비가 발생한다. 반대로 작은 그릇 한 종류만 사용한다면 넘쳐 흘러 오류가 발생하거나 아예 담지 못할 수도 있다. 이것이 여러 크기의 자료형을 사용하는 이유이다.

이렇게 같은 숫자의 값을 다양한 자료형으로 저장할 수 있다 보니 주의해야 할 사항이 있다. 자바에서는 반드시 지켜야 하는 규칙이 1개 있는데, 항상 대입 연산자(=)를 중심으로 **양쪽의 자료형이 똑같아야 한다는 것**이다. 만일 양쪽의 자료형이 같지 않으면 문법 오류가 발생한다. 그렇다면 코드에서 직접 숫자로 쓴 정수 3은 어떤 자료형일까? 코드에 직접 작성한 값을 리터럴literal이라고 하는데, 앞에서도 설명한 것처럼 3을 저장할 수 있는 자료형이 4개나 있어서 컴파일러는 해당 값의 자료형을 그중 하나로 정해야 한다.

정수 리터럴의 기준은 크게 2가지로 나뉜다. 첫 번째는 byte와 short 자료형에 저장할 수 있는 범위 내의 정숫값이 입력됐을 때다. 이때 정수 리터럴은 각각의 자료형, 즉 byte 또는 short 자료형으로 인식한다. 이와 반대로 byte, short에 저장할 수 없는 범위의 정수 리터럴은 모두 int 자료형으로 인식한다. 또는 크기에 상관없이 int, long에 정수 리터럴을 입력할 때도 int 자료형으로 인식한다. 다만 정수 리터럴 뒤에 long을 나타내는 L(또는 l)을 붙여 표기하면 long 자료형으로 인식한다. 이 내용을 정리하면 표 2-4와 같다.

표 2-4 정수 리터럴의 자료형 결정

대입식	정수 리터럴의 자료형 인식
`byte a = 3;`	byte에 저장할 수 있는 값이 byte 자료형에 대입되면 byte로 인식(byte = byte)
`short a = 3;`	short에 저장할 수 있는 값이 short 자료형에 대입되면 short로 인식 (short = short)
`int a = 3;`	int와 같거나 int보다 큰 정수 자료형(long)에 정숫값이 입력되면 크기에 관계없이 int로 인식(int = int)
`long a = 3L;`	정수 리터럴 뒤에 L(또는 l)이 붙으면 long으로 인식(long = long)
`long a = 3;`	long 자료형에 대입되는 정숫값은 크기에 상관없이 int로 인식되지만, 자동 타입 변환이 발생해 long으로 변환(long = long)
`byte a = 130;`	byte에 저장할 수 없는 범위의 정숫값이 입력되면 int로 인식(byte = int) → 오류 발생

다시 한번 강조하지만, 자바에서는 대입 연산자를 기준으로 양쪽 자료형이 일치해야 한다. 여기서 갑자기 의아해할 수도 있다. 그러면 위에서 아무렇지도 않게 쓴 `long a = 3`은 틀린 표현일까? 정수 리터럴 뒤에 L을 붙이지 않았으므로 int 자료형으로 인식할 것이고, long = int의 형태가 돼 자료형이 불일치하는 것처럼 보인다.

하지만 이 코드에서는 오류가 발생하지 않는다. 그 이유는 크기가 작은 자료형을 큰 자료형에 대입하면 컴파일러가 자동 타입 변환[type casting]을 수행하기 때문이다. 즉, long = int의 형태를 long = long 형태로 변환해 주므로 결국 자료형이 일치한다. 반면 byte a = 130에서 왼쪽은 byte 자료형, 오른쪽은 byte가 저장할 수 없는 범위의 정수 리터럴이므로 int로 인식될 것이다. 왼쪽과 오른쪽의 자료형이 일치하려면 오른쪽의 int 자료형을 byte로 타입 변환을 해야 하는데, 큰 자료형에서 작은 자료형으로의 변환은 자동으로 일어나지 않는다. 따라서 byte = int의 형태로 왼쪽과 오른쪽 자료형이 불일치해 문법 오류가 발생한다.

자료형 간의 타입 변환은 2.4절에서 좀 더 자세히 알아본다.

2.3.5 실수 자료형 - float, double

실수도 크기가 서로 다른 2가지 자료형을 제공한다. 저장하고자 하는 실숫값을 지수와 가수로 표현하는 부동 소수점 방식으로 저장하므로 오차가 발생할 수 있지만, 매우 넓은 범위의 값을 저장할 수 있다. 앞서 설명한 것처럼 float 자료형의 정밀도는 소수점 7자리, double 자료형의 정밀도는 소수점 15자리 정도이다.

자바는 실수 리터럴을 double 자료형으로 인식한다. 단, float를 나타내는 F(또는 f)를 실수 리터럴 뒤에 붙이면 float 자료형으로 인식한다.

표 2-5 실수 리터럴의 자료형 결정

대입식	실수 리터럴의 자료형 인식
`float a = 3.5F;`	뒤에 F가 붙었으므로 float로 인식(float = float)
`double a = 5.8;`	실수 리터럴은 기본적으로 double로 인식(double = double)
`double a = 5;`	int로 인식하지만 자동 타입 변환해 double로 변환(double = double)
`float a = 3.5;`	실수 리터럴은 기본적으로 double로 인식(float = double) → 오류 발생

Do it! 실습 부울대수, 정수, 실수 값의 저장 및 출력 PrimaryDataType_1.java

```java
package sec02_primarydatatype.EX02_PrimaryDataType_1;

public class PrimaryDataType_1 {
    public static void main(String[] args) {
        // boolean: true / false
        boolean bool1 = true;
        boolean bool2 = false;
        System.out.println(bool1);
        System.out.println(bool2);
        System.out.println();

        // 정수(byte, short, int, long): 음의 정수 / 0 / 양의 정수
        byte value1 = 10;
        short value2 = -10;
        int value3 = 100;
        long value4 = -100L;
        System.out.println(value1);
        System.out.println(value2);
        System.out.println(value3);
```

long 자료형으로 인식

```
        System.out.println(value4);
        System.out.println();

        // 실수(float, double): 음의 실수 / 0 / 양의 실수
        float value5 = 1.2F;                 // float 자료형으로 인식
        double value6 = -1.5;
        double value7 = 5;                   // 자동 타입 변환
        System.out.println(value5);
        System.out.println(value6);
        System.out.println(value7);          // 실숫값으로 출력
    }
}
```

실행 결과

```
true
false

10
-10
100
-100

1.2
-1.5
5.0
```

자바에서는 값을 항상 저장 자료형을 기준으로 출력한다.

2.3.6 문자 자료형

char는 문자를 저장하는 자료형으로, 문자를 작은따옴표('') 안에 표기한다. char 자료형은 정수를 저장할 수도 있지만, 앞에서 배운 정수 자료형 4가지와 다소 차이가 있다. 'A'라는 문자를 char 자료형에 저장하기 위해 코드를 `char a = 'A'`와 같이 작성했다면 메모리에는 변수 a의 공간이 만들어지고, 그 안에 문자가 들어가야 할 것이다. 하지만 메모리에는 문자를 기록할 수 없다. 메모리는 2진수 값만 저장할 수 있는 공간이기 때문이다.

그렇다면 문자를 어떻게 저장할까? 바로 모든 문자를 특정 정숫값으로 바꿔 저장하는 것이다. 자바는 세상의 모든 문자에 정숫값을 매겨 놓은 표를 사용하는데, 이를 '유니코드unicode 표'라고 한다. 즉, 문자를 저장할 때는 이 유니코드 표를 보고 그 문자에 해당하는 정수로 바꿔 메모리에 저장한다. 이와 반대로 문자를 읽을 때는 정수를 읽어 와서 그 정수에 해당하는 문자를 출력한다.

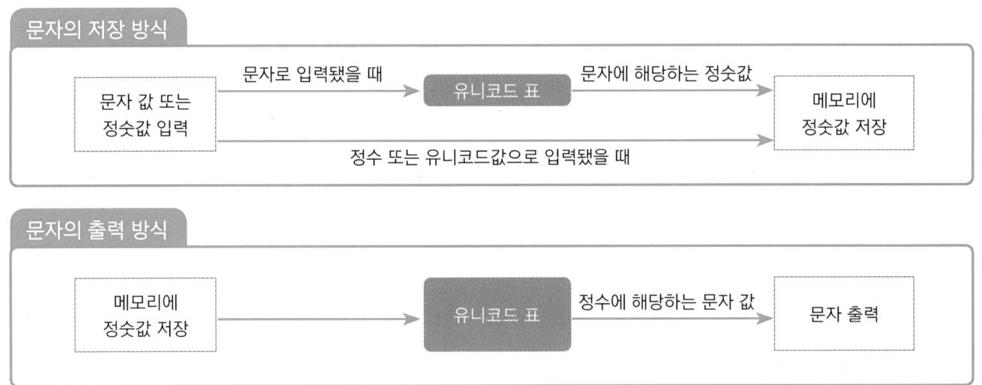

그림 2-5 char 자료형에서 문자 값의 입력 및 출력 과정

10진수	16진수	문자
0	0x0000	NULL
⋮	⋮	⋮
48	0x0030	0
49	0x0031	1
50	0x0032	2
51	0x0033	3
⋮	⋮	⋮
65	0x0041	A
66	0x0042	B
⋮	⋮	⋮
97	0x0061	a
98	0x0062	b
⋮	⋮	⋮
44032	0xac00	가
⋮	⋮	⋮

그림 2-6 유니코드 표

이미 눈치챈 독자도 있겠지만, char 자료형 메모리 안은 문자가 아니라 정수가 저장된 형태이므로 char에 문자에 해당하는 정숫값을 직접 입력해도 똑같은 결과를 얻을 수 있다. 이것이 바로 char 자료형에 정수를 저장할 수 있는 이유다.

char 자료형도 다른 자료형과 마찬가지로 정숫값을 입력할 때 다양한 진법(10진수, 16진수)으로 입력할 수 있다. 진법은 정숫값을 표현하는 방식에서만 차이가 나기 때문이다. 어차피 최종 메모리에는 2진수의 값이 저장될 것이다. char 자료형은 정숫값과 더불어 유니코드값을 직접 입력할 수도 있다. 유니코드를 입력할 때는 '\u+16진수 유니코드'와 같이 사용하며, 여기에서 유니코드는 저장하고자 하는 문자의 유니코드값을 의미한다.

값을 '\ u + 16진수 유니코드'로 입력할 때 유니코드값은 2byte, 즉 16진수 4자리로 표현해야 한다.

다음은 char 자료형 변수에 문자 'A'를 다양한 형태로 저장하는 예다.

문자 'A'를 저장하는 다양한 방법

```
char a = 'A';               // 문자
char b = 65;                // 10진수
char c = 0b1000001;         // 2진수
char d = 00101;             // 8진수
char e = 0x0041;            // 16진수
char f = '\u0041';          // 유니코드
```

전공자라면 이 정도는 꼭!

자바에서는 진법 표기가 다양한데, 진법 변환 방법도 쉬울까?

자바에서는 정수를 다양한 진법으로 표현할 수 있도록 지원한다. 단, 진법마다 숫자의 표현 방식이 다르다.

- 10진수: 숫자(예 int a = 11 → 10진수 11)
- 2진수: 0b + 숫자(예 int b = 0b11 → 10진수 3)
- 8진수: 0 + 숫자(예 int c = 011 → 10진수 9)
- 16진수: 0x + 숫자(예 int d = 0x11 → 10진수 17)

코드에서 진법을 변환하는 방법

```
int data = 10;
// 10진수 정수 → 2진수 / 8진수 / 16진수 문자열
System.out.println(Integer.toBinaryString(data)); // 1010: 10진수 → 2진수
System.out.println(Integer.toOctalString(data));  // 12: 10진수 → 8진수
System.out.println(Integer.toHexString(data));    // a: 10진수 → 16진수
// 2진수 / 8진수 / 16진수 문자열 → 10진수 정수
System.out.println(Integer.parseInt("1010",2));   // 10: 2진수 → 10진수
System.out.println(Integer.parseInt("12",8));     // 10: 8진수 → 10진수
System.out.println(Integer.parseInt("a",16));     // 10: 16진수 → 10진수
```

Do it! 실습 문잣값의 다양한 저장 방법 및 출력 PrimaryDataType_2.java

```java
package sec02_primarydatatype.EX03_PrimaryDataType_2;

public class PrimaryDataType_2 {
    public static void main(String[] args) {

        // 문자로 저장하는 방법
        char value1 = 'A';
        char value2 = '가';
        char value3 = '3';
        System.out.println(value1);
        System.out.println(value2);
        System.out.println(value3);
        System.out.println();

        // 정수로 저장하는 방법
        char value4 = 65;
        char value5 = 0xac00;
        char value6 = 51;
        System.out.println(value4);
        System.out.println(value5);
        System.out.println(value6);
        System.out.println();

        // 유니코드로 직접 입력
        char value7 = '\u0041';
        char value8 = '\uac00';
        char value9 = '\u0033';
        System.out.println(value7);
        System.out.println(value8);
        System.out.println(value9);
    }
}
```

숫자 3이 아닌 문자 '3'을 가리킴.

char 자료형의 출력값은 문자로 출력

실행 결과

```
A
가
3

A
가
3

A
가
3
```

2.4 기본 자료형 간의 타입 변환

boolean을 제외한 기본 자료형 7개는 자료형을 서로 변환할 수 있는데, 이를 '타입 변환type casting'이라고 한다. 앞에서도 설명한 것처럼 자바는 항상 대입 연산자(=)를 중심으로 왼쪽과 오른쪽 자료형을 일치시켜야 하므로 타입 변환을 수행해야 할 때가 있다.

타입 변환 방법은 단순히 변환 대상 앞에 **(자료형)**만 표기하면 된다. 정수나 실수 리터럴은 숫자 뒤에 L이나 F를 붙여 각각 long, float로 타입 변환을 수행할 수도 있다.

자료형 간의 타입 변환 방법

```
자료형 A 변수명 = (자료형 A) 값
long 변수명 = 값 + L;
long 변수명 = 값 + l;
float 변수명 = 값 + F;
float 변수명 = 값 + f;
```

여기서 반드시 알아야 할 점은 타입 변환을 수행할 때는 저장할 수 있는 값의 범위나 종류가 달라지므로 값이 변할 수 있다는 것이다.

Do it! 실습 2가지 타입 변환 방법 TypeCasting_1.java

```
package sec02_primarydatatype.EX04_TypeCasting_1;

public class TypeCasting_1 {
    public static void main(String[] args) {

        // 캐스팅 방법 1: 자료형
        int value1 = (int)5.3;
        long value2 = (long)10;
        float value3 = (float)5.8;
        double value4 = (double)16;

        System.out.println(value1);
        System.out.println(value2);
```

값이 (int)5.3 → 5로 변경됨.

(자료형) 삽입으로 타입 변환

```java
        System.out.println(value3);
        System.out.println(value4);
        System.out.println();

        // 캐스팅 방법 2: L, F
        long value5 = 10L;
        long value6 = 10l;
        float value7 = 5.8F;
        float value8 = 5.8f;

        System.out.println(value5);
        System.out.println(value6);
        System.out.println(value7);
        System.out.println(value8);
    }
}
```

long형으로 타입 변환

float형으로 타입 변환

실행 결과

```
5
10
5.8
16.0

10
10
5.8
5.8
```

2.4.1 자동 타입 변환과 수동 타입 변환

타입 변환에는 컴파일러가 자동으로 수행하는 '자동 타입 변환'과 개발자가 직접 타입 변환을 수행해야 하는 '수동 타입 변환'이 있다. 먼저 크기(범위)가 작은 자료형을 큰 자료형에 대입할 때를 살펴보자. 이를 '업캐스팅[up-casting]'이라고 한다. 이때는 어떤 데이터 손실도 발생하지 않는다. 따라서 업캐스팅을 할 때는 개발자가 타입 변환 코드를 넣지 않아도 컴파일러가 자동으로 타입 변환을 실행하는데, 이를 '자동 타입 변환'이라고 부른다.

업캐스팅이 아닌데도 자동 타입 변환이 적용되는 때가 있다. 사실 모든 정수 리터럴값은 int 자료형으로 인식된다. 하지만 byte 및 short 자료형에 저장할 수 있는 범위 내의 정수 리터럴값이 대입될 때는 자동 타입 변환이 각각의 자료형으로 수행된다. 이것이 바로 앞서 살펴본 것처럼 byte 또는 short 자료형에 저장할 수 있는 리터럴값이 입력될 때 해당 리터럴이 각각의 타입으로 인식되는 이유다.

이제 반대 상황을 살펴보자. 큰 자료형을 작은 자료형에 대입하는 행위를 '다운캐스팅[down-casting]'이라고 한다. 이때는 데이터 손실이 발생할 수 있으므로 컴파일러에 따른 자동 타입 변환은 일어나지 않으며, 개발자가 직접 명시적으로 타입 변환을 수행해야 한다. 자료형의 크기는 'byte ＜short/char＜ int＜long ＜float＜double'의 순서로 커진다.

여기서 자료형이 크다, 작다는 의미는 자료형의 바이트 크기가 아니라 저장하는 값의 범위라는 것을 꼭 기억해야 한다.

Do it! 실습 자동 타입 변환과 수동 타입 변환 TypeCasting_2.java

```
package sec02_primarydatatype.EX05_TypeCasting_2;

public class TypeCasting_2 {
    public static void main(String[] args) {
        // 자동 타입 변환
        float value1 = 3;               // int → float(업캐스팅)
        long value2 = 5;                // int → long(업캐스팅)
        double value3 = 7;              // int → double(업캐스팅)
        byte value4 = 9;                // int → byte
        short value5 = 11;              // int → short

        System.out.println(value1);
        System.out.println(value2);
        System.out.println(value3);
        System.out.println(value4);
        System.out.println(value5);
        System.out.println();

        // 수동 타입 변환
        byte value6 = (byte)128;        // int → byte(다운캐스팅)
        int value7 = (int)3.5;          // double → int(다운캐스팅)
        float value8 = (float)7.5;      // double → float(다운캐스팅)

```

```
        System.out.println(value6);
        System.out.println(value7);
        System.out.println(value8);
    }
}
```

실행 결과

```
3.0
5
7.0
9
11

-128
3
7.5
```

위 예제에서 value4와 value5는 업캐스팅이 아닌데도 예외적으로 자동 변환이 수행된다. 대입하는 값이 byte, short의 저장 범위 내의 값일 때는 자동 변환으로 자료형을 변환했을 때에도 값에 오차가 없으므로 가능한 것이다. value6, value7 그리고 value8은 큰 자료형을 작은 자료형으로 다운캐스팅한 예로, 데이터 손실이 발생한다. value8은 데이터 손실이 없는 것처럼 보이지만, 소수점 8자리 이상인 double 자료형의 실숫값을 float으로 변환하면 오차를 확인할 수 있다.

```
double a = 7.000000005;
System.out.println(a);          // 7.000000005
float b = (float)7.000000005;
System.out.println(b);          // 7.0
```

value6의 값으로 -128이 출력된 이유는 뭘까?

정수형 자료형을 작은 범위의 자료형으로 캐스팅할 때는 범위의 반대쪽 끝에서부터 다시 시작하는 서큘러circular 구조를 보인다. 즉, 정숫값 128(127+1)을 byte 자료형으로 다운캐스팅하면 byte 자료형의 범위에서 반대쪽 끝인 정숫값 -128로 변환된다.

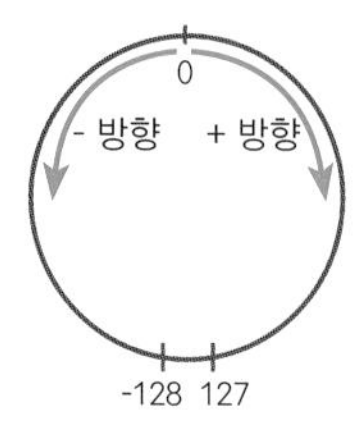

그림 2-7 정수형을 타입 변환할 때 나타나는 서큘러 구조

```
byte a = (byte)128;     // -128로 변환
byte b = (byte)129;     // -127로 변환
byte c = (byte)-129;    // 127로 변환
byte d = (byte)-130;    // 126으로 변환
```

2.4.2 기본 자료형 간의 연산

boolean을 제외한 나머지 기본 자료형은 서로 연산할 수 있다. 이때 모든 연산은 같은 자료형끼리만 가능하며 연산 결과 역시 같은 자료형이 나온다. 단, int보다 작은 자료형 간의 연산 결과는 int가 나온다. 예를 들어 byte + byte, short + short, byte + short의 결과 자료형은 int이다. 이는 CPU에서 연산 최소 단위가 int이므로 int보다 작은 자료형도 일단 int로 읽어 와서 연산을 수행하기 때문이다. 즉, CPU에서는 int + int가 수행된 셈이므로 결과도 int가 나오는 것이다. 쉽게 생각해서 int보다 작은 자료형 간의 연산은 int, int보다 크거나 같은 자료형 간의 연산은 해당 자료형이 나온다고 생각하면 된다.

표 2-6 같은 기본 자료형 간의 연산 결과

연산	결과
byte 자료형 + byte 자료형	int 자료형
short 자료형 + short 자료형	int 자료형
int 자료형 + int 자료형	int 자료형
long 자료형 + long 자료형	long 자료형
float 자료형 + float 자료형	float 자료형
double 자료형 + double 자료형	double 자료형

그렇다면 int + long은 계산할 수 없을까? 이것이 바로 타입 변환을 배운 이유다. 다운캐스팅은 개발자가 직접 해 줘야 하지만, 업캐스팅은 자동 타입 변환이므로 int + long을 수행하면 컴파일러는 연산을 위해 앞의 int를 long으로 자동 타입 변환해 long + long으로 계산한다. 당연한 이야기겠지만, 결과도 long의 값이 나올 것이다. 여기서도 역시 int보다 작은 자료형 간의 연산 결과는 int 자료형이 나올 것이다.

표 2-7 서로 다른 기본 자료형 간 연산 결과

연산	결과
byte 자료형 + short 자료형	int 자료형
byte 자료형 + int 자료형	int 자료형
short 자료형 + long 자료형	long 자료형
int 자료형 + float 자료형	float 자료형
long 자료형 + float 자료형	float 자료형
float 자료형 + double 자료형	double 자료형

여기서는 더하기(+) 연산만 표시했지만, 모든 연산에 똑같이 적용된다.

Do it! 실습 같은 자료형 간의 연산과 다른 자료형 간의 연산 OperationBetweenDataType.java

```
package sec02_primarydatatype.EX06_OperationBetweenDataType;

public class OperationBetweenDataType {
    public static void main(String[] args) {
        // 같은 자료형 간의 연산
        int value1 = 3 + 5;
        int value2 = 8 / 5;  // int / int = int
        float value3 = 3.0f + 5.0f;
        double value4 = 8.0 / 5.0;

        byte data1 = 3;
        byte data2 = 5;
        // byte value5 = data1 + data2;
        int value5 = data1 + data2;

        System.out.println(value1);
        System.out.println(value2);
```

data1 + data2는 int형이므로 오류 발생
(byte = int 형태)

```java
        System.out.println(value3);
        System.out.println(value4);
        System.out.println(value5);
        System.out.println();

        // 다른 자료형 간의 연산
        // int value6 = 5 + 3.5;
        double value6 = 5 + 3.5;
        int value7 = 5 + (int)3.5;

        double value8 = 5 / 2.0;
        byte data3 = 3;
        short data4 = 5;
        int value9 = data3 + data4;
        double value10 = data3 + data4;

        System.out.println(value6);
        System.out.println(value7);
        System.out.println(value8);
        System.out.println(value9);
        System.out.println(value10);
    }
}
```

5 + 3.5는 double형이므로 오류 발생
(int = double 형태)

data3 + data4는 int형이므로
자동 타입 변환 수행

실행 결과

```
8
1
8.0
1.6
8

8.5
8
2.5
8
8.0
```

실력 상승! 연습 문제

Q1 다음 중 변수나 상수 선언 명령으로 적절한 것은 ○, 그렇지 않은 것은 X를 표시하고, 적절하지 않은 것에는 그 이유를 적으시오.

구분	명령	가능 여부(○/X)	적절하지 않은 이유
변수 선언	`boolean flag;`		
	`byte public;`		
	`short data$;`		
	`char 이름;`		
	`int name3;`		
	`long 3name;`		
상수 선언	`final double USER_DATA;`		
	`final int $MY_DATA;`		
	`final float HELLO^^;`		

Q2 다음 코드에서 변수 a, b, c가 메모리에 생성되는 행 번호와 사라지는 행 번호를 쓰시오.

```
01 public static void main(String[] args) {
02     int a = 3;
03     {
04         int b;
05         b = 5;
06     }
07     int c = 7;
08 }
```

변수	변수의 생성 시점(행 번호)	변수의 삭제 시점(행 번호)
a		
b		
c		

Q3 소문자 'a'를 나타내는 유니코드값은 97(10진수), 1100001(2진수), 141(8진수), 또는 61(16진수)이다. char 자료형인 변수 value에 'a' 문자로 저장되는 값을 5가지 이상 나열하시오.

```
char value = ________;
System.out.println(value);
```

Q4 다음 코드에서 문법 오류가 발생하는 부분을 세 군데 찾아 수정하시오.

```
01 byte a = 3;
02 byte b = 5;
03 byte c = 130;
04 byte d = a + b;
05 long e = 100;
06 float f = 3.5;
```

오류가 발생한 행 번호	수정한 코드

Q5 다음 코드의 출력값을 쓰시오.

```
System.out.println((int)5.6 + 3.5);
System.out.println((int)5.6 + (int)3.5);
System.out.println((int)(5.6 + 3.5));
System.out.println(7 / 4);
System.out.println((double)3 / 2);
System.out.println((double)(3 / 2));
```

출력값: ______________________

3장 연산자

3장에서는 자료형과 같이 모든 프로그래밍 언어에서 가장 기본적인 요소인 연산자를 알아보자. 기본적인 개념만 잘 이해한다면 수학적인 지식이 없어도 연산자를 충분히 이해할 수 있다. 3장에서 연산자의 개념을 꼭 익히길 바란다.

교수님의 동영상 강의
자바가 처음인가요?
그렇다면 동영상으로
예습부터 해 보세요~

3.1 연산자의 종류

자바의 연산자는 연산 결과의 특징에 따라 3가지로 나눌 수 있다. 첫째, 연산 결과가 특정 값이 나오는 산술, 증감, 비트, 시프트 연산자, 둘째, 연산 결과가 참(true)과 거짓(false) 중 하나의 값으로만 나타나는 비교, 논리 연산자, 마지막으로 값을 반환하는 것이 아닌 값을 대입하는 의미를 지니고 있는 대입 연산자와 삼항 연산자가 있다.

불리언 자료형의 연산 결과를 나타내는 비교, 논리 연산자는 이후 제어문의 조건식 내부에서 가장 많이 사용되는 연산자다.

표 3-1 연산자의 종류와 연산 기호

자료형	연산 기호	기능	결과
산술 연산자	+, -, *, /, %	사칙연산 및 나머지 연산	값
증감 연산자	++, --	값이 1씩 증가 및 감소	
비트 연산자	&, |, ~, ^	비트 AND, OR, NOT, XOR	
시프트 연산자	>>, <<, >>>	비트 단위의 이동	
비교 연산자	<, >, <=, >=, ==, !=	값의 크기 비교	참 또는 거짓
논리 연산자	&&, ||, !, ^	논리 AND, OR, NOT, XOR	
대입 연산자	=, +=, -=, *=, /=, &=, |=, >>=, <<=, >>>=	산술 연산 결과의 대입 ('연산자' + '='의 축약 표현)	실행
삼항 연산자	(참 또는 거짓) ? x : y	참일 때 x, 거짓일 때 y	

3.2 연산자의 연산 방법

이제 각 연산자의 의미와 각각의 연산 방법을 하나씩 알아보자.

3.2.1 산술 연산자와 증감 연산자

산술 연산자는 가장 기본적인 연산자로, 사칙연산(+, -, *, /)과 나머지 연산(%)이 있다. 이 중 '정수/정수' 형태의 나누기(/)를 할 때 주의해야 할 필요가 있다. 기본 자료형 간의 연산에서도 언급한 것처럼 int / int = int이므로 5 / 2의 값은 2.5가 아니라 2이다. 즉, '정수 / 정수'의 결과는 나눗셈의 몫이다. 이와 달리 나머지 연산(%)은 말 그대로 나누기를 수행한 이후의 나머지를 나타내는데, 이를 '모듈로modulo 연산'이라고 한다.

증감 연산자(++, --)는 변숫값을 1씩 증가 또는 감소시킨다. 예를 들어 a++의 의미는 a = a + 1, 즉 현재 a의 값을 1 증가시켜 다시 변수 a에 저장하라는 의미다. 이후 제어문에서 사용해 보겠지만, 변숫값을 1씩 증가 또는 감소할 일이 매우 많아 코드의 간결함을 위해 생긴 연산자다. 증감 연산자는 다시 변수 앞에 붙는 '전위형'과 변수 뒤에 붙는 '후위형'으로 나뉜다. 둘 사이의 유일한 차이점은 '실행의 우선순위'다. 전위형은 다른 모든 명령보다 먼저 실행되고, 후위형은 가장 나중에 실행된다. 쉽게 말해 우선순위가 일등과 꼴등이라고 생각하면 된다. 이해를 돕기 위해 다음 코드를 살펴보자.

전위형, 후위형 증감 연산자가 동일한 결과를 출력할 때

```
int a = 3;
++a;                    // a 값에 1을 더하라는 명령 1개(전위형, 후위형 차이 없음)
System.out.println(a);  // 4

int b = 3;
b++;                    // b 값에 1을 더하라는 명령 1개(전위형, 후위형 차이 없음)
System.out.println(b);  // 4
```

위 예제에서 ++a와 b++는 모두 해당 행에서 하나의 명령을 수행한다. 따라서 전위형이든, 후위형이든 실행 순서에 차이가 없으므로 결과는 동일하다. 그럼 이번에는 전위형과 후위형 증감 연산의 결과가 다른 예를 살펴보자.

전위형, 후위형 증감 연산자가 서로 다른 결과를 출력할 때

```
int a1 = 3;
int b1 = ++a1;              // a1 값에 1을 더하기(전위형) → a1 값을 b1 값에 대입
System.out.println(a1);    // 4
System.out.println(b1);    // 4

int a2 = 3;
int b2 = a2++;              // a2 값을 b2 값에 대입 → a2 값에 1을 더하기(후위형)
System.out.println(a2);    // 4
System.out.println(b2);    // 3
```

먼저 int b1 = ++a1을 살펴보면 'b1에 a1 값을 대입하기'와 'a1 값을 1만큼 증가시키기'라는 2개의 명령을 포함하고 있다. 즉, 증감 연산과 대입 연산을 모두 수행하라는 것이다. 이때 전위형은 증감 연산을 먼저 실행한 후에 대입 연산을 실행한다. 따라서 a1 값과 b1 값이 모두 4이다. int b2 = a2++도 증감 연산과 대입 연산을 수행한다는 점에서는 동일하지만, 증감 연산이 후위형이므로 b2에 a2 값을 대입하는 대입 연산을 먼저 실행하고, a2 값을 1만큼 증가시키는 증감 연산을 실행한다. 따라서 a2의 값은 4, b2의 값은 3이 된다.

Do it! 실습 **산술 연산자와 3가지 증감 연산자** ArithmeticOperator.java

```
package sec01_operator_1.EX01_ArithmeticOperator;

public class ArithmeticOperator {
    public static void main(String[] args) {
        // 산술 연산자
        System.out.println(2 + 3);
        System.out.println(8 - 5);
        System.out.println(7 * 2);
        System.out.println(7 / 2);    // int / int = int
        System.out.println(8 % 5);
        System.out.println();

        // 증감 연산자 @case1
        int value1 = 3;
        value1++;
        System.out.println(value1);

```

```
        int value2 = 3;
        ++value2;
        System.out.println(value2);
        System.out.println();

        // 증감 연산자 @case2
        int value3 = 3;
        int value4 = value3++;
        System.out.println(value3);
        System.out.println(value4);
        System.out.println();

        int value5 = 3;
        int value6 = ++value5;
        System.out.println(value5);
        System.out.println(value6);
        System.out.println();

        // 증감 연산자 @case3
        int value7 = 3;
        int value8 = 4;
        int value9 = 2 + value7-- + ++value8;
        System.out.println(value7);
        System.out.println(value8);
        System.out.println(value9);
    }
}
```

실행 결과

```
5
3
14
3
3

4
4

4
3

4
4

2
5
10
```

3.2.2 비트 연산자

비트 연산자는 말 그대로 비트 단위의 연산자로, AND(&), OR(|), XOR(^), NOT(~)이 있다. 비트 AND(&)는 두 값이 모두 1일 때만 1인 연산자, 비트 OR(|)은 두 값이 모두 0일 때만 0인 연산자다. 비트 XOR(^)은 두 값이 같을 때 0, 다를 때 1인 연산자이며, 비트 NOT(~)은 0은 1, 1은 0으로 반전하는 연산자다. 진리표는 표 3-2와 같다.

표 3-2 비트 연산자의 진리표

값 1	값 2	AND(&)	OR(|)	XOR(^)
0	0	0	0	0
0	1	0	1	1
1	0	0	1	1
1	1	1	1	0

값	NOT(~)
0	1
1	0

두 정수 사이에 비트 연산을 수행하면 자바 가상 머신이 알아서 연산 결과를 알려 주겠지만, 실제로 계산을 할 수 있어야 결과가 맞는지 알 수 있을 것이다. 그럼 각 비트 연산자를 하나하나 알아보자.

비트 AND, 비트 OR, 비트 XOR의 연산 과정 살펴보기

정수 3과 정수 10의 비트 AND, 비트 OR, 비트 XOR 연산 과정을 살펴보자. 비트 단위의 연산을 직접 계산하기 위해서는 10진수를 비트 단위의 표현 방식인 2진수로 바꿔 표기할 수 있어야 한다. 여기서는 정수의 진법 변환 방법을 수학적으로 다루지 않는다. 정수의 진법 변환 방법을 계산할 수 있다면 비트 간의 연산을 이해하는 데 도움이 되겠지만, 실제 수학적으로 변환하기 힘들더라도 자바 코드상에서 10진수를 2진수, 8진수, 16진수로 변환하는 메서드(Integer.toBinaryString( ), Integer.toOctalString(), Integer.toHexString())와 이를 다시 10진수로 변환하는 메서드(Integer.parseInt())를 활용해 얼마든지 상호 변환할 수 있으므로 걱정하지 않아도 된다.

Interger.toXXXString()과 Integer.parseInt() 메서드를 활용한 진법 변환 예는 2.3.6에서 소개한 바 있다.

먼저 비트 AND 연산을 살펴보자. 10진수 3은 2진수 00000011이고, 10진수 10은 2진수 00001010로 변환된다. 이 두 정수의 각 비트 간 AND 연산 결과는 2진수 00000010이며, 이를 10진수로 변환하면 값이 2이다. 2진수, 16진수와 같은 다양한 진법을 사용해 직접 비트 AND 연산을 수행해도 이와 동일한 결과를 얻을 수 있다.

```
  00000011 ← 3(10진수)
& 00001010 ← 10(10진수)
  00000010 → 2(10진수)
```

그림 3-1 비트 AND 연산 과정

비트 AND 연산의 예

```
System.out.println(3 & 10);                       // 2
System.out.println(0b00000011 & 0b00001010);      // 2
System.out.println(0x03 & 0x0A);                  // 2
```

비트 연산을 할 때 사용되는 비트 수

실제 비트 연산을 수행할 때의 최소 단위는 int(4byte = 32bit)이므로 10진수 3을 2진수로 변환하면 0이 30개, 1이 2개인 32비트 2진수로 변환된다. 다만 앞의 0들은 연산 결과에 영향을 미치지 않으므로 생략해 표현할 수 있다. 즉, 다음 코드에서 변수 a, b, c는 모두 같은 수를 저장하고 있다.

```
int a = 3;
int b = 0b00000000000000000000000000000011;
int c = 0b0011;
```

비트 OR 연산자와 비트 XOR 연산자도 이와 동일한 방식으로 진행된다.

비트 OR 연산의 예

```
System.out.println(3 | 10);                       // 11
System.out.println(0b00000011 | 0b00001010);      // 11
System.out.println(0x03 | 0x0A);                  // 11
```

```
  00000011 ← 3
| 00001010 ← 10
  00001011 → 11
```

그림 3-2 비트 OR 연산 과정

비트 XOR 연산의 예

```
System.out.println(3 ^ 10);                       // 9
System.out.println(0b00000011 ^ 0b00001010);      // 9
System.out.println(0x03 ^ 0x0A);                  // 9
```

```
  00000011 ← 3
^ 00001010 ← 10
  00001001 → 9
```

그림 3-3 비트 XOR 연산 과정

위에서 볼 수 있는 것처럼 일단 비트 단위의 2진수로 나열만 할 수 있으면 연산의 결과를 유추하는 것은 그리 어려운 일이 아니다.

비트 NOT 연산 과정 살펴보기

마지막으로 비트 NOT(~) 연산자를 살펴보자. 비트 NOT 연산자를 이해하기 위해서는 우선 양숫값과 음숫값을 읽는 방법을 알아야 한다. **값의 첫 번째 비트는 부호 비트(0: 양수, 1: 음수)로, 숫자의 부호를 결정**한다. 일단 부호가 결정되면 나머지 비트로 값을 읽으면 되는데, 양수는 1을 기준으로 값을 읽는다. 반면, 음수는 0을 기준으로 값을 읽은 후에 1을 더한 값이 음수의 절댓값이다. 예를 들어 2진수 00...01010은 양수이므로 1을 기준으로 읽으며, 읽은 값은 +10(= $2^3 + 2^1$)을 의미한다. 반면 11...11010은 음수이므로 0을 기준으로 읽은 값에 1을 더한 값인 6(= $2^2 + 2^0 + 1$)에 음의 부호만 붙인 값(-6)을 의미한다.

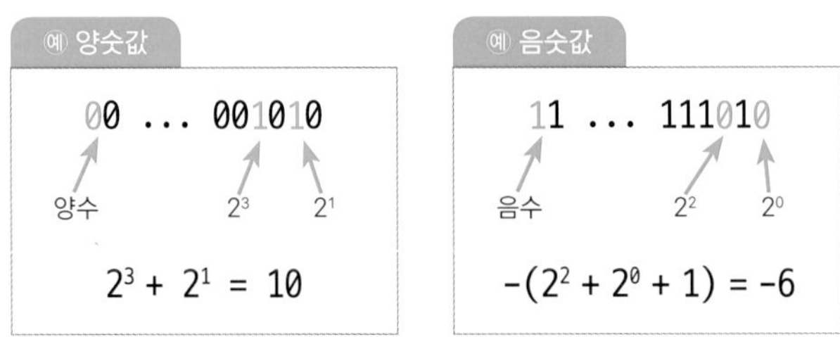

그림 3-4 2진수에서 양숫값과 음숫값을 읽는 방법

이제 음수든, 양수든 값을 읽을 수 있으므로 본격적으로 비트 NOT 연산자를 알아보자. 비트 NOT 연산자는 0과 1을 반전시키는 연산으로, 부호 비트까지 반전시키므로 비트 NOT 연산을 수행하면 항상 부호가 바뀌게 된다.

비트 NOT 연산의 예

```
System.out.println(~3);             // -4
System.out.println(~0b00000011);    // -4
System.out.println(~0x03);          // -4

System.out.println(~0);             // -1
System.out.println(~0b00000000);    // -1
System.out.println(~0x00);          // -1
```

```
~ 00000011 ← 3
  11111100 → -4
```

```
~ 00000000 ← 0
  11111111 → -1
```

그림 3-5 비트 NOT 연산 과정

전공자라면 이 정도는 꼭!

음수 값을 읽을 때 0을 기준으로 읽은 후 왜 1을 더할까?

0을 기준으로 읽을 때	0을 기준으로 읽고 1을 더할 때
111...111110 → -1(=-(2^0))	111...111110 → -2(=-(2^0 + 1))
111...111111 → 0	111...111111 → -1(=-(0 + 1))
000...000000 → 0	000...000000 → 0
000...000001 → 1	000...000001 → 1

만약 음의 정수를 읽을 때 0을 기준으로 읽고, 1을 더하지 않으면 음수에서 양수로 넘어가는 과정에서 10진수 0을 나타내는 표현이 2개 존재하게 된다. 반면 0을 기준으로 읽은 후 1을 더하면 음수에서 1씩 증가시켜 양수가 되는 과정에 10진수 0을 표현하는 값이 1개만 존재한다.

Do it! 실습 다양한 진법의 표현과 비트 연산자 BitwiseOperator.java

```java
package sec01_operator_1.EX02_BitwiseOperator;

public class BitwiseOperator {
    public static void main(String[] args) {
        // 자바 메서드로 진법 변환
        int data = 13;
        System.out.println(Integer.toBinaryString(data));
        System.out.println(Integer.toOctalString(data));
        System.out.println(Integer.toHexString(data));
        System.out.println();

        System.out.println(Integer.parseInt("1101", 2));
        System.out.println(Integer.parseInt("15", 8));
        System.out.println(Integer.parseInt("0D", 16));
        System.out.println();

        // 다양한 진법 표현
        System.out.println(13);
        System.out.println(0b1101);
        System.out.println(015);
        System.out.println(0x0D);
        System.out.println();

```

10진수 값을 2진수, 8진수, 16진수로 변환

2진수, 8진수, 16진수 값을 10진수로 변환

```
        // 비트 연산자
        // @AND 비트 연산자
        System.out.println(3 & 10);
        System.out.println(0b0011 & 0b1010);
        System.out.println(0x03 & 0x0A);
        System.out.println();

        // @OR 비트 연산자
        System.out.println(3 | 10);
        System.out.println(0b0011 | 0b1010);
        System.out.println(0x03 | 0x0A);
        System.out.println();

        // @XOR 비트 연산자
        System.out.println(3 ^ 10);
        System.out.println(0b0011 ^ 0b1010);
        System.out.println(0x03 ^ 0x0A);
        System.out.println();

        // @NOT 비트 연산자
        System.out.println(~3);
        System.out.println(~0b0011);
        System.out.println(~0x03);
    }
}
```

실행 결과

```
1101
15
d

13
13
13

13
13
13
13

2
2
2

11
11
11

9
9
9

-4
-4
-4
```

3.2.3 시프트 연산자

시프트shift 연산자는 비트의 위치를 좌우로 이동하는 연산으로, 산술 시프트(<<, >>)와 논리 시프트(>>>)가 있다.

산술 시프트

산술 시프트는 숫자의 **부호 비트는 유지**하면서 나머지 비트를 왼쪽(<<) 또는 오른쪽(>>)으로 이동하는 연산자다.

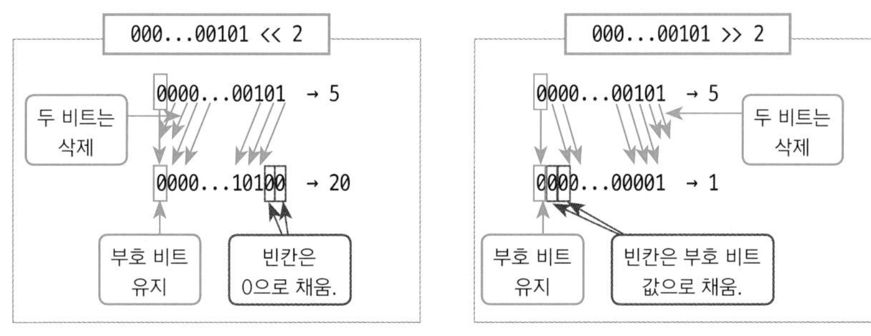

그림 3-6 오른쪽 및 왼쪽 산술 시프트 연산자

<< 연산을 수행하면 부호 비트를 제외한 나머지 전체 비트가 왼쪽으로 이동하므로 1bit 이동할 때마다 ×2의 효과가 있다. 반면 >> 연산을 수행하면 부호 비트를 제외한 나머지 전체 비트가 오른쪽으로 이동하므로 1bit 이동할 때마다 ÷2의 효과가 있다.

여기서 주의해야 할 점은 이동한 이후에 발생하는 빈칸이다. 빈칸을 채우는 방식은 시프트 방향에 따라 다르다. << 연산일 때 빈칸이 오른쪽에 생기며 0으로 빈칸을 채운다. 반면 >> 연산일 때 빈칸은 왼쪽 부호 비트 다음에 생기며, 이때는 부호 비트값과 동일한 값으로 채운다.

>> 연산에서는 삭제되는 비트 때문에 값을 2로 나눈 결과와 다르게 나타날 수 있다. 예를 들어 `0b0011 >> 1`을 연산하면 1.5가 아닌 1의 값이 나타나는데, 이때 발생하는 오차는 0b0011의 최하위 비트값이 시프트 과정에서 삭제되기 때문이다.

전공자라면 이 정도는 꼭!

양수와 음수의 산술 시프트 연산 결과를 쉽게 계산하는 방법

>> 연산으로 발생하는 오차는 양수와 음수에서 조금 차이가 난다. 이는 앞서 2진수로 표현된 양수와 음수를 읽는 방법에서의 차이 때문이다. 당연히 실제 시프트 연산을 수행한 후 양수와 음수를 읽는 방법에 따라 데이터를 읽으면 결과를 알 수 있겠지만, 다음과 같이 간략히 정리해 기억하자.

표 3-3 시프트 연산 결과

연산자	부호	특성	예
<<	양수, 음수	1bit 시프트당 × 2, 부호 유지	3 << 1 = 6, -3 << 1 = -6
>>	양수	1bit 시프트당 ÷ 2, 부호 유지, 소수 버림	5 >> 2 = 1
	음수	1bit 시프트당 ÷ 2, 부호 유지, 소수 올림	- 5 >> 2 = -2

논리 시프트

논리 시프트logical right shift(>>>)는 **부호 비트를 포함해 전체 비트를 오른쪽으로 이동**시키는 연산으로, 빈칸은 모두 0으로 채운다. 부호 비트까지 이동시키므로 부호 비트가 1인 음수일 때 논리 시프트 이후에는 값이 양수로 변할 것이다.

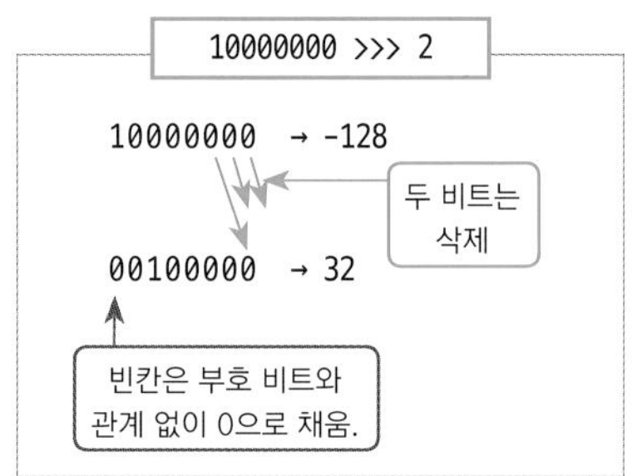

그림 3-7 논리 시프트 연산

2진수를 16진수로 표현하는 방법

2진수를 16진수로 표현할 때는 2진수 4개를 하나로 묶어 16진수 1개의 값을 표현한다.

```
0b00111000 = 0x38
0b11110000 = 0xF0
0b1111111111111111 = 0xFFFF
```

이러한 논리 시프트는 '3번째 비트는 사운드 ON/OFF 여부를 나타내고, 4번째 비트 위치는 자동 완성 ON/OFF를 의미한다.'와 같이 각 비트 위치에서의 값만이 의미가 있을 때 주로 사용하는 연산이므로 숫자의 크기나 부호는 의미가 없다. 일반적으로 논리 시프트를 이용해 각 비트값을 알아 내는 방법은 다음과 같다.

논리 시프트를 이용해 각 비트 위치에서의 값 알아 내기

```
int flags = 0b10110110;
System.out.println(flags >>> 0 & 1);     // 0: 0번째 비트값
System.out.println(flags >>> 1 & 1);     // 1: 1번째 비트값
System.out.println(flags >>> 2 & 1);     // 1: 2번째 비트값
System.out.println(flags >>> 3 & 1);     // 0: 3번째 비트값
System.out.println(flags >>> 4 & 1);     // 1: 4번째 비트값
System.out.println(flags >>> 5 & 1);     // 1: 5번째 비트값
System.out.println(flags >>> 6 & 1);     // 0: 6번째 비트값
System.out.println(flags >>> 7 & 1);     // 1: 7번째 비트값
```

Do it! 실습 산술 시프트와 논리 시프트 ShiftOperator.java

```java
package sec01_operator_1.EX03_ShiftOperator;

public class ShiftOperator {
    public static void main(String[] args) {
        // 산술 시프트
        // @ <<
        System.out.println(3 << 1);
        System.out.println(-3 << 1);
        System.out.println(3 << 2);
        System.out.println(-3 << 2);
        System.out.println();

        // @ >>
        System.out.println(5 >> 1);
        System.out.println(-5 >> 1);
        System.out.println(5 >> 2);
        System.out.println(-5 >> 2);
        System.out.println();

        // 논리 시프트(>>>)
        System.out.println(3 >>> 1);
        System.out.println(-3 >>> 31);
    }
}
```

0000...0011 >>> 1 = 1

1111...1101 >>> 31 = 1

실행 결과

```
6
-6
12
-12

2
-3
1
-2

1
1
```

3.2.4. 비교 연산자

비교 연산자는 크게 크기 비교(>, <, >=, <=)와 등가 비교(==, !=)로 나눌 수 있다. 연산 결과는 불리언 자료형, 즉 true와 false 중 하나를 나타낸다. 참고로 크거나 같다(>=), 작거나 같다(<=), 같지 않다(!=)와 같이 등호를 포함해 2개의 연산 부호가 연결됐을 때 **등호(=)는 항상 오른쪽에 위치**하는데, 이는 이후에도 계속 적용되는 사항이므로 꼭 기억하기 바란다. 또한 등가 비교에서 같다(==)일 때는 등호가 2개 있다는 것에 유의하자.

전공자라면 이 정도는 꼭!

등가 비교(==)와 대입 연산자(=)를 혼동하지 말자

등가 비교 연산자(==)는 두 값이 동일한지의 여부를 확인한 후 동일 여부를 참(true) 또는 거짓(false)로 반환하는 연산자인 반면, 대입 연산자(=)는 말그대로 오른쪽의 값을 왼쪽에 대입하는 연산자다.

```
int a = 3;
System.out.println(a == 5);     // false
System.out.println(a = 5);      // 5
```

크기 비교나 등가 비교 연산은 누구나 계산할 수 있을 것이다. 비교 연산자에서 정작 중요한 것은 '**등가 비교(==, !=)할 때 비교 대상이 무엇이냐?**'는 것이다. 이 물음의 정답은 '**스택**[stack] **메모리의 값을 비교한다.**'이다. 이것이 중요한 이유는 앞에서 배운 것처럼 스택 메모리의 값이 기본 자료형일 때와 참조 자료형일 때가 서로 다르기 때문이다. 기본 자료형의 실제 데이터값은 스택 메모리, 참조 자료형의 실제 데이터값은 힙 메모리에 저장되고, 스택 메모리에는 실제 데이터값의 위치(번지)가 저장된다. 다시 말하면, 기본 자료형의 등가 비교 대상은 실제 데이터값이 되고, 참조 자료형의 등가 비교 대상은 실제 데이터값이 위치한 번짓값이 되는 것이다. 이는 참조 자료형에서 좀 더 자세히 알아본다.

참조 자료형의 스택 메모리값이 실제 메모리의 물리적 번짓값을 가리키는 것은 아니며, 개념적으로 위치를 가리키는 참좃값 정도로 생각하자.

Do it! 실습 크기 비교 및 등가 비교와 참조 자료형의 등가 비교 RelationOperator.java

```java
package sec01_operator_1.EX04_RelationOperator;

public class RelationOperator {
    public static void main(String[] args) {
        // 크기 비교
        System.out.println(5 < 2);
        System.out.println(5 > 2);
        System.out.println(5 < 5);
        System.out.println(5 <= 5);
        System.out.println(5 >= 5);
        System.out.println();

        // 등가 비교
        // @기본 자료형 등가 비교
        int a = 5;
        int b = 2;
        int c = 5;
        System.out.println(a == b);
        System.out.println(a != b);
        System.out.println(a == c);
        System.out.println(a != c);
        System.out.println();

        // @참조 자료형 등가 비교
        String str1 = new String("안녕");
        String str2 = new String("안녕");
        System.out.println(str1 == str2);
    }
}
```

스택 메모리 값을 비교

실행 결과

```
false
true
false
true
true

false
true
true
false

false
```

3.2.5 논리 연산자

논리 연산자는 비트 연산자와 매우 비슷하지만, 피연산자로 불리언값(true 또는 false)만 올 수 있고, 연산 결과 또한 불리언 타입만을 지닌다. 논리 AND(&&)는 두 값이 모두 true일 때만 true, 나머지는 모두 false 값을 가진다. 반면 논리 OR(||)은 두 값이 모두 false일 때만 false이며, 나머지는 모두 true이다. 논리 XOR(^)은 두 값이 다를 때는 true, 같을 때는 false의 연산 결과가 나타나며, 논리 NOT(!)은 true와 false를 반전시키는 연산자다.

비트 XOR과 논리 XOR은 모두 기호 ^를 사용하며, 각각의 동작은 좌우에 위치한 피연산자의 자료형에 따라 결정된다. 예를 들어 '정수^정수'에서는 비트 연산자, '불리언^불리언' 에서는 논리 연산자로 작동한다.

표 3-4 논리 연산자의 진리표

값 1	값 2	AND(&&)	OR(||)	XOR(^)
false	false	false	false	false
false	true	false	true	true
true	false	false	true	true
true	true	true	true	false

값	NOT(!)
false	true
true	false

비트 연산자의 0과 1 값의 연산 과정을 논리 연산자의 false와 true에 대응해 생각하면 매우 비슷하다는 것을 알 수 있다.

쇼트 서킷

이러한 논리 연산은 비트 연산자로도 수행할 수 있다. 일반적으로 비트 연산자의 양쪽에 위치하고 있는 피연산자는 정숫값이지만, 양쪽 피연산자의 자리에 불리언값이 위치하면 비트 연산자는 비트 연산이 아닌 논리 연산을 수행한다.

그렇다면 논리 연산자로 논리 연산을 수행하는 것과 비트 연산자로 논리 연산을 수행하는 것과의 차이점은 무엇일까? 그것은 바로 **쇼트 서킷**short circuit의 적용 여부다. 쇼트 서킷은 연산을 수행하는 과정에서 결과가 이미 확정됐을 때 나머지 연산 과정을 생략하는 것을 말한다. 예를 들어 (5 > 3) || (3 < 2)를 수행하고자 할 때 왼쪽의 (5 > 3)이 true이므로 오른쪽 항의 결과와 상관없이 결과는 항상 true일 것이다. 따라서 이때는 오른쪽 항인 (3 < 2)를 아예 읽지도 않는 것이 바로 쇼트 서킷이다.

논리 연산자로 논리 연산을 수행할 때는 쇼트 서킷이 적용되지만, 비트 연산자로 논리 연산을 수행하면 쇼트 서킷이 적용되지 않는다. 즉, 비트 연산자로 논리 연산을 수행할 때는 계산 과정에서 결과가 이미 확정돼도 나머지 연산을 모두 수행하는 것이다. 쇼트 서킷은 단순히 불필요한 계산 과정을 생략하는 것이므로 결과에는 아무런 영향을 미치지 않는다. 따라서 다음과 같이 논리 연산자를 사용하든, 비트 연산자를 사용하든 논리 연산의 결과는 같다.

논리 연산자와 비트 연산자의 결괏값 비교

```
// 논리 연산자
System.out.println(true && false);          // false 출력
System.out.println(true || (5 < 3));        // true 출력
System.out.println((5 >= 5) ^ (7 > 2));     // false 출력
// 비트 연산자
System.out.println(true & false);           // false 출력
System.out.println(true | (5 < 3));         // true 출력
System.out.println((5 >= 5) ^ (7 > 2));     // false 출력
```

두 연산자를 이용한 논리 연산의 결과가 항상 동일하면서 논리 연산자는 불필요한 계산을 생략했으므로 논리 연산자가 좋아 보일 수 있다. 하지만 쇼트 서킷을 의도적으로 적용하지 않아야 하는 때도 있다. 다음 코드를 살펴보자.

논리, 비트 연산자를 이용한 논리 연산의 차이점

```
int a, b, c;
// 논리 연산자
a = 3; b = 3; c = 3;
System.out.println(false && a++ > 6);     // false
System.out.println(true || b++ > 6);      // true
System.out.println(true ^ c++ > 6);       // true
System.out.println(a);                    // 3
System.out.println(b);                    // 3
System.out.println(c);                    // 4

// 비트 연산자
a = 3; b = 3; c = 3;
System.out.println(false & a++ > 6);      // false
System.out.println(true | b++ > 6);       // true
System.out.println(true ^ c++ > 6);       // true
System.out.println(a);                    // 4
System.out.println(b);                    // 4
System.out.println(c);                    // 4
```

논리 연산과 비트 연산의 각 오른쪽 피연산자에 증감 연산자가 포함돼 있다. 논리 연산자일 때 왼쪽 항의 결과로 이미 결과가 결정됐을 때는 오른쪽 항을 실행시키지 않으므로 각 변수의 증감 연산은 이뤄지지 않는다. 반면 비트 연산자를 이용해 동일한 논리 연산을 수행하면 연산 결과의 결정 시기와 관계없이 항상 각 변수의 증감 연산이 수행된다.

논리 XOR 연산을 수행하기 위해서는 항상 양쪽 값을 모두 확인해야 하므로 쇼트 서킷을 구조적으로 적용할 수 없다. 이것이 바로 논리 XOR 연산과 비트 XOR 연산의 연산 기호(^)가 동일한 이유다.

Do it! 실습 논리 연산자와 비트 연산자를 이용한 논리 연산 LogicalOperator.java

```
package sec01_operator_1.EX05_LogicalOperator;

public class LogicalOperator {
    public static void main(String[] args) {
        // 논리 연산자
        // @AND(&&)
        System.out.println(true && true);
        System.out.println(true && false);
        System.out.println(true && (5 < 3));
        System.out.println((5 <= 5) && (7 > 2));
        System.out.println();

        // @OR(||)
        System.out.println(true || true);
        System.out.println(true || false);
        System.out.println(false || (5 < 3));
        System.out.println((5 <= 5) || (7 > 2));
        System.out.println();

        // @XOR(^)
        System.out.println(true ^ true);
        System.out.println(true ^ false);
        System.out.println(false ^ (5 < 3));
        System.out.println((5 <= 5) ^ (7 > 2));
        System.out.println();

        // @NOT(!)
        System.out.println(!true);
```

```
        System.out.println(!false);
        System.out.println(false || !(5 < 3));
        System.out.println((5 <= 5) || !(7 > 2));

        // 비트 연산자로 논리 연산 수행
        System.out.println(true & true);
        System.out.println(true & false);
        System.out.println(true | (5 < 3));
        System.out.println((5 <= 5) | (7 > 2));
        System.out.println();

        // @쇼트 서킷 사용 여부(논리 연산자는 O, 비트 연산자 X)
        int value1 = 3;
        System.out.println(false && ++value1 > 6);   수행하지 않음.
        System.out.println(value1);

        int value2 = 3;
        System.out.println(false & ++value2 > 6);   수행함.
        System.out.println(value2);

        int value3 = 3;
        System.out.println(true || ++value3 > 6);   수행하지 않음.
        System.out.println(value3);

        int value4 = 3;
        System.out.println(true | ++value4 > 6);   수행함.
        System.out.println(value4);
    }
}
```

실행 결과

```
true
false
false
true

true
true
false
true

false
true
false
false

false
true
true
true
true
false
true
true

false
3
false
4
true
3
true
4
```

3.2.6 대입 연산자

대입 연산자(=)는 오른쪽 피연산자의 연산 결과를 왼쪽 변수에 대입하는 연산자로, 앞으로 가장 많이 사용하게 될 연산자 중 하나다. 예를 들어 `a = 3`이라는 코드는 오른쪽 값인 3을 왼쪽 변수 a에 대입하라는 명령이다. 그러면 `a = a + 3`을 살펴보자. 수학에서는 말이 되지 않는 수식이다. 이 세상 어떤 수도 자신과 자신에게 3을 더한 수가 같을 수는 없다. 하지만 자바 코드에서는 가능하다. 그 이유는 등호의 오른쪽이 먼저 계산되고, 이후 대입 연산자가 실행되기 때문이다. 즉, `a = a + 3`은 a 값에 3을 더한 후 그 결과를 다시 a에 대입하라는 의미다.

대입 연산자의 실행 순서

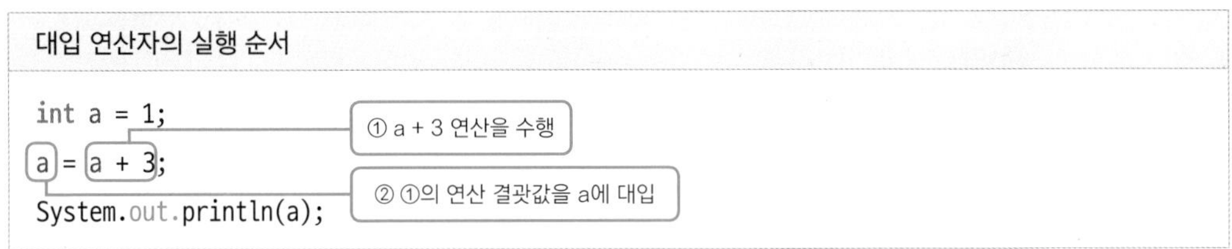

대입 연산자는 다른 연산자와 결합해 축약된 형태로 사용될 수 있다. 일반 표현(`a = a + 3`)으로는 변수 a가 좌우에 존재하는데, 축약 형태는 이 중 오른쪽의 a 하나를 없앤 형태다. 오른쪽 a 하나를 없애면 가운데는 연산자만 2개 남는데, 앞에서도 언급한 것처럼 등호(=)는 다른 연산자와 함께 있을 때 항상 오른쪽에 위치한다. 이렇게 만들어진 표현이 바로 다음의 축약 표현이다.

표 3-5 다양한 대입 연산자의 축약 표현

일반 표현	축약 표현
a = a + b	a += b
a = a - b	a -= b
a = a * b	a *= b
a = a / b	a /= b
a = a & b	a &= b
a = a | b	a |= b
a = a >> b	a >>= b
a = a << b	a <<= b
a = a >>> b	a >>>= b

축약 표현은 단순히 수식만 간략화한 것이므로 실행 결과에는 아무런 영향을 미치지 않는다. 따라서 항상 일반 표현과 동일한 연산 결과가 나타난다.

Do it! 실습 대입 연산자 및 축약 표현 AssignmentOperator.java

```java
package sec01_operator_1.EX06_AssignmentOperator;

public class AssignmentOperator {
    public static void main(String[] args) {
        // 대입 연산자와 축약 표현
        // @대입 연산자
        int value1 = 3;
        value1 = value1 + 3;
        System.out.println(value1);
        System.out.println();

        // @축약 표현
        int value2;
        value2 = 5; System.out.println(value2 += 2);
        value2 = 5; System.out.println(value2 -= 2);
        value2 = 5; System.out.println(value2 *= 2);
        value2 = 5; System.out.println(value2 /= 2);
        value2 = 5; System.out.println(value2 %= 2);
        value2 = 5; System.out.println(value2 |= 2);
        value2 = 5; System.out.println(value2 <<= 2);
        value2 = 5; System.out.println(value2 >>= 2);
        value2 = 5; System.out.println(value2 >>>= 2);
    }
}
```

실행 결과

```
6

7
3
10
2
1
7
20
1
1
```

3.2.7 삼항 연산자

삼항 연산자는 다음과 같이 자바 연산자 중 유일하게 3개의 피연산자가 있는 연산자다.

삼항 연산자의 구성

```
(참 또는 거짓) ? 참일 때 연산 결과 : 거짓일 때 연산 결과
```

물음표(?) 앞에는 불리언 자료형인 참(true) 또는 거짓(false)만 올 수 있으며 불리언 자료형이 직접 올 수 있지만, 주로 연산 결과가 불리언 자료형인 논리 연산자와 비교 연산자가 위치한다. 이 값이 참일 때는 콜론(:)의 앞쪽, 거짓일 때는 뒤쪽이 연산 결과가 된다.

삼항 연산자의 간단한 예

```
int a = (true) ? 1 : 2;           ← ? 앞에 true가 왔으므로 a = 1
System.out.println(a);     // 1
int b = (a % 2 == 0) ? 10 : 20;   ← a%2 == 1이므로 b = 20
System.out.println(b);     // 20
```

전공자라면 이 정도는 꼭!

삼항 연산자와 if 선택 제어문 사이의 변환

삼항 연산자는 4장에서 배울 if 선택 제어문으로도 변환할 수 있다. 아직 제어문을 배우기 전이긴 하지만, 구조가 직관적이므로 여기서는 우선 눈으로 익혀 두기만 하자.

삼항 연산자를 이용한 표현

```
int a = 3;
int b = (a > 5) ? 10 : 20;
System.out.println(b);     // 20
```

if 선택 제어문을 이용한 동일한 표현

```
int a = 3;
int b;
if(a > 5) {
    b = 10;
} else {
    b = 20;
}
System.out.println(b);     // 20
```

Do it! 실습 삼항 연산자 ConditionalOperator.java

```
package sec01_operator_1.EX07_ConditionalOperator;

public class ConditionalOperator {
    public static void main(String[] args) {
        // 삼항 연산자
        int value1 = (3 > 5) ? 6 : 9;
        System.out.println(value1);

        int value2 = (5 > 3) ? 10 : 20;
        System.out.println(value2);

        int value3 = 3;
        System.out.println((value3 % 2 == 0) ? "짝수" : "홀수");

        // cf. if-else 구문으로 변환
        if(value3 % 2 == 0) {
            System.out.println("짝수");
        } else {
            System.out.println("홀수");
        }
    }
}
```

실행 결과

```
9
10
홀수
홀수
```

실력 상승! 연습 문제

Q1 다음은 산술 연산에 관한 코드다. 출력값을 쓰시오.

```
System.out.println(2 + 3 / 2);
System.out.println(10 % 3 + 5 / 3);
System.out.println((4 + 5 / 2) % 4);
```

Q2 다음은 증감 연산에 관한 코드다. 출력값을 쓰시오.

```
int a = 5;
int b = a++;
System.out.println(a);
System.out.println(b);
System.out.println(++a);
System.out.println(++b);
System.out.println(a++ + --b);
System.out.println(a + b);
```

Q3 다음은 비트 연산자에 관한 코드다. 출력값을 쓰시오(3 = 0b00000011, 5 = 0b00000101이며, 출력값은 2진수로 표현해도 됨).

```
System.out.println(5 & 3);
System.out.println(5 | 3);
System.out.println(5 ^ 3);
System.out.println(~5);
```

Q4 다음은 시프트 연산자에 관한 코드다. 출력값을 쓰시오.

```
System.out.println(7 << 2);
System.out.println(7 >> 2);
System.out.println(-7 << 2);
System.out.println(-7 >> 2);
System.out.println(-1 >>> 30);
```

Q5 다음은 비교 연산자에 관한 코드다. 출력값을 쓰시오.

```
System.out.println(3 < 3);
System.out.println(5 >= 3);
System.out.println(5 <= 5);
System.out.println(5 == 5);
System.out.println(5 != 5);
```

Q6 다음은 논리 연산자에 관한 코드다. 출력값을 쓰시오.

```
System.out.println(false && true);
System.out.println((4 <= 4) || (6 < 3));
System.out.println(false ^ ( 3 >= 4));
System.out.println(!(3 <= 3));
```

Q7 다음은 논리 연산자와 비트 연산자로 논리 연산을 수행한 코드다. 출력값을 쓰시오.

```
int a = 4, b = 5, c = 6;
System.out.println(false && a-- > 6);
System.out.println(true | b++ > 6);
System.out.println(true ^ c++ > 6);
System.out.println(a);
System.out.println(b);
System.out.println(c);
```

Q8 다음은 대입 연산자에 관한 코드다. 출력값을 쓰시오.

```
int a = 3;
a <<= 1;
System.out.println(a);
a &= 5;
System.out.println(a);
a -= 1;
System.out.println(a *= 2);
```

Q9 다음은 삼항 연산자에 관한 코드다. 출력값을 쓰시오.

```
int a = 3;
int b = 5;
int c = 7;
System.out.println((a > b) ? "안녕하세요" : "반갑습니다");
System.out.println((a < b) ? (b > c) ? "타입 A" : "타입 B" : (b > c) ? "타입 C" : "타입 D");
```

4장 제어문과 제어 키워드

자료형과 연산자가 프로그램을 이루는 기본적인 부품이라면, 4장에서 다루는 제어문과 제어 키워드는 이런 부품들을 연결해 주는 관절이라 할 수 있다. 동일한 부품이라도 어떤 방식으로 연결하느냐에 따라 전혀 다른 모양이 만들어진다. 제어문과 제어 키워드의 적절한 활용은 프로그램의 간결성과 효율성을 높이는 매우 중요한 요소이므로 꼼꼼히 살펴보자.

교수님의 동영상 강의
자바가 처음인가요?
그렇다면 동영상으로
예습부터 해 보세요~

4.1 제어문

프로그램은 기본적으로 소스 코드를 위에서부터 차례대로 1줄씩 처리한다. 프로그램을 작성하다 보면 이런 처리 순서를 의도적으로 바꿔야 할 때가 있는데, 이 역할을 수행하는 것이 바로 '제어문'이다.

4.1.1 제어문의 개념

제어문과 제어 키워드를 이용하면 프로그램의 실행 순서를 다양한 방법으로 제어할 수 있다. 즉, 제어문은 '프로그램의 처리 순서를 바꾸는 것'이라고 생각하면 된다. 자바에는 2개의 선택 제어문(if, switch)과 3개의 반복 제어문(for, while, do-while)으로 구성된 5개의 제어문과 2개의 제어 키워드(break, continue)가 있다.

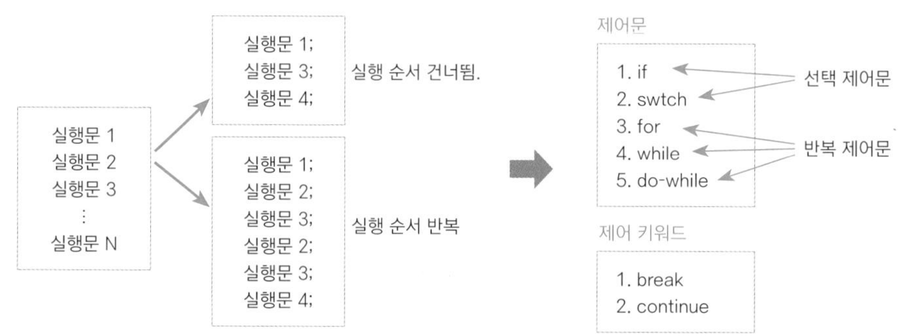

그림 4-1 제어문의 개념과 종류

5개 제어문의 공통적인 특징은 모두 중괄호({})가 있다는 것이다. 다만 중괄호 안에 실행문이 1개일 때는 중괄호를 생략할 수 있다. 중괄호를 생략하면 컴파일러가 하나의 실행문만 감싸는 중괄호를 자동으로 삽입해 준다.

4.1.2 if 선택 제어문

if 문은 조건식에 따라 실행문의 실행 여부를 결정하는 선택 제어문이다. 기본적인 문법 구조는 크게 3가지 유형으로 나뉜다.

유형 ① if 단일 구문

먼저 유형 ①은 조건식 1개, 중괄호 1개가 있는 구조로, '조건식 = true'일 때 중괄호 안을 실행하고, '조건식 = false'일 때 중괄호 안을 실행하지 않는다.

유형 ① if 단일 구문

```
if(조건식) {          ← boolean 타입(true, false)만 가능
    실행 구문;        ← 조건식이 true일 때만 실행
}
```

간단한 예를 살펴보자. 유형 ①은 if 문 중 가장 간단한 형태로, 단순히 조건식의 참, 거짓 여부에 따라 중괄호 안의 실행 여부를 결정하므로 매우 직관적이다. 참고로 첫 번째와 두 번째 조건문으로 사용된 (5 > 3) 또는 (5 < 3)은 이미 실행 여부가 확정되므로 실제에서는 거의 사용할 일이 없고, 세 번째와 네 번째 조건문과 같이 변수가 포함된 조건식이 주로 사용된다.

유형 ① if 단일 구문의 예

```
if(5 > 3) {
    System.out.println("출력1");    // 실행됨.
}
if(5 < 3) {
    System.out.println("출력2");    // 실행 안 됨.
}
int a = 3;
if(a == 3) {
    System.out.println("출력3");    // 실행됨.
}
boolean b = false;
if(b) {
    System.out.println("출력4");    // 실행 안 됨.
}
```

전공자라면 이 정도는 꼭!

중괄호를 생략했을 때 제어문의 동작

if 문을 포함한 모든 제어문은 중괄호를 포함하며, 생략했을 때는 컴파일러가 자동으로 삽입한다. 이때 주의해야 할 점은 컴파일러가 삽입하는 중괄호는 반드시 하나의 실행 구문만 감싼다는 것이다.

컴파일러가 삽입하는 제어문의 중괄호

```
if(3 > 5) {
    System.out.println("안녕");     // 출력 안 됨.
    System.out.println("방가");     // 출력 안 됨.
}

if(3 > 5) {
    System.out.println("안녕");     // 출력 안 됨. }
    System.out.println("방가");     // 출력됨.
```

컴파일러가 자동으로 삽입한 중괄호

유형 ② if-else 구문

유형 ②는 조건식 하나와 중괄호 2개가 있는 형태로 if 구문의 조건식이 true일 때 if 구문의 중괄호가 실행되고, false일 때 else 구문의 중괄호가 실행된다. 모든 조건식은 true가 아니면 false이므로 둘 중 하나는 반드시 실행되며, 둘 중 하나만 실행된다. 유형 ②의 else 구문은 생략할 수 있으며, 이때 유형 ②의 문법 구조는 유형 ①과 같다.

유형 ② if-else 구문

```
if(조건식) {
    실행 구문;
}
else {
    실행 구문;
}
```

- 실행 구문(if): 조건식이 true일 때만 실행
- 실행 구문(else): 조건식이 false일 때만 실행
- else 블록: 생략 가능(생략했을 때 유형 ①)

유형 ②는 조건식의 결괏값에 따라 둘 중 하나를 선택하는 제어문이므로 앞에서 배운 삼항 연산자와 상호 변환할 수 있다.

유형 ② if-else 구문의 예

```
// if 문 유형 ② if-else 구문
if(5 > 3) {
    System.out.println("실행1");       // 실행됨.
} else {
    System.out.println("실행2");       // 실행 안 됨.
}
// if 문 유형 ② if-else 구문
int a, b;
a = 5; b = 0;
if(a > 5) {
    b = 10;                            // 실행 안 됨.
} else {
    b = 20;                            // 실행됨.
}
System.out.println(b);                 // 20

// 삼항 연산자로 변환
a = 5; b = 0;
b = (a > 5) ? 10 : 20;
System.out.println(b);                 // 20
```

유형 ③ if-else if-else 구문

마지막으로 유형 ③은 N개의 조건식과 N + 1개의 중괄호를 포함하고 있는 형태로, if-else if-else의 구조이다. 중간의 else if 구문도 생략할 수 있으며, 이를 생략하면 유형 ②의 형태가 된다. 물론 else 구문까지 생략하면 유형 ①의 형태가 될 것이다.

유형 ③ if-else if-else 구문

```
if(조건식 1) {
    실행 구문;      ── 조건식 1이 true일 때 실행한 후 제어문 탈출
}
else if (조건식 2) {
    실행 구문;      ── 조건식 2가 true일 때 실행한 후 제어문 탈출
}
...                 ── 생략 가능(생략했을 때 유형 ②)
```

```
else if (조건식 N) {
    실행 구문;        조건식 N이 true일 때 실행한 후 제어문 탈출
}
else {
    실행 구문;        모든 조건식이 false일 때만 실행
}
```

else if 구문은 개수에 상관없이 추가할 수 있으며, if 구문처럼 소괄호 안에 조건식이 들어간다. 유형 ③에서 반드시 기억해야 할 내용은 조건식을 검색할 때 항상 위에서부터 검사를 수행하며, 처음으로 조건식이 true가 나오는 중괄호 블록을 만나면 해당 블록의 중괄호를 실행하고 if 문을 탈출한다는 것이다. 즉, 중괄호가 100개 있다 하더라도 **처음 참이 되는 블록 하나만 실행**되는 것이다. 물론 모든 조건식이 false라면 마지막 else 구문이 실행될 것이다. 그럼 다음과 같이 점수를 학점으로 변환하는 코드를 생각해 보자.

유형 ③ if-else if-else 구문을 이용해 점수를 학점으로 변환하는 예 1

```
// 90 이상: A, 80 이상 ~ 90 미만: B, 70 이상 ~ 80 미만: C, 70 미만: F
int a = 85;
if(a >= 90) {
    System.out.println("A학점");
}
else if(a >= 80) {        처음 조건식이 참인 블록을 실행한 후 if 문 탈출
    System.out.println("B학점");
}
else if(a >= 70) {
    System.out.println("C학점");
}
else {
    System.out.println("F학점");
}
```

모든 조건식은 위에서부터 차례대로 검사하며, 처음 참이 나오는 조건식은 `a >= 80`이다. 따라서 해당 조건식의 실행 블록인 `System.out.println("B학점")`이 출력되고, 전체 if 문을 탈출한다. 즉, 다음 조건식(`a >= 70`)도 참이지만, 이 조건식은 아예 읽지도 않는다는 말이다. 이 코드는 변수 a 값에 다른 점수를 입력해도 올바르게 동작할 것이다.

그렇다면 다음 코드를 살펴보자. 조금 전에 알아본 코드와 완벽히 동일하며, A학점과 C학점을 출력하는 조건식의 순서만 바꿔 놓았다.

유형 ③ if-else if-else 구문을 이용해 점수를 학점으로 변환하는 예 2

```
int a = 85;
if(a >= 70) {
    System.out.println("C학점");
}
else if(a >= 80) {
    System.out.println("B학점");
}
else if(a >= 90) {
    System.out.println("A학점");
}
else {
    System.out.println("F학점");
}
```

처음 조건식이 참인 블록을 실행한 후 if 문 탈출

여기에서는 첫 번째 참인 조건식이 `a >= 70`이므로 `"C학점"`이 출력된다. 단순히 순서만 바꿔 놓았지만, 조건식을 위에서부터 확인하는 if 문 유형 ③의 특징 때문에 전혀 다른 결과가 나온다. 따라서 if 문 유형 ③을 작성할 때 다수의 조건식이 참이 나올 수 있는 때는 순서에 유의해 작성해야 한다.

조건식의 순서에 상관없이 항상 동일한 결과가 나타나도록 하려면 다음 예제와 같이 모든 조건식 중 하나의 조건식만 참이 나오도록 하면 된다. 당연히 첫 번째 참이 나오는 조건식이 유일한 참인 조건식이므로 순서에 상관없이 항상 해당 블록만 실행될 것이다.

유형 ③ if-else if-else 구문을 이용해 점수를 학점으로 변환하는 예 3

```
int a = 85;
if(a >= 70 && a < 80) {
    System.out.println("C학점");
}
else if(a >= 80 && a < 90) {
    System.out.println("B학점");
}
else if(a >= 90) {
```

유일하게 조건식이 참인 블록을 실행한 후 if 문 탈출

```
    System.out.println("A학점");
}
else {
    System.out.println("F학점");
}
```

전공자라면 이 정도는 꼭!

변수의 범위 표현

변숫값의 범위를 지정할 때 수학식에서는 70 <= a < 80과 같이 표현할 수 있지만, 자바 코드에서는 반드시 각각을 분리하고, 논리 연산자로 연결해 줘야 한다. 즉, 70 <= a < 80은 a >= 70 && a < 80으로 바꿔 작성해야 한다.

```
if(a >= 70 && a < 80) {  // 70 ≤ a < 80
    // ...
}
```

Do it! 실습 3가지 유형의 if 문 IfControlStatement.java

```
package sec01_selelctcontrolstatement.EX01_IfControlStatement;

public class IfControlStatement {
    public static void main(String[] args) {
        // 유형 ①: if
        int value1 = 5;
        if(value1 > 3) {
            System.out.println("실행1");
        }
        if(value1 < 5) {
            System.out.println("실행2");
        }

        boolean bool1 = true;
        boolean bool2 = false;
        if(bool1) {
            System.out.println("실행3");
```

```
        }
        if(bool2) {
            System.out.println("실행4");
        }

        // 유형 ②: if-else
        int value2 = 5;
        if(value2 > 3) {
            System.out.println("실행5");
        }
        else {
            System.out.println("실행6");
        }

        // cf. 삼항 연산자와 변환 가능
        System.out.println((value2 > 3) ? "실행5" : "실행6");
        System.out.println();

        // 유형 ③: if-else if-else if-...-else
        int value3 = 85;
        if(value3 >= 90) {
            System.out.println("A학점");
        }
        else if(value3 >= 80) {
            System.out.println("B학점");    // 실행한 후 탈출
        }
        else if(value3 >= 70) {
            System.out.println("C학점");
        }
        else {
            System.out.println("F학점");
        }

        if(value3 >= 70) {
            System.out.println("C학점");    // 실행한 후 탈출
        }
        else if(value3 >= 80) {
            System.out.println("B학점");
```

```
        }
        else if(value3 >= 90) {
            System.out.println("A학점");
        }
        else {
            System.out.println("F학점");
        }

        if(value3 >= 70 && value3 < 80) {
            System.out.println("C학점");
        }
        else if(value3 >= 80 && value3 < 90) {
            System.out.println("B학점");     // 실행한 후 탈출
        }
        else if(value3 >= 90) {
            System.out.println("A학점");
        }
        else {
            System.out.println("F학점");
        }
    }
}
```

실행 결과

```
실행1
실행3
실행5
실행5

B학점
C학점
B학점
```

4.1.3 switch 선택 제어문

switch 문은 점프 위치 변숫값에 따라 특정 위치(case)로 이동해 구문을 실행하는 선택 제어문이다. 점프할 수 있는 위치는 'case 위칫값:'으로 설정한다. 이렇게 콜론(:) 문자가 붙은 값은 이동할 위치를 가리키는 일종의 팻말 역할을 한다고 생각하면 된다. case 구문말고 default: 구문도 포함될 수 있는데 이는 if 문의 else 구문과 비슷한 기능으로, 일치하는 위칫값이 없을 때 점프할 위치를 나타낸다. default 구문은 생략할 수 있다.

이동할 위치를 가리키는 콜론(:) 문자는 삼항 연산자, case 구문, Label, 람다식 등에서 사용한다.

switch 문의 구조

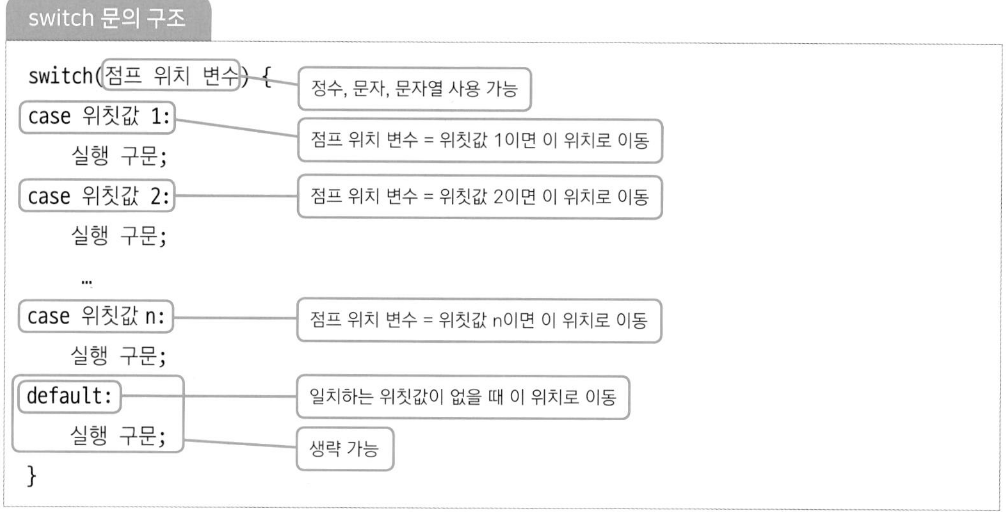

switch(점프 위치 변수) {
정수, 문자, 문자열 사용 가능
case 위칫값 1:
점프 위치 변수 = 위칫값 1이면 이 위치로 이동
실행 구문;
case 위칫값 2:
점프 위치 변수 = 위칫값 2이면 이 위치로 이동
실행 구문;
…
case 위칫값 n:
점프 위치 변수 = 위칫값 n이면 이 위치로 이동
실행 구문;
default:
일치하는 위칫값이 없을 때 이 위치로 이동
실행 구문;
생략 가능
}

다시 한번 말하지만 switch 문의 역할은 특정 위치로 이동시키는 것이 전부다. 그러다 보니 if 문과는 조금 다르게 동작한다. 다음 예제를 살펴보자.

switch 문을 이용한 점프의 예

```
int a = 2;
switch(a) {
case 1:
    System.out.println("A");
case 2:
    System.out.println("B");    // 실행됨.
case 3:
    System.out.println("C");    // 실행됨.
default:
    System.out.println("D");    // 실행됨.
}
```

switch(a)에 따라 case 2:로 이동한 후 차례대로 구문 실행

a 값이 2이므로 switch 문의 역할은 `case 2:`로 실행 순서를 이동시키는 것이다. 이것이 전부다. 그다음부터는 원래 프로그램 실행 순서대로 1줄씩 실행된다. 따라서 B, C, D가 모두 출력된다. 여기서 `case 2:` 구문은 실행 명령이 아닌 단순히 위치를 정하는 팻말의 역할을 하므로 아무것도 실행하지 않는다. 이것이 조건식이 true인 첫 번째 블록 하나만을 실행하는 if 문과 다른 점이다.

그렇다면 switch 문도 if 문처럼 단 하나의 실행문만 실행하게 할 수는 없을까? break 제어 키워드를 사용하면 된다. 제어 키워드는 뒤에서 좀 더 자세하게 다루도록 하고, 여기에서는 **'break는 if 문을 제외한 가장 가까운 중괄호({})를 탈출'**하는 키워드라는 것만 기억하자. 즉, switch 문에서 break를 만나면 switch 문을 탈출하게 되는 것이다. 다음 예제의 결과를 살펴보자.

break 키워드를 포함한 switch 문의 예

```
int a = 2;
switch(a) {
case 1:
    System.out.println("A");
    break;
case 2:    // switch(a)에 따라 이동되는 위치
    System.out.println("B");     // 실행됨.
    break;    // switch 문을 탈출
case 3:
    System.out.println("C");
    break;
default:
    System.out.println("D");
}
```

`switch(a)`가 `case 2:`로 실행 순서를 이동시켜 `"B"`를 출력한다. 이어서 `break`를 만나 switch 문을 탈출한다. '애초에 case 구문 문법을 만들 때 break 기능을 포함하면 좋았을 텐데….'라고 생각하는 사람도 있을 것이다. 하지만 의도적으로 break를 빼고 프로그램을 작성할 때도 자주 있다. 예를 들어 다음과 같이 10점 만점에 7점 이상은 `"Pass"`를 출력하고, 나머지는 `"Fail"`을 출력하고자 할 때를 생각해 보자.

switch 문을 이용한 7점 이상 Pass 출력의 예 1

```
int a = 8;
switch(a) {
case 10:
    System.out.println("Pass");  break;
case 9:
    System.out.println("Pass");  break;
case 8:
    System.out.println("Pass");  break;    // 실행한 후 switch 문 탈출
case 7:
    System.out.println("Pass");  break;

default:
    System.out.println("Fail");
}
```

한눈에 봐도 중복 코드가 많아 비효율적으로 보인다. 각 case 구문에서 Pass 또는 Fail을 출력하는 명령 하나만 수행하므로 이 정도이지, 만약 case 구문마다 수십 가지 작업을 수행한다면 코드의 중복은 더욱 심각해질 것이다. 이렇게 case 구문마다 break 키워드를 붙이는 대신, 다음 예와 같이 하나의 실행문에 여러 개의 case를 지정하면 훨씬 간결하게 코드를 작성할 수 있다.

하나의 실행문에 여러 개의 case를 지정하는 것은 마치 여러 개의 팻말을 한꺼번에 꽂아 두는 것과 같은 개념이다.

switch 문을 이용한 7점 이상 Pass 출력의 예 2

```
int a = 8;
switch(a) {
case 10:
case 9:
case 8:
case 7:
    System.out.println("Pass");  break;

default:
    System.out.println("Fail");
}
```

switch 문은 위칫값으로 정수, 문자, 문자열만 사용할 수 있는 반면, if 문은 조건식에서 다양한 비교 연산자, 논리 연산자를 쓸 수 있으므로 효율성에는 차이가 날 수 있지만 기본적으로 switch 문은 if 문과 상호 변환할 수 있다. switch 문과 if 문의 동작 원리를 알면, 변환 자체는 그리 어려운 일이 아닐 것이다. 다음 예는 switch 문으로 작성된 코드를 동일한 기능을 수행하는 if 문으로 변환한 코드다.

switch 문과 동일한 기능을 수행하는 if 문

```
int a = 8;

// switch 문
switch(a) {
case 10:
case 9:
    System.out.println("A");
    break;
case 8:
    System.out.println("B");    // 실행한 후 탈출
    break;
case 7:
    System.out.println("C");
    break;
default:
    System.out.println("D");
}

// if 문
if(a >= 9) {
    System.out.println("A");
}
else if(a == 8) {
    System.out.println("B");    // 실행한 후 탈출
}
else if(a == 7) {
    System.out.println("C");
}
else {
    System.out.println("D");
}
```

그렇다면 switch 문과 if 문 사이에는 어떤 성능 차이가 있을까? 답을 먼저 말하면 전체적인 속도의 차이는 거의 없다고 보면 된다. 다만 각 결과에 따른 속도 차이가 날 수 있는데, 예를 들어 위 예제의 if 문에서 "A"가 출력될 때는 1개의 조건식만 검사한 후 출력되지만, "C"나 "D"가 출력될 때는 3개의 조건식을 비교한 후에 출력된다. 따라서 100만 개의 "A" 출력과 100만 개의 "C" 출력 사이에 속도 차이가 발생할 수 있다. 반면 switch 문일 때 "A"를 출력하든, "C"나 "D"를 출력하든 동일하게 한 번의 점프만을 수행한 후 실행되므로 모든 출력 속도가 동일하다는 장점이 있다. 하지만 조건식의 검사 속도가 워낙 빠른데다 한 번에 수백만 개의 데이터를 처리하는 상황이 아니라면 어느 것을 사용해도 상관없다.

Do it! 실습 switch 문(break 미포함, break 포함, if 문 변환) SwitchControlStatement.java

```
package sec01_selelctcontrolstatement.EX02_SwitchControlStatement;

public class SwitchControlStatement {
    public static void main(String[] args) {
        // break가 포함되지 않았을 때
        int value1 = 2;
        switch(value1) {
        case 1:
            System.out.println("A");
        case 2:
            System.out.println("B");     // 점프한 후 계속 실행
        case 3:
            System.out.println("C");
        default:
            System.out.println("D");
        }
        System.out.println();

        // break가 포함돼 있을 때
        int value2 = 2;
        switch(value2) {
        case 1:
            System.out.println("A");
            break;
        case 2:
            System.out.println("B");     // 실행한 후 탈출
            break;
```

```
            case 3:
                System.out.println("C");
                break;
            default:
                System.out.println("D");
            }
            System.out.println();

            // if - else if - else 구문으로 변환
            if(value1 == 1) {
                System.out.println("A");
            }
            else if(value1 == 2) {
                System.out.println("B");    // 실행한 후 탈출
            }
            else if(value1 == 3) {
                System.out.println("C");
            }
            else {
                System.out.println("D");
            }
        }
}
```

실행 결과

```
B
C
D

B

B
```

4.1.4 for 반복 제어문

for 문은 실행 구문을 반복적으로 수행하는 반복 제어문으로, 일반적으로 반복 횟수가 정해질 때 주로 사용한다. 즉, for 문의 구문을 보면 몇 번 반복하는지 유추할 수 있어야 한다. for 문의 기본 문법 구조는 다음과 같다.

for 문의 구성

```
for(초기식; 조건식; 증감식) {
    실행 구문;    ── 조건식이 true인 동안 실행
}
```

for 다음의 소괄호(()) 안에는 3개의 항목이 있고, 각각은 세미콜론(;)으로 구분돼 있다. 나중에 다시 다루겠지만, 컴파일러는 문법적으로 for 문의 소괄호 안에 세미콜론이 2개 있는지 여부만 점검한다.

- **초기식**: for 문이 시작될 때 딱 한 번 실행되고 다시는 실행되지 않는다. 따라서 for 문 안에서만 사용할 변수는 주로 초기식에서 초기화한다.
- **조건식**: 실행 구문으로 들어가기 위한 유일한 출입구로, 이 조건식의 결과가 true가 나오는 동안은 실행 구문을 계속 반복한다. 만일 조건식이 false가 나오면 더 이상 반복을 수행하지 않고 for 문을 빠져나간다. 즉, for 문이 끝나는 위치는 닫힌 중괄호(})가 아니라 조건식이다.
- **증감식**: for 문의 실행 구문이 모두 수행된 후 닫힌 중괄호(})를 만나면 다음 번 반복을 위해 다시 이동하는 위치로 매회 반복이 수행할 때마다 호출된다.

전공자라면 이 정도는 꼭!

초기식에 포함된 변수의 선언 위치

초기식에 포함된 변수는 for 문의 내외부에서 선언할 수 있다. 먼저 외부에서 변수를 선언하고 초기식에서 초기화만 했을 때, for 문이 종료된 이후에도 변수는 사라지지 않는다.

```
int i;
for(i = 0; i < 3; i++) {
    System.out.println("실행");
}
System.out.println(i);    // 3
```

반면 for 문의 초기식 안에서 선언했을 때는 for 문의 내부에서만 사용할 수 있으며, 대부분 for 문의 반복 횟수를 지정하기 위한 용도로만 변수를 사용하므로 초기식 내부에서 변수를 선언하는 이 방식이 주로 사용된다.

```
for(int i = 0; i < 3; i++) {
    System.out.println("실행");
}
System.out.println(i);     // 오류
```

또한 초기식과 증감식은 쉼표(,)로 구분해 여러 개를 동시에 표기할 수 있다.

```
for(int i = 0, j = 0; (i + j) < 10; i++, j++) {
    // ...
}
```

증감식 실행 이후 다시 조건식을 검사하며, 이후에는 앞의 과정이 반복된다. for 문의 실행 순서를 정리하면 다음과 같다.

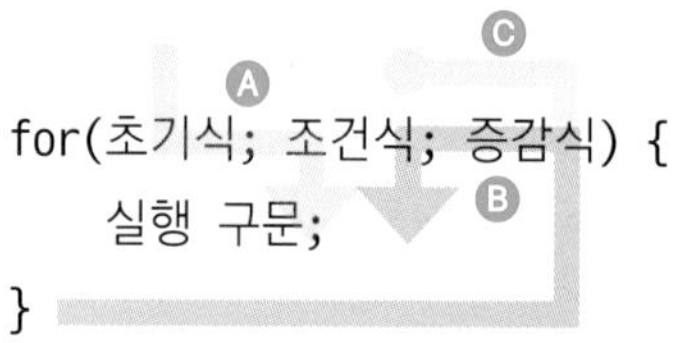

```
for(초기식; 조건식; 증감식) {
    실행 구문;
}
```


그림 4-2 for 문의 동작 순서

앞에서 언급한 것처럼 컴파일러는 for 문의 소괄호(()) 안에 2개의 세미콜론(;)이 있는지만 문법적으로 점검한다. 즉, 초기식, 조건식, 증감식을 생략하더라도 세미콜론만 있으면 문법 오류는 발생하지 않는다. 그 결과, 몇 가지 특수한 for 문 형태가 가능하다. 먼저 for의 실행 구문으로 진입하는 유일한 입구인 조건식을 생략하면 컴파일러는 조건식에 true를 자동으로 삽입한다. 즉, for 문으로 들어가는 문을 항상 열어 놓은 셈이다. 따라서 for 문에서 조건식을 생략하면 구문을 끊임 없이 반복한다.

끝없이 반복되는 구문을 '무한 루프'라고 한다.

for 문에서 조건식이 생략됐을 때(무한 루프)

```
for(초기식 ;   ; 증감식) {
    실행 구문;
}
```

조건식을 생략하면 컴파일러는 자동으로 true 입력(무한 루프)

대부분 무한 루프 안에는 break 키워드를 삽입해 특정 조건을 만족했을 때 무한 루프를 탈출하도록 프로그래밍한다.

break 제어 키워드는 4.2에서 자세히 알아본다.

break를 이용한 무한 루프 탈출

```
for(int i = 0;  ; i++) {
    if(i > 10) {
        break;
    }
    System.out.print(i + " ");    // 0 1 2 3 4 5 6 7 8 9 10
}
```

무한 반복을 하는 코드 다음에 어떤 실행 코드를 작성하면 이클립스는 바로 문법 오류를 발생시킨다. 무한 루프에 가로막혀 결코 도달할 수 없는 코드unreachable code를 작성했기 때문이다. 이와 비슷한 상황으로 조건식에 명시적으로 false를 넣으면 문이 항상 닫힌 상태이므로 for 문 안의 내용을 절대 실행할 수 없으므로 오류가 발생한다. 지극히 직관적이고 당연한 결과다. 가끔은 이클립스의 세심함에 고마움을 느낀다.

for 문에서 도달할 수 없는 코드를 작성해 오류가 발생하는 예

```
for( ;  ;  ) {

    실행 구문;
}
실행 구문;      // 오류 발생

for(  ; false ;   ) {
    실행 구문;  // 오류 발생
}
```

Do it! 실습 for 문의 기본 문법 구조, 특수한 형태, 무한 루프에서 탈출하기 ForControlStatement.java

```java
package sec02_loopcontrolstatement.EX01_ForControlStatement;

public class ForControlStatement  {
    public static void main(String[] args) {
        // for 문 기본 문법 구조
        int a;
        for(a = 0; a < 3; a++) {
            System.out.print(a + " ");
        }
        System.out.println();

        for(int i = 0; i < 3; i++) {
            System.out.print(i + " ");
        }
        System.out.println();

        for(int i = 0; i < 100; i++) {
            System.out.print(i + " ");
        }
        System.out.println();

        for(int i = 10; i > 0; i--) {
            System.out.print(i + " ");
        }
        System.out.println();

        for(int i = 0; i < 10; i += 2) {
            System.out.print(i + " ");
        }
        System.out.println();

        for(int i = 0, j = 0; i < 10; i++, j++) {
            System.out.print(i + j + " ");
        }
        System.out.println();

        // for 문의 특수한 형태(무한 루프)
```

for 문의 반복 횟수를 지정하는 변수를 외부에서 선언

for 문의 반복 횟수를 지정하는 변수를 초기식에서 선언

```java
        /*
        for(int i = 0;  ;  i++) {
            System.out.print(i + " ");
        }
        for(;;) {
            System.out.print("무한 루프");
        }
        */
        System.out.println();

        // 무한 루프 탈출
        for(int i = 0;  ; i++) {
            if(i > 10) {
                break;
            }
            System.out.print(i + " ");
        }
        System.out.print("무한 루프 탈출");
    }
}
```

조건식 생략

i > 10을 만족할 때 무한 루프 탈출

실행 결과

```
0 1 2
0 1 2
0 1 2 3 4 5 6 7 8 9 10 11 12 13 14 15 ... 98 99
10 9 8 7 6 5 4 3 2 1
0 2 4 6 8
0 2 4 6 8 10 12 14 16 18

0 1 2 3 4 5 6 7 8 9 10 무한 루프 탈출
```

결괏값 생략

4.1.5 while 반복 제어문

while 문도 중괄호 안의 실행 구문을 반복적으로 실행하는 반복 제어문으로 소괄호 안의 조건식이 true인 동안 반복은 지속된다. while 반복 제어문의 기본 문법 구조는 다음과 같다.

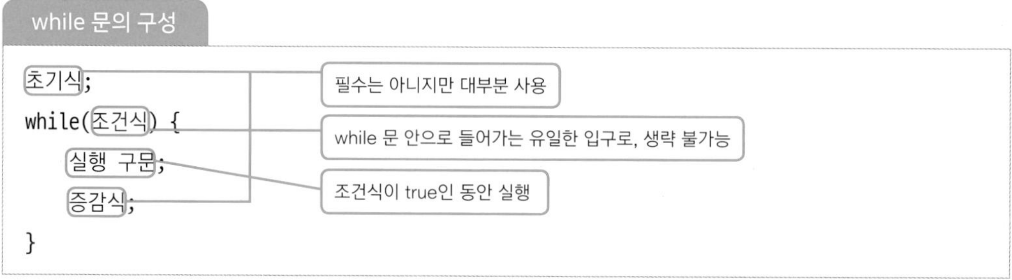

여기서 초기식과 증감식은 불필요할 때 생략할 수 있지만, for 문과 비교하기 위해 기본 문법 구조에 포함시켜 놓았다. 여기서 주의해야 할 점은 초기식은 while 문 실행 이전에 정의돼야 하고, 증감식은 중괄호 안에 있어야 for 문과 동일한 수행을 하게 된다는 것이다. 가끔 실수로 초기식을 중괄호 안에 넣으면 매 반복마다 초기화돼 원하지 않는 무한 루프에 빠질 수도 있으므로 주의하자.

잘못된 사용 예(무한 루프 생성)

```
int a = 0;
while(a < 10) {
    a = 0;                      // 초기식
    System.out.println("A");    // 실행 구문(무한 반복 출력)
    a++;                        // 증감식
}
```

while 문의 실행 순서는 먼저 조건식을 검사하고 조건식이 true일 때 중괄호 안의 실행 구문을 실행한다. 이후 닫힌 중괄호를 만나면 다시 조건식을 검사하며, 이와 같은 과정을 조건식이 거짓이 될 때까지 반복된다. 조건식이 거짓이 되면 while 문을 탈출하므로 for 문과 마찬가지로 while 문이 종료되는 시점은 닫힌 중괄호가 아닌 조건식이다. 이상의 과정을 정리하면 다음과 같다.

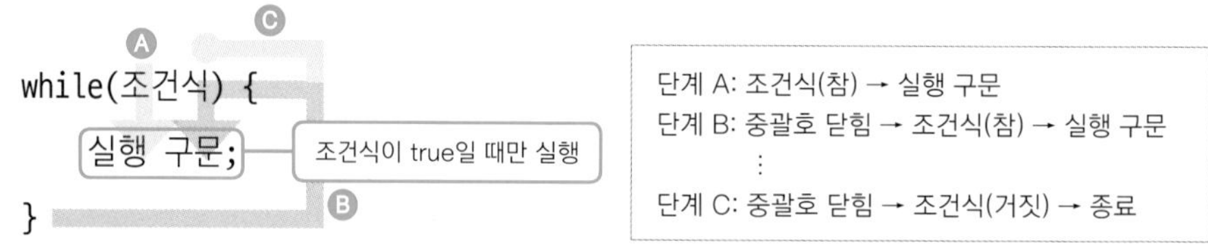

그림 4-3 while 문의 동작 순서

일반적으로 while 문은 반복 횟수를 정하지 않고 특정 조건까지 반복하고자 할 때 주로 사용한다. 예를 들어, 자연수를 순서대로 더해 합계가 처음으로 100보다 커지는 때의 숫자와 합계를 알고 싶을 때 while 문을 사용할 수 있다.

while 문의 일반적인 사용 예

```
int num = 0, sum = 0;
while(sum < 100) {
    sum += num;
    num++;
}
System.out.println((num-1)  + "까지의 합 = " + sum);    // 14까지의 합 = 105
```

물론 for 문과 같이 반복 횟수가 지정돼 있을 때도 사용할 수 있다. while 문도 무한 루프가 아닐 때 초기식, 조건식, 증감식을 모두 포함하고 있어야 한정된 반복 횟수만큼 수행할 수 있으므로 while 문과 for 문은 언제든지 상호 변환할 수 있다. 차이점은 초기식과 증감식이 작성되는 위치뿐이다.

while 문과 for 문의 상호 변환

```
for(초기식; 조건식; 증감식) {
    실행 구문 ;
}

초기식;
while(조건식) {
    실행 구문;
    증감식;
}
```

while 문과 for 문의 상호 변환 예

```
for(int a = 0; a < 10; a++) {
    System.out.println(a);
}

int a = 0;
while(a < 10) {
    System.out.println(a);
    a++;
}
```

while 문의 조건식에 true를 넣으면 항상 문이 열려 있는 상황이므로 실행 구문은 무한 반복된다. 단, while 문에서는 for 문과 달리 조건식을 생략할 수 없다.

while 문으로 만든 무한 루프

```
while(true) {
    실행 구문;
}
```

조건식 생략 불가능

for 문에서와 마찬가지로 무한 반복 뒤에 실행 코드를 작성하면 도달할 수 없는 코드unreachable code 오류가 발생하며 조건식에 false를 입력해도 중괄호 안의 실행 코드에 이와 동일한 오류가 발생한다.

while 문에서 도달할 수 없는 코드를 작성해 오류가 발생하는 예

```
while(true) {
    실행 구문;
}
실행 구문;

while(false) {
    실행 구문;
}
```

오류 발생

오류 발생

Do it! 실습 while 문의 기본 문법 구조, for 문으로 변환, 특수한 형태, 무한 루프 탈출 `WhileControlStatement.java`

```
package sec02_loopcontrolstatement.EX02_WhileControlStatement;

public class WhileControlStatement {
    public static void main(String[] args) {
        // while의 기본 문법 구조
        int a = 0;
        while(a < 10) {
            System.out.print(a + " ");
            a++;
        }
        System.out.println();

```

```
        // for 문으로 변환
        for(int i = 0; i < 10; i++) {
            System.out.print(i + " ");
        }
        System.out.println();

        int b = 10;
        while(b > 0) {
            System.out.print(b + " ");
            b--;
        }
        System.out.println();

        // for 문으로 변환
        for(int i = 10; i > 0; i--) {
            System.out.print(i + " ");
        }

        // while 문으로 만든 무한 루프
        /*
        while(true) {
            System.out.println("무한 루프");
        }
        */
        System.out.println();

        // 무한 루프 탈출
        int c = 0;
        while(true) {
            if(c > 10) {
                break;
            }
            System.out.print(c + " ");
            c++;
        }
    }
}
```

조건식을 true로 고정

c > 10을 만족할 때 무한 루프 탈출

실행 결과

```
0 1 2 3 4 5 6 7 8 9
0 1 2 3 4 5 6 7 8 9
10 9 8 7 6 5 4 3 2 1
10 9 8 7 6 5 4 3 2 1
0 1 2 3 4 5 6 7 8 9 10
```

4.1.6 do-while 반복 제어문

do-while 문은 while 문과 매우 비슷한 반복 제어문으로, 조건식의 검사와 반복 실행의 순서에만 차이가 있다. 일단 do-while 문의 기본 문법 구조를 살펴보자.

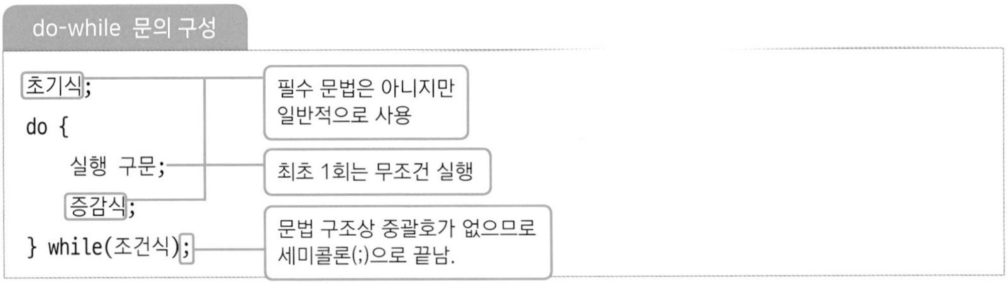

do-while 문의 구성
초기식;
do {
실행 구문;
증감식;
} while(조건식);
필수 문법은 아니지만 일반적으로 사용
최초 1회는 무조건 실행
문법 구조상 중괄호가 없으므로 세미콜론(;)으로 끝남.

다른 제어문들과 달리 조금 특이하게 생겼는데 `do{...} while(조건식);`의 형태로 마지막이 중괄호로 끝나지 않으므로 제어문들 중에는 유일하게 세미콜론(;)을 붙여야 한다. 초기식과 증감식은 while 문에서 설명한 것처럼 생략할 수 있지만, for 문이나 while 문과의 상관 관계를 잘 이해할 수 있도록 기본 문법 구조에 포함시켜 놓았다. 실행 과정을 살펴보면 일단 do 구문을 실행한 이후 조건식을 검사한다. 조건식이 참이면 다시 do 구문을 실행하고, 거짓이면 제어문을 탈출한다. 이상의 과정을 정리하면 다음과 같다.

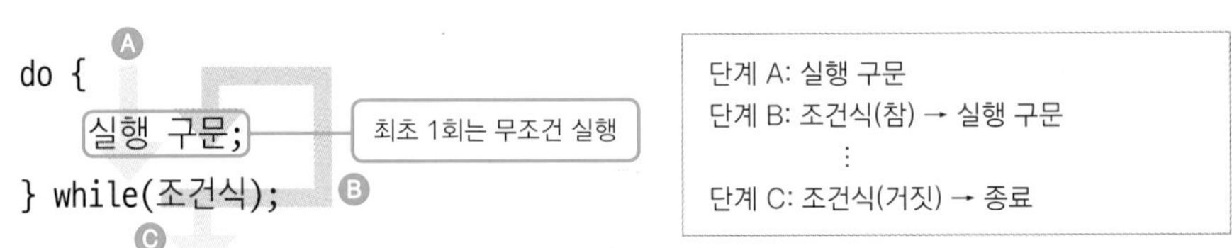

그림 4-4 do-while 문의 동작 순서

while 문은 조건식을 먼저 검사하므로 최소 반복 횟수는 0(처음부터 조건식이 false일 때)이지만, do-while 문은 일단 실행한 후 조건식을 검사하므로 최소 반복 횟수가 1이다. 이외에는 while 문과 동일하다. 다음 코드를 살펴보자.

조건식이 처음부터 false가 나올 때 do-while 문과 while 문의 비교

```
int a;
// while
a = 0;
while(a < 0) {
```

```
    System.out.print(a + " ");     // 0회 실행
    a++;
}
System.out.println();

// do-while
a = 0;
do {
    System.out.print(a + " ");     // 1회 실행
    a++;
} while(a < 0);
```

초깃값 `a = 0`이므로 처음부터 조건식 `a < 0`은 false이다. 이때 while 문은 중괄호 안으로 진입할 수 없으므로 한 번도 실행되지 않는다. 반면 do-while 문일 때 일단 한 번 실행한 후 조건식을 검사하므로 1회는 실행된다.

여기까지만 보면 마치 do-while 문은 while 문보다 1회 더 실행된다고 생각할 수 있는데, 절대 그렇지 않다. 이번에는 1회 이상 반복을 수행하는 예를 살펴보자. 앞의 예제에서 조건식만 `a < 0`에서 `a < 10`으로 수정했다.

1회 이상 반복될 때 do-while 문과 while 문의 비교

```
int a;
// while
a = 0;
while(a < 10) {
    System.out.print(a + " ");     // 0, 1, 2, …, 9: 10회 실행
    a++;
}
System.out.println();

// do-while
a = 0;
do {
    System.out.print(a + " ");     // 0, 1, 2, …, 9: 10회 실행
    a++;
} while(a < 10);
```

변숫값을 하나씩 따져 보면 알 수 있겠지만, 1회 이상 반복될 때 while 문과 do-while 문에는 동일한 결과가 나타난다. 이를 정리하면 while 문이 0번, 1번, 2번, 3번, …을 반복할 때 이를 그대로 do-while 문으로 바꾸면 1번, 1번, 2번, 3번, …을 반복한다. 즉, while 문이 0번 반복할 때만 차이가 있고 1회 이상에서는 동일하다. 절대로 do-while 문이 한 번 더 실행되는 것이 아니라는 점을 기억하자.

Do it! 실습 do-while 문의 기본 문법 구조, do-while 문 vs. while 문의 비교 DoWhileControlStatement.java

```
package sec02_loopcontrolstatement.EX03_DoWhileControlStatement;

public class DoWhileControlStatement {
    public static void main(String[] args) {
        // 반복 횟수가 0일 때 do-while 문과 while 문 비교
        int a;
        a = 0;
        while(a < 0) {
            System.out.print(a + " ");
            a++;
        }                              // 실행 횟수 0번
        System.out.println();
        a = 0;
        do {
            System.out.print(a + " ");
            a++;
        } while(a < 0);                // 실행 횟수 1번
        System.out.println();

        // 반복 횟수가 1일 때 do-while 문과 while 문 비교
        a = 0;
        while(a < 1) {
            System.out.print(a + " ");
            a++;
        }                              // 실행 횟수 1번
        System.out. println();
        a = 0;
        do {
            System.out.print(a + " ");
            a++;
```

```java
        } while(a < 1);           // 실행 횟수 1번
        System.out.println();

        // 반복 횟수가 10일 때 do-while 문과 while 문 비교
        a = 0;
        while(a < 10) {
            System.out.print(a + " ");
            a++;
        }                         // 실행 횟수 10번
        System.out.println();
        a = 0;
        do {
            System.out.print(a + " ");
            a++;
        } while(a < 10);          // 실행 횟수 10번
    }
}
```

실행 결과

```
0
0
0
0 1 2 3 4 5 6 7 8 9
0 1 2 3 4 5 6 7 8 9
```

4.1.7 제어문의 중복

앞에서 5개의 제어문을 살펴봤다. 각 제어문 내부에는 또 다른 제어문을 포함할 수 있다. 예를 들어 if 문 내부에 if 문, switch 문 내부에 for 문, for 문 내부에 for 문 등 제어문을 얼마든지 중복해 사용할 수 있다. 물론 3중, 4중으로 중복할 수도 있다.

Do it! 실습 제어문의 중복 OverlappedControlStatement.java

```java
package sec03_overlappedcontrolstatement.EX01_OverlappedControlStatement;

public class OverlappedControlStatement {
    public static void main(String[] args) {
        // if-if 중복
        int value1 = 5;
        int value2 = 3;
        if(value1 > 5) {
            if(value2 < 2) {
```

```java
                System.out.println("실행1");
            }
            else {
                System.out.println("실행2");
            }
        }
        else {
            System.out.println("실행3");
        }
         System.out.println();

        // switch-for 중복
        int value3 = 2;
        switch(value3) {
        case 1:
            for(int k = 0; k < 10; k++) {
                System.out.print(k + " ");
            }
            break;
        case 2:
            for(int k = 10; k > 0; k--) {
                System.out.print(k + " ");
            }
            break;

        }
        System.out.println();
        System.out.println();

        // for-for-if 중복
        for(int i = 0; i < 3; i++) {      // 3회 반복
            for(int j = 0; j < 5; j++) {  // 5회 반복
                System.out.println(i + " " + j);
                if(i == j) {
                    System.out.println("i = j");
                }
            }
        }
    }
}
```

실행 결과

```
실행3

10 9 8 7 6 5 4 3 2 1

0 0
i = j
0 1
0 2
0 3
0 4
1 0
1 1
i = j
1 2
1 3
1 4
2 0
2 1
2 2
i = j
2 3
2 4
```

4.2 제어 키워드

4.2.1 break 제어 키워드

break는 'if 문을 제외한 가장 가까운 중괄호({})를 탈출'하는 제어 키워드다. 이미 switch 문에서 살펴본 적이 있는데, 그때는 switch 문을 탈출하기 위한 용도로 사용했다. 일반적으로 break는 반복문에서 특정 조건을 만족할 때 반복문을 탈출하는 데 사용한다. 다음 예를 살펴보자.

반복문 안에 break만 단독으로 사용된 예

```
for(int i = 0; i < 10; i++) {
    System.out.println(i);        // i = 0일 때 한 번만 출력
    break;  ― 반복문 탈출 실행
}  ― if 문을 제외하고 가장 가까운 중괄호 탈출
```

10회 반복을 수행하는 for 문 내부에 break가 포함돼 있다. 반복문이 실행되는 과정에서 break를 만나면 if 문을 제외하고 가장 가까운 중괄호를 탈출하라는 의미이므로 for 문을 탈출할 것이다. 즉, for 문의 반복 횟수와 상관없이 단 하나의 출력만 실행되고 for 문이 종료될 것이다.

그런데 한 번만 값을 출력하고 싶다면 굳이 for 문을 쓸 필요가 없다. 그래서 break 키워드만 사용되는 때는 거의 없으며, 일반적으로 다음 예제와 같이 if 문과 함께 사용해 특정 조건이 만족될 때 반복문을 탈출하도록 구성하는 것이 일반적이다.

반복문 안에 if 문과 함께 break가 사용된 예

```
for(int i = 0; i < 10; i++) {
    if(i == 5) {
        break;    ― if 문으로 break 키워드를 실행할 조건 설정
    }
    System.out.println(i);        // i = 0, 1, 2, 3, 4일 때 출력
}  ― break로 탈출하는 중괄호
```

여기서 꼭 기억해야 하는 점은 break를 이용해 탈출하는 것은 if 문을 제외한 가장 가까운 **중괄호 하나**라는 것이다. 따라서 이중으로 중복된 for 문 내에서 break을 사용할 때 안쪽 for 문만 탈출하게 된다. 다음 예를 살펴보자.

이중 for 문 내에서 break를 통한 반복문의 탈출

```
for(int i = 0; i < 10; i++) {       // 바깥쪽 for 문
    for(int j = 0; j < 10; j++) {  // 안쪽 for 문
        if(j == 3)
            break;
        System.out.println(i + ", " + j);
        // (i, j) = ((0, 0), (0, 1), (0, 2), (1, 0), (1, 1), …, (9, 2))
    }  ── break로 탈출하는 중괄호
}
```

j 값이 3이 돼 break를 만나면 탈출하는 반복문은 안쪽의 for 문이다. 탈출 이후에도 바깥쪽 for 문 내부에 있으므로 i 값의 변화에 따른 반복은 여전히 유효하다. 즉, 이때 `i = 0, 1, 2,` …, 9 그리고 `j = 0, 1, 2`일 때 출력이 이뤄져 모두 30회의 출력을 실행할 것이다.
위 예제에서 `j = 3`일 때 바깥쪽 for 문까지 탈출하려면 어떻게 해야 할까? 정말 간단한 아이디어만으로도 바깥쪽 for 문까지 탈출할 수 있는데, 그 방법은 다음과 같이 break를 수행하기 전에 바깥쪽 조건식이 false가 되도록 i 값을 큰 값으로 바꿔 놓는 것이다.

변숫값을 조정해 이중 for 문 한 번에 탈출하기

```
for(int i = 0; i < 10; i++) {   ── ③ i 값이 조건식을 만족하지 않아 바깥쪽 for 문 종료
    for(int j = 0; j < 10; j++) {
        if(j == 3) {
            i = 100;   ── ① break를 실행하기 전 i 값 변경
            break;
        }
        System.out.println(i + ", " + j);     // (i, j) = ((0, 0), (0, 1), (0, 2)
    }  ── ② 안쪽의 for 문 중괄호 탈출
}
```

이렇게 되면 break로 탈출하는 중괄호는 동일하지만, 이후 i 값을 사용한 조건식에서 false가 나와 결국 이중 for 문을 모두 탈출하게 된다. 따라서 단 3회만 출력을 실행한다.

break로 다중 반복문을 한 번에 탈출하는 자바의 공식적인 방법은 break + Label(레이블) 문법이다. break 다음에 레이블을 지정하면 한 번에 여러 개의 다중 반복문을 탈출할 수 있다. 레이블명은 개발자가 임의로 지을 수 있으며, 레이블 다음에는 반드시 콜론(:)을 표시해야 한다.

자바에서 콜론은 이동할 위치를 의미한다.

레이블을 이용해 이중 for 문 한 번에 탈출하기

```
out:    레이블 위치 지정(break하고자 하는 반복문 앞에 레이블 표기)
for (int i = 0; i < 10; i++) {
    for (int j = 0; j < 10; j++) {
        if (j == 3)
            break out;    out 레이블이 달린 반복문 탈출
        System.out.println(i + ", " + j);
    }
}    break out으로 탈출하는 중괄호
```

여기서 `break out`은 out 레이블이 위치해 있는 바깥쪽 for 문을 탈출하라는 의미이므로 3회의 출력((0, 0), (0, 1), (0, 2))만 실행된다.

Do it! 실습 break를 이용한 반복문 탈출 BreakControlKeyword.java

```
package sec04_controlkeyword.EX01_BreakControlKeyword;

public class BreakControlKeyword {
    public static void main(String[] args) {
        // 단일 반복문 탈출
        for(int i = 0; i < 10; i++) {
            System.out.println(i);
            break;
        }

        for(int i = 0; i < 10; i++) {
            if(i == 5) {
                break;
            }
            System.out.print(i + " ");
        }
```

```java
        System.out.println();
        System.out.println();

        // 다중 반복문 탈출
        // @1개의 반복문만 탈출할 때
        for(int i = 0; i < 5; i++) {
            for(int j = 0; j < 5; j++) {
                if(j == 2) {
                    break;
                }
                System.out.println(i + ", " + j);
            }
        }
        System.out.println();

        // @break + Label 문으로 다중 반복문 탈출
        POS1: for(int i = 0; i < 5; i++) {
            for(int j = 0; j < 5; j++) {
                if(j == 2) {
                    break POS1;
                }
                System.out.println(i + ", " + j);
            }
        }
        System.out.println();

        // @변숫값을 조정해 다중 반복문 탈출
        for(int i = 0; i < 5; i++) {
            for(int j = 0; j < 5; j++) {
                if(j == 2) {
                    i = 100;
                    break;
                }
                System.out.println(i + ", " + j);
            }
        }
        System.out.println();
    }
}
```

실행 결과

```
0
0 1 2 3 4

0, 0
0, 1
1, 0
1, 1
2, 0
2, 1
3, 0
3, 1
4, 0
4, 1

0, 0
0, 1

0, 0
0, 1
```

4.2.2 continue 제어 키워드

continue는 반복 제어문의 닫힌 중괄호(}) 역할을 하는 제어 키워드다. 반복 제어문은 조건식이 true가 돼 실행 구문을 실행한 후 닫힌 중괄호를 만나면 다시 다음 반복을 위해 증감식을 수행하거나(for 문) 조건식을 검사(while 문)한다. 즉, 반복문 실행 도중 continue를 만나면 실행해야 할 코드가 남아 있더라도 마치 닫힌 중괄호를 만난 것처럼 다음 반복을 위해 증감식을 수행하거나 조건식을 검색한다는 말이다. 따라서 continue는 주로 반복 과정에서 특정 구문을 실행하지 않고 건너뛰고자 할 때 사용한다. 다음 예제를 살펴보자.

반복문 안에 continue만 단독으로 사용된 예

```
for(int i = 0; i < 10; i++) {
    continue;
    System.out.println(i);   // 오류(unreachable code)
}── continue가 대체하는 중괄호
```

10회 반복을 수행하는 for 문 내부의 첫 줄에 continue가 있다. continue를 만나면 아래쪽에 실행할 코드가 남아 있더라도 마치 닫힌 중괄호를 만난 것처럼 다음 반복을 위해 증감식으로 이동하므로 위 예제에서 출력 구문은 절대 도달할 수 없는 코드가 돼 오류가 발생한다.

continue 역시 단독으로 사용될 때는 거의 없으며, if 문과 함께 사용해 특정 조건에서 실행 구문을 건너뛰고자 할 때 사용한다.

반복문 안에 if 문과 함께 continue가 사용된 예

```
for(int i = 0; i < 10; i++) {
    if(i == 5) {
        continue;   ── if 문으로 continue를 실행할 조건 설정
    }
    System.out.println(i);    // 0, 1, 2, 3, 4, 6, 7, 8, 9
}── continue가 대체하는 중괄호
```

`i = 5`일 때는 continue가 실행돼 출력 코드가 실행되지 않는다. 따라서 `i = 5`일 때를 제외하고 9번의 출력이 실행된다.

continue도 break와 마찬가지로 if 문을 제외한 가장 가까운 중괄호의 닫힌 괄호의 역할을 수행한다. 즉, 하나의 반복문에만 영향을 미칠 수 있다. 다음 예제를 살펴보자.

이중 for 문 내에서 continue를 통한 실행 명령 건너뛰기

```
for(int i = 0; i < 5; i++) {
    for(int j = 0; j < 5; j++) {
        if(j == 3) {
            continue;
        }
        System.out.println(i + ", " + j);
    } // (0, 0), (0, 1), (0, 2), (0, 4), … , (4, 0), (4, 1), (4, 2), (4, 4)
}
```

continue가 대체하는 중괄호

j = 3일 때 continue가 실행되면 출력 구문의 실행 없이 바로 증감식으로 이동해 값이 j = 4로 변경된다. 이후에는 정상적인 이중 for 문이 수행된다. 즉, 이때 바깥쪽 for 문의 i 값은 0, 1, 2, 3, 4로 총 5회 반복하고, 안쪽 for 문은 j = 3일 때를 제외해 j 값이 0, 1, 2, 4로 총 4회 출력문을 실행한다. 즉, 위 예제는 출력문을 총 20회 실행한다.

continue도 continue + Label 문법을 사용할 수 있으며, 이때 해당 레이블이 붙은 반복문의 닫힌 중괄호의 역할을 수행해 한 번에 여러 개의 반복문을 건너뛸 수 있다. 다음 예제를 살펴보자.

contine Label을 이용해 이중 for 문 내에서 여러 개의 반복문을 한 번에 건너뛰기

```
POS1:
for(int i = 0; i < 5; i++) {
    for(int j = 0; j < 5; j++) {
        if(j == 3) {
            continue POS1;
        }
        System.out.println(i + ", " + j);
        // (0, 0), (0, 1), (0, 2), (1, 0), (1, 1), (1, 2), … , (4, 0), (4, 1), (4, 2)
    }
}
```

레이블 위치 지정(continue하고자 하는 반복문 앞에 레이블 표기)

POS1 레이블이 달린 반복문의 닫힌 중괄호 대체

continue POS1로 대체하는 중괄호

바깥쪽 for 문에 POS1 레이블을 지정해 놓은 후 이중 for 문 내부에서 j = 3일 때 continue POS1이 실행되도록 했다. 이때 continue가 대체하는 중괄호는 레이블이 가리키고 있는 바깥쪽 for 문의 닫힌 중괄호이므로 i++의 증감식으로 바로 이동할 것이다. 따라서 이때 바깥쪽 for 문은 i 값이 0, 1, 2, 3, 4로 총 5회 반복하고, 안쪽 for 문은 j 값이 0, 1, 2로 총 3회 반복한다. 즉, 출력문을 총 15회 실행한다.

Do it! 실습 continue 제어 키워드 ContinueControlKeyword.java

```java
package sec04_controlkeyword.EX02_ContinueControlKeyword;

public class ContinueControlKeyword {
    public static void main(String[] args) {
        // 단일 반복문에서 continue 사용
        for(int i = 0; i < 10; i++) {
            continue;
            // System.out.print(i + " ");
        }

        for(int i = 0; i < 10; i++) {
            System.out.print(i + " ");
            continue;
        }
        System.out.println();

        for(int i = 0; i < 10; i++) {
            if(i == 5) {
                continue;
            }
            System.out.print(i + " ");
        }
        System.out.println();

        // 다중 반복문에서 continue 사용
        for(int i = 0; i < 5; i++) {
            for(int j = 0; j < 5; j++) {
                if(j == 3) {
                    continue;
                }
                System.out.println(i + ", " + j);
            }
        }
        System.out.println();

        POS1: for(int i = 0; i < 5; i++) {
            for(int j = 0; j < 5; j++) {
```

unreachable code 오류 발생

실행 결과

```
0 1 2 3 4 5 6 7 8 9
0 1 2 3 4 6 7 8 9
0, 0
0, 1
0, 2
0, 4
1, 0
1, 1
1, 2
1, 4
2, 0
2, 1
2, 2
2, 4
3, 0
3, 1
3, 2
3, 4
4, 0
4, 1
4, 2
4, 4

0, 0
0, 1
0, 2
1, 0
1, 1
1, 2
2, 0
2, 1
2, 2
3, 0
3, 1
3, 2
4, 0
4, 1
4, 2
```

```
                if(j == 3) {
                    continue POS1;
                }
                System.out.println(i + ", " + j);
            }
        }
    }
}
```

실력 상승! 연습 문제

Q1 다음과 같이 점수(score)에 따라 학점이 부여되는 코드를 작성하고자 한다. if 선택 제어문의 조건식을 완성하시오(단, 0 ≤ score ≤100).

값의 범위	출력 학점
score ≥ 90	A학점
80 ≤ score < 90	B학점
70 ≤ score < 80	C학점
score < 70	F학점

```
int score = 72;

if(                    ) {
    System.out.println("B학점");
}
else if(                    ) {
    System.out.println("A학점");
}
else if(                    ) {
    System.out.println("C학점");
}
else {
    System.out.println("F학점");
}
```

실행 결과

```
C학점
```

Q2 **Q1**에서 완성한 코드를 동일한 기능을 수행하는 switch 구문으로 작성하시오.

Q3 다음과 같이 출력되도록 if 문과 break, continue를 이용해 for 문 코드를 완성하시오.

```
for(int i = 0; ; i++) {



    System.out.println(i);    // 0, 2, 4, 6, 8, 10
}
```

실행 결과

```
0
2
4
6
8
10
```

Q4 다음 for 문과 동일한 기능을 수행하는 while 문을 작성하시오.

```
for(int i = 10; i > 0; i -= 2) {
    System.out.println(i);
}
```

Q5 다음 이중 for 문을 실행했을 때 'A'는 몇 회 출력되는지 쓰시오.

```
for(int i = 0; i < 5; i++) {
    for(int j = 0; j < 3; j++) {
        if(i == 2) {
            continue;
        }
        if(j == 1) {
            break;
        }
        System.out.println("A");
    }
}
```

Q6 ~ Q7 다음은 바깥쪽 10회, 안쪽 5회를 반복하는 이중 for 문이다. 다음 물음에 답하시오.

```
for(int i = 0; i < 10; i++) {
    for(int j = 0; j < 5; j++) {
        // ...
    }
}
```

Q6 레이블을 사용하지 않고 i = 3, j = 2일 때 이중 for 문을 한 번에 탈출하는 코드를 완성하시오.

Q7 레이블을 사용해 i = 3, j = 2일 때 이중 for 문을 한 번에 탈출하는 코드를 완성하시오.

5장 참조 자료형

5장에서는 기본 자료형과 구분되는 참조 자료형이 무엇이고, 어떤 특징이 있는지를 배열과 String 클래스로 알아본다. 클래스는 아직 본격적으로 다루지 않았지만, 참조 자료형의 예시로 String 클래스를 이해하는 데는 문제가 없을 것이다. 5장에서 다루는 참조 자료형의 개념 및 특징은 나중에 다루게 될 모든 참조 자료형을 이해하는 바탕이 된다.

▶ 교수님의 동영상 강의
자바가 처음인가요?
그렇다면 동영상으로
예습부터 해 보세요~

5.1 배열

자바에서는 8개의 기본 자료형 이외의 모든 자료형은 참조 자료형이다. 대표적인 참조 자료형에는 배열array, 클래스class, 인터페이스interface 등이 있다. 참조 자료형은 개발자가 얼마든지 정의할 수 있으므로 무한개라 할 수 있다. 먼저 배열을 알아보자.

5.1.1 배열이란?

배열은 **동일한 자료형을 묶어 저장하는 참조 자료형**이다. **생성할 때 크기를 지정**해야 하고, **한 번 크기를 지정하면 절대 변경할 수 없는** 특징이 있다. 이 2가지 특징은 이후 배열의 선언과 객체 생성에도 적용되므로 반드시 기억하길 바란다.

5.1.2 배열 생성하기

1단계 배열 선언하기

배열을 선언할 때는 다음과 같이 2가지 방법으로 선언할 수 있다. 배열을 나타내는 대괄호([])는 자료형 뒤에 올 수 있고, 변수명 뒤에도 올 수 있다.

둘 중 편한 방법을 사용하면 되지만, 다른 여러 자료형의 표현과 일관성을 유지하기 위해 자료형 뒤에 표기하는 것을 권장한다.

1차원 배열의 선언 방법

자료형[] 변수명	자료형 변수명[]

예		

	`int[] a;`
	`double[] b;`
	`String[] c;`
		`int a[];`
		`double b[];`
		`String c[];`

여기서 1가지 의문이 생긴다. 정수 자료형을 int라는 이름으로 만들었고, 실수 자료형을 double이라는 이름으로 만든 것처럼 배열 자료형도 array 정도의 이름으로 만들면 편할 텐데 왜 '자료형[]' 형식을 사용하는 것일까? 여기서 **배열의 첫 번째 특징**을 알 수 있다. 배열은 동일한 자료형만 묶을 수 있는 자료형인데, 만일 `array a`와 같이 만들면 이 배열이 어떤 자료

형을 묶은 것인지 알 길이 없다. 그래서 int[] a, String[] b와 같이 선언해 배열 자료형을 보자마자 어떤 타입을 묶은 것인지 알 수 있도록 하는 것이다.

```
int[] a;            // int 자료형만 저장 가능한 배열
double[] a;         // double 자료형만 저장 가능한 배열
String[] a ;        // String 자료형만 저장 가능한 배열
```

배열을 선언하면 스택 메모리에 변수의 공간만 생성하고, 공간 안은 비운 채로 둔다. 아직 배열의 실제 데이터인 객체를 생성하지 않았기 때문이다. 스택 메모리에 위치하고 있는 참조 자료형 변수의 빈 공간을 초기화할 때는 null(널) 값을 사용할 수 있다. null 값은 힙 메모리의 위치(번지)를 가리키고 있지 않다는 의미다. 즉, 연결된 실제 데이터가 없다는 것을 의미한다.

그림 5-1 참조 변수의 초기화

전공자라면 이 정도는 꼭!

자바의 메모리 구조

자바의 메모리 구조는 다음과 같이 3개의 영역으로 구성돼 있다.

클래스 영역 정적 영역 상수 영역 메서드 영역	스택 영역	힙 영역

첫 번째 영역에는 클래스와 메서드가 위치하고 있으며, 스택 영역은 기본 자료형이든, 참조 자료형이든 상관없이 모든 지역 변수가 위치하는 영역이다. 마지막으로 힙 영역은 객체가 위치하는 공간이며, 객체는 참조 자료형 변수가 가리키는 실제 데이터쯤으로 생각하면 된다.

2단계 힙 메모리에 배열의 객체 생성하기

모든 참조 자료형의 실제 데이터(객체)는 힙 메모리에 생성된다. 힙 메모리에 객체를 생성하기 위해서는 new 키워드를 사용해야 한다.

배열의 길이는 포함할 수 있는 데이터의 수를 의미한다.

배열의 객체 생성

```
new 자료형[배열의 길이]
```

예

```
new int[3];
new String[5];
```

배열의 객체 생성 과정에서 **배열의 두 번째 특징**을 알 수 있다. 배열을 생성할 때 new int[3] 또는 new String[10]과 같이 배열의 길이를 반드시 지정해야 한다는 것이다. 예를 들어 배열의 길이를 지정하지 않고 new int[]와 같이 명령하면 오류가 발생한다.

```
new int[3];         // 정수 자료형 3개를 포함할 수 있는 배열 객체 생성
new double[5];      // 실수 자료형 5개를 포함할 수 있는 배열 객체 생성
new String[10];     // 문자열 자료형 10개를 포함할 수 있는 배열 객체 생성
new int[];          // 객체의 크기를 지정하지 않아 오류 발생
```

3단계 배열 자료형 변수에 객체 대입하기

선언된 배열 참조 자료형 변수에 생성한 객체를 대입하는 데는 2가지 방법이 있는데, 변수 선언과 값(참조 자료형은 객체)의 대입을 한 번에 작성해도 되고, 따로 구분해 작성해도 된다. 이는 기본 자료형에서 int a = 3과 같이 선언과 값을 한 번에 대입하거나 int a로 변수를 선언한 후 a = 3으로 값을 대입할 수 있는 것과 동일한 개념이다.

앞으로는 편의를 위해 배열의 선언과 동시에 값(객체)을 대입하는 첫 번째 방법을 주로 사용한다.

배열 참조 자료형 변수에 생성한 객체 대입

```
자료형[] 변수명 = new 자료형[배열의 길이];
```

예

```
int[] a = new int[3];
```

```
자료형[] 변수명;
변수명 = new 자료형[배열의 길이];
```

```
예  int[] a;
    a = new int[3];
```

예시 코드 중 배열 선언과 동시에 값을 대입한 첫 번째 코드를 좀 더 자세히 살펴보자. 각 구성 요소를 하나하나 뜯어 보면 먼저 int[]는 int 자료형만을 저장할 수 있는 배열을 의미한다. a는 참조 변수로, 실제 데이터값을 저장하는 것이 아니라 실제 데이터값의 위칫값을 저장한다. new 키워드는 힙 메모리에 객체를 넣으라는 의미이고, int[3]은 정수 3개를 저장할 수 있는 공간을 만들라는 의미이다. 이를 정리하면 '**int 자료형 3개를 저장할 수 있는 공간을 힙 메모리에 넣어 두고 어디에 넣었는지를 참조 변수 a에 저장하라!**'는 의미인 것이다.

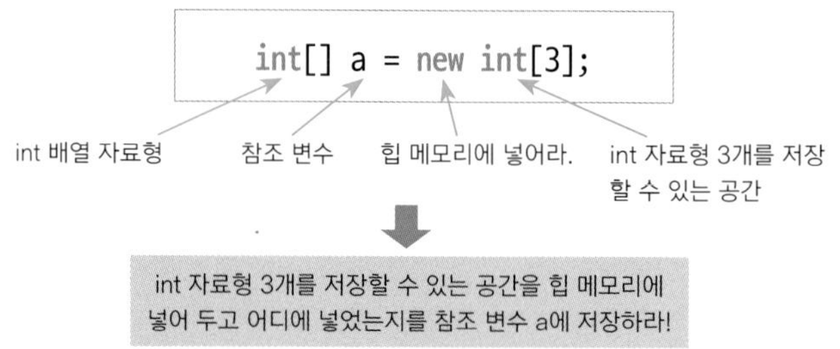

이때의 메모리 구조는 다음과 같다.

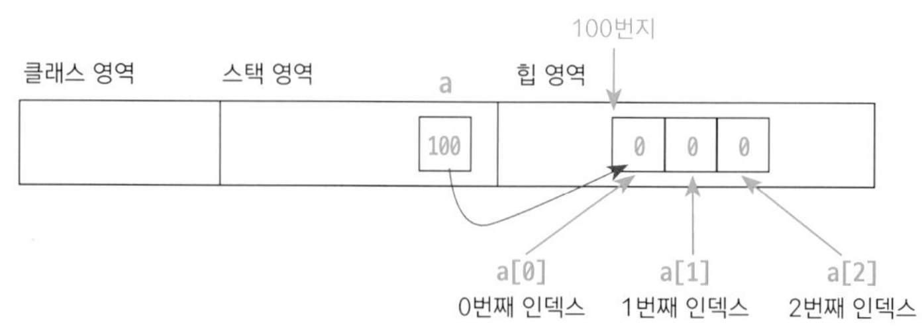

그림 5-2 1차원 배열 객체 생성 이후 메모리 구조

여기서 알고 넘어가야 할 점은 스택 메모리 공간은 값을 초기화하지 않으면 빈 공간으로 존재한다는 것이다. 당연히 이때 해당 변수를 출력하면 오류가 발생한다. 반면 힙 메모리는 어떤 상황에서도 빈 공간이 존재하지 않는다. 그래서 값을 주지 않으면 컴파일러가 값을 강제로 초기화한다. 그림 5-2를 보면 배열의 공간이 0으로 초기화된 것을 볼 수 있다. 강제 초기화 값은 자료형에 따라 다른데, 기본 자료형일 때 숫자는 모두 0(실수는 0.0), 불리언은 false로 값이

초기화되며 이외의 모든 참조 자료형은 null로 초기화된다. 강제 초기화는 나중에 다시 설명하기로 하고, 여기서는 힙 메모리의 모든 값은 강제 초기화된다는 사실만 기억하자.

전공자라면 이 정도는 꼭!

객체의 위치를 참조 변수에 저장하는 이유

new 키워드를 이용해 객체를 생성하면 자바 가상 머신은 힙 메모리 내에 비어 있는 공간에 객체를 생성한다. 힙 메모리에 비어 있는 공간은 그때그때 다를 것이므로 객체가 생성될 때마다 다른 위치에 저장될 수 있다. 따라서 자바 가상 머신이 생성한 객체의 위치를 반드시 알아야 개발자가 해당 객체를 사용할 수 있다. 비유하면 무인 사물함으로 물건을 전달받을 때 전달해 주는 사람이 물건을 넣은 사물함의 번호를 알려 줘야만 내가 그 물건을 바로 꺼낼 수 있는 상황을 떠올려 볼 수 있다.

Do it! 실습 1차원 배열의 2가지 선언 방법 방법과 다양한 배열 선언 예 ArrayDefinition.java

```
package sec01_array.EX01_ArrayDefinition;

public class ArrayDefinition {
    public static void main(String[] args) {
        // 배열의 선언 방법 1
        int[] array1 = new int[3];
        int[] array2;
        array2 = new int[3];

        // 배열의 선언 방법 2
        int array3[] = new int[3];
        int array4[];
        array4 = new int[3];

        // 다양한 배열 선언(기본 자료형 배열, 참조 자료형 배열)
        boolean[] array5 = new boolean[3];
        int[] array6 = new int[5];
        double[] array7 = new double[7];
        String[] array8 = new String[9];
    }
}
```

자료형 뒤에 대괄호([]) 표기

변수명 뒤에 대괄호([]) 표기

4단계 객체에 값 입력하기

이제 생성한 객체에 값을 입력하는 방법을 알아보자. 배열은 값을 저장할 수 있는 공간마다 방 번호가 있는데, 이 번호를 인덱스[index]라고 한다. 인덱스는 0부터 시작하며, 1씩 증가한다. 예를 들어 방이 3개일 때 방 번호, 즉 인덱스는 0, 1, 2다. 인덱스를 이용해 각 저장 공간에 값을 대입하는 방법은 다음과 같다.

배열 객체에 값 대입하기

```
참조 변수명[인덱스] = 값;
```

예

```
int[] a = new int[3];

a[0] = 3;
a[1] = 4;
a[2] = 5;
```

int[] a = new int[3]과 같이 처음 배열을 선언함과 동시에 객체를 생성하면 힙 메모리의 모든 값은 초기화된다. 이때 배열의 자료형이 정수이므로 초기화되는 값은 0이다.

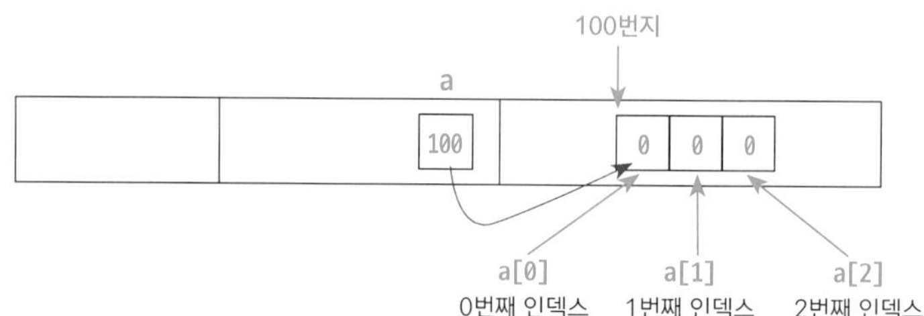

그림 5-3 정수 0의 값으로 자동 초기화된 int[] 객체의 메모리 구조

이후 0번째 방에 3을 넣고(a[0] = 3), 1번째 방에 4를 넣고(a[1] = 4), 2번째 방에 5를 넣으면 (a[2] = 5) 다음과 같이 각각의 인덱스에 해당하는 공간에 값이 대입된다.

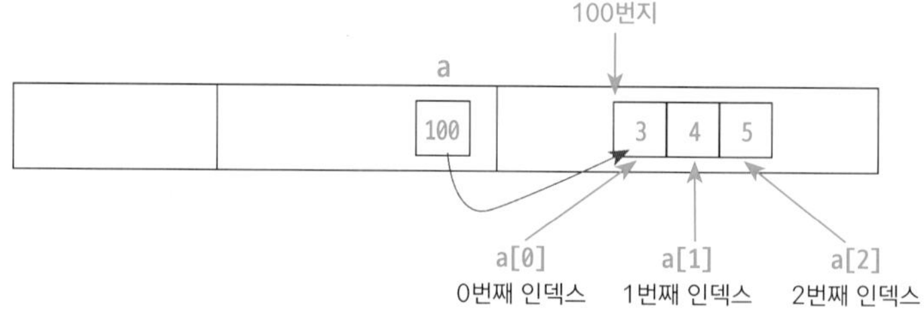

그림 5-4 각 인덱스에 해당하는 공간에 값을 입력할 때 메모리 구조

값을 읽을 때도 다음과 같이 인덱스를 사용한다.

배열 객체 값 읽어오기

```
참조 변수명[인덱스];
```

예

```
System.out.println(a[0]);    // 3
System.out.println(a[1]);    // 4
System.out.println(a[2]);    // 5
```

배열의 저장 공간에 값을 대입하거나 읽을 때, 없는 인덱스를 사용하면 예외[exception]가 발생하고 프로그램이 종료된다.

예외는 프로그램을 작성하거나 실행하는 과정에서 발생하는 일종의 오류 개념으로, 14장에서 자세히 알아본다.

```
System.out.println(a[2]);    // 5 출력
System.out.println(a[-1]);   // 예외 발생
System.out.println(a[3]);    // 예외 발생
```

5.1.3 1차원 배열을 생성하는 다양한 방법

지금까지 1차원 배열을 생성하고 값을 대입하는 방법을 알아봤다. 그런데 자바는 앞에서 알아본 방법 외에도 배열을 생성하고 값을 대입하는 다양한 방법을 지원한다. 여기서는 앞의 방법을 포함해 1차원 배열을 생성하거나 값을 대입하는 3가지 방법을 알아본다.

방법 ① 배열 객체를 생성하고 값 대입하기

첫 번째 방법은 앞서 알아본 것처럼 배열의 객체를 먼저 선언하고, 이후 각 인덱스 위치마다 값을 대입하는 것이다. 객체를 생성할 때는 배열의 길이가 명확히 기술돼야 하고, 값을 입력할 때는 가용한 인덱스(0~배열의 길이-1)만을 사용해야 한다.

배열 객체를 생성하고 값 대입하기

```
자료형[] 참조 변수명 = new 자료형[배열의 길이];
참조 변수명[0] = 값;
참조 변수명[1] = 값;
...
참조 변수명[배열의 길이-1] = 값;
```

```
예  int[] a = new int[3];
    a[0] = 3;
    a[1] = 4;
    a[2] = 5;
```

방법 ② 배열 객체 생성과 함께 값 대입하기

두 번째 방법은 배열 객체를 생성함과 동시에 값을 대입하는 것이다. 이때 초깃값을 직접 넣어 주므로 컴파일러에 따른 강제 초기화 과정은 생략된다. 두 번째 방법에서는 객체를 생성할 때 오른쪽 항의 대괄호([]) 안에 배열의 길이를 지정하지 않는다. 배열을 생성할 때 배열의 길이를 반드시 지정해야 하는 배열의 두 번째 특징을 만족하지 못하는 것처럼 보일 수도 있다. 하지만 배열의 길이는 다음에 나오는 중괄호({}) 안의 초기화 데이터 개수로 결정되므로 배열의 특징을 모두 만족한다.

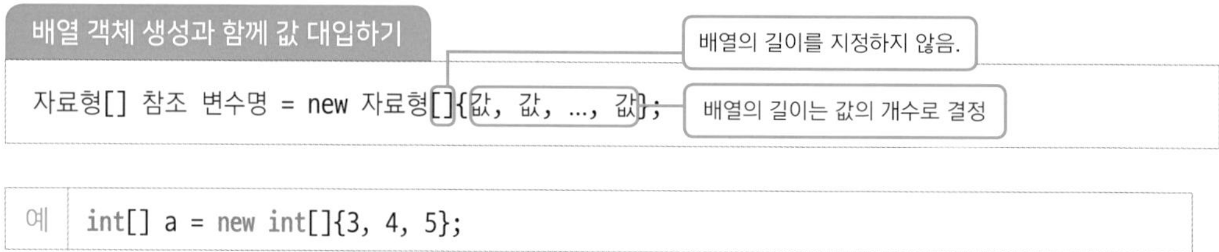


```
예  int[] a = new int[]{3, 4, 5};
```

방법 ③ 대입할 값만 입력하기

마지막 방법은 new 키워드 없이 초기화할 값만 중괄호에 넣어 대입하는 것이다. 초기화 데이터의 개수가 배열의 길이를 결정한다.

대입할 값만 입력하기

```
자료형[] 참조 변수명 = {값, 값, …, 값};
```

```
예  int[] a = {3, 4, 5};
```

변수 선언과 값 대입의 분리 가능 여부

방법 ③은 방법 ②에서 new int[]를 생략한 형태다. 만일 방법 ②와 방법 ③이 완벽히 동일하다면 굳이 상대적으로 복잡한 방법 ②를 쓸 필요는 없을 것이다. 하지만 방법 ③에는 변수 선언과 값의 대입을 분리할 수 없다는 제약 조건이 따른다. 즉, 선언과 동시에 값을 대입할 때만 사용할 수 있다. 이 정도가 뭔 대수냐 할지 모르지만, 방법 ③은 선언과 대입을 분리할 수 없다는 특징 때문에 메서드의 입력매개변숫값으로는 사용할 수 없게 된다.

메서드는 7장에서 자세히 알아본다.

방법 ② 선언과 객체 대입 분리 가능

```
int[] a = new int[]{3, 4, 5};  // (O)
int[] a;
a = new int[]{3, 4, 5};        // (O)
```

방법 ③ 선언과 객체 대입 분리 불가능

```
int[] a = {3, 4, 5};        // (O)
int[] a;
a = {3, 4, 5};              // (X)
```

Do it! 실습 1차원 배열의 원소 값 대입의 3가지 방법 ValueAssignment.java

```
package sec01_array.EX02_ValueAssignment;

public class ValueAssignment {
    public static void main(String[] args) {
        // 배열의 값 대입 방법 1
        int[] array1 = new int[3];
        array1[0] = 3;
        array1[1] = 4;
        array1[2] = 5;
        System.out.println(array1[0] + " " + array1[1] + " " + array1[2]);

        int[] array2;
        array2 = new int[3];
        array2[0] = 3;
        array2[1] = 4;
        array2[2] = 5;
        System.out.println(array2[0] + " " + array2[1] + " " + array2[2]);

        // 배열의 값 대입 방법 2
        int[] array3 = new int[]{3, 4, 5};
        System.out.println(array3[0] + " " + array3[1] + " " + array3[2]);

```

배열의 원소 값 강제 초기화

배열의 선언과 객체 대입을 분리 가능

강제 초기화 생략

```
        int[] array4;
        array4 = new int[]{3, 4, 5};
        System.out.println(array4[0] + " " + array4[1] + " " + array4[2]);

        // 배열의 값 대입 방법 3
        int[] array5 = {3, 4, 5};
        System.out.println(array5[0] + " " + array5[1] + " " + array5[2]);

        // int[] array6;
        // array6 = {3, 4, 5}; // 불가능
        // System.out.println(array6[0] + " " + array6[1] + " " + array6[2]);
    }
}
```

배열의 선언과 객체 대입을 분리 가능

강제 초기화 생략

배열의 선언과 객체 대입을 분리 불가능

실행 결과

```
3 4 5
3 4 5
3 4 5
3 4 5
3 4 5
```

5.1.4 참조 변수와 배열 객체의 값 초기화하기

앞에서도 잠깐 언급한 바와 같이 스택 메모리 변수를 초기화하지 않으면 메모리 공간은 텅 비어 있다. 이 상태에서는 해당 변수를 출력할 때 오류가 발생한다. 기본 자료형 변수이든, 참조 자료형 변수이든 모든 변수는 스택 메모리에 위치하고 있다. 따라서 모든 변수는 초기화 이후에만 출력할 수 있다.

초기화하지 않을 때의 초깃값

```
int a;                  // 기본 자료형
int[] b;                // 참조 자료형
System.out.println(a);  // 오류 발생
System.out.println(b);  // 오류 발생
```

기본 자료형 변수는 스택에 실제 데이터값을 저장하므로 초깃값 역시 실제 데이터값(0, -1, false 등)을 저장한다. 반면 참조 자료형 변수는 실제 데이터의 위치를 저장하므로 초깃값으로는 실제 데이터값이 아닌 '가리키고 있는 위치가 없음.'을 나타내는 null을 사용한다. 정리하면 기본 자료형의 초깃값으로는 '값', 참조 자료형의 초깃값으로는 'null'을 사용하면 된다.

기본 자료형과 참조 자료형의 초깃값

```
int a = 0;                  // 기본 자료형
int[] b = null;             // 참조 자료형
System.out.println(a);      // 0 출력
System.out.println(b);      // null 출력
```

전공자라면 이 정도는 꼭!

힙 메모리에서의 강제 초깃값

힙 메모리는 모든 공간에 값이 들어가 있어야 하며 초기화를 하지 않았을 때 자바 가상 머신이 강제 초기화한다. 강제 초기화될 때의 기본값은 다음과 같다.

표 5-1 강제 초기화될 때 기본값

기본/참조	자료형	기본값
기본	불리언(boolean)	false
	정수(byte, short/char, int, long)	0
	실수(float, double)	0.0
참조	클래스, 배열, …	null

Do it! 실습 스택 메모리의 초깃값과 참조 자료형의 강제 초깃값 InitialValue.java

```
package sec01_array.EX03_InitialValue;

import java.util.Arrays;

public class InitialValue {
    public static void main(String[] args) {
        // 스택 메모리값(강제 초기화되지 않음)
        int value1;
        // System.out.println(value1);  // 오류
        int[] value2;
        // System.out.println(value2);  // 오류
```

스택 메모리에 위치하는 변수는 초기화 없이 출력 불가능

```
        int value3 = 0;                       // 0으로 초기화
        System.out.println(value3);
        int[] value4 = null;                  // null로 초기화
        System.out.println(value4);
        System.out.println();

        // 힙 메모리의 초깃값(강제 초기화)
        // @기본 자료형 배열
        boolean[] array1 = new boolean[3];    // false로 초기화
        for(int i = 0; i < 3; i++) {
            System.out.print(array1[i] + " ");
        }
        System.out.println();

        int[] array2 = new int[3];            // 0으로 초기화
        for(int i = 0; i < 3; i++) {
            System.out.print(array2[i] + " ");
        }
        System.out.println();

        double[] array3 = new double[3];      // 0.0으로 초기화
        for(int i = 0; i < 3; i++) {
            System.out.print(array3[i] +  " ");
        }
        System.out.println();

        // @참조 자료형 배열
        String[] array4 = new String[3];      // null으로 초기화
        for(int i = 0; i < 3; i++) {
            System.out.print(array4[i] + " ");
        }
        System.out.println();
        System.out.println();

        // 배열을 한 번에 출력
        System.out.println(Arrays.toString(array1));
        System.out.println(Arrays.toString(array2));
```

```
        System.out.println(Arrays.toString(array3));
        System.out.println(Arrays.toString(array4));
    }
}
```

Arrays.toString(배열 객체)을 이용하면 배열의 모든 원소를 한 번에 출력 가능

실행 결과

```
0
null

false false false
0 0 0
0.0 0.0 0.0
null null null

[false, false, false]
[0, 0, 0]
[0.0, 0.0, 0.0]
[null, null, null]
```

5.1.5 참조 자료형으로서 배열의 특징

지금까지 배운 배열에 관한 지식만으로도 충분히 기본 자료형과 참조 자료형의 차이를 이해할 수 있다. 이를 위해 기본 자료형과 참조 자료형에서 변수를 복사할 때를 비교해 보자. 먼저 대입 연산자(=)를 이용해 변수가 복사되는 과정을 이해해야 한다. '변수의 복사'라는 말에는 목적어가 빠져 있다. 변수의 어떤 값을 복사한다는 의미일까? 바로 변수에 포함돼 있는 스택 메모리의 값이다. 그런데 기본 자료형과 참조 자료형이 스택 메모리에 저장하는 값의 의미가 다르므로 자연스럽게 둘 사이에 차이가 발생하는 것이다.

먼저 기본 자료형을 살펴보자. **기본 자료형**은 **스택 메모리에 실제 데이터값을 저장**하고 있으므로 기본 자료형 변수를 복사하면 실제 데이터값이 1개 더 복사된다. 이후 복사된 값을 아무리 변경해도 원본 값은 아무런 영향을 받지 않는다.

기본 자료형 변수 복사

```
int a = 3;
int b = a;  ①
b = 7;      ②
System.out.println(a);     // 3
System.out.println(b);     // 7
```

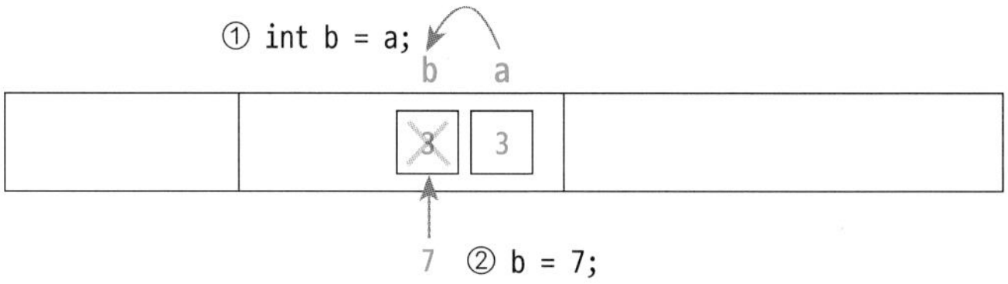

① int b = a;
b a
3 3
7 ② b = 7;

그림 5-5 기본 자료형 변수를 복사할 때의 메모리 구조

그럼 이번에는 참조 자료형을 살펴보자. 참조 자료형은 스택 메모리에 실제 데이터값이 아닌 힙 메모리에 저장된 객체의 위치를 저장하고 있다. 따라서 참조 자료형 변수를 복사하면 실제 데이터가 복사되는 것이 아니라 실제 데이터의 위칫값이 복사된다. 따라서 하나의 참조 변수를 이용해 데이터를 수정하면 다른 참조 변수가 가리키는 데이터도 변하게 되는 것이다.

참조 자료형 변수 복사

```
int[] a = {3, 4, 5};
int[] b = a;  ①
b[0] = 7;     ②
System.out.println(a[0]);     // 7
System.out.println(b[0]);     // 7
```

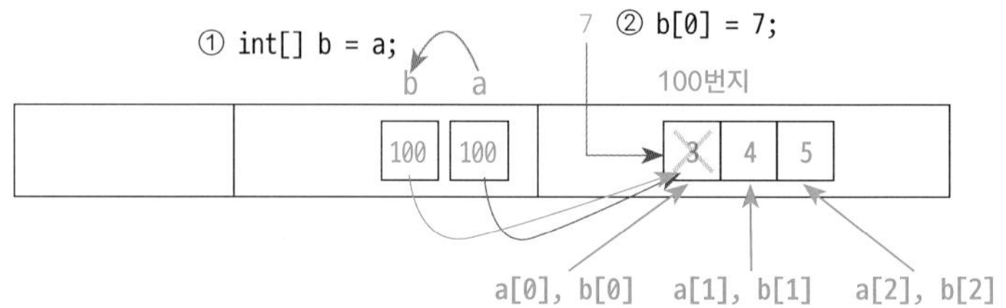

그림 5-6 참조 자료형 변수를 복사할 때 메모리 구조

Do it! 실습 기본 자료형과 참조 자료형의 특징 비교 PrimaryAndReferenceType.java

```java
package sec01_array.EX04_PrimaryAndReferenceType;

public class PrimaryAndReferenceType {
    public static void main(String[] args) {
        // 기본 자료형의 대입 연산
        int value1 = 3;
        int value2 = value1;
        value2 = 7;
        System.out.println(value1);
        System.out.println(value2);
        System.out.println();

        // 참조 자료형의 대입 연산
        int[] array1 = new int[] {3, 4, 5};
        int[] array2 = array1;
        array2[0] = 7;
        System.out.println(array1[0]);
        System.out.println(array2[0]);
    }
}
```

실행 결과

```
3
7

7
7
```

5.1.6 반복문을 이용해 배열 데이터 읽기

배열은 동일한 자료형을 여러 개 묶어 저장한다고 했다. 따라서 배열의 모든 데이터를 출력하려면 다음처럼 배열의 길이만큼 출력해야 한다.

```java
int[] a = new int[100];
a[0] = 1, a[1] = 2, …, a[99] = 100;

System.out.println(a[0]);     // 1
System.out.println(a[1]);     // 2
// …
System.out.println(a[99]);    // 100
```

하지만 이건 아닌 듯하다. 하나의 배열 데이터를 출력하기 위해 무려 100줄이나 소비했다. 어쩌면 그나마 배열의 길이가 100이어서 다행인지도 모른다. 눈치챘겠지만 이럴 때 반복문을 사용하는 것이다.

배열의 길이

반복의 횟수를 결정하기 위해서는 먼저 배열의 길이를 알아야 한다. 물론 배열을 생성할 때 길이가 결정되므로 그 길이만큼 반복문을 수행하면 될 것이다. 하지만 많은 배열을 사용할 때 모든 배열의 길이를 일일이 외울 수도 없고, 외울 필요도 없다. 자바는 **'배열 참조 변수.length'**로 배열의 길이를 구할 수 있는 쉬운 방법을 제공한다. 여기서 포인트 연산자(.)는 '해당 참조 변수가 가리키는 곳으로 가라.'는 의미다. length는 객체에 포함된 읽기 전용 속성으로, 배열 객체의 방 개수에 해당하는 값을 지닌다. 따라서 '배열 참조 변수.length'를 풀어 설명하면 '배열 참조 변수가 가리키는 곳에 가면 배열 객체가 있는데, 그 배열의 방의 개수를 가져오라.'는 의미다.

배열의 길이 구하기

```
배열 참조 변수.length
```

예

```
int[] a = new int[] {3, 4, 5, 6, 7};
System.out.println(a.length);     // 5
```

배열의 길이를 알았으므로 이제 반복문을 활용해 배열의 데이터를 출력해 보자. 먼저 배열의 길이로 반복 횟수가 고정되므로 for 문이 적절할 것이다. 다음과 같이 작성하면 100줄의 코드가 3줄로 줄어든다.

반복문을 이용한 1차원 배열의 값 출력

```
int[] a = new int[100];
a[0] = 1, a[1] = 2, …, a[99] = 100;

for (int i = 0; i < a.length; i++) {
    System.out.println(a[i]);
}
```

for-each 문을 사용하는 방법도 있다. for-each 문은 배열이나 컬렉션collection 등의 집합 객체에서 원소들을 하나씩 꺼내는 과정을 반복하는 구문으로, 집합 객체의 원소들을 출력할 때 사용한다.

집합 객체는 배열과 같이 여러 개의 데이터를 저장하고 있는 객체를 말하며, 이 중 컬렉션은 배열과 달리 동일한 타입을 저장하지만 크기에 변화를 줄 수 있는 자료형이다. 컬렉션은 17장에서 자세히 알아본다.

for-each 문

```
for(원소 자료형 변수명: 집합 객체) {
}
```

예

```
int[] a = new int[100];
a[0] = 1, a[1] = 2, …, a[99] = 100;

for(int k: a) {
    System.out.println(k);
}
```

배열의 각 원소 값을 출력하는 마지막 방법은 Arrays 클래스의 toString() 정적 메서드를 사용하는 것이다. 아직은 클래스, 메서드를 잘 모르겠고, 더욱이 정적이란 말은 들어보지 못했을 수 있다. 지금 이 단계에서는 `System.out.println(Arrays.toString(1차원 배열 참조 변수))`를 실행하면 모든 배열의 원소가 출력된다는 것만 알아 두자.

Do it! 실습 1차원 배열의 원소 값 출력 ReadArrayData.java

```
package sec01_array.EX05_ReadArrayData;

import java.util.Arrays;

public class ReadArrayData {
    public static void main(String[] args) {
        int[] array = new int[] {3, 4, 5, 6, 7};

        // 배열의 길이 구하기
        System.out.println(array.length);

        // 출력하기 1
        System.out.print(array[0] + " ");
```

```java
        System.out.print(array[1] + " ");
        System.out.print(array[2] + " ");
        System.out.print(array[3] + " ");
        System.out.print(array[4] + " ");
        System.out.println();

        // 출력하기 2
        for(int i = 0; i < array.length; i++)
            System.out.print(array[i] + " ");
        System.out.println();

        // 출력하기 3
        for(int k: array) {
            System.out.print(k + " ");
        }
        System.out.println();

        // 출력하기 4
        System.out.println(Arrays.toString(array));
    }
}
```

배열의 인덱스 번호를 사용해 배열의 모든 원소 값을 1개씩 출력

for 문 사용

for-each 문 사용

Arrays 클래스의 toString() 메서드 사용

실행 결과

```
5
3 4 5 6 7
3 4 5 6 7
3 4 5 6 7
[3, 4, 5, 6, 7]
```

5.1.7 2차원 정방 행렬 배열

가로 및 세로 방향의 2차원으로 데이터를 저장하는 배열이 2차원 배열이다. 그중 직사각형의 형태(모든 행의 길이가 같은 배열)를 띤 배열을 '2차원 정방 행렬 배열'이라고 한다.

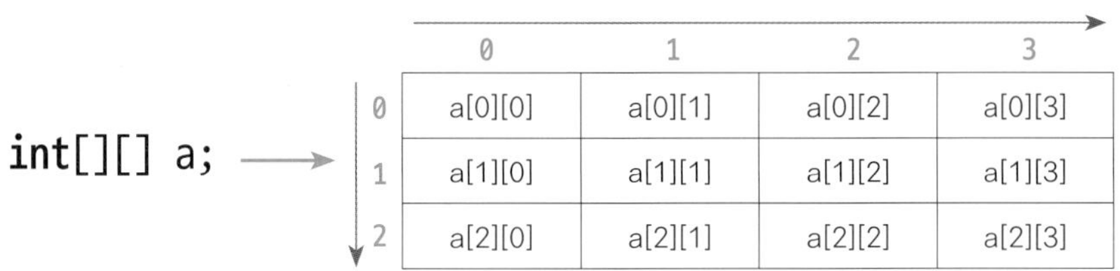

그림 5-7 2차원 정방 행렬의 구조와 위치별 인덱스 번호

2차원 배열을 선언할 때도 배열을 대괄호([])로 표시한다. 다만 1차원 배열과 다른 점은 2차원이라는 것을 나타내기 위해 2개의 대괄호를 표시한다는 것이다. 대괄호의 위치는 자료형 다음에 올 수 있고, 변수명 뒤에도 올 수 있다. 자료형과 변수명 뒤에 각각 하나씩 써도 상관없지만, 일관성을 고려해 자료형 뒤에 쓰는 것을 권장한다.

2차원 배열의 선언 방법

자료형[][] 변수명	자료형 변수명[][]	자료형[] 변수명[]

예			
	int[][] a;	int a[][];	int[] a[];
	double[][] b;	double b[][];	double[] b[];
	String[][] c;	String c[][];	String[] c[];

2차원 배열의 선언을 보면 차원이 1개씩 늘어날 때마다 대괄호가 1개씩 늘어난다는 것을 알 수 있다. 따라서 3차원 이상의 배열을 선언하는 방법도 쉽게 유추할 수 있을 것이다. 대괄호 안에는 배열의 인덱스가 들어가는데, 2차원 배열은 각 위치 정보가 2개의 인덱스 쌍으로 이뤄져 있다. 배열의 위치 표현은 세로 방향으로 숫자가 늘어나는 행row 번호와 가로 방향으로 숫자가 늘어나는 열column 번호로 구성돼 있으며, 각 방향의 인덱스는 0부터 시작한다. 예를 들어 a[2][1]은 2차원 배열 a의 세 번째 행과 두 번째 열을 의미한다.

배열의 인덱스가 0부터 시작하므로 실제 위치는 '인덱스+1'번째에 위치한다.

Do it! 실습 2차원 배열의 3가지 선언 방법과 다양한 배열 선언 RectangleArrayDefinition.java

```java
package sec01_array.EX06_RectangleArrayDefinition;

public class RectangleArrayDefinition {
    public static void main(String[] args) {
        // 배열의 선언 방법 1
        int[][] array1 = new int[3][4];
        int[][] array2;
        array2 = new int[3][4];

        // 배열의 선언 방법 2
        int array3[][] = new int[3][4];
        int array4[][];
        array4 = new int[3][4];

        // 배열의 선언 방법 3
        int[] array5[] = new int[3][4];
        int[] array6[];
        array6 = new int[3][4];

        // 다양한 배열 선언(기본 자료형 배열, 참조 자료형 배열)
        boolean[][] array7 = new boolean[3][4];
        int[][] array8 = new int[2][4];
        double[][] array9 = new double[3][5];
        String[][] array10 = new String[2][6];  // 참조 자료형 배열
    }
}
```

자료형 뒤에 대괄호([]) 2개 표기

변수명 뒤에 대괄호([]) 2개 표기

자료형과 변수명 뒤에 각각 하나의 대괄호([ ])를 표기

2차원 정방 행렬은 객체를 생성하는 데도 4가지 방법이 있다. 각 방법을 이해하는 것보다 더욱 중요한 사실은 '**메모리는 2차원 데이터를 바로 저장할 수 없다.**'는 것이다. 지금까지 2차원 배열을 설명해 놓고 메모리에 2차원을 저장할 수 없다고 하니 이해하기 힘들 것이다. 실제로 메모리는 1차원 형태의 데이터만 저장할 수 있다.

그렇다면 어떻게 2차원 데이터를 저장할까? 그 방법은 2차원 데이터를 1차원 데이터들로 나눠 저장하는 것이다. 그림 5-8과 같은 2×3 크기의 2차원 배열을 살펴보자.

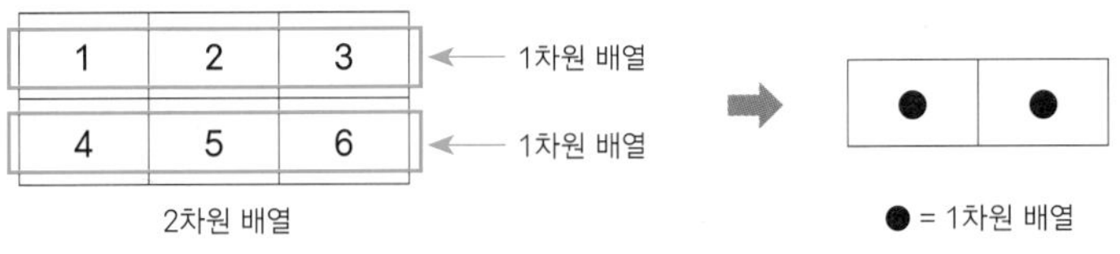

그림 5-8 2×3 크기의 2차원 배열 = 1차원 배열 객체 2개를 원소로 포함하는 1차원 배열

이 배열의 각 행은 1차원 배열이다. 배열의 첫 번째 특징은 동일한 자료형만 묶어 저장할 수 있다는 것이었다. 즉, 각각의 행이 1차원 배열이므로 **'2차원 배열은 1차원 배열을 원소로 포함하고 있는 1차원 배열'**이라고 생각할 수 있다. 이 개념을 3차원 배열로 확장하면 3차원은 2차원 배열을 원소로 포함하는 1차원 배열이라고 볼 수 있는 것이다. 이러한 개념을 이해해야 2차원 배열의 객체를 생성하는 방법과 메모리에서의 동작을 이해할 수 있다.

이제 2차원 정방행렬 배열의 4가지 객체 생성 방법을 알아보자.

방법 ① 배열 객체를 생성하고 값 대입하기

첫 번째 방법은 2차원 배열 객체를 선언한 후 각각의 인덱스 위치에 값을 하나씩 대입하는 것이다. 여기서도 배열의 2가지 특징을 모두 만족한다는 것을 알 수 있다. 우선 어떤 자료형을 저장하는지가 선언에 나와 있고, 객체를 생성할 때 배열의 길이가 지정돼 있다.

객체를 생성할 때나 배열의 길이를 지정할 때 실제로는 행과 열의 크기 중 행의 크기만 지정되면 되는데, 이는 방법 ②에서 자세히 알아본다.

2차원 정방 행렬 배열 객체를 생성하고 값 대입하기

```
자료형[][] 참조 변수명 = new 자료형[행의 길이] [열의 길이];
참조 변수명[0][0] = 값;
참조 변수명[0][1] = 값;
...
참조 변수명 [행의 길이 -1] [열의 길이 -1] = 값;
```

예

```
int[][] a = new int[2][3];
a[0][0] = 1;  a[0][1] = 2;  a[0][2] = 3;
a[1][0] = 4;  a[1][1] = 5;  a[1][2] = 6;
```

여기서 중요한 점은 메모리를 이해하는 것이다. 위 예제에서 2차원 배열은 길이가 3인 1차원 배열을 2개 포함하고 있는 1차원 배열로 볼 수 있다. 즉, **int[]**가 int를 저장하는 1차원 배열인 것처럼 **int[][]**는 int[]를 저장하는 1차원 배열로 볼 수 있다는 말이다. 따라서 몇 차원의 배열이든 최종적으로는 1차원 배열로 분할할 수 있으며, 이것이 바로 1차원 데이터만 저장할 수 있는 메모리에 다차원 배열을 저장할 수 있는 이유다.

이제 다시 메모리의 구조로 돌아가 다음 예제를 이용해 생성되는 메모리의 구조를 살펴보자.

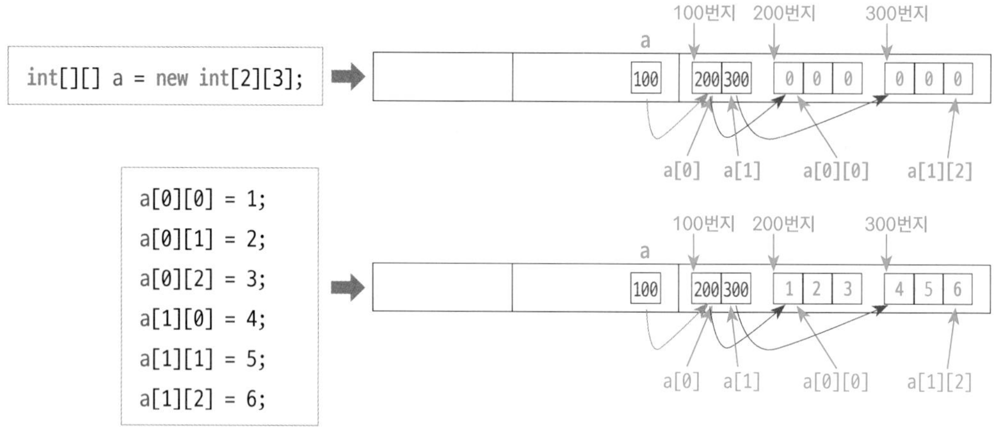

그림 5-9 방법 ①을 사용해 2차원 배열 객체 생성할 때의 메모리 구조

2차원 배열의 참조 변수 a는 2개의 원소(1차원 배열)를 포함하고 있는 1차원 배열이므로 참조 변수가 가리키는 곳으로 가면 2개의 방이 있다. 이 2개의 방에는 서로 다른 1차원 배열의 위칫값이 들어 있다. 이 위칫값들이 가리키는 또 다른 힙 메모리의 공간에 객체의 실제 데이터값이 들어 있다. 다소 복잡해 보이지만, 앞의 예제에서 메모리의 구조를 자세히 살펴보면 이해할 수 있을 것이다.

메모리의 저장 구조를 이해해야 2차원 배열의 length 속성값을 알 수 있다. '배열 참조 변수.length'는 배열의 길이를 나타낸다고 했다. 다시 말해서 배열의 가리키는 곳으로 가서 방의 개수를 알아오는 것이 '배열 참조 변수.length' 명령어다. 그렇다면 앞의 예제에서 `a.length`는 얼마인가? 참조 변수 a가 가리키는 곳으로 가면 2칸의 공간이 있다. 즉, `a.length = 2`인 것이다. 반면 `a[0].length`는 a가 가리키는 곳의 첫 번째 방(`a[0]`)이 가리키는 곳의 방 개수를 의미하므로 `a[0].length = 3`이 된다. 이와 같은 방식으로 `a[1].length = 3`이 된다는 것을 알 수 있다.

2차원 배열의 길이 가져오기

```
System.out.println(a.length);        // 2
System.out.println(a[0].length);     // 3
System.out.println(a[1].length);     // 3
```

방법 ② 배열 객체의 행 성분부터 생성하고 열 성분 생성하기

두 번째 방법은 2차원 배열의 행 성분만 먼저 생성하고, 각 행에 열 성분을 생성하는 것이다. 다소 복잡해 보이지만, 앞서 설명한 2차원 배열의 메모리 구조를 이해하면 쉽게 이해할 수 있을 것이다. 작성 방법과 예시는 다음과 같다.

배열 객체의 행 성분부터 생성하고 열 성분 생성하기

```
자료형[][] 참조 변수명 = new 자료형[행의 길이][];  ─ 열의 길이는 표시하지 않음.
참조 변수명[0] = 1차원 배열의 생성;
참조 변수명[1] = 1차원 배열의 생성;
...
참조 변수명 [행의 길이 -1] = 1차원 배열의 생성;
```

예

```
int[][] a = new int[2][];   ─ 행 성분 생성

a[0] = new int[3];
a[0][0] = 1; a[0][1] = 2; a[0][2] = 3;
a[1] = new int[3];                        ─ 열 성분 생성
a[1][0] = 4; a[1][1] = 5; a[1][2] = 6;
                                          = 1차원 배열 생성 방법 1

int[][] a = new int[2][];   ─ 행 성분 생성

a[0] = new int[]{1, 2, 3};
a[1] = new int[]{4, 5, 6};  ─ 열 성분 생성
                                          = 1차원 배열 생성 방법 2
```

두 예시는 각 행을 구성하는 1차원 배열을 생성하는 방법에서만 차이가 난다. 먼저 2차원 배열을 생성할 때 행의 개수까지만 적고, 열의 개수는 적지 않는다. 열의 개수를 나중에 결정한다는 것이다. 여기서는 '배열의 두 번째 특징에 따라 생성할 때 크기를 지정해야 하는데, 이렇게 되면 규칙에 어긋나지 않는가?'라고 생각할 수 있다. 하지만 그렇지 않다. 참조 변수 a가 가리키는 곳은 행의 개수만큼 메모리 공간을 차지하는 1차원 배열이기 때문이다. 즉, 참조 변수 a를 선언하고 값을 가리키게 하는 데는 행의 길이만 있으면 되는 것이다. 이러한 방법 ②를 이용해 생성되는 메모리의 구조를 살펴보면 다음과 같다.

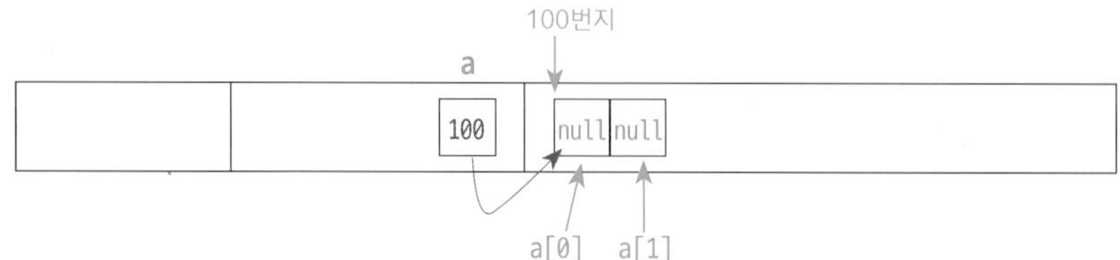

그림 5-10 방법 ②를 이용해 2차원 배열 객체의 행 성분을 생성할 때의 메모리 구조

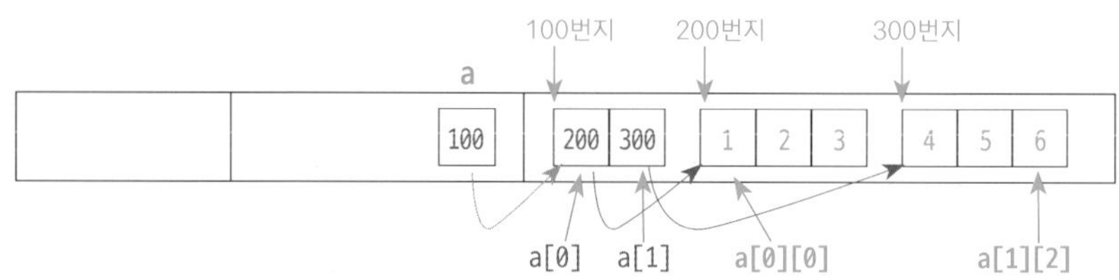

그림 5-11 방법 ②를 이용해 2차원 배열 객체의 열 성분을 생성할 때의 메모리 구조

우선 행의 개수만 정의해 2차원 배열을 생성하면 첫 번째 메모리의 구조처럼 참조 변수 a가 가리키는 곳으로 갔을 때 2칸의 방이 있다. 각 원소는 기본 자료형이 아닌 참조 자료형(`int[]`)이고, 힙 메모리는 강제 초기화되는 영역이므로 null이 들어갈 것이다.

다음으로 `a[0] = new int[3]`의 코드를 살펴보자. 그대로 풀어쓰면 'int형 데이터 3개를 저장할 수 있는 공간을 만들어 힙 메모리에 넣고(`new int[3]`) 저장한 위치 정보를 `a[0]`에 저장하라.'는 의미다. 아래쪽 `a[1] = new int[3]`도 이와 동일한 의미다. 이후 각각의 2차원 인덱스 위치에 값을 대입한 것이 위의 첫 번째 예제다. 두 번째 예제는 각 인덱스 위치에 값을 대입하는 방법만 다를 뿐, 메모리에서 일어나는 모든 과정은 동일하다.

방법 ②를 잘 이해하면 뒤에서 배울 2차원 비정방 행렬도 쉽게 이해할 수 있다. **배열을 포함한 참조 자료형은 꼭 메모리의 구조와 함께 이해**하는 것이 매우 중요하며, 이것이 프로그래밍을 쉽게 이해할 수 있는 유일한 방법이다.

방법 ③ 배열의 자료형과 함께 대입할 값 입력하기

2차원 정방 행렬의 객체를 생성하는 세 번째 방법은 자료형과 함께 대입할 값을 입력하는 것이다. 여기서는 배열의 크기가 대입되는 초깃값의 수에 따라 결정되므로 대괄호 안에는 반드시 크기를 지정하지 말아야 한다.

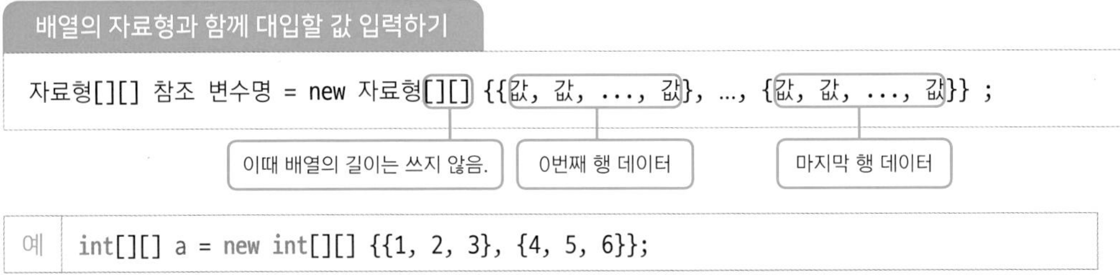

예	`int[][] a = new int[][] {{1, 2, 3}, {4, 5, 6}};`

1차원 배열과 동일한 형태이며, 차이점은 초깃값을 구성할 때 중괄호 안에 각각의 중괄호를 넣어 각 행의 데이터를 표현한다는 것이다. 최종적으로 메모리에 저장되는 값은 앞의 2가지 방법과 동일하다. 또한 초깃값과 함께 자료형을 표현하는 방법 ③은 다음과 같이 선언과 객체의 대입을 분리해 표현할 수 있다.

배열의 선언과 객체의 대입을 분리해 표현 가능

```
int[][] a = new int[][] {{1, 2, 3}, {4, 5, 6}};      // (○)

int[][] b;
b = new int[][] {{1, 2, 3}, {4, 5, 6}};              // (○)
```

방법 ④ 대입할 값만 입력하기

마지막 방법은 2차원 정방 행렬 데이터에 대입할 값만 입력하는 방법이다. 이 역시 1차원 배열과 동일한 방식에 중괄호만 이중으로 추가된 형태이므로 쉽게 이해할 수 있을 것이다.

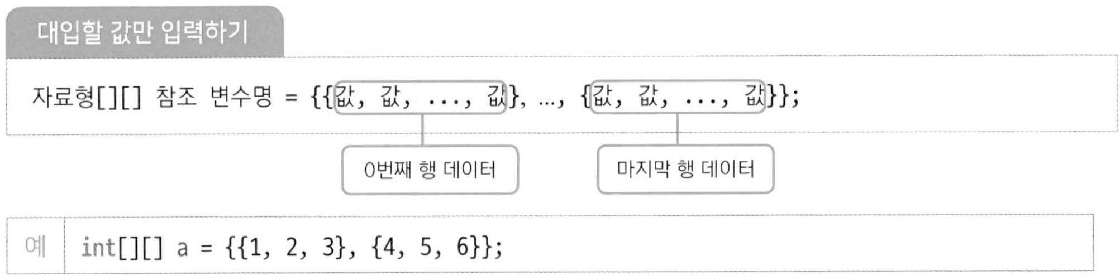

예	`int[][] a = {{1, 2, 3}, {4, 5, 6}};`

역시 메모리에 저장되는 값은 앞의 방법과 동일하다. 가장 간단한 형태이지만, 방법 ④는 선언과 값의 대입을 분리할 수 없으며, 선언과 동시에 값을 대입할 때만 사용할 수 있다.

배열의 선언과 객체의 대입을 분리해 표현 불가능

```
int[][] a = {{1, 2, 3}, {4, 5, 6}};  // (○)

int[][] b;
b = {{1, 2, 3}, {4, 5, 6}};  // (X)
```

Do it! 실습 2차원 정방 행렬 배열의 4가지 배열 객체 생성 및 원소 값 대입 방법 RectangleValueAssignment.java

```
package sec01_array.EX07_RectangleValueAssignment;

public class RectangleValueAssignment {
    public static void main(String[] args) {
        // 배열 객체의 생성 및 원소 값 대입(방법 1)
        int[][] array1 = new int[2][3];
        array1[0][0] = 1;
        array1[0][1] = 2;
        array1[0][2] = 3;
        array1[1][0] = 4;
        array1[1][1] = 5;
        array1[1][2] = 6;

        System.out.println(array1[0][0] + " " + array1[0][1] + " " + array1[0][2] + " ");
        System.out.println(array1[1][0] + " " + array1[1][1] + " " + array1[1][2] + " ");
        System.out.println();

        int[][] array2;
        array2 = new int[2][3];
        array2[0][0] = 1;
        array2[0][1] = 2;
        array2[0][2] = 3;
        array2[1][0] = 4;
        array2[1][1] = 5;
        array2[1][2] = 6;
```

```
        System.out.println(array2[0][0] + " " + array2[0][1] + " " + array2[0][2] + " ");
        System.out.println(array2[1][0] + " " + array2[1][1] + " " + array2[1][2] + " ");
        System.out.println();

        // 배열 객체의 생성 및 원소 값 대입(방법 2)
        int[][] array3 = new int[][] {{1, 2, 3}, {4, 5, 6}};
        System.out.println(array3[0][0]+ " " + array3[0][1] + " " + array3[0][2] + " ");
        System.out.println(array3[1][0] + " " + array3[1][1] + " " + array3[1][2] + " ");
        System.out.println();

        int[][] array4;
        array4 = new int[][] {{1, 2, 3}, {4, 5, 6}};
        System.out.println(array4[0][0] + " " + array4[0][1] + " " + array4[0][2] + " ");
        System.out.println(array4[1][0] + " " + array4[1][1] + " " + array4[1][2] + " ");
        System.out.println();

        // 배열 객체의 생성 및 원소 값 대입(방법 3)
        int[][] array5 = {{1, 2, 3}, {4, 5, 6}};
        System.out.println(array5[0][0] + " " + array5[0][1] + " " + array5[0][2] + " ");
        System.out.println(array5[1][0] + " " + array5[1][1] + " " + array5[1][2] + " ");

        // int[][] array6;
        // array6 = {{1, 2, 3}, {4, 5, 6}};  // 불가능
    }
}
```

실행 결과

```
1 2 3
4 5 6

1 2 3
4 5 6

1 2 3
4 5 6

1 2 3
4 5 6

1 2 3
4 5 6
```

5.1.8 2차원 비정방 행렬 배열

2차원 비정방 행렬은 각 행마다 열의 길이가 다른 2차원 배열을 의미한다. 배열의 구조를 보면 각 행별로 들쑥날쑥한 것을 알 수 있다. 하지만 기본적인 개념은 2차원 정방 행렬과 완벽하게 동일하다. 즉, 1차원 배열을 원소로 포함하고 있는 1차원 배열인 셈이다. 원소인 1차원 배열들의 길이가 다양하다는 것에만 차이가 있다.

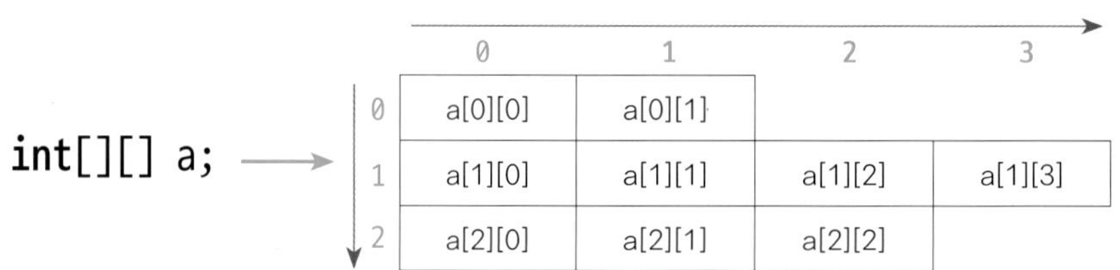

그림 5-12 2차원 비정방 행렬의 구조와 위치별 인덱스 번호

2차원 비정방 행렬 배열의 객체를 생성하는 방법은 3가지다. `int[][] a = new int[2][3]`과 같은 정방 행렬 객체 생성의 첫 번째 방법은 항상 정방 행렬만 생성하므로 비정방 행렬 생성 방법으로는 사용할 수 없다. 그러면 다음 2차원 비정방 행렬에 관한 배열의 객체를 생성하고, 원소 값을 대입하는 3가지 방법을 살펴보자.

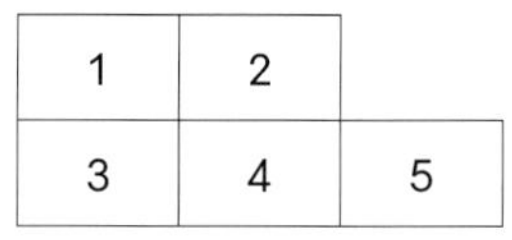

그림 5-13 2차원 비정방 배열의 예

방법 ① 배열 객체의 행 성분부터 생성하고 열 성분 생성하기

비정방 행렬 배열을 만드는 첫 번째 방법은 행의 성분만 먼저 생성하고, 각각의 행에 열의 성분을 추가하는 방법이다. 각 행마다 길이가 다른 배열을 생성해야 하므로 이렇게 할 수밖에 없다.

배열 객체의 행 성분부터 생성하고 열 성분 생성하기

```
자료형[][] 참조 변수명 = new 자료형[행의 길이][];
참조 변수명[0] = 1차원 배열의 생성;
참조 변수명[1] = 1차원 배열의 생성;
...
참조 변수명 [행의 길이-1] = 1차원 배열의 생성;
```

열의 길이는 표시하지 않음.

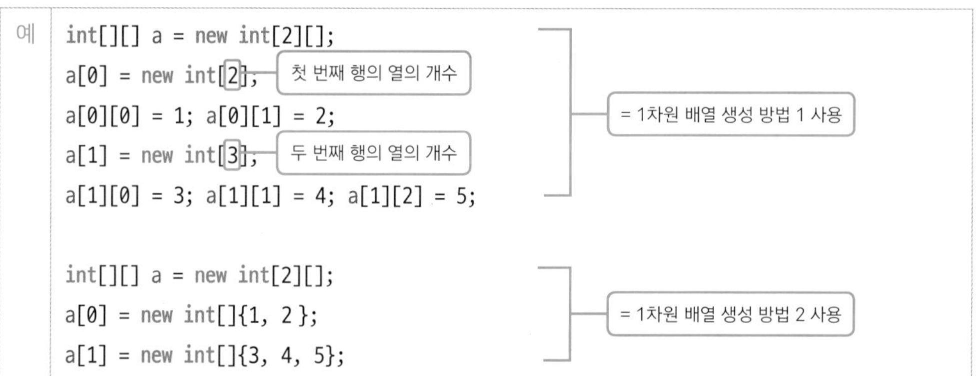

예

```
int[][] a = new int[2][];
a[0] = new int[2];
a[0][0] = 1; a[0][1] = 2;
a[1] = new int[3];
a[1][0] = 3; a[1][1] = 4; a[1][2] = 5;

int[][] a = new int[2][];
a[0] = new int[]{1, 2 };
a[1] = new int[]{3, 4, 5};
```


예제를 살펴보면 각 행마다 크기가 다른 1차원 배열이 할당된다는 점을 제외하고는 정방 행렬의 2번째 방법과 동일하다. 따라서 처음 객체를 생성하면 행 성분의 1차원 배열만 생성되며, 이후 각 행 성분에 1차원 배열을 할당함으로써 최종적인 2차원 배열 객체가 생성된다. 이상의 과정을 메모리로 표시하면 다음과 같다.

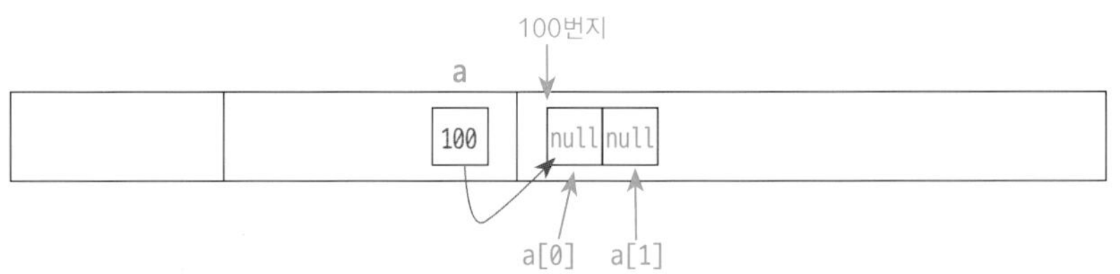

그림 5-14 방법 ①을 이용해 2차원 비정방 행렬 배열 객체의 행 성분을 생성할 때의 메모리 구조

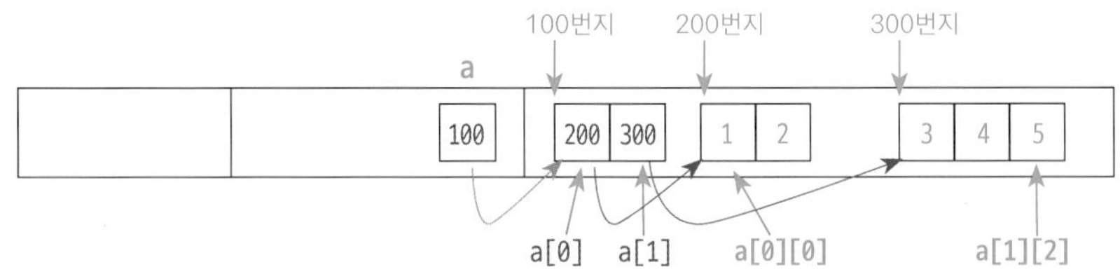

그림 5-15 방법 ①을 이용해 2차원 비정방 행렬 배열 객체의 열 성분을 생성할 때의 메모리 구조

비정방 행렬은 배열의 길이에 주의를 기울여야 한다. 각 행마다 배열의 길이가 다르기 때문이다.

2차원 비정방 배열에서의 배열의 길이 가져오기

```
System.out.println(a.length);           // 2
System.out.println(a[0].length);        // 2
System.out.println(a[1].length);        // 3
```

방법 ② 자료형과 대입할 값만 입력하기

방법 ②는 자료형과 함께 이중 중괄호를 사용해 생성할 때 초깃값을 넘겨 주는 것이다. 대괄호 안에 행렬의 크기를 넣지 않으며, 초깃값에 따라 각 행마다 들어갈 배열의 길이가 결정된다.

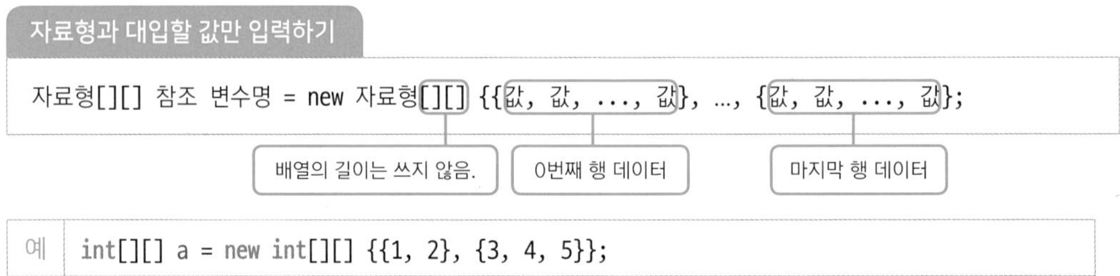

최종적으로 메모리에 저장되는 결과는 앞의 방법과 동일하며, 방법 ②는 다음과 같이 선언과 객체의 대입을 분리해 표현할 수 있다.

배열의 선언과 객체의 대입을 분리해 표현 가능

```
int[][] a = new int[][] {{1, 2}, {3, 4, 5}}; // (○)

int[][] b;
b = new int[][] {{1, 2}, {3, 4, 5}};          // (○)
```

방법 ③ 대입할 값만 입력하기

2차원 비정방 행렬 배열의 객체를 생성하는 마지막 방법은 초깃값만 이중 중괄호에 넣어 대입하는 것이다.

대입할 값만 입력하기

```
자료형[][] 참조 변수명 = {{값, 값, ..., 값}, …, {값, 값, ..., 값}};
```

0번째 행 데이터 / 마지막 행 데이터

예
```
int[][] a = {{1, 2}, {3, 4, 5}};
```

2차원 정방 행렬 때와 마찬가지로 방법 ③은 배열의 선언과 객체 대입을 분리할 수 없다는 제한이 있다.

배열의 선언과 객체의 대입을 분리해 표현 불가능

```
int[][] a = {{1, 2}, {3, 4, 5}};      // (○)

int[][] b;
b = {{1, 2}, {3, 4, 5}};              // (X)
```

Do it! 실습 2차원 비정방 행렬 배열의 3가지 원소 값 대입 방법 NonRectangleArray.java

```
package sec01_array.EX08_NonRectangleArray;

public class NonRectangleArray {
    public static void main(String[] args) {
        // 비정방 행렬의 선언 및 값 대입 방법 1
        int[][] array1 = new int[2][];
        array1[0] = new int[2];
        array1[0][0] = 1;
```

```
        array1[0][1] = 2;
        array1[1] = new int[3];
        array1[1][0] = 3;
        array1[1][1] = 4;
        array1[1][2] = 5;

        System.out.println(array1[0][0] + " " + array1[0][1]);
        System.out.println(array1[1][0] + " " + array1[1][1] + " " + array1[1][2]);
        System.out.println();

        int[][] array2 = new int[2][];
        array2[0] = new int[] {1, 2};
        array2[1] = new int[] {3, 4, 5};

        System.out.println(array2[0][0] + " " + array2[0][1]);
        System.out.println(array2[1][0] + " " + array2[1][1] + " " + array2[1][2]);
        System.out.println();

        // 비정방 행렬의 선언 및 값 대입 방법 2
        int[][] array3 = new int[][] {{1, 2}, {3, 4, 5}};
        System.out.println(array3[0][0] + " " + array3[0][1]);
        System.out.println(array3[1][0] + " " + array3[1][1] + " " + array3[1][2]);
        System.out.println();

        int[][] array4;
        array4 = new int[][] {{1, 2}, {3, 4, 5}};
        System.out.println(array4[0][0] + " " + array4[0][1]);
        System.out.println(array4[1][0] + " " + array4[1][1] + " " + array4[1][2]);

        // 비정방 행렬의 선언 및 값 대입 방법 3
        int[][] array5 = {{1, 2}, {3, 4, 5}};
        System.out.println(array5[0][0] + " " + array5[0][1]);
        System.out.println(array5[1][0] + " " + array5[1][1] + " " + array5[1][2]);
        System.out.println();

        // int[][] array6;
        // array6 = {{1, 2}, {3, 4, 5}};
    }
}
```

배열의 선언과 객체 대입 분리 가능

배열의 선언과 객체 대입 분리 불가능

실행 결과

```
1 2
3 4 5

1 2
3 4 5

1 2
3 4 5

1 2
3 4 5
1 2
3 4 5
```

5.1.9 2차원 배열의 출력

2차원 배열은 가로, 세로 방향으로 데이터가 분포돼 있어 2개의 인덱스를 사용한다. 따라서 2차원 배열의 모든 데이터를 출력하기 위해서는 기본적으로 이중 for 문을 사용해야 한다. 여기서 중요한 것은 반복 횟수를 지정하는 것이다. 앞서 살펴본 2차원 비정방 배열 예제에서는 2개의 행(0행, 1행)에 대해 각각 2회(`a[0].length`) 및 3회(`a[1].length`)를 반복해야 한다. 따라서 바깥쪽 for 문에는 행의 개수를 나타내는 `a.length`, 안쪽 for 문에는 각 행별 열의 개수를 나타내는 `a[i].length`를 사용해야 한다.

이중 for 문을 이용한 2차원 배열 원소 출력

```
int[][] a = {{1, 2}, {3, 4, 5}};

for(int i = 0; i < a.length; i++) {
    for(int j = 0; j < a[i].length; j++) {
        System.out.println(a[i][j]);
    }
}
```

앞서 1차원 배열에서 살펴본 집합 객체(배열, 컬렉션)의 원소를 1개씩 모두 꺼낼 때까지 반복하는 for-each 문을 사용할 수도 있다. 여기서도 이중 for-each 문을 사용해야 한다. 2차원 배열에 꺼낸 하나의 원소가 1차원 배열이기 때문이다. 이중 for-each 문을 이용한 2차원 배열의 출력 예는 다음과 같다.

이중 for-each 문을 이용한 2차원 배열 원소 출력

```
int[][] a = {{1, 2}, {3, 4, 5}};

for(int[] m: a) {
    for(int n: m) {
        System.out.println(n);
    }
}
```

Do it! 실습 2차원 배열의 원소 값 출력 ReadArrayData_2D.java

```
package sec01_array.EX09_ReadArrayData_2D;

public class ReadArrayData_2D {
    public static void main(String[] args) {
        // 2차원 데이터의 배열의 길이
        int[][] array1 = new int[2][3];
        System.out.println(array1.length);
        System.out.println(array1[0].length);
        System.out.println(array1[1].length);
        System.out.println();

        int[][] array2 = new int[][] {{1, 2}, {3, 4, 5}};
        System.out.println(array2.length);
        System.out.println(array2[0].length);
        System.out.println(array2[1].length);
        System.out.println();

        // 2차원 배열의 출력 방법
        System.out.print(array2[0][0] + " ");
        System.out.print(array2[0][1] + " ");
        System.out.println();
        System.out.print(array2[1][0] + " ");
```

행 개수

첫 번째 행의 열 개수

두 번째 행의 열 개수

```
        System.out.print(array2[1][1] + " ");
        System.out.println(array2[1][2]);
        System.out.println();

        for(int i = 0; i < array2.length; i++) {
            for(int j = 0; j < array2[i].length; j++) {
                System.out.print(array2[i][j] + " ");
            }
            System.out.println();
        }
        System.out.println();

        for(int[] array: array2) {
            for(int k:array) {
                System.out.print(k + " ");
            }
            System.out.println();
        }
    }
}
```

이중 for 문 사용

이중 for-each 문 사용

실행 결과

```
2
3
3

2
2
3

1 2
3 4 5

1 2 3 4 5

1 2 3 4 5
```

5.1.10 main() 메서드의 입력매개변수

그동안의 예제를 작성하면서 기계적으로 작성했던 main() 메서드를 살펴보면 다음과 같이 입력매개변수가 배열의 형태를 띤다는 것을 알 수 있다.

```
public static void main(String[] ar) {
}
```

여러 개의 String 객체를 묶어 저장하는 문자열 배열

즉, 자바 코드를 실행하면 자바 가상 머신은 가장 먼저 main() 메서드를 실행하는데, 이때 개발자는 main() 메서드를 실행하는 데 필요한 자료를 배열 타입으로 넘겨 줄 수 있다. 그동안은 한 번도 데이터를 넘겨 준 적이 없으므로 아무런 데이터도 전달되지 않았을 것이다.
데이터를 넘겨 주는 데는 콘솔을 이용하는 방법과 이클립스를 이용하는 방법이 있는데, 여기서는 이클립스를 이용하는 방법만 알아본다. 먼저 상단의 [Run → Run Configurations] 메뉴를 클릭한다.

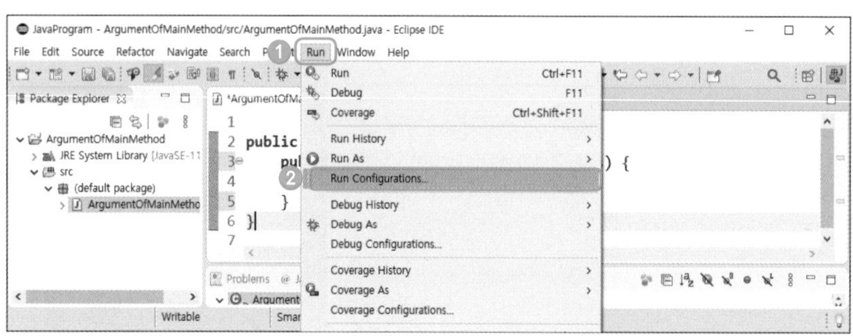

그런 다음 Java Application 내에서 프로젝트명을 선택하고, [(x)=Arguments] 탭에서 입력매개변숫값으로 '안녕하세요 3 5.8'을 입력한 후 [Run] 버튼을 클릭한다.

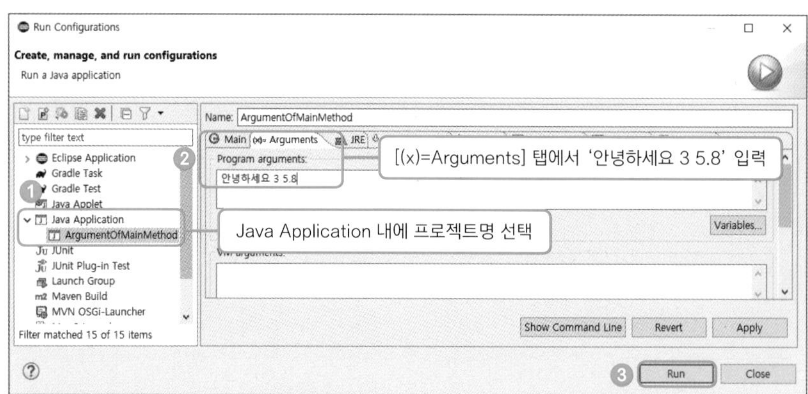

입력매개변수의 각 원소는 공백 문자(Spacebar)로 구분되며, 모든 원소는 입력매개변수가 String[]이므로 문자열(String)로 인식된다. 따라서 앞에서 입력한 입력매개변수에 따라 배열 ar에는 다음과 같이 값이 전달된다.

```
public static void main(String[] ar) {
    String a = ar[0];                 // "안녕하세요"
    String b = ar[1];                 // "3"
    String c = ar[2];                 // "5.8"

    System.out.println(a);            // "안녕하세요"
    System.out.println(b);            // "3"
    System.out.println(c);            // "5.8"

    System.out.println(b + 1);        // "31"
    System.out.println(c + 1);        // "5.81"

    int d = Integer.parseInt(b);      // 3
    double e = Double.parseDouble(c); // 5.8
    System.out.println(d + 1);        // 4
    System.out.println(e + 1);        // 6.8
}
```

String + int = String이므로 문자열이 연결돼 출력

String → int로 변환

String → double로 변환

int + int = int로 연산되므로 실제 더한 값을 정수로 출력

double + int = double로 연산되므로 실제 더한 값을 실수로 출력

전공자라면 이 정도는 꼭!

타입 변환 메서드

문자열을 정수 또는 실수로 바꾸거나 정수 또는 실수를 문자열로 변환하는 데는 다음과 같은 메서드를 사용할 수 있다.

- 문자열 → 정수: Integer.parseInt(문자열)
- 문자열 → 실수: Double.parseDouble(문자열)
- 정수 → 문자열: String.valueOf(정수)
- 실수 → 문자열: String.valueOf(실수)

다음은 main() 메서드의 입력매개변수로 'abc 13 123 a'를 전달했을 때 입력매개변수로 전달된 String[] 타입의 참조 변수 args의 값을 읽는 예제다.

Do it! 실습 main 메서드로의 입력매개변수 전달 ArgumentOfMainMethod.java

```
package sec01_array.EX10_ArgumentOfMainMethod;

public class ArgumentOfMainMethod {
    public static void main(String[] args) {
        // args 배열의 길이 구하기
        System.out.println(args.length);
        System.out.println();

        // 입력매개변수 출력 1
        for(int i = 0; i < args.length; i++) {
            System.out.println(args[i]);
        }
        System.out.println();

        // 입력매개변수 출력 2
        for(String s : args) {
            System.out.println(s);
        }
        System.out.println();
    }
}
```

abc 13 123 a 전달

실행 결과

```
4

abc
13
123
a

abc
13
123
a
```

5.2 문자열을 저장하는 String

참조 자료형의 가장 대표적인 형태는 '클래스'다. 이번에는 자바가 제공하는 클래스 중 문자열을 저장하는 String 클래스를 알아보자. 이미 앞에서도 몇 가지 형태의 문자열을 써 봤겠지만, 자바에서 가장 많이 쓰는 자료형 중 하나다.

5.2.1 문자열의 표현과 객체 생성

문자열은 반드시 큰따옴표(`String a = "문자열"`)안에 표기해야 한다. 큰따옴표 안에는 `String a = ""`와 같이 아무런 문자열이 오지 않아도 상관없다. 하지만 큰따옴표는 절대 생략할 수 없다. String 클래스의 객체를 생성하는 데는 크게 2가지 방법이 있다. 첫 번째 방법은 new 키워드를 사용하는 방법으로 생성자의 입력매개변수로 저장할 문자열을 입력한다.

String 클래스의 객체 생성 방법 ①

```
String 참조 변수명 = new String("문자열")
```

String 클래스의 생성자

저장할 문자열

예

```
String str = new String("안녕");
```

아직 클래스를 배우기 전이므로 이런 모양이 다소 어색해 보일 수 있지만, 대부분의 클래스가 이 방법으로 객체를 생성한다. 생성자의 개념은 아직 배우지 않았지만, 클래스명과 동일하면서 뒤에 소괄호가 있는 형태다. new 키워드는 배열에서 배웠으므로 실제 데이터가 힙 메모리에 위치한다는 것은 예측할 수 있을 것이다.

두 번째 방법은 간단히 문자열 리터럴, 즉 문자열 값만 입력하는 방법이다. 이제까지 여러 번 사용해 봤을 것이다.

String 클래스의 객체 생성 방법 ②

```
String 참조 변수명 = "문자열"
```

예

```
String str = "안녕";
```

첫 번째 방법을 사용하든, 두 번째 방법을 사용하든 메모리에 저장되는 방식은 동일하다. String은 참조 자료형이므로 그림 5-16과 같이 실제 데이터인 String 객체는 힙 메모리에 위치하고, 참조 변수는 힙 메모리의 실제 객체 위치를 가리키게 될 것이다. 하지만 이 2가지 방법 사이에는 결정적인 차이가 1개 있다. 그 차이는 곧 설명하기로 하고, 여기서는 2가지의 String 객체를 생성하는 방법만 기억하자.

그림 5-16 String 객체를 생성할 때의 메모리 구조

Do it! 실습 String 객체를 생성하는 2가지 방법 CreateStringObject.java

```java
package sec02_string.EX01_CreateStringObject;

public class CreateStringObject {
    public static void main(String[] args) {
        // String 객체 생성 1
        String str1 = new String("안녕");
        System.out.println(str1);

        // String 객체 생성 2
        String str2 = "안녕하세요";
        System.out.println(str2);
    }
}
```

new 키워드와 생성자를 이용

문자열 리터럴을 바로 입력

실행 결과

```
안녕
안녕하세요
```

5.2.2 String 클래스의 2가지 특징

String 클래스도 당연히 클래스이므로 다른 클래스들의 특징을 모두 지니고 있다. 하지만 워낙 자주 사용되는 클래스이다 보니 다른 클래스에는 없는 2개의 특징이 있다. 첫 번째 특징은 **한 번 정의된 문자열은 변경할 수 없다**는 것이다. 만일 문자열의 내용을 변경하면 자바 가상 머신은 기존의 문자열을 수정하는 것이 아니라 새로운 문자열을 포함하고 있는 객체를 생성해 사용하고,

기존의 객체는 버린다. 두 번째 특징은 **문자열 리터럴을 바로 입력해 객체를 생성할 때 같은 문자열끼리 객체를 공유**한다는 것이다. 이는 메모리의 효율성 때문이다. 그럼 각각의 특징을 자세히 살펴보자.

특징 ① 객체 안의 값을 변경하면 새로운 객체를 생성

String 객체는 내부에 포함된 문자열을 변경할 수 없다. 다음 예를 살펴보자.

```
String str1 = new String("안녕");
String str2 = str1;
str1 = "안녕하세요";
System.out.println(str1);      // 안녕하세요
System.out.println(str2);      // 안녕
```

먼저 코드를 `String str1 = new String("안녕")`과 같은 형태로 작성하면 메모리의 클래스 영역에는 String 클래스의 바이트 코드가 로딩되고, 스택에는 참조 변수 str1의 공간이 생긴다. 실제 데이터인 `"안녕"`은 힙 메모리에 생성되며, 생성된 실제 데이터의 위칫값이 스택 메모리의 str1 공간에 저장될 것이다. 이 상황에서 `String str2 = str1`, 즉 참조 자료형의 값을 복사하면 스택 메모리의 값이 복사되므로 str1과 str2는 이제 모두 동일한 객체를 가리키고 있을 것이다. 이제 `str1 = "안녕하세요"`와 같이 수정하면 자바 가상 머신은 기존의 문자열을 수정하는 것이 아닌 `"안녕하세요"`라는 문자열을 포함하고 있는 새로운 String 객체를 생성하고, 이 위치를 str1의 공간에 저장한다. 이는 일반적으로 참조 자료형에서 2개의 참조 변수가 1개의 객체를 가리킬 때 하나의 참조 변수에 접근해 객체의 값을 변경하면, 다른 참조 변수가 가리키는 값도 함께 변하는 것과는 구분되는 특징이다. 이상의 과정을 메모리 구조로 살펴보면 다음과 같다.

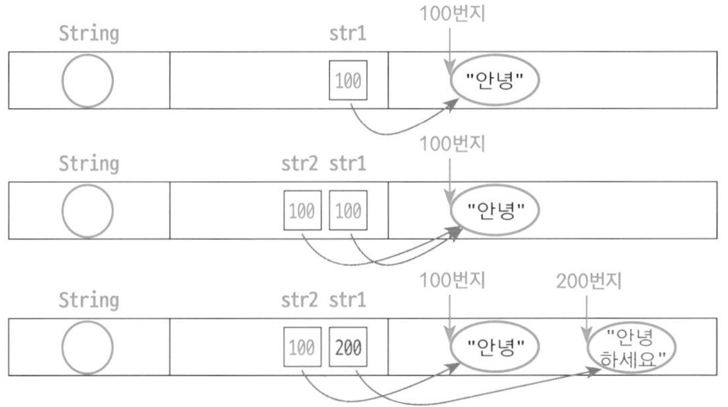

그림 5-17 String 참조 변수를 대입한 후 문자열을 변경할 때 새로운 객체를 참조하는 메모리 구조

전공자라면 이 정도는 꼭!

String 클래스의 특징과 배열의 특징 비교

값을 변경할 때 새로운 객체를 생성하는 String 클래스의 특징을 앞에서 배운 배열의 특징과 비교해 보자. 배열은 객체의 값 자체가 수정되므로 참조 변수 복사 이후 하나의 변수에서 수정하면 나머지 변수에도 적용된다.

```
int[] array1 = new int[] {3, 4, 5}; ❶
int[] array2 = array1; ❷
array1[0] = 6; array1[1] = 7; array1[2] = 8; ❸

System.out.println(Arrays.toString(array1));    // [6, 7, 8]
System.out.println(Arrays.toString(array2));    // [6, 7, 8]
```

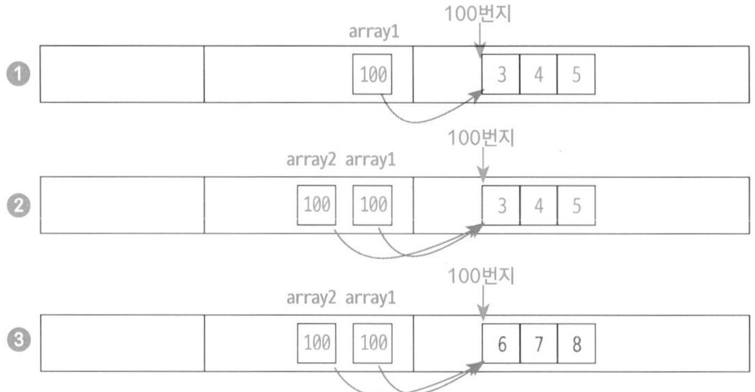

그림 5-18 배열에서 참조 자료형을 복사한 후 값을 변경할 때의 메모리 구조

Do it! 실습 String 객체의 문자열 수정 및 다른 참조 자료형과의 비교 ModificationOfStringData.java

```
package sec02_string.EX02_ModificationOfStringData;

import java.util.Arrays;

public class ModificationOfStringData {
    public static void main(String[] args) {
        // 문자열 수정
        String str1 = new String("안녕");
        String str2 = str1;

        str1 = "안녕하세요";
```

새로운 객체 생성

```

        System.out.println(str1);
        System.out.println(str2);

        // 배열 참조 자료형
        int[] array1 = new int[] {3, 4, 5};
        int[] array2 = array1;
        array1[0] = 6;
        array1[1] = 7;
        array1[2] = 8;
        System.out.println(Arrays.toString(array1));
        System.out.println(Arrays.toString(array2));
    }
}
```

array2가 가리키는 값도 변경

실행 결과

```
안녕하세요
안녕
[6, 7, 8]
[6, 7, 8]
```

특징 ② 리터럴을 바로 입력한 데이터는 문자열이 같을 때 하나의 객체를 공유

두 번째 방법인 문자열 리터럴만 입력해 String 객체를 생성하면 하나의 문자열을 여러 객체가 공유할 수 있다. 이 역시 다른 클래스에 없는 특징으로, 특정 문자열의 객체를 여러 개 만들어 사용할 때 메모리 효율성을 증가시키기 위한 것이다. 다음처럼 4개의 String 객체를 생성해 보자.

```
String str1 = new String("안녕");
String str2 = "안녕";
String str3 = "안녕";
String str4 = new String("안녕");
```

모두 동일한 문자열을 포함하고 있으며, 첫 번째와 네 번째는 new 키워드, 나머지 2개는 문자열 리터럴을 사용했다. 이제 메모리를 살펴보자.

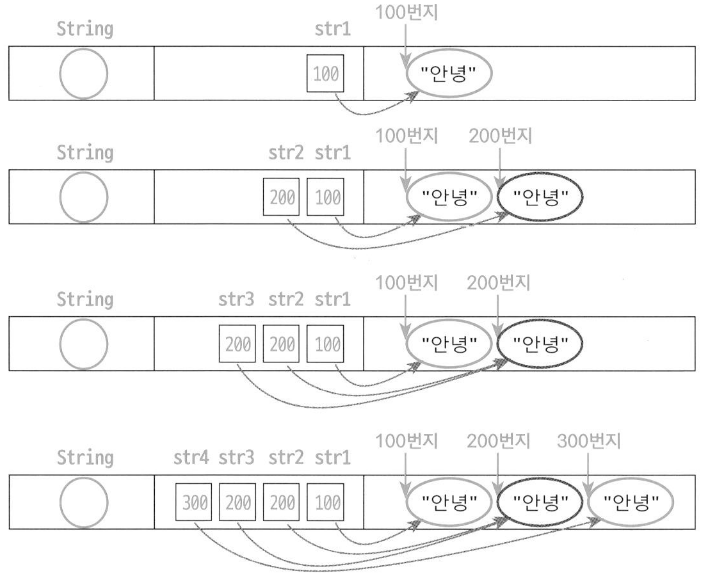

그림 5-19 문자열 객체를 new 키워드와 리터럴로 각각 생성했을 때 문자열 공유 과정의 메모리 구조

String str1 = new String("**안녕**")이 실행되면 힙 메모리에는 "**안녕**"이라는 객체 하나가 생성될 것이다. 두 번째는 문자열 리터럴로 입력했는데, 이때는 힙 메모리에 이미 "**안녕**"이 있어도 새롭게 "**안녕**"이라는 객체를 추가한다. 세 번째도 문자열 리터럴로 생성했는데, 이때 이미 앞에서 문자열 리터럴로 생성한 "**안녕**"이라는 객체가 있으므로 새롭게 객체를 생성하는 것이 아니라 기존에 있는 이 객체를 공유한다. 마지막에는 다시 new로 객체를 생성했으며, 이때는 새롭게 객체를 생성한다. 정리하면 **new로 생성할 때는** 동일한 문자열 객체가 힙 메모리에 있든, 없든 무조건 **새롭게 객체를 생성**한다. **문자열 리터럴로 생성**할 때는 힙 메모리에 리터럴로 생성된 동일 문자열을 포함하고 있는 객체가 있으면 그 **객체를 공유**한다.

Do it! 실습 문자열 리터럴에 따른 생성 문자열 객체의 공유 SharingStringObject.java

```
package sec02_string.EX03_SharingStringObject;

public class SharingStringObject {
    public static void main(String[] args) {
        String str1 = new String("안녕");
        String str2 = "안녕";
        String str3 = "안녕";                 // str2가 가리키는 객체를 공유
        String str4 = new String("안녕");     // 새 객체 생성

```

```java
        // 스택 메모리값 비교(==)
        System.out.println(str1 == str2);
        System.out.println(str2 == str3);
        System.out.println(str3 == str4);
        System.out.println(str4 == str1);
    }
}
```

실행 결과

```
false
true
false
false
```

5.2.3 String 객체의 '+' 연산

String 객체는 + 연산을 이용해 문자열을 연결할 수 있다. 당연히 '더하기'의 의미가 아니라 '**연결하기**'의 의미다. String 객체의 + 연산은 크게 2가지 형태가 있다. 첫 번째는 '문자열 + 문자열'의 형태인데, 이때는 그대로 문자열을 연결한 결과가 리턴된다. 두 번째는 '문자열 + 기본 자료형' 또는 '기본 자료형 + 문자열'일 때인데, 이때는 기본 자료형이 먼저 문자열로 변환되고, 이후 '문자열 + 문자열'의 형태로 연결된 값이 리턴된다.

유형 ① '문자열 + 문자열' 연산

```java
String str1 = "안녕" + "하세요" + "!";
System.out.println(str1);  // 안녕하세요!

String str2 = "반갑";
str2 += "습니다";
str2 += "!";
System.out.println(str2);  // 반갑습니다!
System.out.println();
```

"안녕" + "하세요" + "!"의 결과가 모두 연결된 **"안녕하세요!"**가 나오는 것을 예측하는 일은 어렵지 않다. 하지만 메모리에서는 이 짧은 명령의 영향으로 그림 5-20과 같이 객체가 5개나 만들어진다는 것을 눈치채야 한다.

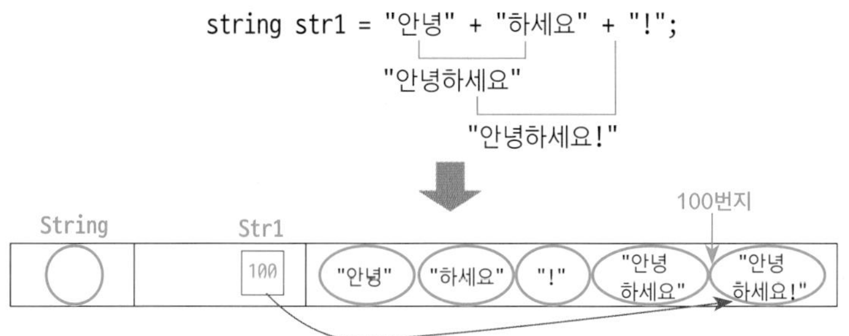

그림 5-20 '문자열+문자열' 연산을 할 때 메모리 구조

우리는 이미 String 객체의 내용을 변경할 수 없다는 것을 배웠다. 따라서 메모리에는 각각의 문자열 리터럴 객체가 만들어질 것이다. 처음 **"안녕" + "하세요"**가 수행될 때 객체 하나가 새롭게 만들어지며, **"안녕하세요" + "!"**가 수행될 때 또 객체가 만들어질 것이다. 최종적으로 참조 변수에는 마지막 객체의 위칫값이 저장될 것이다.

유형 ② '문자열 + 기본 자료형' 또는 '기본 자료형 + 문자열' 연산

모든 연산은 동일한 자료형끼리만 가능하다. 따라서 기본 자료형과 문자열을 연산하려면 먼저 기본 자료형을 문자열로 바꾸고, 이어서 '문자열 + 문자열' 연산을 수행한다. 다음 예제를 살펴보자.

```
System.out.println(1 + "안녕");          // 1안녕
System.out.println (1 + "안녕" + 2);     // 1안녕2
System.out.println("안녕" + 1 + 2);      // 안녕12
System.out.println(1 + 2 + "안녕");      // 3안녕
```

여기서 주의를 기울여야 하는 부분이 있다. 예를 들어 **1 + "안녕"**을 수행하면 **1 → "1"**이 먼저 수행돼 **"1" + "안녕" → "1안녕"**이 나온다. 하지만 **1 + 2 + "안녕"**은 **"3안녕"**이 나온다. + 연산은 앞에서부터 연산을 수행하기 때문이다. 1 + 2는 '정수 + 정수'이므로 문자열로 변환되지 않는다. 말 그대로 더하기가 실행되며, 그렇게 나온 결과와 **"안녕"**을 연결하면 **3 + "안녕" → "3안녕"**이 나오는 것이다. 반면 **"안녕" + 1 + 2**는 어떨까? 이때 **"안녕" + 1**이 먼저 실행되므로 **"안녕1"**의 결과가 먼저 나오고 이후 **"안녕1" + 2**가 실행되므로 **"안녕12"**의 결과가 나온다. 즉, + 연산은 앞에서부터 순차적으로 수행되므로 기본 자료형과 문자열을 여러 개 섞어 연산하면 자료형을 생각하며 차근차근 연산해야 한다.

Do it! 실습 문자열의 '+' 연산자 PlusOperationOfString.java

```java
package sec02_string.EX04_PlusOperationOfString;

public class PlusOperationOfString {
    public static void main(String[] args) {
        // 문자열 + 문자열
        String str1 = "안녕" + "하세요" + "!";
        System.out.println(str1);

        String str2 = "반갑";
        str2 += "습니다";
        str2 += "!";
        System.out.println(str2);
        System.out.println();

        // 문자열 + 기본 자료형 또는 기본 자료형 + 문자열
        String str3 = "안녕" + 1;
        String str4 = "안녕" + String.valueOf(1);
        String str5 = "안녕" + "1";

        System.out.println(str3);
        System.out.println(str4);
        System.out.println(str5);
        System.out.println();

        // 문자열과 기본 자료형 혼용
        System.out.println(1 + "안녕");
        System.out.println(1 + "안녕" + 2);
        System.out.println("안녕" + 1 + 2);
        System.out.println(1 + 2 + "안녕");
    }
}
```

문자열로 변환(생략해도 자동 변환 수행)

앞에서부터 차례대로 + 연산 수행

실행 결과

```
안녕하세요!
반갑습니다!

안녕1
안녕1
안녕1

1안녕
1안녕2
안녕12
3안녕
```

5.2.4 String 클래스의 주요 메서드

String 클래스는 문자열의 길이, 문자열 검색, 문자열 변환 및 연결, 문자열 수정이나 내용 비교 등 매우 풍부한 메서드를 제공한다. 표표 5-2와 표 5-3은 줄이고 줄여 가장 대표적인 것만 뽑아 낸 것이다. 나중에 자바를 이용해 프로젝트를 수행하다 보면 다음 메서드들은 적어도 한 번 이상 사용하게 될 것이다.

표 5-2 String 메서드의 주요 메서드 1

구분	리턴 타입	메서드	설명
문자열 길이	int	length()	문자열의 길이
문자열 검색	char	charAt(int index)	인덱스 위치에서의 문자
	int	indexOf(int ch) indexOf(int ch, int fromIndex) indexOf(String str) indexOf(String str, int fromIndex)	문자열에 포함된 문자 또는 문자열의 위치를 앞에서부터 검색했을 때 일치하는 인덱스 값 (fromIndex는 검색 시작 위치)
	int	lastIndexOf(int ch) lastIndexOf(int ch, int fromIndex) lastIndexOf(String str) lastIndexOf(String str, int fromIndex)	문자열에 포함된 문자 또는 문자열의 위치를 뒤에서부터 검색했을 때 일치하는 인덱스값 (fromIndex는 검색 시작 위치)
문자열 변환 및 검색	String	String.valueOf(boolean b) String.valueOf(char c) String.valueOf(int i) String.valueOf(long l) String.valueOf(float f) String.valueOf(double d)	boolean, char, int, long, float, double 값을 문자열로 변환하기 위한 정적 메서드
	double	concat(String str)	문자열 연결(String 객체의 + 연산과 동일)
문자열 배열 변환	byte[]	getBytes() getBytes(Charset charset)	문자열을 byte[]로 변환(변환할 때 문자 셋(charset) 지정 가능)
	char[]	toCharArray()	문자열을 char[]로 변환

표가 너무 복잡하다면 다음과 같이 간략하게만 알아 두자.

- **length():** 문자열의 길이를 리턴한다.
- **charAt():** 문자열에서 특정 인덱스에 위치해 있는 문자를 알아낸다.
- **indexOf():** 문자열에서 특정 문자나 특정 문자열을 앞에서부터 찾아 위칫값을 알아낸다.
- **lastIndexOf():** 문자열에서 특정 문자나 특정 문자열을 뒤에서부터 찾아 위칫값을 알아낸다.

- String.valueOf(): 기본 자료형을 문자열로 바꾸는 정적 메서드다.
- concat(): 2개의 문자열을 연결한다. + 연산자와 동일한 기능을 수행한다.
- getBytes(): 문자열을 byte 배열로 변환한다. 자바 입출력 과정에서 주로 사용한다.
- toCharArray(): 문자열을 char 배열로 변환한다. 자바 입출력 과정에서 주로 사용한다.

Do it! 실습 String 클래스의 주요 메서드 1 MethodsOfString_1.java

```
package sec02_string.EX05_MethodsOfString_1;

import java.util.Arrays;

public class MethodsOfString_1 {
    public static void main(String[] args) {
        // 문자열 길이
        String str1 = "Hello Java!";
        String str2 = "안녕하세요! 반갑습니다.";
        System.out.println(str1.length());
        System.out.println(str2.length());
        System.out.println();

        // 문자열 검색
        // @charAt()
        System.out.println(str1.charAt(1));
        System.out.println(str2.charAt(1));
        System.out.println();

        // @indexOf(), lastIndexOf()
        System.out.println(str1.indexOf('a'));
        System.out.println(str1.lastIndexOf('a'));
        System.out.println(str1.indexOf('a', 8));
        System.out.println(str1.lastIndexOf('a', 8));
        System.out.println(str1.indexOf("Java"));
        System.out.println(str1.lastIndexOf("Java"));
        System.out.println(str2.indexOf("하세요"));
        System.out.println(str2.lastIndexOf("하세요"));
        System.out.println(str1.indexOf("Bye"));
        System.out.println(str2.lastIndexOf("고맙습니다."));
        System.out.println();

```

length(): 한글, 영문 구분 없이 한 문자당 1개의 크기를 가짐.

charAt(1): 한글, 영문 구분 없이 인덱스 1 위치의 문자

indexOf('a'): 앞에서부터 첫 번째 'a'가 위치한 인덱스

lastIndexOf('a'): 뒤에서부터 첫 번째 'a'가 위치한 인덱스

indexOf("Bye"): 해당 문자(열)이 없는 경우 -1 리턴

```
        // 문자열 변환 및 연결
        // @String.valueOf(기본 자료형): 기본 자료형 → 문자열 변환
        String str3 = String.valueOf(2.3);
        String str4 = String.valueOf(false);
        System.out.println(str3);
        System.out.println(str4);

        // @concat(): 문자열 연결
        String str5 = str3.concat(str4);
        System.out.println(str5);

        // String.valueOf() + concat()
        String str6 = "안녕" + 3;
        String str7 = "안녕".concat(String.valueOf(3));

        // 문자열을 byte[] 또는 char[]로 변환
        String str8 = "Hello Java!";
        String str9 = "안녕하세요";

        // @getBytes(): 문자열 → byte[] 변환
        byte[] array1 = str8.getBytes();
        byte[] array2 = str9.getBytes();
        System.out.println(Arrays.toString(array1));
        System.out.println(Arrays.toString(array2));

        // @toCharArray(): 문자열 → char[] 변환
        char[] array3 = str8.toCharArray();
        char[] array4 = str9.toCharArray();
        System.out.println(Arrays.toString(array3));
        System.out.println(Arrays.toString(array4));
    }
}
```

실행 결과

```
11
13

e
녕

7
9
9
7
6
6
2
2
-1
-1

2.3
false
2.3false
[72, 101, 108, 108, 111, 32, 74, 97, 118, 97, 33]
[-20, -107, -120, -21, -123, -107, -19, -107, -104, -20, -124, -72, -20, -102, -108]
[H, e, l, l, o,  , J, a, v, a, !]
[안, 녕, 하, 세, 요]
```

표 5-3 String 메서드의 주요 메서드 2

구분	리턴 타입	메서드	설명
문자열 수정	String	toLowerCase()	영문 문자를 모두 소문자로 변환
	String	toUpperCase()	영문 문자를 모두 대문자로 변환
	String	replace(char oldChar, char newChar)	oldChar 문자열을 newChar 문자열로 대체한 문자열 생성
	String	substring(int beginIndex) substring(int beginIndex, int endIndex)	beginIndex부터 끝까지의 문자열 생성 beginIndex부터 endIndex-1 위치까지의 문자열 생성

	String[]	split(String regex) split(String regex, int limit)	regex를 기준으로 문자열을 분할한 문자열 배열을 생성(regex 구분 기호는 '|' 기호로 여러 개 사용 가능, limit는 분할의 최대 개수)
	String	trim()	문자열의 앞뒤 공백 제거
문자열 내용 비교	boolean	equals()	문자열의 실제 내용 비교 (==는 메모리 번지(stack) 비교)
	boolean	equalsIgnoreCase(String anotherString)	대소문자 구분 없이 문자열의 실제 내용 비교

간략하게 설명하면 다음과 같다.

- **toLowerCase():** 영문 문자를 모두 소문자로 변환한다.
- **toUpperCase():** 영문 문자를 모두 대문자로 변환한다.
- **replace():** 일부 문자열을 다른 문자열로 대체한다.
- **substring():** 문자열의 일부만을 포함하는 새로운 문자열 객체를 생성한다.
- **split():** 특정 기호를 기준으로 문자열을 분리한다.
- **trim():** 문자열의 좌우 공백을 제거한다.
- **equals():** 두 문자열의 위칫값이 아닌 실제 데이터값을 비교한다. 이때 대소문자를 구분한다.
- **equalsIgnoreCase():** 두 문자열의 위칫값이 아닌 실제 데이터값을 비교한다. 이때 대소문자를 구분하지 않는다.

Do it! 실습 String 클래스의 주요 메서드 1 MethodsOfString_2.java

```
package sec02_string.EX06_MethodsOfString_2;

import java.util.Arrays;

public class MethodsOfString_2 {
    public static void main(String[] args) {
        // 문자열 수정
        // @toLowerCase(), toUpperCase()
        String str1 = "Java Study";
        System.out.println(str1.toLowerCase());
        System.out.println(str1.toUpperCase());

        // @replace()
```

```java
        System.out.println(str1.replace("Study", "공부"));

        // @substring()
        System.out.println(str1.substring(0, 5));

        // @split()
        String[] strArray = "abc/def-ghi jkl".split("/|-| ");
        System.out.println(Arrays.toString(strArray));

        // @trim()
        System.out.println("   abc   ".trim());

        System.out.println();

        // 문자열의 내용 비교
        String str2 = new String("Java");
        String str3 = new String("Java");
        String str4 = new String("java");

        // @stack 메모리 비교(==): 위치(번지) 비교
        System.out.println(str2 == str3);
        System.out.println(str3 == str4);
        System.out.println(str4 == str2);

        // @equals(), equalsIgnoreCase(): 내용 비교
        System.out.println(str2.equals(str3));
        System.out.println(str3.equals(str4));
        System.out.println(str3.equalsIgnoreCase(str4));
    }
}
```

"Study" 문자열을 "공부"로 변경

0 ≤ 인덱스 < 5의 문자열

'/' 또는 '-' 또는 ' '(공백)으로 구분된 문자열 배열 반환

new로 생성해 메모리에 별도의 객체로 생성

실행 결과

```
java study
JAVA STUDY
Java 공부
Java
[abc, def, ghi, jkl]
abc

false
false
false
true
false
true
```

실력 상승!

연습 문제

Q1 배열의 2가지 특징을 기술하시오.

Q2 다음은 int[] 자료형에 3개의 정숫값 3, 4, 5를 저장하는 코드다. 각 코드상에서 메모리의 모양을 그리시오(이때 객체가 생성되는 위칫값은 100번지라 가정).

	클래스 영역	스택 영역	힙 영역
`int[] a;`			
`a = new int[3];`			

`a[0] = 3;`
`a[1] = 4;`
`a[2] = 5;`			

Q3 다음 코드의 출력 결과를 쓰시오.

```
double[] a = {1.2, 3.4, 5.6};
double[] b = a;
b[0] = 7.8;
System.out.println(Arrays.toString(a));
System.out.println(Arrays.toString(b));
```

Q4 다음과 같이 5개의 원소가 있는 1차원 배열의 모든 원소를 순서대로 출력하는 코드를 for-each 문을 이용해 작성하시오.

```
int[] = new int[]{1, 2, 3, 4, 5};
```

Q5 ~ **Q6** 다음과 같이 참조 변수 a의 이름으로 2차원 배열 객체를 생성하고자 한다. 다음 물음에 답하시오.

1	3	5
7	9	

Q5 2차원 배열 객체를 생성하고 각 위치에 다음과 같이 값을 초기화하는 코드를 작성하시오.

```
int[][] a = new int[2][];
```

Q6 이중 for 문을 이용해 위의 2차원 배열 a의 모든 원소를 출력하는 코드를 작성하시오(단, 2개의 for 문에 들어갈 조건식에는 반드시 .length를 사용해야 함).

Q7 다음의 코드의 실행 결과를 쓰시오.

```
String a = "방가";
String b = new String("방가");
String c = "방가";
String d = new String("방가");
String e = "방가";
String f = new String("방가");

System.out.println(a == b);
System.out.println(a == c);
System.out.println(a == d);
System.out.println(a == e);
System.out.println(a == f);
System.out.println();

System.out.println(b == c);
System.out.println(b == d);
System.out.println(b == e);
System.out.println(b == f);
```

Q8 String str = "내 이름은 [홍길동]입니다. 나이는 [15]살 입니다"라는 문자열이 있을 때 String 클래스의 메서드를 이용해 String name → "홍길동", int age → 15가 저장되도록 코드를 작성하시오(단, String 클래스의 indexOf(), lastIndexOf(), substring() 메서드는 반드시 한 번 이상 사용해야 함).

```
String str = "내 이름은 [홍길동]입니다. 나이는 [15]살 입니다";
String name;
int age;



System.out.println(name);     // 홍길동
System.out.println(age);      // 15
```

6장 클래스와 객체

클래스와 객체의 개념적 구분은 클래스의 세부 문법을 익히는 것만큼이나 중요하다. 따라서 6장에서는 클래스와 객체의 개념을 붕어빵 기계와 붕어빵에 빗대어 이해하고, 이를 바탕으로 클래스로 객체를 생성하는 방법과 객체를 활용하는 방법을 익힌다.

교수님의 동영상 강의
자바가 처음인가요?
그렇다면 동영상으로
예습부터 해 보세요~

6.1 클래스와 객체의 개념

자바는 객체지향형 프로그래밍 언어로, 클래스, 추상 클래스, 인터페이스와 같은 객체지향적 문법 요소를 사용해 프로그램을 구성한다. 자바를 제대로 사용하려면 이러한 문법 요소를 이해해야 한다. 먼저 기본 문법 요소인 클래스에 관해 알아보자.

6.1.1 클래스의 개념 알아보기

객체[object]**는 사용할 수 있는 실체**를 의미하며, **클래스는 객체를 만들기 위한 설계도**와 같다. 따라서 1개의 정의된 클래스를 이용해 여러 개의 객체를 만들 수 있다.

클래스는 왜 사용할까?

자바가 기본 문법 요소로써 클래스를 사용하는 이유는 무엇일까? 이를 이해하기 위해 먼저 프로그램 문법 요소 의 발전 과정을 살펴보면서 클래스가 만들어진 배경을 알아보자.

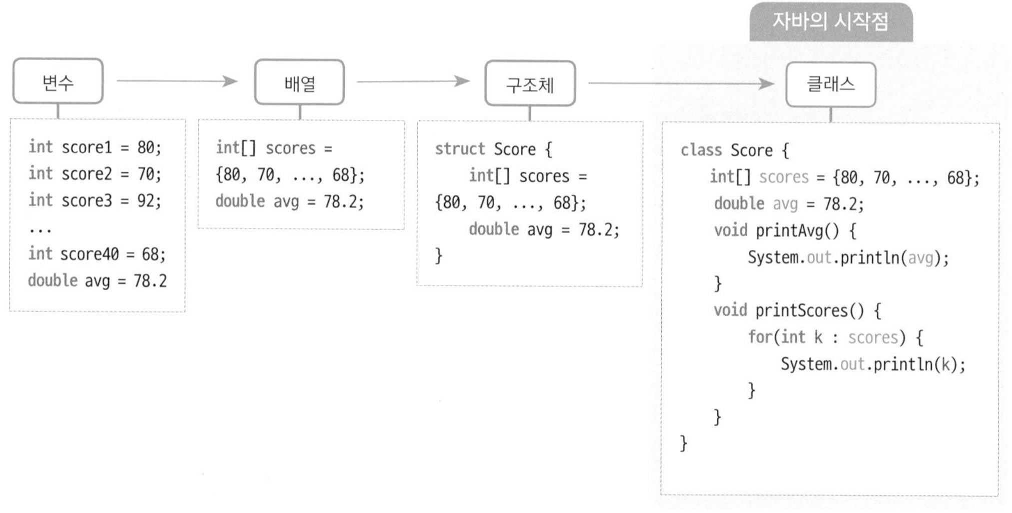

그림 6-1 프로그램 문법 요소의 발전 과정

- **변수** : 다양한 형태의 데이터를 저장하기 위해 각각의 데이터를 저장할 수 있는 변수라는 문법 요소를 만들어 사용했다.
- **배열**: 데이터의 종류가 많아질수록 데이터의 개수만큼 변수명을 짓거나 관리하는 일이 버거워졌다. 이런 문제를 해결하기 위해 만든 문법 요소가 '배열'이다. 배열을 사용하면 같은 자료형인 변수들을 묶어 1개의 새로운 자료형으로 관리할 수 있으므로 관리해야 할 변수의 개수를 현저하게 줄일 수 있다.
- **구조체**: 배열은 같은 자료형만 묶을 수 있으므로 반 학생들의 성적(int)과 반 평균(double)은 1개의 배열로 관리할 수 없다. 한 반의 성적 데이터를 한 번에 관리하면 훨씬 효율적일 텐데 말이다. 이를 보완하기 위해 만든 문법 요소가 '구조체struct'다. 구조체를 사용하면 서로 다른 자료형도 1개의 자료형으로 묶어 관리할 수 있다.
- **클래스**: 이렇게 다양한 자료형의 데이터를 하나로 묶어 관리할 수 있는 구조체는 말 그대로 데이터만 묶어 놓은 것이다. 여기에 반 평균 성적을 출력하거나 반 학생들의 총점을 계산하는 등과 같은 기능을 추가하면 반의 성적과 관련된 모든 내용을 효율적으로 처리할 수 있다. 이것이 바로 '클래스class'다. 즉, 클래스는 다양한 자료형의 데이터를 묶어 관리할 수 있을 뿐 아니라 데이터를 처리하는 다양한 기능까지 함께 관리하는 문법 요소다.

클래스에 포함돼 클래스 안에 있는 데이터를 처리하는 기능을 '메서드'라고 한다.

C++ 등의 프로그래밍 언어에서 클래스 문법이 만들어진 이후에는 구조체 문법에서도 메서드 추가 등과 같이 클래스에 있는 기능들을 많이 사용할 수 있게 됐다.

자바는 C++ 등과 같은 다른 프로그래밍 언어에서 클래스에 이르기까지 프로그래밍 문법 요소가 만들어진 이후에 개발됐기 때문에 클래스를 기본 문법 요소로 사용한다. 바로 이러한 이유 때문에 이제까지 자바 프로젝트를 생성할 때 클래스를 구성하면서 프로그램을 시작했던 것이다.

6.1.2 절차지향과 객체지향 이해하기

객체지향의 개념을 사용하기 전에는 대부분의 프로그램을 절차지향형으로 구현했다. 절차지향형 프로그래밍PP: Procedural Programming은 순서에 맞춰 단계적으로 실행하도록 명령어를 나열하는 방식을 말한다. 클래스를 사용한 후에는 객체지향형 프로그래밍OOP: Object-Oriented Programming 방식이 주로 사용되는데, 이는 프로그램을 객체 단위로 수행하는 방식을 말한다. 다음과 같이 운전자가 이름과 면허번호를 지정한 후 자동차를 운전하는 예를 살펴보면서 두 개념을 좀 더 쉽게 이해해 보자.

절차지향형 프로그래밍을 '기능 중심 프로그래밍', 객체지향형 프로그래밍을 '객체 중심 프로그래밍'이라고도 한다.

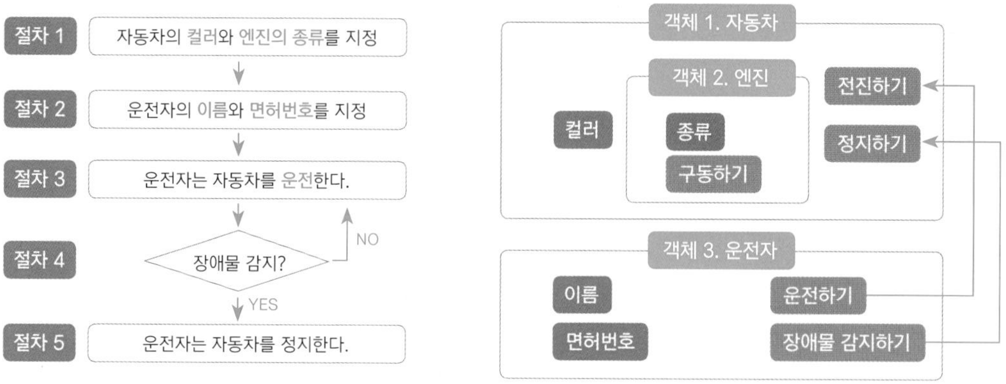

그림 6-2 절차지향형 프로그램과 객체지향형 프로그램의 예

절차지향형 프로그램은 말 그대로 이야기를 순서대로 써 나가듯이 프로그램을 구성하는 방식이다. 물론 그림 6-2의 '절차 4'처럼 제어문을 사용해 실행 순서를 바꿀 수는 있지만, 그것조차도 제어문의 절차로 진행되는 것이다. 반면 객체지향형 프로그램은 이 프로그램에서 사용되는 객체(자동차, 엔진, 운전자)를 생성하고, 각 객체에 포함된 데이터(컬러, 엔진, 이름, 면허번호, 종류)와 기능(구동하기, 전진하기, 정지하기, 운전하기, 장애물 감지하기)을 상호 호출함으로써 프로그램을 구성하는 방식을 말한다. 이때 각 객체에 포함된 데이터는 '속성' 또는 '필드'라 하고, 기능은 '메서드'라고 한다.

> 그림 6-2의 객체지향 프로그램에서 엔진은 '객체'이자 '속성'이다. 이처럼 객체는 내부에 또 다른 객체를 포함할 수 있다.

이제 조금씩 두 구조의 차이를 알게 됐을 것이다. 하지만 객체지향형이 그다지 좋아 보이지는 않는다. 그러면 이제 자동차 1대를 운전자 2명이 교대로 운전하는 프로그램의 구조를 상상해 보자. 객체지향형은 '운전자' 객체를 1개 추가하고, '전진하기'와 '정지하기' 기능을 호출하면 끝이다.

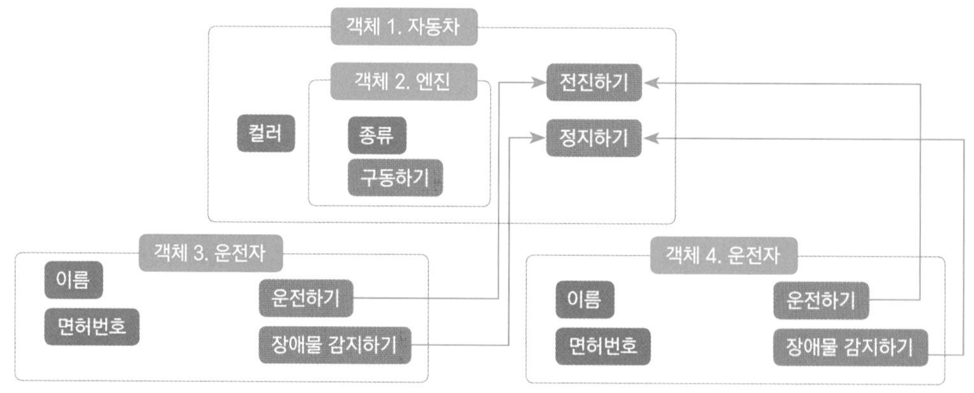

그림 6-3 객체지향형 운전 프로그램에 운전자 객체 추가

하지만 절차지향형은 어떤 절차에, 어떤 기능을, 어떤 순서대로 넣어야 할지 막막하다. 이 정도만으로도 충분히 절차지향형과 객체지향형의 차이점을 이해했을 것이다.

자바에서 제공하는 객체지향 문법 요소

객체지향 프로그래밍 언어인 자바는 프로그램을 객체 단위로 구성해 상호 연동시킴으로써 프로그램을 실행한다. 자바에서 제공하는 객체지향 문법 요소는 크게 '클래스class'와 '인터페이스interface'가 있고, 클래스는 다시 '일반 클래스'와 '추상 클래스abstract class'로 나뉜다.

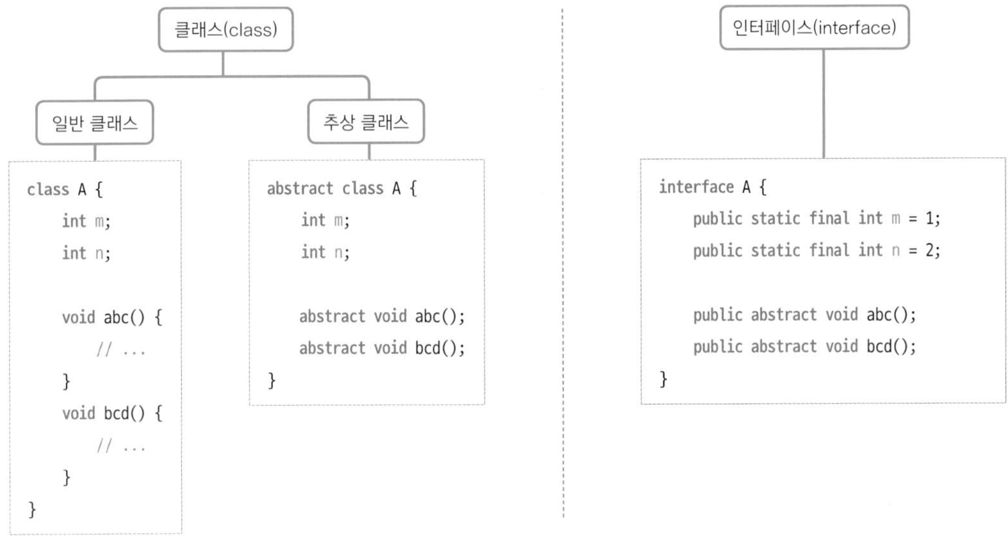

그림 6-4 자바의 객체지향 문법 요소

즉, 크게 보면 2개(클래스, 인터페이스), 작게 보면 3개(일반 클래스, 추상 클래스, 인터페이스)의 객체지향 문법 요소를 사용한다. 객체지향 문법 요소는 객체의 생성과 관련된 요소라 생각하면 된다. 다시 말해 클래스나 인터페이스를 활용해 객체를 직·간접적으로 만들고, 이를 활용해 프로그램을 실행한다는 의미다. 추상 클래스와 인터페이스는 다음에 자세히 다루도록 하고, 여기서는 객체지향 문법 요소에 클래스와 인터페이스가 있다는 것만 기억하자.

추상 클래스는 1개 이상의 추상 메서드가 있는 클래스, 인터페이스는 추상 클래스의 특수한 형태(모든 메서드가 추상 메서드)라고 볼 수 있다. 이는 12장에서 자세히 알아본다.

6.1.3 클래스 구조 살펴보기

클래스의 전체적인 구조를 살펴보기 전에 클래스를 정의하는 방법부터 알아보자. 클래스는 class 키워드와 함께 클래스명을 표기한다. 클래스명은 대문자로 시작하는 것이 관례다.

클래스명을 소문자로 시작한다고 오류가 나진 않지만 이 역시 개발자들 간의 확고한 약속이니 꼭 지키길 바란다.

클래스의 정의

```
class 클래스명 {
    ...
}
```

클래스의 정의를 알아보았으니 다음과 같이 A라는 이름의 클래스를 포함하는 자바 소스 파일 A.java의 구조를 살펴보자.

A.java

```
package ...;                // ① 패키지
import ...;                 // ② 임포트
class 클래스명 {...}        // ③ 외부 클래스

public class A {
    int a = 3;              // ① 필드
    double abc() {...}      // ② 메서드
    A() {...}               // ③ 생성자
    class 클래스명 {...}    // ④ 이너 클래스
}
```

(①~③: 클래스의 밖에 올 수 있는 3가지 / A: 파일명과 동일해야 함. / ①~④: 클래스의 안에 올 수 있는 4가지)

자바 소스 파일은 클래스의 외부 구성 요소와 내부 구성 요소로 나눠 생각할 수 있다.

클래스 외부 구성 요소 살펴보기

클래스의 외부에는 다음 3가지 구성 요소만 올 수 있다.

① **패키지**[package]: 프로젝트를 생성할 때 패키지를 지정했다면 이 구성 요소에 패키지명이 포함되며, 반드시 주석을 제외하고 첫 번째 줄에 위치해야 한다. 클래스의 생성 과정에서 패키지를 생성하지 않았다면, 즉 디폴트 패키지를 사용하면 생략된다.

② **임포트**import: 다른 패키지의 클래스를 사용하고자 할 때 포함된다. 이클립스에서는 Ctrl + Shift + O를 이용해 외부 패키지에 위치하고 있는 클래스를 자동으로 임포트할 수 있으며, 패키지 다음에 위치한다.

③ **외부 클래스**external class: 클래스의 외부에 또 다른 클래스가 또 포함될 수 있다 . 즉, 1개의 .java 파일에 여러 개의 클래스가 포함될 수 있다는 것이다. 단, 외부 클래스에는 public 키워드를 붙일 수 없다.

클래스 내부 구성 요소 살펴보기

클래스 내부의 구성 요소를 살펴보자. 내부에는 4가지의 구성 요소가 포함될 수 있다.

① **필드**field: 클래스의 특징(속성)을 나타내는 변수다. 만일 이 클래스가 한 사람에 관련된 정보를 담고 있다면, 필드값으로 나이(`int age = 20`) 등이 포함될 수 있을 것이다.

② **메서드**method: 클래스가 지니고 있는 기능(함수)을 나타낸다. 한 사람에 관련된 클래스라면 일하기(`void working() {...}`) 등이 포함될 수 있다.

③ **생성자**constructor: 생성자(`A() {...}`)는 클래스의 객체를 생성하는 역할을 담당한다. 아직 클래스나 객체에 관한 명확한 개념은 없더라도 생성자의 역할이 '객체를 생성한다.'라는 점까지는 기억해 두자.

④ **이너 클래스**inner class: 클래스의 내부에도 클래스가 포함될 수 있다. 이 클래스를 특별히 '이너 클래스'라고 한다.

내부에 올 수 있는 4가지 구성 요소들 중 생성자를 제외한 3가지 요소를 '**클래스의 멤버**member' 라고 한다. 정리하면 클래스의 외부에는 3가지 종류, 내부에는 4가지 종류만 올 수 있으며, 이들 모두 또는 일부만 있어도 되고, 심지어 하나도 포함되지 않아도 문법적으로는 문제가 없다. 그러나 이들 이외의 요소가 한 글자라도 들어 있다면 컴파일러는 뒤도 안 돌아보고 오류를 발생시킬 것이다.

전공자라면 이 정도는 꼭!

접근 지정자 public이란?

class 키워드 앞에 있는 public을 '접근 지정자'라고 한다. 이는 다음에 자세히 다룰 것이므로 여기서는 class를 꾸며 주는 말 정도로만 생각하면 된다. 즉, '빨간색 사과'라는 표현에서 사과가 클래스라면 public은 '빨간' 정도의 의미를 지니고 있는 것이다. 다만 .java 파일 내에서 public은 최대 1개의 클래스에만 붙을 수 있으며, public이 붙은 클래스명이 파일명과 동일해야 한다는 정도는 꼭 기억하자.

6.1.4 클래스와 객체 구분하기

클래스를 활용하는 방법을 본격적으로 다루기 전에 클래스와 객체의 개념을 구분할 수 있어야 한다. 클래스와 객체를 구분할 때 예시로 가장 많이 나오는 것이 붕어빵 기계다. 필자는 수업 현장에서 이외에 여러 예시를 활용해 봤지만, 이만한 예시가 없었다.

앞으로도 붕어빵 이야기는 많이 나올 테니 자바 책에 붕어빵 얘기가 자꾸 나온다고 배고파하진 말자.

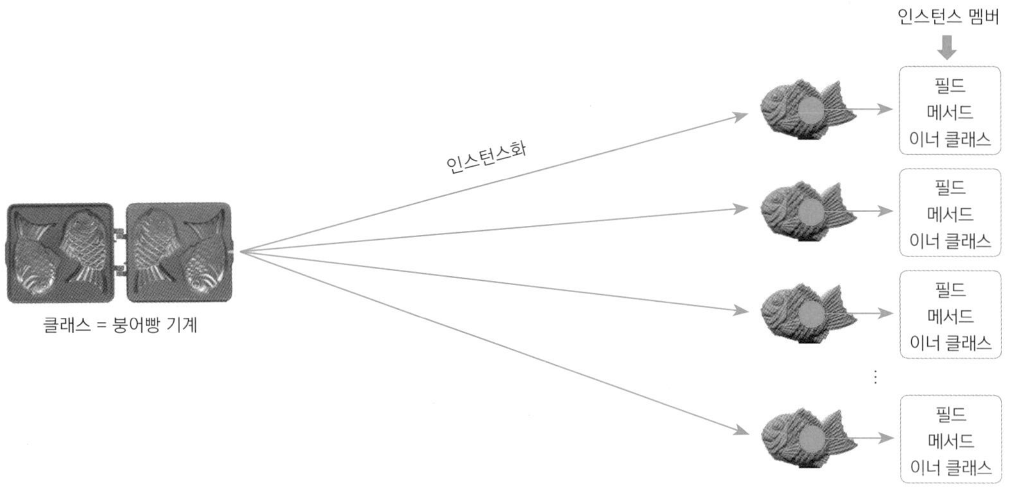

그림 6-5 붕어빵 기계와 붕어빵으로 비유할 수 있는 클래스와 객체

클래스를 붕어빵 기계에 비유한다면 객체는 붕어빵 기계로 찍어 낸 붕어빵에 비유할 수 있다. 우리가 붕어빵을 먹고 싶다고 해서 붕어빵 기계를 먹을 수는 없다. 붕어빵과 그 안에 든 앙꼬를 먹고 싶다면 붕어빵 기계에서 찍어 나온 붕어빵을 먹어야 한다. 이를 다시 클래스와 객체로 바꿔 설명해 보자. 우리는 클래스를 직접 사용할 수 없다. 클래스의 모든 특징(필드)과 기능(메서드)들을 사용하려면 클래스를 이용해 객체를 만든 후 그 객체 속의 필드와 메서드 등을 사용해야 하는 것이다.

클래스에서 객체를 만드는 과정은 생성자가 수행한다. **클래스의 생성자로 객체를 만드는 과정을 '인스턴스화instantiation'라고 하고, 인스턴스화로 만들어진 객체를 '인스턴스instance'라고 한다.** 객체(붕어빵) 속에는 클래스의 내부 구성 요소 중 생성자를 제외한 나머지 요소가 포함돼 있는데, 이를 '인스턴스 멤버instance member'라고 한다. 이 시점에서 **'클래스는 바로 사용할 수 없고 반드시 객체를 생성해 객체 안에 있는 필드, 메서드 및 이너 클래스를 사용해야 한다.'**는 점을 꼭 기억하자.

6.2 객체의 생성과 활용

이번에는 클래스로 객체를 생성하고 활용하는 방법을 알아보자. 붕어빵 이야기로 비유하면 붕어빵 기계(클래스)에서 붕어빵을 찍는 방법(객체 생성)과 붕어빵을 맛있게 먹는 방법(객체의 활용 방법)을 알아보는 것이다.

클래스로부터 객체를 생성하는 방법과 객체를 활용하는 방법

붕어빵 기계에서 붕어빵을 찍는 방법과 붕어빵을 맛있게 먹는 방법

6.2.1 객체 생성하기

객체는 new 키워드로 생성할 수 있다. 자바에서는 대부분의 클래스가 이 방법으로 객체를 생성한다. 클래스에 따라 메서드를 사용해 객체를 생성할 때도 있지만, 이때도 해당 메서드 내부에서 new를 사용해 객체를 생성한다. 즉, 모든 클래스가 객체를 new 키워드로 생성한다고 볼 수 있다.

클래스의 객체 생성

```
클래스명 참조 변수명 = new 생성자();
```

예

```
A a = new A();
```

객체 생성 코드를 구성하는 요소를 앞에서부터 살펴보자. 첫 번째는 클래스명, 두 번째는 참조 변수다. 참조 변수는 실제 데이터를 저장하는 것이 아니라 실제 데이터가 있는 힙 메모리의 위칫값을 가리키는 변수를 말한다고 했다. 세 번째는 new 키워드로 '~을 힙 메모리에 넣어라.'는 의미다. 마지막은 생성자다. 클래스와 이름이 동일하지만, 뒤에 소괄호가 붙어 있다. 이 생성자가 실행되면 클래스의 객체가 생성된다. 따라서 new는 생성자의 결과물로 나온 객체를 힙 메모리에 넣는다.

그런데 실제 데이터를 저장하고 있는 객체를 힙 메모리의 어느 위치에 넣었는지를 알려 주지 않으면 그 객체를 쓸 방법이 없다. 그래서 힙 메모리에 실제 객체를 넣을 때 그 위칫값을 참조 변수에게 알려 주는 것이다. 위 객체 생성 예시에 포함된 코드를 다시 한번 말로 표현하면 **'A() 생성자로 만든 객체를 힙 메모리에 넣고, 위칫값을 A 타입의 참조 변수 a에 저장하라!'**고 표현할 수 있다. 몇 줄 안 되는 설명이지만, 어쩌면 이 책에서 가장 중요한 부분일 수 있다. 자바는 클래스 기반이고, 모든 클래스에 적용되기 때문이다.

객체 생성에 따른 메모리 구조 살펴보기

이제 객체를 생성했을 때 메모리에 어떻게 저장되는지를 그림 6-6을 이용해 살펴보자.

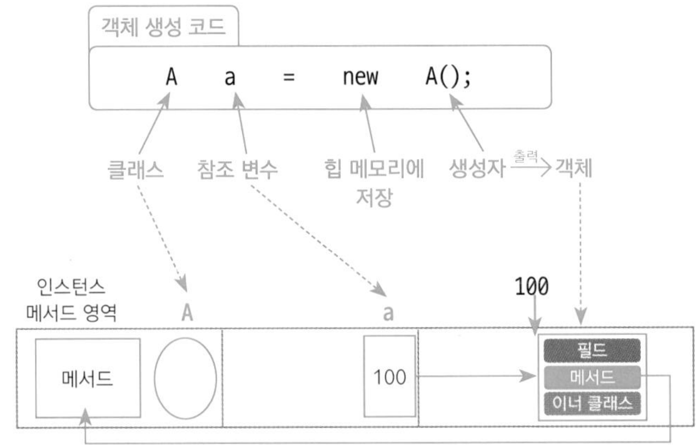

그림 6-6 클래스로 객체를 생성했을 때의 메모리 구조

클래스 A는 메모리의 클래스 영역, 참조 변수는 스택 영역에 들어간다. 내부 공간에는 실제 데이터(객체)의 위칫값을 저장한다. 생성자로 만들어진 객체는 힙 메모리에 위치하며, 객체 내부에는 클래스의 멤버(필드, 메서드, 이너 클래스)가 위치한다. 이제 객체에 포함된 3가지 요소가 사용할 수 있는 상태가 된 것이다. 그런데 메서드를 살펴보면, 실제 메서드 구현 코드는 클래스 영역 안에 저장해 놓고, 객체 안에서는 메서드 영역의 위치만 가리키고 있다는 것을 알 수 있다. 그 이유는 1개의 클래스로 만든 모든 객체는 속성(필드)은 달라도 기능(메서드)은 동일하기 때문이다. 즉, 객체를 100개 만들어도 메서드는 한 번만 만들면 된다는 뜻이다. 자동차 클래스로 빨간색 자동차와 파란색 자동차를 하나씩 만드는 그림 6-7을 살펴보자.

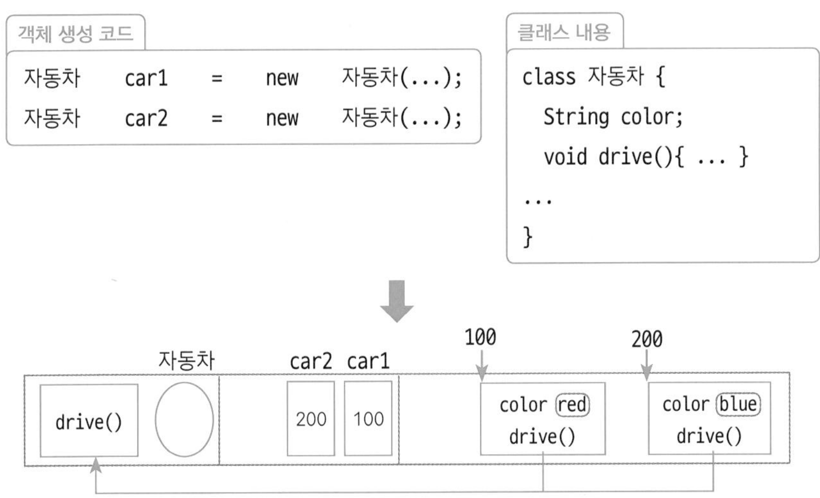

그림 6-7 클래스 1개로 객체를 2개 생성했을 때 메모리 구조

자동차 클래스로 빨간색 자동차 객체와 파란색 자동차 객체를 만들면 힙 메모리에 각 객체가 저장된다. 빨간색 자동차의 color 속성값은 'red', 파란색 자동차의 color 속성값은 'blue'라고 가정해 보자. 둘 다 drive() 기능이 있어야 하므로 두 객체 안에 drive() 메서드가 포함돼 있어야 한다. 그런데 각 객체에 포함돼 있는 drive() 메서드 코드가 동일하므로 이를 메서드 영역에 1개만 만들어 두고 모든 객체가 공유하는 것이다.

여기서 '자동차마다 성능이 다르지 않나요?', '성능이 다르면 drive() 메서드도 다르지 않나요?'와 같은 질문을 하는 사람도 있을 수 있다. 당연하다. 하지만 성능이 다르다는 건 다른 클래스의 객체라는 의미다. 즉, '다른 붕어빵 기계로 찍은 붕어빵'이라는 이야기다. 다른 클래스로 생성된 객체의 메서드이므로 당연히 메서드를 공유하지 않는다. 다시 말해, 동일한 클래스로 만든 객체들은 기능(메서드)의 내용이 동일하므로 메서드를 공유할 수 있는 것이다.

예제로 메모리 구조를 직접 살펴보기

이제 실제 예제로 객체를 생성하고 메모리의 구조를 살펴보자. 클래스 A에는 다음과 같이 필드 1개와 메서드 1개가 있다. 필드값 m은 3으로 초기화돼 있으며, print() 메서드는 간단한 문자열을 출력하고 있다.

```
class A {
    int m = 3;
    void print() {
        System.out.println("객체 생성 및 활용");
    }
}
```

이 클래스의 객체 생성 코드와 객체 생성 이후의 메모리 구조는 그림 6-8과 같다.

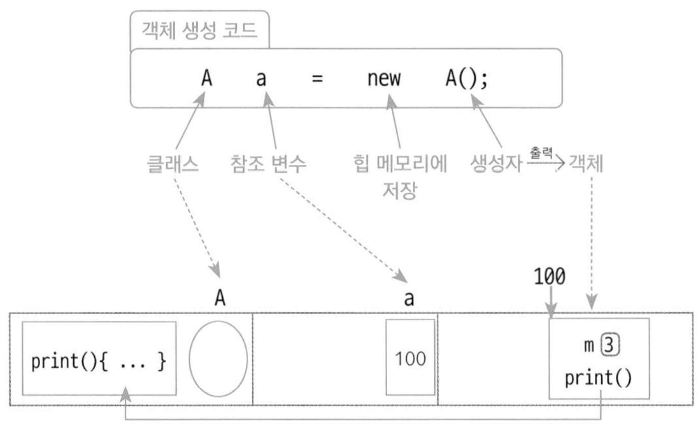

그림 6-8 클래스 A로 객체를 생성했을 때의 메모리 구조

앞에서 살펴본 예제를 실제 데이터로 바꾼 정도이므로 쉽게 이해될 것이다. 여기서는 생성된 객체에서 필드값은 실제 저장 공간이 객체 내부에 있고, 메서드는 메서드 영역에 있는 1개의 메서드를 공유하고 있다는 점만 기억하자.

6.2.2 객체 활용하기

이제 생성한 객체를 활용해 보자. 객체를 활용한다는 것은 객체 내부의 멤버를 사용한다는 의미다. 예를 들어 필드를 사용한다는 것은 필드에 값을 넣거나 읽어온다는 것, 메서드를 사용한다는 것은 해당 메서드를 호출하는 것을 말한다.

포인트 연산자 사용하기

자바에서는 힙 메모리에 직접 접근할 수 있는 방법이 없으며, 위치 정보를 포함하고 있는 참조 변수를 이용해서만 객체에 접근할 수 있다. 이때 사용하는 것이 포인트 연산자(.)다. 포인트 연산자의 의미는 '**해당 위치에 있는 객체 안을 보라.**' 정도가 될 것이다. 포인트 연산자를 이용해 객체 내부의 멤버를 활용하는 방법은 다음과 같다.

필드와 메서드의 활용

```
참조 변수명.필드명
참조 변수명.메서드명()
```

참조 변수명.필드명 또는 참조 변수명.메서드명()은 '참조 변수가 가리키는 곳의 객체 안에 있는 필드값 또는 메서드'를 나타낸다.

필드와 메서드의 활용 예

```
A a = new A();
System.out.println(a.m);   // 필드 활용
a.print();                 // 메서드 활용
```

지금까지 클래스와 객체의 개념과 객체의 생성 방법 및 활용 방법을 알아봤다. 클래스를 활용하는 데 가장 기본이 되는 개념을 정립하는 내용이므로 아직 이해되지 않는다면 반복해서 읽어본 후에 학습을 진행하길 바란다.

Do it! 실습 **클래스 구성과 객체의 생성 및 활용** CreateObjectAndUsageOfMembers.java

```
package sec01_createobjectandusageofmembers.EX01_CreateObjectAndUsageOfMembers;

// 클래스(붕어빵 기계) 정의
class A {
    int m = 3;
    void print() {
        System.out.println("객체 생성 및 활용");
    }
}
public class CreateObjectAndUsageOfMembers {
    public static void main(String[] args) {
        // 클래스로 객체(붕어빵) 생성
        A a = new A();

        // 클래스 멤버 활용(붕어빵 먹기)
        // @필드 활용: 필드에 값을 읽기/쓰기
        a.m = 5;
        System.out.println(a.m);

        // @메서드 활용: 메서드를 호출
        a.print();
    }
}
```

실행 결과

```
5
객체 생성 및 활용
```

실력 상승!

연습 문제

Q1 클래스 내부에 올 수 있는 4가지 구성 요소와 외부에 올 수 있는 3가지 구성 요소를 쓰시오.

- 클래스 내부:
- 클래스 외부:

Q2 다음과 같이 클래스 A가 정의돼 있을 때 다음 코드를 작성하시오.

```
class A {
    int m;
    void method() {
        System.out.println("A의 메서드");
    }
}
```

- 참조변수 a를 선언하고 클래스 A의 객체를 생성하시오.

- 객체 내부의 필드 m에 값 5를 대입하시오.

- 필드 m의 값을 콘솔에 출력하시오.

- 메서드 method()를 호출하시오.

7장 클래스 내부 구성 요소

클래스 내부에는 필드, 메서드, 생성자, 이너 클래스의 4가지 구성 요소가 포함될 수 있다. 내부 구성 요소 중 이너 클래스는 13장에서 별도로 다루며, 7장에서는 나머지 3개의 내부 구성 요소인 필드, 메서드, 생성자를 학습한다. 이외에 클래스 내부에서 자신의 객체를 가리키는 this 키워드와 자신의 다른 생성자를 호출하는 this() 메서드도 함께 학습한다.

교수님의 동영상 강의
자바가 처음인가요?
그렇다면 동영상으로
예습부터 해 보세요~

7.1 필드

7.1.1 필드와 지역 변수의 구분

필드[field]는 **'클래스에 포함된 변수'**로, 객체의 속성값을 지정할 수 있다. 필드는 지역 변수[local variable]와 구분해야 한다. 지역 변수는 **'메서드에 포함된 변수'**를 말한다. 즉, 필드와 지역 변수는 어떤 중괄호 안에 선언됐는지에 따라 구분할 수 있다. 클래스의 중괄호 안에 선언된 변수를 '필드', 메서드의 중괄호 안에 선언된 변수를 '지역 변수'라고 생각하면 된다.

필드와 지역 변수의 가장 큰 차이점은 생성되는 메모리의 위치다. 필드는 힙 메모리의 객체 내부, 지역 변수는 스택 메모리에 생성된다. 스택 메모리에 저장되는 변수는 때가 되면 자바 가상 머신이 자동으로 삭제하지만, 힙 메모리의 객체 안에 저장되는 필드는 객체가 사라지지 않는 한 절대로 삭제되지 않는다.

> 객체가 더 이상 사용되지 않을 때, 즉 어떤 참조 변수도 해당 객체를 가리키지 않을 때 가비지 컬렉터가 객체 자체를 제거한다.

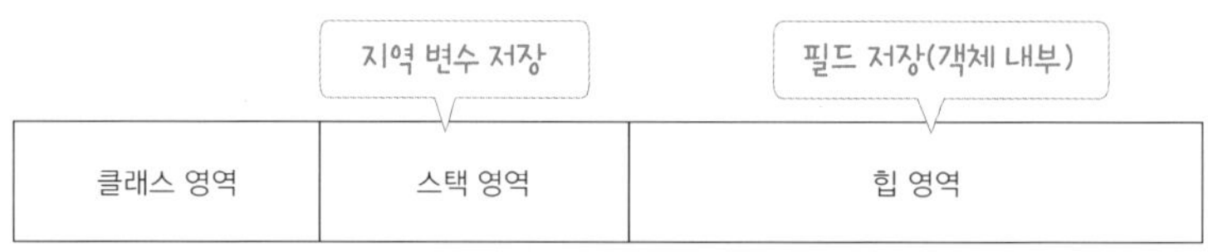

그림 7-1 필드와 지역 변수가 저장되는 메모리 위치

그렇다면 스택 메모리의 변수는 언제 자동으로 삭제될까? 자신이 선언된 메서드의 중괄호가 닫혀 메서드가 종료되면, 그 메서드 안에 선언된 모든 지역 변수가 메모리에서 통째로 삭제된다. 다음 예를 살펴보자.

> 1개의 메서드 안에 선언된 모든 지역 변수들의 집합을 '프레임[frame]'이라 한다.

```
class A {
    int m = 3;      // 상위 중괄호가 클래스일 때는 필드
    int n = 4;
    void work1() {
        int k = 5;  // 상위 중괄호가 메서드일 때는 지역 변수
        System.out.println(k);
        work2(3);
    }
```

```
    void work2(int i) {
        int j = 4;
        System.out.println(i + j);
    }
}
```

상위 중괄호가 메서드일 때는 지역 변수

클래스 A에는 필드 m, n과 메서드 work1(), work2()가 있다. 메서드는 '리턴 타입 메서드명(){...}'의 형태를 띤다. work1() 메서드 안에서는 지역 변수 k를 선언해 사용했고, work2()에서는 지역 변수 i와 j를 선언해 사용했다. 여기서 소괄호 안의 변수 i도 메서드의 중괄호 안에서 정의한 것으로 간주하면 된다. 이제 다음과 같이 클래스 A의 객체를 선언하고, 내부의 필드와 메서드를 사용해 보자.

```
A a = new A();
System.out.println(a.m);  // 3
System.out.println(a.n);  // 4
a.work1();  // 5 → 7
```

먼저 클래스 A로 객체를 생성하고, 참조 변수명은 a로 선언했다. 그리고 참조 변수 a와 포인트 연산자(.)를 이용해 필드 m과 n의 값을 출력했다. 마지막으로 work1() 메서드를 호출했다. work1() 메서드 안에서 work2(3)과 같이 work2() 메서드를 호출하며, 입력매개변수로 3을 넘겨 work2() 메서드의 입력매개변수인 `int i = 3`이 되도록 했다. 메서드는 아직 제대로 배우지 않았으므로 이해되지 않는 부분이 있더라도 일단 넘어가자. 그래도 어느 정도의 흐름은 파악할 수 있을 것이다. 이제 메모리를 살펴보자.

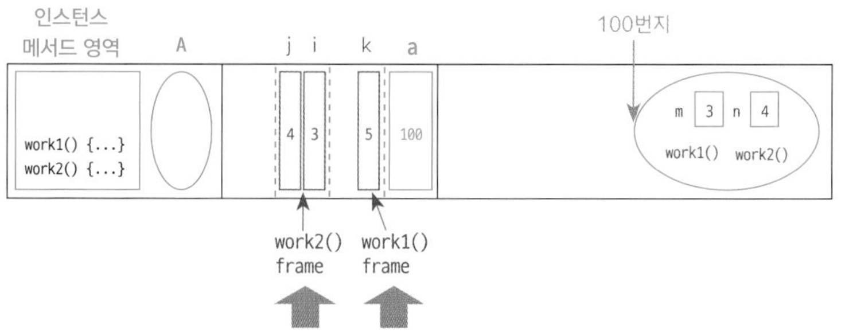

그림 7-2 필드, 메서드, 지역 변수의 메모리 구조

먼저 객체를 생성했으므로 힙 메모리에는 클래스 A의 객체가 생성된다. 이 객체 안에는 클래스의 멤버인 필드 m, n과 메서드 work1(), work2()가 저장돼 있고, 각 필드값으로는 3과 4가 저장돼 있다. 스택 메모리를 살펴보면 참조 변수 a에는 객체의 위칫값이 저장돼 있다. work1() 메서드가 호출되면 work1() 메서드 안에 정의된 지역 변수 k가 스택 메모리에 저장되고(`int k = 5`), work1() 메서드 안에서 work2() 메서드가 호출되면 work2() 메서드 안에 정의된 지역 변수 i, j가 스택 메모리에 저장된다(`int i = 3`, `int j = 4`). 정의된 메서드의 중괄호에 해당하는 범위를 메모리에서는 '프레임[frame]'이라 부르는데, 해당 메서드의 실행이 종료되면 자바 가상 머신은 해당 메서드의 프레임을 통째로 삭제한다. work1() 메서드 안에서 work2() 메서드를 호출했기 때문에 work2() 메서드가 호출된 시점에서 메모리에는 work1() 프레임과 work2() 프레임이 모두 존재한다. 이후 work2()가 완료되면 work2() 프레임이 모두 삭제되며, work1() 메서드도 완료되면 work1() 프레임도 삭제된다.

스택 메모리는 나중에 들어간 것이 먼저 나오는 LIFO[Last In First Out] 구조를 띤다.

Do it! 실습 필드와 지역 변수의 구분 FieldComponent.java

```
package sec01_field.EX01_FieldComponent;

// 클래스 생성
class A {
    int m = 3;              // 필드
    int n = 4;              // 필드
    void work1() {
        int k = 5;          // 지역 변수
        System.out.println(k);
        work2(3);
    }
    void work2(int i) {
        int j = 4;          // 지역 변수
        System.out.println(i + j);
    }
}
public class FieldComponent {
    public static void main(String[] args) {
        // 클래스로 객체 생성
        A a = new A();
        // 필드값 출력
        System.out.println(a.m);
```

- work2(3); → work2() 안에 정의된 지역 변수를 스택 메모리에 추가
- int i → 인수를 변수 i에 대입해 입력매개변수로 활용

```
        System.out.println(a.n);
        // 메서드 호출
        a.work1();
    }
}
```

work1() 안에 정의된 지역 변수를 스택 메모리에 추가

실행 결과

```
3
4
5
7
```

7.1.2 필드와 지역 변수의 초깃값

필드와 지역 변수의 또 다른 차이점은 초깃값이다. 필드는 직접 초기화하지 않아도 강제로 초기화된다. 반면, 지역 변수는 직접 초기화하지 않으면 저장 공간이 빈 공간 그대로 있어 값을 출력하고자 할 때 오류가 발생한다. 이는 사실 필드와 지역 변수의 차이가 아니라 각각이 위치하는 메모리 영역의 특징이다. 힙 메모리에는 빈 공간이 저장될 수 없기 때문에 힙 메모리에 위치하는 필드는 강제로 초기화되는 것이고, 스택 메모리는 강제로 초기화되지 않으므로 여기에 저장되는 지역 변수 또한 그 특징을 지니고 있는 것이다.

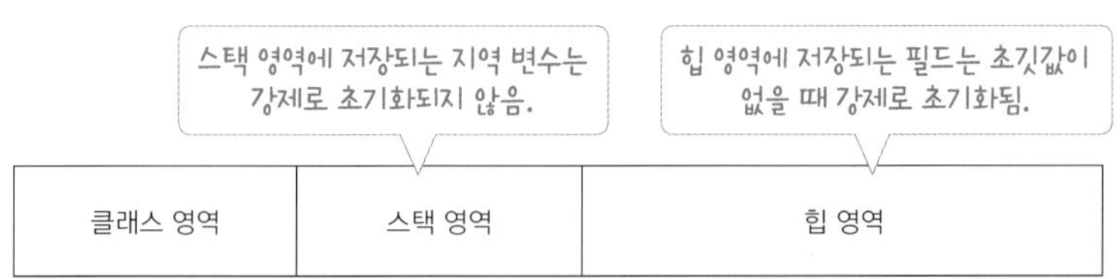

그림 7-3 필드와 지역 변수의 초기화

다음 예제를 살펴보면 필드 m, n 그리고 지역 변수 k를 모두 초기화하지 않았다. 초기화하지 않은 지역 변수를 출력하고자 할 때는 오류가 발생하지만, int 자료형의 두 필드는 값 0을 출력한다. 필드가 강제로 초기화됐기 때문이다.

```java
class A {
    int m;
    int n;
    void work1() {
        int k;
        // System.out.println(k);
    }
}

A a = new A();
System.out.println(a.m);    // 0
System.out.println(a.n);    // 0
// a.work1();
```

초기화하지 않음.

초깃값 없이 출력을 시도해 오류 발생

5장에서 언급한 것처럼 강제 초기화 값은 필드의 자료형에 따라 다르다. 기본 자료형일 때 불리언 자료형은 false, 정수형은 0, 실수형은 0.0으로 초기화된다. 이외에 모든 참조 자료형은 어느 위치도 가리키고 있지 않다는 것을 나타내는 null 값으로 초기화된다.

자바 문법이 서로 얽히고설켜 있어 하나를 설명하다 보면 아직 배우지 않은 뭔가를 먼저 설명해야 할 때가 많다. 지금은 이해되지 않더라도 다른 부분을 공부하는 과정에서 자연스럽게 이해되는 일이 많으니 좀 더 힘을 내 페이지를 넘겨 보자.

Do it! 실습 필드와 지역 변수의 초깃값 InitialValueOfFieldAndLocalVariable.java

```java
package sec01_field.EX02_InitialValueOfFieldAndLocalVariable;

// 클래스 생성(정의)
class A {
    boolean m1;
    int m2;
    double m3;
    String m4;
    void printFieldValue() {
        System.out.println(m1);
        System.out.println(m2);   // 필드는 초기화하지 않아도 값이 강제 초기화돼 출력 가능
        System.out.println(m3);
        System.out.println(m4);
    }
    void printLocalVariable() {
```

```
        int k;
        // System.out.println(k); 
    }
}
public class InitialValueOfFieldAndLocalVariable {
    public static void main(String[] args) {
        // 클래스를 활용해 객체 생성
        A a = new A();
        // 객체 활용
        a.printFieldValue();
    }
}
```

지역 변수를 초기화하지 않아 오류 발생

실행 결과

```
false
0
0.0
null
```

7.2 메서드

이제 클래스의 내부 구성 요소 중 두 번째인 메서드를 알아보자.

7.2.1 메서드 정의하기

메서드는 **클래스의 기능**에 해당하는 요소다. 예를 들어, 사람 클래스라면 먹기, 잠자기, 공부하기, 자동차 클래스라면 전진하기, 후진하기, 회전하기 등이 메서드로 구성될 것이다. 먼저 메서드 정의의 문법적 구조를 살펴보자.

메서드의 정의

```
자바 제어자 리턴(반환) 타입 메서드명(입력매개변수) {
    메서드 내용
}
```

자바 제어자

리턴(반환) 타입

예

```java
public static int sum(int a, int b) {
    // 메서드 내용
}
```

리턴 타입은 메서드 종료 이후 변환(또는 반환)되는 값의 자료형을 의미한다. 메서드명은 변수명 선정 규칙과 동일하며, 관례적으로 소문자로 시작한다. 이후 소괄호 안에는 입력매개변수가 들어오는데, 이는 메서드를 호출할 때 전달되는 값의 자료형과 전달받은 값을 저장할 지역 변수명을 정의한다. 마지막 중괄호 안에는 메서드의 내용이 들어가는데, 여기에 메서드가 수행해야 할 기능을 작성한다.

지금까지의 내용을 정리해 앞의 예제를 설명하면 '입력값으로 int형 2개의 값을 입력받아 처리하며, 메서드가 종료된 이후에 int 값을 리턴한다.' 정도로 이야기할 수 있을 것이다. 리턴 타입이 void가 아닐 때 메서드 안에는 반드시 'return 리턴값'의 코드가 있어야 한다. 위 예제에서는 메서드 내용의 마지막에 'return 정숫값'의 코드가 반드시 있어야 오류가 발생하지 않을 것이다.

리턴 타입 앞에 붙어 있는 public, static 등은 9장에서 알아본다. 7장에서는 일단 메서드를 수식해 주는 형용사쯤으로 생각하고 넘어가자.

7.2.2 여러 리턴 타입의 메서드 살펴보기

간단한 예제를 살펴보자. 첫 번째 예제는 리턴 타입이 void이고 입력매개변수가 없을 때다. 리턴 타입이 void일 때는 메서드가 반환하는 값이 없다는 것을 의미한다. 즉, 메서드가 종료된 이후에 아무런 값으로 변하지 않으며, 메서드 내부에 'return 리턴값'의 코드가 들어 있지 않다는 것이다.

리턴 타입이 void이고, 입력매개변수가 없는 메서드

```
void print () {
    System.out.println("안녕");
}
```

두 번째 예제는 리턴 타입이 int이고 입력매개변수는 없을 때로, data() 메서드 호출 이후에는 값이 3으로 변환될 것이다. 당연히 메서드 내용의 마지막에는 'return 리턴값'이 포함돼야 한다.

리턴 타입이 int이고, 입력매개변수가 없는 메서드

```
int data() {
    return 3;
}
```

마지막은 리턴 타입도 void가 아니고 입력매개변수도 포함된 예제로, int형과 double형 데이터를 하나씩 받아 최종적으로 double형을 리턴하는 메서드다.

리턴 타입이 double이고, 입력매개변수가 2개인 메서드

```
double sum(int a, double b) {
    return a + b;
}
```

리턴 타입이 void일 때 return 키워드의 의미

void 리턴 타입이라는 것은 리턴하지 않는다는 것을 의미하지만, 내부에 return 키워드를 사용할 수는 있다. 이때 return은 '메서드를 종료하라.'는 의미다.

리턴 타입이 void인 메서드 안에서 return 키워드 사용

```
void printMonth(int m) {
    if(m < 0 || m > 12) {
        System.out.println("잘못된 입력!");
        return;    // 메서드 종료
    }
    System.out.println(m + "월 입니다.");
}
```

7.2.3 메서드 호출하기

이제 정의한 메서드를 호출해 보자.

클래스 외부에서 메서드 호출하기

메서드도 클래스의 멤버이므로 객체 안에 존재할 것이고, **클래스 외부에서 메서드를 사용하려면 먼저 객체를 생성**해야 할 것이다. 이어서 객체의 위치를 저장하고 있는 참조 변수를 이용해 메서드를 호출해야 한다. 다음 실습은 앞에서 알아본 4개의 메서드를 클래스 A에 구성하고 클래스 **외부**에서 클래스 A의 객체를 생성해 메서드를 호출하는 예다.

이 실습에서 알 수 있는 것처럼 리턴 타입이 void인 메서드의 경우 리턴되는 값이 없어 그대로 메서드만 호출(`a.print()`)하지만, 리턴값이 있는 메서드는 일반적으로 리턴되는 값을 저장할 수 있는 변수를 선언해 대입(`int k = a.data()`)한다. 물론 리턴값을 저장하지 않아도(`a.data()`) 문법 오류는 발생하지 않는다. 다만 리턴값이 필요해 그 메서드를 호출했을 것이므로 일반적이지는 않다.

입력매개변수가 있는 함수를 호출할 때는 해당 자료형의 **값**을 넘겨 줘야 한다. double sum(int a, double b) 메서드에는 2개의 입력매개변수가 있으며, 첫 번째는 int, 두 번째는 double 자료형을 입력값으로 받는다. 따라서 이를 호출하려면 `a.sum(3, 5.2)`처럼 2개의 값을 각각의 자료형에 맞게 넘겨 줘야 한다. 그러면 sum() 메서드의 지역 변수인 a 값에는 3, b 값에는 5.2가 입력돼 메서드가 종료될 때 값 8.2가 리턴되는 것이다. 입력매개변수를 넘겨 주

면 메서드 내부에서는 입력매개변수의 선언과 넘어온 값의 대입이 가장 먼저 실행된다. 즉, sum(3, 5.2)와 같이 호출하면 int a; double b; a = 3; b = 5.2; 코드가 가장 먼저 실행된 후 나머지 코드들이 순서대로 실행된다.

Do it! 실습 **클래스 외부에서의 메서드 호출** ExternalCallMethods.java

```
package sec02_method.EX01_ExternalCallMethods;

// 클래스의 정의
class A {
    // 리턴 타입 void, 입력매개변수 없음.
    void print() {
        System.out.println("안녕");
    }
    // 리턴 타입 int, 입력매개변수 없음.
    int data() {
        return 3;
    }
    // 리턴 타입 double, 입력매개변수 2개
    double sum(int a, double b) {
        return a + b;
    }
    // 리턴 타입 void, 내부에 리턴 포함(함수를 종료함)
    void printMonth(int m) {
        if(m < 0 || m > 12) {
            System.out.println("잘못된 입력");
            return;
        }
        System.out.println(m + "월입니다.");
    }
}

public class ExternalCallMethods {
    public static void main(String[] args) {
        // 객체 생성
        A a = new A();
        // 메서드 호출(멤버 활용)
        a.print();
        int k = a.data();
```

```
        a.data();
        System.out.println(k);
        double result = a.sum(3, 5.2);
        System.out.println(result);
        a.printMonth(5);
        a.printMonth(15);
    }
}
```

실행 결과

```
안녕
3
8.2
5월입니다.
잘못된 입력
```

클래스 내부에서 메서드 호출하기

이제 클래스 내부에서 메서드 간에 상호 호출할 때를 살펴보자. **클래스 내부에 있는 메서드끼리는 객체를 생성하지 않고 서로를 호출할 수 있다.** 말 그대로 같은 멤버이기 때문이다. 필드 또한 멤버이므로 클래스 내부의 모든 메서드 안에서 객체를 생성하지 않고 자신이 속한 클래스의 필드를 사용할 수 있다. 다만 메서드 앞에 static이 붙어 있을 때는 static이 붙은 필드 또는 메서드만 호출할 수 있다. 이는 나중에 알아보기로 하고, 여기서는 **'같은 멤버끼리는 클래스 내부에서 얼마든지 객체를 생성하지 않고 서로를 호출할 수 있다.'**는 사실만 기억하자.

static은 클래스의 객체를 생성하지 않고 이름만으로 바로 사용할 수 있게 해 주는 자바 제어자로, 9장에서 자세히 알아본다.

다음 예를 살펴보자. main() 메서드 내에서 같은 클래스에 포함된 메서드를 객체 생성 과정 없이 바로 호출해 사용하고 있다는 것을 알 수 있다.

Do it! 실습 클래스 내부에서의 메서드 호출 InternalCallMethods.java

```java
package sec02_method.EX02_InternalCallMethods;

public class InternalCallMethods {
    public static void main(String[] args) {
        // 같은 클래스 안에 있는 내부 메서드 호출
        print();

        int a = twice(3);
        System.out.println(a);

        double b = sum(a, 5.8);
        System.out.println(b);
    }

    public static void print() {
        System.out.println("안녕");
    }

    public static int twice(int k) {
        return k * 2;
    }

    public static double sum(int m, double n) {
        return m + n;
    }
}
```

실행 결과

```
안녕
6
11.8
```

입력매개변수가 배열인 메서드 호출하기

앞 예제에서 입력매개변수는 모두 기본 자료형이었다. 이제 다음과 같이 입력매개변수가 배열일 때를 살펴보자.

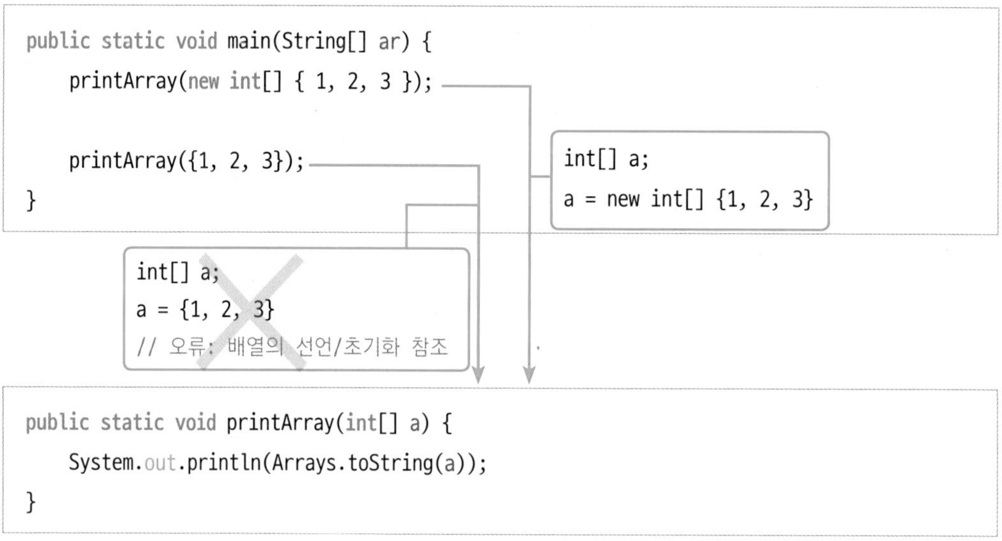

```
public static void main(String[] ar) {
    printArray(new int[] { 1, 2, 3 });

    printArray({1, 2, 3});
}
```

```
int[] a;
a = new int[] {1, 2, 3}
```

```
int[] a;
a = {1, 2, 3}
// 오류: 배열의 선언/초기화 참조
```

```
public static void printArray(int[] a) {
    System.out.println(Arrays.toString(a));
}
```

printArray() 메서드는 입력매개변수로 int[] 자료형을 포함하고 있다. 따라서 이 메서드를 호출하기 위해서는 int[] 객체를 생성해 입력매개변수로 넘겨 줘야 한다. 여기서는 2가지만 기억하자. 첫 번째는 호출할 때의 배열 데이터 입력 방법이다. 첫 번째처럼 `new int[] {1, 2, 3}`을 입력매개변수로 넘겨 주면 메서드에서는 다음 2줄의 코드가 가장 먼저 실행된다.

```
int[] a;
a = new int[] {1, 2, 3};
```

이 방법은 1차원 배열 객체를 생성하는 두 번째 방법이었다. 만약 세 번째 방법을 사용해 초깃값만 넘겨 준다면 다음과 같은 2줄이 실행되면서 오류가 발생한다.

```
int[] a;
a = {1, 2, 3};       // 오류 발생
```

초깃값만 넘겨 줄 때는 선언과 동시에 값을 대입할 때(`int[] a = {1, 2, 3}`)만 가능하기 때문이다.

Do it! 실습　배열 입력매개변수가 있는 메서드 호출　ArrayArgumentMethod.java

```
package sec02_method.EX03_ArrayArgumentMethod;

import java.util.Arrays;

public class ArrayArgumentMethod {
    public static void main(String[] args) {
        // 배열을 입력매개변수로 하는 메서드 호출
        int[] a = new int[] {1, 2, 3};
        printArray(a);
        printArray(new int[] {1, 2, 3});
        // printArray({1, 2, 3});            // 오류 발생
    }
    public static void printArray(int[] a) {
        System.out.println(Arrays.toString(a));
    }
}
```

실행 결과

```
[1, 2, 3]
[1, 2, 3]
```

기본 자료형 입력매개변수와 참조 자료형 입력매개변수의 차이

두 번째로 기억할 것은 배열과 같은 참조 자료형이 입력매개변수로 넘겨질 때 실제 객체가 전달되는 것이 아니라 **객체의 위칫값이 전달**된다는 것이다. 그 결과, 기본 자료형이 입력매개변수로 넘겨질 때와 다른 동작을 수행한다. 먼저 기본 자료형이 입력매개변수로 전달될 때를 살펴보자.

기본 자료형 입력매개변수의 전달

```
public static void main(String[] ar) {

    int a = 3;
    int k1 = twice(3);
    int k2 = twice(a);

    System.out.println(k1);    // 6
    System.out.println(k2);    // 6
    System.out.println(a);     // 3
}
```

int a; a = 3;

6

int a; a = 3;

6

```
public static int twice(int a) {
    a = a * 2;
    return a;
}
```

기본 자료형일 때는 실제 값이 전달된다. 좀 더 정확하게 말하면, 기본 자료형의 값이 메서드의 지역 변수에 복사되는 것이다. 그럼 메모리상에서의 동작을 살펴보자.

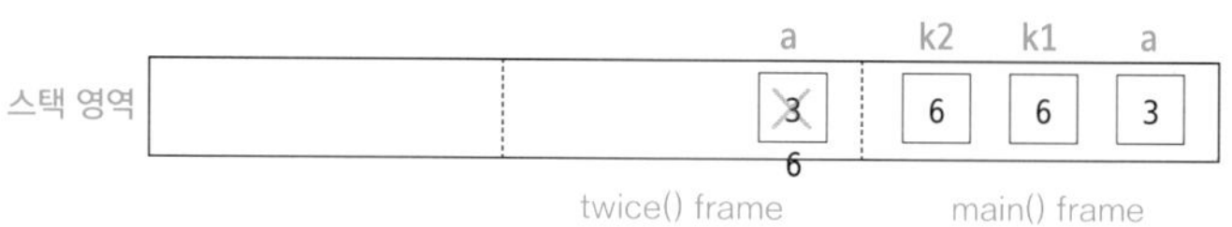

그림 7-4 메서드 입력매개변수로 기본 자료형이 전달될 때의 스택 메모리 구조

위의 예에서 twice(3)의 호출로 넘겨진 값 3은 twice() 메서드의 지역 변수 a에 복사되고, a 값을 두 배로 곱한 값을 a 값으로 저장한 후에 리턴한다. 즉, k1의 값은 6이다. 두 번째를 주의해서 봐야 하는데, main() 함수 안의 a 값을 twice() 메서드의 입력으로 넘겨 줬다. 그러면 twice() 메서드에서는 int a(twice() 메서드의 지역 변수) = a(main() 메서드의 지역 변수)를 가장 먼저 실행할 것이다. 등호(=)는 스택 메모리를 복사하라는 말이므로 main() 메서드의 지역 변수 a의 스택 메모리값이 twice() 메모리의 지역 변수 a로 복사되는 것이다. 이후 twice() 메서드는 자신의 a 값을 2배로 곱한 후 변수 a 값에 넣었으므로 twice() 메서드의 a 값에는 6이 저장된다.

이때 twice() 메서드의 호출이 끝나고 다시 main() 메서드로 돌아오면 main() 메서드의 a 값은 얼마일까? 여전히 3일 것이다. twice() 메서드는 단 한 번도 main() 함수의 a 값을 건드린 적이 없기 때문이다. 자신의 지역 변수인 a 값만을 지지고 볶고 했을 뿐이다. 심지어 twice() 메서드의 실행을 완료하고 main() 함수로 돌아온 시점에는 메모리에서 twice() 프레임 자체가 날아간 이후이므로 twice() 메서드의 지역 변수 a는 메모리상에 존재하지도 않는다. 이렇게 **기본 자료형을 입력매개변수로 전달하면 전달받은 메서드는 값을 복사해 사용한다.**

Do it! 실습 기본 자료형 입력매개변숫값의 변화 EffectOfPrimaryDataArgument.java

```
package sec02_method.EX04_EffectOfPrimaryDataArgument;

public class EffectOfPrimaryDataArgument {
    public static void main(String[] args) {
        int a = 3;
        int result1 = twice(3);
        System.out.println(result1);
        int result2 = twice(a);
        System.out.println(result2);
        System.out.println(a);
    }
    public static int twice(int a) {
        a = a * 2;
        return a;
    }
}
```

main() 함수의 지역 변수 a

twice() 메서드의 지역 변수 a

실행 결과

```
6
6
3
```

반면 참조 자료형을 입력매개변수로 넘겼을 때를 살펴보자. 이때도 입력매개변수로 넘겨진 변수의 스택 메모리값이 복사돼 사용되는 것은 동일하지만, 참조 자료형은 스택 메모리에 객체의 참좃값(위칫값)을 저장하고 있으므로 실제 객체가 아닌 객체의 참좃값이 전달돼 복사된다. 그러다 보니 호출한 메서드와 호출된 메서드에서 모두 동일한 객체를 쳐다보고 있는 상황이 연출된다. 그래서 호출된 메서드에서 객체의 값을 변경한 후 호출한 메서드로 돌아오면 값이 바뀌게 된다.

참조 자료형 입력매개변수의 전달

```java
public static void main(String[] ar) {
    int[] array = new int[] {1, 2, 3};
    modifyData(array);
    printArray(array);     // [4, 5, 6]
}
```

int[] a;
a = array

```java
public static void modifyData(int[] a) {
    a[0] = 4;
    a[1] = 5;
    a[2] = 6;
    // printArray(a); // [4, 5, 6]
}
```

int[] a;
a = array

```java
public static void printArray(int[] a) {
  System.out.println(Arrays.toString(a));
}
```

위 예제를 실행하는 과정에서 메모리에 생성되는 데이터의 모양은 다음과 같다.

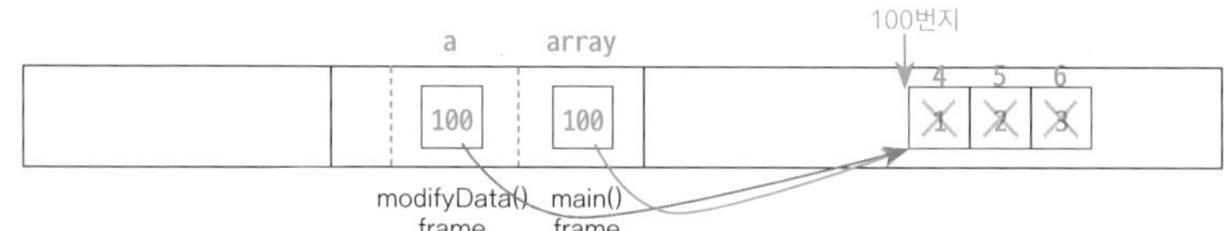

그림 7-5 메서드 입력매개변수로 참조 자료형이 전달됐을 때의 스택 메모리 구조

위 두 예제의 메모리를 쳐다보고 있으면 이 둘 사이의 차이점을 자연스럽게 이해할 수 있을 것이다.

Do it! 실습 참조 자료형 매개변숫값의 변화 EffectOfReferenceDataArgument.java

```java
package sec02_method.EX05_EffectOfReferenceDataArgument;

/*참조 자료형 매개변숫값의 변화*/

import java.util.Arrays;

public class EffectOfReferenceDataArgument {
    public static void main(String[] args) {
        int[] array = new int[] {1, 2, 3};
        modifyData(array);
        printArray(array);
    }
```

```java
    public static void modifyData(int[] a) {
        a[0] = 4;
        a[1] = 5;
        a[2] = 6;
    }
    public static void printArray(int[] a) {
        System.out.println(Arrays.toString(a));
    }
}
```

실행 결과

```
[4, 5, 6]
```

7.2.4 오버로딩된 메서드

메서드 오버로딩을 이해하기 위해서는 먼저 **메서드 시그너처**method signature의 의미를 알아야 한다. 메서드 시그너처는 메서드명과 입력매개변수의 자료형을 말한다. 시그너처(서명)라는 말에서 유추할 수 있듯이 메서드를 구분하는 기준 역할을 한다. 자바 가상 머신은 메서드 시그너처가 다르면 메서드명이 동일해도 다른 메서드로 인식한다. 메서드 오버로딩method overloading은 이러한 특징을 이용한 것으로, 입력매개변수의 개수나 자료형이 다른 여러 개의 동일한 이름을 지닌 메서드를 같은 공간에 정의하는 것을 말한다.

3개의 동일한 이름을 지닌 이미지 abc.jpg, abc.png, abc.bmp를 동일한 폴더에 저장할 수 있다는 것과 같은 원리다. 파일명(메서드명에 해당)은 동일하지만, 확장자(메서드 시그너처에 해당)가 다르기 때문이다.

메서드 오버로딩

```
리턴 타입 메서드명 (자료형 변수명, 자료형 변수명, … ) {
}
```

(메서드 시그너처: 메서드명, 자료형, 자료형)

예

```java
int sum (int a, int b) {
    return 3;
}
```

(메서드 시그너처: sum, int, int)

오버로딩된 메서드의 호출은 앞에서 배운 메서드 호출과 전혀 다를 게 없다. 다만 동일한 이름의 메서드가 많기 때문에 입력매개변수에 따라 실제 어떤 메서드가 호출된 것인지만 구분해 주면 된다.

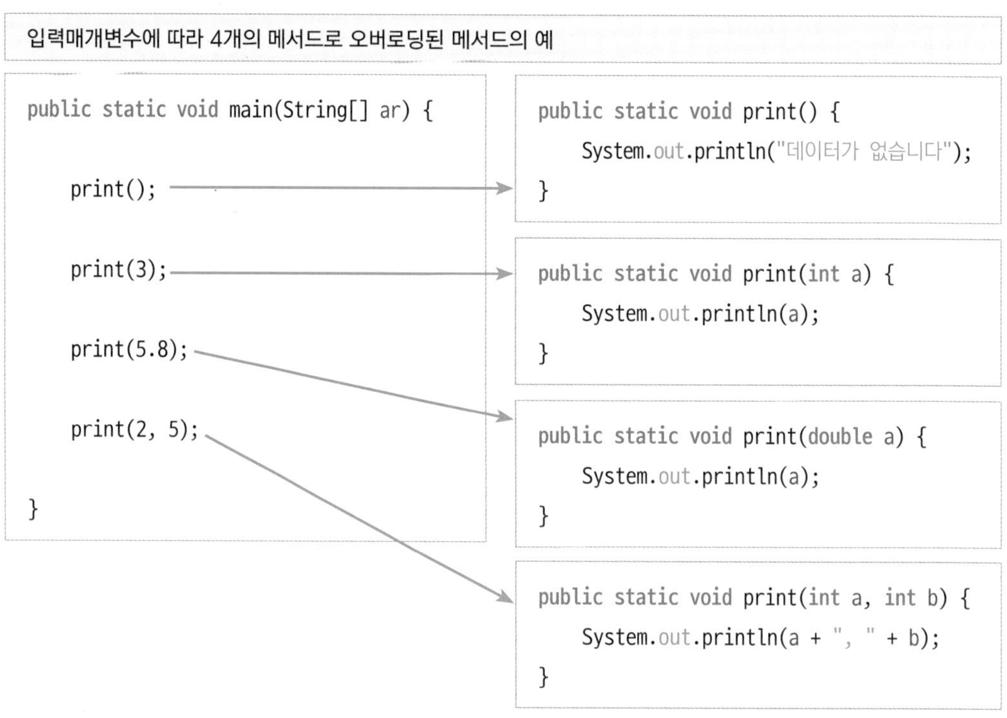
입력매개변수에 따라 4개의 메서드로 오버로딩된 메서드의 예
public static void main(String[] ar) {
print();
print(3);
print(5.8);
print(2, 5);
}
public static void print() {
System.out.println("데이터가 없습니다");
}
public static void print(int a) {
System.out.println(a);
}
public static void print(double a) {
System.out.println(a);
}
public static void print(int a, int b) {
System.out.println(a + ", " + b);
}

앞의 예제를 살펴보면 4개의 print() 메서드가 오버로딩돼 있으며, 각각은 서로 다른 입력매개변수의 개수나 타입을 포함하고 있다는 것을 알 수 있다. 즉, 서로 다른 매서드 시그너처를 지니고 있다. 따라서 호출할 때 넘겨 주는 입력매개변수에 따라 호출될 메서드가 선택된다. 여기서는 4개의 서로 다른 형태의 입력을 처리하는 print() 메서드가 만들어진 셈이다.

그동안 우리는 화면 출력을 위해 System.out.println() 메서드를 많이 사용해 왔다. 자바 API 문서에서 println() 메서드를 살펴보면 다음과 같이 무려 10개의 메서드가 오버로딩된 것을 알 수 있다. 그래서 출력할 때 정수와 실수 그리고 문자열도 잘 출력됐던 것이다.

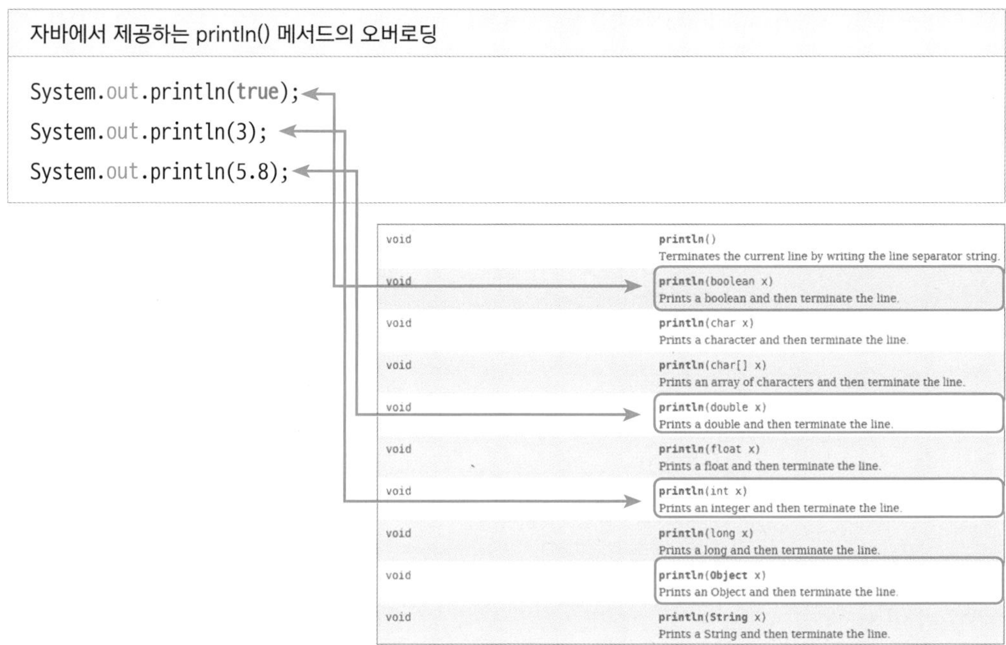

자바에서 제공하는 println() 메서드의 오버로딩
System.out.println(true);
System.out.println(3);
System.out.println(5.8);
void println()
Terminates the current line by writing the line separator string.
void println(boolean x)
Prints a boolean and then terminate the line.
void println(char x)
Prints a character and then terminate the line.
void println(char[] x)
Prints an array of characters and then terminate the line.
void println(double x)
Prints a double and then terminate the line.
void println(float x)
Prints a float and then terminate the line.
void println(int x)
Prints an integer and then terminate the line.
void println(long x)
Prints a long and then terminate the line.
void println(Object x)
Prints an Object and then terminate the line.
void println(String x)
Prints a String and then terminate the line.

그림 7-6 System.out.println() 메서드의 다양한 오버로딩

이쯤해서 자신의 프로그래밍 센스를 잠시 확인해 보자. 왜 시그너처에 리턴 타입이 빠져 있을까? 노파심에서 말하지만, 대답을 못했다고 해서 절대 포기하지 말자. 말 그대로 그냥 센스다. 리턴 타입이 빠져 있는 이유는 메서드를 호출할 때 리턴 타입을 명시하지 않기 때문이다. 예를 들어보자.

그림 7-6의 println(Object x) 메서드는 이후에 자세하게 설명할 것이므로 지금은 'Object 타입을 입력매개변수로 하는 println() 메서드도 오버로딩돼 있다.'까지만 기억하길 바란다.

```
public static void main(String[] ar) {
    print(3);    // ?
}
public static void print(int a) {
    // ...
}
public static int print(int a) {
    // ...
}
```

두 메서드의 시그너처가 동일하므로 오버로딩 불가능

리턴 타입이 다른 2개의 print() 메서드를 생성했다. 메서드를 호출하기 위해 print(3)을 호출하면 이 2개의 메서드 중 무엇을 실행해야 할까? 호출 과정에서 리턴 타입을 사용하지 않으므로 리턴 타입으로는 메서드를 구분할 수 없는 것이다. 이것이 바로 리턴 타입이 시그너처에 포함되지 않은 이유다.

Do it! 실습 메서드의 오버로딩 MethodOverloading.java

```
package sec02_method.EX06_MethodOverloading;

public class MethodOverloading {
    public static void main(String[] args) {
        print();
        print(3);
        print(5.8);
        print(2, 5);
    }
    public static void print() {
        System.out.println("데이터가 없습니다.");
    }
    public static void print(int a) {
        System.out.println(a);
    }
    public static void print(double a) {
        System.out.println(a);
    }
    /*
    public static void print(double b) {
        System.out.println(b);
    }
    */
    public static void print(int a, int b) {
        System.out.println("a: " + a + " b: " + b);
    }
    /*
    public static int print(int a, int b) {
        System.out.println("a: "+ a + " b: "+b);
        return a+b;
    }
    */
}
```

서로 다른 시그너처를 지니고 있는 print() 메서드를 입력매개변수에 따라 호출

void print(double a){}와 중복으로 정의 불가능

void print(int a, int b){}와 중복으로 정의 불가능

실행 결과

```
데이터가 없습니다.
3
5.8
a: 2 b: 5
```

7.2.5 가변 길이 배열 입력매개변수 메서드

앞에서 메서드 시그너처는 입력매개변수의 개수 또는 입력매개변수의 자료형에 따라 구분된다고 했다. 만일 어떤 메서드가 입력매개변수로 0 ~ 10개 사이의 int 자료형 값을 받는다고 가정하자. 정확히 몇 개의 입력이 들어올지 모르므로 0 ~ 10개, 즉 11개의 메서드를 모두 오버로딩해야 한다. 만일 전달되는 입력매개변수의 개수 범위가 더 크면 더 많은 메서드를 오버로딩해야 한다. 이를 간단하게 할 수 있는 방법이 가변 길이 배열 입력매개변수다. 개수가 정해지지 않은 가변 길이의 입력을 받는 입력매개변수로 입력된 값들은 배열로 저장된다. 그리고 이 배열의 크기는 함수가 호출될 때 전달된 입력값의 개수로 정해진다. 배열 자체가 1개의 자료형만 묶어 저장할 수 있으므로 입력되는 모든 값은 당연히 같은 자료형이어야 한다. 가변 길이 배열 입력매개변수의 문법은 다음과 같다.

가변 길이 배열 입력매개변수

```
리턴 타입 메서드명 (자료형... 참조 변수명) {
    ...
}
```

자료형 다음에 말줄임표(...)가 있는 것이 조금 특이하다. 이를 활용한 예를 살펴보자.

가변 길이 배열 입력매개변수를 활용한 메서드의 호출 예

```
public static void main(String[] args) {

    // 가변 길이 int 배열 입력매개변수
    method1(1, 2);      // 입력매개변수 길이: 2
    method1(1, 2, 3);   // 입력매개변수 길이: 3
    method1();          // 입력매개변수 길이: 0

    // 가변 길이 String 배열 입력매개변수
    method2("안녕", "방가");              // 입력매개변수 길이: 2
    method2("땡큐", "베리", "감사");      // 입력매개변수 길이: 3
    method2();                            // 입력매개변수 길이: 0
}
public static void method1(int... values) {
    System.out.println("입력매개변수 길이 : " + values.length);
    for (int i = 0; i < values.length; i++)
        System.out.print(values[i] + " ");
    System.out.println();
}
public static void method2(String... values) {
    System.out.println("입력매개변수 길이 : " + values.length);
    for (int i = 0; i < values.length; i++)
        System.out.print(values[i] + " ");
    System.out.println();
}
```

method1(int... values)는 개수와 상관없이 정수를 입력으로 받을 수 있고, method2(String... values)는 개수와 상관없이 문자열을 입력으로 받을 수 있다. 이 두 메서드를 호출할 때 입력매개변수로 각각 2개, 3개, 0개를 넘겼다. 오버로딩만 사용했다면 적어도 3개의 메서드 오버로딩을 수행해야 하고, 입력매개변수의 개수가 좀 더 다양하다면 그만큼 오버로딩을 더 많이 수행해야 한다. 하지만 가변 길이 배열 입력매개변수를 사용하면 단 1개의 메서드만 정의해 위의 모든 메서드 호출에 대응할 수 있게 된다. 대부분의 문법이 그렇듯이 메서드 오버로딩의 불편함을 덜고자 만들어진 문법이 가변 길이 배열 입력매개변수이고, 사용하다 보면 충분히 그런 불편함을 해소해 준다는 걸 느낄 수 있을 것이다.

Do it! 실습 메서드의 가변 길이 배열 입력매개변수 FlexibleSizeArrayArgument.java

```java
package sec02_method.EX07_FlexibleSizeArrayArgument;

public class FlexibleSizeArrayArgument {
    public static void main(String[] args) {
        // method1(int...values)
        method1(1, 2);
        method1(1, 2, 3);
        method1();
        // method2(String...values)
        method2("안녕", "방가");
        method2("땡큐", "베리", "감사");
        method2();
    }
    public static void method1(int...values) {
        System.out.println("배열의 길이: " + values.length);
        /* 배열 출력 방법 1
        for(int i = 0; i < values.length; i++) {
            System.out.print(values[i] + " ");
        } */
        // 배열 출력 방법 2
        for(int k: values) {
            System.out.print(k + " ");
        }
        /* 배열 출력 방법 3
        System.out.println(Arrays.toString(values));
        */
        System.out.println();
    }
    public static void method2(String...values) {
        System.out.println("배열의 길이: " + values.length);
        /* 배열 출력 방법 1
        for(int i = 0; i < values.length; i++) {
            System.out.print(values[i] + " ");
        } */
        // 배열 출력 방법 2
        for(String k: values) {
            System.out.print(k + " ");
```

```
        }
        /* 배열 출력 방법 3
        System.out.println(Arrays.toString(values));
        */
        System.out.println();
    }
}
```

실행 결과

```
배열의 길이: 2
1 2
배열의 길이: 3
1 2 3
배열의 길이: 0

배열의 길이: 2
안녕 방가
배열의 길이: 3
땡큐 베리 감사
배열의 길이: 0
```

7.3 생성자

생성자constructor는 **객체를 생성하는 역할을 지닌** 클래스의 내부 구성 요소다. 또한 객체 내에 포함되는 필드의 초기화 또한 주로 생성자 내에서 수행한다.

7.3.1 생성자의 특징

생성자를 작성할 때 꼭 지켜야 하는 문법적 규칙은 2가지다. 첫 번째는 **반드시 클래스명과 동일**한 이름으로 지어야 한다. 클래스명과 다르면 더 이상 생성자가 아니다. 두 번째는 메서드와 비슷한 구조를 지니고 있지만, **리턴 타입이 없다**. 여기서 헷갈리지 말아야 할 것이 '리턴 타입이 없다.'와 '리턴하지 않는다(void).'는 전혀 다른 이야기라는 것이다. 생성자는 아예 리턴 타입 자체가 없다는 말이다. 이러한 2가지 특징을 반영한 생성자의 문법 구조는 다음과 같다.

생성자의 문법 구조

```
클래스명(입력매개변수) {
}
```

생성자명은 클래스명과 동일

입력매개변수는 생략 가능

예

```
class A {
    A() {
        // ...
    }
}
```

7.3.2 기본 생성자의 자동 추가

이쯤에서 또 이상한 생각이 든다. 우리는 `A a = new A()`와 같이 생성자를 호출해 객체를 만들어 왔지만, 지금까지 생성자를 만든 기억은 없다. 지금까지 생성자를 만들지 않아도 정상적으로 객체가 생성됐던 이유는 생성자를 포함하지 않는 클래스에게 컴파일러가 기본 생성자를 추가해 줬기 때문이다. 여기서 기본 생성자는 입력매개변수가 없는 생성자를 말한다.

그 이유는 무엇일까? 클래스와 객체를 각각 '붕어빵 기계'와 '붕어빵'이라고 했다. 그렇다면 생성자는 '붕어빵을 찍는 기능' 정도라고 생각할 수 있다. 그러면 생성자가 없는 클래스는 붕어빵을 찍을 수 없는 붕어빵 기계를 만든 셈이다. 즉, 전혀 존재 이유가 없는 것이다.

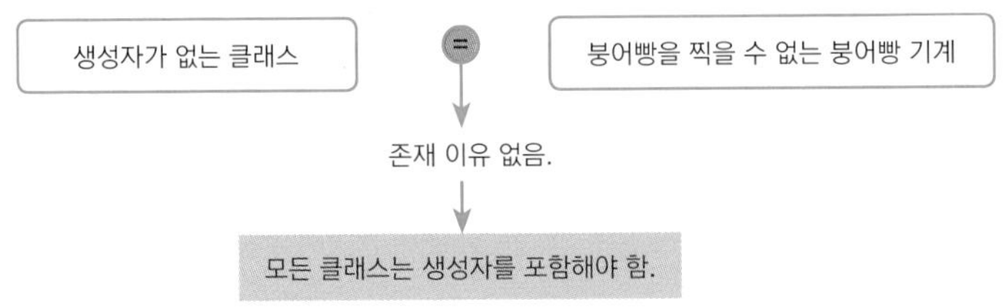

그림 7-7 생성자가 없는 클래스가 존재할 수 없는 이유

그래서 컴파일러는 생성자가 없는 클래스를 만들면 적어도 1개의 생성자가 필요하므로 입력 매개변수가 없는 기본 생성자를 추가해 주는 것이다.

생성자를 포함시키지 않은 클래스

```
class A {
    int m;
    void work(){ ... }
    }
}
```

컴파일러로 기본 생성자가 자동으로 추가된 클래스

```
class A {
    int m;
    void work(){ ... }
    A() {
                    컴파일러가 자동으로 기본 생성자 추가
    }
}
```

생성자가 호출되는 것만으로 객체가 내부적으로 생성된다. 생성자의 실행문, 즉 생성자의 중괄호 안은 객체가 생성된 이후 할 일이 작성되는 부분이다. 일반적으로 여기에서 필드를 초기화한다. 따라서 컴파일러가 추가해 주는 기본 생성자 안은 텅 비어 있다.

다음 예제를 살펴보자. A 클래스에 생성자가 있지만, 기본 생성자는 아니다. 그렇다면 컴파일러는 클래스 A에 기본 생성자가 없으므로 기본 생성자를 추가해 줄까? 전혀 아니다. 앞에서 말했듯이 객체를 찍어낼 수 없는 클래스는 존재 이유가 없으므로 기본 생성자를 추가해 준 것이다. 클래스 A는 이미 있는 생성자를 사용해 객체를 생성할 수 있다. 그러므로 컴파일러가 기본 생성자를 추가해 줄 이유가 전혀 없다.

기본 생성자가 아닌 생성자를 포함하고 있는 클래스

```
class A {
    int m;
    void work(){ ... }
    A(int k) {
        m = k;
    }
}
```

생성자가 이미 있으므로 기본 생성자는 추가되지 않음.

Do it! 실습 기본 생성자의 자동 추가 DefaultConstructor.java

```
package sec03_consturctor.EX01_DefaultConstructor;

class A {
    int m;
    void work() {
        System.out.println(m);
    }
    /*
    A() {

    }
    */
}
class B {
    int m;
    void work() {
        System.out.println(m);
    }
    B() {

    }
}
class C {
```

생성자를 포함하지 않으면 컴파일러가 기본 생성자를 자동으로 추가

기본 생성자를 직접 정의

```
    int m;
    void work() {
        System.out.println(m);  // 생성자로 넘어온 값
    }
    C(int a) {
        m = a;
    }
}
public class DefaultConstructor {
    public static void main(String[] args) {

        // 클래스의 객체 생성
        A a = new A();
        B b = new B();
        // C c = new C();
        C c = new C(3);

        // 메서드 호출
        a.work();
        b.work();
        c.work();
    }
}
```

입력매개변수를 포함하고 있는 생성자 정의

입력매개변수로 전달된 값으로 필드 초기화

컴파일러가 자동으로 추가한 기본 생성자를 호출해 객체 생성

직접 정의한 기본 생성자를 호출해 객체 생성

기본 생성자 호출 불가능

직접 정의한 생성자를 호출해 객체 생성

실행 결과

```
0
0
3
```

7.3.3 생성자와 객체의 생성 방법

생성자의 모양에 따라 객체를 생성하는 방법이 결정된다. 어떤 클래스 안에 기본 생성자만 있다면 기본 생성자 모양으로만 객체를 생성할 수 있고, int형을 입력매개변수로 포함하고 있는 생성자만 있다면 int형 값을 입력으로 받는 생성자를 호출해야만 객체를 만들 수 있다. 생성자도 메서드처럼 오버로딩을 할 수 있다. 즉, 메서드처럼 생성자의 입력매개변수 자료형이나 개수에 따라 여러 개의 생성자를 정의할 수 있다. 예를 들어 다음 예제와 같이 클래스 A에 서

로 다른 내용의 생성자 3개가 오버로딩돼 있다면 클래스 A로 객체를 만드는 3가지 방법이 존재하는 것이다.

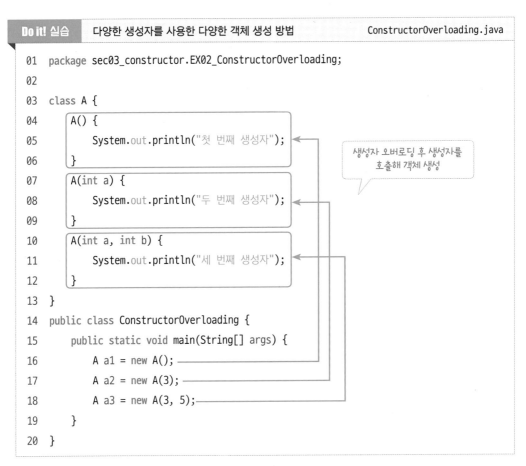

Do it! 실습 **다양한 생성자를 사용한 다양한 객체 생성 방법** ConstructorOverloading.java

```
package sec03_constructor.EX02_ConstructorOverloading;

class A {
    A() {
        System.out.println("첫 번째 생성자");
    }
    A(int a) {
        System.out.println("두 번째 생성자");
    }
    A(int a, int b) {
        System.out.println("세 번째 생성자");
    }
}
public class ConstructorOverloading {
    public static void main(String[] args) {
        A a1 = new A();
        A a2 = new A(3);
        A a3 = new A(3, 5);
    }
}
```

생성자 오버로딩 후 생성자를 호출해 객체 생성

실행 결과

```
첫 번째 생성자
두 번째 생성자
세 번째 생성자
```

7.4 this 키워드와 this() 메서드

클래스의 외부에서 멤버(필드, 메서드, 이너 클래스)를 호출하기 위해서는 객체를 먼저 생성한 후 '참조 변수명.멤버명'의 형태로 호출하지만, 클래스 내부에서는 객체의 생성 없이 필드와 메서드를 바로 사용할 수 있다고 했다. 하지만 **모든 사용할 수 있는 상태의 멤버는 항상 객체 속에만 존재**한다. 그렇다면 어떻게 클래스 내부에서는 객체를 생성하지 않고 바로 필드와 메서드를 사용할 수 있을까?

7.4.1 내부 객체 참조 변수명인 this 키워드

우리는 클래스 내부에서도 객체 안의 멤버를 사용해 왔다. 즉, '참조 변수명.멤버명'의 형태를 사용해 온 셈이다. 다만 객체를 직접 만들지 않은 것뿐이다. **모든 메서드에는 자신이 포함된 클래스의 객체를 가리키는 this라는 참조 변수가 있다.**

정확히 말하면, 인스턴스 메서드 내부에서는 this를 사용할 수 있지만, static 메서드 내부에서는 사용할 수 없다. 9장에서 자세히 알아본다.

다시 한번 말하지만, 모든 멤버는 객체 속에 존재하는 것이므로 우리가 `int m = 3`이라는 필드를 클래스 내부에서 출력하고자 할 때도 `System.out.println(this.m)`과 같이 작성해야 한다. 다만 this.를 **생략하면 컴파일러가 자동으로 this.를 추가**해 주기 때문에 지금까지 클래스 내부에서 필드와 메서드를 그대로 사용할 수 있던 것이다. 지역 변수는 멤버가 아니므로 this.가 자동으로 붙지 않는다.

다음 예제를 살펴보자. init() 메서드에서 넘겨받은 a, b 값을 필드 m과 n의 값에 대입했다. 또한 work() 메서드에서는 init() 메서드를 호출했다. 이렇게 클래스 내부에서 멤버인 필드와 메서드를 호출할 때 실제로는 this.m, this.n 그리고 this.init()와 같이 표현돼야 하며, this.를 생략했을 때 자동으로 추가되는 것이다.
이상의 내용을 다시 한번 정리하면 모든 멤버는 활용할 때 소속과 함께 표기(참조 변수명.멤버명)해야 하며, 클래스 내부에서 멤버를 활용할 때 소속을 표기하지 않으면 컴파일러가 자동으로 소속(this.)을 붙여 준다는 것이다.

Do it! 실습 묵시적 this 키워드 자동 추가 ThisKeyword_1.java

```java
package sec04_thiskeyword.EX01_ThisKeyword_1;

// 클래스 내부에서 필드, 메서드에 앞에 자동으로 붙는 this 키워드
class A {
    int m;
    int n;
    void init(int a, int b) {
        int c;
        c = 3;
        this.m = a;     //this.를 생략했을 때 자동으로 추가
        this.n = b;     //this.를 생략했을 때 자동으로 추가
    }
    void work() {
        this.init(2, 3);  //this.를 생략했을 때 자동으로 추가
    }
}
public class ThisKeyword_1 {
    public static void main(String[] args) {
        // 클래스 객체 생성
        A a = new A();
        // 메서드 호출 / 필드값 활용
        a.work();
        System.out.println(a.m);
        System.out.println(a.n);
    }
}
```

this → m 0 n 0 int(...) work()

실행 결과

```
2
3
```

this.를 생략해도 항상 컴파일러가 추가해 주므로 굳이 신경 쓸 필요가 없어 보이지만, 그렇지 않다. this.를 명시적으로 붙여 줘야 할 때가 있기 때문이다. 다음 예제를 살펴보자.

```java
class A {
    int m;
    int n;
    void init(int m, int n) {
        m = m;
        n = n;    // 필드와 지역 변수를 모두 사용할 수 있고 이름이 같을 때 지역 변수로 인식
    }
}
```

필드명은 m, n이며 init(int m, int n) 메서드에도 지역 변수 m과 n이 있다. init() 메서드에서는 입력받은 지역 변수 m과 n의 값을 필드 m과 n에 각각 대입하고자 한다. 먼저 필드와 지역 변수의 사용 범위를 알아보자. 필드 m, n은 클래스 내부에 선언돼 있으며, 클래스 전체에서 사용할 수 있다. 반면 init() 메서드에서 선언된 지역 변수 m, n은 init() 메서드 내부에서만 사용할 수 있다. 따라서 init() 메서드 내부에서는 필드 m, n과 지역 변수 m, n을 모두 사용할 수 있게 된다. 그렇다면 init() 메서드 내부에서 m, n을 사용하면 이는 지역 변수일까, 필드일까? 지역 변수와 필드 모두를 사용할 수 있는 영역에서는 사용 범위가 좁은 변수, 즉 지역 변수로 인식한다. 따라서 init() 메서드 안에서 m = m, n = n과 같이 작성하면 컴파일러는 이들 모두를 지역 변수로 인식하므로 this.는 당연히 추가되지 않을 것이다. 지역 변수에 지역 변숫값을 다시 대입하는 형태이므로 필드값은 전혀 변화가 없다. 따라서 다음과 같이 객체를 생성한 후 메서드를 호출하고 필드값을 확인하면 모두 값이 0으로 나온다.

필드는 값을 초기화하지 않을 때 자바 가상 머신이 강제로 값을 초기화한다. 불리언은 false, 정수(byte, short, int, long)는 0, 실수(float, double)는 0.0으로 초기화되며, 나머지 모든 참조 자료형 필드는 null 값으로 강제 초기화된다.

```java
A a = new A();
a.init(3, 4);
System.out.println(a.m);    // 0
System.out.println(a.n);    // 0
```

따라서 의도한 바와 같이 넘겨받은 지역 변수 m, n의 값을 필드 m, n에 대입하기 위해서는 다음과 같이 `this.m = m`, `this.n = n`과 같이 필드에 this.를 붙여 표기해야만 한다.

```
class B {
    int m;
    int n;
    void init(int m, int n) {
        this.m = m;
        this.n = n;
    }
}
```

필드

지역 변수

```
B b = new B();
b.init(3, 4);
System.out.println(b.m);    //3
System.out.println(b.n);    //4
```

이러한 문제점은 지역 변수와 필드명이 동일하기 때문에 발생한다. 애초에 이름이 서로 달랐다면 this.m = m과 같이 필드와 지역 변수를 명시적으로 구분할 필요가 없겠지만, 자바에서 제공하는 대부분의 API에는 메서드의 지역 변수명이 필드명과 동일하게 구성돼 있다. 따라서 this.m = m과 같은 표현은 앞으로도 계속 보게 될 형식이므로 꼭 이해하길 바란다.

Do it! 실습 명시적 this 키워드 추가 ThisKeyword_2.java

```
package sec04_thiskeyword.EX02_ThisKeyword_2;

class A {
    int m;
    int n;
    void init(int m, int n) {
        m = m;
        n = n;
    }
}
class B {
    int m;
    int n;
    void init(int m, int n) {
        this.m = m;
```

```java
            this.n = n;
        }
    }
    public class ThisKeyword_2 {
        public static void main(String[] args) {
            // 필드명과 지역 변수명이 같고, this 키워드를 사용하지 않음.
            A a = new A();
            a.init(2, 3);
            System.out.println(a.m);
            System.out.println(a.n);

            // 필드명과 지역 변수명이 같고, this 키워드를 사용함.
            B b = new B();
            b.init(2, 3);
            System.out.println(b.m);
            System.out.println(b.n);
        }
    }
```

실행 결과

```
0
0
2
3
```

7.4.2 클래스 내 다른 생성자를 호출하는 this() 메서드

이번에는 **this() 메서드**를 알아보자. this 키워드와 매우 비슷하게 생겼지만, 의미는 전혀 다르다. this() 메서드는 **자신이 속한 클래스 내부의 다른 생성자를 호출**하는 명령이다. 만일 클래스명이 A라면 this()는 A() 생성자를 호출하는 것이라고 생각하면 된다. 만일 this(3)이라면 A(3), 즉 int 데이터 하나를 입력받는 생성자를 호출하라는 말이 된다.

this() 메서드를 구성할 때는 반드시 2가지 문법적 규칙을 지켜야 한다. 첫 번째는 **생성자의 내부에서만 사용**할 수 있다. 즉, 생성자의 내부에서만 또 다른 생성자를 호출할 수 있다는 말이다. 두 번째는 **생성자의 첫 줄에 위치**해야 한다. 이 둘 중 어느 하나라도 지켜지지 않으면 이클립스는 바로 오류를 발생시킨다.

다음 예제를 살펴보자. 클래스 A에는 2개의 생성자가 있다. 생성자가 2개이므로 객체를 생성하는 방법도 2개다. 첫 번째 생성자는 기본 생성자로, 내부에는 1개의 출력문이 있다. 따라서 `A a1 = new A()`와 같이 객체를 생성하면 이 과정에서 첫 번째 생성자가 호출되고, 그 결과 **"첫 번째 생성자"**라는 문자열이 출력된다. 두 번째 생성자로 객체를 생성하는 `A a2 = new A(3)`을 실행하면 일단 객체 생성 과정에서 두 번째 생성자가 실행된다. 이 생성자의 첫 번째 명령은 `this()`이고, 이는 자신의 또 다른 생성자인 A()를 호출하라는 말이다. 따라서 먼저 첫 번째 생성자가 호출된 후 나머지 코드가 실행되므로 **"첫 번째 생성자"**와 **"두 번째 생성자"**가 모두 출력되는 것이다.

Do it! 실습 this() 메서드의 문법적 특징과 의미 ThisMethod_1.java

```
package sec05_thismethod.EX01_ThisMethod_1;

// 클래스의 정의
class A {
    A() {
        System.out.println("첫 번째 생성자");
    }
    A(int a) {
        this();
        System.out.println("두 번째 생성자");
    }
     /*
    void abc() {
        this();
    }
     */
}
public class ThisMethod_1 {
    public static void main(String[] args) {
        // 객체 생성
        A a1 = new A();
        System.out.println();
        A a2 = new A(3);
    }
}
```

this(); — 반드시 생성자의 첫 줄에 위치해야 함.

void abc() { this(); } — 메서드에서는 this() 메서드 사용 불가능

new A(); — 첫 번째 생성자 호출

new A(3) — 두 번째 생성자 호출(생성자의 내부에서 첫 번째 생성자 호출)

실행 결과

```
첫 번째 생성자

첫 번째 생성자
두 번째 생성자
```

이런 문법 요소가 생긴 이유는 무엇일까? 앞에서 말한 것처럼 객체를 생성하는 것과 더불어 생성자의 주요 역할은 필드를 초기화하는 것이라고 했다. 다음 예제를 살펴보자.

```
class A {
    int m1, m2, m3, m4;
    A() {
        m1 = 1;
        m2 = 2;
        m3 = 3;
        m4 = 4;
    }
    A(int a) {
        m1 = a;    // 두 번째 생성자가 첫 번째 생성자와 다른 점
        m2 = 2;
        m3 = 3;
        m4 = 4;
    }
    A(int a, int b) {
        m1 = a;
        m2 = b;    // 세 번째 생성자가 두 번째 생성자와 다른 점
        m3 = 3;
        m4 = 4;
    }
}
```

클래스 A에는 4개의 필드와 3개의 생성자가 있다. 각 생성자에서는 필드를 초기화하는데, 초기화하는 방식이 약간 차이가 있다. 첫 번째 생성자는 4개의 필드를 각각 초기화했으며, 두 번째 필드는 첫 번째 필드에만 입력받은 값을 대입하고, 나머지는 첫 번째 생성자와 동일하게 초기화한다. 마지막 생성자 또한 두 번째 생성자와 비교해 2개의 필드를 전달받은 값으로 초기화한다는 점만 다르다. 이미 눈치챘겠지만 각 생성자마다 중복되는 코드를 많이 포함하고 있다. 지면의 한계 때문에 4개의 필드만을 고려했지만, 만일 20개의 필드라면 각 생성자는 모두 20줄의 초기화 코드를 포함하고 있을 것이다. 만일 두 번째 생성자에서 첫 번째 생성자를 호출할 수 있다면 두 번째 생성자에서는 1개의 필드만 추가로 초기화하면 된다. 이와 마찬가지로 세 번째 생성자에서 두 번째 생성자를 호출할 수 있다면 추가로 1개의 필드만 초기화하면 된다. 이것이 바로 this() 메서드가 필요한 이유다. 즉, 다음과 같이 this() 메서드를 이용해 생성자의 중복을 제거할 수 있다.

```
class A {
    int m1, m2, m3, m4;
    A() {
        m1 = 1;
        m2 = 2;
        m3 = 3;
        m4 = 4;
    }
    A(int a) {
        this();
        m1 = a;
    }
    A(int a, int b) {
        this(a);
        m2 = b;
    }
}
```

Do it! 실습 this(생성자 입력매개변수) 활용 ThisMethod_2.java

```
package sec05_thismethod.EX02_ThisMethod_2;

class A {
    int m1, m2, m3, m4;
    A() {
        m1 = 1;
        m2 = 2;
        m3 = 3;
        m4 = 4;
    }
    A(int a) {
        m1 = a;
        m2 = 2;
        m3 = 3;
        m4 = 4;
    }
    A(int a, int b) {
        m1 = a;
```

```
        m2 = b;
        m3 = 3;
        m4 = 4;
    }
    void print() {
        System.out.print(m1 + " ");
        System.out.print(m2 + " ");
        System.out.print(m3 + " ");
        System.out.print(m4);
        System.out.println();
    }
}
class B {
    int m1, m2, m3, m4;
    B() {
        m1 = 1;
        m2 = 2;
        m3 = 3;
        m4 = 4;
    }
    B(int a) {
        this();
        m1 = a;
    }
    B(int a, int b) {
        this(a);
        m2 = b;
    }
    /*
    B(int a, int b) {
        this();
        m1 = a;
        m2 = b;
    }
    */
    void print() {
        System.out.print(m1 + " ");
        System.out.print(m2 + " ");
```

클래스 A의 모든 필드값을 출력

B() 생성자 호출

B(int a) 생성자 호출

B() 생성자를 호출하고, 두 필드값을 한 번에 수정할 수도 있음.

```
        System.out.print(m3 + " ");
        System.out.print(m4);
        System.out.println();
    }
}
public class ThisMethod_2 {
    public static void main(String[] args) {
        // 3가지 객체 생성(this() 미사용)
        A a1 = new A();
        A a2 = new A(10);
        A a3 = new A(10, 20);
        a1.print();
        a2.print();
        a3.print();
        System.out.println();

        // 3가지 객체 생성(this() 사용)
        B b1 = new B();
        B b2 = new B(10);
        B b3 = new B(10, 20);
        b1.print();
        b2.print();
        b3.print();
    }
}
```

실행 결과

```
1 2 3 4
10 2 3 4
10 20 3 4

1 2 3 4
10 2 3 4
10 20 3 4
```

실력 상승! 연습 문제

Q1 클래스 A가 다음과 같이 정의돼 있다.

```
class A {
    boolean a;
    int b;
    double c;
    String d;

    void abc() {
        System.out.println(b + c);
        System.out.println(c + d);
        System.out.println(d + a);
    }
}
```

다음 코드의 출력값을 쓰시오.

```
A a = new A();
System.out.println(a.a);
System.out.println(a.b);
System.out.println(a.c);
System.out.println(a.d);
System.out.println();

a.abc();
```

Q2 4가지 형태로 오버로딩된 print() 메서드의 실행 결과가 다음과 같이 출력되도록 클래스 A를 완성하시오.

```
class A {



}

A a = new A();
a.print();
a.print(3);
a.print(5.8);
a.print("안녕");
```

실행 결과

```
입력값이 없습니다.
정수 입력값 : 3
실수 입력값 : 5.8
문자열 입력값 : 안녕
```

Q3 다음의 클래스 A 내부에는 int[] 객체를 입력매개변수로 입력받아 배열의 모든 원소를 합한 후 리턴하는 arraySum() 메서드가 정의돼 있다.

```
class A {
    int arraySum(int[] array) {
        int sum = 0;
        for(int i = 0; i < array.length; i++) {
            sum += array[i];
        }
        return sum;
    }
}
```

다음과 같이 4가지 방법으로 arraySum() 메서드를 호출할 때 오류가 발생하는 코드와 그 이유를 설명하시오.

```
A a = new A();
int[] data1 = new int[] {1, 2, 3};
int[] data2 = {1, 2, 3};
System.out.println(a.arraySum(data1));
System.out.println(a.arraySum(data2));
System.out.println(a.arraySum(new int[] {1, 2, 3}));
System.out.println(a.arraySum({1, 2, 3}));
```

Q4 클래스 A 내부에는 다음과 같이 기본 자료형과 참조 자료형을 입력매개변수로 하는 abc(), bcd() 메서드가 정의돼 있다.

```
class A {
    void abc(int m) {
        m = 8;
    }
    void bcd(int[] n) {
        n[0] = 4; n[1] = 5; n[2] = 6;
    }
}
```

이때 다음 코드의 출력값을 쓰시오.

```
A a = new A();

int m = 5;
int[] n= {1, 2, 3};

a.abc(m);
a.bcd(n);

System.out.println(m);
System.out.println(Arrays.toString(n));
```

Q5 가변 길이 자료형을 이용해 여러 개의 정수를 개수와 상관없이 입력받아 평균값을 출력하는 averageScore() 메서드를 클래스 A 안에 정의하시오.

```
class A {

}

A a = new A();

a.averageScore(1);
a.averageScore(1, 2);
a.averageScore(1, 2, 3);
a.averageScore(1, 2, 3, 4);
// ...
```

실행 결과

```
1.0
1.5
2.0
2.5
```

Q6 클래스 A에 생성자가 2개 정의돼 있다. 각각의 생성자를 이용해 객체를 생성하시오(단, 입력값은 자유롭게 지정).

```
class A {
    A(int k) {
    }
    A(double a, double b) {
    }
}

A a1 =                    // 첫 번째 생성자 이용
A a2 =                    // 두 번째 생성자 이용
```

Q7 클래스 A를 다음과 같이 정의했을 때 다음 코드의 출력 결과를 쓰시오.

```
class A {
    int m = 3;
    int n = 5;
    void abc(int m, int n) {
        m = this.m;
        n = n;
    }
}

A a = new A();
a.abc(7, 8);
System.out.println(a.m);
System.out.println(a.n);
```

Q8 클래스 A 내부에는 2개의 생성자가 정의돼 있다.

```
class A {
    int a, b, c, d;
    A() {


    }
    A(int k) {
        a = k;
        b = k;
        c = k;
        d = k;
    }
}
```

다음과 같이 객체를 생성하고 각 필드값을 출력했을 때 모든 필드값으로 5가 출력되도록 A() 내부에 1줄의 코드를 추가하시오.

```
A a = new A();
System.out.println(a.a);
System.out.println(a.b);
System.out.println(a.c);
System.out.println(a.d);
```

실행 결과

```
5
5
5
5
```

8장 클래스 외부 구성 요소

7장에서는 클래스 내부에 포함되는 4개의 요소 중 이너 클래스를 제외한 3가지를 알아봤다. 8장에서는 클래스의 외부에 위치할 수 있는 3가지 외부 구성 요소인 패키지, 임포트, 외부 클래스를 알아본다.

교수님의 동영상 강의
자바가 처음인가요?
그렇다면 동영상으로
예습부터 해 보세요~

8.1 패키지와 임포트

8.1.1 패키지

패키지package**는 비슷한 목적으로 생성된 클래스 파일들을 한곳에 모아 둔 폴더**를 의미한다. 프로그램을 작성하다 보면 각각의 목적에 따라 여러 개의 클래스 파일(네트워크 처리를 위한 클래스 10개, GUI 처리를 위한 클래스 8개 등)들이 생긴다. 이렇게 동일한 목적으로 만들어진 클래스들을 1개의 공간(폴더)에 묶어 관리하기 위해 사용하는 것이 바로 '패키지'다.

자바 제공 API의 대표적인 패키지에는 기본 클래스들을 묶어 놓은 java.lang, 유용한 확장 클래스들을 묶어 놓은 java.util, 자바 그래픽과 관련된 클래스들을 묶어 놓은 java.swing과 javafx 그리고 자바의 입출력 클래스들을 묶어 놓은 java.io와 java.nio 패키지 등이 있다.

1개의 프로젝트에 1개의 패키지를 생성할 수도 있고, 여러 개의 패키지를 생성할 수도 있다. 패키지를 아예 생성하지 않아도 문법적으로는 전혀 문제가 없다. 생성된 패키지를 폴더의 구조상으로 보면 src 폴더의 하위 폴더에 위치한다. 컴파일이 수행되면 바이트 코드가 저장되는 bin 폴더에도 동일한 하위 폴더가 생성된다.

프로젝트 내에서의 패키지 생성 방법은 1.3절 '자바 프로젝트의 생성 및 실행'을 참고하기 바란다.

예를 들어 다음과 같이 소스 코드를 생성하는 과정에서 패키지를 지정하지 않고 소스 파일(PackageTest1.java)을 생성할 때와 mypack.test라는 이름의 패키지를 생성하고 이 패키지 아래에 소스 파일(PackageTest2.java)을 생성할 때를 고려해 보자.

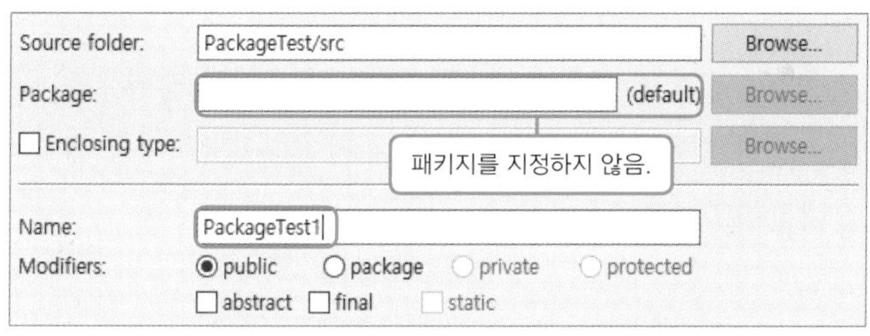

그림 8-1 패키지를 지정하지 않고 (디폴트 패키지) 소스 코드 생성

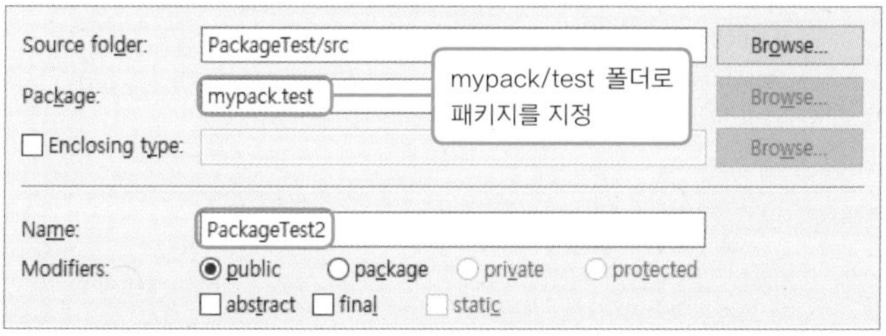

그림 8-2 패키지를 지정(mypack.test)하고 소스 코드 생성

패키지를 지정하지 않으면 src 폴더 아래에 소스 파일이 바로 위치한다. 그림 8-3에서 (default package)는 하위 폴더가 없음을 의미한다. 반면 패키지를 지정하면 지정된 패키지 폴더가 src 폴더 아래에 생성되며, 그 아래에 소스 파일이 위치한다. 다음은 위 두 예의 폴더 구조를 나타낸다.

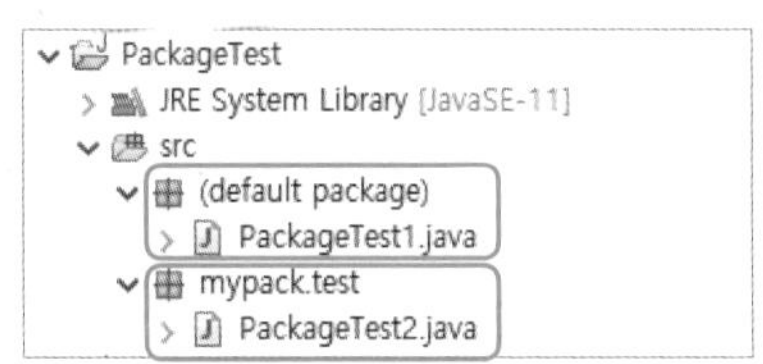

그림 8-3 패키지를 지정하지 않았을 때와 지정했을 때의 폴더 구조

패키지의 폴더 구조를 살펴봤으니 이번에는 패키지의 생성 유무에 따른 소스 코드의 차이를 알아보자. 패키지를 생성하지 않았을 때 클래스의 외부 요소인 package 구문은 포함되지 않으며, 패키지가 있을 때는 소스 코드의 첫 번째 줄에 반드시 'package 패키지명'이 명시돼 있어야 한다.

패키지를 생성하지 않았을 때	패키지를 생성했을 때

`// package 구문 미포함`
 	
`public class PackageTest1 {`
 	
`}`
	`package mypack.test; // package 구문 포함`
	
	`public class PackageTest2 {`
	
	`}`

패키지 사용으로 얻을 수 있는 또 1개의 장점은 바로 패키지의 영향으로 클래스가 저장되는 공간이 분리돼 클래스명의 충돌을 방지할 수 있다는 것이다. 만일 다음과 같이 A, B 회사가 협업해 프로젝트를 진행한다고 가정해 보자.

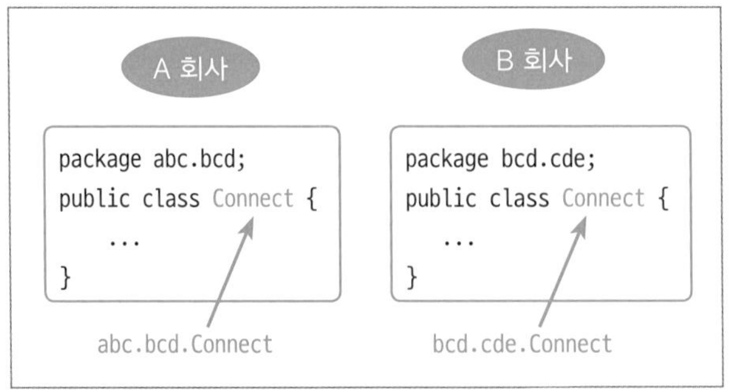

그림 8-4 2개의 회사가 서로 다른 패키지에 동일한 이름의 클래스를 작성한 예

A, B 회사에서 만든 클래스명이 둘다 Connect라면 이름이 중복돼 이후 클래스들을 통합할 때 문제가 발생할 수 있다. 이때 A 회사는 abc.bcd 패키지, B 회사는 bcd.cde 패키지를 사용한다면 A 회사의 Connect 클래스 경로는 abc.bcd.Connect이고, B 회사는 bcd.cde.Connect다. 여기서 abc.bcd.Connect는 프로젝트의 src 폴더를 기준으로 abc 폴더 안에 있는 bcd 폴더 안에 Connect.java가 있다는 뜻이다. 이렇게 서로 다른 패키지를 사용하면 그 안에 있는 클래스명이 같더라도 경로가 다르므로 충돌 문제가 발생하지 않는다.

그런데 두 회사가 패키지명까지 동일하게 사용하면 어떻게 될까? 당연히 패키지명과 클래스명이 모두 같다면 두 클래스를 통합할 수 없을 것이다. 따라서 일반적으로 패키지명에는 회사의 URL 주소를 사용한다. 회사의 URL은 이미 유일한 값이라는 것을 보장받은 상황이므로 이를 패키지명으로 사용하면 두 회사가 클래스명을 아무리 똑같이 만들어도 통합에 전혀 문제가 없을 것이다.

8.1.2 임포트

임포트는 다른 패키지 내의 클래스를 사용하기 위한 문법 요소로, 소스 코드상에서 패키지 구문의 다음 줄에 위치한다. 프로그램이 동작할 때는 일반적으로 자신의 패키지 내부에 위치한 클래스만 사용할 수 있다. 만일, 자바가 제공하는 API나 다른 개발자가 만든 패키지에 위치한 클래스를 사용하고자 할 때는 어떻게 해야 할까? 다른 패키지의 클래스는 크게 2가지 방법으로 사용할 수 있다.

방법 ① 클래스의 풀네임 사용

다른 패키지의 클래스를 사용하는 첫 번째 방법은 클래스의 풀네임fullname을 사용하는 것이다. 클래스의 풀네임은 **'패키지명.클래스명'**이다. 쉽게 말해 패키지명은 클래스의 성(홍길동의 '홍')이고 클래스명은 말 그대로 클래스의 이름(홍길동의 '길동')이라고 생각하면 쉽다. 우리는 그동안 클래스명('길동')만으로 객체를 생성하고 활용해 왔다. 자신이 속해 있는 패키지 내의 클래스들을 사용할 때는 이렇게 이름만을 사용할 수 있다. 하지만 다른 패키지의 클래스를 사용할 때는 풀네임('홍길동'), 즉 '패키지명.클래스명'을 명시해야 한다는 것이다.

> 굳이 예를 들면, 친한 사이에는 '길동아'라고 부르지만 잘 모르는 사이에서는 '홍길동' 씨라고 부르는 것과 비슷하다.

다음 예를 살펴보자. 다른 패키지 내의 클래스에서 sec01_packageimport.common 패키지의 A 클래스 객체를 생성하려면 `A a = new A()`가 아닌 클래스의 풀네임, 즉 `sec01_packageimport.common.A a = new sec01_packageimport.common.A()`와 같이 사용해야 한다.

> 이때 다른 패키지의 클래스인 A 앞에는 public이 붙어 있어야 하는데, 이는 9장에서 알아본다.

Do it! 실습 외부 패키지의 클래스 사용 방법 1(클래스의 풀네임 사용) A.java

```java
package sec01_packageimport.common;

public class A {
    public int m = 3;
    public int n = 4;
    public void print() {
        System.out.println("임포트");
    }
}
```

다른 패키지에서 클래스를 사용하려면 반드시 public class로 선언돼야 함.

PackageImport_1.java

```java
package sec01_packageimport.EX01_PackageImport_1;

public class PackageImport_1 {
    public static void main(String[] args) {
        // 객체 생성
        // A a = new A();              // 오류
        sec01_packageimport.common.A a = new sec01_packageimport.common.A();

        // 멤버 활용
        System.out.println(a.m);
        System.out.println(a.n);
        a.print();
    }
}
```

다른 패키지의 클래스를 사용할 때는 패키지명을 포함한 풀네임을 사용해야 함.

실행 결과

```
3
4
임포트
```

방법 ② 임포트 사용

다른 패키지의 클래스를 사용하는 첫 번째 방법을 보면 가슴이 답답할 것이다. 실제로 프로그램을 작성하다 보면 자신이 작성한 클래스보다 자바가 제공하는 클래스를 훨씬 많이 사용하게 된다. 즉, 다른 패키지의 클래스를 가져다 쓰는 일이 더 많다는 것이다. 사실 그때마다 클래스의 풀네임을 표현하는 것은 비효율적이다. 이때 사용하는 방법이 바로 '임포트'다.

다음 예제를 살펴보자. 방법 ①과 동일한 예제에서 'import 패키지명.클래스명', 즉 `import sec01_packageimport.common.A`를 표기해 놓으면 이후 `A a = new A()`와 같이 A의 클래스명만 사용해도 sec01_packageimport.common.A를 의미하게 된다. 만일 패키지 내의 모든 클래스를 임포트하고 싶다면 *를 사용해 `sec01_packageimport.common.*`와 같이 표현할 수도 있다.

Do it! 실습 외부 패키지의 클래스 사용 방법 2(임포트 구문 사용) PackageImport_2.java

```
package sec01_packageimport.EX02_PackageImport_2;

import sec01_packageimport.common.A;

public class PackageImport_2 {
    public static void main(String[] args) {
        // 객체 생성
        A a = new A();

        // 멤버 활용
        System.out.println(a.m);
        System.out.println(a.n);
        a.print();
    }
}
```

sec01_packageimport.common 패키지 내의 A 클래스를 임포트

클래스 A를 임포트했으므로 A a = new A()로 객체 생성 가능

실행 결과

```
3
4
임포트
```

전공자라면 이 정도는 꼭!

* 기호로 임포트할 때 주의할 점

실제 임포트되는 대상은 소스 코드(.java)가 아닌 bin 폴더에 위치한 컴파일이 완료된 바이트 코드(.class)다. 다음과 같은 구조의 패키지를 살펴보자. pack1 패키지 내부에는 2개의 클래스 파일(A.class, B.class)과 1개의 하위 패키지(pack2)가 있다. pack1.pack2의 내부에는 다시 2개의 클래스 파일(C.class, D.class)이 있다. 이때 * 기호를 사용해 다음과 같이 임포트하면 **하위 폴더는 임포트되지 않으며. 클래스 파일들만 임포트**된다. 따라서 4개의 클래스를 모두 임포트하기 위해서는 다음과 같이 작성해야 한다.

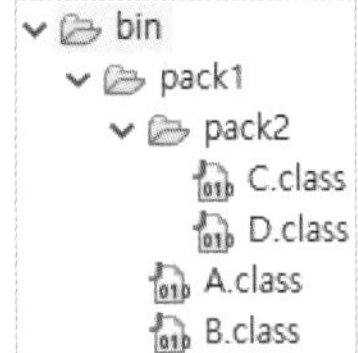

그림 8-5 패키지 pack1의 내부에 하위 패키지 pack2가 포함돼 있는 구조

```
import pack1.*;          // A.class, B.class 임포트
import pack1.pack2.*;    // C.class, D.class 임포트
```

여기까지 이해했다면 조금 특이한 상황을 떠올려보자. `import abc1.bcd1.A`와 `import abc2.bcd2.A`를 한꺼번에 사용할 수 있을까? 당연히 사용할 수 없다. 임포트는 다른 패키지의 클래스를 마치 자신의 패키지 내부에 있는 것처럼 사용하는 것이다. 따라서 서로 다른 패키지에 있는 같은 이름의 클래스를 중복해 임포트하면 결국 같은 패키지 내에 같은 클래스명이 2개 이상 존재하는 셈이므로 허용할 수 없는 것이다. 따라서 이때는 앞의 방법 ①을 사용하거나 방법 ①과 방법 ②를 혼용해야 한다.

8.2 외부 클래스

외부 클래스external class는 public 클래스의 외부에 추가로 정의한 클래스를 말한다. 1개의 자바 소스 파일에는 최대 1개의 public 클래스만 존재할 수 있고, 그 클래스명은 파일명과 일치해야 한다. 즉, 1개의 소스 파일 안에서 public 클래스를 제외한 모든 클래스는 외부 클래스다. public 클래스가 아니면 다른 패키지에서 임포트할 수 없으므로 외부 클래스는 같은 패키지 안에서만 사용할 수 있다. 다음 예를 살펴보자.

BCD.java

```
package abc.bcd;
class ABC {
    // ...
}
public class BCD {
    // ...
}
```

public 클래스명과 동일

외부 클래스는 다른 패키지에서 임포트 불가능

public 클래스는 다른 패키지에서 임포트 가능

BCD.java 소스 파일에는 2개의 클래스(ABC, BCD)가 있다. 소스 파일명이 BCD이므로 public을 붙일 수 있는 자격이 있는 클래스는 BCD뿐이다. ABC는 외부 클래스로서 public을 붙일 수 없기 때문에 다른 패키지에서는 임포트 자체를 할 수 없게 된다. 만일 다른 패키지에서도 이 클래스를 사용하려면 다음과 같이 별도의 소스 파일로 작성한 후 public을 붙여야 한다.

ABC.java

```
package abc.bcd;

public class ABC {
    // ...
}
```

다른 패키지에서 임포트 가능

BCD.java

```
package abc.bcd;

public class BCD {
    // ...
}
```

다른 패키지에서 임포트 가능

다음은 1개의 소스 파일에 외부 클래스 A를 정의한 예다. 외부 클래스인 A는 public 클래스로 선언할 수 없기 때문에 다른 패키지에서는 클래스 A의 객체를 생성할 수 없지만, 동일한 패키지 내에서는 public의 존재 여부와 상관없이 객체를 생성할 수 있다.

Do it! 실습 1개의 소스 파일에 외부 클래스 구성 ExternalClass_1.java

```
package sec02_externalclass.EX01_ExternalClass_1;

class A {
    int m = 3;
    int n = 4;

    void print() {
        System.out.println(m + ", " + n);
    }
}
public class ExternalClass_1 {
    public static void main(String[] args) {
        A a = new A();
        a.print();
    }
}
```

외부 클래스 A는 public 선언 불가능

public 여부과 관계없이 같은 패키지 내에서는 객체의 생성 및 활용 가능

실행 결과

```
3, 4
```

앞에서 언급한 것처럼 다른 패키지에서도 외부 클래스 A의 객체를 생성하고자 할 때 유일한 방법은 외부 클래스를 별도의 소스 파일로 분리하는 것이다. 이렇게 되면 클래스 A도 public 클래스로 선언할 수 있으므로 다른 패키지에서도 임포트할 수 있다.

public 키워드는 9장에서 좀 더 자세하게 알아본다.

Do it! 실습 외부 클래스를 별도의 파일로 분리 A.java

```
package sec02_externalclass.EX02_ExternalClass_2.pack1;

public class A {
    int m = 3;
    int n = 4;
    public void print() {
        System.out.println(m + ", " + n);
    }
}
```

별도의 파일(A.java)로 분리해 A를 public 클래스로 선언하면 다른 패키지에서 임포트 가능

ExternalClass_2.java

```
package sec02_externalclass.EX02_ExternalClass_2.pack2;
import sec02_externalclass.EX02_ExternalClass_2.pack1.A;

// 외부 클래스를 별도의 파일로 분리
public class ExternalClass_2 {
    public static void main(String[] args) {
        A a = new A();
            a.print();
        }
}
```

실행 결과

```
3, 4
```

클래스의 내부 구성 요소에서 살펴본 바와 같이 클래스의 외부에도 이들 3가지 외부 구성 요소가 모두 오거나 일부 또는 심지어 하나도 오지 않아도 상관없다. 다만 소스 코드상에서는 패키지, 임포트, 외부 클래스 순으로 순서를 지켜 위치해야 하며, 이들 3가지 요소 이외에는 어떤 문법 요소도 위치할 수 없다는 것을 꼭 알아 두자.

실력 상승! 연습 문제

Q1 패키지를 사용하는 2가지 이유를 쓰시오.

Q2 ~ Q3 다음과 같이 pack01 패키지 내부에는 클래스 A, pack02 패키지 내부에는 클래스 B가 정의돼 있다. 클래스 B 내부의 bcd() 메서드를 실행해 클래스 A의 객체를 생성한 후 필드를 출력하려고 하니 오류가 발생했다.

```
package pack01;

public class A {
    public int m = 3;
    public int n = 5;
}
```

```
package pack02;

public class B {
    void bcd() {
        A a = new A();   오류 발생
        System.out.println(a.m);
        System.out.println(a.n);
    }
}
```

Q2 임포트를 사용하지 않고 클래스 B의 코드를 수정하시오.

Q3 임포트를 사용해 클래스 B의 코드를 수정하시오.

9장 자바 제어자 1

9장에서는 대표적인 자바의 제어자 중 접근 지정자와 static을 학습한다. 접근 지정자는 클래스 자체 또는 클래스의 내부 구성 요소 앞에 위치하며, 말 그대로 각 요소의 접근 범위를 지정하는 제어자다. 한편 static 제어자는 객체를 생성하지 않아도 클래스의 내부 구성 요소를 사용할 수 있도록 하는 제어자로, 꼭 메모리와 함께 개념적으로 이해하길 바란다.

교수님의 동영상 강의
자바가 처음인가요?
그렇다면 동영상으로
예습부터 해 보세요~

9.1 접근 지정자

자바 제어자modifier는 클래스, 필드, 메서드, 생성자 등에게 어떠한 특징을 부여하는 문법 요소다. '빨간색 사과', '맛있는 사과'와 같이 사과(클래스나 멤버 등)를 꾸며 주는 형용사쯤으로 생각하면 된다. 접근 지정자는 자바 제어자의 한 종류로, 클래스, 멤버, 생성자 앞에 위치할 수 있으며, 사용 범위를 정의하는 역할을 한다.

패키지를 공부할 때 다른 패키지에서 클래스를 사용할 수 있도록 하기 위해서는 public 클래스이어야 한다고 했다. 이제 정확한 의미를 알아보자. 접근 지정자는 멤버(필드, 메서드, 이너 클래스)와 생성자, 즉 클래스의 내부 구성 요소 4가지 앞에 붙어 있는 때와 클래스 자체에 붙어 있는 때를 나눠 생각해야 한다. 그럼 먼저 멤버나 생성자 앞에 붙어 사용될 때의 특징을 살펴보자.

9.1.1 멤버 및 생성자의 접근 지정자

멤버 및 생성자에는 public, protected, default(또는 package), private라는 4가지 종류의 접근 지정자를 사용할 수 있다. 이때 접근 지정자는 멤버 또는 생성자 앞에 위치한다. 만약 아무것도 작성하지 않으면 default 접근 지정자가 자동으로 설정된다 . 즉, 우리가 지금까지 만들어 왔던 접근 지정자를 지정하지 않은 모든 클래스의 내부 구성 요소에 늘 default 접근 지정자를 사용해 온 것이다.

멤버 및 생성자에서 사용하는 4가지 접근 지정자

```
class Test {
    public int a;
    protected int b;
    int c;              // default 접근 지정자 자동 설정
    private int d;
    public void abc() {}
    protected void bcd() {}
    void cde() {}       // default 접근 지정자 자동 설정
    private void def() {}
}
```

4가지 접근 지정자 중에서 public의 사용 범위가 가장 넓으며, private가 가장 좁다. 즉, 접근 범위는 public > protected > default > private 순이다. 그럼 접근 범위가 좁은 접근 지정자부터 차례대로 알아보자.

먼저 private는 자신의 클래스 내부에서만 사용할 수 있는 접근 지정자다. 즉, 같은 멤버끼리만 사용할 수 있으며, 외부 클래스에서는 전혀 사용할 수 없다. 두 번째인 default는 같은 패키지 안의 모든 클래스에서 사용할 수 있는 접근 지정자다. 따라서 default 접근 지정자를 'package 접근 지정자'라고도 한다. 세 번째인 protected는 일단 default보다는 넓은 범위의 접근 지정자이므로 같은 패키지의 모든 클래스에서 사용할 수 있다. 추가 사용 범위는 다른 패키지의 자식 클래스 안에서 사용할 수 있다는 것인데, 아직 상속을 배우기 전이므로 일단 'default의 범위 + 다른 패키지의 자식 클래스'라는 것만 기억하자. 마지막으로 public은 동일 패키지의 모든 클래스에는 물론, 다른 패키지의 모든 클래스에도 접근할 수 있다는 것을 의미한다. 사실상 어디에서나 사용할 수 있다는 말이다.

같은 패키지(package)의 클래스는 폴더 구조상 같은 폴더(folder)에 위치한 클래스를 의미한다.

표 9-1 멤버 및 생성자에서 사용하는 4가지 접근 지정자의 사용 가능 범위

	접근 지정자	사용 가능 범위
접근 범위 넓음 ↑	public	**동일 패키지**의 **모든 클래스** + **다른 패키지**의 **모든 클래스**에서 사용 가능
	protected	**동일 패키지**의 **모든 클래스** + **다른 패키지**의 **자식 클래스**에서 사용 가능
	default	**동일 패키지**의 **모든 클래스**에서 사용 가능
접근 범위 좁음 ↓	private	**동일 클래스**에서 사용 가능

다음 예제를 살펴보자. package abc에는 클래스 A와 B, package bcd에는 클래스 C와 D가 있다.

패키지 abc

```
package abc;
public class A {
    public int a;
    protected int b;
    int c;
    private int d;
    void abc() {
        // a, b, c, d 사용 가능
    }
}
```

```
package abc;
class B {
    // a, b, c 사용 가능
}
```

패키지 bcd

```
package bcd;
class C {
    // a 사용 가능
}
```

```
package bcd;
class D extends A {
    // a, b 사용 가능
}
```

클래스 A에는 4개의 필드가 있으며, 각각 다른 접근 지정자로 정의돼 있다. 이제 접근 범위를 확인해 보자. 먼저 클래스 A의 메서드인 abc() 내에서는 모든 필드(a, b, c, d)를 사용할 수 있다. 접근 범위가 가장 좁은 private 필드도 같은 클래스 내부에서 사용할 수 있으므로 나머지는 말할 것도 없다.

다음은 클래스 B에서 사용할 수 있는 필드를 알아보자. 물론 다른 클래스의 필드를 사용하기 위해서는 객체를 먼저 생성한 후에 사용해야 한다. private 필드는 자신의 클래스(여기서는 클래스 A)에서만 사용할 수 있으므로 클래스 B에서는 사용할 수 없으며, default는 같은 패키지에서 얼마든지 사용할 수 있으므로 default 이상의 접근 지정자를 포함하고 있는 a, b, c를 사용할 수 있는 것이다.

이제 다른 패키지로 가 보자. 패키지 bcd의 클래스 C에서는 필드 a만 사용할 수 있다. 일단 default는 같은 패키지가 아니기 때문에 사용할 수 없고, protected도 다른 패키지일 때 자식 클래스 내에서만 사용할 수 있다고 했다. 자식 클래스는 상속받은 클래스를 말하는데, class D가 바로 클래스 A를 상속한 A의 자식 클래스(class extends A)다. 따라서 클래스 D 내에서는 필드 a와 b를 사용할 수 있다. 심지어 자식 클래스는 부모의 필드를 그대로 상속받기 때문에 객체를 생성할 필요도 없다.

상속은 이후 '클래스의 상속'에서 자세히 알아본다. 여기서는 접근 지정자에만 주목하자.

Do it! 실습 멤버 및 생성자에 적용되는 4가지 접근 지정자 A.java

```java
package sec01_accessmodifier.EX01_AccessModifierOfMember.pack1;

public class A {
    public int a = 1;
    protected int b = 2;
    int c = 3;
    private int d = 4;

    public void print() {
        System.out.print(a + " ");
        System.out.print(b + " ");
        System.out.print(c + " ");
        System.out.print(d);
        System.out.println();
    }
}
```

pack1 패키지 사용

public부터 private까지 4가지의 서로 다른 접근 지정자를 포함하고 있는 필드 선언

같은 클래스 내의 멤버인 print() 메서드 내부에서는 모든 접근 지정자에 접근 가능

B.java

```java
package sec01_accessmodifier.EX01_AccessModifierOfMember.pack1;

public class B {
    public void print() {
        // 객체 생성
        A a = new A();

        // 멤버 활용
        System.out.print(a.a + " ");
        System.out.print(a.b + " ");
        System.out.print(a.c + " ");
        // System.out.print(a.d + " ");
        System.out.println();
    }
}
```

A.java와 같은 pack1 패키지 사용

다른 클래스의 인스턴스 멤버를 사용하기 위해 객체 생성

클래스 A는 같은 패키지에 있으므로 public, protected, default 접근 지정자로 지정된 필드는 사용 가능

private 접근 지정자로 지정된 필드는 접근 불가능

C.java

```java
package sec01_accessmodifier.EX01_AccessModifierOfMember.pack2;

import sec01_accessmodifier.EX01_AccessModifierOfMember.pack1.A;

public class C {
    public void print() {
        // 객체 생성
        A a = new A();

        // 멤버 활용
        System.out.print(a.a + " ");
        // System.out.print(a.b + " ");
        // System.out.print(a.c + " ");
        // System.out.print(a.d + " ");
        System.out.println();
    }
}
```

A.java와 다른 pack2 패키지 사용

pack1의 클래스 A 임포트

다른 패키지 내의 클래스에서는 자식 클래스가 아닐 때는 public 접근 지정자만 사용 가능

D.java

```java
package sec01_accessmodifier.EX01_AccessModifierOfMember.pack2;

import sec01_accessmodifier.EX01_AccessModifierOfMember.pack1.A;

public class D extends A {
    public void print() {
        // 멤버 활용
        System.out.print(a + " ");
        System.out.print(b + " ");
        // System.out.print(c + " ");
        // System.out.print(d);
        System.out.println();
    }
}
```

A.java와 다른 pack2 패키지 사용

pack1의 클래스 A 임포트

D 클래스는 A 클래스의 자식 클래스

자식 클래스는 다른 패키지에 있어도 객체의 생성 없이 protected 접근 지정자 필드까지 접근 가능

AccessModifierOfMember.java

```java
package sec01_accessmodifier.EX01_AccessModifierOfMember;

import sec01_accessmodifier.EX01_AccessModifierOfMember.pack1.A;
import sec01_accessmodifier.EX01_AccessModifierOfMember.pack1.B;
import sec01_accessmodifier.EX01_AccessModifierOfMember.pack2.C;
import sec01_accessmodifier.EX01_AccessModifierOfMember.pack2.D;

public class AccessModifierOfMember {
    public static void main(String[] args) {
        A a = new A();
        B b = new B();
        C c = new C();
        D d = new D();

        a.print();
        b.print();
        c.print();
        d.print();
    }
}
```

서로 다른 패키지에 있는 A, B, C, D 클래스 임포트

클래스의 객체 생성 및 print() 메서드 호출

실행 결과

```
1 2 3 4
1 2 3
1
1 2
```

9.1.2 클래스의 접근 지정자

이제 클래스의 접근 지정자를 알아보자. 클래스에서는 **public, default 접근 지정자**만 사용할 수 있다. 쉽게 말해 class 키워드 앞에 public이 붙어 있거나(public) 붙어 있지 않거나(default)이다. 그렇다면 클래스가 public이라는 것과 default라는 것은 어떤 의미가 있을까? 앞에서와 마찬가지로 default 클래스는 같은 패키지 내에서만 사용할 수 있고, public 클래스는 다른 패키지에서도 사용할 수 있다. **클래스를 default로 정의하면 다른 패키지에서 임포트가 불가능**해 사용할 수 없게 되는 것이다.

클래스에서 사용하는 접근 지정자(default)

패키지 abc.bcd

```
package abc.bcd;
class A {          ← default 클래스
    // ...
}
```

```
class B {
    void bcd() {
        A a = new A();     // (O)
    }
}
```

패키지 bcd.cde

```
package bcd.cde;
import abc.bcd.A;     // (X)
class C {
    void cde() {
        // A 클래스 사용(선언) 불가능
    }
}
```

default 접근 지정자일 때 다른 패키지에서 임포트 불가능

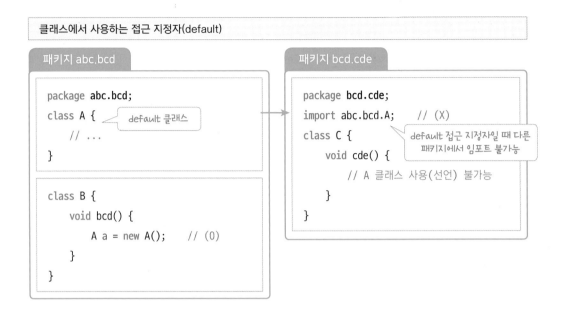

즉, 일단 다른 패키지에서 클래스를 사용하기 위해서는 해당 클래스를 임포트할 수 있어야 하므로 public으로 선언해야 하는 것이다. 물론 임포트 대신 '패키지명.클래스명'을 바로 사용할 때도 당연히 public으로 선언돼 있어야 해당 클래스명을 인식할 수 있다.

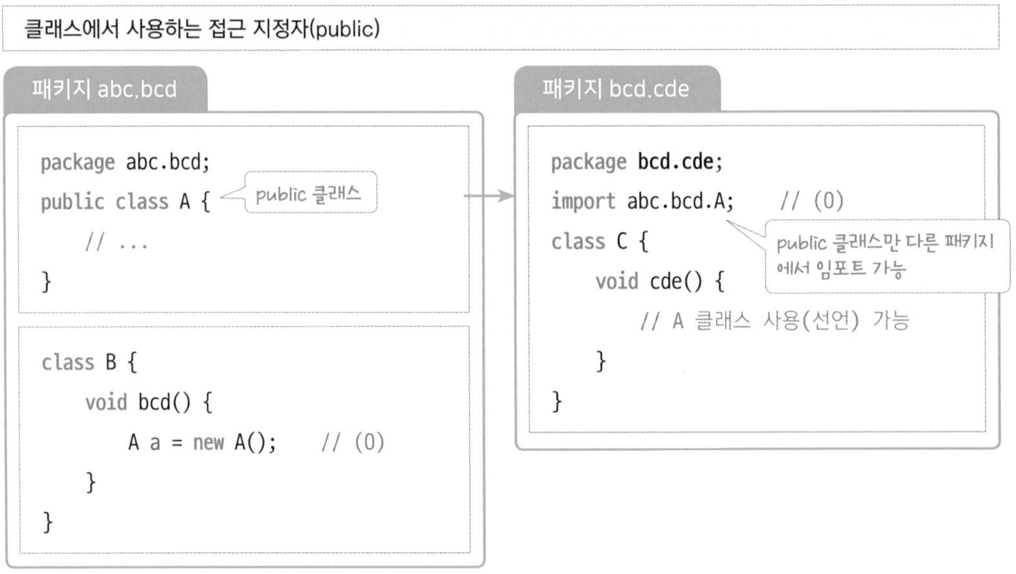

9.1.3 클래스 접근 지정자와 생성자 접근 지정자의 연관성

클래스 접근 지정자와 생성자 접근 지정자는 매우 밀접한 관련이 있다. 클래스에 생성자가 없을 때 컴파일러는 기본 생성자를 자동으로 추가한다고 했다. 이때 **자동으로 추가되는 생성자의 접근 지정자는 클래스의 접근 지정자에 따라 결정**된다. 물론 직접 생성자를 정의할 때 얼마든지 클래스와 생성자의 접근 지정자를 다르게 지정할 수 있다. 클래스의 접근 지정자와 생성자의 접근 지정자는 의미가 다르다. 클래스가 public이라는 것은 다른 패키지에서 임포트할 수 있는 것이고, 생성자가 public이라는 것은 생성자를 호출해 객체를 생성할 수 있다는 것이다.

먼저 생성자를 정의하지 않았을 때를 살펴보자. 클래스가 public이면 자동으로 추가되는 생성자도 public이며, 클래스가 default이면 자동으로 추가되는 생성자도 default이다. 접근 지정자가 public인 클래스일 때는 다음과 같다.

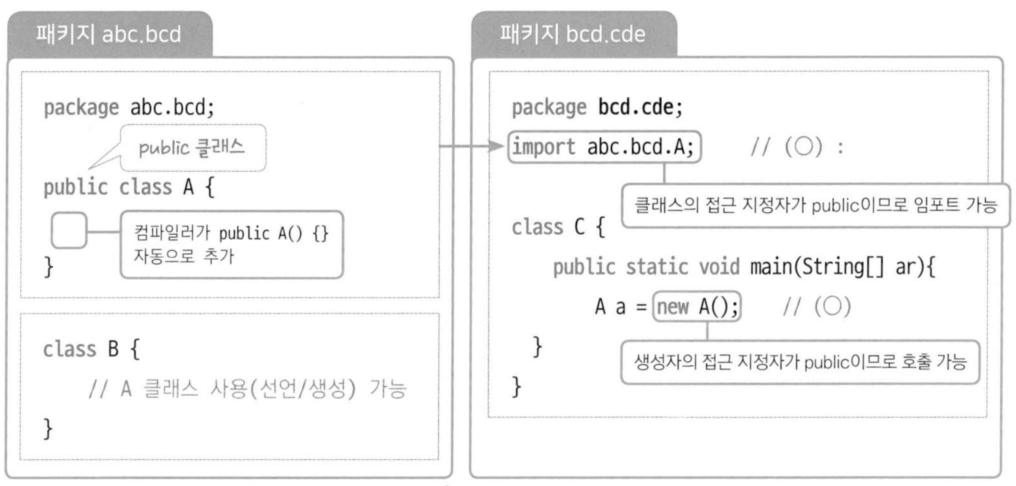

클래스와 생성자에 모두 public 접근 지정자가 있기 때문에 다른 패키지에서 클래스를 임포트하거나 생성자를 호출할 수 있다. 이번에는 접근 지정자가 default일 때의 예를 들어 보자.

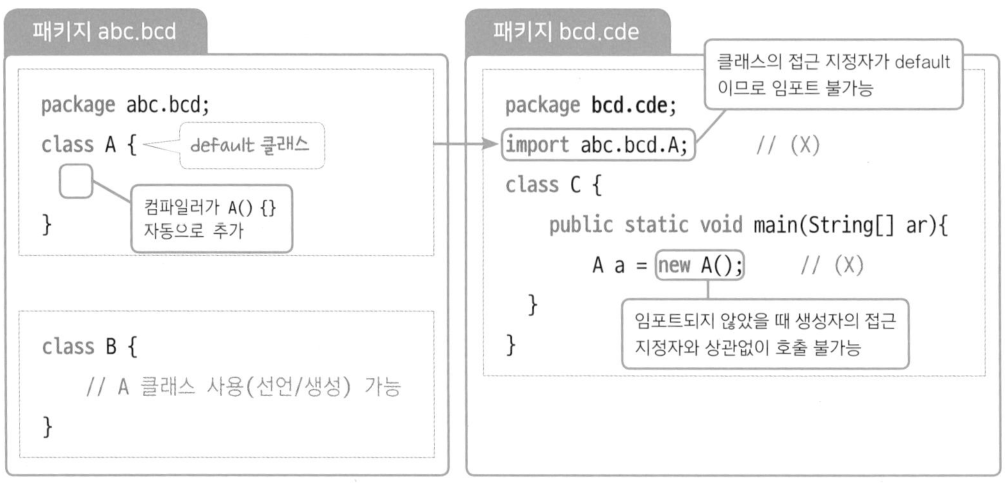

클래스가 default이므로 다른 패키지에서는 임포트를 할 수 없으며, 생성자 또한 default이므로 호출을 할 수 없을 것이다. 여기서 주의해야 할 점은 클래스가 임포트되지 않으면 생성자는 접근 지정자와 상관없이 호출 자체를 할 수 없다는 것이다. 그 이유는 클래스 내부에 생성자가 존재하기 때문이다.

이번에는 클래스의 접근 지정자와 달리 직접 생성자를 지정한 예를 살펴보자.

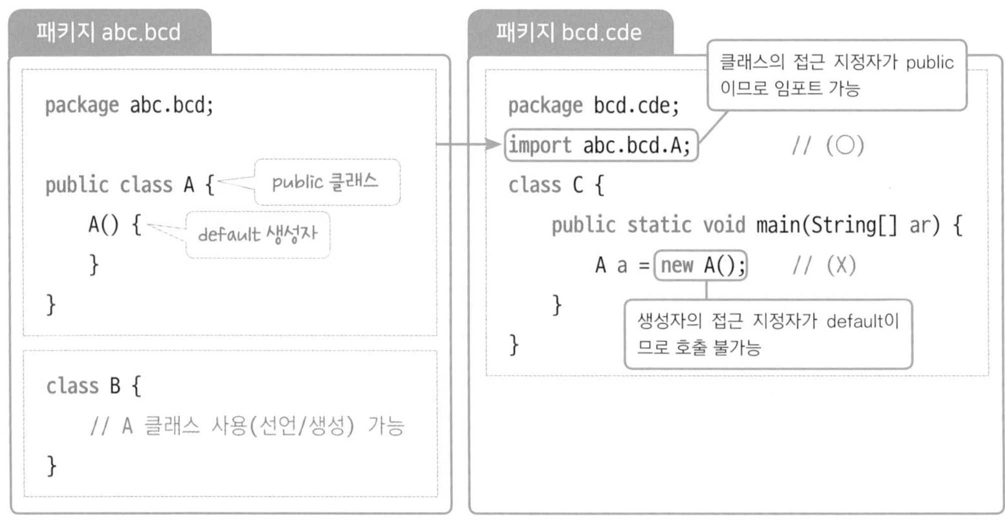

클래스는 public 접근 지정자가 지정돼 있지만, 생성자는 default 접근 지정자로 정의했다. 이때 다른 패키지에서는 클래스를 임포트할 수 있지만, 생성자를 호출할 수 없으므로 객체 자체를 생성할 수 없다. 그럼 이번에는 반대일 때를 살펴보자.

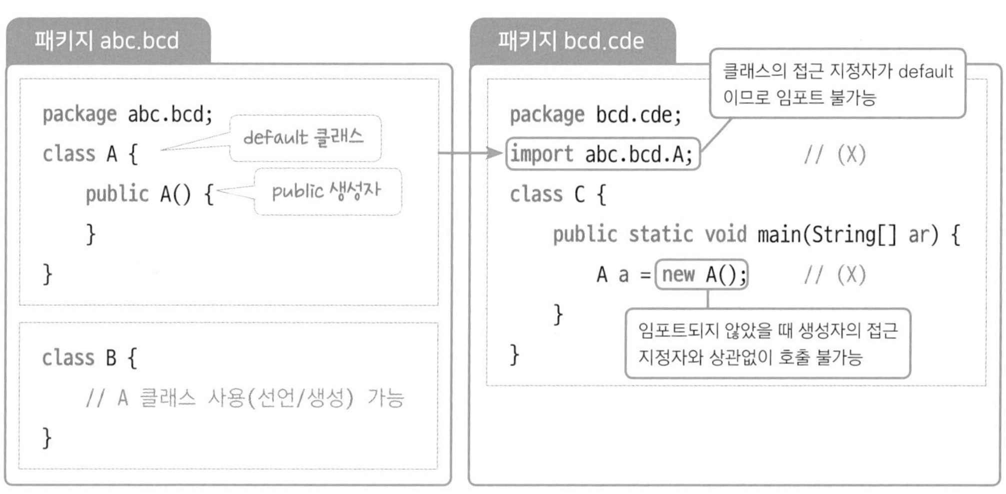

클래스는 default 접근 지정자로 지정돼 있고, 생성자는 public으로 선언돼 있다. 이때 앞에서 설명한 바와 같이 임포트를 할 수 없으므로 생성자가 public이라도 다른 패키지에서는 클래스 자체가 인식되지 않아 객체를 생성할 수 없게 된다.

Do it! 실습 같은 패키지에서 클래스 접근 지정자와 생성자 접근 지정자 A.java

```java
package sec01_accessmodifier.EX02_AccessModifierOfClass_1;

// public 클래스
public class A {
    // public 기본 생성자를 컴파일러가 추가
}
```

B.java

```java
package sec01_accessmodifier.EX02_AccessModifierOfClass_1;

// default 클래스
class B {
    // default 기본 생성자를 컴파일러가 추가
}
```

C.java

```java
package sec01_accessmodifier.EX02_AccessModifierOfClass_1;

// public 클래스
public class C {
    C() {    // default 생성자 직접 생성
    }
}
```

AccessModifierOfClass_1.java

```java
package sec01_accessmodifier.EX02_AccessModifierOfClass_1;

public class AccessModifierOfClass_1 {
    public static void main(String[] args) {
        // 객체 생성
        A a = new A();
        B b = new B();
        C c = new C();
    }
}
```

같은 패키지에서는 public 클래스와 default 클래스의 타입 모두 객체를 선언할 수 있으며, public 생성자와 default 생성자 모두 호출 가능

실행 결과

없음

Do it! 실습 다른 패키지에서 클래스 접근 지정자와 생성자 접근 지정자 AA.java

```java
package sec01_accessmodifier.EX03_AccessModifierOfClass_2.pack;

// public 클래스
public class AA {
    // public 기본 생성자를 컴파일러가 추가
}
```

BB.java

```
package sec01_accessmodifier.EX03_AccessModifierOfClass_2.pack;

// default 클래스
class BB {
    // default 생성자를 컴파일러가 추가
}
```

CC.java

```
package sec01_accessmodifier.EX03_AccessModifierOfClass_2.pack;

// public 클래스
public class CC {
    CC() {    // default 생성자 직접 생성
    }
}
```

AccessModifierOfClass_2.java

```
package sec01_accessmodifier.EX03_AccessModifierOfClass_2;

import sec01_accessmodifier.EX03_AccessModifierOfClass_2.pack.AA;
// import sec01_accessmodifier.EX03_AccessModifierOfClass_2.pack.BB;  // 불가능
import sec01_accessmodifier.EX03_AccessModifierOfClass_2.pack.CC;

public class AccessModifierOfClass_2 {
    public static void main(String[] args) {
        // 객체 생성
        AA a = new AA();
        // BB b = new BB();
        // CC c = new CC();
    }
}
```

클래스 AA, BB, CC와 다른 패키지에 위치함.

클래스 AA와 클래스 CC는 public 접근 지정자를 포함하고 있으므로 임포트 가능

클래스 AA는 public 생성자이므로 다른 패키지에서도 객체 선언(AA a)과 생성자 호출(new AA()) 가능

클래스 BB는 임포트를 할 수 없으므로 객체 선언과 생성자 호출 모두 불가능

클래스 CC는 객체는 선언할 수 있지만(CC c), default 생성자이므로 생성자 호출(new CC()) 불가능

실행 결과

```
없음
```

9.2 static 제어자

static은 클래스의 멤버(필드, 메서드, 이너 클래스)에 사용하는 제어자다. 이제까지 클래스의 멤버를 다른 클래스 내에서 사용하기 위해서는 가장 먼저 클래스의 객체를 생성해야 한다고 했다. 이렇게 객체 안에 있을 때 사용할 수 있는 상태가 되는 멤버를 **인스턴스 멤버**instance member라고 한다. 쉽게 말해, 인스턴스 멤버는 멤버 앞에 static이 붙어 있지 않은 것을 말한다. 반면 앞에 static이 붙어 있는 멤버를 '**정적 멤버**static member'라고 한다.
정적 멤버의 가장 큰 특징은 객체의 생성 없이 '클래스명.멤버명'만으로 바로 사용할 수 있다는 것이다. 정적 멤버도 인스턴스 멤버처럼 객체를 먼저 생성한 후 '참조 변수명.멤버명'과 같이 사용할 수 있지만, 그렇게 사용할 것이라면 애초에 정적 멤버로 만들 필요도 없을 것이다. 또한 호출된 모양만으로 정적 멤버라는 것을 분명히 알 수 있도록 가능한 한 정적 멤버는 '클래스명.멤버명'의 형태로 사용하길 권장한다.

9.2.1 인스턴스 필드와 정적 필드

그럼 먼저 다음과 같이 인스턴스 필드와 정적 필드를 1개씩 포함하고 있는 클래스 A를 고려해보자.

인스턴스필드와 정적 필드를 1개씩 포함하고 있는 클래스의 예

```
class A {
    int m = 3;              // 객체를 생성한 후 사용 가능
    static int n = 5;       // 객체 생성 없이 사용 가능
}
```

인스턴스 필드와 정적 필드는 사용하는 방법이 조금씩 차이가 난다. 그 이유는 각 필드의 저장 위치 때문이다. 메모리에서의 인스턴스 필드와 정적 필드의 저장 공간 위치는 다음과 같다.

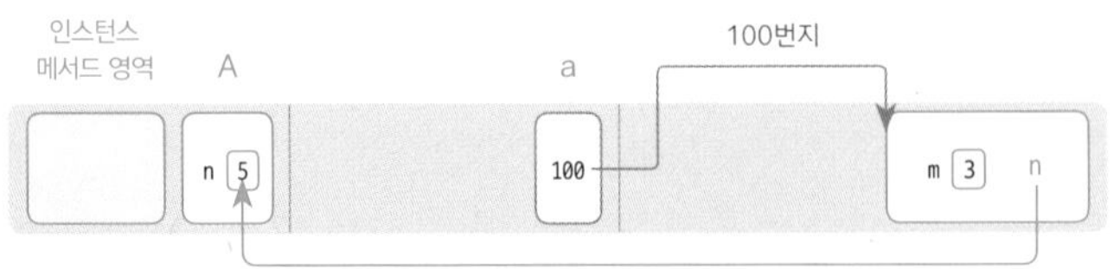

그림 9-1 인스턴스 필드와 정적 필드의 메모리 구조

인스턴스 필드를 사용하기 위해서는 먼저 객체를 생성한 후 '참조 변수명.인스턴스 필드명'과 같이 사용할 수 있다. 인스턴스 필드인 m의 저장 공간은 객체 내부에 생성되므로 m을 사용하기 위해서는 반드시 객체를 먼저 생성해야 한다. 또한 저장 공간이 힙 메모리에 위치하므로 반드시 해당 저장 공간에 값을 읽거나 쓰기 위해서는 참조 변수명을 사용해야 한다.

인스턴스 필드의 활용 방법 - 객체를 생성한 후에 사용 가능

```
A a = new A();
System.out.println(a.m);    // 3
```

반면 정적 필드는 '클래스명.정적 필드명'처럼 사용한다. 정적 필드인 n은 클래스 내부에 저장 공간을 지니고 있기 때문에 객체 생성 없이 바로 사용할 수 있는 것이다.

static 필드의 활용 방법 1 - 객체를 생성하지 않고 바로 사용

```
System.out.println(A.n);    // 5
```

이때 특이한 점은 메모리의 구조에서도 볼 수 있는 것처럼 객체 내부에 정적 필드인 n도 존재한다는 것이다. 다만 n의 실제 저장 공간은 정적(static) 영역 내부에 있으며, 객체 내부의 n은 실제 정적 필드의 저장 공간의 참좃값만을 포함하고 있다. 따라서 인스턴스 필드처럼 참조 변수명으로도 사용할 수 있다.

static 필드의 활용 방법 2 - 객체를 생성한 후 사용(권장하지 않음)

```
A a = new A();
System.out.println(a.n);    // 5
```

하지만 정적 필드라는 것을 확실히 나타내기 위해 이 방법은 가능한 한 사용하지 않도록 하자.

Do it! 실습 **인스턴스 필드와 정적 필드의 활용 방법** StaticField_1.java

```
package sec02_staticmodifier.EX01_StaticField_1;

class A {
    int m = 3;             // 인스턴스 필드
    static int n = 5;      // 정적 필드
}
```

```java
public class StaticField_1 {
    public static void main(String[] args) {
        // 인스턴스 필드 활용 방법(객체를 생성한 후 사용 가능)
        A a1 = new A();
        System.out.println(a1.m);

        // 정적 필드 활용 방법
        // 1. 객체 생성 없이 클래스명으로 바로 활용
        System.out.println(A.n);
        // 2. 객체를 생성한 후 활용(권장하지 않음)
        A a2 = new A();
        System.out.println(a2.n);
    }
}
```

실행 결과

```
3
5
5
```

여기서 반드시 기억해야 하는 정적 필드의 특징은 바로 '**정적 필드는 객체 간 공유 변수의 성질이 있다.**'는 것이다. 이 말을 이해하려면 인스턴스 필드와 정적 필드의 메모리 구조상 차이점을 정확히 알아야 한다. 다음 예제로 알아보자.

정적 필드의 공유 특성 예

```java
A a1 = new A();
A a2 = new A();

a1.m = 5;                    // a1 객체의 인스턴스 필드 m에 값 5 입력
a2.m = 6;                    // a1 객체의 인스턴스 필드 m에 값 6 입력
System.out.println(a1.m);    // 5
System.out.println(a2.m);    // 6

a1.n = 7;                    // a1 객체의 정적 필드 n에 값 7 입력
a2.n = 8;                    // a2 객체의 정적 필드 n에 값 8 입력
System.out.println(a1.n);    // 8
System.out.println(a2.n);    // 8
```

```
A.n = 9;                      // 클래스 A의 정적 필드 n에 값 9 입력
System.out.println(a1.n);     // 9
System.out.println(a2.n);     // 9
```

객체 a1과 a2를 생성하면 힙 메모리에 2개의 객체가 만들어진다. 이때 메모리의 구조는 다음과 같다.

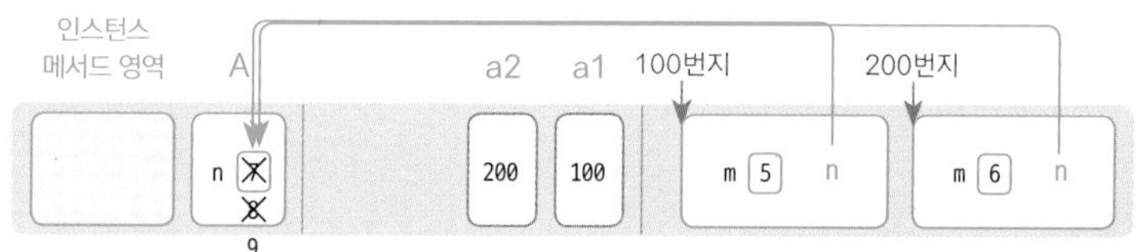

그림 9-2 2개의 객체가 1개의 정적 필드를 공유하는 메모리 구조

각각의 객체 안에는 멤버가 2개씩 있다. 인스턴스 필드 m은 객체 안에 실제 데이터값을 저장한다. 정적 필드 n은 정적(클래스) 영역의 클래스 A 안에 실제 데이터값, 객체 안에는 실제 데이터값의 위칫값을 저장한다. 즉, a1 객체의 정적 필드 n과 a2 객체의 정적 필드 n은 모두 클래스 A에 저장된 값을 똑같이 가리키고 있는 것이다. 이와 같은 이유로 정적 필드가 객체 사이에 공유 변수의 역할을 한다고 말하는 것이다.

다시 코드를 살펴보자. 객체 2개의 인스턴스 필드 m에 각각 5와 6을 입력했다. 그러면 그림 9-2와 같이 서로 다른 객체 안에 필드값이 저장되므로 각 필드값을 출력하면 입력한 대로 값이 출력된다. 그다음 `a1.n = 7`, 즉 a1 객체의 정적 필드 n에 값 7을 입력하면 n이 가리키는 곳에 7을 저장한다. 이어서 `a2.n = 8`을 실행하면 a2 객체의 정적 필드 n이 가리키는 곳에 값 8을 저장한다. 이때 두 정적 필드 n이 가리키는 곳이 같으므로 기존에 저장돼 있던 값 7이 지워지고, 8이 저장되는 것이다. 이제 `a1.n`과 `a2.n`을 출력하면 두 값 모두 8이 출력된다. 이어 `A.n = 9`를 실행하면 클래스 A에 포함돼 있는 정적 필드 n에 값 9를 저장하므로 다시 a1이나 a2 객체로 정적 필드 n의 값을 읽으면 모두 9가 출력된다.

> 이러한 이유로 정적 필드를 '클래스별로 관리하는 클래스 변수'라고 한다.

Do it! 실습 정적 필드의 공유 StaticField_2.java

```java
package sec02_staticmodifier.EX02_StaticField_2;

class A {
    int m = 3;          // 인스턴스 필드
    static int n = 5;   // 정적 필드
}
public class StaticField_2 {
    public static void main(String[] args) {
        A a1 = new A();
        A a2 = new A();

        // 인스턴스 필드
        a1.m = 5;
        a2.m = 6;
        System.out.println(a1.m);
        System.out.println(a2.m);

        // 정적 필드
        a1.n = 7;
        a2.n = 8;
        System.out.println(a1.n);
        System.out.println(a2.n);

        A.n = 9;
        System.out.println(a1.n);
        System.out.println(a2.n);
    }
}
```

실행 결과

```
5
6
8
8
9
9
```

정적 필드가 사용되는 예를 들면 은행통장 클래스로 열 사람의 은행통장 객체를 생성하는 때가 있을 수 있다. 이때 이자 필드를 정적 필드로 구성하는 것이 적절할 것이다. 금리가 바뀌어 '은행통장 클래스.이자'를 바꾸면 모든 은행통장 객체들이 모두 이 값을 적용받게 된다. 만일 이자가 인스턴스 필드이면 10개 객체 모두의 이자 필드값을 변경해야 할 것이다.

9.2.2 인스턴스 메서드와 정적 메서드

이번에는 인스턴스 메서드와 정적 메서드를 비교해 보자. 앞에서 살펴본 필드와 마찬가지로 인스턴스 메서드는 반드시 객체를 생성한 후에 사용할 수 있지만, 정적 메서드는 클래스명으로도 바로 접근할 수 있고, 인스턴스 메서드처럼 객체로도 호출할 수 있다. 다음 클래스 A는 인스턴스 메서드와 정적 메서드를 1개씩 포함하고 있는 클래스다.

인스턴스 메서드와 정적 메서드를 1개씩 포함하고 있는 클래스의 예

```
class A {
  void abc() {
    System.out.println("instance 메서드");
  }
  static void bcd() {
    System.out.println("static 메서드");
  }
}
```

객체를 생성한 후에 사용 가능

객체 생성 없이 사용 가능

인스턴스 메서드와 정적 메서드의 활용 방법은 인스턴스 필드와 정적 필드와 같다.

인스턴스 메서드의 활용 방법

```
A a = new A();
a.abc();    // 인스턴스 메서드
```

정적 메서드의 활용 방법 1

```
A.bcd();    // 정적 메서드
```

정적 메서드의 활용 방법 2(권장하지 않음)

```
A a = new A();
a.bcd();    // 정적 메서드
```

인스턴스 필드와 정적 필드의 다른 점은 인스턴스 메서드와 정적 메서드는 모두 메모리의 첫 번째 영역에 위치한다는 것이다. 다만 인스턴스 메서드는 인스턴스 메서드 영역, 정적 메서드는 클래스 내부에 존재하는 것만 차이가 난다.

메모리의 첫 번째 영역에는 클래스, 메서드, 정적 필드와 정적 메서드, 상숫값이 저장된다. 이렇게 여러 가지 데이터가 저장되므로 클래스 영역, 메서드 영역, 정적 영역, 상수 영역이라는 여러 가지 이름으로 불린다.

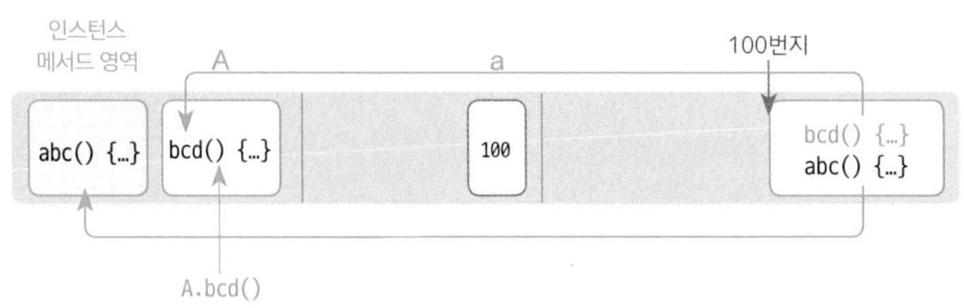

그림 9-3 인스턴스 메서드와 정적 메서드의 메모리 구조

Do it! 실습 인스턴스 메서드와 정적 메서드 StaticMethod.java

```java
package sec02_staticmodifier.EX03_StaticMethod;

class A {
    void abc() {          // 인스턴스 메서드
        System.out.println("instance 메서드");
    }
    static void bcd() {   // 정적 메서드
        System.out.println("static 메서드");
    }
}
public class StaticMethod {
    public static void main(String[] args) {
        // 인스턴스 메서드 활용(객체를 생성한 후 사용 가능)
        A a1 = new A();
        a1.abc();

        // 정적 메서드 활용
        // 1. 클래스명으로 바로 접근해 사용
        A.bcd();
```

```
        // 2. 객체를 생성한 후 사용(권장하지 않음)
        A a2 = new A();
        a2.bcd();
    }
}
```

실행 결과

```
instance 메서드
static 메서드
static 메서드
```

9.2.3 정적 메서드 안에서 사용할 수 있는 필드와 메서드

정적 메서드 내에서는 정적 필드 또는 정적 메서드만 사용할 수 있다. 즉, 인스턴스 필드나 인스턴스 메서드는 사용할 수 없다는 말이다. 왜 그럴까? 개념만 잘 이해하면 너무 당연한 일이다. 정적 멤버(정적 필드, 정적 메서드)는 객체의 생성 없이 실행될 수 있어야 한다. 하지만 인스턴스 멤버(인스턴스 필드, 인스턴스 메서드)는 반드시 객체를 생성한 후에 사용할 수 있다. 만일 정적 메서드 내에서 인스턴스 멤버를 사용한다면 결국 정적 메서드도 객체를 생성한 후에 동작할 수 있을 것이다. 따라서 객체 생성 이전에 실행하려면 내부에는 객체 생성 이전에 사용할 수 있는 요소들로만 구성돼 있어야 한다. 이것이 바로 정적 메서드 내부에 정적 멤버만 올 수 있는 이유다.

이를 프로그래밍 문법의 관점으로 설명하면, 정적 메서드 내부에서는 클래스 내부에서 자신의 객체를 가리키는 this 키워드를 사용할 수 없다는 것을 의미한다. 따라서 this.가 자동으로 붙어야 하는 인스턴스 멤버는 올 수 없는 것이다. 어떤 방법으로 이해하든 '**정적 메서드 내부에서는 정적 멤버만 사용할 수 있다.**'는 것만 꼭 기억하자. 참고로 인스턴스 메서드 내에서는 인스턴스 멤버와 정적 멤버 모두 사용할 수 있다.

정적 메서드에서 사용할 수 있는 필드 및 메서드

```
class A {
    int a;                  ─ 객체를 생성한 후 사용 가능
    static int b;
    void abc() {
        // a, b, bcd(), cde() 사용 가능
    }
    static void bcd() {     ─ 객체를 생성하기 전 사용 가능
        // b, cde() 사용 가능
    }
    static void cde() {
        // b, bcd () 사용 가능
    }
}
```

9.2.4 정적 초기화 블록

일반적으로 인스턴스 필드의 초기화는 객체가 만들어지는 시점에서 이뤄진다. 즉, 객체가 생성자에서 만들어지므로 생성자 내에서 인스턴스 필드를 초기화는 것이 일반적이다. 하지만 정적 필드는 객체의 생성 이전에도 사용할 수 있어야 하므로 생성자가 호출되지 않은 상태에서도 초기화할 수 있어야 한다. 다시 말해, 생성자에서는 정적 필드를 초기화할 수 없다는 말이다. 그래서 정적 필드를 초기화하기 위한 문법을 별도로 제공하는데, 이것이 정적 초기화 블록(static {})이다.

정적 초기화 블록

```
static {
    // 클래스가 메모리에 로딩될 때 실행되는 내용
}
```

정적 초기화 블록은 클래스가 메모리에 로딩될 때 가장 먼저 실행되므로 여기에 정적 필드의 초기화 코드를 넣어 두면 클래스가 로딩되는 시점에 바로 초기화할 수 있다. 다음 예제를 살펴보자.

static 초기화 블록

```
class A {
    int a;
    static int b;

    static {
        b = 5;
        System.out.println("클래스가 로딩될 때 static block 실행");
    }
    A() {
        a = 3;    // 인스턴스 필드의 초기화 위치
    }
}
```

static 초기화 블록

초기화 블록에서 정적 필드 b 값으로 5를 넣어 뒀다. 이 정도의 초기화라면 `static int b = 5`와 같이 정적 필드를 선언할 때 바로 초기화하는 것이 효율적이다. 하지만 복잡한 계산의 결과로 b 값을 초기화해야 한다면 어떨까? 따로 계산기를 두드려 계산할 생각이 아니라면 정적 초기화 블록 내에서 계산 코드를 작성하고, 그 결과를 b 값에 대입해야 할 것이다.

Do it! 실습 정적 초기화 블록 StaticInitialBlock.java

```
package sec02_staticmodifier.EX04_StaticInitialBlock;

class A {
    int a;
    static int b;
    static {
        b = 5; // 정적 필드의 초기화는 static {} 내에서 수행
        System.out.println("클래스 A가 로딩됐습니다!!");
    }
    A() {
        a = 3; // 인스턴스 필드 초기화는 일반적으로 생성자에서 수행
    }
}
public class StaticInitialBlock {
    public static void main(String[] args) {
        System.out.println(A.b);
    }
}
```

A.b가 실행되는 시점에 클래스 A가 메모리에 로딩되며, 이때 static {} 초기화 블록 실행

실행 결과

```
클래스 A가 로딩됐습니다!!
5
```

9.2.5 static main() 메서드

지금까지 작성했던 public static void main(String[] ar)도 정적 메서드다. 프로그램을 시작하면 가장 먼저 실행되는 main() 메서드는 왜 정적 메서드로 구성됐을까? 실제로 프로그램을 실행할 때 main() 메서드가 가장 먼저 실행되는 이유는 자바 가상 머신이 main() 메서드를 실행시켜 주기 때문이다.

그렇다면 자바 가상 머신은 어떤 방식으로 main() 메서드를 실행할까? main() 메서드가 정적 메서드이므로 자바 가상 머신은 '실행 클래스명.main()'을 호출하는 것만으로도 이 메서드를 실행하는 것이다. 어찌 보면 프로그램을 실행할 때 자바 가상 머신이 하는 것이라고는 '클래스명.main()'을 실행시켜 주는 것뿐이다. 그래서 우리는 main() 메서드명도 바꿀 수 없다. 만일 main() 메서드가 인스턴스 메서드라면 아무리 자바 가상 머신이라 하더라도 객체를 먼저 생성하고, 객체의 참조 변수를 이용해 main() 메서드를 호출해야만 했을 것이다. 이를 정리하면 자바 가상 머신은 프로그램을 실행할 때 '실행 클래스명.main()'을 실행하므로 가장 먼저 실행되는 메서드인 main() 메서드를 정적 메서드로 구성한 것이다.

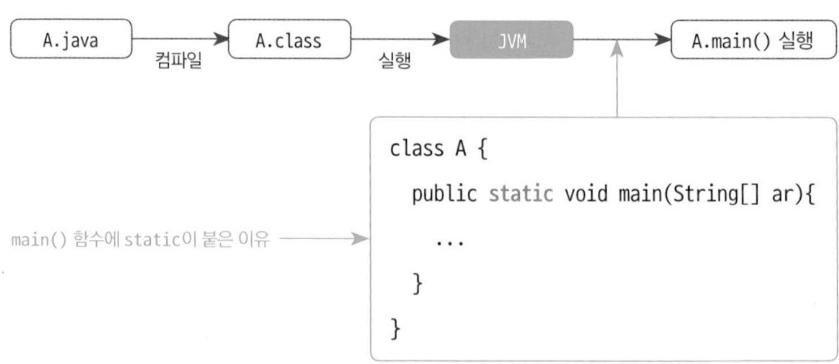

그림 9-4 자바 가상 머신이 main() 메서드를 실행하는 순서

실력 상승! 연습 문제

Q1 클래스 내부에 올 수 있는 4가지 구성 요소(필드, 메서드, 생성자, 이너 클래스)에서 사용할 수 있는 접근 지정자를 접근 범위가 큰 순서대로 쓰시오.

Q2 클래스 자체에 사용할 수 있는 접근 지정자를 접근 범위가 큰 순서대로 쓰시오.

Q3 패키지 pack01 내에는 A.java, B.java 파일, 패키지 pack02 내에는 C.java, D.java 파일이 있다. 이들 4개의 소스 파일에서 클래스 A에 포함된 4개의 필드를 사용하고자 한다. 이때 각 클래스 위치에서 사용할 수 있는 모든 필드를 쓰시오.

```
package pack01;

public class A {
    public int a;
    protected int b;
    int c;
    private int d;

    void abc() {
        System.out.println(this.   );
    }
}
```

```
package pack01;

public class B {
    void bcd() {
        A a = new A();
        System.out.println(a.   );
    }
}
```

```
package pack02;

import pack01.A;

public class C {
    void cde() {
        A a = new A();
        System.out.println(a.   );
    }
}
```

```
package pack02;

import pack01.A;

public class D extends A {
    void def() {
        System.out.println(this.   );
    }
}
```

Q4 다음 코드는 오류를 포함하고 있다. 오류가 발생한 위치와 그 이유를 설명하시오.

```
class A {
    int a = 2;
    static int b = 3;
    void abc() {
        System.out.println(a);
        System.out.println(b);
    }
    static void bcd() {
        System.out.println(a);
        System.out.println(b);
    }
}
```

Q5 다음과 같이 1개의 인스턴스 필드(a)와 1개의 정적 필드(b)를 포함하고 있는 클래스 A가 정의돼 있다.

```
class A {
    int a = 3;
    static int b = 5;
}
```

이때 다음 코드의 실행 결과를 쓰시오.

```
A a1 = new A();
A a2 = new A();

a1.a = 30;
a1.b = 40;

a2.a = 50;
a2.b = 60;

System.out.println(a1.a);
System.out.println(a1.b);

System.out.println(a2.a);
System.out.println(a2.b);
```

Q6 클래스 A가 다음과 같이 선언돼 있다.

```
class A {
    static int a;



}
```

이때 다음과 같이 System.out.println(A.a)의 출력값이 8이 나오도록 클래스 A를 완성하시오.

```
System.out.println(A.a);    // 8
```

10장 클래스의 상속과 다형성

클래스는 객체지향 프로그래밍에서 가장 기본적인 문법 요소다. 클래스의 여러 가지 장점 중 객체지향적인 관점에서 가장 중요한 것은 '상속'이다. 상속을 이해하는 것은 객체지향적인 프로그램을 작성할 때 매우 중요하다. 상속의 개념과 상속 과정에서 메모리 구조가 어떻게 작동하는지를 제대로 이해한다면 객체의 타입 변환, 메서드 오버라이딩, super 키워드와 super() 메서드 등과 같은 클래스의 또 다른 문법 요소를 쉽게 익힐 수 있을 것이다.

교수님의 동영상 강의
자바가 처음인가요?
그렇다면 동영상으로
예습부터 해 보세요~

10.1 클래스 상속의 개념과 문법적 특징

클래스의 **상속**은 부모 클래스의 멤버(필드, 메서드, 이너 클래스)를 내려받아 자식 클래스 내부에 포함시키는 자바의 문법 요소다.

10.1.1 상속의 개념

상속을 이해하기 위해 간단한 예시를 들어보자. 다음과 같이 '대학생' 클래스와 '직장인' 클래스가 있다. '대학생' 클래스에는 '이름', '나이', '학번'이라는 3가지 필드(속성)와 '먹기()', '잠자기()', '등교하기()'라는 메서드(기능)가 있고, '직장인' 클래스에는 '이름', '나이', '사번'의 필드와 '먹기()', '잠자기()', '출근하기()'라는 메서드가 있다. 사람이라면 누구나 이름과 나이가 있고, 먹고 자야 하므로 두 클래스 모두 이름 필드와 나이 필드, 먹기() 메서드와 잠자기() 메서드를 공통으로 포함하고 있다.

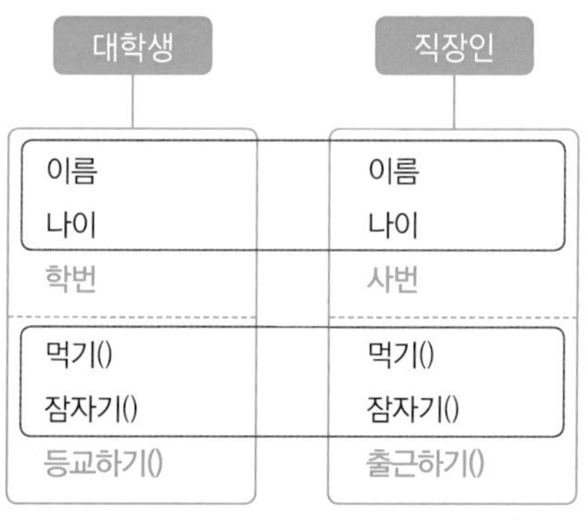

그림 10-1 중복된 필드와 메서드를 포함하하고 있는 대학생과 직장인 클래스

결국 사람의 속성(이름, 나이)과 기능(먹기(), 잠자기())에 학번이라는 속성과 등교하기()라는 기능만 추가한 것이 대학생 클래스가 된다. 직장인 클래스는 사람의 속성과 기능에 사번 속성과 출근하기() 기능을 추가한 형태다.

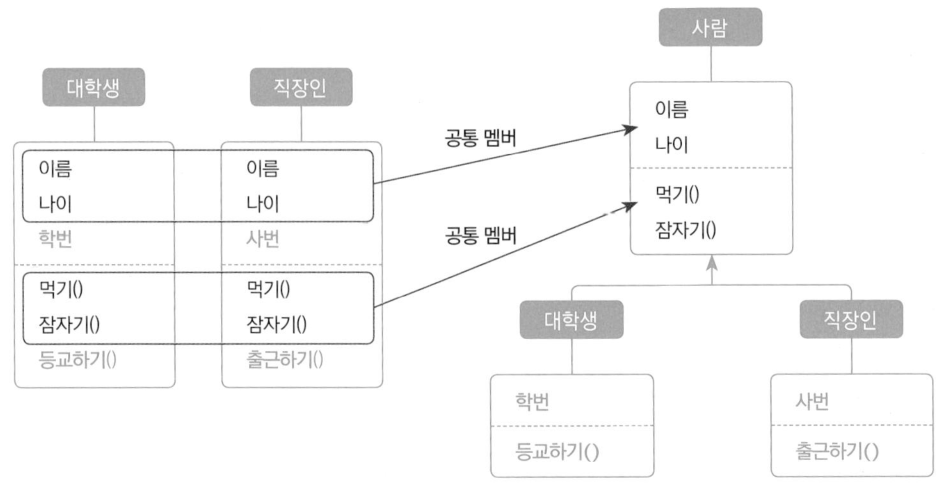

그림 10-2 사람 클래스를 상속받은 대학생 클래스와 직장인 클래스의 예

이상의 내용을 상속으로 표현하면 사람 클래스가 부모 클래스, 대학생과 직장인 클래스가 자식 클래스가 된다. 두 자식 클래스는 부모의 모든 멤버를 내려받기 때문에 대학생과 직장인 클래스 내에서는 추가 필드와 메서드만 구성하면 된다. 이와 반대로 부모 클래스는 자식 클래스들의 공통적 특징을 모아 구성한 클래스라고 생각하면 된다.

전공자라면 이 정도는 꼭!

UML 기호에서 화살표는 어느 방향으로 그려야 할까?

시스템을 모델로 표현해 주는 대표적 모델링 언어인 UML(unified modeling language)로 상속을 표시할 때는 화살표를 부모 클래스 쪽으로 향하게 그린다. 상속할 때 멤버들이 내려오는 방향이 부모에서 자식 클래스 쪽이므로 화살표 방향이 반대라고 생각하기 쉽다. 하지만 왜 화살표가 부모 클래스 쪽을 향하는지 곧 이해하게 될 것이다. 앞으로 모든 상속을 표현할 때 UML 기호를 사용할 것이므로 꼭 알아 두길 바란다. 이외의 참고 사항은 부모 클래스에서 자식 클래스로 갈수록 더 많은 특징과 기능이 구체화되므로 범위가 좁아진다는 것(동물←사람←학생←대학생)이다. 이 또한 가끔 반대로 생각할 수 있으므로 주의하자.

10.1.2 상속의 장점

앞의 예제를 살펴보면 상속 이전에는 대학생과 직장인 클래스에 이름, 나이, 먹기(), 잠자기()가 중복돼 있었지만, 상속으로 **코드의 중복성이 제거**됐다. 이것이 상속의 첫 번째 장점이다. 즉, 자식 클래스들의 공통적인 성분을 뽑아 부모 클래스에서 한 번만 정의했더니 코드가 간결해진 것이다. 두 번째 장점은 클래스의 **다형적 표현이 가능**하다는 점이다. 역시 대학생과 직장인의 예로 설명해보자. '대학생은 대학생이다.'는 당연히 맞는 말이다. 하지만 '대학생은 사람이다.'도 맞는 표현이 된다. 대학생은 사람의 모든 특징을 지니고 있기 때문이다. 이렇게 1개의 객체를 여러 가지 모양으로 표현할 수 있는 특성을 **다형성**polymorphism이라 한다. 이와 반대일 때는 어떨까? '사람은 대학생이다.'는 맞는 표현일까? 당연히 말이 안 된다. 이처럼 반대 방향으로는 다형적 표현이 성립하지 않는다.

이제 상속을 표현할 때 왜 화살표가 부모 클래스를 향하는지 눈치챘을 것이다. 상속 구조도에서 화살표 방향으로는 항상 다형적 표현을 할 수 있다. 반면 화살표 방향을 거스르는 다형적 표현은 할 수 없다. 따라서 그림 10-3의 A, B, C, D 클래스의 상속 구조도만 봐도 여러 가지 다형적 표현의 가능 여부를 확인할 수 있다.

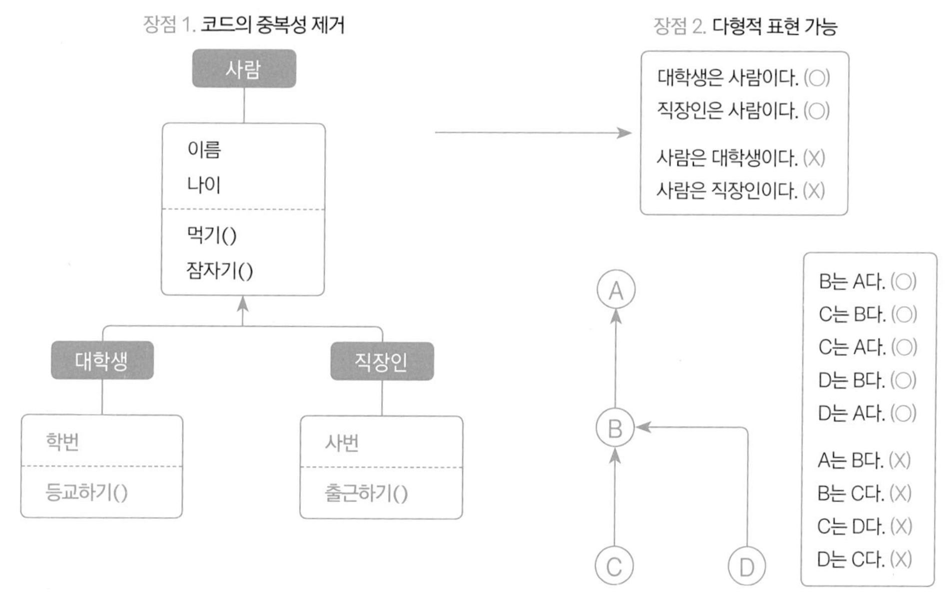

그림 10-3 상속의 2가지 장점(코드의 중복성 제거, 다형적 표현)

지금까지의 내용을 정리하면, 상속으로 얻을 수 있는 장점은 코드의 중복성을 제거할 수 있고, 다형적 표현을 할 수 있다는 것이다. 사실 코드의 중복성 제거로 얻을 수 있는 장점은 그리 크지 않다. 실제 개발을 하다 보면 코드 중복을 해결하기 위해 상속을 하는 것보다 간단한 코드들은 각각의 클래스에 넣어 작성하는 것이 오히려 개발 속도도 빠르고 효율적일 때가 많다.

상속으로 얻을 수 있는 가장 큰 장점은 바로 다형적 표현을 할 수 있다는 것이다. 우리는 다형적 표현으로 무엇을 얻을 수 있을까? 이를 알아보기 위해 다음 예를 살펴보자. 사과, 포도, 키위 클래스를 만들고 각각의 객체를 2개, 2개, 3개씩 만들어 배열로 관리하고자 한다. 배열은 같은 자료형만 저장할 수 있으므로 어쩔 수 없이 3개의 배열 자료형을 따로 만들어 관리해야 한다. 만일 새로운 과일이 추가되면 역시 새로운 자료형을 1개 추가해 관리해야 한다.

3개의 서로 다른 과일 배열 자료형

```
사과[] apple = {new 사과(), new 사과()};
포도[] grape = {new 포도(), new 포도()};
키위[] kiwi = {new 키위(), new 키위(), new 키위()};
```

사과 포도 키위

하지만 사과, 포도, 키위는 모두 과일이다. 따라서 '과일'이라는 부모 클래스를 만들어 각각에게 상속시키면 다형적 표현을 할 수 있게 된다. 즉, 다음과 같은 표현을 할 수 있게 되는 것이다.

```
과일 fruit1 = new 사과()   // 사과는 과일이다.
과일 fruit2 = new 포도()   // 포도는 과일이다.
과일 fruit3 = new 키위()   // 키위는 과일이다.
```

따라서 각각의 과일로 생성한 객체를 모두 과일이라 부를 수 있게 되므로 모든 객체를 과일 배열 하나로 관리할 수 있게 된다.

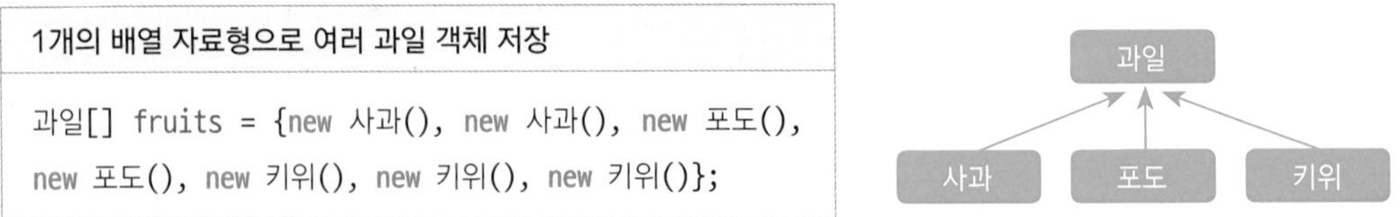

1개의 배열 자료형으로 여러 과일 객체 저장

```
과일[] fruits = {new 사과(), new 사과(), new 포도(),
new 포도(), new 키위(), new 키위(), new 키위()};
```


객체의 다형성이 얼마나 큰 장점인지는 12장에서 추상 클래스와 인터페이스를 배울 때 더 자세히 알아볼 것이다. 지금은 '자바의 상속으로 다형적 표현을 할 수 있게 됐고, 다형적 표현의 사용으로 위와 같은 장점이 있다.' 정도만 기억하자.

10.1.3 상속 문법

클래스를 상속할 때는 extends 키워드를 사용하며, 클래스명 다음에 'extends 부모 클래스'를 표기한다.

클래스 상속

```
class 자식 클래스 extends 부모 클래스 {
    ...
}
```

부모
클래스
↑
자식
클래스

자바의 **클래스는 다중 상속이 불가능**한데, 여기서 다중 상속은 부모 클래스가 2개 이상일 때를 말한다.

```
class 자식 클래스 extends 부모 클래스1, 부모 클래스2 {
    ...
}
```

부모
클래스1
부모
클래스2
자식
클래스

왜 다중 상속을 허용하지 않을까? 다음과 같이 클래스 A와 클래스 B를 클래스 C가 다중 상속을 할 때를 고려해보자.

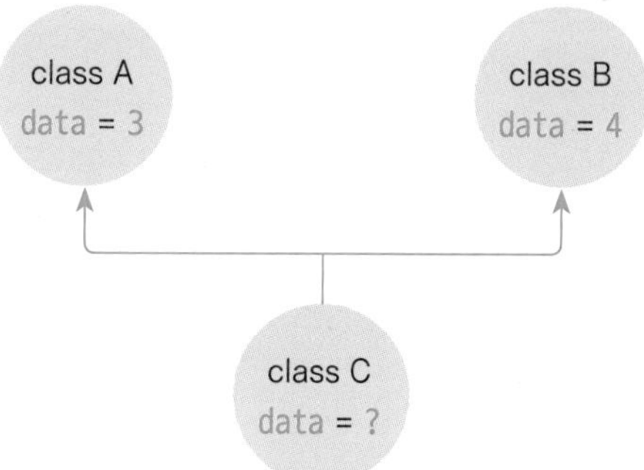

그림 10-4 다중 상속으로 인한 모호성 오류

클래스 A와 클래스 B는 모두 data 필드를 포함하고 있으며, 값은 각각 3과 4이다. 상속을 하면 부모의 멤버를 모두 내려받는다고 했으므로 클래스 C 내부에도 data 필드가 있을 것이다. 그렇다면 클래스 C의 data 필드에는 어떤 값이 들어갈까? 만일 A 클래스의 값이 적용되면 3, B 클래스의 값이 적용되면 4가 저장될 것이다. 즉, 이렇게 다중 상속을 허용하면 모호성 ambiguous이 발생한다. 이것이 바로 다중 상속을 허용하지 않는 이유다.

간혹 혼동하는 때가 있는데, 다음처럼 자식 클래스가 많은 것은 다중 상속이 아니다. 즉, 자식 클래스는 100개이든, 1,000개이든 상관 없다. 다시 한번 말하지만, 부모 클래스가 2개 이상일 때가 불가능한 것이다.

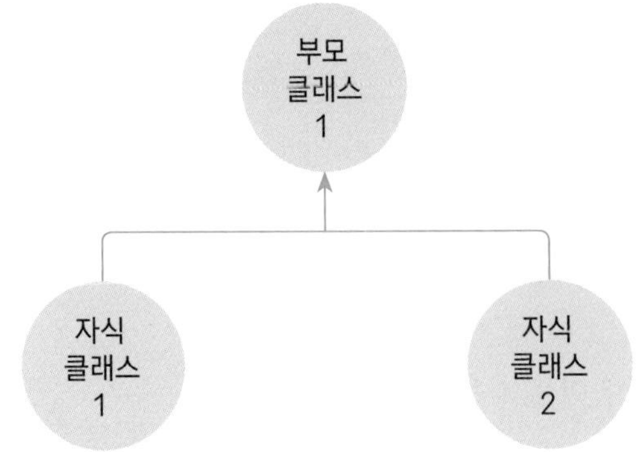

그림 10-5 여러 개의 자식 클래스를 포함하고 있는 부모 클래스(다중 상속 아님)

클래스를 상속하는 방법을 알아봤으므로 이제 앞에서 다뤘던 대학생과 직장인 예시를 직접 상속 문법을 적용해 코드로 작성해 보자. 앞에서 살펴본 사람(Human), 학생(Student), 직장인(Worker) 클래스를 코드로 작성하면 각각 다음과 같이 표현할 수 있다.

```
class Human {
    String name;
    int age;
    void eat() {...}
    void sleep() {...}
}
```

```
class Student extends Human {
    int studentID;
    void goToSchool() {...}
}
```

```
class Worker extends Human {
    int workerID;
    void goToWork () {...}
}
```

위와 같은 상속 구조를 지니고 있을 때 각각의 객체 내부에서 사용할 수 있는 필드와 메서드에는 어떤 것이 있을까? 부모 클래스인 Human 클래스의 객체를 생성하면 2개의 필드(name, age)와 2개의 메서드(eat(), sleep())를 사용할 수 있다. 자식 클래스인 Student 내부에는 필드 1개(studentID)와 메서드 1개(goToSchool())가 정의돼 있지만, 부모 클래스로부터 받은 멤버가 있으므로 실제로는 필드 3개(name, age, studentID), 메서드 3개(eat(), sleep(), goToSchool())를 사용할 수 있다. 이와 비슷하게 클래스 Worker의 객체 내부에서도 필드 3개(name, age, workerID), 메서드 3개(eat(), sleep(), goToWork())를 사용할 수 있다.

객체의 필드를 사용한다는 것은 필드에 값을 대입하거나 읽어 오는 것을 말하고, 메서드를 사용한다는 의미는 해당 메서드를 호출하는 것을 의미한다.

Do it! 실습 클래스의 상속과 사용할 수 있는 멤버 Inheritance.java

```
package sec01_inheritancepolymorphism.EX01_Inheritance;

class Human {
    String name;
    int age;
    void eat() {}
    void sleep() {}
}
class Student extends Human {
    int studentID;
    void goToSchool() {}
}
class Worker extends Human {
    int workerID;
    void goToWork() {}
}
public class Inheritance {
    public static void main(String[] args) {
        // Human 객체 생성
        Human h = new Human();
        h.name = "김현지";
        h.age = 11;
        h.eat();
        h.sleep();

        // Student 객체 생성
        Student s = new Student();
        s.name = "김민성";
        s.age = 16;
        s.studentID = 128;
```

Human 클래스 상속 (class Student extends Human)

Human 클래스 상속 (class Worker extends Human)

추가로 정의한 멤버 (s.studentID = 128;)

```
        s.eat();
        s.sleep();
        s.goToSchool();        추가로 정의한 멤버

        // Worker 객체 생성
        Worker w = new Worker();
        w.name = "봉윤정";
        w.age = 45;
        w.workerID = 128;      추가로 정의한 멤버
        w.eat();
        w.sleep();
        w.goToWork();          추가로 정의한 멤버
    }
}
```

실행 결과

```
없음
```

10.1.4 상속할 때의 메모리 구조

상속받은 자식 클래스는 부모 클래스의 모든 멤버를 내려받는다고 했다. 어떻게 이것이 가능할까? 상속받은 자식 클래스의 객체가 생성되는 메모리의 구조를 살펴보면 자연스럽게 이해될 것이다. 간단한 예를 살펴보자.

```
class A {
    int m;
    void abc(){...}
}
```

```
class B extends A {
    int n;
    void bcd(){...}
}
```

클래스 A는 필드 m과 메서드 abc()를 포함하고 있고, 클래스 B는 클래스 A를 상속했으며, 필드 n과 메서드 bcd()를 추가로 정의했다. 이제 다음과 같이 자식 클래스 B의 객체를 생성했을 때의 메모리 구조를 살펴보자.

```
B b = new B();
```

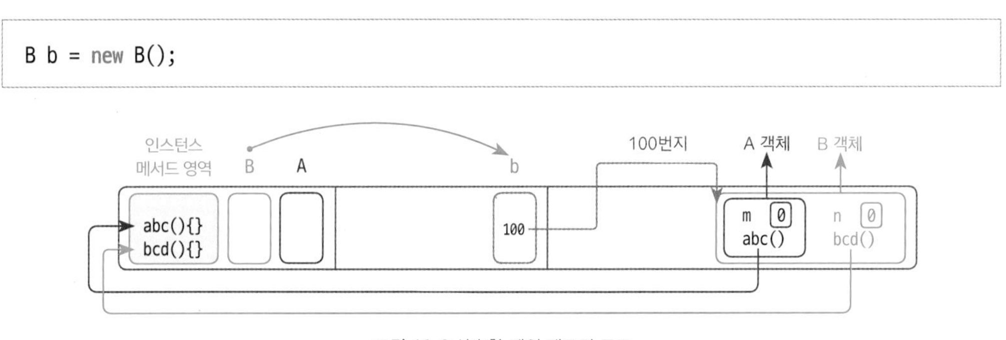

그림 10-6 상속할 때의 메모리 구조

클래스 영역에는 선언된 자료형의 클래스와 그 부모 클래스가 모두 로딩된다. 이때 참조 변수 b는 B 자료형으로 선언됐기 때문에 힙 메모리에 있는 B 타입 객체만을 가리킬 수 있게 된다. 이제 힙 메모리의 실제 객체를 살펴보자. 자바 가상 머신은 자식 클래스의 객체를 생성할 때 가장 먼저 **부모 클래스의 객체를 생성**한다. 이후 자식 클래스에서 추가한 필드와 메서드가 객체에 추가됨으로써 클래스 B의 전체 객체가 완성되는 것이다. 즉, 자식 클래스 객체의 내부에는 부모 클래스 객체가 포함돼 있으므로 자식 클래스 객체에서 부모 클래스의 멤버를 사용할 수 있는 것이다.

10.1.5 생성자의 상속 여부

상속을 수행하면 부모의 모든 멤버를 내려받는다고 했다. 멤버는 클래스의 4가지 내부 구성 요소 중 생성자를 제외한 필드, 메서드, 이너 클래스를 말한다. 생성자는 자식 클래스로 상속되지 않는다. 좀 더 정확히 말하면, 절대 상속돼서는 안 된다. 그 이유는 무엇일까? 다음과 같이 클래스 A를 클래스 B가 상속하는 간단한 예를 살펴보자.

```
class A {
    A() {
    }
}
```

```
class B extends A {
}
```

클래스 A의 생성자인 `A() {}`가 상속된다면 class B 내부는 다음과 같은 모양이 될 것이다.

```
class B extends A {
    A() {}  // 생성자? 또는 메서드?
}
```

앞에서 여러 번 언급했던 것처럼 클래스 내부에서는 필드, 메서드, 생성자, 이너 클래스 이외에 단 1줄도 올 수 없다. 그렇다면 클래스 B 속에 있는 `A() {}`는 어디에 해당할까? 우선 소괄호와 중괄호가 있으므로 필드와 이너 클래스는 아니다. 생성자로 보려고 하니 클래스 B와 이름이 달라 생성자도 될 수 없다. 이제 남은 것은 메서드인데, `A() {}`는 리턴 타입이 없어 메서드도 될 수 없다. 따라서 만일 부모 클래스로부터 생성자를 상속받는다면 상속과 동시에 오류가 발생할 것이다. 이것이 바로 생성자가 상속되지 않는 이유다.

생성자는 클래스명과 동일하고, 리턴 타입이 없어야 하며, 메서드는 반드시 리턴 타입을 포함해야 한다.

10.1.6 객체의 다형적 표현

앞에서는 객체의 다형적 표현을 개념적으로만 설명했다. 이제 실제 코드에서 객체를 다형적으로 표현하는 방법을 살펴보자. 먼저 간단하게 클래스 A를 상속받아 클래스 B를 생성(A←B)한 예를 살펴보자. 상속 구조에서 자기 자신을 가리키거나 화살표 방향으로는 항상 다형적 표현을 할 수 있다. 따라서 이때 'A는 A이다.', 'B는 A이다.' 등은 모두 가능한 표현이다. 'A는 A이다.'를 코드로 표현하면 `A a1 = new A()`와 같이 표현할 수 있다. 이를 풀어 쓰면 'A 생성자로 만든 A 객체(new A())는 A 자료형(A a1)이라 부를 수 있다.'라고 표현할 수 있다. 이와 같은 방식으로 'B는 A이다.'라고 표현할 수 있으므로 이는 코드로 `A a2 = new B()`와 같이 표현할 수 있다.

자식 클래스를 부모 클래스로 부를 때를 '업캐스팅'이라 하며, 이는 10.2절에서 자세히 알아본다.

상속 관계에서 다형성의 코드 표현

```
A a1 = new A();  // A는 A이다.
A a2 = new B();  // B는 A이다.
```

앞에서 말한 것처럼 생성한 객체와 동일한 타입으로 선언하는 것은 물론, 자식 클래스의 객체를 부모 클래스 타입으로 선언하는 모든 다형적 표현을 할 수 있다. 따라서 클래스 A, B, C, D가 다음과 같은 상속 구조일 때 다음 객체 생성 코드는 모두 올바른 예다.

클래스 A, B, C, D의 상속 구조

```
class A {}
class B extends A {}
class C extends B {}
class D extends B {}
```


다형적 표현의 올바른 사용 예

```
A a = new A();      // (○)
B b = new B();      // (○)
C c = new C();      // (○)
D d = new D();      // (○)

A a1 = new B();     // (○)
A a2 = new C();     // (○)
A a3 = new D();     // (○)

B b1 = new C();     // (○)
B b2 = new D();     // (○)
```

반면 동일한 상속 구조에서 다음과 같은 객체 생성은 화살표를 거스르는 방향이므로 모두 잘못된 코드다.

다형적 표현의 잘못된 사용 예

```
B b1 = new A();  // (X)

C c1 = new A();  // (X)
C c2 = new B();  // (X)

D d1 = new A();  // (X)
D d2 = new B();  // (X)
D d3 = new C();  // (X)
```

Do it! 실습 **상속을 이용한 객체의 다형적 표현** Polymorphism.java

```java
package sec01_inheritancepolymorphism.EX02_Polymorphism;

// 상속 관계 만들기
class A {}
class B extends A {}
class C extends B {}
class D extends B {}

public class Polymorphism {
    public static void main(String[] args) {
        // A 타입의 다형적 표현
        A a1 = new A();          // A는 A이다. (○)
        A a2 = new B();          // B는 A이다. (○)
        A a3 = new C();          // C는 A이다. (○)
        A a4 = new D();          // D는 A이다. (○)

        // B 타입의 다형적 표현
//      B b1 = new A();          // A는 B이다. (X)
        B b2 = new B();          // B는 B이다. (○)
        B b3 = new C();          // C는 B이다. (○)
        B b4 = new D();          // D는 B이다. (○)

        // C 타입의 다형적 표현
//      C c1 = new A();          // A는 C이다. (X)
//      C c2 = new B();          // B는 C이다. (X)
        C c3 = new C();          // C는 C이다. (○)
//      C c4 = new D();          // D는 C이다. (X)

        // D 타입의 다형적 표현
//      D d1 = new A();          // A는 D이다. (X)
//      D d2 = new B();          // B는 D이다. (X)
//      D d3 = new C();          // C는 D이다. (X)
        D d4 = new D();          // D는 D이다. (○)
    }
}
```

실행 결과

```
없음
```

10.2 객체의 타입 변환

기본 자료형에서도 언급했듯이 자바 프로그램은 등호(=)를 중심으로 항상 왼쪽과 오른쪽의 자료형이 일치해야 한다. 만일 자료형이 서로 다를 때는 컴파일러가 자동으로 타입을 변환해 주거나 개발자가 직접 명시적으로 타입을 변환해 줘야 한다. 객체에서도 이러한 타입 변환이 일어난다. 이를 각각 업캐스팅, 다운캐스팅이라 한다.

10.2.1 객체의 업캐스팅과 다운캐스팅

기본 자료형에서 업캐스팅은 범위가 좁은 쪽에서 넓은 쪽으로 캐스팅하는 것을 말하며, 다운캐스팅은 그 반대였다. 객체에서는 자식 클래스에서 부모 클래스 쪽으로 변환되는 것이 업캐스팅, 그 반대가 다운캐스팅이다. 객체는 항상 업캐스팅할 수 있으므로 명시적으로 적어 주지 않아도 컴파일러가 대신 넣어 준다. 하지만 다운캐스팅은 개발자가 직접 명시적으로 넣어 줘야 한다.

그런데 객체의 다운캐스팅에는 기본 자료형에는 없는 새로운 문제가 있다. 기본 자료형에서 다운캐스팅할 때는 넓은 범위의 값이 좁은 범위로 바뀌기 때문에 오차가 발생하긴 하지만, 문법적으로는 항상 가능했다. 하지만 객체는 명시적으로 적어 준다고 해도 다운캐스팅 자체가 안 될 때가 있다. 잘못된 다운캐스팅을 수행하면 ClassCastException이라는 예외가 발생하고, 프로그램이 종료된다. 우선 업캐스팅은 왜 항상 할 수 있고, 다운캐스팅은 될 때도 있고, 안 될 때도 있는지를 표 10-1을 이용해 알아보자.

표 10-1 객체 타입 변환의 예

사람 ↑ 학생	업캐스팅	**학생**은 **사람**이다.	항상 O
	다운캐스팅	**사람**은 **학생**이다.	학생인 사람이라면 O 학생이 아닌 사람이라면 X

업캐스팅을 말로 표현하면 '학생은 사람이다.'이다. 당연히 항상 성립하는 말이다. 반면 '사람은 학생이다.'는 화살표를 거스르는 방향이므로 틀린 표현이라고 했다. 하지만 정확히 표현하면 '항상 성립하는 건 아니다.' 정도의 표현이 적절하다. 즉, 사람 중에는 학생인 사람도 있고,

학생이 아닌 사람도 있다. 학생인 사람 객체는 학생으로의 다운캐스팅이 가능할 것이고, 학생이 아닌 사람 객체는 불가능할 것이다.

이 말을 이해했다면 이제 코드로 확인해보자. 도대체 '학생인 사람'은 코드에서 어떻게 표현될까? 여기에 2개의 **사람** 객체가 있다.

```
사람 human1 = new 사람(); ← 학생과 학생이 아닌 사람이 모두 포함된 사람 객체
사람 human2 = new 학생(); ← 학생인 사람 객체
```

하나는 **사람()** 생성자를 이용해 객체를 생성한 후 사람 자료형에 대입했다. 다른 하나는 **학생()** 생성자를 이용해 객체를 생성했으며, 역시 사람 자료형에 대입했다. 둘 다 사람 타입의 자료형이지만, 실제 힙 메모리에 생성된 객체 모양은 다르다. 첫 번째 객체인 human1은 실제 사람 객체로 만들었으므로 여기에는 사람들의 공통된 속성과 기능들만 포함돼 있을 것이다. 이때 human1은 학생으로의 다운캐스팅은 불가능할 것이다. 학생으로의 다운캐스팅이 가능하려면 객체 내부에 학생의 속성(학번 등)과 기능(등교하기() 등)이 포함돼 있어야 하는데, 애초에 human1의 객체에는 이것들이 포함돼 있지 않기 때문이다. 반면 human2는 실제 **학생()** 생성자를 이용해 객체를 생성했으므로 객체 내부에는 사람의 공통된 특성뿐 아니라 학생의 속성과 기능이 포함돼 있다. 따라서 human2도 사람 자료형으로 저장돼 있지만, 학생으로의 다운캐스팅이 가능하다.

다른 예를 살펴보자. 클래스 A, B, C의 상속 관계는 다음과 같다.

```
class A {}
class B extends A {}
class C extends B {}
```

(A ← B ← C)

업캐스팅일 때는 다음과 같다.

자동 타입 변환(업캐스팅)
B b1 = new B();
A a1 = (A) b1;
C c2 = new C();
B b2 = (B) c2;
A a2 = (A) c2;
컴파일러가 자동으로 추가

객체를 B() 생성자로 생성하면 B를 기준으로 부모 클래스 방향이 업캐스팅이므로 A로는 캐스팅할 수 있을 것이다. 만일 객체를 C() 생성자로 생성하면 A와 B 모두로 캐스팅할 수 있다. 업캐스팅이므로 심지어 생략해도 컴파일러가 추가해 준다.

다운캐스팅은 컴파일러가 자동으로 추가하지 않으므로 등호를 중심으로 좌우의 자료형이 동일하도록 명시적으로 캐스팅을 수행해야 문법 오류가 발생하지 않는다.

다운캐스팅일 때를 살펴보자.

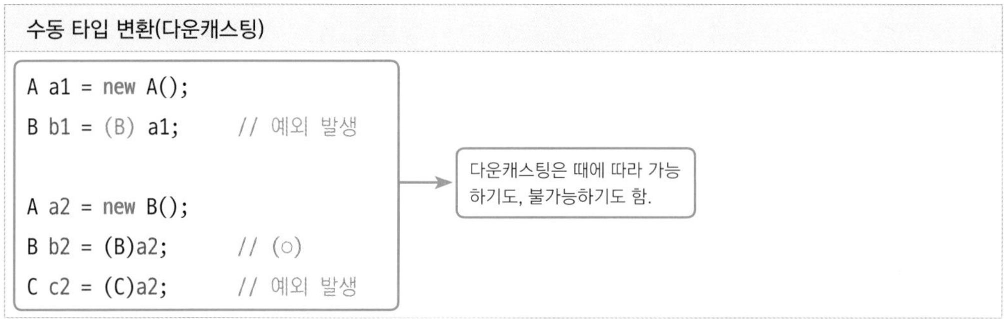

A() 생성자로 만든 A 타입은 B 타입으로 다운캐스팅할 수 없다. 문법적으로는 오류가 발생하지 않지만, 실행 이후 실제 캐스팅 과정에서 ClassCastException 예외가 발생한다. 실제 객체가 A 타입으로 만들어져 있기 때문이다. 반면 B() 생성자로 만든 A 타입은 B 타입으로의 다운캐스팅할 수 있다. 객체 자체가 B 타입으로 만들어져 있기 때문이다. 이와 같은 맥락에서 볼 때 B() 생성자로 만든 A 타입을 C 타입으로 다운캐스팅할 수 없다.

다소 복잡해 보이지만, 캐스팅의 가능 여부는 **무슨 타입으로 선언돼 있는지는 중요하지 않으며 어떤 생성자로 생성됐는지가 중요**하다. 실제 생성된 객체의 위쪽(업캐스팅 방향)에 있는 모든 클래스 타입으로는 항상 캐스팅을 할 수 있다. 예를 들어 이 예제에서 B() 생성자로 만들었으면 A로 캐스팅을 할 수 있으며, C()로 만들었다면 A와 B로 캐스팅을 할 수 있다.

10.2.2 메모리로 이해하는 다운캐스팅

이번에는 메모리 구조와 함께 다운캐스팅 과정을 살펴보자. 메모리에서의 동작만 잘 이해하면 캐스팅의 가능 여부뿐 아니라 선언된 타입에 따른 차이점까지 한 번에 파악할 수 있다.

역시 A←B←C의 상속 관계일 때를 고려해 보자. 먼저 `A a = new B()`를 살펴보면 실제 객체는 B() 생성자로 만들었다(`new B()`)는 것을 알 수 있다. 앞의 상속에서 설명한 것처럼 자식 클래스의 생성자를 호출하면 부모 클래스의 객체를 먼저 생성한다고 했으므로 A 객체가 먼저 메모리에 만들어지고, 이후 B 객체가 완성될 것이다. 즉, 그림 10-7에서 볼 수 있는 것처럼 B 객체 속에 A 객체를 품고 있는 모양이다.

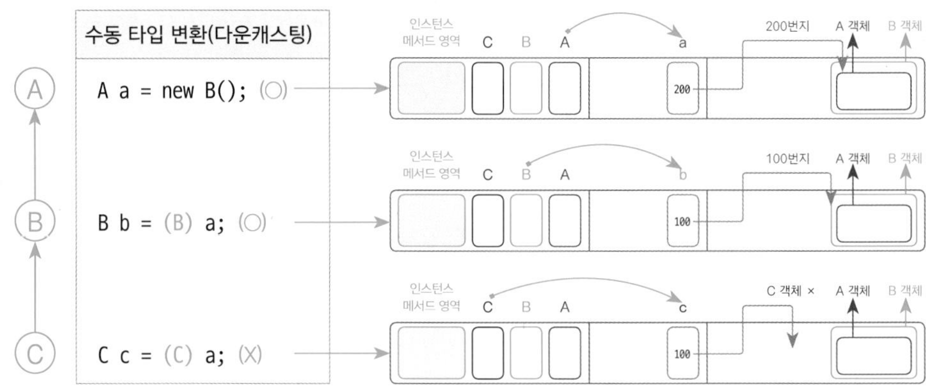

그림 10-7 메모리에서의 다운캐스팅 과정

그런데 이 객체를 A 타입의 참조 변수로 가리키고 있다(`A a`). 이때 실제 참조 변수는 힙 메모리의 B 객체 안에 있는 A 객체를 가리키게 된다. 이는 매우 중요하다. **선언된 타입이 의미하는 바는 실제 객체에서 자신이 선언된 타입의 객체를 가리키게 되는 것**이다. 이제 `B b = (B) a`와 같이 A 타입의 a를 B 타입으로 캐스팅해 B 타입으로 저장하고자 한다. 즉, a는 A 객체를 가리켰지만, `(B) a`는 B 객체를 가리켜야 하는 것이다. 힙 메모리에는 이미 B 객체가 있으므로 B 타입을 가리키는 것이 전혀 문제가 없는 것이다. 반면 `C c = (C) a`와 같이 C 타입으로 캐스팅해 보자. 그렇게 되면 참조 변수 c는 이제 C 타입을 가리켜야 하는데, 힙 메모리에는 C 타입 객체가 만들어진 적이 없다. 따라서 C 타입으로는 다운캐스팅할 수 없다. 이와 같은 이유로 캐스팅의 가능 여부를 확인하기 위해 실제 어떤 생성자로 만들었는지가 중요했던 것이다.

다운캐스팅을 할 수 있기 위해서는 힙 메모리 내에 해당 객체가 있어야 한다.

Do it! 실습 클래스의 업캐스팅 및 다운캐스팅 Typecasting_1.java

```java
package sec02_typecasting.EX01_Typecasting_1;

// 클래스의 상속 관계
class A {}
class B extends A {}
class C extends B {}
class D extends B {}

public class Typecasting_1 {
    public static void main(String[] args) {
        // 업캐스팅(자동 변환): 캐스팅 구문을 생략했을 때 컴파일러가 자동으로 추가
        A ac = (A) new C();  // C → A 업캐스팅(자동 변환)
```

```
        B bc = (B) new C();  // C → B 업캐스팅(자동 변환)

        B bb = new B();
        A a = (A) bb;        // B → A 업캐스팅(자동 변환)

        // 다운캐스팅(수동 변환): 캐스팅할 수 없을 때(실행할 때 예외 발생)
        A aa = new A();
//      B b = (B) aa;         // A → B 다운캐스팅(수동 변환): 불가능
//      C c = (C) aa;         // A → C 다운캐스팅(수동 변환): 불가능

        // 다운캐스팅(수동 변환): 캐스팅이 가능할 때
        A ab = new B();
        B b = (B) ab;        // A → B 다운캐스팅(수동 변환)
//      C c = (C) ab;         // A → C 다운캐스팅(수동 변환): 불가능

        B bd = new D();
        D d = (D) bd;        // B → D 다운캐스팅(수동 변환)

        A ad = new D();
        B b1 = (B) ad;       // A → B 다운캐스팅(수동 변환)
        D d1 = (D) ad;       // A → D 다운캐스팅(수동 변환)
    }
}
```

실행 결과

없음

10.2.3 선언 타입에 따른 차이점

다운캐스팅을 메모리 구조상에서 이해했다면 선언 타입에 따른 차이점은 어렵지 않게 이해할 수 있을 것이다. 다음과 같은 2개의 클래스가 있다고 가정해 보자.

```
class A {
    int m = 3;
    void abc() {
        System.out.println("A");
    }
}
```

```
class B extends A {
    int n = 4;
    void bcd() {
        System.out.println("B");
    }
}
```

클래스 A는 필드 m과 메서드 abc()가 있고, 이 클래스를 상속한 클래스 B는 필드 n과 메서드 bcd()를 추가로 정의했다. 즉, 클래스 B에서는 m, n, abc(), bcd()를 사용할 수 있다.
이제 동일하게 B()의 생성자로 객체를 생성하고, 이를 B 타입과 A 타입으로 각각 선언했을 때의 차이를 알아보자. 먼저 `B b = new B()`일 때를 살펴보자.

B의 객체를 B 타입으로 선언했을 때

```
B b = new B();
System.out.println(b.m);  // (○)
System.out.println(b.n);  // (○)
b.abc();                  // (○)
b.bcd();                  // (○)
```

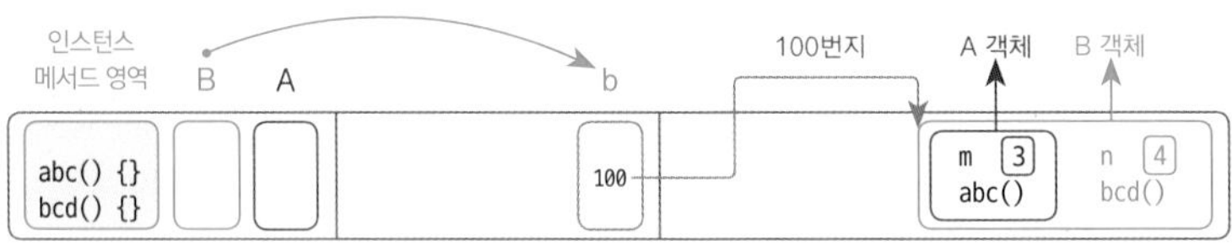

그림 10-8 B b = new B()로 객체를 생성했을 때 메모리 구조

B() 생성자로 생성했으므로 힙 메모리에는 A 객체를 감싸고 있는 B 객체가 만들어질 것이다. A 객체의 내부에는 m과 abc()가 있고, B 객체에는 추가로 n과 bcd()가 있다. 결국 B 객체 내부에 m, n, abc(), bcd()가 있는 형태다. 참조 변수가 B 타입으로 선언돼 있으므로 참조 변수 b는 B 객체를 가리키게 되고, 이때 참조 변수를 이용해 2개의 필드와 2개의 메서드를 모두 사용할 수 있다.
그럼 이제 `A a = new B()`일 때를 살펴보자.

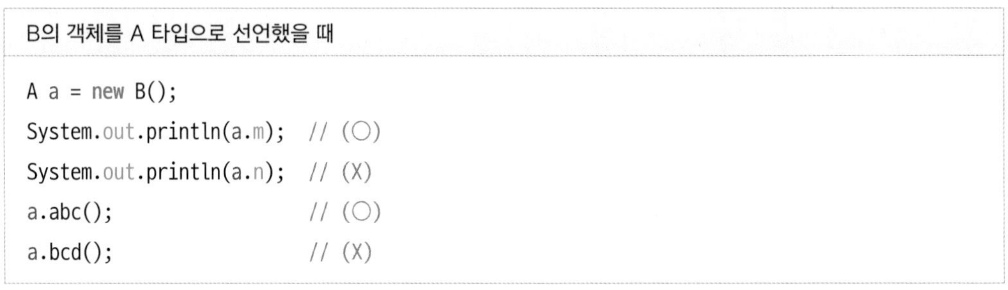

B의 객체를 A 타입으로 선언했을 때

```
A a = new B();
System.out.println(a.m);  // (○)
System.out.println(a.n);  // (X)
a.abc();                  // (○)
a.bcd();                  // (X)
```

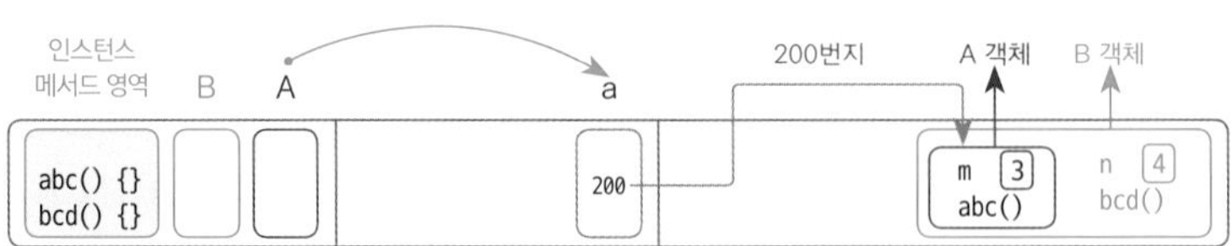

그림 10-9 A a = new B()로 객체를 생성했을 때 메모리 구조

B() 생성자로 객체를 생성한 것은 동일하므로 힙 메모리에 생성되는 객체의 모양은 동일할 것이다. 하지만 참조 변수가 A 타입으로 선언돼 있으므로 실제로 힙 메모리에 B 객체가 있더라도 참조 변수 a는 A 객체만을 가리킬 것이다. 따라서 이 경우에는 m과 abc()만 사용할 수 있다.

Do it! 실습 선언 타입에 따른 사용할 수 있는 멤버 Typecasting_2.java

```
Package sec02_typecasting.EX02_Typecasting_2;

class A {
    int m = 3;
    void abc() {
        System.out.println("A 클래스");
    }
}
class B extends A {
    int n = 4;
    void bcd() {
        System.out.println("B 클래스");
    }
}
public class Typecasting_2 {
    public static void main(String[] args) {
        // A 타입 / A 생성자
        A aa = new A();
        System.out.println(aa.m);
        aa.abc();

        // B 타입 / B 생성자
        B bb = new B();
        System.out.println(bb.m);
        System.out.println(bb.n);
        bb.abc();
        bb.bcd();

        // A 타입 / B 생성자: 다형적 표현
        A ab = new B();
        System.out.println(ab.m);
        ab.abc();
    }
}
```

실행 결과

```
3
A 클래스
3
4
A 클래스
B 클래스
3
A 클래스
```

10.2.4 캐스팅 가능 여부를 확인하는 instanceof 키워드

캐스팅할 수 있는지를 확인하려면 실제 객체를 어떤 생성자로 만들었는지와 클래스 사이의 상속 관계를 알아야 한다. 하지만 다른 사람이 만든 클래스를 사용할 때는 이런 정보를 하나하나 확인하는 것이 여간 번거로운 일이 아니다. 심지어 자신이 만든 클래스나 객체도 프로젝트 규모가 커지거나 소스 코드가 길어지면 일일이 생성 객체의 타입을 확인하기가 쉽지 않다. 이를 위해 자바는 캐스팅 가능 여부를 불리언 타입으로 확인할 수 있는 문법 요소를 제공하고 있는데, 이것이 바로 instanceof이다.

캐스팅 가능 여부 확인

```
참조 변수 instanceof 타입    // true: 캐스팅 가능 / false: 캐스팅 불가능
```

'참조 변수 instanceof 타입'과 같이 작성하며, 참조 변수가 해당 타입으로 캐스팅할 수 있을 때 true, 그렇지 않을 때 false를 리턴한다. 여기서 instanceof 뒤의 타입은 참조 변수가 표현될 수 있는 모든 다형적 타입을 의미한다. 예를 들어 A←B←C의 상속 구조에서 `C c = new C()`와 같이 생성했을 때 생성된 객체는 C 타입으로 선언돼 있지만, 다형적 표현 방법에 따라 A 및 B 타입으로도 선언될 수 있다. 따라서 `c instanceof A`, `c instanceof B`의 값은 모두 true이다.

```
C c = new C();
System.out.println(c instanceof A);    // true
System.out.println(c instanceof B);    // true
System.out.println(c instanceof C);    // true
```

이렇게 instanceof 키워드를 사용하면 상속 관계나 객체를 만든 생성자를 직접 확인하지 않고도 캐스팅 가능 여부를 확인할 수 있다. 따라서 잘못된 캐스팅에 따른 실행 예외(ClassCastException)로 프로그램이 종료되는 것을 방지하기 위해 일반적으로 다운캐스팅을 수행할 때 instanceof를 이용해 캐스팅 가능 여부를 확인하고, 가능한 때만 캐스팅을 수행한다.

A ← B의 상속 구조에서 instanceof의 결괏값에 따른 캐스팅 구문 실행 예

```
A ab = new B();
if(ab instanceof B) {       // true
    B b = (B)ab;            // 캐스팅 구문 실행
}

A aa = new A();
```

```
if(aa instanceof B) {        // false
    B b = (B)aa;             // 캐스팅 구문은 실행되지 않음.
}
```

Do it! 실습 캐스팅의 가능 여부를 확인할 수 있는 instanceof   Typecasting_3.java

```
package sec02_typecasting.EX03_Typecasting_3;

/*캐스팅의 가능 여부를 확인할 수 있는 instanceof*/

class A {}
class B extends A {}

public class Typecasting_3 {
    public static void main(String[] args) {
        // instanceof
        A aa = new A();
        A ab = new B();

        System.out.println(aa instanceof A);
        System.out.println(ab instanceof A);

        System.out.println(aa instanceof B);
        System.out.println(ab instanceof B);

        if(aa instanceof B) {
            B b = (B) aa;
            System.out.println("aa를 B로 캐스팅했습니다.");
        } else {
            System.out.println("aa는 B 타입으로 캐스팅이 불가능!!!");
        }
        if(ab instanceof B) {
            B b = (B) ab;
            System.out.println("ab를 B로 캐스팅했습니다.");
        } else {
            System.out.println("ab는 B 타입으로 캐스팅이 불가능!!!");
        }
        if ("안녕" instanceof String) {
```

```
                System.out.println("\"안녕\"은 String 클래스입니다.");
            }
        }
    }
```

실행 결과

```
true
true
false
true
aa는 B 타입으로 캐스팅이 불가능!!!
ab를 B로 캐스팅했습니다.
"안녕"은 String 클래스입니다.
```

10.3 메서드 오버라이딩

10.3.1 메서드 오버라이딩의 개념과 동작

메서드 오버라이딩overriding은 부모 클래스에게 상속받은 메서드와 동일한 이름의 메서드를 재정의하는 것으로, 부모의 메서드를 자신이 만든 메서드로 덮어쓰는 개념이다. 마치 우리가 동일한 위치에 동일한 파일을 저장하고자 할 때 덮어쓰기가 수행되는 것과 같은 원리다. 메서드 오버라이딩이 수행되기 위해서는 다음 2가지 조건을 만족해야 한다.

- 부모 클래스의 메서드와 시그너처 및 리턴 타입이 동일해야 한다.
- 부모 클래스의 메서드보다 접근 지정자의 범위가 같거나 넓어야 한다.

먼저 부모 클래스의 메서드와 시그너처(메서드명, 입력매개변수의 타입과 개수)뿐 아니라 리턴 타입까지 완벽하게 일치해야 한다. 두 번째 조건은 오버라이딩하려는 부모의 메서드보다 같거나 넓은 범위의 접근 지정자를 가져야 한다.
다음 예를 살펴보자. 클래스 A 내부에는 print() 메서드를 포함하고 있으며, 클래스 B는 클래스 A를 상속받은 후 print() 메서드를 다시 재정의함으로써 오버라이딩했다.

클래스 A와 B의 상속 관계 및 print() 메서드의 오버라이딩

```
class A {
    void print() {
        System.out.println("A 클래스");
    }
}
class B extends A {
    void print() {
        System.out.println("B 클래스");
    }
}
```

여기서 먼저 A aa = new A()와 같이 객체를 생성했을 때 메모리에서 일어나는 일을 살펴보자.

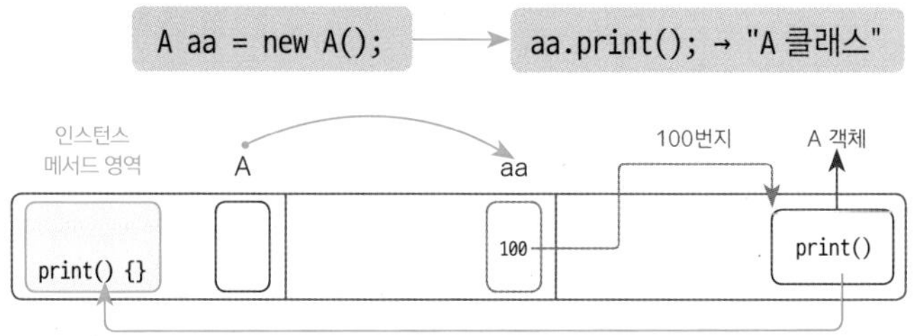

그림 10-10 A aa = new A()로 생성하고, print() 메서드를 호출했을 때의 메모리 구조

먼저 힙 메모리에 A() 생성자로 객체가 생성되고, 이를 A 타입으로 선언한 참조 변수 aa는 이 객체를 가리키고 있을 것이다. A 객체 내에는 print() 메서드가 있지만, 객체 내의 메서드는 실제 메서드의 위치 정보만 저장돼 있고, 실제 print()는 메서드 영역에 정의돼 있다. 당연히 aa.print()를 실행하면 "A 클래스"가 출력될 것이다. 이제 B bb = new B()일 때를 살펴보자.

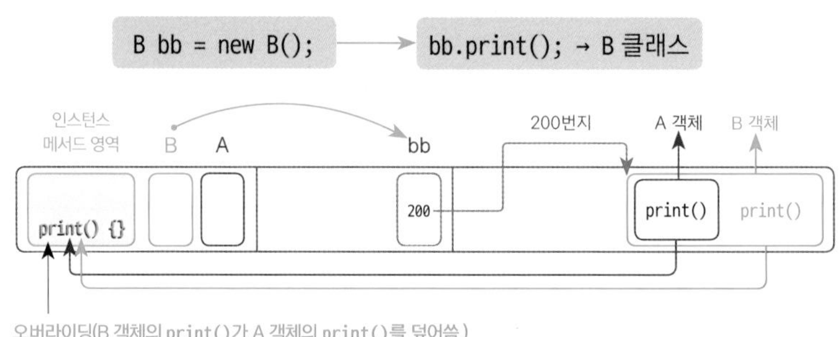

그림 10-11 B bb = new B()로 생성하고, print() 메서드의 호출했을 때의 메모리 구조

B() 생성자가 호출되면 우선 부모 클래스인 객체가 힙 메모리에 먼저 생성되므로 이 과정에서 A 객체 내의 print()가 메서드 영역에 생성될 것이다. 이후 B 객체가 생성되는데, 여기에서 print() 메서드를 추가했다. B 객체의 print() 역시 메서드 영역에 저장되는데, 이때는 이미 A 객체를 생성하는 과정에서 print() 메서드가 존재하고 있는 상황이다. 이때 B 객체의 print() 메서드가 이미 있는 A 객체의 print() 메서드를 덮어쓰기, 즉 오버라이딩하게 되는 것이다. 이제 bb.print()를 실행하면 bb 객체 내부의 print() 메서드가 가리키는 곳에 가서 print() 메서드가 실행된다. 메서드 영역의 print() 메서드는 이미 B의 print() 메서드로 오버라이딩된 이후이므로 당연히 "B 클래스"가 출력될 것이다.

전공자라면 이 정도는 꼭!

오버라이딩은 덮어쓰기와 똑같은 개념인가요?

오버라이딩을 개념상 덮어쓰기라고 설명하고 있지만, 사실 덮어쓰기와 오버라이딩은 차이가 있다. 덮어쓰기는 이전 파일이 완전히 삭제되고, 새로운 파일로 바뀌는 것이다. 반면 오버라이딩은 이전의 print() 메서드 위에 새로운 메서드가 올라(over) 타고(riding) 있다고 생각하면 된다. 그래서 원할 때 밑에 깔려 있는 A 객체의 print() 메서드도 호출할 수 있다. 이 부분은 나중에 다시 설명하기로 하고, 여기서는 B의 print()가 A의 print()를 덮어썼다고 생각하면 된다.

전공자라면 이 정도는 꼭!

동일한 필드나 메서드가 있을 때는 무엇부터 실행하나요?

객체 내에 동일한 필드 또는 동일한 메서드가 있을 때 참조 변수가 가리키는 객체의 바깥쪽부터 안쪽으로 들어가면서 만나는 첫 번째 멤버가 실행된다.

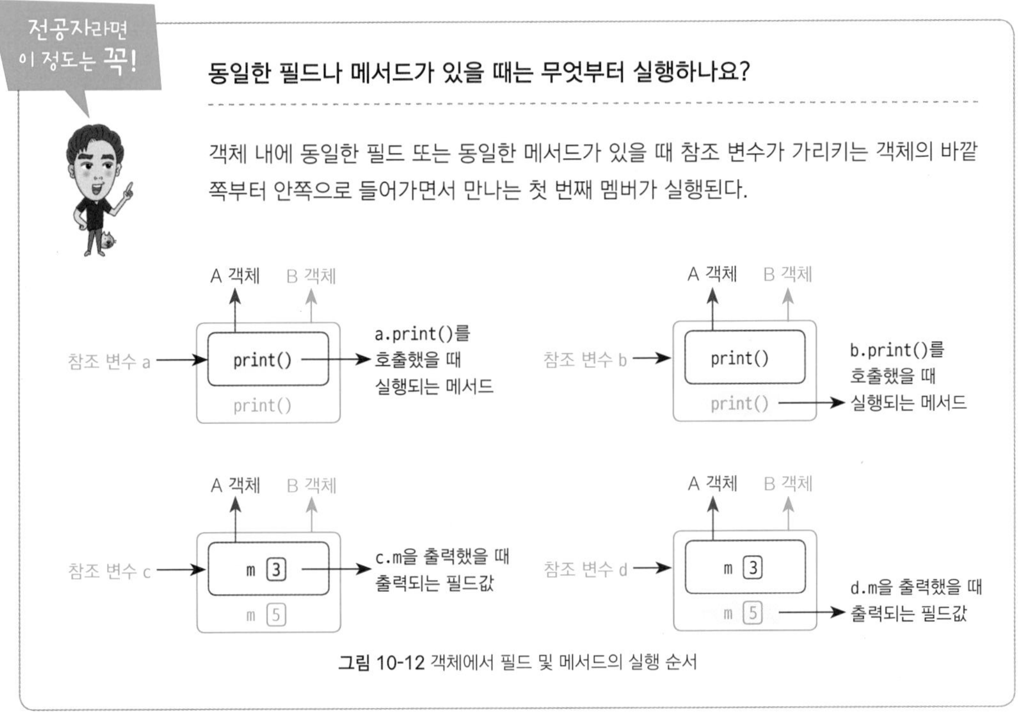

그림 10-12 객체에서 필드 및 메서드의 실행 순서

이제 가장 중요한 A ab = new B()일 때를 고려해보자.

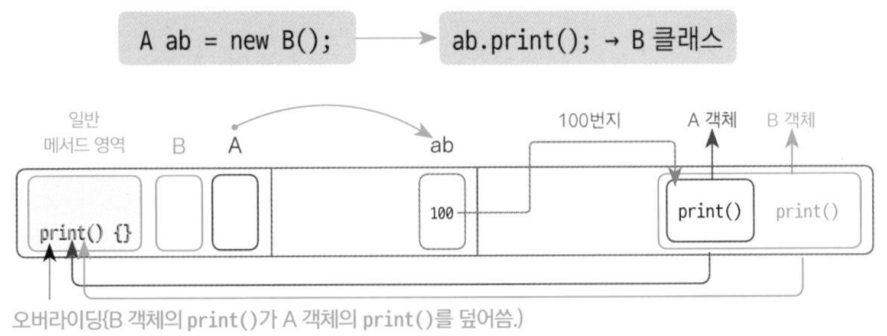

그림 10-13 A ab = new B()로 생성하고, print() 메서드를 호출했을 때의 메모리 구조

객체를 B() 생성자로 생성했지만, A 타입으로 참조 변수를 선언했을 때다. B() 생성자로 객체를 생성하므로 부모 클래스인 A 객체가 만들어지고, 이후 B의 객체가 만들어진다. 이 과정에서 메서드 영역에는 print() 메서드의 오버라이딩이 발생한다. 앞의 `B bb = new B()`와 객체 생성 과정은 같다. 다만 다른 점은 A 타입의 참조 변수를 사용하고 있으므로 참조 변수는 A 객체를 가리키고 있다는 것이다. 따라서 ab.print()는 실제 A 객체의 print() 메서드를 호출하는 것이다. 하지만 A 객체의 print() 메서드가 가리키는 곳은 이미 B의 print()로 오버라이딩된 이후이므로 A 객체 내부의 print()가 실행됐는데도 ab.print()의 결괏값으로 **"B 클래스"**가 출력되는 것이다.

Do it! 실습 메서드 오버라이딩의 기본 동작 MethodOverriding_1.java

```java
package sec03_methodoverriding.EX01_MethodOverriding_1;

class A {
    void print() {
        System.out.println("A 클래스");
    }
}
class B extends A {
    @Override
    void print() {
        System.out.println("B 클래스");
    }
}
public class MethodOverriding_1 {
    public static void main(String[] args) {
        // A 타입 / A 생성자
        A aa = new A();
        aa.print();

        // B 타입 / B 생성자
        B bb = new B();
        bb.print();

        // A 타입 / B 생성자
        A ab = new B();
        ab.print();
    }
}
```

실행 결과

```
A 클래스
B 클래스
B 클래스
```

10.3.2 메서드 오버라이딩을 사용하는 이유

메서드 오버라이딩은 왜 사용하는 것일까? 다음 예를 보면 직관적으로 이해할 수 있다. 먼저 부모 클래스로 Animal(동물) 클래스를 생성하고, 이 클래스를 상속받는 자식 클래스로 Bird(새)와 Cat(고양이) 그리고 Dog(개) 클래스를 생성했다.

```
class Animal {
    void cry() {

    }
}
```

```
class Bird extends Animal {
    void cry() {
        System.out.println("짹짹");
    }
}
```

```
class Cat extends Animal {
    void cry() {
        System.out.println("야옹");
    }
}
```

```
class Dog extends Animal {
    void cry() {
        System.out.println("멍멍");
    }
}
```

4개의 클래스 모두 cry() 메서드를 포함하고 있다. Animal 클래스 내부의 cry() 메서드는 아무런 내용도 포함하고 있지 않으며, 나머지 자식 클래스에는 각각 자신만의 울음소리를 출력하는 내용이 들어 있다. 이제 부모 클래스를 포함해 모든 클래스의 객체를 선언하고, 각각의 타입을 객체의 타입과 일치시켜 놓았다. 이때 각각의 객체의 cry() 메서드를 실행하면 당연히 각각의 울음소리가 출력될 것이다.

각각의 타입으로 선언 + 각각의 타입으로 객체 생성

```
Animal aa = new Animal();
Bird bb = new Bird();
Cat cc = new Cat();
Dog dd = new Dog();

aa.cry();      // 출력 없음.
bb.cry();      // 짹짹
cc.cry();      // 야옹
dd.cry();      // 멍멍
```

이번에는 다형적 표현을 사용해 각각의 자식 클래스 타입으로 객체를 생성하고, 이들 모두를 부모 클래스 타입으로 선언했다.

부모 클래스 타입으로 선언 + 각각의 타입으로 객체 생성

```
Animal ab = new Bird();
Animal ac = new Cat();
Animal ad = new Dog();

ab.cry();      // 짹짹
ac.cry();      // 야옹
ad.cry();      // 멍멍
```

이때 참조 변수 ab, ac, ad는 모두 Animal 타입이지만, 각각 서로 다른 메서드로 오버라이딩 됐으므로 각각의 cry() 메서드는 서로 다른 출력 결과를 보인다. 여기서 꼭 알아야 할 것은 Animal 클래스 내부에 아무런 기능도 수행하지 않는 cry() 메서드가 있는 이유다. 다형적 표현으로 자식 클래스들의 객체를 부모 클래스인 Animal 타입으로 선언할 수는 있지만, 이렇게 되면 Animal 내부의 메서드만 사용할 수 있다. 즉, 만일 Animal 클래스 내부에 cry() 메서드가 없었다면, 어떤 참조 변수도 cry()를 호출할 수 없을 것이다. 이것이 아무런 기능도 수행하지 않는데도 Animal 클래스 내부에 cry() 메서드를 넣어 둔 이유다.

부모 클래스에 선언한 cry() 메서드는 단순히 자식 클래스에서 호출하기 위한 용도다. 그렇다면 굳이 메서드의 원형을 지켜가면서 작성할 필요가 없을 것이다. 그래서 나온 문법이 12장의 '추상abstract 메서드'다.

이렇게 모든 객체를 부모 타입 하나로 선언하면 다음처럼 배열로 한 번에 관리할 수 있다는 장점이 있다.

배열로 한 번에 관리 가능

```
Animal[] animals = new Animal[] { new Bird(), new Cat(), new Dog() };
for (Animal animal : animals) {
    animal.cry();
} // 짹짹, 야옹, 멍멍
```

Do it! 실습 메서드 오버라이딩의 대표적인 예 MethodOverriding_2.java

```
package sec03_methodoverriding.EX02_MethodOverriding_2;

class Animal {
    void cry() {}
}
class Bird extends Animal {
    @Override
    void cry() {
        System.out.println("짹짹");
    }
}
class Cat extends Animal {
    @Override
    void cry() {
        System.out.println("야옹");
    }
}
class Dog extends Animal {
    @Override
    void cry() {
        System.out.println("멍멍");
    }
}
public class MethodOverriding_2 {
    public static void main(String[] args) {
        // 각각의 타입으로 선언 + 각각의 타입으로 생성
        Animal aa = new Animal();
        Bird bb = new Bird();
        Cat cc = new Cat();
        Dog dd = new Dog();
        aa.cry();
        bb.cry();
        cc.cry();
        dd.cry();
        System.out.println();

        // Animal 타입으로 선언 + 자식 클래스 타입으로 생성
```

```
        Animal ab = new Bird();
        Animal ac = new Cat();
        Animal ad = new Dog();
        ab.cry();
        ac.cry();
        ad.cry();
        System.out.println();

        // 배열로 관리
        Animal[] animals = {ab, ac, ad};
        for(Animal animal : animals) {
            animal.cry();
        }
    }
}
```

실행 결과

```
짹짹
야옹
멍멍

짹짹
야옹
멍멍

짹짹
야옹
멍멍
```

10.3.3 메서드 오버라이딩과 메서드 오버로딩

간혹 메서드 오버라이딩overriding과 메서드 오버로딩overloading을 혼동할 때가 있다. 오버로딩은 이름이 동일하지만, 시그너처가 다른 여러 개의 메서드를 같은 공간에 정의하는 것을 말한다. 오버라이딩과 오버로딩을 폴더 내의 파일과 비교해 보면 오버라이딩은 파일명과 확장명이 완벽하게 동일한 파일을 같은 공간에 복사할 때다. 이때는 덮어쓰기가 수행될 것이다. 반면 오버로딩은 파일명은 동일하지만, 확장명이 다른 파일(abc.jpg, abc.png, …)을 같은 폴더에 복사해 넣을 때다. 이때 각각의 파일이 모두 같은 공간에 존재할 수 있다. 다음 예를 살펴보자.

메서드 오버라이딩과 메서드 오버로딩

```
class A {
    void print1() {
        System.out.println("A 클래스 print1");
    }
    void print2() {
        System.out.println("A 클래스 print2");
    }
}
```

메서드 오버라이딩

메서드 오버로딩

```
class B extends A {
    void print1() {
        System.out.println("B 클래스 print1");
    }
    void print2(int a) {
        System.out.println("B 클래스 print2");
    }
}
```

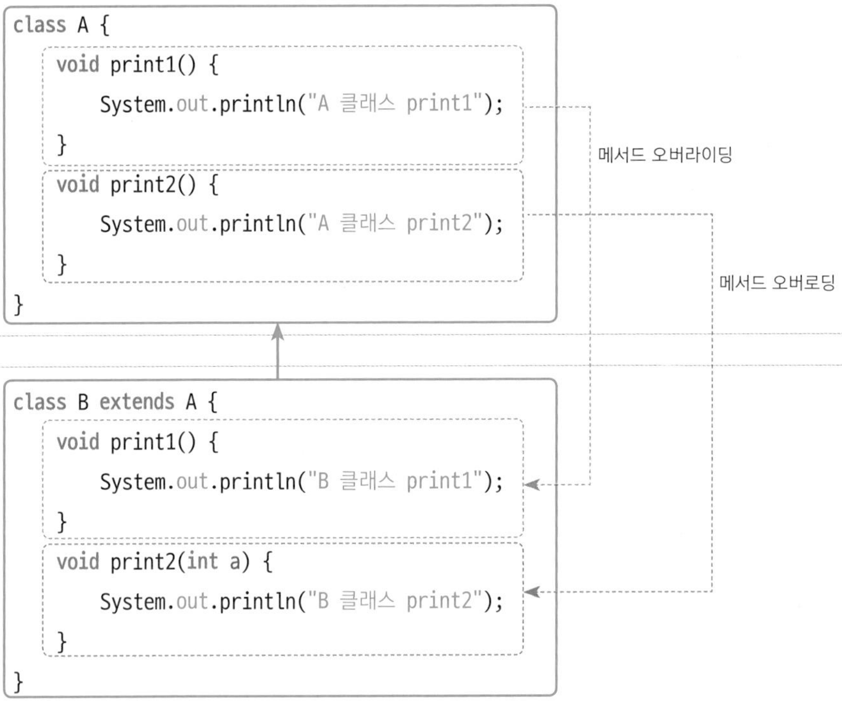

클래스 A에는 print1()과 print2() 메서드가 있다. 클래스 A를 상속받은 클래스 B에서는 print1()과 print2(int a)를 추가로 정의했다. 이때 클래스 B에서는 몇 개의 메서드를 사용할 수 있을까? 정답은 3개다. print1()은 상속받은 메서드와 리턴 타입과 시그너처가 완벽하게 동일하므로 오버라이딩된다. 반면 클래스 A에게 상속받은 print2() 메서드는 입력매개변수가 없는 print2() 메서드이며, 클래스 B에서 추가로 정의한 메서드는 입력매개변수로 정숫값을 1개 받는 print2(int a)이므로 메서드 시그너처가 다르다. 즉, print2() 메서드는 오버로딩되는 것이다. 결과적으로 클래스 B 내부에서는 print1(), print2(), print2(int a)를 사용할 수 있다.

Do it! 실습 메서드 오버라이딩과 메서드 오버로딩 MethodOverriding_3.java

```
package sec03_methodoverriding.EX03_MethodOverriding_3;

class A {
    void print1() {
        System.out.println("A 클래스 print1");
    }
    void print2() {
```

```java
            System.out.println("A 클래스 print2");
        }
}
class B extends A {
    @Override
    void print1() {
        System.out.println("B 클래스 print1");
    }
    void print2(int a) {
        System.out.println("B 클래스 print2");
    }
}
public class MethodOverriding_3 {
    public static void main(String[] args) {
        // A 타입 선언 / A 생성자 사용
        A aa = new A();
        aa.print1();
        aa.print2();
        System.out.println();

        // B 타입 선언 / B 생성자 사용
        B bb = new B();
        bb.print1();
        bb.print2();
        bb.print2(3);
        System.out.println();

        // A 타입 선언 / B 생성자 사용
        A ab = new B();
        ab.print1();
        ab.print2();
    }
}
```

실행 결과

```
A 클래스 print1
A 클래스 print2

B 클래스 print1
A 클래스 print2
B 클래스 print2

B 클래스 print1
A 클래스 print2
```

10.3.4 메서드 오버라이딩과 접근 지정자

자식 클래스가 부모 클래스의 메서드를 오버라이딩할 때는 반드시 상속받은 메서드의 접근 지정자와 범위가 같거나 넓은 접근 지정자를 사용해야 한다. 즉, 접근 지정자의 범위를 좁힐 수 없다는 말이다. 예를 들어 부모 클래스의 메서드가 default 접근 지정자를 포함하고 있을 때 자식 클래스는 default 접근 지정자와 같거나 큰 범위의 접근 지정자, 즉 public, protected, default 접근 지정자만 사용할 수 있다.

표 10-2 메서드 오버라이딩할 때 사용할 수 있는 접근 지정자

부모 클래스 메서드의 접근 지정자	메서드 오버라이딩을 할 때 사용할 수 있는 접근 지정자
public	public
protected	public, protected
default	public, protected, default
private	public, protected, default, private

Do it! 실습 메서드 오버라이딩과 접근 지정자 MethodOverriding_4.java

```
package sec03_methodoverriding.EX04_MethodOverriding_4;

class A {
    protected void abc() {}
}
class B1 extends A {
    public void abc() {}
}
class B2 extends A {
    protected void abc() {}
}
class B3 extends A {
    // void abc() {}             // default 접근 지정자(좁아져서 불가능)
}
class B4 extends A {
    // private void abc() {}     // private 접근 지정자(좁아져서 불가능)
}
public class MethodOverriding_4 {
    public static void main(String[] args) {
    }
}
```

실행 결과

없음

10.4 인스턴스 필드와 정적 멤버의 중복

10.3절에서는 오버라이딩을 알아봤다. 정확히 말하면 메서드 오버라이딩이다. 즉, 메서드만 오버라이딩된다는 말이다. 그런데 만일 부모 클래스에서 상속받을 필드명과 동일한 필드명을 추가하면 어떻게 될까? 또는 정적 메서드도 오버라이딩이 될까? 정답부터 말하면, 인스턴스 필드나 정적 멤버(정적 필드와 정적 메서드)는 자식 클래스에서 동일한 이름으로 정의해도 오버라이딩되지 않는다. 메모리 구조를 보면서 그 이유를 하나씩 알아보자.

10.4.1 인스턴스 필드의 중복

먼저 인스턴스 필드가 중복될 때를 살펴보자. 클래스 A에는 필드 `m = 3`이 있다. 클래스 B는 A를 상속받은 후 필드를 동일한 이름으로 선언하고, 값을 4로 초기화했다.

인스턴스 필드의 중복

```
class A {
    int m = 3;
}

class B extends A {
    int m = 4;
}
```

이때 메서드 오버라이딩과 마찬가지로 3가지 메모리 동작을 살펴보자. 먼저 `A a = new A()`일 때다.

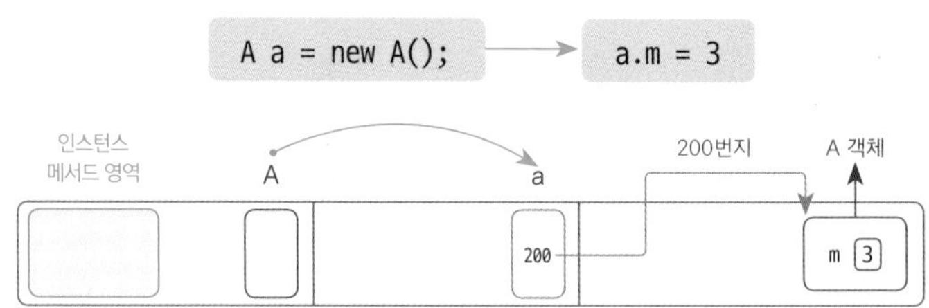

그림 10-14 A a = new A()로 객체를 생성한 후 a.m = 3을 실행할 때의 메모리 구조

A() 생성자로 생성하고, A 타입으로 선언했으므로 B는 쳐다볼 필요도 없다. 힙 메모리에는 `m = 3`인 필드를 포함하고 있는 객체가 생성되며, A 타입으로 선언돼 있으므로 참조 변수는 이 A 타입의 객체를 가리키고 있을 것이다. 따라서 `a.m`은 당연히 3의 값이 나올 것이다. 이제 `B b = new B()`, 즉 B() 생성자로 객체를 생성하고, B 타입으로 선언했을 때다.

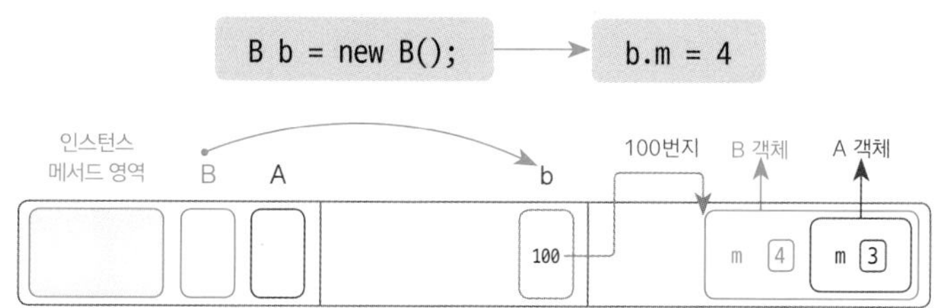

그림 10-15 B b = new B()로 객체를 생성한 후 b.m = 4를 실행할 때의 메모리 구조

B()로 B 객체를 생성하는 과정에서 먼저 부모 객체인 A 객체가 먼저 생성될 것이다. A 객체가 생성된 후 클래스 B에서 추가한 내용을 포함하는 객체가 만들어질 것이다. 메모리를 살펴보면 B 객체 속에는 필드 m의 값이 2개 존재한다. 1개는 부모 클래스에서 만든 필드 m(=3), 1개는 자식 클래스에서 만든 필드 m(=4)이다. 인스턴스 필드는 이름이 중복되더라도 객체 내의 각각의 공간 속에 저장된다. 즉, 저장 공간이 완벽하게 분리돼 있으므로 오버라이딩은 발생하지 않는다. B 타입으로 참조 변수를 선언했으므로 외부의 B 객체를 가리키고 있을 것이다. 그렇다면 `b.m`의 값은 무엇일까? 이때 항상 가리키고 있는 객체 테두리에서 안쪽으로 들어가면서 만나는 첫 번째 값이 실행된다. 여기서는 B 객체를 가리키고 있으므로 `b.m`은 B 객체의 m 값을 의미한다. 따라서 4의 값을 가리키게 되는 것이다.

메서드의 경우 객체 내의 메서드 위치를 저장하는 공간은 분리돼 있지만, 실제 메서드가 저장되는 공간은 인스턴스 메서드 영역 한곳이므로 오버라이딩이 발생하는 것이다.

마지막으로 `A a = new B()`로 객체를 생성했을 때를 살펴보자.

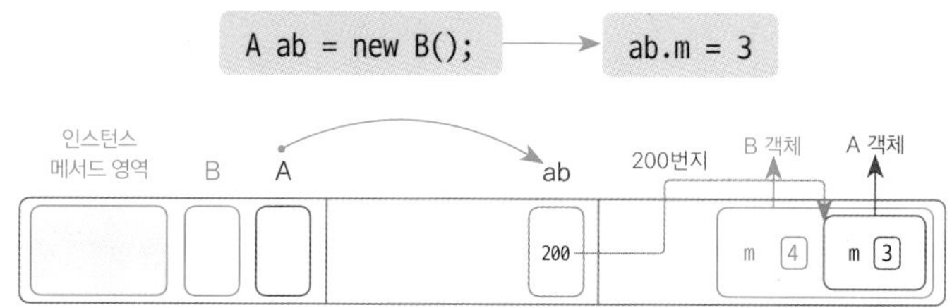

그림 10-16 A ab = new B()로 객체를 생성한 후 ab.m = 3을 실행할 때의 메모리 구조

이때 힙 메모리에 생성되는 객체의 모양은 바로 이전 예시와 동일하며, 선언된 참조 변수의 타입만 다르다. 여기에서는 A 타입으로 선언됐기 때문에 A 객체를 가리키고 있을 것이다. A 객체에는 1개의 m 값(=3)만 포함하고 있으므로 ab.m = 3의 결과가 나타난다.

이상의 내용을 정리하면, 인스턴스 필드는 상속받은 필드와 동일한 이름으로 자식 클래스에서 정의해도 각각의 저장 공간에 저장되므로 오버라이딩은 발생하지 않는다.

Do it! 실습 **인스턴스 필드의 중복** OverlapInstanceField.java

```
package sec04_overlapmember.EX01_OverlapInstanceField;

class A {
    int m = 3;
}
class B extends A {
    int m = 4;
}
public class OverlapInstanceField {
    public static void main(String[] args) {
        // 객체 생성
        A aa = new A();
        B bb = new B();
        A ab = new B();

        // 인스턴스 필드
        System.out.println(aa.m);
        System.out.println(bb.m);
        System.out.println(ab.m);
    }
}
```

실행 결과

```
3
4
3
```

10.4.2 정적 필드의 중복

이번에는 정적static 필드를 살펴보자. 정적 필드의 저장 공간은 정적 영역의 클래스 내부에 만들어지고, 모든 객체가 공유한다고 했다. 다음 예에서 클래스 A는 정적 필드 `m = 3`을 포함하고 있고, 이를 상속한 클래스 B에서도 동일한 이름의 정적 필드 `m = 4`를 정의했다.

정적 필드의 중복

```
class A {
    static int m = 3;
}

class B extends A {
    static int m = 4;
}
```

이제 여러 예시 코드를 실행했을 때 메모리에 어떤 일이 일어나는지 살펴보자. 정적 필드는 객체를 생성하지 않아도 사용할 수 있으므로 힙 메모리에 객체를 만들지 않아도 된다. 하지만 객체를 생성한 후에도 사용할 수 있으므로 이를 모두 포함해 살펴보자.

정적 필드의 중복 예 1

A.m = 3;
A 객체를 생성하지 않고 필드값 지정
A a = new A();
a.m = 3;
A 객체를 생성한 후 필드값 지정

첫 번째 예시에서는 클래스 영역의 클래스 A 내에 정적 필드 `m = 3`의 값이 저장된다. 객체로 m 값을 읽어도 동일한 위치(`A.m`)의 값이 읽힌다.

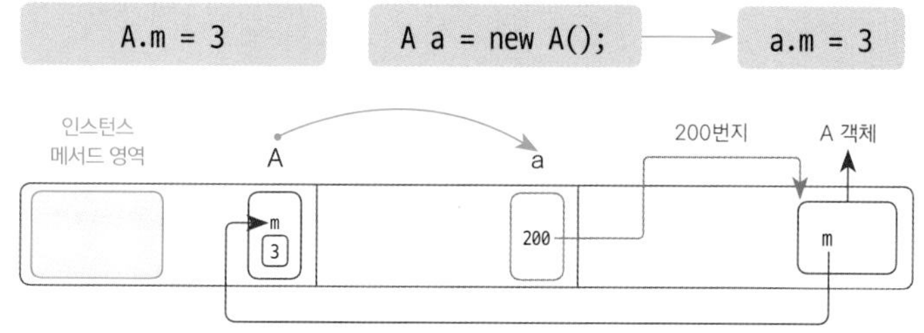

그림 10-17 A.m = 3 또는 A a = new A()로 객체를 생성한 후 a.m = 3을 실행할 때의 메모리 구조

정적 필드의 중복 예 2
A.m = 3;
B.m = 4;
A, B 객체를 생성하지 않고 필드값 지정
B b = new B();
b.m = 4;
B 객체를 생성한 후 필드값 지정

두 번째 예시에서 b.m = 4는 B 객체 속의 m 값에 4를 입력하라는 의미이므로 B.m = 4와 동일한 의미를 지니고 있다. 메모리의 구조에서도 볼 수 있는 것처럼 클래스 A와 B 내에 포함된 정적 필드의 저장 공간은 완벽하게 분리돼 있는 것을 알 수 있다. 따라서 오버라이딩은 발생하지 않는다.

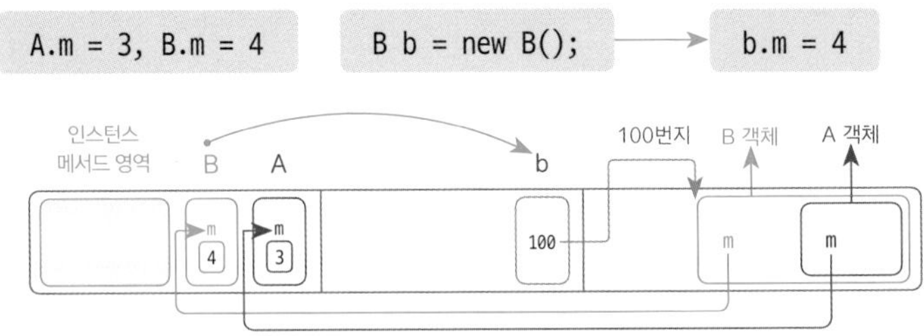

그림 10-18 A.m = 3, B.m = 4 또는 B b = new B()로 객체를 생성한 후 b.m = 4를 실행할 때의 메모리 구조

정적 필드의 중복 예 3
A.m = 3;
B.m = 4;
A, B 객체를 생성하지 않고 필드값 지정
A ab = new B();
ab.m = 3;
B 객체를 A 타입으로 지정한 후 필드값 지정

마지막 예시에서 ab.m = 3은 A 타입이 가리키는 객체 속의 m 값, 즉 A.m = 3과 동일한 의미를 지닌다. 이 역시 두 클래스의 정적 필드 저장 공간은 완벽히 분리돼 있으므로 오버라이딩은 발생하지 않는다.

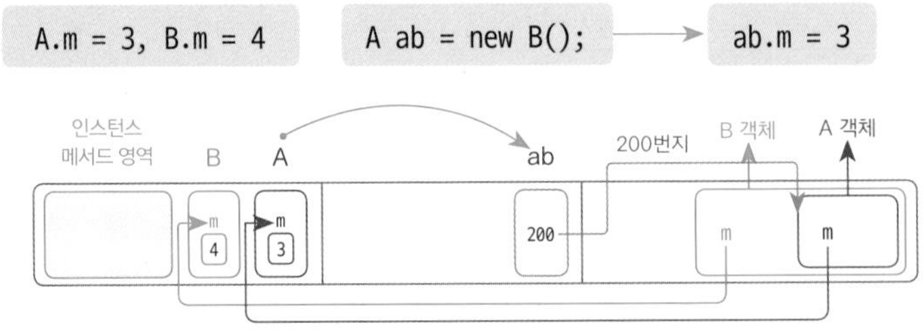

그림 10-19 A.m = 3, B.m = 4 또는 A ab = new B()로 객체를 생성한 후 ab.m = 3을 실행할 때의 메모리 구조

결론적으로 말하면, 상속할 때 정적 필드명을 중복해 정의해도 저장 공간이 분리돼 있으므로 오버라이딩은 발생하지 않는다.

Do it! 실습 정적 필드의 중복 OverlapStaticField.java

```java
package sec04_overlapmember.EX02_OverlapStaticField;

class A {
    static int m = 3;
}
class B extends A {
    static int m = 4;
}
public class OverlapStaticField {
    public static void main(String[] args) {
        // 클래스명으로 바로 접근
        System.out.println(A.m);
        System.out.println(B.m);
        System.out.println();

        // 객체 생성
        A aa = new A();
        B bb = new B();
        A ab = new B();

        // 생성한 객체로 정적 필드 호출
        System.out.println(aa.m);
        System.out.println(bb.m);
        System.out.println(ab.m);
    }
}
```

실행 결과

```
3
4

3
4
3
```

10.4.3 정적 메서드의 중복

인스턴스 메서드가 오버라이딩됐던 이유는 동일한 공간에 동일한 이름의 메서드를 저장했기 때문이다. 하지만 정적 메서드는 정적 필드와 마찬가지로 각자의 클래스 내부에 존재한다. 즉, 다른 공간에 저장되는 것이다.

정적 메서드의 중복

```
class A {
    static void print() {
        System.out.println("A");
    }
}

class B extends A {
    static void print() {
        System.out.println("B");
    }
}
```

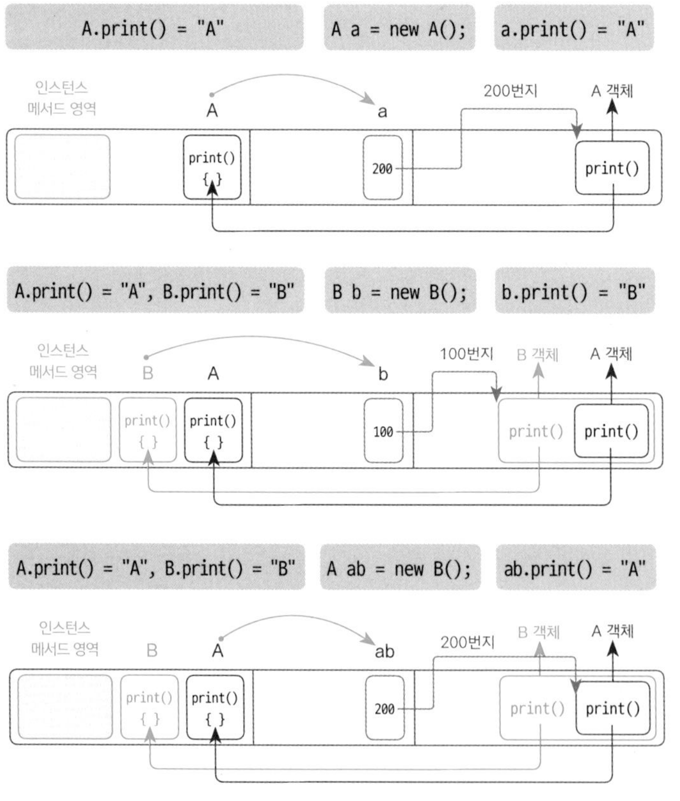

그림 10-20 상속 시 3가지 정적 메서드 호출 방법에 따른 메모리의 구조

부모 클래스의 정적 메서드는 부모 클래스의 내부, 자식 클래스의 정적 메서드는 자식 클래스의 내부에 저장된다. 따라서 부모 클래스의 정적 메서드와 동일한 이름으로 자식 클래스에서 정의한다 하더라도 절대 오버라이딩되지 않는다. 정적 메서드가 메모리상에서 동작하는 모습은 정적 필드와 동일하므로 자세한 설명은 생략한다.

Do it! 실습 **정적 메서드의 중복** OverlapStaticMethod.java

```java
package sec04_overlapmember.EX03_OverlapStaticMethod;

class A {
    static void print() {
        System.out.println("A 클래스");
    }
}
class B extends A {
    static void print() {
        System.out.println("B 클래스");
    }
}
public class OverlapStaticMethod {
    public static void main(String[] args) {
        // 클래스명으로 바로 접근
        A.print();
        B.print();
        System.out.println();

        // 객체 생성
        A aa = new A();
        B bb = new B();
        A ab = new B();

        // 객체를 통한 메서드 호출
        aa.print();
        bb.print();
        ab.print();
    }
}
```

실행 결과

```
A 클래스
B 클래스

A 클래스
B 클래스
A 클래스
```

10.4.4 인스턴스 멤버와 정적 멤버의 중복 정리

지금까지 상속 과정에서 부모의 인스턴스 필드, 인스턴스 메서드, 정적 필드, 정적 메서드와 동일한 이름으로 자식 클래스에서 멤버를 재정의했을 때 일어나는 상황을 알아봤다. 객체의 생성 과정을 메모리상으로 표현할 수 있다면 외우지 않아도 쉽게 이해할 수 있겠지만, 아직 완전히 이해하지 못했다면 그림 10-21을 보면서 정리된 결과라도 꼭 기억해 두자.

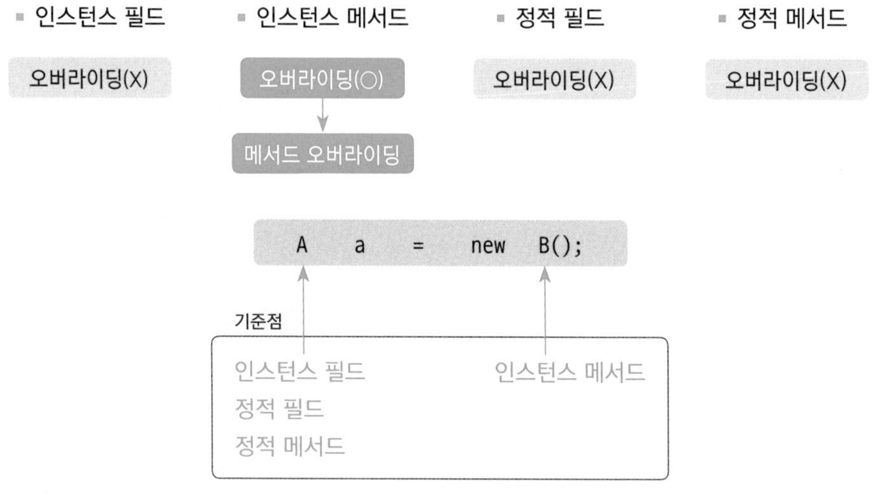

그림 10-21 인스턴스 멤버와 정적 멤버 중복 정리

여기서 기준점은 '값을 읽을 때의 기준'을 의미한다. 예를 들어 인스턴스 필드 m이 클래스 A와 클래스 B에 모두 있다면 `A a = new B()`와 같이 표현했을 때 인스턴스 필드의 기준점은 선언 타입이므로 a.m은 클래스 A의 필드값을 가리키는 것이다. 나머지 멤버도 이와 마찬가지로 이해하면 된다. 즉, 인스턴스 메서드는 객체가 어떤 생성자로 생성됐는지, 나머지는 어떤 타입으로 선언됐는지가 기준이 되는 것이다.

10.5 super 키워드와 super() 메서드

this 키워드와 this() 메서드는 클래스 자신의 내부 구성 요소를 호출하는 문법 요소다. 다시 한번 정리하면, this는 자기 객체를 가리키는 참조 변수명으로 인스턴스 메서드 내부에서 필드를 사용하거나 메서드를 호출할 때 참조 변수명으로 사용하고, 생략했을 때 컴파일러가 자동으로 추가해 준다고 했다. this() 메서드는 자신의 또 다른 생성자를 호출하고, 생성자 내에서만 사용할 수 있으며, 항상 첫 줄에 위치해야 한다고 했다. 한마디로 정리하면 **this는 자신의 객체, this()는 자신의 생성자를 의미**한다. 이와 달리 **super는 부모의 객체, super()는 부모의 생성자를 의미**한다. super와 super()는 모두 부모 클래스와 관련이 있으므로 상속 관계에서만 사용할 수 있다.

10.5.1 부모의 객체를 가리키는 super 키워드

먼저 super 키워드를 알아보자. super 키워드는 부모의 객체를 가리키는 것으로, 필드명의 중복 또는 메서드 오버라이딩으로 가려진 부모의 필드 또는 메서드를 호출하기 위해 사용한다.

다음 예를 살펴보자. 클래스 A에는 abc() 메서드가 1개 있다. 이를 상속한 클래스 B에서는 abc() 메서드를 오버라이딩하고, 추가로 bcd() 메서드를 생성했다. 새롭게 추가한 bcd() 메서드에서는 abc() 메서드를 호출했다. 여기서 호출된 abc() 메서드는 어느 클래스의 메서드일까? 이미 눈치챘겠지만, 인스턴스 메서드의 내부에서 모든 필드와 메서드 앞에 있는 객체를 생략하면 this 키워드가 추가된다. 다시 말해 abc()를 호출하면 컴파일러는 this.abc(), 즉 클래스 B의 abc()를 호출한다.

Do it! 실습 멤버 앞에 있는 참조 변수를 생략(this.)했을 때의 메서드 호출 SuperKeyword_1.java

```
package sec05_superkeywordsupermethod.EX01_SuperKeyword_1;

class A {
    void abc() {
        System.out.println("A 클래스의 abc()");
    }
}
class B extends A {
```

```
    void abc() {
        System.out.println("B 클래스의 abc()");
    }
    void bcd() {
        abc();    // this.abc();
    }
}
public class SuperKeyword_1 {
    public static void main(String[] args) {
        // 객체 생성
        B bb = new B();

        // 메서드 호출
        bb.bcd();
    }
}
```

실행 결과

```
B 클래스의 abc()
```

그렇다면 부모 클래스의 abc()를 자식 클래스에서 호출할 수 있을까? 이때 사용하는 것이 바로 super 키워드다. 다음 예를 살펴보자. super는 부모의 객체를 말하는 것이므로 명시적으로 super.abc()라고 작성하면 부모의 abc()를 호출할 수 있다.

Do it! 실습 멤버 앞에 있는 super 키워드를 사용했을 때의 메서드 호출 SuperKeyword_2.java

```
package sec05_superkeywordsupermethod.EX02_SuperKeyword_2;

class A {
    void abc() {
        System.out.println("A 클래스의 abc()");
    }
}
class B extends A {
    void abc() {
        System.out.println("B 클래스의 abc()");
    }
```

```java
    void bcd() {
        super.abc();    // 부모 클래스 객체의 abc() 메서드 호출
    }
}
public class SuperKeyword_2 {
    public static void main(String[] args) {
        // 객체 생성
        B bb = new B();

        // 메서드 호출
        bb.bcd();
    }
}
```

실행 결과

```
A 클래스의 abc()
```

실제로 이렇게 부모의 메서드를 호출해야 할 때는 자주 있다. 다음 예를 살펴보자.

super 키워가 사용되는 예

```java
class A {
    void init() {
        // 메모리 할당, 화면 세팅, 변수 초기화 등의 코드 100줄
    }
}
class B extends A {
    void init() {
        // 메모리 할당, 화면 세팅, 변수 초기화 등의 코드 100줄
        // 화면 출력 코드 1줄
    }
}
class C extends A {
    void init() {
        super.init();
        // 화면 출력 코드 1줄
    }
}
```

코드 총 101줄

코드 총 2줄

부모 클래스의 init() 메서드가 있고, 여기에서 메모리 할당 등과 같은 100여 줄의 초기화 코드가 들어 있다고 가정해 보자. 그런데 자식 클래스는 그런 부모 클래스의 초기화 기능에 화면 출력 기능이 있는 코드 1줄만 추가하고 싶다. 이때 super 키워드가 없다면 자식 클래스에는 부모 클래스의 코드 100여 줄과 추가할 코드 1줄까지 모두 작성해야 할 것이다. 반면 super 키워드를 사용하면 자식 클래스의 메서드에서 부모 클래스의 메서드를 호출하고, 추가할 코드 1줄만 따로 작성하면 된다.

10.5.2 부모 클래스의 생성자를 호출하는 super() 메서드

클래스 A를 상속받아 클래스 B를 생성하고, B() 생성자를 이용해 객체를 생성할 때 항상 부모 클래스 객체가 먼저 생성된다고 했다. 그런데 어떻게 자식 클래스 생성자로 부모 클래스 객체를 먼저 만들 수 있었을까? 이것이 바로 super() 메서드의 역할이다. super()는 부모 클래스의 생성자를 호출한다. this()와 마찬가지로 생성자의 내부에서만 사용할 수 있고, 반드시 첫 줄에 와야 한다. this() 메서드도 생성자의 첫 줄에만 올 수 있으므로 이 둘은 1개의 생성자에서 절대로 같이 쓸 수 없을 것이다. 다음 예제를 살펴보자.

super()를 이용한 부모 클래스 생성자 호출

```
class A {
    A() {
        System.out.println("A 생성자");
    }
}
class B extends A {
    B() {
        super();
        System.out.println("B 생성자");
    }
}
```

B b = new B()와 같이 B() 생성자로 객체를 생성했을 때의 메모리 구조는 다음과 같다.

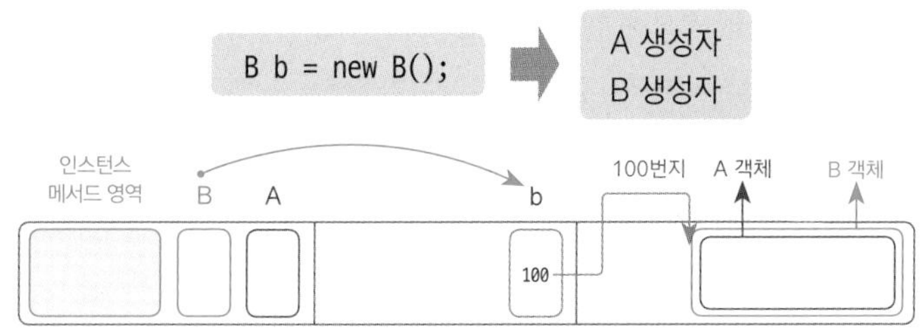

그림 10-22 super() 메서드를 이용한 부모 클래스의 생성자 호출

B() 생성자를 이용해 객체를 생성할 때는 가장 먼저 super() 메서드를 실행하고 있다. super()는 부모의 생성자를 호출하는 것이므로 A()가 실행될 것이다. A() 생성자의 실행이 완료되면 메모리에는 A 객체가 생성될 것이다. 이후 다시 돌아와 나머지 코드를 실행한다. 따라서 `B b = new B()`와 같이 객체를 생성하면 값이 **"A 생성자", "B 생성자"** 순으로 출력된다.

super() 메서드로 호출하는 대상은 super 대신 부모 클래스명을 대입하면 된다. 예를 들어 super()→A(), super(3)→A(3)이다.

여기서 매우 중요한 사실은 **모든 생성자의 첫 줄에는 반드시 this() 또는 super()가 있어야 한다**는 것이다. 만일 아무것도 써 주지 않으면 컴파일러는 super()를 자동으로 삽입한다. 즉, 생성자를 호출할 때는 항상 부모 클래스의 생성자가 한 번은 호출된다는 것이다. 이게 바로 자식 클래스의 생성자로 객체를 생성할 때 부모 클래스의 객체가 만들어지는 이유다.
super()가 자동으로 추가되는지를 바로 확인할 수 있는 방법이 있다. 다음 예제를 살펴보자.

super()의 자동 추가 확인

```
class A {
    A(int a) {
        System.out.println("A 생성자");
    }
}
class B extends A {

}
```

오류 발생

클래스 A에는 int 값을 받는 생성자가 1개 정의돼 있다. 기본 생성자는 아니더라도 생성자가 있으므로 컴파일러는 기본 생성자를 추가해 주지 않을 것이다. 이제 클래스 B를 정의하고, 클래스 A를 상속하면 내부에 아무런 코드를 작성하지도 않았는데 상속받자마자 오류가 발생한다. 그 이유는 무엇일까?

클래스 B 안에는 생성자가 없으므로 컴파일러가 기본 생성자를 자동으로 삽입해 줄 것이다. 또한 모든 생성자의 첫 줄에는 this() 또는 super()가 있어야 하므로 컴파일러는 추가로 기본 생성자의 첫 줄에 super() 메서드를 추가한다. 앞에서 설명한 것처럼 super()는 부모의 기본 생성자, 즉 A()를 호출하라는 의미다. 하지만 클래스 A는 기본 생성자를 포함하고 있지 않으므로 오류가 발생하는 것이다. 이를 해결하기 위해서는 클래스 B에 생성자를 직접 작성하고 첫 줄에 super(3)과 같이 정수를 입력받는 부모의 생성자를 명시적으로 호출해야 한다.

Do it! 실습 super() 메서드의 기능 및 컴파일러에 따라 super() 자동 추가 SuperMethod_1.java

```
package sec05_superkeywordsupermethod.EX03_SuperMethod_1;

class A {
    A() {
        System.out.println("A 생성자");
    }
}
class B extends A {
    B() {
        super();    // 생략했을 때 컴파일러가 자동 추가(부모 클래스의 생성자 호출)
        System.out.println("B 생성자");
    }
}
class C {
    C(int a) {
        System.out.println("C 생성자");
    }
}
class D extends C {
    /* 컴파일러가 자동으로 추가해 주는 내용
    D() {
        super();
    }
    */
    D() {
        super(3);
    }
}

```

```
public class SuperMethod_1 {
    public static void main(String[] args) {
        // A 객체 생성
        A aa = new A();
        System.out.println();

        // B 객체 생성
        B bb = new B();
    }
}
```

실행 결과

```
A 생성자

A 생성자
B 생성자
```

마지막으로 this()와 super()가 여러 개 섞여 있는 예제를 살펴보자. 가장 마지막의 경우만 살펴보면 `B bb2 = new B(2)`와 같이 클래스 B의 두 번째 생성자를 호출해 객체를 생성했다. 두 번째 생성자의 첫 줄에는 this(), super()가 모두 없으므로 컴파일러가 자동으로 super()를 추가해 줄 것이다. 따라서 부모의 기본 생성자인 A()가 먼저 호출된다. A()의 첫 줄에는 다시 this(3)과 같이 int를 받는 자신의 생성자를 호출하고 있으므로 다시 클래스 A의 두 번째 생성자가 호출된다. 이제 각각의 메서드들을 순차적으로 실행하면 결과적으로는 **"A 생성자2", "A 생성자1", "B 생성자2"** 순으로 출력될 것이다. 나머지도 차근차근 따져 보길 바란다.

Do it! 실습 this() 메서드와 super() 메서드의 혼용 SuperMethod_2.java

```
package sec05_superkeywordsupermethod.EX04_SuperMethod_2;

class A {
    A() {
        this(3);
        System.out.println("A 생성자 1");
    }
    A(int a) {
        System.out.println("A 생성자 2");
    }
}
class B extends A {
    B() {
```

```
        this(3);
        System.out.println("B 생성자 1");
    }
    B(int a) {
        System.out.println("B 생성자 2");
    }
}
public class SuperMethod_2 {
    public static void main(String[] args) {
        // A 객체 생성
        A aa1 = new A();
        System.out.println();
        A aa2 = new A(3);
        System.out.println();

        // B 객체 생성
        B bb1 = new B();
        System.out.println();
        B bb2 = new B(3);
    }
}
```

실행 결과

```
A 생성자 2
A 생성자 1

A 생성자 2

A 생성자 2
A 생성자 1
B 생성자 2
B 생성자 1

A 생성자 2
A 생성자 1
B 생성자 2
```

여기까지 잘 따라온 사람도 조금 이상한 부분을 발견했을 수 있다. '클래스 A의 두 번째 생성자의 첫 줄에는 this()도 super()도 없으므로 역시 super()가 들어가야 하는데, 클래스 A는 아무것도 상속받지 않았다. 그러면 오류가 발생해야 하지 않을까?' 이 질문의 한 대답이 바로 다음 절에서 알아보는 최상위 클래스인 Object 클래스다.

10.6 최상위 클래스 Object

자바의 모든 클래스는 Object 클래스를 상속받는다. 즉, Object 클래스는 자바의 최상위 클래스다. 조금 의아해할 수도 있다. 우리는 상속을 배웠지만 한 번도 Object 클래스를 상속한 적이 없었기 때문이다. 실제로 컴파일러는 **아무런 클래스로 상속하지 않으면 자동으로 extends Object를 삽입해 Object 클래스를 상속**한다. 즉, 다음과 같이 클래스 A를 상속받아 클래스 B를 만들었을 때 부모 클래스인 클래스 A는 아무것도 상속하지 않았다. 이렇게 되면 컴파일러는 extends Object를 삽입하고 결국 Object ←A←B의 상속 관계가 만들어진다.

자바에서는 다중 상속을 할 수 없으므로 클래스 A를 이미 상속하고 있는 클래스 B는 Object를 직접 상속받을 수 없다.

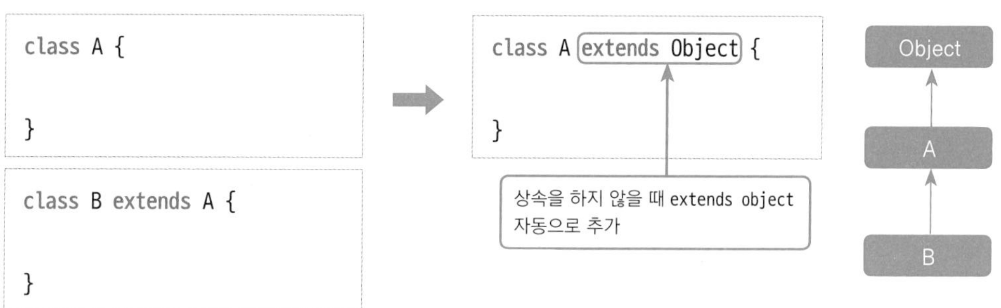
class A {
}
class B extends A {
}
class A extends Object {
}
상속을 하지 않을 때 extends object
자동으로 추가
Object
A
B

따라서 자바의 모든 클래스는 어떤 객체로 만들든지 다음과 같이 Object 타입으로 선언할 수 있게 된다.

임의의 클래스를 Object 타입으로 선언하는 예

```
Object oa = new A();
Object ob = new B();
```

이것은 정말 중요한 장점이다. 메서드 오버로딩을 설명할 때 살펴본 System.out.println() 메서드를 다시 살펴보자. println() 메서드는 다양한 타입을 출력하기 위해 여러 개의 입력매개변수 타입으로 오버로딩돼 있었다. 만일 10개의 타입을 출력하는 기능을 부여하려면 10개의 메서드로 오버로딩해 놓아야 한다. 하지만 이상한 점은 System.out.println(new A())와 같이 사용자가 직접 만든 클래스 타입도 출력할 수 있다는 것이다. 이것이 가능한 이유는 무엇일까? 자바가 사용자가 만들 타입을 미리 생각해 오버로딩해 놓을 수는 없다. 여기에 Object 클래스의 비밀이 숨어 있다. System.out.println(Object x)가 바로 그 해답이다.

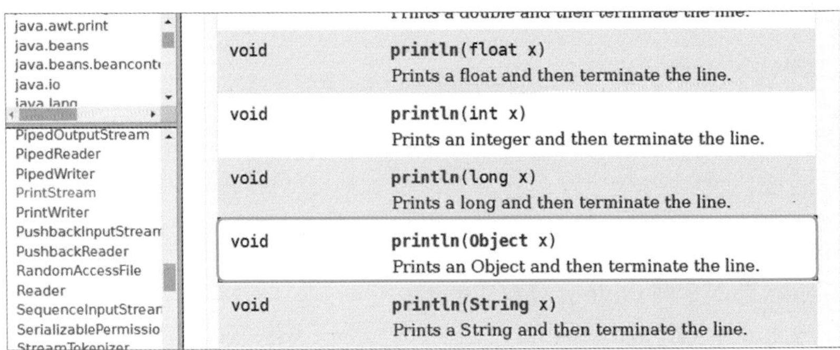

java.awt.print
java.beans
java.beans.beancont
java.io
PipedOutputStream
PipedReader
PipedWriter
PrintStream
PrintWriter
PushbackInputStream
PushbackReader
RandomAccessFile
Reader
SequenceInputStrear
SerializablePermissio
void println(float x)
Prints a float and then terminate the line.
void println(int x)
Prints an integer and then terminate the line.
void println(long x)
Prints a long and then terminate the line.
void println(Object x)
Prints an Object and then terminate the line.
void println(String x)
Prints a String and then terminate the line.

그림 10-23 자바 API에 포함돼 있는 println(Object x) 오버로딩 메서드

즉, 기본 자료형 이외에 Object를 입력매개변수로 하는 println() 메서드를 오버로딩해 놓은 것이다. 이렇게 되면 사용자가 어떤 클래스 타입의 객체를 생성하더라도 다형성에 따라 Object 타입이라고 불릴 수 있으므로 입력매개변수로 모든 타입의 객체를 받아들일 수 있는 것이다.

10.6.1 Object 클래스의 주요 메서드

앞에서 이야기한 것처럼 Object 클래스는 자바의 최상위 부모 클래스다. 이는 자바의 모든 클래스가 Object 클래스의 메서드를 포함하고 있다는 것을 의미한다. 그럼 Object 클래스의 대표적인 메서드를 알아보자.

표 10-3 Object 클래스의 주요 메서드

반환 타입	메서드명	주요 내용
String	toString()	• Object 객체의 정보 패키지.클래스명@해시코드 • 일반적으로 오버라이딩해서 사용
boolean	equals(Object obj)	• 입력매개변수 obj 객체와 stack 메모리값(번지) 비교 • 등가 비교 연산자 ==와 동일한 결과
int	hashCode()	• 객체의 hashCode() 값 리턴. Hashtable, HashMap 등의 동등 비교에 사용 • 위칫값을 기반으로 생성된 고윳값
void	wait() wait(long timeout) wait(long timeout, int nanos)	• 현재의 쓰레드를 일시정지(waiting/timed-waiting) 상태로 전환 • 보통 notify() 또는 notifyAll()로 일시정지 해제 • 동기화 블록에서만 사용 가능

void	notify() notifyAll()	• wait()를 이용해 일시정지 상태의 1개의 쓰레드(notify()) 또는 전체 쓰레드(notifyAll())의 일시정지 해제 • 동기화 블록에서만 사용 가능

위 메서드들을 간략하게 설명하면 toString()은 객체 정보를 문자열로 출력하는 메서드이고, equals(Object obj)는 등가 비교 연산(==)과 동일하게 스택 메모리값을 비교한다. hashCode()는 객체의 위치 정보와 관련된 것으로, 이후에 배우게 될 Hashtable이나 HashMap에서 동일 객체 여부를 판단할 때 사용된다. wait()는 현재의 쓰레드를 일시정지하는 명령, notify()는 일시정지 중인 쓰레드를 다시 동작시키는 명령이다.

스택 메모리의 값을 비교한다는 것은 기본 자료형일 때 값을 비교하고, 참조 자료형일 때 객체의 위치(번짓)값을 비교한다는 것을 의미한다.

wait()와 notify()를 이해하기 위해서는 쓰레드와 동기화를 알아야 하는데, 이 2가지는 나중에 다시 다루도록 하고, 여기서는 앞의 3개 메서드를 좀 더 자세하게 알아보자.

toString() - 객체 정보를 문자열로 출력

Object 클래스의 toString() 메서드는 객체 정보를 문자열로 리턴하는 메서드다. 여기서 객체 정보는 '**패키지명.클래스명@해시코드**'로 나타난다. 해시코드는 객체가 저장된 위치와 관련된 값이다. 실제 객체의 정보를 표현하고자 할 때는 대부분 클래스명이나 숫자로 나열된 해시코드보다는 객체에 포함돼 있는 필드값을 출력한다. 따라서 이때 자식 클래스에서는 toString() 메서드를 오버라이딩해 사용한다. 다음과 같이 클래스 A가 정의됐을 때를 살펴보자.

```
class A {
    int a = 3;
    int b = 4;
}
```

클래스 A는 아무것도 상속하지 않았으므로 컴파일러가 자동으로 extends Object를 삽입한다. 따라서 내부에는 Object의 메서드가 포함돼 있을 것이다. 이때 다음과 같이 A 객체를 생성한 후 hashCode() 메서드의 리턴값을 16진수로 출력하면 aa 객체의 위칫값과 관련된 고윳값이 출력된다.

hashCode()의 출력값은 정확한 객체의 위칫값이 아니라 위치를 기반으로 생성된 고윳값 정도로 이해하자.

```
A aa = new A();
System.out.printf("%x\n", aa.hashCode());    // 70dea4e3
System.out.println(aa);                      // 패키지.클래스명@해시코드
```

aa.toString()이 자동으로 실행

또한 println() 메서드는 객체를 출력하면 자동으로 객체 내의 toString() 메서드를 호출한다. 따라서 System.out.println(aa)는 System.out.println(aa.toString())과 같은 표현이다. 앞에서 언급한 것처럼 toString()의 출력 결과인 '패키지명.클래스명@해시코드'는 객체의 직관적인 정보를 제공하지 못한다. 그래서 다음의 클래스 B처럼 자식 클래스에서 toString() 메서드를 오버라이딩해 사용하는 것이 일반적이다.

```
class B {    // toString() overriding
    int a = 3;
    int b = 4;
    @Override
    public String toString() {
        return "필드값: a = " + a + ", b = " + b;
    }
}
```

클래스 B에서 오버라이딩한 toString() 메서드에서는 자신의 필드 2개의 값을 출력하는 문자열을 리턴한다. 따라서 다음과 같이 B 클래스의 객체를 생성한 후 System.out.println(bb)를 실행하면 다음과 같이 필드값이 출력된다.

```
B bb = new B();
System.out.println(bb);    // 필드값: a = 3, b = 4
```

bb.toString()이 자동으로 실행

Do it! 실습 Object 클래스의 toString() 메서드 ObjectMethod_toString.java

```
package sec06_objectclass.EX01_ObjectMethod_toString;

class A {    // extends Object(컴파일러에 따라 자동으로 추가)
    int a = 3;
    int b = 4;
}
```

```
class B {
    int a = 3;
    int b = 4;

    public String toString() {
        return "필드값(a, b) = " + a + " " + b;
    }
}
public class ObjectMethod_toString {
    public static void main(String[] args) {
        // 객체 생성
        A a = new A();
        B b = new B();

        // 메서드 호출
        System.out.printf("%x\n", a.hashCode());  // hashcode를 16진수로 표현
        System.out.println(a.toString());
        System.out.println(b);
    }
}
```

생략했을 때 자동으로 추가

실행 결과

```
7852e922
sec06_objectclass.EX01_ObjectMethod_toString.A@7852e922
필드값(a, b) = 3 4
```

equals(Object obj) - 스택 메모리의 값 비교

equals(Object obj)는 입력매개변수로 넘어온 객체와 자기 객체의 스택 메모리 변숫값을 비교해 그 결과를 true 또는 false로 리턴하는 메서드다. 기본 자료형이 아닌 객체의 스택 메모리값을 비교하므로 실제 데이터의 값이 아닌 실제 데이터의 위치(번지)를 비교하는 것이다. 즉, 등가 비교 연산(==)과 완벽하게 동일한 기능을 수행한다.

예를 들어 `int[] a = {1, 2, 3}`, `int[] b = {1, 2, 3}`이 있다고 가정해 보자. 두 배열 객체의 내용은 동일하지만, 객체가 생성되는 위치는 다르다. 즉, a == b의 값은 false이다. Object 클래스의 equals() 메서드도 동일하게 동작한다. 먼저 다음과 같은 클래스 A를 생각해보자.

```
class A {
    String name;
    A(String name) {
        this.name = name;
    }
}
```

클래스 A는 name 필드 1개를 포함하고 있으며 생성자를 이용해 이 필드값을 초기화한다. 이후 `A aa1 = new A("안녕")`, `A aa2 = new A("안녕")`과 같이 동일한 필드값을 포함하고 있는 2개의 객체를 생성해 보자.

```
A aa1 = new A("안녕");
A aa2 = new A("안녕");
System.out.println(aa1 == aa2);           // false
System.out.println(aa1.equals(aa2));    // false
```

객체 내부의 값은 동일하지만, 실제 객체는 다른 곳에 위치하므로 위칫값을 나타내는 스택 메모리값은 서로 다르다. 따라서 `aa1 == aa2`, `aa1.equals(aa2)`는 모두 false 값이 나온다.
만일 실제 내용을 비교하고자 할 때는 equals() 메서드를 오버라이딩해 사용해야 한다. 클래스 B에서는 다음과 같이 equals() 메서드를 오버라이딩했다.

```
class B {    // equals() 메서드 overriding
    String name;
    B(String name) {
        this.name = name;
    }
    @Override
    public boolean equals(Object obj) {
        if (obj instanceof B) {
            if (this.name == ((B) obj).name)
                return true;
        }
        return false;
    }
}
```

메서드의 내부에서는 자신의 name 값과 입력받은 객체의 name 값을 비교해 동일하면 true, 동일하지 않으면 false를 리턴했다. 이 과정에서 자신의 객체 타입을 일치시키기 위해 캐스팅을 할 수 있는지를 확인하는 instanceof 키워드와 다운캐스팅을 사용했다. 이렇게 되면 클래스 B의 equals()는 이제 위칫값이 아니라 내용을 비교하게 된다. 따라서 다음과 같이 `bb1 == bb2`는 여전히 false가 나오지만, `bb1.equals(bb2)`는 true를 리턴한다.

```
B bb1 = new B("안녕");
B bb2 = new B("안녕");
System.out.println(bb1 == bb2);          // false
System.out.println(bb1.equals(bb2));     // true
```

Do it! 실습 Object 클래스의 equals() 메서드 ObjectMethod_equals.java

```
package sec06_objectclass.EX02_ObjectMethod_equals;

class A {
    String name;
    A(String name) {
        this.name = name;
    }
}
class B {
    String name;
    B(String name) {
        this.name = name;
    }
    @Override
    public boolean equals(Object obj) {
        if(this.name == ((B)obj).name) {
            return true;
        } else
            return false;
    }
}
public class ObjectMethod_equals {
    public static void main(String[] args) {
        A a1 = new A("안녕");
        A a2 = new A("안녕");
```

```
        System.out.println(a1 == a2);          // false
        System.out.println(a1.equals(a2));     // false

        B b1 = new B("안녕");
        B b2 = new B("안녕");
        System.out.println(b1 == b2);          // false
        System.out.println(b1.equals(b2));     // true
    }
}
```

실행 결과

```
false
false
false
true
```

hashCode() - 객체의 위치와 연관된 값

hashCode() 메서드는 객체의 위치와 관련된 값으로, 실제 위치를 나타내는 값은 아니다. 객체의 위칫값을 기준으로 생성된 고윳값 정도로 생각하는 것이 적절하다. 앞에서 두 객체의 내용을 비교하기 위해 equals() 메서드를 오버라이딩해 봤다. 일반적으로 두 객체의 내용을 비교하기 위해서는 equals() 메서드를 오버라이딩하는 것만으로도 충분하다. 하지만 Hashtable, HashMap 등에서 동등 비교를 하고자 할 때는 hashCode()까지 오버라이딩해야 한다.

Hashtable, HashMap 등은 17장 컬렉션 프레임워크에서 자세히 알아본다. 여기서는 두 객체가 동일한지를 판단하는 방법에 초점을 맞춰 이해하기 바란다.

HashMap 자료 구조는 데이터를 (Key, Value)의 쌍으로 저장하며, Key 값은 중복되지 않는다. 따라서 Key 값이 서로 같은지를 확인해야 하는데, 이 과정은 다음과 같이 2단계로 구성돼 있다. 첫 번째 단계에서는 두 객체의 hashCode() 값을 비교한다. 일단 두 객체의 hashCode() 값이 동일할 때 equals() 메서드를 호출하며, 이 값이 true이면 같은 객체로 인식한다. 이를 정리하면 HashMap 관점에서 두 객체가 동일하기 위해서는 hashCode() 값이 동일해야 하고, equals() 메서드가 true를 리턴해야 한다.

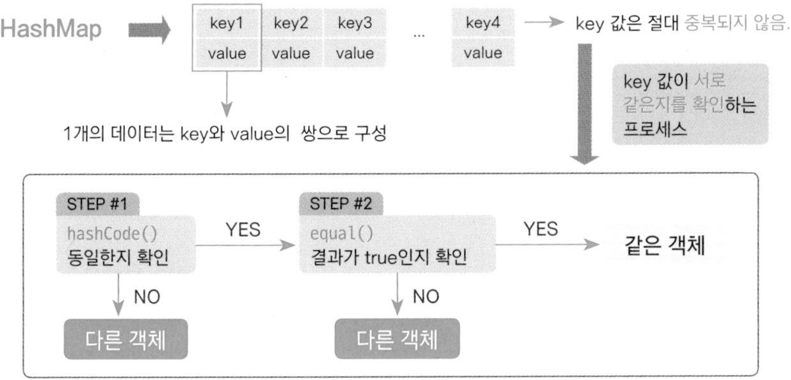

그림 10-24 HashMap 자료형이 데이터를 저장하는 과정

좀 더 자세히 알아보자. HashMap은 (Key, Value)의 쌍으로 이뤄진 데이터들을 저장하는 자료 구조다. 예를 들어 Key가 Integer 타입, Value가 String 타입이라면 `(1, "안녕")`, `(2, "방가")`와 같이 데이터들을 저장할 수 있다.

이때 HashMap은 두 쌍의 데이터를 포함하고 있다. 여기에 다음과 같이 동일한 Key 값을 가진 `(1, "땡큐")`의 데이터를 추가하면 새로운 데이터가 추가되는 것이 아니라 이미 있는 Key 값 위치의 데이터가 바뀐다.

HashMap에서 Key와 Value의 타입으로는 기본 자료형이 올 수 없기 때문에 int 대신 Integer를 사용했다. Integer 타입은 기본 자료형 int를 클래스 타입으로 포장한 클래스(Wrapper Class)로, 이 시점에서는 int와 비슷하게 생각하면 된다.

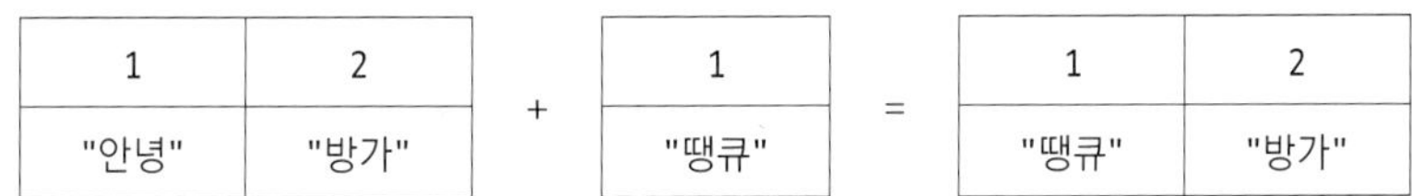

그림 10-25 HashMap의 데이터 저장 방식

따라서 HashMap에서는 추가하고자 하는 데이터셋의 Key가 기존의 Key들과 동일한지를 확인하는 과정이 반드시 필요하다. HashMap에서 사용되는 2개의 Key 값이 동일한지 확인하는 과정은 2단계로 이뤄진다. 첫 번째 단계에서는 두 Key의 hashCode() 값이 동일한지를 확인(`key1.hashCode() == key2.hashCode()`)한다. 두 번째 단계에서는 equals() 메서드를 이용해 동일 여부를 확인(`key1.equals(key2) == true`)한다. hashCode() 값이 일치하고, equals()의 반환값이 true라면 같은 Key 객체로 인식하므로 해당 데이터셋은 기존 데이터셋을 덮어쓴다. 반면 둘 중 하나라도 만족하지 않으면 다른 객체로 인식하므로 새로운 데이터셋으로 추가된다. 다음 예제를 살펴보자.

```java
class A {
    String name;
    A(String name) {
        this.name = name;
    }
    @Override
    public boolean equals(Object obj) {
        if (obj instanceof A) {
            if (this.name == ((A) obj).name)
                return true;
        }
        return false;
    }
    @Override
    public String toString() {
        return name;
    }
}
```

```java
class B {
    String name;
    B(String name) {
        this.name = name;
    }
    @Override
    public boolean equals(Object obj) {
        if (obj instanceof B) {
            if (this.name == ((B) obj).name)
                return true;
        }
        return false;
    }
    @Override
    public int hashCode() {
        return name.hashCode();
    }
    @Override
    public String toString() {
        return name;
    }
}
```

클래스 A는 equals() 메서드만 오버라이딩했다. 이 메서드에서는 비교 대상의 객체와 name 필드값이 동일하면 true를 리턴했다. 반면 클래스 B는 equals() 메서드와 더불어 hashCode() 메서드를 오버라이딩했다. 이 메서드의 내부에서는 `name.hashCode()`를 실행했는데, String 클래스 내부의 hashCode() 메서드는 문자열마다 고유의 해시코드를 만들어 리턴해 주는 메서드다. 따라서 문자열이 동일하면, 동일한 해시코드가 리턴된다.

이제 HashMap 객체를 생성한 후 데이터를 추가하는 예를 살펴보자. 여기서 HashMap 객체를 생성하는 모양이 조금 이상한데, 지금은 무시해도 좋다. 여기서는 Key 값의 중복 여부만 신경써서 이해하도록 노력해보자.

HashMap<Integer, String>과 같이 클래스명< > 형태의 클래스를 '제네릭 클래스'라 하는데, 이는 16장에서 자세히 알아본다.

```
HashMap<Integer, String> hm1 = new HashMap<>();
hm1.put(1, "데이터1");
hm1.put(1, "데이터2");
hm1.put(2, "데이터3");
System.out.println(hm1);    // {1= 데이터2, 2=데이터3}

HashMap<A, String> hm2 = new HashMap<>();
hm2.put(new A("첫 번째"), "데이터1");
hm2.put(new A("첫 번째"), "데이터2");
hm2.put(new A("두 번째"), "데이터3");
System.out.println(hm2);    // {첫 번째=데이터2, 두 번째=데이터3, 첫 번째=데이터1}

HashMap<B, String> hm3 = new HashMap<>();
hm3.put(new B("첫 번째"), "데이터1");
hm3.put(new B("첫 번째"), "데이터2");
hm3.put(new B("두 번째"), "데이터3");
System.out.println(hm3);    // {첫 번째=데이터2, 두 번째=데이터3}
```

첫 번째로 만든 HashMap 객체는 〈Key, Value〉의 자료형이 〈Integer, String〉 타입이다. Integer는 기본 자료형 int를 클래스로 만들어 놓은 것으로, 일단 여기서는 int라고 생각하자. 첫 번째에서는 3쌍의 데이터를 넣었는데, 동일한 Key 값이 중복돼 들어갔다. 따라서 최종적으로 저장된 데이터셋은 2개이고, `Key = 1`일 때의 Value 값은 나중에 들어간 `"데이터2"`라는 것을 알 수 있다.

이제 두 번째 생성 객체를 살펴보자. Key 값으로 A 객체가 들어갔다. 여기서의 관건은 처음 2개의 입력으로 사용된 Key 값 `new A("첫 번째")`와 `new A("첫 번째")`가 동일한지다. 이는 앞에서 설명한 2단계의 과정에 따라 결정된다. 첫 번째 단계는 두 객체의 hashCode 값 비교다. 그런데 클래스 A는 hashCode()를 오버라이딩하지 않았다. 따라서 클래스 A 내부에서 사용할 수 있는 hashCode()는 Object의 hashCode()다. 앞에서 설명했던 것처럼 Object의 hashCode()는 객체의 위치에 따라 생성된 고윳값을 리턴한다. 그런데 두 객체가 서로 다른 위치에 생성될 것이므로 두 객체의 hashCode() 값도 서로 다를 것이다. 따라서 첫 번째 입력 Key(`new A("첫 번째")`)와 두 번째 입력 Key(`new A("첫 번째")`)는 다른 Key로 인식한다. `new A("두 번째")`는 말할 것도 없다. 따라서 이 HashMap 객체의 저장 결과를 보면 3쌍의 데이터가 들어가 있는 것을 볼 수 있다.

마지막 역시 hashCode() 값과 equals() 메서드의 결과를 순차적으로 확인해 두 객체가 동일한지를 결정한다. 클래스 B에서는 hashCode()를 오버라이딩했고, 여기에서는 name.hashCode()를 사용해 문자열에 따라 해시코드값을 리턴하게 했다. 그런데 두 객체의 name 값이 같으므로 두 값의 hashCode() 값도 같을 것이다. 첫 단계는 통과했으므로 이번엔 equals() 메서드의 리턴값을 확인해야 한다. 클래스 B는 equals() 메서드도 오버라이딩했고, 여기서 name 값이 동일할 때 true를 리턴하도록 했다. 따라서 equals() 역시 true를 리턴한다. 두 단계를 모두 통과했으므로 첫 번째 입력 Key(`new B("첫 번째")`)와 두 번째 입력 Key(`new B("첫 번째")`)는 동일한 Key 값이 되는 것이다. 따라서 최종적으로 저장된 HashMap 데이터를 보면 2쌍의 데이터만 들어가 있고, 중복 저장된 Key 값의 위치에는 나중에 들어간 Value 값이 저장돼 있다는 것을 확인할 수 있다.

Do it! 실습 Object 클래스의 hashCode() 메서드 ObjectMethod_hashcode.java

```java
package sec06_objectclass.EX03_ObjectMethod_hashcode;

import java.util.HashMap;

class A {
    String name;
    A(String name) {
        this.name = name;
    }
    @Override
    public boolean equals(Object obj) {
        if(this.name == ((A)obj).name) {
            return true;
        } else
            return false;
    }
    @Override
    public String toString() {
        return name;
    }
}
class B {
    String name;
    B(String name) {
```

```
        this.name = name;
    }
    @Override
    public boolean equals(Object obj) {
        if(this.name == ((B)obj).name) {
            return true;
        } else
            return false;
    }
    @Override
    public int hashCode() {
        return name.hashCode();
    }
    @Override
    public String toString() {
        return name;
    }
}
public class ObjectMethod_hashcode {
    public static void main(String[] args) {
        HashMap<Integer, String> hm1 = new HashMap<>();
        hm1.put(1, "데이터1");
        hm1.put(1, "데이터2");
        hm1.put(2, "데이터3");
        System.out.println(hm1);

        HashMap<A, String> hm2 = new HashMap<>();
        hm2.put(new A("첫 번째"), "데이터1");
        hm2.put(new A("첫 번째"), "데이터2");
        hm2.put(new A("두 번째"), "데이터3");
        System.out.println(hm2);

        HashMap<B, String> hm3 = new HashMap<>();
        hm3.put(new B("첫 번째"), "데이터1");
        hm3.put(new B("첫 번째"), "데이터2");
        hm3.put(new B("두 번째"), "데이터3");
        System.out.println(hm3);
    }
}
```

실행 결과

```
{1=데이터2, 2=데이터3}
{첫 번째=데이터1, 두 번째=데이터3, 첫 번째=데이터2}
{첫 번째=데이터2, 두 번째=데이터3}
```

hashCode()를 설명하기 위해 나중에 다루게 될 제네릭, 컬렉션 등의 문법을 가져다 쓰는 바람에 다소 어려워 보일 수 있다. 여기서는 'Object의 hashCode() 메서드는 객체의 위치에 따른 고윳값을 리턴한다.'는 것과 'Hash*** 형태의 자료 구조에서는 동등 비교를 위해 hashCode() 결괏값을 비교하므로 필요할 때마다 equals() 메서드와 함께 추가로 오버라이딩해야 한다.'는 사실만 기억하자.

실력 상승! **연습 문제**

Q1 생성자의 2가지 문법적 조건은 무엇인가?

Q2 다음과 같은 상속 구조도가 있을 때 이를 코드로 작성하시오(클래스의 내용은 작성하지 않음).

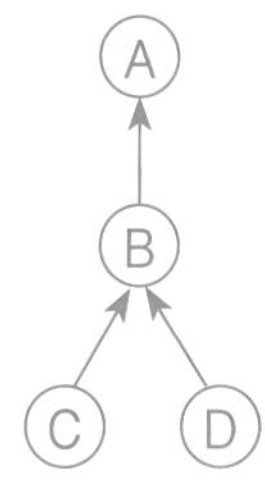


```
class A {}
```

Q3 다음과 같은 상속 관계에서 다형적 표현을 사용한 객체 생성 코드 중 올바른 것은 ○, 잘못된 것은 X에 표시하시오.

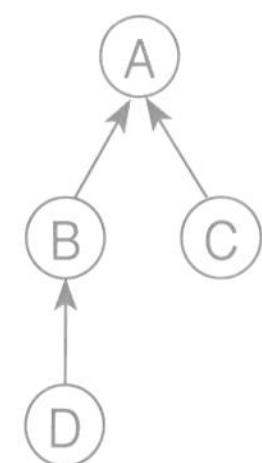


```
// 다형적 표현
A a1 = new A();        (○ / X)
A a2 = new B();        (○ / X)
A a3 = new C();        (○ / X)
A a4 = new D();        (○ / X)

B b1 = new A();        (○ / X)
B b2 = new B();        (○ / X)
B b3 = new C();        (○ / X)
B b4 = new D();        (○ / X)

C c1 = new A();        (○ / X)
C c2 = new B();        (○ / X)
C c3 = new C();        (○ / X)
C c4 = new D();        (○ / X)

D d1 = new A();        (○ / X)
D d2 = new B();        (○ / X)
D d3 = new C();        (○ / X)
D d4 = new D();        (○ / X)
```

Q4 상속 구조가 다음과 같다. 다음 중 타입 변환이 올바른 것은 ○, 잘못된 것은 X에 표시하시오.

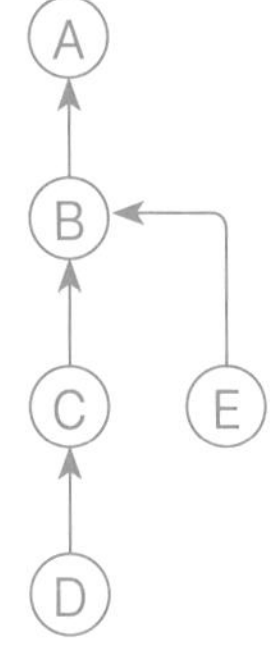


```
A a1 = new A();
B b1 = (B)a1;     (○ / X)
C c1 = (C)a1;     (○ / X)
D d1 = (D)a1;     (○ / X)
E e1 = (E)a1;     (○ / X)

A a2 = new B();
B b2 = (B)a2;     (○ / X)
C c2 = (C)a2;     (○ / X)
D d2 = (D)a2;     (○ / X)
E e2 = (E)a2;     (○ / X)

A a3 = new C();
B b3 = (B)a3;     (○ / X)
C c3 = (C)a3;     (○ / X)
D d3 = (D)a3;     (○ / X)
E e3 = (E)a3;     (○ / X)
```

Q5 상속 구조가 다음과 같을 때 알맞은 출력 결과를 고르시오.

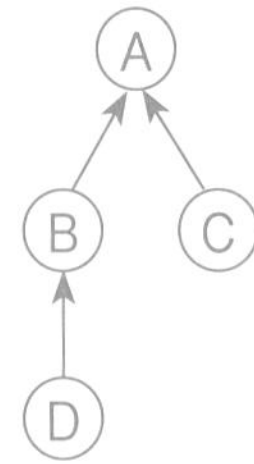


```
A aa = new A();
System.out.println(aa instanceof A);     (true / false)
System.out.println(aa instanceof B);     (true / false)
System.out.println(aa instanceof C);     (true / false)
System.out.println(aa instanceof D);     (true / false)

A ad = new D();
System.out.println(ad instanceof A);     (true / false)
System.out.println(ad instanceof B);     (true / false)
System.out.println(ad instanceof C);     (true / false)
System.out.println(ad instanceof D);     (true / false)
```

Q6 클래스 A와 B가 다음과 같다.

```
class A {
    void hello() {
        System.out.println("안녕하세요");
    }
}
class B extends A {
    void hello() {
        System.out.println("반갑습니다");
    }
}
```

다음 실행 코드의 결과를 쓰시오.

```
A aa = new A();
aa.hello();

B bb = new B();
bb.hello();

A ab = new B();
ab.hello();
```

실행 결과

Q7 다음과 같이 클래스 A를 상속받아 B, C, D, E 클래스를 생성하고자 한다. 다음 중 오류를 포함하고 있는 클래스는 무엇이고, 오류가 발생한 이유는 무엇인지 쓰시오.

```
class A {
    void method() {
    }
}
class B extends A {
    public void method() {
    }
}
class C extends A {
    protected void method() {
    }
}
class D extends A {
    void method() {
    }
}
class E extends A {
    private void method() {
    }
}
```

오류를 포함하고 있는 클래스명	오류가 발생한 이유

Q8 다음과 같이 인스턴스 멤버와 정적 멤버를 포함하고 있는 클래스 A와 B가 있다.

```
class A {
    int m = 2;
    static int n = 4;
    void method1() {
        System.out.println("A 클래스 instance method");
    }
    static void method2() {
        System.out.println("A 클래스 static method");
    }
}
class B extends A {
    int m = 6;
    static int n = 8;
    void method1() {
        System.out.println("B 클래스 instance method");
    }
    static void method2() {
        System.out.println("B 클래스 static method");
    }
}
```

다음 실행 코드의 결과를 쓰시오.

```
A ab = new B();
System.out.println(ab.m);
System.out.println(ab.n);
ab.method1();
ab.method2();
```

실행 결과

Q9 다음과 같이 클래스 B는 클래스 A를 상속한 후 내부에 아무것도 추가하지 않은 상태다. 이때 오류가 발생하는데, 오류가 발생한 이유를 설명하시오.

```
class A {
    A(int a) {
        System.out.println("A 생성자");
    }
}
class B extends A {    // 오류 발생

}
```

Q10 클래스 A와 B의 구조는 다음과 같다.

```
class A {
    A() {
        System.out.println("A 생성자1");
    }
    A(int a) {
        this();
        System.out.println("A 생성자2");
    }
}
class B extends A {
    B() {
        System.out.println("B 생성자1");
    }
    B(int a) {
        super(a);
        System.out.println("B 생성자2");
    }
}
```

다음 코드의 실행 결과를 쓰시오.

```
public static void main(String[] args) {
    B bb = new B(5);
}
```

Q11 다음과 같은 클래스 A가 있다.

```
class A {
    int data;
    A(int data) {
        this.data = data;
    }
}
```

다음 코드의 실행 결과로 false가 출력되는 이유를 설명하시오.

```
A a1 = new A(3);
A a2 = new A(3);
System.out.println(a1.equals(a2));    // false
```

Q12 Q11에서 출력값이 true가 나오도록 클래스 A를 수정하시오.

```
class A {
    int data;
    A(int data) {
        this.data = data;
    }



}

A a1 = new A(3);
A a2 = new A(3);
System.out.println(a1.equals(a2));    // true
```

11장 자바 제어자 2

11장에서는 상속과 연관된 나머지 자바 제어자인 final과 abstract를 알아본다. 나중에 배울 추상 클래스나 인터페이스를 이해하기 위한 길목에 있는 객체지향 문법 요소이므로 꼭 이해하길 바란다.

교수님의 동영상 강의
자바가 처음인가요?
그렇다면 동영상으로
예습부터 해 보세요~

11.1 final 제어자

final 제어자는 **필드, 지역 변수, 메서드, 클래스 앞에 위치**할 수 있으며, 어디에 위치하느냐에 따라 의미가 다르다. 그럼 순서대로 알아보자.

11.1.1 final 변수

final 제어자는 변수를 선언할 때만 지정할 수 있으며, final 변수는 한 번 대입된 값을 수정할 수 없다. 즉, 한 번 대입된 값이 최종[final] 값이 되는 셈이다. 다음 예를 살펴보자.

final 필드의 예

```
class A1 {          // 선언과 동시에 값을 대입했을 때
    int a = 3;
    final int b = 5;
    A1() {
    }
}
class A2 {          // 선언과 값의 대입을 분리했을 때
    int a;
    final int b;
    A2() {
        a = 3;
        b = 5;
    }
}
class A3 {          // final 필드값을 대입한 후에는 추가 값 대입 불가능
    int a = 3;
    final int b = 5;
    A3() {
        a = 7;
        // b = 9;(불가능)
    }
}
```

클래스 내 필드는 선언과 동시에 값을 대입(클래스 A1)할 수도 있고, 선언과 초기화를 분리(클래스 A2)해 작성할 수도 있다. 이때 final 필드의 초기화는 반드시 생성자에서 진행한다. 세 번째는 필드를 선언할 때 초기화를 수행하고, 객체를 생성할 생성자에서 값을 변경(클래스 A3)하는 예다. 이를 차례대로 살펴보면 클래스 A1에서 필드 b가 final로 선언돼 있다. 즉, 필드 b의 값은 이미 5로 초기화됐으므로 절대 수정할 수 없다. 따라서 다음처럼 `A1 a1 = new A()`와 같이 객체를 생성했을 때 `a1.a`의 값은 수정할 수 있지만, `a1.b`는 어떤 값으로도 수정할 수 없다.

```
A1 a1 = new A1();
a1.a = 7;
// a1.b = 9;(불가능)

A2 a2 = new A2();
a2.a = 7;
// a2.b = 9;(불가능)
```

클래스 A2도 이와 마찬가지인데, 클래스 A1과의 차이점은 final 필드도 선언과 값의 대입을 분리해 표기할 수 있다는 것이다. 다만 이렇게 선언과 값의 대입을 분리했을 때는 적어도 생성자에서는 값을 대입해야 한다. 이는 final 필드가 일반 필드와 달리, 강제 초기화되지 않기 때문이다. 다시 한번 말하지만, final 필드는 일단 값이 입력되고 나면 절대로 값을 수정할 수 없다. 따라서 클래스 A3은 클래스 자체에 오류가 있다는 것을 눈치챘을 것이다. final 필드 b는 선언과 동시에 이미 초기화됐다. 따라서 생성자라 하더라도 더 이상 값은 변경할 수 없다. 다음 예제와 같이 지역 변수 앞에 final이 붙을 때도 개념은 같다.

final 지역 변수의 예

```
class B {
    void bcd() {
        int a = 3;
        final int b = 5;
        a = 7;
        // b = 9;(불가능)
    }
}
```

클래스 B 내 bcd() 메서드에서 정의한 지역 변수 b는 final로 선언돼 있으므로 값을 수정할 수 없다.

final 제어자를 사용한 변수에 원래 있던 값을 그대로 또 대입하면 어떨까?

final 제어자를 사용한 필드나 지역 변수에 일단 값이 대입되면 절대 변경할 수 없다고 했는데, 좀 더 정확히 말하면 일단 값이 대입된 후 값을 입력하는 행위 자체를 할 수 없다. 즉, 다음 예와 같이 이전에 저장된 값과 동일한 값을 대입해도 오류가 발생하므로 유의하기 바란다.

```
final int a = 3;
// a = 3;(불가능)
```

필드나 지역 변수가 final로 선언됐을 때 메모리에서 일어나는 상황을 알아보자. 먼저 다음과 같이 final 필드를 포함하고 있는 클래스 A를 정의하고, `A a = new A()`와 같이 객체를 생성했을 때의 메모리 구조를 살펴보자.

```
class A {
    int a;
    final int b;
    A() {
        a = 3;
        b = 5;
    }
}
```

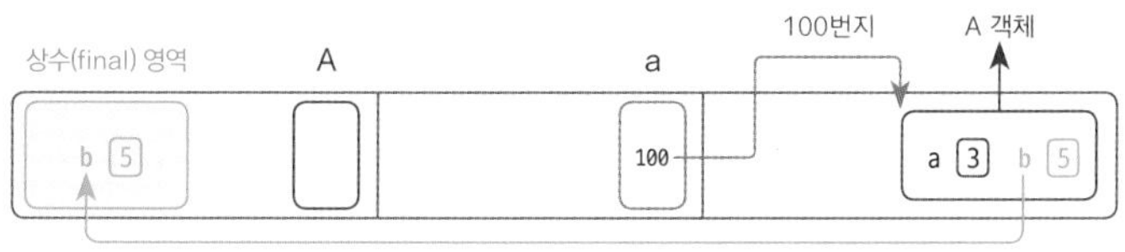

그림 11-1 final 필드를 포함한 클래스 A의 객체를 생성했을 때 메모리 구조

필드는 멤버이므로 final 필드이든, 아니든 객체 속에 포함된다. 하지만 객체가 만들어질 때 final로 선언된 필드값은 상수(final) 영역에 1개가 복사된다. 메모리 구조에서 첫 번째 영역의 이름 중에 왜 상수(final) 영역이 있는지 이제는 이해할 수 있을 것이다. 즉, final로 선언된 모든 필드값이 상수 영역에 복사되므로 첫 번째 메모리 영역을 상수 영역이라고도 부르는 것이다.

지역 변수도 이와 같다. 다음과 같이 클래스 B를 정의하고, `B b = new B()`와 같이 객체를 생성한 후 `b.bcd()` 메서드를 호출했을 때의 메모리 구조는 다음과 같다.

```
class B {
    void bcd() {
        int a = 3;
        final int b = 5;
    }
}
```

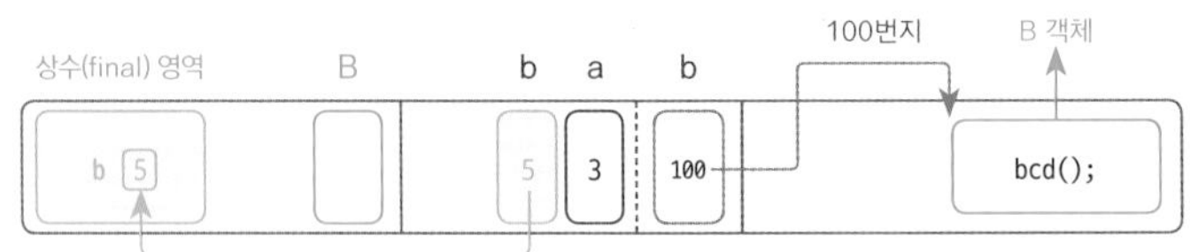

그림 11-2 final 지역 변수를 포함하고 있는 메서드를 호출했을 때의 메모리 구조

메서드의 실행 과정에서 지역 변수들은 스택 메모리에 저장되지만, 이중 final 지역 변수는 상수 영역에 1개가 복사된다. 값의 복사는 값을 선언한 후 최초로 값이 초기화될 때 딱 한 번 일어난다. 즉, 원본의 복사는 값을 대입할 때 딱 한 번 일어난다는 것이다. 그런데 만일 복사 이후에 원본의 값을 바꿀 수 있다면 어떤 일이 벌어질까? 상수 영역에 복사한 값은 아무런 쓸모가 없게 돼 버린다. 따라서 final로 선언한 필드나 지역 변수는 값을 바꿀 수 없는 것이다 .

전공자라면 이 정도는 꼭!

final 변수는 언제 많이 사용할까?

이벤트를 처리할 때 지역 변수를 final로 선언해야 하는 경우가 자주 있다. 스택 메모리의 변숫값은 자신이 만들어진 메서드가 종료되면 메모리에서 사라진다고 했다. 하지만 이벤트를 처리할 때 메모리에서 사라진 그 변수를 나중에 사용해야 할 때가 있다. 그래서 한 번 생성하면 사라지지 않는 영역인 상수 영역에 복사해 놓는 것이다. 이벤트 처리는 몰라도 **'어떤 필요에 따라 복사본을 하나 만들어 놓음으로써 원본이 삭제된 이후에도 그 값을 활용할 수 있도록 하는 것이 final 변수(필드, 지역 변수)의 기능**이다.' 라고 생각하면 된다.

Do it! 실습 final 필드와 final 지역 변수의 특징 FinalModifier_1.java

```java
package sec01_finalmodifier.EX01_FinalModifier_1;

class A1 {
    int a = 3;
    final int b = 5;
    A1() {

    }
}
class A2 {
    int a;
    final int b;
    A2() {
        a = 3;
        b = 5;
    }
}
class A3 {
    int a = 3;
    final int b = 5;
    A3() {
        a = 5;
        // b = 5; → final 필드는 최초 선언된 이후 값을 대입할 수 없음.
    }
}
class B {
    void bcd() {
        int a = 3;
        final int b = 5;
        a = 7;
        // b = 9; → final 지역 변수도 최초 선언된 이후 값을 대입할 수 없음.
    }
}
public class FinalModifier_1 {
    public static void main(String[] args) {
        // 객체 생성
        A1 a1 = new A1();
```

```
        A2 a2 = new A2();

        // 필드값 변경
        a1.a = 7;
        // a1.b = 9; → final 필드는 한 번 정해진 값을 변경할 수 없음.
        a2.a = 7;
        // a2.b = 9; → final 필드는 한 번 정해진 값을 변경할 수 없음.
    }
}
```

실행 결과

```
없음
```

11.1.2 final 메서드와 final 클래스

final 메서드와 final 클래스의 기능은 직관적이다. final 변수는 변수가 저장한 값이 최종[final] 값의 의미를 지니고 있는 것처럼 final 메서드와 final 클래스도 각각 최종 메서드, 최종 클래스의 의미를 지닌다.

그럼 최종 메서드의 의미는 무엇일까? 상속할 때 부모의 메서드를 오버라이딩하면 자식 클래스에서는 메서드의 기능이 변경된다. final 메서드는 이렇게 메서드의 기능을 변경할 수 없는 메서드다. 즉, 메서드를 final로 정의하면 다음과 같이 자식 클래스에서 해당 메서드를 오버라이딩할 수 없다.

final 메서드의 예

```
class A {
    void abc() {
    }
    final void bcd() {
    }
}
class B extends A {
    void abc() {
    }
    // void bcd() {} → (불가능)
}
```

이와 같은 개념으로 final 클래스 역시 최종 클래스의 의미로 더 이상 자식 클래스가 없다는 것을 의미한다. 따라서 **final 클래스는 상속 자체가 아예 불가능**하다.

final 클래스의 예

```
final class A {
    // ...
}
// class B extends A {} → (불가능)
```

참고로 우리가 자주 사용해 왔던 String 클래스도 final 클래스로 정의돼 있으므로 String 클래스를 상속받아 자식 클래스를 생성할 수 없다.

```
public final class String
extends Object
implements Serializable, Comparable<String>, CharSequence
```

The String class represents character strings. All string literals in Java program implemented as instances of this class.

Strings are constant; their values cannot be changed after they are created. Stri strings. Because String objects are immutable they can be shared. For example:

그림 11-3 final 클래스로 정의돼 있는 String 클래스

Do it! 실습 final 메서드와 final 클래스의 특징 FinalModifier_2.java

```
package sec01_finalmodifier.EX02_FinalModifier_2;

class A {
    void abc() {}
    final void bcd() {}
}
class B extends A {
    void abc() {}
    // void bcd() {} → final 메서드는 오버라이딩 불가능
}
final class C {}
// class D extends C {} → final 클래스는 상속 자체가 불가능

public class FinalModifier_2 {
    public static void main(String[] args) {

    }
}
```

실행 결과

없음

이상의 내용을 정리하면 final 변수는 값을 변경할 수 없고, final 메서드는 오버라이딩을 할 수 없으며, final class는 상속 자체를 할 수 없다.

표 11-1 final 변수, 메서드, 클래스 정리

final 변수	final 메서드	final 클래스

class A {
    int m = 3;
    final int n = 4;
}
 	
A a = new A();
a.m = 5;
a.n = 9;   // (X)
	class A {
	    void abc() {...}
	    final void bcd() {...}
	}
	
	class B extends A {
	    void abc() {...}
	    void bcd() {...} // (X)
	}
		final class A {
		    int m;
		    void bcd() {...}
		}
		
		class B extends A { // (X)
		    ...
		}

값 변경 불가능	오버라이딩 불가능	상속 불가능

11.2 abstract 제어자

자바 제어자 중에서 마지막으로 알아볼 것은 abstract 제어자다. abstract의 사전상 의미는 '추상적인'이다. abstract가 붙은 메서드를 '추상 메서드abstract method', abstract이 붙은 클래스를 '추상 클래스abstract class'라 한다.

먼저 추상 메서드를 살펴보자. 메서드가 추상적이라는 것은 무슨 의미일까? '추상적'은 말 그대로 '구체적이지 않다.'는 것이다. 메서드는 어떤 기능을 수행하는 요소이고, 기능은 메서드의 중괄호({}) 안에서 정의된다. 쉽게 말해 추상 메서드는 중괄호가 없는 메서드로, 다음과 같은 구조를 띤다. 중괄호가 없으므로 메서드의 기능 자체가 정의되지 않으며, 세미콜론(;)으로 끝난다.

추상 메서드는 12장에서 자세히 다루므로 여기서는 abstract라는 자바 제어자의 특징에 집중하자.

추상 메서드의 구조

```
abstract 리턴 타입 메서드명 ();
```

추상 메서드는 아직 무슨 기능을 정의할지 정해지지 않은 **미완성 메서드**라고 생각하자. 추상 메서드의 쓰임을 알아보기 위해 메서드 오버라이딩에서 다뤘던 예제를 다시 한번 살펴보자.

```
class Animal {
    void cry() {
    }
}
class Cat extends Animal {
    void cry() {
        System.out.println("야옹");
    }
}
class Dog extends Animal {
    void cry() {
        System.out.println("멍멍");
    }
}
```

부모 타입으로 cry() 메서드를 호출하기 위해 선언(기능 없음)

여기서 Animal 클래스의 cry() 메서드는 내부에서 아무런 기능도 수행하지 않는다. 어차피 자식 클래스에서 cry() 메서드를 오버라이딩해 사용하기 때문이다. 그럼에도 불구하고 아무런 기능이 없는 cry() 메서드를 Animal 클래스에 정의한 이유는 다음 예에서 찾을 수 있다.

```
Animal animal1 = new Cat();
animal1.cry();     // 야옹
Animal animal2 = new Dog();
animal2.cry();     // 멍멍
```

즉, `Animal animal1 = new Cat()`과 같이 다형적 표현을 사용했을 때도 `animal1.cry()`의 형태로 cry() 메서드를 호출하기 위해서다. 만일 Animal 클래스에 cry() 메서드가 없다면 호출 자체를 할 수 없을 것이다.

Do it! 실습 일반 클래스를 상속해 오버라이딩 수행 AbstractModifier_1.java

```
package sec02_abstractmodifier.EX01_AbstractModifier_1;

class Animal {
    void cry() {}
}
class Cat extends Animal {
    void cry() {
        System.out.println("야옹");
    }
}
class Dog extends Animal {
    void cry() {
        System.out.println("멍멍");
    }
}
public class AbstractModifier_1 {
    public static void main(String[] args) {
        // 객체 생성
        Animal animal1 = new Cat();
        Animal animal2 = new Dog();

        // 메서드 호출
```

```
        animal1.cry();    // 야옹
        animal2.cry();    // 멍멍
    }
}
```

Animal 클래스 내의 cry() 메서드가 있어 호출 가능

실행 결과

```
야옹
멍멍
```

Animal 클래스 내의 cry() 메서드가 아무런 기능을 수행하지 않는다면, 즉 중괄호 안을 비워 둘 것이라면 중괄호 자체가 없는 미완성 메서드인 추상 메서드로 정의하는 것이 효율적이다. 여기서 하나 주의해야 할 점은 추상 메서드를 1개 이상 포함하고 있는 클래스는 반드시 추상 클래스로 정의해야 한다는 것이다. 즉, Animal 클래스의 cry() 메서드를 추상 메서드로 만들면 Animal 클래스는 반드시 추상 클래스여야 한다.

```
class Animal {
    void cry() { }
}
```

➡ 추상 클래스로 대체

```
abstract class Animal {
    abstract void cry();
}
```

추상 클래스도 클래스이므로 당연히 상속도 할 수 있다. 따라서 자식 클래스들은 Animal 추상 클래스를 상속받아 cry()를 오버라이딩함으로써 앞의 예제와 동일한 작업을 수행할 수 있다.

Do it! 실습 추상 클래스를 상속해 오버라이딩 수행 AbstractModifier_2.java

```
package sec02_abstractmodifier.EX02_AbstractModifier_2;

abstract class Animal {
    abstract void cry();
}
class Cat extends Animal {
    void cry() {
        System.out.println("야옹");
    }
}
class Dog extends Animal {
    void cry() {
```

- abstract class: 추상 메서드를 1개 이상 포함하고 있으므로 추상 클래스로 정의
- abstract void cry();: 추상 메서드

```
        System.out.println("멍멍");
    }
}
public class AbstractModifier_2 {
    public static void main(String[] args) {
        // 객체 생성
        Animal animal1 = new Cat();
        Animal animal2 = new Dog();

        // 메서드 호출
        animal1.cry();
        animal2.cry();
    }
}
```

실행 결과

```
야옹
멍멍
```

11.2.1 abtract 제어자의 장점

앞의 추상 메서드를 사용하는 이유를 살펴보면 코드가 그렇게 간결해진 것도 아니다. 오히려 중괄호가 없는 새로운 문법을 1개 더 사용해야 하는 번거로움만 추가됐다. 그렇다면 추상 메서드와 추상 클래스를 사용해 얻게 되는 장점은 무엇일까? 다음 예를 살펴보자.

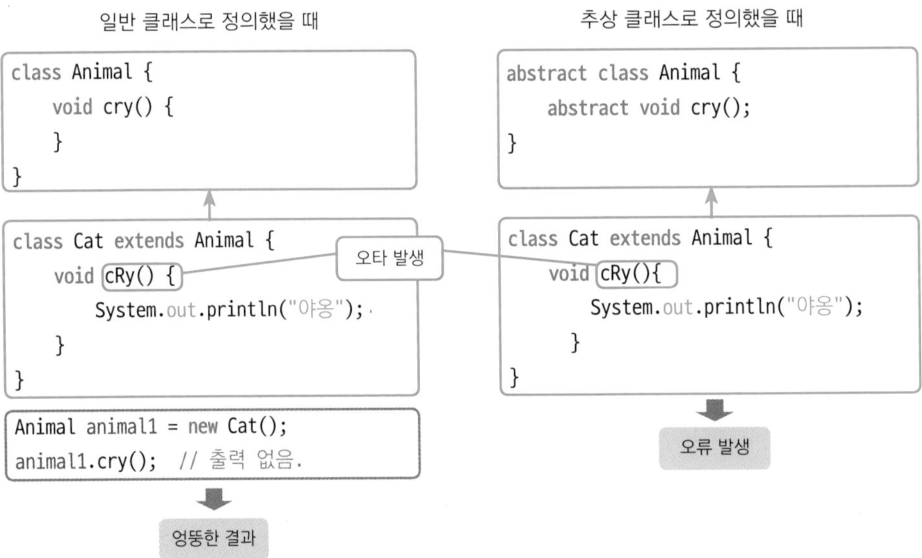

일반 클래스로 정의했을 때
class Animal {
void cry() {
}
}
class Cat extends Animal {
void cRy() {
System.out.println("야옹");
}
}
Animal animal1 = new Cat();
animal1.cry(); // 출력 없음.
엉뚱한 결과
오타 발생
추상 클래스로 정의했을 때
abstract class Animal {
abstract void cry();
}
class Cat extends Animal {
void cRy(){
System.out.println("야옹");
}
}
오류 발생

왼쪽은 일반 클래스로 정의했을 때, 오른쪽은 추상 클래스로 정의했을 때다. 그런데 자식 클래스에서 cry() 메서드를 오버라이딩하는 과정에서 메서드명에 오타(cRy())가 있다고 가정해보자. 이때 일반 클래스를 상속한 자식 클래스에서는 오버라이딩이 아니라 추가로 새로운 메서드를 정의한 셈이므로 2개의 메서드(cry(), cRy())가 존재할 것이다. 이러한 상황에서 Animal 클래스로 객체를 생성하고, cry() 메서드를 호출하면 "야옹"이 출력되지 않는다. 부모에서 넘겨받은 cry() 메서드는 여전히 아무런 동작도 하지 않기 때문이다.

이번에는 추상 메서드를 상속받았을 때를 살펴보자. 앞의 경우와 동일하게 자식 클래스가 오버라이딩하려고 하는 과정에서 오타가 발생하면 문법 오류가 발생한다. 그 이유는 무엇일까? 추상 클래스를 상속하면 추상 메서드도 내려받는다. 즉, 추상 클래스를 상속받은 Cat 클래스 내부에서는 상속받은 추상 메서드인 cry()와 새롭게 정의한 cRy() 메서드가 있는 셈이다. 클래스 내부에 추상 메서드가 1개라도 있다면, 해당 클래스는 추상 메서드를 일반 메서드로 오버라이딩하거나 자신을 추상 클래스로 정의해야 한다. 하지만 Cat 클래스는 오버라이딩도 하지 않고, 자신을 추상 클래스로 정의하지도 않았으므로 오류가 발생하는 것이다.

당연히 오타 없이 정확히 메서드를 오버라이딩했다면 내부에는 완성된 메서드 하나만 존재하므로 아무런 문제 없이 동작할 것이다. 겨우 오타를 찾는 정도의 장점이라고 가볍게 볼지는 모르겠지만, 만일 Animal 클래스와 Cat 클래스를 서로 다른 사람 또는 다른 회사가 작성하는 상황이라면 좀 더 필요성을 느낄 수 있을 것이다.

정리하면, 만일 abc()라는 추상 메서드를 포함하고 있는 추상 클래스가 있을 때 '이를 상속한 모든 자식 클래스 내부에는 항상 abc() 메서드가 정의돼 있다.'는 것이 보장되는 것이다. 이는 추상 메서드의 여러 가지 장점 중 하나로, 12장에서 좀 더 자세하게 알아본다.

문법 오류는 개발자에게 있어 단점이 아니라 실수를 사전에 막아 주는 강력한 장점이다.

실력 상승! 연습 문제

Q1 다음의 클래스 A는 오류를 포함하고 있다. 오류가 발생한 위치와 그 이유를 설명하시오.

```
01  class A {
02      int a = 3;
03      final int b = 5;
04      A() {
05          a = 7;
06          b = 9;
07      }
08  }
```

오류가 발생한 행 번호	오류가 발생한 이유

Q2 다음은 2개의 메서드를 포함하고 있는 클래스 A를 상속받아 클래스 B를 정의하는 코드로, 오류를 포함하고 있다. 오류가 발생한 위치와 그 이유를 설명하시오.

```
01  class A {
02      void abc() { System.out.println("클래스 A의 abc() 메서드"); }
03      final void bcd() { System.out.println("클래스 A의 bcd() 메서드"); }
04  }
05  class B extends A {
06      void abc() { System.out.println("클래스 B의 abc() 메서드"); }
07      final void bcd() { System.out.println("클래스 B의 bcd() 메서드"); }
08  }
```

오류가 발생한 행 번호	오류가 발생한 이유

Q3 다음은 A, B, C, D 클래스 간의 상속 구조를 자바 코드로 표현한 것으로, 오류를 포함하고 있다. 오류가 발생한 위치와 그 이유를 설명하시오.

```
01 class A {}
02 class B extends A {}
03 final class C extends B {}
04 final class D extends C {}
```

오류가 발생한 행 번호	오류가 발생한 이유

Q4 다음은 추상 메서드 하나를 포함하고 있는 추상 클래스 A를 정의한 것이다. 문법적으로 틀린 부분을 모두 찾아 수정하시오.

```
class A {
    void abc();
}
```

12장 추상 클래스와 인터페이스

12장에서는 내부에 완성된 메서드만 포함하고 있는 일반 클래스 이외의 자바 문법 요소인 추상 클래스와 인터페이스를 본격적으로 알아본다.

교수님의 동영상 강의
자바가 처음인가요?
그렇다면 동영상으로
예습부터 해 보세요~

12.1 추상 클래스

6장에서 자바는 객체지향 프로그래밍 요소로 클래스와 인터페이스를 제공하고 있으며, 클래스는 다시 일반 클래스와 추상 클래스로 나뉜다고 했다. 추상 클래스의 개념은 11장에서 추상 메서드를 설명하면서 간단히 소개했다. 이제 추상 클래스를 본격적으로 알아보자.

12.1.1 추상 클래스의 정의

추상 메서드[abstract method]는 **'메서드의 본체가 완성되지 않은 미완성 메서드'**를 말한다. 메서드의 기능을 정의하는 중괄호 안이 비어 있다는 것이 아니라 중괄호 자체가 없으며, 중괄호가 없기 때문에 명령어의 끝을 알리는 세미콜론(;)으로 끝나야 한다.

추상 메서드는 '미완성 메서드'라고도 부른다.

추상 메서드

```
abstract 리턴 타입 메서드명(입력매개변수);
```

예

```
abstract void abc();
```

메서드의 본체({})가 없고, 세미콜론(;)으로 끝남.

추상 메서드를 1개 이상 포함하고 있는 클래스는 반드시 추상 클래스[abstract class]**로 정의**돼야 한다. 즉, 일반적으로 추상 클래스는 메서드의 기능이 정의돼 있지 않은 미완성 메서드(중괄호가 없는 메서드)가 1개 이상 있다는 의미다. 추상 클래스의 형식은 추상 메서드 구문과 비슷하게 class 키워드 앞에 abstract를 붙여 표현한다.

추상 클래스

```
abstract class 클래스명 {
}
```

예

```
abstract class A {
    abstract void abc();
    void bcd() {
        // ...
    }
}
```

전공자라면 이 정도는 꼭!

메서드의 완성 기준은?

간혹 완성 메서드와 미완성 메서드의 개념을 혼동하는 때가 있다. 다음 예를 살펴보자.

```
abstract class A {
    abstract void abc();    // 추상 메서드는 미완성 메서드
}

class B extends A {
    void abc() {            // 중괄호 안에 아무런 코드가 없어도 완성된 메서드
    }
}
```

메서드의 완성과 미완성의 구분 기준은 메서드의 기능을 정의하는 중괄호의 존재 여부다. 기능에 초점을 두다 보니 간혹 중괄호 안에 아무런 코드가 작성되지 않으면 미완성 메서드라고 생각하는 때가 있다. 다시 한번 말하지만, 완성과 미완성 메서드의 유일한 구분점은 중괄호다. 만일 중괄호 안에 아무런 코드가 없다면 그 메서드는 '아무런 일도 하지 말라.'고 기능이 명확히 정의된 완성된 메서드인 것이다.

12.1.2 추상 클래스의 특징

이번에는 추상 클래스의 객체를 생성하고자 할 때를 살펴보자. 추상 클래스는 내부의 미완성 메서드 때문에 **객체를 직접 생성할 수 없다.** 힙 메모리에 생성되는 객체는 내부 요소가 미완성된 상태로 들어갈 수 없기 때문이다. 문법적으로 이야기하면 추상 클래스일 때 A a = new A()와 같이 생성자의 호출 자체를 할 수 없다.

힙 메모리에는 값이 비어 있는 필드가 저장될 수 없으므로 초기화하지 않은 필드를 힙 메모리에 저장하려고 하면 강제로 값을 초기화한다. 하물며 미완성 형태의 메서드는 당연히 힙 메모리에 포함될 수 없는 것이다. 마치 단팥 앙꼬가 완성되지 않은 상태에서는 붕어빵을 찍어 낼 수 없는 것과 같은 원리다.

객체도 생성하지 못하는 클래스를 왜 만드는 것일까? 6장에서 (일반)클래스를 붕어빵 기계, 객체를 붕어빵에 비유해 설명했다. 이 비유를 계속 이어가면, 추상 클래스는 붕어빵 기계 부품이다. 붕어빵 기계 부품으로 붕어빵을 찍을 수는 없지만, 붕어빵 기계는 붕어빵 기계 부품으로 만들 수 있으며, 최종적으로 만들어진 붕어빵 기계로 붕어빵을 찍을 수 있다. 이 개념을 클래스로 설명하면, 추상 클래스로는 직접 객체를 생성할 수 없지만 이 추상 클래스를 상속한 자식 클래스를 생성하면 그 자식 클래스로는 객체를 생성할 수 있는 것이다. 그리고 생성된 객체 내부에는 부모 클래스의 추상 메서드가 구현돼 있을 것이다.

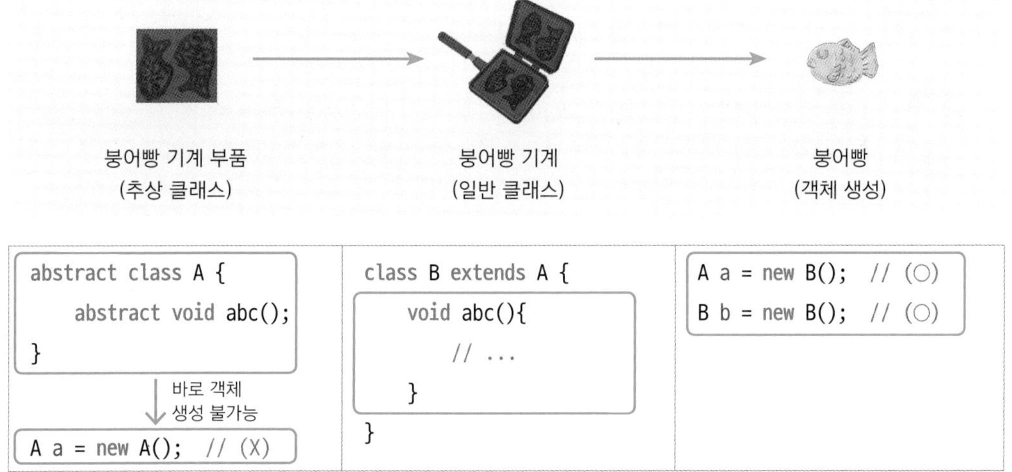

그림 12-1 객체를 생성했을 때 추상 클래스와 일반 클래스의 개념적인 역할

추상 클래스를 상속하는 자식 클래스는 부모에게 상속받은 미완성 메서드(추상 메서드)를 반드시 완성(오버라이딩)해야 한다.

여기서 잠시 용어를 정리해 보자. 완성된 메서드이든, 미완성된 메서드이든 부모에게 상속받은 메서드를 자식 클래스에서 재정의하는 것을 통칭해 '오버라이딩overriding'이라 한다. 이 중 부모에게 물려받은 미완성 메서드를 자식 클래스에서 완성하는 것을 특별히 '**구현한다**implements'라고 말한다.

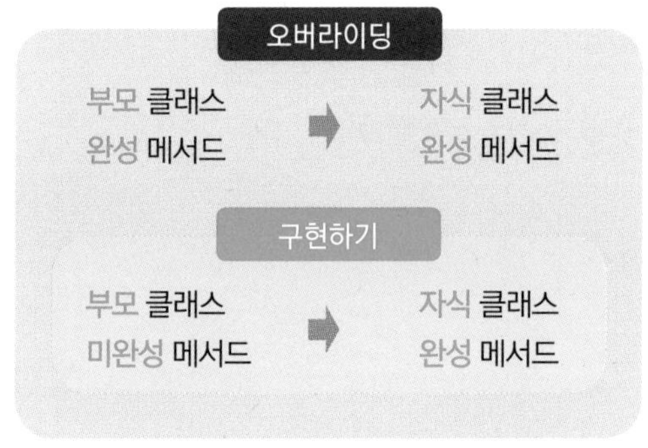

그림 12-2 오버라이딩하기 vs. 구현하기

전공자라면 이 정도는 꼭!

추상 클래스 안에는 반드시 추상 메서드가 포함돼야 할까?

추상 메서드가 1개 이상 존재하면 반드시 추상 클래스로 정의해야 한다고 했는데, 그 반대는 어떨까? 추상 클래스는 반드시 추상 메서드를 포함하고 있을까? 그럴 필요는 없다. 즉, 내부에 모두 완성된 메서드, 즉 일반 메서드만 존재해도 다음과 같이 추상 클래스로 정의할 수 있다.

```
abstract class A {
    void bcd() {
        // ...
    }
}
```

하지만 추상 클래스로 정의하면 객체를 직접 생성하지 못하는 제약 조건이 있으므로 멀쩡한 클래스를 추상 클래스로 정의할 이유가 없는 것이다.

12.1.3 추상 클래스 타입의 객체 생성 방법

앞에서 추상 클래스 자체로는 직접 객체를 생성할 수 없지만, 자식 클래스를 생성해 객체를 생성하고 부모 클래스인 추상 클래스 타입으로 선언할 수 있다고 했다. 이렇게 추상 클래스의 객체를 생성하는 방법은 자식 클래스의 생성 여부에 따라 크게 2가지로 나뉜다. 첫 번째 방법은 다음 예와 같이 추상 클래스를 상속한 일반 클래스를 생성하는 것이다.

방법 ① 추상 클래스를 일반 클래스로 상속해 객체 생성

```
abstract class A {
    abstract void abc();
}
```

A a = new A(); (×)

```
class B extends A {
    void abc() {
        // ...
    }
}
```

A a = new B(); (○)
B b = new B(); (○)

자식 클래스 B가 일반 클래스로 정의되기 위해서는 반드시 상속받은 추상 메서드 abc()를 구현해야 한다. 클래스 B는 일반 클래스이므로 객체를 생성할 수 있고, 이렇게 생성한 객체는 다형적 표현으로 부모 추상 클래스 타입으로 선언할 수 있을 것이다.

두 번째 방법은 익명 이너 클래스를 사용하는 것이다. 이는 컴파일러가 내부적으로 추상 클래스를 상속해 메서드 오버라이딩을 수행한 클래스를 생성하고, 그 클래스로 객체를 생성하는 방법이다. 이때 내부적으로 생성된 클래스명은 전혀 알 수 없으므로 개발자의 입장에서는 익명(이름이 없는) 클래스가 되는 것이다. 이너 클래스라는 이름이 붙은 이유는 나중에 알아본다. 익명 이너 클래스의 문법 구조는 다음과 같다.

익명 이너 클래스

```
클래스명 참조 변수명 = new 생성자() {
    // 추상 클래스에 포함된 추상 메서드 오버라이딩
};
```

이 방법으로 추상 클래스 A의 객체를 생성하는 방법은 다음과 같다.

방법 ② 익명 이너 클래스 사용

```
A a = new A() {
    void abc() {
        // ...
    }
};
```

추상 메서드(미완성 메서드)의 오버라이딩(완성)

이때 A()는 클래스 A의 생성자를 호출하는 것이 아니라 컴파일러가 클래스 A를 상속받아 abc() 메서드를 오버라이딩한 익명 클래스의 생성자를 호출한다는 것을 의미한다. 이러한 2가지 객체 생성 방법은 객체를 생성할 수 없는 다른 객체지향 프로그래밍 요소인 인터페이스에도 그대로 적용되므로 꼭 이해하길 바란다.

> 익명 이너 클래스 방법은 추상 클래스나 나중에 다룰 인터페이스뿐 아니라 완성된 메서드만 포함하는 일반 클래스를 상속받아 메서드를 추가하거나 재정의하는 데도 사용할 수 있다.

그럼 이 2가지 방법의 장단점은 무엇일까? 즉, 언제 첫 번째 방법, 또 언제 두 번째 방법이 적절할까? 일단 두 번째 방법인 익명 이너 클래스를 활용한 방법이 추가로 자식 클래스를 정의하지 않아도 되고, 코드도 간결해 보이기는 한다. 그렇다면 정말로 두 번째 방법이 좋은지 알아보자. 다음과 같이 자식 클래스 B를 직접 정의하고, 2개의 객체를 생성하는 다음 예제를 살펴보자. 직접 자식 클래스를 생성하므로 일단 한 번 정의한 이후에는 자식 클래스 생성자의 호출만으로도 객체를 몇 개든 생성할 수 있다.

Do it! 실습 추상 클래스의 객체 생성 방법 ① 자식 클래스 활용하기 AbstractClass_1.java

```
package sec01_abstractclass.EX01_AbstractClass_1;

abstract class A {
    abstract void abc();
}
class B extends A {
    void abc() {
        System.out.println("방법 1. 자식 클래스 생성 및 추상 메서드 구현");
    }
}
public class AbstractClass_1 {
    public static void main(String[] args) {
        // 객체 생성
        A b1 = new B();
        A b2 = new B();

        // 메서드 호출
        b1.abc();
        b2.abc();
    }
}
```

실행 결과

```
방법 1. 자식 클래스 생성 및 추상 메서드 구현
방법 1. 자식 클래스 생성 및 추상 메서드 구현
```

반면 다음 예제처럼 익명 이너 클래스일 때는 클래스명을 알 수 없기 때문에 객체를 정의할 때마다 익명 이너 클래스를 정의해야 한다.

Do it! 실습 추상 클래스의 객체 생성 방법 ② 익명 이너 클래스 활용하기 AbstractClass_2.java

```
package sec01_abstractclass.EX02_AbstractClass_2;

abstract class A {
    abstract void abc();
}
```

```java
public class AbstractClass_2 {
    public static void main(String[] args) {

        // 객체 생성
        A a1 = new A() {
            void abc() {
                System.out.println("방법 2. 익명 이너 클래스 방법으로 객체 생성");
            }
        };
        A a2 = new A() {
            void abc() {
                System.out.println("방법 2. 익명 이너 클래스 방법으로 객체 생성");
            }
        };
        // 메서드 호출
        a1.abc();
        a2.abc();
    }
}
```

객체를 생성할 때마다 오버라이딩 필요

실행 결과

```
방법 2. 익명 이너 클래스 방법으로 객체 생성
방법 2. 익명 이너 클래스 방법으로 객체 생성
```

이를 정리하면, 객체를 여러 개 만들어야 하는 상황이라면 자식 클래스를 직접 정의하는 첫 번째 방법이 적절하다. 하지만 딱 한 번만 만들어 사용할 객체일 때는 익명 이너 클래스를 활용하는 것이 훨씬 간결한 코드를 작성하는 데 도움이 된다.

12.2 인터페이스

이번에는 마지막 객체지향 프로그래밍 요소인 인터페이스를 알아보자. 우리가 일상생활에서 쓰는 인터페이스의 의미는 입출력 방식의 호환성을 의미한다. 예를 들어 그림 12-3을 살펴보자. 가전 제품의 종류와 상관없이 플러그를 콘센트에 꽂으면(인터페이스를 충족하면) 제품을 작동시킬 수 있다.

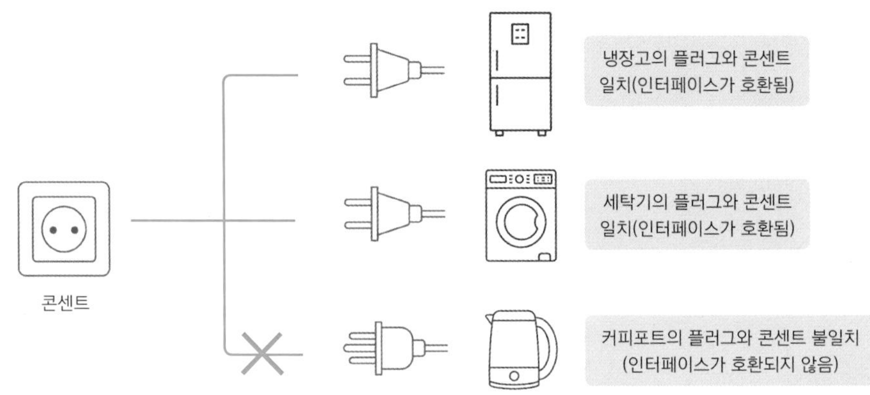

그림 12-3 일상생활에서 볼 수 있는 인터페이스 예시

자바에서는 인터페이스 개념이 어떻게 적용되는지 알아보기 전에 프로그래밍 요소로서 인터페이스의 정의와 특성을 먼저 살펴보자.

12.2.1 인터페이스의 정의와 특징

인터페이스는 내부의 모든 필드가 public static final로 정의되고, static과 default 메서드 이외의 모든 메서드는 public abstract로 정의된 객체지향 프로그래밍 요소다. class 키워드 대신 interface 키워드를 사용해 선언한다.

static, default 메서드는 12.2.5에서 알아보고, 지금 시점에서는 인터페이스 내의 모든 메서드가 public abstract라고 생각해도 무방하다.

인터페이스의 구조

```
interface 인터페이스명 {
    public static final 자료형 필드명 = 값;
    public abstract 리턴 타입 메서드명();
}
```

예

```
interface A {
    public static final int a = 3;
    public abstract void abc();
}
```

이처럼 인터페이스 내에서 필드와 메서드에 사용할 수 있는 제어자[modifier]가 확정돼 있으므로 필드와 메서드 앞에 제어자를 생략해도 다음과 같이 컴파일러가 자동으로 각각의 제어자를 삽입한다.

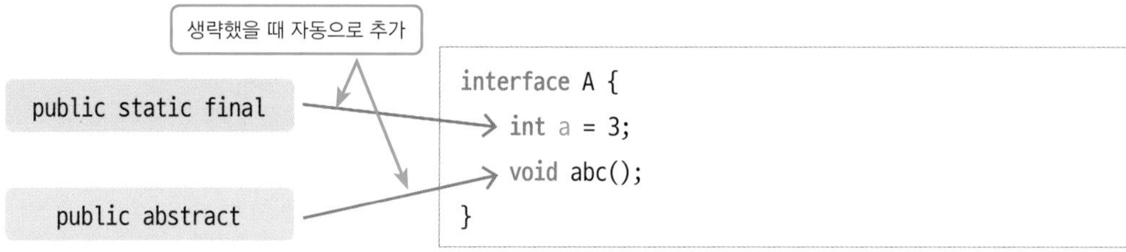

이를 확인하기 위해 실제로 제어자를 사용하지 않은 필드와 메서드를 포함하고 있는 인터페이스 A를 고려해 보자.

```
interface A {
    int a = 3;
    void abc();
}
```

이렇게 제어자를 명시적으로 적어 주지 않은 인터페이스 내의 필드와 메서드 앞에 각각 public static final과 public abstract가 자동으로 추가됐다는 것은 몇 가지 방법으로 확인할 수 있다. 먼저 메서드명 뒤에 중괄호가 없는데도 오류가 발생하지 않으므로 abstract가 자동으로 붙었다는 것을 알 수 있다. 필드 앞에 추가된 제어자는 다음 예제로 확인할 수 있다.

```
System.out.println(A.a);  // 클래스명이나 인터페이스명으로 접근 가능(static의 특징)
A.a = 4;                  // 값 변경 불가능(final의 특징) ← 오류 발생
```

static이 붙었다는 것은 클래스명으로 바로 접근할 수 있다는 것, final이 붙었다는 것은 일단 값이 입력된 후 다시 값을 입력할 수 없다는 것으로 유추할 수 있다. 이 예제에서는 public 키워드의 존재를 따로 확인하지 않았지만, 다른 패키지에서 필드값을 사용하거나 메서드를 호출해 보면 쉽게 확인할 수 있다.

메서드 앞에 자동 추가된 public은 다음 절에서 다루는 인터페이스 상속 과정에서도 쉽게 확인할 수 있다.

Do it! 실습 인터페이스 내 필드 및 메서드의 제어자 InterfaceCharacteristics.java

```java
package sec02_interface.EX01_InterfaceCharacteristics;

interface A {
    public static final int a = 3;
    public abstract void abc();
}
interface B {
    int b = 3;            // 생략했을 때 자동으로 public static final
    void bcd();           // 생략했을 때 자동으로 public abstract
}
public class InterfaceCharacteristics {
    public static void main(String[] args) {
        // static 자동 추가 확인
        System.out.println(A.a);
        System.out.println(B.b);

        // final 자동 추가 확인
        // A.a = 5;    // 불가능
        // B.b = 5;    // 불가능
    }
}
```

실행 결과

```
3
3
```

12.2.2 인터페이스의 상속

클래스가 클래스를 상속할 때 extends 키워드를 사용한 반면, 클래스가 인터페이스를 상속할 때는 implements 키워드를 사용한다. 상속에 있어서 인터페이스의 가장 큰 특징은 **다중 상속이 가능**하다는 것이다. 다음은 클래스가 인터페이스를 상속할 때의 문법 구조를 나타내는데, 1개의 클래스가 여러 개의 인터페이스를 상속할 때 쉼표(,)로 구분해 나열한다.

클래스가 인터페이스를 상속하는 구조

```
클래스명 implements 인터페이스명, ..., 인터페이스명 {
    // 내용
}
```

예

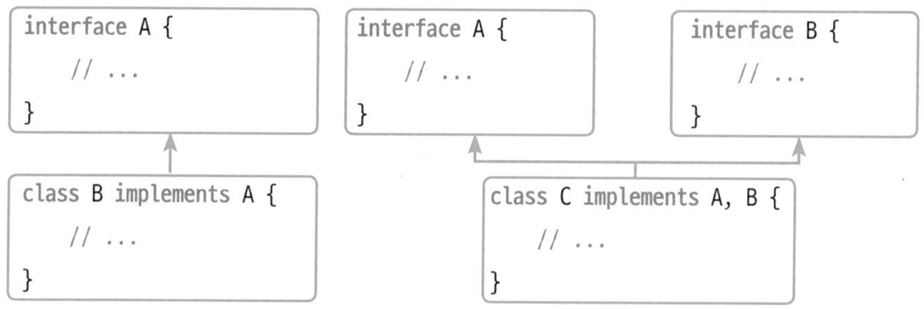

```
interface A {
    // ...
}
        ↑
class B implements A {
    // ...
}
```

```
interface A {          interface B {
    // ...                 // ...
}                      }
        ↑                  ↑
class C implements A, B {
    // ...
}
```

클래스에서는 불가능했던 다중 상속이 인터페이스에서는 어떻게 가능한 것일까? 클래스에서 다중 상속을 할 수 없는 이유는 두 부모 클래스에 동일한 이름의 필드 또는 메서드가 존재할 때 이를 내려받으면 충돌이 발생[ambiguous error]하기 때문이다. 하지만 인터페이스에서는 충돌이 발생할 수 없다. 모든 필드가 public static final로 정의돼 있어 실제 데이터값은 각각의 인터페이스 내부에 존재(즉, 저장 공간이 분리)해 공간상 겹치지 않기 때문이다. 또한 메서드도 모두 미완성이어서 어차피 자식 클래스 내부에서 완성해 사용하므로 문제될 것이 없다. 개념적인 설명이라 이해가 되지 않더라도 '인터페이스는 다중 상속을 할 수 있다.'라는 점은 꼭 기억하자.

만일 클래스와 인터페이스를 함께 상속할 때는 어떨까?

클래스와 인터페이스를 동시에 상속하는 구조

```
클래스명 extends 클래스명 implements 인터페이스명 , ......, 인터페이스명
    // 내용       └─ 순서 변경 불가능 ─┘
}
```

예

```
class A {
    //...
}
```

```
interface B {
    // ...
}
```

```
interface C {
    // ...
}
```

```
class D extends A implements B, C {
    // ...
}
```

위 문법 구조에서 알 수 있는 것처럼 클래스는 다중 상속을 할 수 없으므로 1개 이상의 부모 클래스는 존재할 수 없고, 인터페이스 앞에 표기해야 한다.

Do it! 실습 인터페이스와 클래스의 상속 키워드 InheritanceOfInterface_1.java

```
package sec02_interface.EX02_InheritanceOfInterface_1;

interface A {}
interface B {}

// 단일 인터페이스 상속
class C implements A {
}
// 다중 인터페이스 상속
class D implements A, B {
}
// 클래스와 인터페이스를 한 번에 상속
class E extends C implements A, B {
}
public class InheritanceOfInterface_1 {
    public static void main(String[] args) {
    }
}
```

실행 결과

없음

여기서 잠시 상속할 때 사용되는 extends와 implements 키워드를 정리하고 넘어가자. 클래스와 인터페이스 간의 상속 조합은 다음과 같이 4가지가 나올 수 있다.

`클래스 extends 클래스 {`
`    // ...`
`}`
	`인터페이스 extends 인터페이스 {`
	`    // ...`
	`}`

`클래스 implements 인터페이스 {`
`    // ...`
`}`
	`인터페이스 extends/implements 클래스 {`
	`    // ...`
	`}` (X)

먼저 클래스가 클래스를 상속할 때는 extends, 클래스가 인터페이스를 상속할 때는 implements를 사용한다. 앞에서 미완성 메서드를 완성하는 것을 '구현하기[implements]'라고 했는데, 인터페이스 내의 모든 메서드는 추상 메서드이므로 자식 클래스는 온전히 이들 추상 메서드들을 구현해야 하기 때문이다. 따라서 '클래스 A가 인터페이스 B를 상속했다.'라는 표현은 종종 '클래스 A가 인터페이스 B를 구현했다.'와 같이 표현된다.

인터페이스가 인터페이스를 상속할 때는 extends를 사용한다. 인터페이스의 내부에는 완성된 메서드가 들어갈 수 없으므로 구현할 수 없는 것이다. 마지막으로 인터페이스는 클래스를 상속할 수 없다. 클래스 내부에는 완성된 메서드가 존재하기 때문이다. 인터페이스는 내부에 추상 메서드만 포함할 수 있으므로 만일 인터페이스가 클래스를 상속한다면 상속과 동시에 오류가 발생할 것이다. 이해하기 쉽게 '같은 타입끼리는 extends, 다른 타입끼리는 implements, 단 인터페이스는 클래스 상속 불가능' 정도로 기억해 두면 된다.

다시 클래스가 인터페이스를 상속하는 때로 돌아가 보자. 다음처럼 인터페이스를 상속하면 클래스는 상속과 동시에 문법적 오류가 발생한다.

```
interface A {
    public abstract void abc();
}
```

```
class B implements A {

}
```

→ 오류 발생

이는 인터페이스 내부의 미완성 메서드가 클래스 내부에 포함되기 때문이다. 클래스 B는 일반 클래스로 정의돼 있으므로 내부에는 완성된 메서드만 포함돼야 한다. 따라서 자식 클래스는 반드시 다음처럼 미완성 메서드를 완성시켜 줘야 문법적 오류를 피할 수 있다.

```
interface A {
    public abstract void abc();     // 미완성 메서드
}

class B implements A {
    public void abc() {             // 완성 메서드
    }
}
```

다시 한번 말하지만, 완성과 미완성 메서드의 유일한 구분점은 메서드의 중괄호라는 것을 명심하자. 인터페이스를 상속할 때 주의해야 할 사항이 또 하나 있다. 다음 코드를 살펴보자.

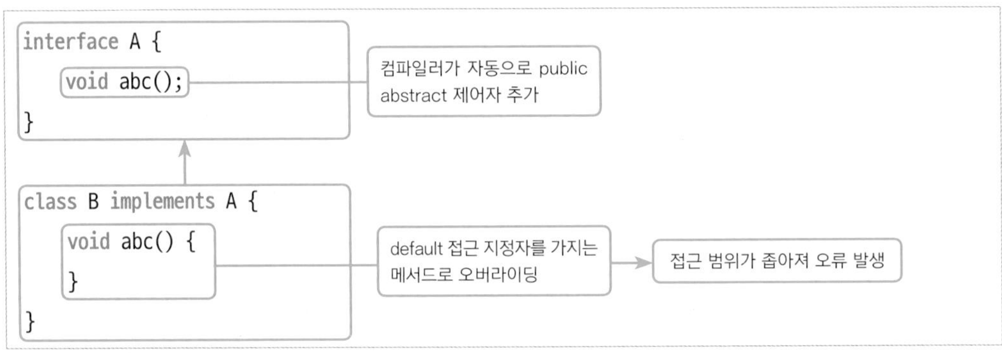

자식 클래스에서는 부모 인터페이스의 추상 메서드를 완성했는데도 오류가 발생한다. 그 이유는 바로 '접근 지정자' 때문이다. 오버라이딩을 수행할 때 접근 지정자는 반드시 부모 메서드의 접근 지정자보다 접근 범위가 같거나 커야 한다고 했다. 인터페이스는 모든 필드와 메서드가 public으로 강제되므로 사실상 모든 자식 클래스의 구현 메서드는 public만 가능한 것이다. 하지만 앞의 예시에서는 접근 지정자를 표기하지 않아 default 접근 지정자로 지정됐으므로 오류가 발생한 것이다. 인터페이스 내 필드와 메서드의 제어자를 생략하고 사용할 때 자주 범하는 실수이므로 주의하길 바란다.

Do it! 실습 　인터페이스 상속 자식 클래스의 접근 지정자 　InheritanceOfInterface_2.java

```java
package sec02_interface.EX03_InheritanceOfInterface_2;

interface A {
    public abstract void abc();
}
interface B {
    void bcd();    // public abstract 자동 추가
}
class C implements A {
    public void abc() {
        // ...
    }
}
/* public -> default 불가능
class D implements B {
    void bcd() {

    }
}
*/
public class InheritanceOfInterface_2 {
    public static void main(String[] args) {

    }
}
```

실행 결과

없음

12.2.3 인터페이스 타입의 객체 생성 방법

인터페이스도 추상 메서드를 포함하고 있으므로 객체를 직접 생성할 수는 없다. 이때는 추상 클래스와 마찬가지로 자식 클래스를 정의하고, 자식 클래스의 생성자로 객체를 생성하는 방법과 익명 이너 클래스를 이용해 바로 객체를 생성하는 방법을 사용할 수 있다. 각각의 방법은 인터페이스를 상속한다는 것을 제외하고 추상 클래스의 객체 생성 방법과 같다.

방법 ① 인터페이스를 일반 클래스로 상속해 객체 생성

```
interface A {
    int a = 3;
    void abc();
}
```

A a = new A(); (×)

```
class B implements A {
    public void abc() {
        // ...
    }
}
```

A a = new B(); (O)
B b = new B(); (O)

방법 ② 익명 이너 클래스 사용

```
A a = new A() {
    public void abc() {
        // ...
    }
};
```

미완성 메서드를 완성한 후 A 객체 생성

각 방법에서의 장단점 역시 같다. 즉, 여러 개의 객체를 생성해야 할 때는 직접 자식 클래스를 생성해 사용하는 것이 유리하고, 1개의 객체만 생성할 때는 익명 이너 클래스를 사용하는 것이 유리하다.

Do it! 실습 자식 클래스를 직접 정의해 인터페이스 객체 생성 CreateObjectOfInterface_1.java

```
package sec02_interface.EX04_CreateObjectOfInterface_1;

interface A {
    int a = 3;
    void abc();
}
class B implements A {
    public void abc() {
        System.out.println("방법 1. 자식 클래스 생성자로 객체 생성");
    }
}
```

```java
public class CreateObjectOfInterface_1 {
    public static void main(String[] args) {
        // 객체 생성
        A b1 = new B();
        A b2 = new B();

        // 메서드 호출
        b1.abc();
        b2.abc();
    }
}
```

실행 결과

```
방법 1. 자식 클래스 생성자로 객체 생성
방법 1. 자식 클래스 생성자로 객체 생성
```

Do it! 실습 익명 이너 클래스를 활용해 인터페이스 객체 생성 CreateObjectOfInterface_2.java

```java
package sec02_interface.EX05_CreateObjectOfInterface_2;

interface A {
    int a = 3;
    void abc();
}
public class CreateObjectOfInterface_2 {
    public static void main(String[] args) {
        // 객체 생성
        A a1 = new A() {
            public void abc() {
                System.out.println("방법 2. 익명 이너 클래스를 이용한 객체 생성");
            }
        };
        A a2 = new A() {
            public void abc() {
                System.out.println("방법 2. 익명 이너 클래스를 이용한 객체 생성");
            }
        };
        // 메서드 호출
```

```
        a1.abc();
        a2.abc();
    }
}
```

실행 결과

```
방법 2. 익명 이너 클래스를 이용한 객체 생성
방법 2. 익명 이너 클래스를 이용한 객체 생성
```

12.2.4 인터페이스의 필요성

인터페이스는 어디에 사용할까? 이 절의 서두에서 이야기한 것처럼 일상생활에서 인터페이스는 입출력의 호환성을 의미한다. 즉, 냉장고이든, 선풍기이든 콘센트에 들어가는 플러그가 있는 가전 제품이라면 정상적으로 연결할 수 있는 것이다. 이제 이 개념을 실제 프로그램에 적용해 보자.

다양한 예가 있을 수 있겠지만, 여기서는 그래픽 드라이버의 예를 들어 보자. A 사의 그래픽카드와 B 사의 그래픽카드는 서로 다른 하드웨어 구조를 띠고 있다. 당연히 기능을 구현하는 방법도 다를 것이다. 우선 인터페이스를 사용하지 않을 때를 살펴보자. 만일 A 사의 그래픽카드를 활용한 애플리케이션을 작성한 후 그래픽카드를 B사 제품으로 바꾸면 애플리케이션을 수정해야 한다. 그래픽카드의 드라이버에 들어 있는 클래스명은 물론 메서드명도 서로 다를 것이기 때문이다. 하드웨어 1개를 바꿀 때마다 애플리케이션을 다시 수정해야 한다면, 세상의 모든 하드웨어를 고려하기 위해서는 수백 종의 애플리케이션을 만들어야 할 것이다.

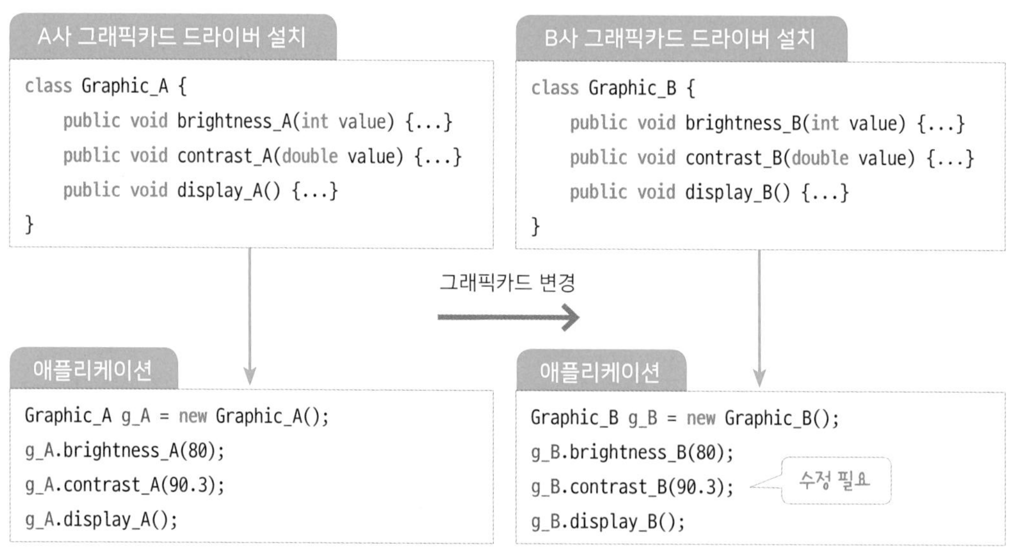

이제 인터페이스를 사용할 때를 살펴보자. 애플리케이션에서 인터페이스를 활용해 프로그램을 작성하고, 각 그래픽 회사들은 이 인터페이스를 구현한 클래스를 생성한다. 어떤 그래픽 회사이든 동일한 인터페이스를 상속해 드라이버를 제작하므로 모든 드라이버에는 동일한 메서드가 존재할 것이다. 다만 메서드 내부의 구현 내용은 서로 다르다. 이때 애플리케이션을 작성하는 개발자의 입장에서는 각 그래픽 회사의 드라이버 내부 메서드가 어떻게 생겼는지 전혀 고려할 필요가 없다. 각 그래픽 드라이버가 인터페이스를 구현했으므로(콘센트에 맞는 플러그를 만들어 놓았으므로) 그저 그 메서드를 가져다 쓰면 되는 것이다. 당연히 그래픽 드라이버를 교체해도 애플리케이션은 수정할 필요가 없다.

인터페이스는 일반적으로 자바 API(Application Programming Interface)에서 제공한다. 자바 API는 자바에서 기능을 제어할 수 있게 만든 인터페이스를 의미한다.

A사 그래픽카드 드라이버 설치

```
class Graphic_Impl implements Graphic {
    public void brightness(int value) {...}
    public void contrast(double value) {...}
    public void display() {...}
}
```

B사 그래픽카드 드라이버 설치

```
class Graphic_Impl implements Graphic {
    public void brightness(int value) {...}
    public void contrast(double value) {...}
    public void display() {...}
}
```

그래픽카드 변경

```
interface Graphic {
    void brightness(int value);
    void contrast(double value);
    void display();
}
```

애플리케이션

```
Graphic g = new Graphic_Impl();
g.brightness(80);
g.contrast(90.3);
g.display();
```

수정 불필요

인터페이스의 필요성을 실감할 수 있겠는가? 하드웨어를 바꿀 때마다 새롭게 애플리케이션을 수정해야 하는 끔찍한 상황에 한 번이라도 맞닥뜨려 본다면 인터페이스에게 정말 감사할 것이다.

12.2.5 디폴트 메서드와 정적 메서드

자바 8이 등장하면서 인터페이스에 몇 가지 기능이 추가됐다. 그 첫 번째가 인터페이스 내에 완성된 메서드인 디폴트default 메서드가 포함될 수 있다는 것이다. 디폴트 메서드는 다음과 같이 리턴 타입 앞에 public default를 붙여 표기한다.

인터페이스 내의 default 메서드는 default 접근 지정자와 구분하자. default 접근 지정자는 접근 지정자 자체를 생략한다.

디폴트 메서드

```
interface 인터페이스명 {
    public default 리턴 타입 메서드명() {
        // 메서드 내용
    }
}
```

인터페이스 내의 필드 또는 추상 메서드처럼 디폴트 메서드 앞에 접근 지정자 public을 생략해도 컴파일러가 자동으로 삽입한다. 그러면 인터페이스 내부에 디폴트 메서드가 추가된 배경을 알아보자. 먼저 다음과 같이 인터페이스 A를 클래스 B ~ 클래스 F에서 상속해 사용하고 있다고 가정해 보자.

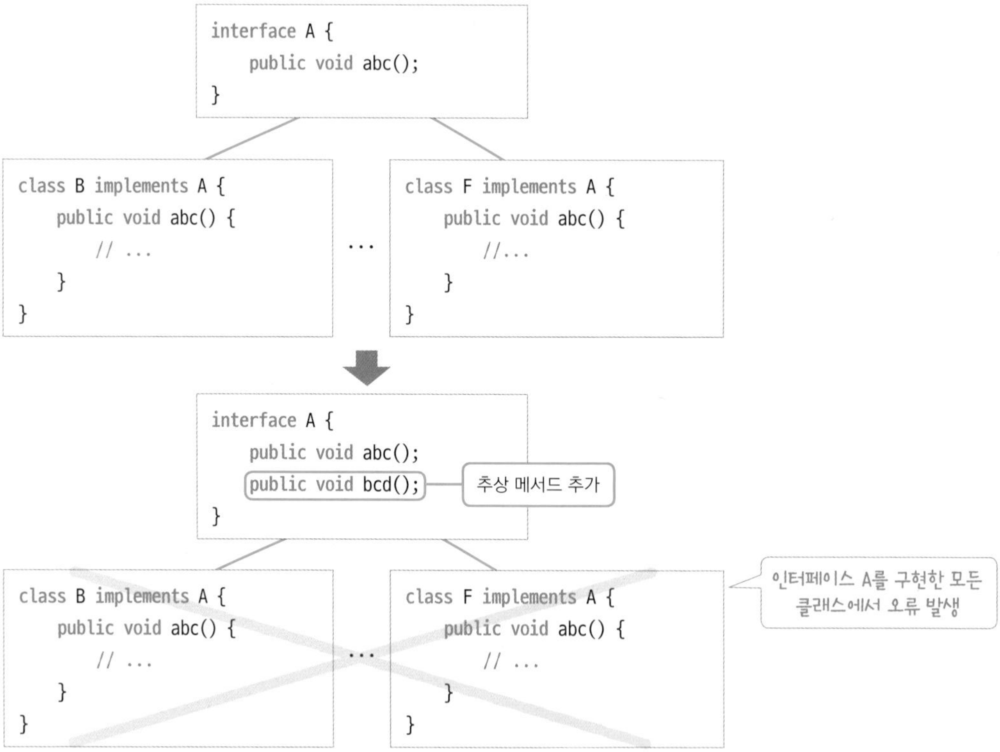

```
interface A {
    public void abc();
}
```

```
class B implements A {
    public void abc() {
        // ...
    }
}
```

...

```
class F implements A {
    public void abc() {
        //...
    }
}
```

```
interface A {
    public void abc();
    public void bcd();
}
```

추상 메서드 추가

```
class B implements A {
    public void abc() {
        // ...
    }
}
```

...

```
class F implements A {
    public void abc() {
        // ...
    }
}
```

인터페이스 A를 구현한 모든 클래스에서 오류 발생

여기서는 5개의 자식 클래스를 고려하지만, 대략 100개의 자식 클래스가 있다고 가정해 보자. 이때 필요에 따라 인터페이스 내에 메서드를 1개 더 추가하면 이전에 만들어 사용하던 모든 자식 클래스에서 오류가 발생할 것이다. 그 이유는 당연히 새롭게 추가된 메서드를 구현하지 않았기 때문이다. 자바 8 이전에는 과거의 자식 클래스들을 그대로 사용하기 위해 인터페이스를 새롭게 정의해 사용할 수밖에 없었다. 이 문제점을 해결하기 위한 방법이 디폴트 메서드로, 인터페이스 내부에 완성된 메서드를 삽입하는 것이다. 디폴트 메서드는 다음 예와 같이 이미 완성된 메서드이므로 자식 클래스는 이 메서드를 반드시 오버라이딩할 의무가 없는 것이다.

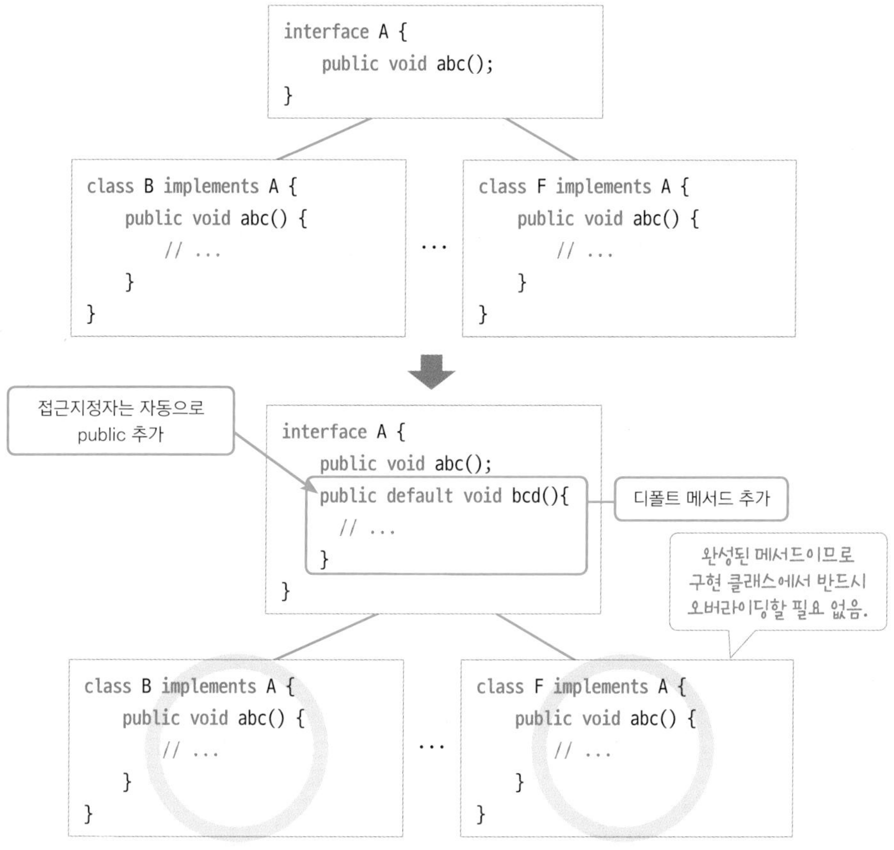

디폴트 메서드는 심지어 일반 메서드처럼 자식 클래스에서 오버라이딩해 사용할 수도 있다. 다음 예를 살펴보자. 인터페이스 A에는 추상 메서드 1개(abc())와 디폴트 메서드 1개(bcd())가 있다. 클래스 B에서는 인터페이스 A를 상속받아 추상 메서드를 구현했으며, 클래스 C에서는 추상 메서드의 구현은 물론, 인터페이스 A의 디폴트 메서드까지 오버라이딩했다. 오버라이딩 과정을 살펴보면 일반 클래스에서 완성된 메서드를 상속할 때와 동일하게 동작하는 것

을 알 수 있다. 인터페이스 내에 완성된 메서드인 디폴트 메서드는 비록 완성된 형태이긴 하지만, 인터페이스 자체가 여전히 객체를 생성할 수 없는 상태이므로 디폴트 메서드를 실행하기 위해서는 일단 상속시켜야한다는 점을 기억하자.

Do it! 실습 인터페이스 구현 및 디폴트 메서드의 오버라이딩 DefaultMethod_1.java

```
package sec02_interface.EX06_DefaultMethod_1;

interface A {
    void abc();
    default void bcd() {
        System.out.println("A 인터페이스의 bcd()");
    }
}
class B implements A {
    public void abc() {
        System.out.println("B 클래스의 abc()");
    }
}
class C implements A {
    public void abc() {
        System.out.println("C 클래스의 abc()");
    }
    public void bcd() {
        System.out.println("C 클래스의 bcd()");
    }
}
public class DefaultMethod_1 {
    public static void main(String[] args) {
        // 객체 생성
        A a1 = new B();
        A a2 = new C();

        // 메서드 호출
        a1.abc();
        a1.bcd();
        a2.abc();
        a2.bcd();
    }
}
```

실행 결과

```
B 클래스의 abc()
A 인터페이스의 bcd()
C 클래스의 abc()
C 클래스의 bcd()
```

디폴트 메서드가 인터페이스 내부에 속하는 일반 메서드처럼 동작한다고 했으므로 자식 클래스에서 부모 인터페이스 내부의 디폴트 메서드도 호출할 수 있다. 자식 클래스 메서드 내부에서 부모 인터페이스의 디폴트 메서드를 호출하는 방법은 다음과 같다.

자식 클래스에서 부모 인터페이스의 디폴트 메서드 호출 방법

```
부모 인터페이스명.super.디폴트 메서드명
```

다음 코드를 살펴보자.

```
interface A {
    default void abc() {
        System.out.println("A 인터페이스의 abc()");
    }
}
class B implements A {
    @Override
    public void abc() {
        A.super.abc();
        System.out.println("B 클래스의 abc()");
    }
}
```

호출

그냥 super.abc()를 사용할 때는 상위 클래스인 Object 클래스의 내부에서 abc() 메서드를 찾음.

자식 클래스 B의 메서드 abc() 메서드 내에서 `A.super.abc()`와 같이 부모 인터페이스의 디폴트 메서드를 먼저 호출했다. 따라서 다음과 같이 자식 클래스의 객체를 생성하고 메서드를 호출하면 "A 인터페이스의 abc()"가 먼저 호출되고 이어서 "B 클래스의 abc()"가 호출된다.

```
B b = new B();
b.abc();    // A 인터페이스의 abc() → B 클래스의 abc()
```

여기서 부모의 메서드를 호출하는 방식이 클래스와 조금 다르다는 것을 알 수 있다. 부모 클래스의 메서드를 호출할 때는 'super.부모메서드명'인데 부모 인터페이스의 메서드를 호출할 때는 super 앞에 부모 인터페이스명까지 붙는다. 부모가 클래스이든, 인터페이스이든 그냥 super.부모 메서드명으로 통일하면 편할 텐데 이렇게 다른 방식을 사용하는 이유는 인터페이스는 다중 상속을 할 수 있으므로 부모 인터페이스가 여럿일 수 있기 때문이다.

앞에서 모든 자바의 클래스는 Object 클래스를 상속한다고 했다. 만일 아무런 클래스도 상속하지 않으면 컴파일러는 다음과 같이 자동으로 Object 클래스를 상속하는 구문을 추가한다.

```
class C implements A, B {
    // ...
}
```

=

```
class C extends Object implements A, B {
    // ...
}
```

super.메서드명 A.super.메서드명 B.super.메서드명

이때 클래스 C는 부모가 셋(Object, A, B)이 생긴 셈이다. 클래스는 어차피 다중 상속을 할 수 없으므로 부모 클래스를 구분 지을 필요 없이 'super.부모메서드명'처럼 호출하면 될 것이다. 하지만 인터페이스는 다중 상속이 되므로 어떤 부모 인터페이스 내부의 메서드를 호출하라는 소리인지 구분할 필요가 있다. 그래서 인터페이스 내의 메서드를 호출할 때는 '부모 인터페이스명.super.부모 메서드명'처럼 호출하는 것이다.

Do it! 실습 자식 클래스에서 부모 인터페이스의 디폴트 메서드 호출 DefaultMethod_2.java

```
package sec02_interface.EX07_DefaultMethod_2;

interface A {
    default void abc() {
        System.out.println("A 인터페이스의 abc()");
    }
}
class B implements A {
    public void abc() {
```

```
        A.super.abc();   // 부모 인터페이스 A의 abc() 메서드 호출
        System.out.println("B 클래스의 abc()");
    }
}
public class DefaultMethod_2 {
    public static void main(String[] args) {
        // 객체 생성
        B b = new B();

        // 메서드 호출
        b.abc();  // B 객체의 abc()를 호출할 때 A 인터페이스의 abc() 메서드가 먼저 호출됨.
    }
}
```

실행 결과

```
A 인터페이스의 abc()
B 클래스의 abc()
```

자바 8 이후부터 추가된 인터페이스의 두 번째 기능은 static 메서드를 포함할 수 있다는 것이다. 이는 클래스 내부의 정적 메서드와 동일한 기능으로, 다음과 같이 객체를 생성하지 않고 '인터페이스명.정적 메서드명'의 방식으로 바로 호출할 수 있다.

인터페이스 내의 정적 메서드 호출

```
인터페이스명.정적 메서드명
```

예

```
interface A {
    static void abc() {...}
}

A.abc();  // 객체를 생성하지 않고 바로 사용 가능
```

Do it! 실습 인터페이스 내의 정적 메서드 StaticMethod.java

```
package sec02_interface.EX08_StaticMethod;

interface A {
    static void abc() {
        System.out.println("A 인터페이스의 정적 메서드 abc()");
    }
}
public class StaticMethod {
    public static void main(String[] args) {
        // 정적 메서드 호출
        A.abc();
    }
}
```

실행 결과

```
A 인터페이스의 정적 메서드 abc()
```

실력 상승! **연습 문제**

Q1 다음은 추상 클래스 A를 상속해 클래스 B를 정의한 코드로, 오류를 포함하고 있다. 오류가 발생한 이유와 그 해결책을 쓰시오.

```
abstract class A {
    abstract void abc();
}
class B extends A {

}
```

오류가 발생한 이유	오류 해결책

Q2 다음과 같이 클래스 A와 클래스 B의 상속 관계가 있을 때 실행 코드(a.abc())의 결과가 "안녕하세요"가 나오도록 클래스 B 내부의 코드를 완성하시오.

```
abstract class A {
    abstract void abc();
}
class B extends A {

}
```

```
A a = new B();
a.abc();    // 안녕하세요
```

Q3 다음과 같은 추상 클래스 A가 정의돼 있다. 실행 코드가 "반갑습니다"를 출력하도록 익명 이너 클래스를 이용해 객체를 생성하는 코드를 완성하시오.

```
abstract class A {
    abstract void abc();
}


A a = 



a.abc();     // 반갑습니다.
```

Q4 추상 클래스의 객체를 생성하는 방법은 크게 다음과 같다. 각 방법의 장단점을 기술하시오.

① 추상 클래스를 일반 클래스로 상속해 객체 생성

② 익명 이너 클래스 사용

	장점	단점
①		
②		

Q5 다음은 클래스와 인터페이스 간의 상속 문법이다. extends, implements, 불가능 중 적절한 상속 키워드를 넣으시오.

```
클래스                    클래스 {
    // ...
}
인터페이스                    인터페이스 {
    // ...
}

클래스                    인터페이스 {
    // ...
}

인터페이스                    클래스 {
    // ...
}
```

Q6 다음과 같이 클래스 D가 인터페이스 A, B, 클래스 C를 상속하고자 할 때의 상속 문법을 완성하시오.

```
interface A {
}
interface B {
}
class C {
}
class D                                      {
}
```

Q7 다음 코드는 인터페이스 A를 상속해 클래스 B를 정의한 코드로, 오류가 포함돼 있다. 오류가 발생한 이유와 해결책을 쓰시오.

```
interface A {
    void abc();
}
class B implements A {
    void abc() {
        // ...
    }
}
```

오류가 발생한 이유	오류 해결책

Q8 다음 인터페이스 A는 디폴트 메서드를 포함하고 있다. 자식 클래스에서 부모 클래스의 abc() 메서드를 호출하는 코드를 추가해 다음과 같은 실행 결과가 나오도록 빈칸을 완성하시오.

```
interface A {
    default void abc() {
        System.out.println("A 인터페이스의 abc()");
    }
}
class B implements A {
    @Override
    public void abc() {
        
        System.out.println("B 클래스의 abc()");
    }
}

B b = new B();
b.abc();
```

실행 결과

```
A 인터페이스의 abc()
B 클래스의 abc()
```

13장 이너 클래스와 이너 인터페이스

클래스 내부에는 필드, 메서드, 생성자와 더불어 이너 클래스, 이너 인터페이스까지 총 4가지 종류의 요소만 존재할 수 있다고 했다. 13장에서는 마지막 내부 요소인 이너 클래스, 이너 인터페이스를 알아보자. 문법적으로 이해하기가 조금 까다롭지만, 결국 필드나 메서드처럼 클래스의 내부 멤버 중 하나일 뿐이므로 다른 멤버들과 비슷한 관점으로 접근하면 이해하는 데 많은 도움이 될 것이다.

교수님의 동영상 강의
자바가 처음인가요?
그렇다면 동영상으로
예습부터 해 보세요~

13.1 이너 클래스

클래스 내부에 포함되는 이너 클래스inner class는 인스턴스 멤버 이너 클래스, 정적 멤버 이너 클래스 그리고 지역 이너 클래스로 나뉜다.

이너 클래스의 종류

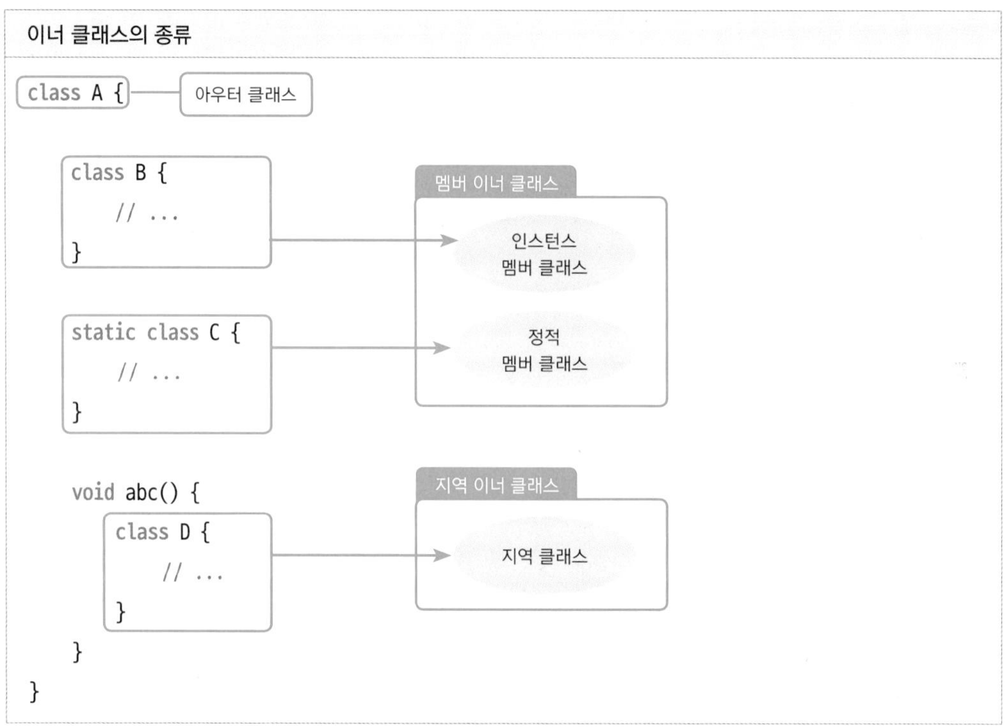

인스턴스 멤버와 정적 멤버 이너 클래스는 필드와 메서드처럼 클래스의 멤버인 반면, 지역 이너 클래스는 메서드 내에서 정의하며, 지역 변수처럼 해당 메서드 내부에서만 한정적으로 사용되는 클래스다. 그럼 이너 클래스의 종류를 하나씩 알아보자.

13.1.1 인스턴스 멤버 이너 클래스

인스턴스 멤버 이너 클래스는 이름에서도 알 수 있는 것처럼 인스턴스, 즉 객체 내부에 멤버의 형태로 존재한다. 이때 자신을 감싸고 있는 아우터 클래스outer class의

접근 지정자와 상관없이 아우터 클래스의 멤버를 사용할 수 있다는 점을 활용하기 위해 일반적으로 이너 클래스를 사용한다. 따라서 디스플레이 클래스 내부에 색 조정 클래스를 포함하는 것처럼 이너 클래스가 아우터 클래스와 밀접하게 관련돼 있을 때 주로 사용한다.

모든 접근 지정자의 멤버에 접근할 수 있다. 인스턴스 멤버 이너 클래스 자체도 아우터 클래스의 멤버이므로 당연한 이야기일 것이다.

소스 파일(.java)이 1개라 하더라도 컴파일을 수행하면 각 클래스별로 바이트 코드(.class) 파일이 생성된다고 했다. 이너 클래스도 이와 마찬가지다. 다음과 같이 아우터 클래스 내부에 1개의 이너 클래스가 존재할 때를 생각해보자.

```
class 아우터 클래스 {
    class 이너 클래스 {
        // ...
    }
}
```

아우터 클래스의 바이트 코드로 '아우터 클래스.class', 인스턴스 멤버 이너 클래스의 바이트 코드로 '아우터 클래스$이너 클래스.class' 파일이 생성된다. 이너 클래스로 생성되는 파일명에서 볼 수 있는 것처럼 이너 클래스는 독립적으로 사용할 수 없고, 반드시 아우터 클래스를 이용해야만 사용할 수 있다.

인스턴스 이너 클래스 객체 생성하기

이번에는 인스턴스 멤버 이너 클래스의 객체를 생성하는 방법을 알아보자. 앞에서 말한 것처럼 인스턴스 멤버 이너 클래스는 아우터 클래스의 객체 내부에 존재한다. 따라서 이너 클래스의 객체를 생성하기 위해서는 먼저 아우터 클래스의 객체를 생성해야 한다. 이후 생성한 아우터 클래스 객체의 참조 변수를 이용해 객체 내부에 있는 이너 클래스의 생성자를 다음과 같이 호출한다.

이는 인스턴스 필드나 메서드를 사용하기 위해 클래스의 객체를 먼저 생성해야 하는 것과 같은 원리다.

인스턴스 멤버 이너 클래스의 객체 생성 방법

```
아우터 클래스 아우터 클래스 참조 변수 = new 아우터 클래스();
아우터 클래스.이너 클래스 이너 클래스 참조 변수 = 아우터 클래스 참조 변수.new 이너 클래스();
```

예

```
class A {
    class B {
    }
}

A a = new A();
A.B b = a.new B();
```

여기서 1가지 주의해야 할 점은 이너 클래스 객체의 자료형은 B가 아니라 A.B라는 것이다. 그 이유는 생성되는 바이트 코드가 A$B.class이기 때문이다. 다시 한번 말하지만, 이너 클래스는 B b와 같이 단독으로 쓰일 수 없으며, 반드시 A.B b와 같이 아우터 클래스를 이용해야만 선언할 수 있다.

> 만일 B b가 가능하려면 B.class 바이트 코드가 있어야 하는데, 이때 B.class는 $가 포함되지 않았기 때문에 이너 클래스가 아니다.

객체를 생성하는 모양이 다소 특이해 보이지만, 인스턴스 이너 클래스 자체가 아우터 클래스 객체 내부에 존재한다는 점을 이해하면 왜 이런 문법이 나왔는지 어느 정도 이해할 수 있을 것이다.

Do it! 실습 인스턴스 이너 클래스의 아우터 클래스 멤버 사용 및 객체 생성 CreateObjectAndAccessMember.java

```
package sec01_instanceinnerclass.EX01_CreateObjectAndAccessMember;

class A {
    public int a = 3;
    protected int b = 4;
    int c = 5;
    private int d = 6;
    void abc() {
        System.out.println("A 클래스 메서드 abc()");
    }
    // 인스턴스 이너 클래스
    class B {
        void bcd() {
            // 아우터 클래스의 필드 사용
            System.out.println(a);
            System.out.println(b);
            System.out.println(c);
            System.out.println(d);
            // 아우터 클래스의 메서드 호출
            abc();
        }
    }
}
public class CreateObjectAndAccessMember {
    public static void main(String[] args) {
        // 아우터 클래스 객체 생성
        A a = new A();
```

아우터 클래스의 모든 멤버를 접근 지정자와 상관없이 사용 가능

```java
        // 멤버 사용
        A.B b = a.new B();
        b.bcd();
    }
}
```

실행 결과

```
3
4
5
6
A 클래스 메서드 abc()
```

아우터 클래스의 객체 참조하기

앞에서 인스턴스 이너 클래스에서는 아우터 클래스의 모든 멤버를 마치 자기 것인양 사용할 수 있다고 했다. 그렇다면 아우터 클래스의 필드나 메서드와 동일한 이름을 이너 클래스 안에서 정의했을 때 이너 클래스의 내부에서는 누구의 필드 또는 메서드가 참조될까? 당연히 이너 클래스의 필드나 메서드가 참조된다. 참조 객체명을 생략할 때는 자기 자신의 객체를 가리키는 this 키워드를 컴파일러가 자동으로 추가하기 때문이다. 이너 클래스 내부에서 this.의 의미는 이너 클래스 자신이 된다.

이너 클래스의 내부에서 아우터 클래스의 멤버를 참조하고 싶다면 어떻게 해야 할까? 이때는 '아우터 클래스명.this.'를 명시적으로 붙여 사용한다. 이 역시 조금은 특이한 형태이므로 기억해 놓길 바란다.

다음 예를 살펴보자. 클래스 B 내부의 메서드에서 `a`와 같이 참조 변수 없이 멤버를 사용하거나 `this.a`를 사용하면 B 클래스의 필드 a를 의미한다. 반면 아우터 클래스의 필드 a를 참조하기 위해서는 `A.this.a`와 같이 사용해야 한다. 메서드도 이와 비슷하게 동작한다.

이너 클래스의 메서드 내에서 참조 변수 없이 멤버를 사용하면 컴파일러는 일단 this.를 붙여 멤버를 찾는다. 만일 해당되는 멤버가 없으면 아우터 클래스.this.를 붙인 후 아우터 클래스의 멤버를 검색해 실행한다.

Do it! 실습 이너 클래스 내부에서 아우터 클래스의 필드/메서드 사용 UseMembersOfOuterClass.java

```java
package sec01_instanceinnerclass.EX02_UseMembersOfOuterClass;

class A {
    int a = 3;
    int b = 4;
    void abc() {
        System.out.println("A 클래스 메서드");
    }
    // 인스턴스 이너 클래스 정의
    class B {
        int a = 5;
        int b = 6;
        void abc() {
            System.out.println("B 클래스 메서드");
        }
        void bcd() {
            // 이너 클래스의 멤버 호출 또는 사용
            System.out.println(a);
            System.out.println(b);
            abc();

            // 아우터 클래스의 멤버 호출 또는 사용
            System.out.println(A.this.a);
            System.out.println(A.this.b);
            A.this.abc();
        }
    }
}
public class UseMembersOfOuterClass {
    public static void main(String[] args) {
        // 아우터 클래스 객체 생성
        A a = new A();

        // 이너 클래스 객체 생성
        A.B b = a.new B();
        b.bcd();
    }
}
```

실행 결과

```
5
6
B 클래스 메서드
3
4
A 클래스 메서드
```

13.1.2 정적 멤버 이너 클래스

정적 멤버 이너 클래스는 이너 클래스 앞에 static 키워드가 포함된 이너 클래스다. 정적 메서드와 동일하게 아우터 클래스의 정적 멤버에만 접근할 수 있는데, 이는 이너 클래스의 특성이 아닌 정적static 특성이다. 즉, 아우터 클래스의 객체를 생성하지 않아도 정적 이너 클래스의 객체를 생성해 사용할 수 있어야 하므로 아우터 클래스의 멤버 중 객체 생성 없이 바로 사용할 수 있는 정적 멤버만 정적 이너 클래스 내부에서 사용할 수 있는 것이다.

정적 이너 클래스 객체 생성하기

컴파일 이후에는 인스턴스 멤버 클래스와 동일하게 '아우터 클래스.class', '아우터 클래스$이너 클래스.class'의 바이트 코드 파일이 생성된다. 반면 객체를 생성하는 방법은 다음과 같이 훨씬 간단하다. 정적 이너 클래스도 말 그대로 정적 멤버이므로 클래스명으로 바로 접근할 수 있다.

정적 멤버 이너 클래스의 객체 생성 방법

```
아우터 클래스.이너 클래스 이너 클래스 참조 변수 = new 아우터 클래스.이너 클래스();
```

예

```
class A {
    static class B {
    }
}

A.B b = new A.B();
```

'아우터 클래스.이너 클래스'를 1개의 긴 클래스명으로 생각하면 결국 A a = new A()의 형태인 것이다. 이는 정적 이너 클래스가 아우터 클래스의 객체를 생성하지도 않고 바로 사용할 수 있는 정적 멤버이기 때문이다. 다만 여기서 주의해야 할 점은 아우터 클래스의 객체 생성 전에도 사용할 수 있어야 하므로 정적 이너 클래스 내부에서는 아우터 클래스의 정적 멤버만 사용할 수 있다는 것을 다시 한번 기억하자.

Do it! 실습 정적 이너 클래스에서의 외부 멤버 사용 및 객체 생성 CreateObjectAndAccessMember.java

```
package sec02_staticinnerclass.EX01_CreateObjectAndAccessMember;

class A {
    int a = 3;
    static int b = 4;
    void method1() {
        System.out.println("instance method");
    }
    static void method2() {
        System.out.println("static method");
    }
    // 정적 이너 클래스
    static class B {
        void bcd() {
            // 필드 사용
            // System.out.println(a);
            System.out.println(b);
            // 메서드 호출
            // method1();
            method2();
        }
    }
}
public class CreateObjectAndAccessMember {
    public static void main(String[] args) {
        // 정적 이너 클래스의 객체 생성
        A.B b = new A.B();
        // 메서드 호출
        b.bcd();
    }
}
```

정적 이너 클래스는 아우터 클래스의 정적 멤버만 사용 가능

실행 결과

```
4
static method
```

13.1.3 지역 이너 클래스

지역 이너 클래스는 클래스의 멤버가 아닌 메서드 내에서 정의되는 클래스다. 지역 변수처럼 정의된 메서드 내부에서만 사용할 수 있으므로 일반적으로 지역 이너 클래스는 선언 이후 바로 객체를 생성해 사용하며, 메서드가 호출될 때만 메모리에 로딩된다. 따라서 지역 이너 클래스는 정적 클래스로 지정할 수 없다.

> 정적 클래스가 되기 위해서는 객체가 생성돼야 사용할 수 있는 메서드가 호출되기 전에 정적 영역에 로딩될 수 있어야 한다.

지역 클래스를 컴파일하면 생성되는 클래스명이 조금 독특한데, '아우터 클래스$+숫자+지역 이너 클래스.class'와 같이 지역 이너 클래스 이름 앞에 숫자가 포함된 이름으로 클래스 파일이 생성된다. 숫자가 포함되는 이유는 지역 이너 클래스는 메서드 내에서만 정의하고 사용할 수 있으므로 여러 개의 메서드에서 동일한 이름의 지역 이너 클래스를 생성할 수도 있기 때문이다. 동일한 지역 클래스명이 있을 때는 숫자가 1부터 하나씩 증가한다.

지역 이너 클래스 객체 생성하기

지역 이너 클래스도 다른 이너 클래스처럼 아우터 클래스의 멤버를 접근 지정자와 상관없이 사용할 수 있으며, 추가로 자신이 정의된 메서드의 지역 변수도 클래스 내부에서 사용할 수 있다. 단, **지역 변수를 사용할 때는 반드시 해당 지역 변수가 final로 선언**돼야 하며, 만일 final로 선언되지 않은 지역 변수를 지역클래스 내부에서 사용할 때는 컴파일러가 강제로 해당 지역 변수에 final을 추가해 준다. 지역 이너 클래스의 객체 생성 방법은 일반 클래스의 객체 생성 방법과 동일하지만, 클래스가 정의된 메서드 내부에서만 객체를 생성할 수 있다는 차이점이 있다.

지역 이너 클래스의 객체 생성 방법

```
지역 이너 클래스 지역 이너 클래스 참조 변수 = new 지역 이너 클래스();
```

예

```
class A {
    void abc() {
        class B {          // 지역 이너 클래스
        }
        B b = new B();     // 지역 이너 클래스 객체 생성
    }
}
```

Do it! 실습 지역 이너 클래스 내부에서 외부 멤버 및 메서드 지역 변수 활용 AccessMemberAndLocalVariable.java

```
package sec03_localinnerclass.EX01_AccessMemberAndLocalVariable;

class A {
    int a = 3;      // 필드
    void abc() {
        int b = 5;  // 지역 변수
        // 지역 이너 클래스
        class B {
            void bcd() {
                System.out.println(a);
                System.out.println(b);
                a = 5;
                // b = 7;
            }
        }
        B bb = new B();
        bb.bcd();
    }
}
public class AccessMemberAndLocalVariable {
    public static void main(String[] args) {
        // 객체 생성 및 메서드 호출
        A a = new A();
        a.abc();
    }
}
```

지역 이너 클래스에서 사용하는 지역 변수는 자동 final 선언

실행 결과

```
3
5
```

지역 이너 클래스명이 중복될 때 클래스가 어떻게 생성되는지를 확인하기 위해 다음 예를 살펴보자. 아우터 클래스 A에는 2개의 메서드, 각각의 메서드 내부에는 2개의 지역 이너 클래스가 있다. 그중 지역 이너 클래스 C는 2개의 메서드 내에 동일한 이름으로 존재한다. 이때 컴파일 이후의 생성된 클래스 파일명은 A.class, A$1B.class, A$1C.class, A$2C.class, A$1D.class가 된다.

Do it! 실습 지역 이너 클래스의 컴파일 이후 생성되는 클래스 파일 GeneratedClassNames.java

```
package sec03_localinnerclass.EX02_GeneratedClassNames;

class A { ──────→ A.class
    void abc() {
        class B {} ──→ A$1B.class
        class C {} ──→ A$1C.class
    }
    void bcd() {
        class C {} ──→ A$2C.class
        class D {} ──→ A$1D.class
    }
}
public class GeneratedClassNames {
    public static void main(String[] args) {
    }
}
```

실행 결과

A.class, A$1B.class, A$1C.class, A$2C.class, A$1D.class 파일이 생성됨.

13.2 익명 이너 클래스

앞의 추상 클래스와 인터페이스의 객체를 생성하는 과정에서 익명anonymous 이너 클래스를 활용하는 방법을 알아봤다. 이 절에서는 익명 이너 클래스를 좀 더 자세하게 알아보자.

13.2.1 익명 이너 클래스의 정의와 특징

익명 이너 클래스는 말 그대로 '이름을 알 수 없는 이너 클래스'를 의미한다. 익명 이너 클래스는 정의된 위치에 따라 분류할 수 있는데, 클래스의 중괄호 바로 아래에 사용했을 때는 인스턴스 익명 이너 클래스, 메서드 내부에서 사용했을 때는 지역 익명 이너 클래스를 의미한다. 이는 앞 절의 이너 클래스에서 살펴본 바와 같다. 다음 예를 살펴보자.

정적 익명 이너 클래스는 존재할 수 없다. 정적이려면 객체 생성 없이 클래스명만으로 객체를 생성해야 하는데, 익명 이너 클래스는 이름을 알 수 없기 때문이다.

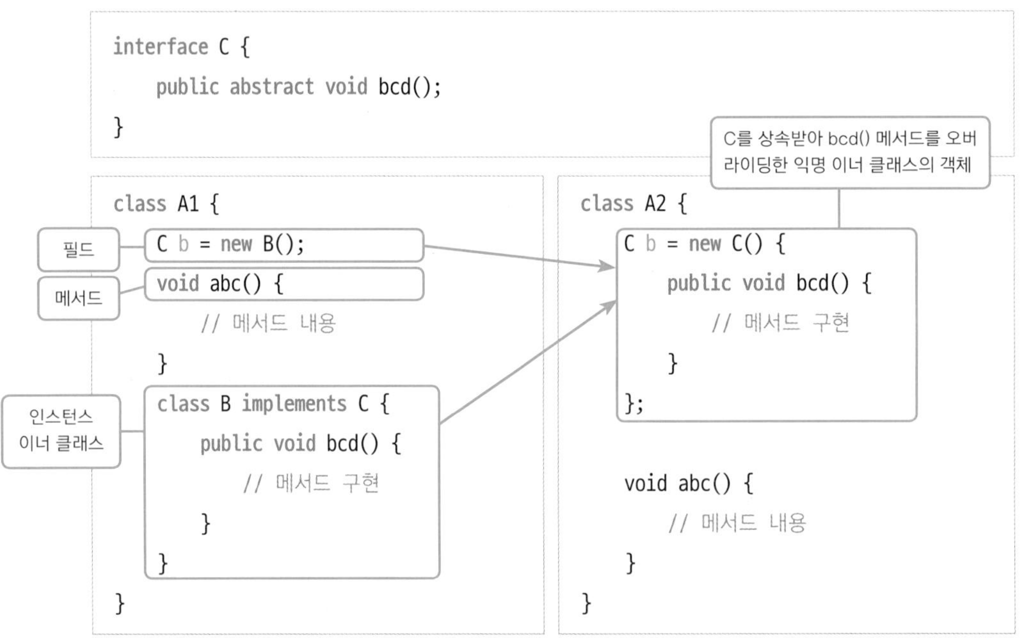

먼저 클래스 A1 내부에는 인터페이스 C를 구현(implements)하고 있는 인스턴스 이너 클래스 B가 있다. 필드에는 인터페이스 C 타입의 참조 변수가 있고, 생성자 B()로 객체를 생성해 초기화했다. 그리고 abc() 메서드가 정의돼 있다. 즉, 클래스 A1에서는 C 타입의 객체를 생성하

기 위해 이너 클래스를 B라는 이름으로 직접 정의해 사용했다. 이를 익명 이너 클래스로 정의한 클래스 A2를 살펴보자. C 타입의 생성자를 호출한 후 중괄호 안에 인터페이스에 포함된 추상 메서드 bcd()를 구현해 표현했다. 이렇게 되면 컴파일러는 인터페이스 C를 상속받아 추상 메서드를 구현한 클래스를 내부적으로 생성한 후 해당 클래스로 객체를 생성해 참조 변수에 대입한다. 즉, 익명의 이너 클래스를 생성해 사용하는 것이다.

Do it! 실습 인터페이스를 상속한 이너 클래스를 생성해 인터페이스 객체 생성 AnonymousClass_1.java

```
package sec04_anonymousclass.EX01_AnonymousClass_1;

class A {
    C c = new B();
    void abc() {
        c.bcd();
    }
    class B implements C {
        public void bcd() {
            System.out.println("인스턴스 이너 클래스");
        }
    }
}
interface C {
    public abstract void bcd();
}
public class AnonymousClass_1 {
    public static void main(String[] args) {
        // 객체 생성 및 메서드 호출
        A a = new A();
        a.abc();
    }
}
```

실행 결과

```
인스턴스 이너 클래스
```

Do it! 실습 익명 이너 클래스를 활용해 인터페이스 객체 생성 AnonymousClass_2.java

```
package sec04_anonymousclass.EX02_AnonymousClass_2;

class A {
    C c = new C() {
        public void bcd() {
            System.out.println("익명 이너 클래스");
        }
    };
    void abc() {
        c.bcd();
    }
}
interface C {
    public abstract void bcd();
}
public class AnonymousClass_2 {
    public static void main(String[] args) {
        // 객체 생성 및 메서드 호출
        A a = new A();
        a.abc();
    }
}
```

실행 결과

```
익명 이너 클래스
```

이번에는 조금 특이한 예를 고려해보자. 앞의 예와 비슷하지만, 인터페이스 C를 구현한 자식 클래스에서 메서드(cde())를 추가로 정의했을 때다.

```
interface C {
    public abstract void bcd();
}
```

```
class B implements C {
    public void bcd() {
        // 메서드 구현          ── 오버라이딩 메서드
    }
    public void cde() {
        // 메서드 구현          ── 추가 메서드
    }
}

B b = new B();
b.bcd();    // (○)
b.cde();    // (○)
```

```
C c = new C() {
    public void bcd() {          ── 오버라이딩 메서드
        // 메서드 구현
        cde();                   ── 내부적으로 호출 가능
    }
    public void cde() {
        // 메서드 구현          ── 추가 메서드
    }
};

c.bcd();    // (○)
c.cde();    // (X) → C 타입에 없음.
```

왼쪽처럼 자식 클래스 타입으로 객체를 선언하고 생성하면 오버라이딩된 메서드와 추가 메서드를 모두 사용할 수 있다. bcd() 메서드와 cde() 메서드 모두 클래스 B 내부에서 정의돼 있으며, 참조 변수가 B 타입이므로 두 메서드를 모두 호출할 수 있다. 반면 익명 이너 클래스를 사용할 때는 **항상 부모 타입으로만 선언할 수 있으므로** 추가로 정의한 메서드 cde()는 항상 호출할 수 없다.

호출을 할 수 없으므로 애초에 만들 필요가 없을까? 그렇지는 않다. 오버라이딩 메서드 내부에서는 호출할 수 있으므로 작성해야 할 내용이 많을 때 메서드를 분리해 작성하는 것이 효율적이며, 이때 익명 이너 클래스 정의식 내부에 추가 메서드를 정의해 사용하는 것이 편할 수 있다.

13.2.2 익명 이너 클래스를 활용한 인터페이스 타입의 입력매개변수 전달

이번에는 인터페이스 타입의 입력매개변수로 익명 이너 클래스를 이용해 생성한 객체를 전달하는 방법을 알아보자. 다음 예제에서 인터페이스 A에는 추상 메서드 abc(), 클래스 C에는 인터페이스 A 타입의 객체를 입력매개변수로 포함하고 있는 메서드 cde(A a)가 있다.

```
interface A {
    public abstract void abc();
}
class C {
    void cde(A a) {
        a.abc();
    }
}
```

이때 클래스 C의 객체를 생성한 후 cde(A a) 메서드를 호출하기 위해서는 입력매개변수로 사용될 인터페이스 A 타입의 객체를 생성해야 한다. 인터페이스로는 객체를 직접 생성할 수 없으므로 인터페이스 A를 구현한 자식 클래스의 객체가 전달돼야 할 것이다. 결국 인터페이스 A의 객체 생성 문제와 동일해진다.

인터페이스 A의 객체를 생성하고, 메서드의 입력매개변수로 전달하는 방법은 문법적으로 크게 4가지 형태로 분류할 수 있다. 먼저 다음과 같이 인터페이스 A의 자식 클래스 B를 직접 정의할 때를 살펴보자.

```
class B implements A {
    public void abc() {
        // ...
    }
}
```

자식 클래스를 직접 정의했으므로 자식 클래스의 생성자를 호출함으로써 객체는 얼마든지 생성할 수 있을 것이다. 이때 생성한 객체를 메서드 입력매개변수로 전달하는 방식에 따라 다음과 같이 다시 2가지 형태를 지닌다.

```
C c = new C();

// 방법 ①
A a1 = new B();
c.cde(a1);
// 방법 ②
c.cde(new B());
```

먼저 방법 ①은 B() 생성자를 이용해 생성한 객체를 A 타입의 참조 변수에 저장하고, 입력매개변수로 참조 변수를 넘겨 주는 방식이다. 이때 객체 참조 변수(a1)의 역할은 객체의 참좃값을 전달하기 위해서만 사용된다. 단순히 객체의 참좃값만을 전달할 목적이라면 굳이 참조 변수를 사용하지 않고 메서드 입력매개변수 위치에서 바로 new B()와 같이 객체를 생성하면 생성된 객체의 참좃값이 메서드로 전달될 것이다. 이것이 방법 ②이다.

그럼 이번에는 자식 클래스를 별도로 정의하지 않고, 익명 이너 클래스를 사용해 메서드 입력매개변수로 객체를 전달하는 방법을 살펴보자.

```
C c = new C();

// 방법 ③
A a = new A() {
    public void abc() {
        // ...
    }
};
c.cde(a);

// 방법 ④
c.cde(new A() {
    public void abc() {
        // ...
    }
});
```

익명 이너 클래스 문법을 활용했다는 점을 제외하면 방법 ①, ②와 같다. 방법 ③은 익명 이너 클래스를 사용해 객체를 생성하고, 객체를 참조하는 참조 변수(a)를 cde() 메서드의 입력매개변수로 전달했다. 반면 방법 ④는 참조 변수를 대입하지 않고, 메서드 입력매개변수 자리에서 곧바로 익명 이너 클래스 객체를 생성해 전달하는 방식이다.

4가지 방법 중 어떤 것을 사용해도 괜찮지만, 생성하는 객체의 개수, 객체의 사용 시점 등 상황에 따라 효율적인 방법이 다르므로 4가지 방법을 모두 알아 두자. 특히 마지막 방법은 이벤트 처리 등에 가장 많이 사용되는 형식이므로 꼭 기억해 두길 바란다.

Do it! 실습 클래스 정의 및 참조 변수명을 사용/미사용했을 때 입력매개변수 객체 전달 AnonymousClass_3.java

```java
package sec04_anonymousclass.EX03_AnonymousClass_3;

interface A {
    public abstract void abc();
}
// 자식 클래스 직접 생성
class B implements A {
    public void abc() {
        System.out.println("입력매개변수 전달");
    }
}
class C {
    void cde(A a) {
        a.abc();
    }
}
public class AnonymousClass_3 {
    public static void main(String[] args) {
        C c = new C();
        // 방법 1. 클래스명 ○ + 참조 변수명 ○
        A a = new B();
        c.cde(a);
        // 방법 2. 클래스명 ○ + 참조 변수명 X
        c.cde(new B());
    }
}
```

실행 결과

```
입력매개변수 전달
입력매개변수 전달
```

Do it! 실습 클래스 미정의 및 참조 변수명을 사용/미사용했을 때 입력매개변수 객체 전달 AnonymousClass_4.java

```java
package sec04_anonymousclass.EX04_AnonymousClass_4;

interface A {
    public abstract void abc();
}
class C {
    void cde(A a) {
        a.abc();
    }
}
public class AnonymousClass_4 {
    public static void main(String[] args) {
        C c = new C();
        // 방법 3. 클래스명 X + 참조 변수명 O
        A a = new A() {
            public void abc() {
                System.out.println("입력매개변수 전달");
            }
        };
        c.cde(a);
        // 방법 4. 클래스명 X + 참조 변수명 X
        c.cde(new A() {
            public void abc() {
                System.out.println("입력매개변수 전달");
            }
        });
    }
}
```

실행 결과

```
입력매개변수 전달
입력매개변수 전달
```

앞에서 추상 클래스의 객체 생성 때도 언급한 바가 있고, 이 예제에서 볼 수 있는 바와 같이 익명 이너 클래스를 사용하면 직접 클래스를 추가로 정의해야 하는 수고로움을 덜 수도 있다. 다만 여러 개의 객체를 생성하고자 할 때는 객체를 생성할 때마다 추상 메서드를 구현해야 하므로 이때는 익명 이너 클래스보다 직접 클래스를 추가로 작성하는 것이 좋다.

13.3 이너 인터페이스

이제 마지막으로 이너 인터페이스inner interface를 알아보자. 이너 클래스와 마찬가지로 인터페이스를 클래스 내부에 정의하는 것은 해당 클래스에 의존적인 기능을 수행할 때다. 예를 들어 버튼 클릭을 감지하는 인터페이스는 버튼 클래스 내부에 위치시키는 것이 바람직할 것이다. 이러한 이유로 이너 인터페이스는 사용자 인터페이스user interface의 이벤트 처리에 가장 많이 사용된다.

일반적으로 사용자 인터페이스에서 이벤트를 감지하는 인터페이스를 '리스너'라고 한다.

13.3.1 이너 인터페이스의 정의와 특징

이너 인터페이스의 중요한 특징 중 하나는 **정적 이너 인터페이스만 존재**할 수 있다는 것이다. 만일 이너 인터페이스 앞에 static 제어자를 생략하면 컴파일러가 자동으로 추가해 준다.

```
class A {
    // ...                static을 생략해도 컴파일러가 자동으로 추가
    static interface B {
        void bcd();
    }
}
```

컴파일하면 이너 클래스와 같이 '아우터 클래스명$이너 인터페이스명.class' 형태로 바이트 코드인 .class 파일이 생성된다.

이너 인터페이스도 인터페이스이므로 자체적으로는 객체를 생성할 수 없다. 따라서 객체를 생성하기 위해서는 해당 인터페이스를 상속한 자식 클래스를 생성한 후 생성자를 이용해 객체를 생성하거나 익명 이너 클래스를 활용해 객체를 생성해야 한다. 즉, 일반적인 인터페이스 객체를 생성하는 방법과 동일하며, 유일한 차이점은 인터페이스가 클래스 내부에 존재하므로 객체의 타입을 '아우터 클래스명.이너 인터페이스명'과 같이 사용해야 한다는 것이다.

방법 ① 인터페이스 구현 클래스 생성 및 객체 생성

```
class C implements A.B {
    public void bcd() {}
}

C c = new C();
c.bcd();
```

방법 ② 익명 이너 클래스 사용

```
A.B a = new A.B() {        ← static 이너 클래스일 때와 동일
    public void bcd() {}
};
a.bcd();
```

Do it! 실습 이너 인터페이스의 2가지 객체 생성 방법 CreateObjectOfInnerInterface.java

```
package sec05_innerinterface.EX01_CreateObjectOfInnerInterface;

class A {
    interface B {        ← 이너 인터페이스는 자동으로 static 지정
        public abstract void bcd();
    }
}
class C implements A.B {
    public void bcd() {
        System.out.println("이너 인터페이스 구현 클래스 생성");
    }
}
public class CreateObjectOfInnerInterface {
    public static void main(String[] args) {
        // 객체 생성 방법 1(자식 클래스 직접 생성)
        A.B ab = new C();
        C c = new C();
        c.bcd();
        // 객체 생성 방법 2(익명 이너 클래스 생성)
        A.B b = new A.B() {
            public void bcd() {
```

```
                System.out.println("익명 이너 클래스로 객체 생성");
            }
        };
        b.bcd();
    }
}
```

실행 결과

```
이너 인터페이스 구현 클래스 생성
익명 이너 클래스로 객체 생성
```

13.3.2 이벤트 처리 기능 작성하기

이번에는 사용자 인터페이스에서 사용되는 일반적인 이벤트 처리 기능을 이너 인터페이스를 이용해 작성해 보자. 이제까지 배운 문법만으로 충분히 작성할 수 있다. 먼저 Button 클래스를 살펴보자. Button 등과 같은 기본적인 사용자 인터페이스 클래스는 API로 제공된다. 기본적인 구조는 다음과 같다.

API가 제공하는 버튼의 일반적인 구조

```
class Button {
    OnClickListener ocl;
    void setOnClickListener(OnClickListener ocl) {
        this.ocl = ocl;
    }
    interface OnClickListener {
        public abstract void onClick();
    }
    void click() {
        ocl.onClick();
    }
}
```

내부에 OnClickListener라는 이너 인터페이스가 정의돼 있고, ocl 필드는 이 인터페이스의 타입이다. setOnClickeListener() 메서드는 이 인터페이스 객체를 입력매개변수로 넘겨받아 필드를 초기화하는 기능을 수행한다. 마지막으로 click() 메서드는 초기화된 필드 객체 내부의 onClick() 메서드를 실행시킨다. 즉, Button은 기능은 내부에서 정해지는 것이 아니라 외부에서 정해 입력받는 것이다. 이제 이렇게 API에서 제공받은 Button 클래스를 사용해 개발자가 Button에 기능을 부여하는 경우를 살펴보자.

setOnClickListener(OnClickListener ocl) 메서드는 외부에서 onClick() 메서드가 구현된 객체를 전달받기 때문에 이 메서드가 호출된 이후에는 언제든지 onClick() 메서드를 호출할 수 있다.

개발자 ① 클릭하면 음악 재생

```
public static void main(String[] ar) {
    Button button1 = new Button();
    button1.setOnClickListener(new Button.OnClickListener() {
        @Override
        public void onClick() {
            System.out.println("개발자 1. 음악 재생");
        }
    });
    button1.click();
}
```

개발자 ② 클릭하면 네이버 접속

```
public static void main(String[] ar) {
    Button button2 = new Button();
    button2.setOnClickListener(new Button.OnClickListener() {
        @Override
        public void onClick() {
            System.out.println("개발자 2. 네이버 접속");
        }
    });
    button2.click();
}
```

먼저 개발자 ①은 버튼을 클릭했을 때 음악을 재생하는 기능을 구현하기 위해 버튼 객체를 생성했다. 이후 익명 이너 클래스를 활용해 onClick() 메서드를 오버라이딩했다. 이때 메서드의 내부에서는 음악을 재생하도록 작성했다. 물론 실제로는 훨씬 긴 코드가 될 것이다. 이렇게 생성한 객체를 setOnClickListener() 메서드의 입력매개변수로 전달한 후 Button 객체의 click() 메서드를 호출했다. 이 버튼에는 음악 재생 기능이 부여됐으므로 click() 메서드가 호출되면 **"개발자 1. 음악 재생"**이 출력될 것이다. 개발자 ②는 버튼을 클릭했을 때 네이버에 접속하는 기능을 수행하는 것을 제외하면 개발자 ①과 같다.

즉, API는 음악을 재생하는 버튼과 네이버를 접속하는 버튼을 따로 만들어 제공하는 것이 아니라 버튼의 기능을 정의할 수 있는 인터페이스를 클래스 내부에 정의해 제공한다. 그러면 이 버튼을 사용하는 개발자가 이 인터페이스를 구현함으로써 버튼의 기능을 정의할 수 있는 것이다. 즉, 1개의 버튼 클래스로 수천 개의 기능을 수행하는 버튼을 만들 수 있는 것이다. 안드로이드를 포함해 일반적인 사용자 인터페이스 API는 이러한 구조를 띤다.

Do it! 실습 일반적인 UI API의 구조 예시(버튼) ButtonAPIExample.java

```java
package sec05_innerinterface.EX02_ButtonAPIExample;

class Button {
    OnClickListener ocl;
    void setOnClickListener (OnClickListener ocl) {
        this.ocl = ocl;
    }
    interface OnClickListener {
        public abstract void onClick();
    }
    void onClick () {
        ocl.onClick();
    }
}
public class ButtonAPIExample {
    public static void main(String[] args) {
        // 개발자 1. 클릭하면 음악 재생
        Button btn1 = new Button();
        btn1.setOnClickListener(new Button.OnClickListener() {
            @Override
            public void onClick() {
                System.out.println("개발자 1: 음악 재생");
```

```
            }
        });
        btn1.onClick();

        // 개발자 2. 클릭하면 네이버 접속
        Button btn2 = new Button();
        btn2.setOnClickListener(new Button.OnClickListener() {
            @Override
            public void onClick() {
                System.out.println("개발자 2: 네이버 접속");
            }
        });
        btn2.onClick();
    }
}
```

실행 결과

```
개발자 1: 음악 재생
개발자 2: 네이버 접속
```

실력 상승! 연습 문제

Q1 다음과 같이 클래스 내부에 이너 클래스와 이너 인터페이스가 위치할 때 컴파일 이후 생성되는 모든 .class 파일명을 쓰시오.

```
class A {
    class B {}
    interface C {}
    class D {
        void def() {
            class E {}
        }
    }
}
```

Q2 클래스 A 내부에 이너 클래스 B가 있을 때 다음 코드와 같이 b.bcd()의 결과가 "이너 클래스의 메서드"로 출력되도록 이너 클래스 객체를 생성하는 코드를 작성하시오(참조 변수명은 b로 정함).

```
class A {
    class B {
        void bcd() {
            System.out.println("이너 클래스의 메서드");
        }
    }
}

public static void main(String[] args) {

    // 이너 클래스 B의 객체 생성(참조 변수명 b)



    b.bcd();
}
```

실행 결과

```
이너 클래스의 메서드
```

Q3 실행 결과가 "클래스 A 메서드"가 나오도록 이너 클래스 B의 bcd() 메서드에서 클래스 A의 print() 메서드를 호출하는 코드를 작성하시오.

```
class A {
    void print() {
        System.out.println("클래스 A 메서드");
    }
    class B {
        void print() {
            System.out.println("클래스 B 메서드");
        }
        void bcd() {



        }
    }
}

public static void main(String[] args) {
    A a = new A();
    A.B ab = a.new B();
    ab.bcd();
}
```

실행 결과

```
클래스 A 메서드
```

Q4 클래스 A 내부에 정적 이너 클래스 B가 있을 때 다음 코드와 같이 b.bcd()의 결과가 "정적 이너 클래스의 메서드"가 출력되도록 정적 이너 클래스의 객체를 생성하는 코드를 작성하시오(참조 변수명은 ab로 정함).

```
class A {
    static class B {
        void bcd() {
            System.out.println("정적 이너 클래스의 메서드");
        }
    }
}

public static void main(String[] args) {

    // 정적 이너 클래스 B의 객체 생성(참조 변수명 ab)



    ab.bcd();
}
```

실행 결과

```
정적 이너 클래스의 메서드
```

Q5 다음과 같이 이너 클래스 B는 bcd() 메서드를 포함하고 있으며, 여기에는 4줄의 실행문이 포함돼 있다. 각 실행문의 가능 여부를 O, X로 표기하고, X라면 그 이유를 쓰시오.

```
class A {
    int a = 3;
    static int b = 4;
    void method1() {
    }

    static void method2() {
    }
    static class B {
        void bcd() {
            System.out.println(a);
            System.out.println(b);
            method1();
            method2();
        }
    }
}
```

실행문	실행문 가능 여부(O, X)	오류가 발생한 이유
System.out.println(a);		
System.out.println(b);		
method1();		
method2();		

Q6 다음 코드는 오류를 포함하고 있다. 오류가 발생한 위치와 그 이유를 설명하시오.

```
01 class A {
02     int m = 3;
03     int n = 5;
04     void abc() {
05         int n = 5;
06         class B {
07             void bcd() {
08                 m = m + 1; System.out.println(m);
09                 n = n + 1; System.out.println(n);
10             }
11         }
12     }
13 }
```

오류가 발생한 행 번호	오류가 발생한 이유

Q7 다음과 같이 클래스 A 내에 이너 인터페이스 B가 있을 때 이너 인터페이스의 객체를 생성하는 코드를 익명 이너 클래스 방법으로 작성하시오(객체의 참조 변수명은 ab로 하고, 메서드 오버라이딩일 때 메서드 내부는 비워 둠).

```
class A {
    interface B {
        void abc();
    }
}

public static void main(String[] args) {
    // 이너 인터페이스의 객체 생성(익명 이너 클래스 이용)


    ab.abc();
}
```

Q8 다음과 같이 이너 인터페이스 내부에 static 메서드가 있을 때 이 메서드를 호출하는 코드를 작성하시오.

```
class A {
    interface B {
        static void bcd() {
            System.out.println("이너 인터페이스 내 static 메서드");
        }
    }
}

public static void main(String[] args) {
    // 이너 인터페이스의 static 메서드 호출

}
```

실행 결과

```
이너 인터페이스 내 static 메서드
```

14장 예외 처리

14장에서는 자바에서 제공하는 다양한 예외와 그 처리 방법을 알아본다. 이외에도 예외를 다른 곳에 전가하는 방법과 직접 예외 클래스를 생성해 사용하는 방법을 알아본다.

교수님의 동영상 강의
자바가 처음인가요?
그렇다면 동영상으로
예습부터 해 보세요~

14.1 예외

개발자가 프로그램을 작성하는 과정에서 실수를 하거나 사용자가 잘못된 값을 입력하면 오류가 발생할 수 있다. 다양하게 발생하는 오류 중 개발자가 해결할 수 있는 오류를 '예외 exception', 이러한 예외가 발생했을 때 이를 적절히 처리하는 것을 '예외 처리'라고 한다.

14.1.1 예외와 에러의 차이점

자바에서 제공하는 예외 처리 메커니즘을 이해하기 전에 예외exception와 에러error의 의미를 정리할 필요가 있다. 먼저 예외는 '연산 오류, 숫자 포맷 오류 등과 같이 상황에 따라 개발자가 해결할 수 있는 오류'를 말한다. 여기서 '해결할 수 있는'의 의미는 오류 자체를 수정할 수 있다는 것이 아니라 오류가 발생했을 때 차선책을 선택하는 것을 말한다. 반면 에러는 자바 가상 머신 자체에서 발생하는 오류로, '개발자가 해결할 수 없는 오류'를 말한다.

오류가 발생했을 때 차선책을 제시함으로써 오류를 피하는 과정을 '예외 처리'라고 한다.

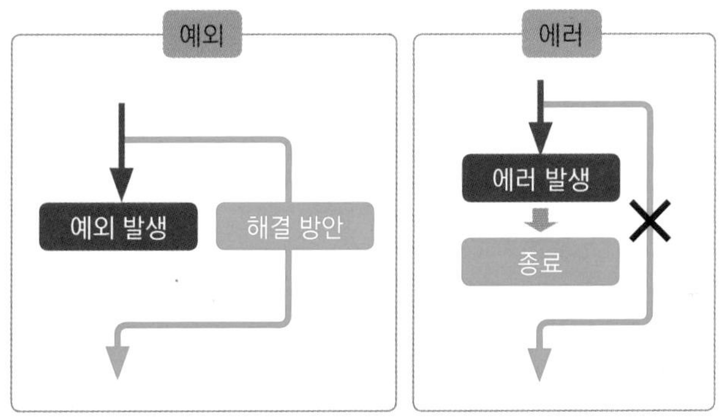

그림 14-1 예외와 에러 비교

`int a = 1 / 0`을 연산할 때를 생각해 보자. 분모는 절대 0이 될 수 없어 연산 자체가 불가능하므로 예외가 발생하고, a에는 어떤 값도 대입하지 못할 것이다. 이 상황에서 `1 / 0`을 계산할 수 있게 하는 것이 아니라 `a = -1`, `a = 1000` 등과 같은 명령으로 a에 특정 값을 직접 대입하는 것을 예외 처리라고 한다. 이렇게 개발자가 예외 처리하면 프로그램은 종료되지 않고 계속 실행된다. 에러는 차선책을 선택하는 것 자체도 불가능할 때를 말하며, 대표적인 예로는 메모리가 꽉 찼을 때, 쓰레드가 죽었을 때 등을 들 수 있다. 우리가 윈도우 컴퓨터를 사용하는 도중 가끔 보게

되는 블루스크린이 이런 에러에 해당한다. 즉, 예외는 '개발자가 처리할 수 있는 오류', 에러는 '개발자가 처리할 수 없는 오류'를 말한다.

자바에서 예외의 최상위 클래스는 Exception 클래스, 에러의 최상위 클래스는 Error 클래스다. 이 2개의 클래스는 그림 14-2에서 볼 수 있듯이 모두 Throwable 클래스를 상속하고 있다. 따라서 에러와 예외 모두 Throwable 클래스의 모든 기능을 포함한다. 어차피 에러가 발생하면 할 수 있는 것이 없으므로 예외에 대해 좀 더 자세하게 알아보자.

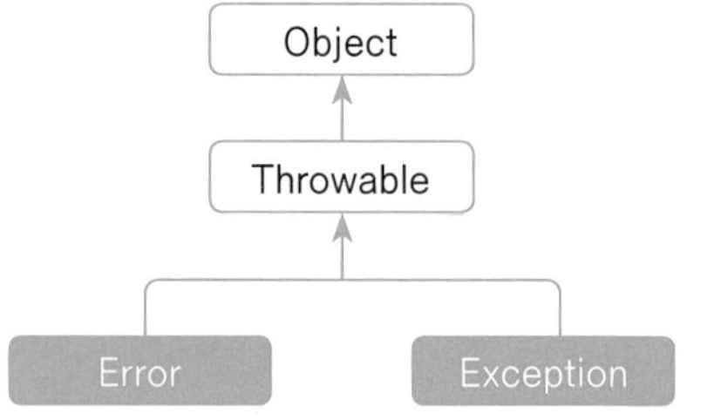

그림 14-2 Error 클래스와 Exception 클래스의 상속 구조

14.1.2 예외 클래스의 상속 구조

Throwable 클래스를 상속받은 Exception 클래스는 다시 **일반 예외**checked exception 클래스와 **실행 예외**unchecked(runtime) exception 클래스로 나뉜다.

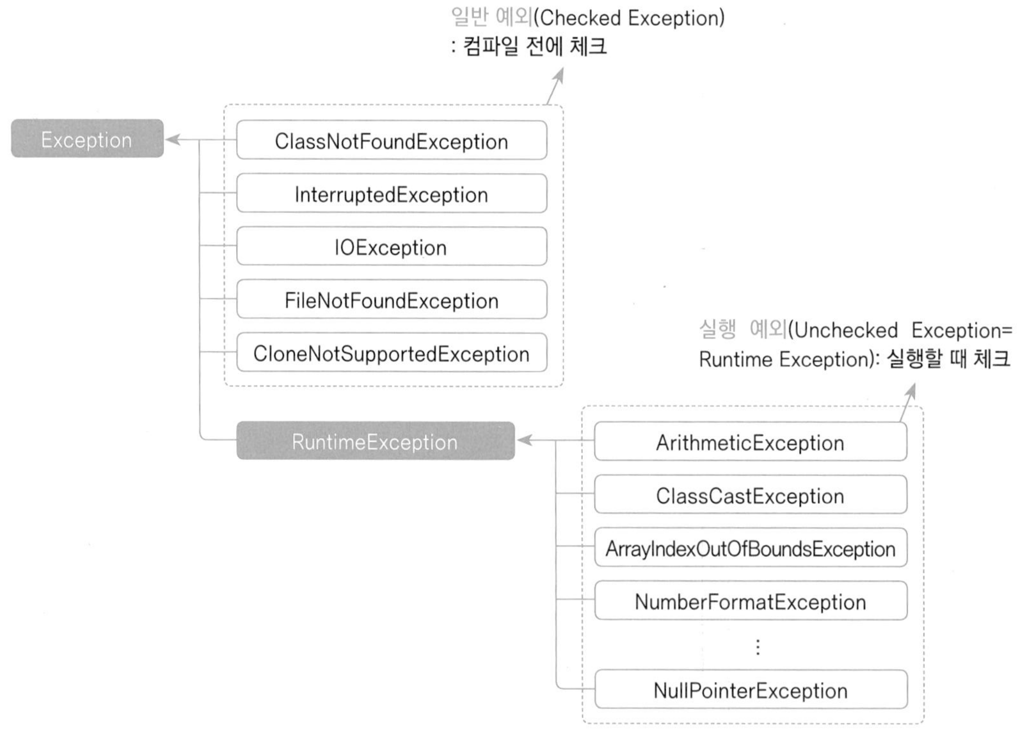

그림 14-3 일반 예외와 실행 예외의 대표적인 클래스

Exception 클래스에게서 직접 상속받은 예외 클래스들이 처리하는 **일반 예외**는 컴파일 전에 예외 발생 문법을 검사[check]하며, 예외 처리를 하지 않으면 문법 오류가 발생한다.

여기서 '검사'는 예외의 실제 발생 여부를 검사하는 것이 아니라 예외가 발생할 수 있는 문법을 사용했는지를 검사하는 것을 의미한다.

반면 RuntimeException **클래스를 상속**받은 예외 클래스들이 처리하는 **실행 예외는** 컴파일 전이 아니라 실행할 때 발생하는 예외로, 예외 처리를 따로 하지 않더라도 문법 오류가 발생하지 않는다. 다만 프로그램 실행 시 프로그램이 강제 종료되는 이유는 대부분 실행 예외 때문이므로 이에 대한 세심한 주의가 필요하다.

14.1.3 일반 예외 클래스

앞에서 설명한 것처럼 일반 예외는 예외 처리를 하지 않으면 문법 오류를 발생시켜 컴파일 자체가 불가능하다. 이러한 일반 예외를 처리하는 일반 예외 클래스에 대해 알아보자.

InterruptedException

Thread.sleep(시간) 메서드는 일정 시간 동안 해당 쓰레드를 일시정지 상태로 만드는 Thread 클래스의 정적 메서드다. 이 메서드는 일반 예외가 발생할 수 있기 때문에 반드시 예외 처리를 해야 한다. 이를 생략하면 문법 오류가 발생해 컴파일 자체가 불가능하다.

쓰레드는 프로그램 실행 과정에서 CPU를 사용하는 최소 단위로, 프로세스 내에 존재한다. 여기서는 예외 처리에만 초점을 맞춰 살펴본다. 좀 더 자세한 내용은 15장을 참고하기 바란다.

```
public class A {
    public static void main(String[] ar) {
        Thread.sleep(1000);
    }
}
```

Unhandled exception type InterruptedException
2 quick fixes available:
Add throws declaration
Surround with try/catch

Thread 실행 중 예외 발생 가능
interruptedException 처리 필요

ClassNotFoundException

Class.forName("패키지명.클래스명")은 클래스를 동적으로 메모리에 로딩하는 메서드로, 해당 클래스의 정보를 담고 있는 Class 타입의 객체를 리턴한다. 만일 클래스를 메모리에 동적으로 로딩하는 과정에서 해당 클래스가 존재하지 않을 때는 ClassNotFoundException이 발생하므로 이에 대한 예외 처리를 반드시 포함해야 한다.

실제 java.lang.Object 클래스가 존재한다 하더라도 예외 처리를 하지 않으면 문법 오류가 발생한다. 즉, 실제 클래스의 존재 유무와 상관없이 예외가 발생할 수 있는 코드인지가 중요하다.

```
public class A {
    public static void main(String[] ar) {
        Class cls = Class.forName("java.lang.Object");
    }
}
```

Unhandled exception type ClassNotFoundException
2 quick fixes available:
Add throws declaration
Surround with try/catch

Class가 없을 때 예외 발생 가능
ClassNotFoundException 처리 필요

IOException

IOException은 자바 입출력 부분에서 자주 보게 될 일반 예외로, 콘솔이나 파일에 데이터를 쓰거나(write()) 읽을(read()) 때 발생하며, 반드시 IOException에 대한 예외 처리를 해야 한다.

```
public class A {
    public static void main(String[] ar) {
        InputStreamReader isr = new InputStreamReader(System.in);
        isr.read();
    }
}
```

Unhandled exception type IOException
2 quick fixes available:
Add throws declaration
Surround with try/catch

입출력을 실행할 때 예외 발생 가능
IOException 처리 필요

FileNotFoundException

파일을 읽을 때 해당 경로에 파일이 없으면 FileNotFoundException이 발생한다. 이 또한 실제 파일의 존재 유무와는 상관없이 파일이 존재하지 않을 가능성이 있는 코드이기 때문에 반드시 예외 처리를 해야 문법 오류가 발생하지 않는다.

```
public class A {
    public static void main(String[] ar) {
        FileInputStream fis = new FileInputStream("text.txt");
    }
}
```

Unhandled exception type FileNotFoundException
2 quick fixes available:
Add throws declaration
Surround with try/catch

File이 없을 때 예외 발생 가능
FileNotFoundException 처리 필요

CloneNotSupportedException

자바의 모든 클래스는 Object 클래스를 상속한다고 했다. 즉, 이는 Object의 모든 메서드를 사용할 수 있다는 뜻이다. Object 클래스의 메서드 중 clone()은 자신의 객체를 복사한 클론 객체를 생성해 리턴하는 메서드다. 다만 이를 위해 복사의 대상이 되는 클래스는 반드시 Cloneable 인터페이스를 상속해야 한다. 쉽게 말해, 해당 클래스가 복사 기능을 제공해야 한다는 것이다. 만약 Cloneable 인터페이스를 상속하지 않은 클래스의 객체를 복사하기 위해 clone() 메서드를 호출하면 CloneNotSupportedException이 발생한다. 참고로 다음 예제에서 class B의 내부에 추가 기능이 없는데도 Object 클래스의 clone() 메서드를 오버라이딩한 이유는 protected의 접근 지정자를 갖는 clone() 메서드를 클래스 A 내부에서 호출할 수 있도록 하기 위해서다.

Cloneable는 내부에 추상 메서드를 포함하고 있지 않으며, 단순히 해당 클래스가 복사 기능을 제공함을 나타내는 마커marker의 기능만을 수행하는 인터페이스다.

```
class B {
    @Override
    protected Object clone() throws CloneNotSupportedException {
        return super.clone();
    }
}
public class A {
    public static void main(String[] ar) {
        B b1 = new B();
        B b2 = (B) b1.clone();
    }
}
```

A 클래스의 내부에서 clone() 메서드를 호출하기 위해 B 클래스에서 clone() 메서드를 오버라이딩

Unhandled exception type CloneNotSupportedException
2 quick fixes available:
Add throws declaration
Surround with try/catch

class B가 Clonable 인터페이스를 구현하지 않으면 CloneNotSupportedException이 발생

위에서 알아본 5가지의 일반 예외 중에는 아직 배우지 않은 클래스와 메서드가 다수 포함돼 있다. 사용된 클래스나 메서드에 대해서는 차차 알아보기로 하고, 여기서는 일반 예외 자체가 문법으로 예외 처리를 요구한다는 것만 기억하자. 이클립스에서는 예외 처리를 하지 않아 발생하는 오류 부분에 마우스 커서를 올려 놓으면 'Add throws declaration'과 'Surround with try/catch' 중에서 선택할 수 있는 창이 나타난다. 이 중 두 번째 항목을 선택하면 예외 처리 구문을 쉽게 추가할 수 있다.

Do it! 실습 대표적인 일반 예외 CheckedException.java

```java
package sec01_typeofexception.EX01_CheckedException;

import java.io.FileInputStream;
import java.io.InputStreamReader;

class A implements Cloneable {
    protected Object clone() throws CloneNotSupportedException {
        return super.clone();
    }
}
public class CheckedException {
    public static void main(String[] args) {
        // Checked Exception(일반 예외)

        // 1. InterruptedException
        Thread.sleep(1000);

        // 2. ClassNotFoundException
        Class cls = Class.forName("java.lang.Object");

        // 3. IOException
        InputStreamReader in = new InputStreamReader(System.in);
        in.read();

        // 4. FileNotFoundException
        FileInputStream fis = new FileInputStream("text.txt");

        // 5. CloneNotSupppetedException
        A a1 = new A();
        A a2 = (A)a1.clone();
    }
}
```

실행 결과

문법 오류로 실행 불가

14.1.4 실행 예외

일반 예외는 예외 처리를 해 주지 않으면 문법 오류가 발생하기 때문에 실행 자체가 불가능한 반면, 실행 예외는 문법 오류가 발생하지 않는다. 그렇기 때문에 예외 처리 없이 컴파일과 실행이 가능하지만, 실행 중 실행 예외가 발생하면 프로그램은 강제 종료된다. 실행 예외를 처리하는 클래스는 Exception의 자식 클래스인 Runtime Exception 클래스의 자식 클래스들이다. 그럼 대표적인 실행 예외 클래스를 하나씩 알아보자.

ArithmeticException

Arithmetic의 사전적인 뜻은 '산술' 또는 '연산'이다. 즉, ArithmeticException은 연산 자체가 불가능할 때 발생하는 실행 예외다. 수학식에서 절대 존재할 수 없는 대표적인 연산은 분모가 0일 때다. 이 연산을 수행하도록 하면 예외가 발생하는 것이다. 이때 예외 처리를 하지 않으면 예외가 발생했을 때 실행 중인 프로그램은 예외 발생 상황을 출력하고 강제 종료된다.

```
public class A {
    public static void main(String[] ar) {
        System.out.println(3 / 0);    // 연산 불가(분모가 0)로 ArithmeticException 발생
    }
}
```

ClassCastException

상속 관계에 있는 클래스 간의 업캐스팅은 항상 가능하지만, 다운캐스팅은 가능할 수도, 불가능할 수도 있다고 했다. ClassCastException은 다운캐스팅이 불가능한 상황에서 다운캐스팅을 시도할 때 발생한다.

```
class A {}
class B extends A {}

public class Test {
    public static void main(String[] ar) {
        A a = new A();
        B b = (B) a;    // Class 캐스팅이 불가능해 ClassCastException 발생
    }
}
```

ArrayIndexOutOfBoundsException

ArrayIndexOutOfBoundsException은 이름에서 유추할 수 있는 것처럼 배열의 인덱스를 잘못 사용했을 때 발생한다. 배열의 인덱스는 항상 0 ~ (배열의 길이 - 1)까지의 값만 사용할 수 있다. 만일 이 범위 밖에 있는 인덱스를 사용하면 이 예외가 발생한다.

```
public class A {
    public static void main(String[] ar) {
        int[] a = { 1, 2, 3 };
        System.out.println(a[3]);
    }
}
```

인덱스의 범위를 넘어섰을 때 ArrayIndexOutOfBoundsException 발생

NumberFormatException

문자열을 정숫값으로 변환하고자 할 때는 `Integer.parseInt("문자열")`, 실숫값으로 변환하고자 할 때는 `Double.parseDouble("문자열")`을 사용해야 한다. 이렇게 문자열을 숫자 또는 실수로 변환할 때 문자열이 변환하고자 하는 숫자 형식이 아니면 변환이 실패하는데, 이때 발생하는 실행 예외가 NumberFormatException이다.

정숫값 및 실숫값을 문자열로 변환할 때는 String.valueOf(정숫값) 또는 String.valueOf(실숫값)를 사용한다.

```
public class A {
    public static void main(String[] ar) {
        int num = Integer.parseInt("10!");
    }
}
```

Number(숫자)가 아닌 것을 숫자로 바꿀 때 NumberFormatException 발생

전공자라면 이 정도는 꼭!

문자열을 불리언으로 변환하기

문자열을 불리언값(true, false)으로 변환하는 과정은 문자열을 정수나 실수로 변환할 때와 다르게 동작한다. 숫자가 아니기 때문에 변환하는 과정에서는 NumberFormat Exception이 발생하지 않는다. 다음 예를 살펴보자.

```
Boolean.parseBoolean("true");        // true
Boolean.parseBoolean("false");       // false
Boolean.parseBoolean("true123");     // false
Boolean.parseBoolean("");            // false
```

이 예에서 알 수 있는 것처럼 문자열을 불리언값으로 변경할 때는 문자열이 "true"인지만 확인하면 된다. 불리언값으로 변환하고자 하는 문자열이 "true"일 때만 true 값으로 변환되고, 이외의 모든 문자열, 심지어 비어 있는 문자열도 false 값으로 변환한다.

NullPointerException

마지막으로 알아볼 실행 예외는 NullPointerException으로, 참조 변수가 실제 객체를 가리키고 있지 않은 상황에서 필드나 메서드를 호출할 때 발생한다. 여기서 null은 위칫값을 저장하는 참조 변수의 초깃값으로만 사용할 수 있으며, 현재 가리키고pointing 있는 객체가 없다는 것을 의미한다. 객체를 가리키고 있지도 않는데 해당 위치에 가서 객체 안에 있는 멤버를 실행하라고 명령하니 수행할 수 없는 것이다.

```
public class A {
    public static void main(String[] ar) {
        String a = null;
        System.out.println(a.charAt(2));
    }
}
```

객체를 생성하지 않고 멤버를 사용할 때 NullPointerException 발생

Do it! 실습 대표적인 실행 예외 UncheckedException.java

```
package sec01_typeofexception.EX02_UncheckedException;

class A {}
class B extends A {}

```

```
public class UncheckedException {
    public static void main(String[] args) {

        // UncheckedException = RuntimeException(실행 예외)

        // 1. ArithmeticException
        System.out.println(3 / 0);

        // 2. ClassCastException
        A a = new A();
        B b = (B)a;

        // 3. ArrayIndexOutOfBoundsException
        int[] array = {1, 2, 3};
        System.out.println(array[3]);

        // 4. NumberFormatException
        int num = Integer.parseInt("10!");

        // 5. NullPointerException
        String str = null;
        System.out.println(str.charAt(2));
    }
}
```

실행 결과

```
Exception in thread "main" java.lang.ArithmeticException: / by zero at sec01_typeofexception.
EX02_UncheckedException.UncheckedException.main(UncheckedException.java:12)
```

실행 예외는 예외 처리를 하지 않아도 문법 오류가 발생하지 않지만, 실행 중인 프로그램이 강제 종료되는 주요 원인이 된다. 실행 중인 프로그램이 예외로 강제 종료된다는 것은 매우 치명적인 단점이다. 이를 방지하기 위해서는 실행 예외들도 적절한 예외 처리가 필요하다. 다음에는 이러한 예외 처리 방법에 대해 알아보자.

14.2 예외 처리

앞에서 예외의 종류를 배웠으므로 이제 예외 처리 방법을 알아보자. 일단 예외 처리는 예외가 발생했을 때 처리하는 방법을 제공하는 문법 요소로, 예외 처리 구문이 포함되면 예외가 발생하더라도 프로그램이 계속 실행된다.

예외 처리 구문이 있으면 자바 가상 머신은 적절히 예외가 처리됐다고 판단하기 때문에 프로그램을 강제 종료하지 않는다. 심지어 예외 처리 구문 내에 아무런 코드를 작성하지 않아도 예외가 처리된 것으로 간주한다.

14.2.1 예외 처리 문법

예외 처리 문법은 다음과 같이 크게 3가지 요소(try, catch, finally)로 구성돼 있다.

예외 처리 문법 구조

```
try {
    // 일반 예외, 실행 예외 발생 가능 코드
} catch (예외 클래스명 참조 변수명) {
    // 예외가 발생했을 때 처리
} finally {
    // 예외 발생 여부에 상관없이 무조건 실행
}
```

(finally 블록: 생략 가능)

우선 try{} 블록 안에는 예외가 발생할 수 있는 코드가 포함돼 있다. catch{} 블록에는 예외가 발생했을 때 처리할 코드가 포함된다. 하나의 catch(){} 블록이 모든 예외를 처리하는 것은 아니며, 소괄호 안의 예외 타입에 해당하는 예외에 한해서만 처리할 수 있다. 이 블록은 예외가 발생했을 때만 동작하며 예외 없이 정상적으로 동작할 때는 실행되지 않는다. 마지막 finally{} 블록은 예외가 발생하든, 발생하지 않든 항상 실행되는 블록으로, 일반적으로 리소스 해제 또는 try{}, catch(){} 블록의 공통 기능 코드가 포함돼 있고, 생략할 수 있다.

다음 예를 살펴보자. try{} 블록과 catch(){} 블록으로만 이뤄져 있고, 각 블록에는 공통된 코드가 포함돼 있다.

```
try {
    System.out.println(3 / 0);
    System.out.println("프로그램 종료");
} catch (ArithmeticException e) {
    System.out.println("숫자는 0으로 나눌 수 없습니다.");
    System.out.println("프로그램 종료");
}
```

위의 try{} 블록과 catch(){} 블록 내의 공통된 코드는 예외 발생 여부와 상관없이 항상 실행되는 코드다. 따라서 다음과 같이 finally{} 블록을 사용해 작성하면 코드의 중복을 제거할 수 있다.

```
try {
    System.out.println(3 / 0);
} catch (ArithmeticException e) {
    System.out.println("숫자는 0으로 나눌 수 없습니다.");
} finally {
    System.out.println("프로그램 종료");
}
```

중복된 코드는 finally{} 블록에 입력

Do it! 실습 try-catch 구문과 try-catch-finally 구문의 동작 비교 TryCatchFinally.java

```
package sec02_exceptionhandlingsyntax.EX01_TryCatchFinally;

public class TryCatchFinally {
    public static void main(String[] args) {

        // 1. try-catch
        try {
            System.out.println(3 / 0);    // 실행 예외(ArithmeticException)
            System.out.println("프로그램 종료");
        }
        catch (ArithmeticException e) {
            System.out.println("숫자는 0으로 나눌 수 없습니다.");
            System.out.println("프로그램 종료");
        }

        // 2. try-catch-finally
        try {
            System.out.println(3 / 0);    // 실행 예외(ArithmeticException)
```

```
        }
        catch (ArithmeticException e) {
            System.out.println("숫자는 0으로 나눌 수 없습니다.");
        }
        finally {
            System.out.println("프로그램 종료");
        }
    }
}
```

실행 결과

```
숫자는 0으로 나눌 수 없습니다.
프로그램 종료
숫자는 0으로 나눌 수 없습니다.
프로그램 종료
```

14.2.2 예외 처리 과정

그러면 실제 내부적으로 예외가 처리되는 메커니즘을 알아보자. 다음 예제는 분모가 0인 연산을 수행해 ArithmeticException 실행 예외가 발생하는 코드를 try{} 블록으로 감싸고, catch(){} 블록에서는 이 예외를 처리하는 구문을 작성했다. 마지막으로 finally{} 블록에서는 **"프로그램 종료"**라는 문자열을 출력하고 프로그램을 종료했다.

```
try {
    System.out.println(3 / 0);
}
catch (ArithmeticException e) {
    System.out.println("숫자는 0으로 나눌 수 없습니다.");
}
finally {
    System.out.println("프로그램 종료");
    System.exit(0);
}
```

① 예외 발생

JVM

② 발생한 예외 클래스 객체 생성 (ArithmeticException excep = new ArithmeticException())

③ catch 블록으로 전달

JVM은 해당 예외 객체를 매개변수로 하는 catch() 메서드를 호출하는 개념(실제 메서드 아님)이다.

먼저 try{} 구문이 실행된다. 만일 예외가 발생하지 않는다면 catch(){} 블록은 실행되지 않을 것이고, finally{} 블록이 있다면 이 블록을 실행할 것이다. try{} 블록 내에서 예외가 발생하면 자바 가상 머신이 가장 먼저 인지한다. 이후 자바 가상 머신은 발생한 예외 타입의 객체를 생성해 catch(){} 블록의 매개변수로 전달한다. 이 예제에서처럼 만일 ArithmeticException이 발생하면 자바 가상 머신은 ArithmeticException 객체를 생성하고, 생성 객체를 catch(){} 블록의 매개변수로 전달하는 것이다. 이 과정은 마치 자바 가상 머신이 'catch()'라는 이름의 메서드를 호출하는 것과 비슷해 보인다. 만일 자바 가상 머신이 생성해 넘겨 준 객체 타입을 catch(){} 블록이 처리할 수 없을 때, 즉 해당 객체를 받을 catch(){} 블록이 존재하지 않을 때는 예외 처리가 되지 않아 프로그램이 강제 종료된다.

System.exit(정수)는 현재 실행하고 있는 프로세스를 강제로 종료하는 System 클래스의 정적 메서드다. 매개변수로는 일반적으로 정상 종료일 때 0, 비정상 종료일 때 0 이외의 값을 사용한다.

14.2.3 다중 예외 처리

예외 처리 과정을 살펴보면 앞서 언급한 것처럼 마치 catch(){} 블록이 예외 클래스 타입을 입력매개변수로 갖는 메서드처럼 동작한다고 이해하면 꽤 잘 들어맞는다(물론 절대로 메서드는 아니다). 메서드가 다양한 입력매개변수 타입으로 오버로딩될 수 있는 것처럼 catch(){} 블록도 예외 타입에 따라 여러 개를 포함할 수 있다.

다중 예외 처리

```
try {
    // ...
} catch (예외 타입 e1) {
    // ...
}
} catch (예외 타입 e2) {
    // ...
}
...
finally {
    // ...
}
```

다음 2개의 예를 살펴보자.

```
try {
    System.out.println(3 / 0);
} catch (ArithmeticException e) {
    System.out.println("숫자는 0으로 나눌 수 없습니다.");
```

```
} finally {
    System.out.println("프로그램 종료");
}
try {
    int a = Integer.parseInt("20A");
} catch (NumberFormatException e) {
    System.out.println("숫자로 변환할 수 없습니다.");
} finally {
    System.out.println("프로그램 종료");
}
```

첫 번째는 분모가 0일 때 ArithmeticException을 처리하는 예외 처리 구문, 두 번째는 숫자가 아닌 문자열을 숫자로 변환하는 과정에서 발생하는 NumberFormatException을 처리하는 예외 처리 구문이다. 각각의 예외 처리를 위해 각 구문마다 별도의 예외 처리 구문을 작성하는 것은 비효율적이다. 앞서 이야기한 것처럼 예외 처리 구문에는 여러 개의 catch(){} 블록이 포함될 수 있기 때문에 각각의 catch(){} 블록을 하나의 예외 처리 구문으로 묶어 다음 예와 같이 표현할 수 있다.

```
try {
    System.out.println(3 / 0);
    int a = Integer.parseInt("20A");
}
catch (ArithmeticException e) {
    System.out.println("숫자는 0으로 나눌 수 없습니다.");
}
catch (NumberFormatException e) {
    System.out.println("숫자로 변환할 수 없습니다.");
}
finally {
    System.out.println("프로그램을 종료합니다.");
}
```

try{} 블록 안에는 예외가 발생할 가능성이 있는 구문이 모두 포함된다. 이후 try{} 블록을 실행하는 과정에서 ArithmeticException이 발생하면, 이를 처리하는 첫 번째 catch(){} 구문, NumberFormatException이 발생하면 두 번째 catch(){} 구문이 실행될 것이다. 당연히 finally{} 블록은 예외 발생 여부와 관계없이 항상 실행되는 영역이다.

Do it! 실습 2개의 try-catch 구문과 1개의 다중 catch 구문의 비교 MultiCatch_1.java

```java
package sec02_exceptionhandlingsyntax.EX02_MultiCatch_1;

public class MultiCatch_1 {
    public static void main(String[] args) {

        // 1. 단일 try-catch
        try {
            System.out.println(3 / 0);            // 실행 예외(ArithmeticException)
        }
        catch (ArithmeticException e) {
            System.out.println("숫자는 0으로 나눌 수 없습니다.");
        }
        finally {
            System.out.println("프로그램 종료");
        }

        try {
            int num = Integer.parseInt("10A");     // 실행 예외(NumberFormatException)
        }
        catch (NumberFormatException e) {
            System.out.println("숫자로 바꿀 수 없습니다.");
        }
        finally {
            System.out.println("프로그램 종료");
        }
        System.out.println();

        // 2. 다중 try-catch
        try {
            System.out.println(3 / 0);
            int num = Integer.parseInt("10A");
        }
        catch (ArithmeticException e) {
            System.out.println("숫자는 0으로 나눌 수 없습니다.");
        }
        catch (NumberFormatException e) {
            System.out.println("숫자로 바꿀 수 없습니다.");
```

```
        }
        finally {
            System.out.println("프로그램 종료");
        }
    }
}
```

실행 결과

```
숫자는 0으로 나눌 수 없습니다.
프로그램 종료
숫자로 바꿀 수 없습니다.
프로그램 종료

숫자는 0으로 나눌 수 없습니다.
프로그램 종료
```

이런 다중 예외 처리 구문을 작성할 때 반드시 주의해야 할 사항은 try{} 블록에서 예외가 발생하고, 여러 개의 catch(){} 블록이 있을 때 **실행할 catch(){} 블록의 선택 과정은 항상 위에서부터 확인**한다는 것이다. 이는 마치 if-else if-else 구문에서 조건식을 위에서부터 검사하는 것과 같다. 다음 예를 살펴보자.

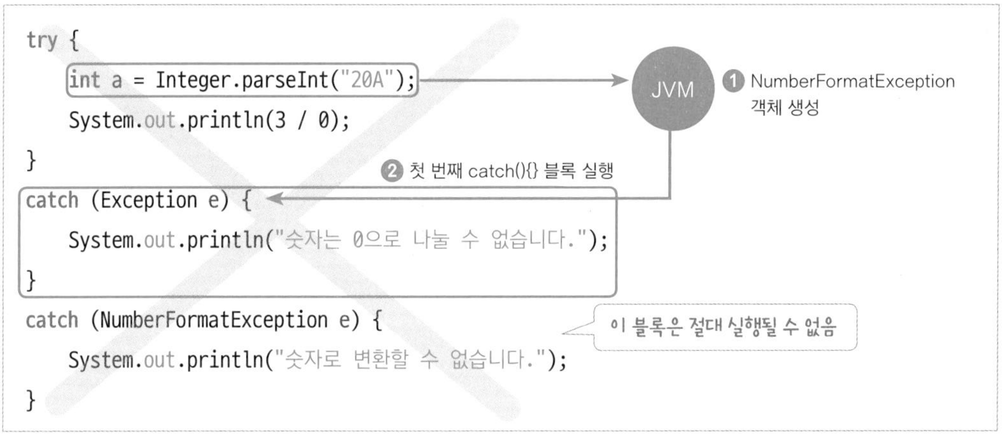

```
try {
    int a = Integer.parseInt("20A");
    System.out.println(3 / 0);
}
catch (Exception e) {
    System.out.println("숫자는 0으로 나눌 수 없습니다.");
}
catch (NumberFormatException e) {
    System.out.println("숫자로 변환할 수 없습니다.");
}
```

2개의 catch(){} 블록이 있고, 첫 번째 블록에서는 Exception 타입, 두 번째 블록에서는 NumberFormatException 타입을 처리한다. 예외가 발생하면 항상 위에서부터 확인한다고 했으므로 제일 먼저 Exception 타입인지를 확인할 것이다. 그런데 모든 예외는 Exception 클래스의 하위 클래스이므로 어떤 예외가 발생하든 첫 번째 catch(){} 블록만 실행된다. 즉, 두 번째 catch(){} 블록은 절대 도달할 수 없는 코드unreachable code가 되므로 오류가 발생하는 것이다. 오류를 해결하려면 두 catch(){} 블록의 순서를 서로 바꾸면 된다.

Do it! 실습 다중 catch 구문에서 catch 블록의 올바른 순서 MultiCatch_2.java

```
package sec02_exceptionhandlingsyntax.EX03_MultiCatch_2;

public class MultiCatch_2 {
    public static void main(String[] args) {
        /*
        // 1. catch 블록의 순서가 잘못됐을 때
        try {
            System.out.println(3 / 1);
            int num = Integer.parseInt("10A");
        }
        catch (Exception e) {
            System.out.println("숫자는 0으로 나눌 수 없습니다.");
        }
        catch (NumberFormatException e) {
            System.out.println("숫자로 바꿀 수 없습니다.");
        }
        finally {
            System.out.println("프로그램 종료");
        }
        */
        // 2. catch 블록의 올바른 순서
        try {
            System.out.println(3 / 1);
            int num = Integer.parseInt("10A");
        }
        catch (NumberFormatException e) {
            System.out.println("숫자로 바꿀 수 없습니다.");
        }
        catch (Exception e) {
```

unreachable code 오류 발생

if 문의 else{}와 같은 역할

```java
                System.out.println("숫자는 0으로 나눌 수 없습니다.");
            }
            finally {
                System.out.println("프로그램 종료");
            }
    }
}
```

실행 결과

```
3
숫자로 바꿀 수 없습니다.
프로그램 종료
```

다중 예외 처리 과정에서 각각의 예외가 발생했을 때 처리하는 내용이 동일할 수 있다. 이때는 굳이 catch(){} 블록을 따로 정의하고 동일한 코드를 중복하는 대신, 1개의 catch(){} 블록이 2개의 예외를 동시에 처리하도록 통합할 수 있다. 이때 각각의 예외 타입은 OR(|) 기호를 사용해 연결한다. 이렇게 되면 둘 중 어떤 예외가 발생하든 이 catch(){} 블록을 사용해 예외가 처리된다.

다중 예외를 한 블록에서 처리

```
try {
    // ...
} catch (예외 타입 A | 예외 타입 B 참조 변수명) {
    // ...
}
finally {
    // ...
}
```

OR(|)로 연결

다음 예를 살펴보자.

```
try {
    System.out.println(3 / 0);
    int a = Integer.parseInt("20A");
}
catch (ArithmeticException e) {
    System.out.println("프로그램을 종료합니다.");
}
catch (NumberFormatException e) {
    System.out.println("프로그램을 종료합니다.");
}
```

처리 내용 동일

try{} 블록 내에는 ArithmeticException과 NumberFormatException이 발생할 수 있는 구문이 포함돼 있고, 2개의 catch(){} 블록에서 각각의 예외를 처리하고 있다. 하지만 실제 예외 처리 구문을 살펴보면 2가지 모두 별다른 동작 없이 **"프로그램을 종료합니다"**라는 문구만 출력하고 있는 것을 알 수 있다. 이때 하나의 catch(){} 블록에서 2개의 예외 타입을 OR(|) 기호로 연결해 다음과 같이 통합해 작성할 수 있다.

```
try {
    System.out.println(3 / 0);
    int a = Integer.parseInt("20A");
}
catch (ArithmeticException | NumberFormatException e) {
    System.out.println("프로그램을 종료합니다.");
}
```

OR(|) 연산자를 이용하면 하나의 catch(){} 블록에서 2개 이상의 예외 처리 가능

Do it! 실습 예외의 OR(|) 연산으로 구성한 다중 catch 구문 MultiCatch_3.java

```
package sec02_exceptionhandlingsyntax.EX04_MultiCatch_3;

public class MultiCatch_3 {
    public static void main(String[] args) {

        // 1. catch 블록을 각각 처리했을 때
        try {
            System.out.println(3 / 1);
            int num = Integer.parseInt("10A");
        }
```

```
        catch (ArithmeticException e) {
            System.out.println("예외가 발생했습니다.");
        }
        catch (NumberFormatException e) {
            System.out.println("예외가 발생했습니다.");
        }

        // 2. catch 블록을 하나로 통합했을 때
        try {
            System.out.println(3 / 1);
            int num = Integer.parseInt("10A");
        }
        catch (ArithmeticException | NumberFormatException e) {
            System.out.println("예외가 발생했습니다.");
        }
    }
}
```

실행 결과

```
3
예외가 발생했습니다.
3
예외가 발생했습니다.
```

14.2.4 리소스 자동 해제 예외 처리

앞에서 finally{} 블록은 '항상 실행해야 하는 기능이 있을 때 사용하는 블록'이라고 했다. finally{} 블록의 가장 대표적인 기능은 리소스를 해제하는 것이다. 리소스 해제는 더이상 사용하지 않는 자원을 반납하는 것을 의미한다. 예를 들어 수정하기 위해 열어 둔 파일이 있다면 이 파일을 닫아야 다른 프로그램이 이 파일을 사용할 수 있다. 메모리에 엄청난 크기의 객체를 만들어 놓고 사용했을 때도 사용이 완료되면 메모리 공간을 확보하기 위해 리소스를 해제해야 할 것이다.

자바에서 리소스의 해제가 꼭 필요한 대표적인 예로 자바 입출력 리소스를 들 수 있다. 다음과 같이 예외 처리 구문을 사용해 try{} 블록에서 리소스를 사용하는 객체를 생성한 후 finally{} 블록에서 리소스를 해제하는 예외 처리 구문을 살펴보자.

```
InputStreamReader is = null;
try {
    is = new InputStreamReader(System.in);
    System.out.println(is.read());
} catch (IOException e) {
    // 예외 처리
} finally {
    if (is != null) {
        try {
            is.close();
        } catch (IOException e) {
            // 예외 처리
        }
    }
}
```

try{} 블록에서는 문자 단위로 입력을 수행하는 InputStreamReader 객체를 생성해 사용하고 finally{} 블록에서는 자원을 반납(is.close())했다. 자바 입출력을 아직 모르기 때문에 코드가 잘 이해되지 않겠지만, 'try{} 블록에서 객체를 생성하고 사용한 후 finally{} 블록에서 close() 메서드로 자원을 반납했다.' 정도는 이해할 수 있을 것이다. 대부분의 자바 입출력 코드는 이런 구조를 갖고 있다. 이런 반복적인 구조를 간략화하기 위해 추가된 예외 처리 구문이 리소스 자동 해제 예외 처리 구문이다.

리소스 자동 해제 예외 처리

```
try (리소스 자동 해제가 필요한 객체 생성) {
    // 예외 발생 가능 코드
}
catch (예외 클래스명 참조 변수명) {
    // 해당 예외가 발생했을 때 처리하는 블록
}
finally {
   // 예외 발생 여부에 상관없이 무조건 실행하는 블록
}
```

기존 예외 처리 구문과의 유일한 차이점은 try(){} 구문에도 소괄호(())가 포함된다는 것이다. 이 소괄호 안에서 자동으로 리소스를 반납해야 할 객체를 생성하면 예외 처리 구문의 실행이 끝났을 때 리소스가 자동으로 해제된다. 좀 더 정확하게 말해, 예외 처리 구문이 완료되면 try(){} 블록의 소괄호 안에서 생성된 객체 내부의 close() 메서드를 자동으로 호출함으로써 리소스를 자동으로 해제한다. 즉, finally{} 블록에서 하던 일(객체가 null이 아니면 close() 메서드를 호출)을 자동으로 처리해 준다는 것이다. 다음 예제는 위의 예를 리소스 자동 해제 예외 처리 구문으로 변경한 것이다.

리소스를 자동으로 해제하기 위해서는 반드시 try(){} 블록의 소괄호 안에서 생성한 객체의 내부에 close() 메서드가 포함돼 있어야 한다. 이는 나중에 다시 다룬다.

```
try (InputStreamReader is = new InputStreamReader(System.in);) {
    System.out.println(is.read());
}
catch (IOException e) {
    // 예외 처리
}
```

이렇게 되면 리소스 자동 해제 예외 처리 구문을 빠져나갈 때 리소스 객체의 close() 메서드를 자동으로 호출해 리소스를 해제해 준다. 리소스가 정말 해제됐는지 확인하기 위해 다음 예제를 살펴보자.

```
// try with resource 구문 1
try (InputStreamReader isr1 = new InputStreamReader(System.in);) {
    char input = (char) isr1.read();
    System.out.println("입력 글자 = " + input);
} catch (IOException e) {
    e.printStackTrace();
}

// try with resource 구문 2
try (InputStreamReader isr2 = new InputStreamReader(System.in);) {
    char input = (char) isr2.read();
    System.out.println("입력 글자 = " + input);
} catch (IOException e) {
    e.printStackTrace();
}
```

자동 해제

리소스 반납으로 사용 불가

System.in 리소스가 반납돼 예외 발생

여기서는 실제 try(){} catch(){}로 리소스가 해제되는지 확인하기 위해 System.in을 사용했다. 첫 번째 블록의 코드가 실행되면 입력받은 문자를 받아 그대로 출력한다. try-catch 구문을 끝낼 때 리소스를 해제하기 때문에 이후에는 콘솔 입력을 사용할 수 없게 된다. 따라서 두 번째 코드를 실행하는 과정에서 예외가 발생한다는 것을 알 수 있다.

System.in은 콘솔 입력을 처리하는 리소스로, 자바 가상 머신이 단 하나의 객체를 생성해 제공하기 때문에 이를 반납하면 더이상 콘솔을 입력할 수 없다. 이에 대해서는 19장에서 자세히 다루며, 여기에서는 리소스가 자동으로 해제(close() 메서드 자동 호출)된다는 점만 이해하자.

Do it! 실습 리소스 자동 해제 기능이 포함된 try with resource 구문 TryWithResouce_1.java

```java
package sec02_exceptionhandlingsyntax.EX05_TryWithResouce_1;

import java.io.IOException;
import java.io.InputStreamReader;

public class TryWithResouce_1 {
    public static void main(String[] args) {

        System.out.println("문자를 입력하세요!");

        // System.in 리소스를 해제하면 더이상 콘솔 입력 불가
        // 1. 리소스 자동 해제
        try (InputStreamReader isr1 = new InputStreamReader(System.in);) {
            char input = (char)isr1.read();
            System.out.println("입력 글자  = " + input);
        }
        catch (IOException e) {
            e.printStackTrace();
        }

        // 2. 리소스 수동 해제
        InputStreamReader isr2=null;
        try {
            isr2 = new InputStreamReader(System.in);
            char input = (char)isr2.read();
            System.out.println("입력 글자  = " + input);
        }
        catch (IOException e) {
            e.printStackTrace();
```

```
        }
        finally {
            // 리소스 해제 구문
            if(isr2!=null) {
                try {    // 리소스 해제
                    isr2.close();
                } catch (IOException e) {
                    e.printStackTrace();
                }
            }
        }
    }
}
```

실행 결과

```
문자를 입력하세요!
a
입력 글자 = a
java.io.IOException: Stream closed
    at java.io.BufferedInputStream.getBufIfOpen(Unknown Source)
    at java.io.BufferedInputStream.read(Unknown Source)
    at sun.nio.cs.StreamDecoder.readBytes(Unknown Source)
    at sun.nio.cs.StreamDecoder.implRead(Unknown Source)
    at sun.nio.cs.StreamDecoder.read(Unknown Source)
    at sun.nio.cs.StreamDecoder.read0(Unknown Source)
    at sun.nio.cs.StreamDecoder.read(Unknown Source)
    at java.io.InputStreamReader.read(Unknown Source)
    at sec02_exceptionhandlingsyntax.EX05_TryWithResouce_1.TryWithResouce_1.
main(TryWithResouce_1.java:25)
```

그렇다면 모든 객체를 try(){} 블록의 소괄호 안에 넣을 수 있을까? 리소스 자동 해제 예외 처리 구문은 예외의 발생 여부와 관계없이 예외 처리 구문이 완료된 후 리소스 객체의 close() 메서드를 자동으로 호출해 준다고 했다. 따라서 리소스 객체 내부에 close() 메서드가 있어야 자동 해제를 할 수 있는 객체가 될 수 있을 것이다.

그렇다면 try(){} 구문 소괄호 안에서 생성된 객체 내부에 close() 메서드가 포함돼 있다는 것을 어떻게 보장할 수 있을까? 이것이 바로 AutoCloseable 인터페이스의 역할이다. 즉, 리소스 자동 해제를 위한 클래스는 반드시 이 AutoCloseable 인터페이스를 구현해야 한다. 이 인터페이스 내부에는 close() 추상 메서드가 포함돼 있기 때문에 이 인터페이스를 구현한 모든 클래스의 객체는 내부에 close() 메서드를 포함하고 있다는 것을 보장받을 수 있는 것이다. 다른 말로 이야기하면 AutoCloseable 인터페이스를 구현해 내부에 close() 메서드를 포함하고 있는 클래스의 객체에 한해서만 리소스 자동 해제 기능을 제공하겠다는 말이다.

리소스 자동 해제 객체는 반드시 close 메서드를 포함해야 함

리소스 자동 해제 객체는 AutoCloseable 인터페이스를 구현해야 함

다음 예제는 AutoCloseable 인터페이스를 구현한 후 close() 메서드의 내부에서 오버라이딩한 클래스를 정의한 예다. 여기서는 예외 처리 구문이 실행된 이후 close() 메서드가 호출된다는 것을 보이기 위해 내부에서는 필드를 null 값으로 초기화하고 **"리소스 해제"** 구문만 출력하는 코드만 작성해 놓았다.

여기서 throws Exception은 예외 전가 구문으로, 예외 처리를 자신을 호출한 지점으로 전가한다는 의미다. 이에 대해서는 다음 절에서 자세히 다룬다.

```
class A implements AutoCloseable {
    String resource;
    A(String resource) {
        this.resource = resource;
    }
    @Override
    public void close() throws Exception {
        resource = null;
        System.out.println("리소스 해제");
    }
}
```

이제 리소스 자동 해제 예외 처리 구문을 이용해 다음과 같이 작성하면 명시적으로 close() 메서드의 호출 구문이 없는데도 **"리소스 해제"** 구문이 출력된다는 것을 알 수 있다.

```
try (A a = new A("특정 파일");) {
}
catch (Exception e) {
} // "리소스 해제" 출력
```

Do it! 실습 리소스 자동 해제 가능한 클래스 생성 및 try with resource 적용 TryWithResouce_2.java

```
package sec02_exceptionhandlingsyntax.EX06_TryWithResouce_2;

class A implements AutoCloseable {
    String resource;
    A(String resouce) {
        this.resource = resouce;
    }
    @Override
    public void close() throws Exception {
        if(resource!=null) {
            resource=null;
            System.out.println("리소스가 해제됐습니다.");
        }
    }
}

public class TryWithResouce_2 {
    public static void main(String[] args) {

        // 1. 리소스를 사용하고 finally에서 리소스 수동 해제하기
        A a1 = null;
        try {
            a1 = new A("특정 파일");
        } catch (Exception e) {
            System.out.println("예외 처리");
        } finally {
            // 리소스 수동 해제
            if(a1.resource!=null) {
                try {
                    a1.close();
                } catch (Exception e) {}
            }
        }

        // 2. 리소스 자동 해제
        try (A a2 = new A("특정 파일");) {

```

```
        } catch (Exception e) {
            System.out.println("예외 처리");
        }
    }
}
```

실행 결과

```
리소스가 해제됐습니다.
리소스가 해제됐습니다.
```

14.3 예외 전가

예외가 발생했을 때 바로 처리할 수도 있지만, 자신을 호출한 지점으로 예외를 전가[throws]할 수도 있다. 이클립스에서 예외 처리를 하지 않아 오류가 발생한 지점에 마우스 커서를 올려 놓으면 2가지 해결책이 나온다. 하나는 앞에서 살펴본 try-catch 구문을 이용하는 것이고, 다른 하나는 예외를 전가하는 것이다.

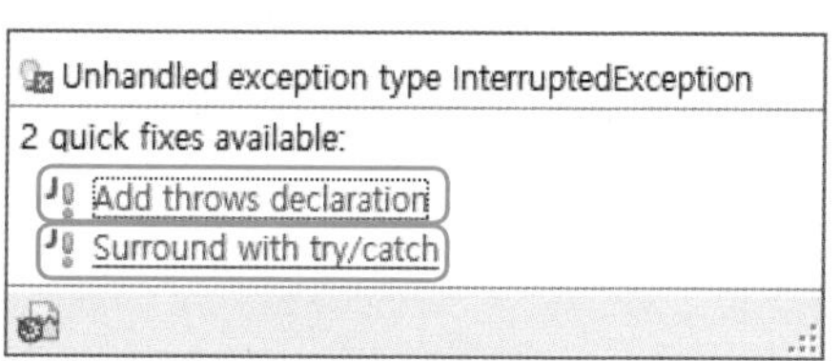

그림 14-4 이클립스에서 제공하는 2가지 예외 처리 방법

예외를 전가하면 **예외 처리의 의무를 호출한 메서드가 갖게 된다.** 물론 상위의 메서드도 자신을 호출한 지점으로 예외를 전가할 수 있다.

14.3.1 예외 전가 문법

예외를 전가할 때는 메서드의 소괄호와 중괄호 사이에 전가시키고자 하는 예외 타입을 throws 키워드와 함께 삽입하는 방법을 사용한다.

예외 전가 구조

```
리턴 타입 메서드명(입력매개변수) throws 예외 클래스명 {
    // 예외 발생 코드
}
```

그럼 abc() 메서드에서 bcd() 메서드를 호출하고, bcd() 메서드 내부에 예외가 발생할 수 있는 코드가 포함돼 있을 때를 살펴보자.

```
void abc() {

    bcd();          ① 호출 →

}
```

```
void bcd() {
    try {                                  ② 예외 처리
        // 예외 가능 블록
    } catch (예외 클래스 타입 참조 변수) {
        // 예외 처리
    }
}
```

그림 14-5 bcd() 메서드가 스스로 예외를 처리했을 때

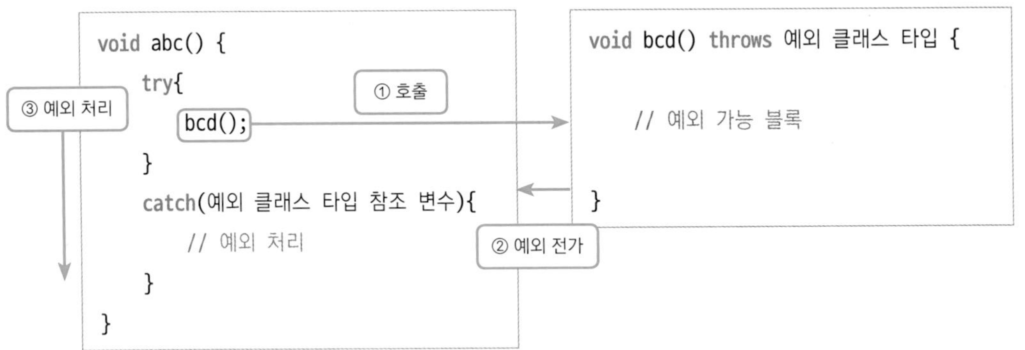

void abc() {
try{
bcd();
}
catch(예외 클래스 타입 참조 변수){
// 예외 처리
}
}
③ 예외 처리
① 호출
② 예외 전가
void bcd() throws 예외 클래스 타입 {
// 예외 가능 블록
}

그림 14-6 bcd()가 자신을 호출한 abc()에 예외를 전가했을 때

첫 번째는 bcd() 메서드가 직접 예외 처리를 했다. 이때는 abc() 메서드가 bcd()를 호출해 사용하는 데 아무런 문제가 발생하지 않는다. 반면 두 번째는 bcd() 메서드가 예외를 처리하지 않고, 자신을 호출한 메서드로 예외를 전가하고 있다. 이렇게 되면 이제 예외를 전가받은 abc() 메서드는 전가된 예외를 처리할 의무를 갖게 되는 것이다. 다시 말해 예외를 전가하고 있는 bcd() 메서드 자체가 예외 처리가 필요한 구문이 된 셈이다. 따라서 bcd() 메서드를 호출한 abc() 메서드에서 bcd()가 전가한 예외 클래스 타입에 대한 예외 처리 구문을 작성해야 한다. 이제 실제 예를 이용해 알아보자.

```
void abc() {
    try {
        bcd();
    } catch (InterruptedException e) {
        // 예외 처리 구문
    }
}
void bcd() throws InterruptedException {
    Thread.sleep(1000);
}
```

이 예제에서는 2개의 메서드(abc(), bcd())가 있고, bcd() 메서드의 내부에는 예외 발생 가능 코드가 포함돼 있다. Thread.sleep(시간)에서는 일반 예외인 InterruptedException이 발생할 수 있기 때문에 해당 메서드를 사용하기 위해서는 반드시 예외 처리를 해 줘야 한다고 했다. 하지만 bcd() 메서드는 직접 예외 처리를 하는 대신, InterruptedException이 자신을 호출한 메서드로 전가했다. 즉, 예외 처리의 의무를 자신을 호출한 메서드로 전가한 것이다. 이렇게 되면 이제 abc() 메서드가 InterruptedException을 처리해 줘야 한다.

다시 처음으로 돌아가서 그동안 왜 Thread.sleep() 메서드를 사용하려면 예외 처리를 해 줘야 하는지에 대해 생각해 보자. 자바 API 문서에서 Thread.sleep() 메서드를 살펴보면 다음과 같이 InterruptedException을 전가하고 있는 것을 볼 수 있다. 다시 말해 실제 예외가 발생할 수 있는 구문은 Thread.sleep() 메서드 안에 포함돼 있었던 것이다. 그런데 이 메서드가 예외를 전가했으므로 어떤 메서드이든 Thread.sleep() 메서드를 호출하는 메서드가 예외 처리를 해야만 했던 것이다.

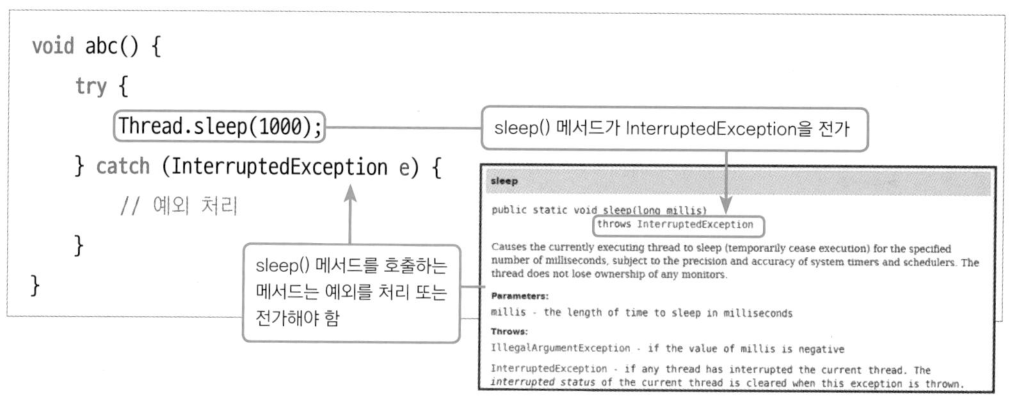

Do it! 실습 직접 예외 처리를 할 때와 호출메서드로 예외를 전가할 때 ThrowsException_1.java

```
package sec03_throwsexception.EX01_ThrowsException_1;

// 1. 하위 메서드에 직접 예외를 처리할 때
class A {
    void abc() {
        bcd();
    }
    void bcd() {
        try {
            Thread.sleep(1000); // 일반 예외: InterruptedException
        } catch (InterruptedException e) {
            // 예외 처리 구문
```

```
            }
        }
}

// 2. 예외를 호출 메서드로 전가할 때
class B {
    void abc() {
        try {
            bcd();  // 일반 예외: InterruptedException
        } catch (InterruptedException e) {
            // 예외 처리 구문
        }
    }
    void bcd() throws InterruptedException {
        Thread.sleep(1000);  // 일반 예외: InterruptedException
    }
}

public class ThrowsException_1 {
    public static void main(String[] args) {

    }
}
```

실행 결과

```
없음
```

그렇다면 상위 메서드들도 예외를 직접 처리하지 않고 계속 전가만 한다면 어떤 일이 벌어질까? 다음 예시처럼 cde()부터 전가된 예외는 최상위 메서드인 main() 메서드까지 올라가고, main() 메서드마저도 예외를 전가하면 이 main() 메서드를 실행한 자바 가상 머신이 직접 예외를 처리하게 된다.

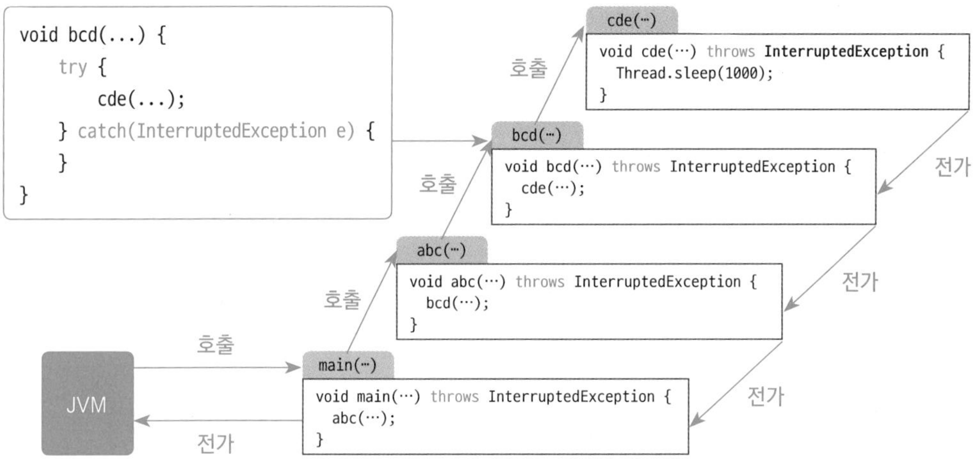
void bcd(...) {
try {
cde(...);
} catch(InterruptedException e) {
}
}
cde(…)
void cde(…) throws InterruptedException {
Thread.sleep(1000);
}
호출
bcd(…)
void bcd(…) throws InterruptedException {
cde(…);
}
전가
호출
abc(…)
void abc(…) throws InterruptedException {
bcd(…);
}
전가
호출
호출
main(…)
void main(…) throws InterruptedException {
abc(…);
}
전가
JVM
전가

그림 14-7 하위 예외 발생 지점부터 자바 가상 머신까지의 예외 전가

자바 가상 머신의 예외 처리 방식은 매우 간단명료하다. 발생한 예외의 정보를 화면에 출력하고 프로그램을 강제 종료하는 것이다. 앞에서 많이 본 상황이지 않은가? 그렇다. 만일 우리가 예외를 처리하지 않으면 그동안 자바 가상 머신이 혼자서 이런 식으로 예외를 처리해 왔던 것이다.

Do it! 실습 최상위 메서드인 main() 메서드가 예외를 전가했을 때 ThrowsException_2.java

```java
package sec03_throwsexception.EX02_ThrowsException_2;

public class ThrowsException_2 {
    public static void main(String[] args) throws ClassNotFoundException {
        Class cls = Class.forName("java.lang.Object2");
    }
}
```

실행 결과

```
Exception in thread "main" java.lang.ClassNotFoundException: java.lang.Object2
    at java.net.URLClassLoader.findClass(Unknown Source)
    at java.lang.ClassLoader.loadClass(Unknown Source)
    at sun.misc.Launcher$AppClassLoader.loadClass(Unknown Source)
    at java.lang.ClassLoader.loadClass(Unknown Source)
    at java.lang.Class.forName0(Native Method)
    at java.lang.Class.forName(Unknown Source)
    at sec03_throwsexception.EX02_ThrowsException_2.ThrowsException_2.
main(ThrowsException_2.java:5)
```

예외를 처리할 때 여러 개의 catch(){} 구문을 포함하는 다중 예외 처리가 가능했던 것처럼 하나의 메서드 안에 발생할 수 있는 예외가 여러 종류일 때는 여러 개의 예외를 한 번에 전가할 수 있다. 이때는 다음과 같이 쉼표(,)로 구분해 나열한다.

다중 예외 전가 구조

```
리턴 타입 메서드명(입력매개변수) throws 예외 클래스 A, 예외 클래스 B ... {
    // 여러 개의 예외 종류가 발생할 수 있는 블록
}
```

예

```
void abc() {
    try {
        bcd();
    } catch (예외 클래스 A | 예외 클래스 B e) {
        // 예외 처리
    }
}
void bcd() throws 예외 클래스 A, 예외 클래스 B {
    // 예외 발생 가능 블록
}
```

Do it! 실습 여러 개의 예외 한꺼번에 전가하기 ThrowsException_3.java

```
package sec03_throwsexception.EX03_ThrowsException_3;

// 1. 하위 메서드에 직접 예외를 처리할 때
class A {
    void abc() {
        bcd();
    }
    void bcd() {
        try {
            Class cls = Class.forName("java.lang.Object"); // ClassNotFoundException
            Thread.sleep(1000); // InterruptedException
        } catch (InterruptedException | ClassNotFoundException e) {
            // 예외 처리 구문
        }
    }
```

```
}

// 2. 예외를 호출 메서드로 전가할 때
class B {
    void abc() {
        try {
            bcd();  // InterruptedException
        } catch (InterruptedException | ClassNotFoundException e) {
            // 예외 처리 구문
        }
    }
    void bcd() throws InterruptedException, ClassNotFoundException {
        Class cls = Class.forName("java.lang.Object");  // ClassNotFoundException
        Thread.sleep(1000);  // InterruptedException
    }
}

public class ThrowsException_3 {
    public static void main(String[] args) {
    }
}
```

실행 결과

```
없음
```

14.4 사용자 정의 예외 클래스

앞에서 살펴본 것처럼 자바는 다양한 형태의 일반 예외 클래스와 실행 예외 클래스를 제공한다. 하지만 자바가 모든 예외 클래스를 제공하는 것은 불가능하다. 예를 들어 `int age = -1`을 실행하면 예외를 발생시켜야 할 때를 생각해 보자. 나이는 음수가 될 수 없기 때문이다. 하지만 이에 해당하는 예외 클래스는 자바에 존재하지 않는다.

이때의 유일한 해결 방법은 예외 클래스를 직접 정의해 사용하는 것이다. 사용자 정의 예외 클래스를 직접 작성하고 동작시켜 보면 이전에 다뤘던 자바에서 제공하는 다른 예외 클래스들의 동작 메커니즘도 자연스럽게 이해할 수 있을 것이다.

14.4.1 사용자 정의 예외 클래스 생성 방법

사용자 예외 클래스를 정의해 사용하는 과정은 크게 3단계로 이뤄져 있다. 첫 번째로 예외 클래스를 사용자가 직접 정의하고, 두 번째로 작성한 예외 클래스를 이용해 객체를 생성한다. 마지막으로는 고려하는 예외 상황에서 예외 객체를 던진다[throw].

사용자 정의 예외 클래스 작성

사용자 예외 클래스를 정의하는 방법은 자바에서 제공하는 예외 클래스와 마찬가지로 Exception을 바로 상속해 일반 예외 클래스로 만드는 방법과 RuntimeException을 상속해 실행 예외 클래스로 만드는 방법으로 나눌 수 있다.

사용자가 정의하는 예외라도 자바에서 제공하는 예외와 기본적인 특징은 같다. 사용자 클래스를 정의하는 과정에서 다음과 같이 기본 생성자와 문자열을 입력받는 생성자를 추가한다. 두 번째 생성자는 예외 메시지를 전달받아 예외 객체를 생성하는 생성자로, 내부에서는 부모 클래스인 Exception 또는 RuntimeException 클래스의 생성자를 호출해 사용한다.

단계 ① 사용자 정의 예외 클래스 작성

일반 예외

```
class MyException extends Exception {
    MyException() {
    }
    MyException(String s) {
        super(s);  // 부모 생성자 호출
    }
}
```

실행 예외

```
class MyRTException extends RuntimeException {
    MyRTException() {
    }
    MyRTException(String s) {
        super(s);  // 부모 생성자 호출
    }
}
```

예외 메시지

사용자 정의 예외 객체 생성

이제 앞에서 정의한 예외 클래스로 예외 객체를 생성한다. 객체를 생성하는 방법은 일반 예외든, 실행 예외든 상관없이 일반 클래스로 객체를 생성하는 방법과 동일하다.

단계 ② 사용자 정의 예외 클래스 객체 생성
일반 예외 객체
MyException me1 = new MyException();
MyException me2 = new MyException("예외 메시지");
실행 예외 객체
MyRTException mre1 = new MyRTException();
MyRTException mre2 = new MyRTException("예외 메시지");

예외 상황에서 예외 객체 던지기

마지막으로 고려하는 예외 상황이 발생하면 생성한 객체를 던진다[throw]. **예외 객체를 '던진다.'는 것은 '실제 자바 가상 머신에게 예외 객체를 만들어 전달한다.'**는 의미다. 예외 객체를 던지면 곧바로 예외가 발생한다. 그러면 자바 가상 머신은 그 예외를 처리할 수 있는 catch(){} 블록에게 받았던 예외 객체를 전달할 것이다.

예외 객체를 전달할 때는 'throw 예외 객체'의 형식을 사용한다. 이때 사용하는 throw 키워드는 예외 객체를 던지는 기능을 수행하는 것으로, 예외를 전가하는 throws와 혼동할 수 있으므로 반드시 구분하길 바란다.

단계 ③ 예외 상황에서 예외 객체 던지기

```
throw me1;
throw me2;
throw new MyException();
throw new MyException("예외 메시지");
```

예외 발생시키기

```
throw mre1;
throw mre2;
throw new MyRTException();
throw new MyRTException("예외 메시지");
```

예외 객체를 throw 키워드로 던졌을 때 내부적으로 이뤄지는 처리 과정을 좀 더 자세하게 들여다보자. 던져진 예외 객체는 자바 가상 머신으로 전달되고, 자바 가상 머신은 해당 예외 객체를 처리할 catch(){} 블록을 찾는다. 따라서 throw 이후에 예외를 직접 처리하거나 예외를 전가하는 구문을 반드시 작성해야 한다. 해당 메서드가 직접 예외를 처리할 때는 자바 가상 머신이 전달받은 예외 객체를 해당 메서드 내의 예외 처리 블록으로 진달할 것이고, 예외를 전가했을 때는 예외 객체를 상위 메서드 내의 예외 처리 블록으로 전달할 것이다.

다음 예제에서는 abc() 메서드에서 입력매개변수로 넘어온 age 값이 음수일 때 예외를 발생시키고, abc() 메서드 안에서 예외 처리를 수행한다.

방법 ① 예외를 해당 메서드 안에서 직접 처리

```
void abc(int age) {
    try {
        if (age >= 0)
            System.out.println("정상값");
        else
            throw new MyException();            ❶ MyException 발생
    } catch (MyException e) {
        System.out.println("예외 처리");        ❷ 예외 처리 구문 수행
    }
}
void bcd() {
    abc(-2);
}
```

다음 예에서는 앞과 동일한 조건에서 예외가 발생했을 때 상위 메서드로 예외를 전가해 처리한다.

방법 ② 예외를 상위 메서드로 전가해 예외 처리

```
void abc(int age) throws MyException {      ❶ 예외 전가
    if (age >= 0)
        System.out.println("정상값");
    else
        throw new MyException();            ❷ MyException 발생
}
void bcd() {
    try {
```

```
        abc(-2);
    } catch (MyException e) {
        System.out.println("예외 처리");
    }
}
```

③ 예외 처리 구문 수행

이렇게 throw로 예외를 던지면 곧바로 예외가 발생하므로 적절한 예외 처리 구문을 반드시 작성해 놓아야 한다.

Do it! 실습 사용자 정의 예외 클래스로 예외 처리 CreateUserException.java

```
package sec04_userexception.EX01_CreateUserException;

// 1. 사용자 일반 예외
class MyException extends Exception {
    public MyException() {
        super();
    }
    public MyException(String message) {
        super(message);
    }
}

// 2. 사용자 실행 예외
class MyRTException extends RuntimeException {
    public MyRTException() {
        super();
    }
    public MyRTException(String message) {
        super(message);
    }
}

class A {
    // 3. 사용자 정의 예외 객체 생성
    MyException me1 = new MyException();
    MyException me2 = new MyException("예외 메시지: MyException");

    MyRTException mre1 = new MyRTException();
```

```java
    MyRTException mre2 = new MyRTException("예외 메시지: MyRTException");

    // 4. 예외 던지기(throw): 던진 시점에서 예외 발생
    // 방법 ① 예외를 직접 처리
    void abc_1(int num) {
        try {
            if(num > 70)
                System.out.println("정상 작동");
            else
                throw me1;      // 예외를 던진 시점에 예외 발생
        } catch (MyException e) {
            System.out.println("예외 처리 1");
        }
    }
    void bcd_1() {
        abc_1(65);
    }
    // 방법 ② 예외 전가
    void abc_2(int num) throws MyException {
        if(num > 70)
            System.out.println("정상 작동");
        else
            throw me1;          // 예외를 던진 시점에 예외 발생
    }
    void bcd_2() {
        try {
            abc_2(65);
        } catch (MyException e) {
            System.out.println("예외 처리 2");
        }
    }
}
public class CreateUserException {
    public static void main(String[] args) {
        A a = new A();
        a.bcd_1();
        a.bcd_2();
    }
}
```

실행 결과

```
예외 처리 1
예외 처리 2
```

14.4.2 예외 클래스의 메서드

사용자 정의 예외 클래스는 Exception 또는 RuntimeException 클래스를 상속한다고 했다. 따라서 추가 메서드를 정의하지 않아도 부모 클래스의 메서드를 고스란히 내려받았을 것이다. 여기서는 그중 getMessage()와 printStackTrace() 메서드만 알아보자.

엄밀히 말하면 두 메서드는 Exception 클래스의 부모 클래스인 Throwable 클래스의 메서드다. 즉, 모든 Exception 클래스와 Error 클래스 내에서 사용할 수 있는 메서드라는 뜻이다.

getMessage() 메서드

getMessage()는 예외가 발생했을 때 생성자로 넘긴 메시지를 문자열 형태로 리턴하는 메서드로, 원형은 다음과 같다.

```
public String getMessage()
```

getMessage()는 객체를 생성했을 때 전달된 메시지를 리턴하는 메서드이므로 다음 예제와 같이 객체를 기본 생성자로 생성할 때 null 값을 리턴할 것이다.

예외 객체를 생성했을 때 메시지를 전달하지 않았을 경우

```
try {
    throw new Exception();
} catch (Exception e) {
    System.out.println(e.getMessage());  // null
}
```

반면 다음과 같이 문자열을 입력매개변수로 갖는 두 번째 생성자를 이용해 객체를 생성했을 때는 객체를 생성했을 때 넘겨 준 문자열을 리턴한다.

예외 객체를 생성했을 때 메시지를 전달했을 경우

```
try {
    throw new Exception("예외 메시지");
} catch (Exception e) {
    System.out.println(e.getMessage());  // 예외 메시지
}
```

두 번째 생성자를 이용해 예외 객체를 생성할 때 전달하는 메시지에는 일반적으로 '나이가 음숫값을 가짐'과 같이 사용자 정의로 생성한 예외에 대한 설명을 포함한다.

Do it! 실습 예외 객체의 대표적인 메서드 getMessage() ExceptionMethod_1.java

```java
package sec04_userexception.EX02_ExceptionMethod_1;

public class ExceptionMethod_1 {
    public static void main(String[] args) {

        // 1. 예외 객체를 생성했을 때 메시지를 전달하지 않았을 경우
        try {
            throw new Exception();              // 예외 발생
        } catch (Exception e) {
            System.out.println(e.getMessage());
        }

        // 2. 예외 객체를 생성했을 때 메시지를 전달했을 경우
        try {
            throw new Exception("예외 메시지");  // 예외 발생
        } catch (Exception e) {
            System.out.println(e.getMessage());
        }
    }
}
```

실행 결과

```
null
예외 메시지
```

printStackTrace() 메서드

printStackTrace()는 예외 발생이 전달되는 경로, 즉 예외가 전가된 과정을 한눈에 확인할 수 있는 메서드로, 원형은 다음과 같다.

```java
public void printStackTrace()
```

다음과 같이 클래스가 정의됐을 때를 살펴보자.

```
class A {
    void abc() throws NumberFormatException {
        bcd();
    }
    void bcd() throws NumberFormatException {
        cde();
    }
    void cde() throws NumberFormatException {
        int num = Integer.parseInt("10A");
    }
}
```

클래스 A에는 3개의 메서드가 있고 cde() 메서드의 내부에는 NumberFormatException이 발생하는 코드가 포함돼 있다. 3개의 메서드는 abc() → bcd() → cde() 순으로 순차적으로 호출하고 있으며, 모든 예외는 상위 메서드로 전가[throws]하고 있다. 이제 다음과 같이 main() 메서드 내에서 클래스 A의 객체를 생성하고, abc() 메서드를 호출했을 때를 살펴보자.

```
public static void main(String[] ar) {
    // 객체 생성
    A a = new A();
    // 메서드 호출 + 예외 처리
    try {
        a.abc();
    } catch (NumberFormatException e) {
        e.printStackTrace();
    }
}
```

내부적으로는 bcd() 메서드와 cde() 메서드가 순차적으로 호출될 것이다. 마지막에 호출되는 cde() 메서드에서는 NumberFormatExceptoin 예외가 발생하며, 이를 bcd() 메서드로 전달하고, 이후 다시 abc() 메서드를 거쳐 main() 메서드까지 전달될 것이다. 따라서 이때 catch(){} 블록 안에 printStackTrace() 메서드를 호출하면 최초로 예외가 발생한 위치에서 해당 예외가 전달된 경로를 확인할 수 있다. 즉, 이때는 Integer.parseInt() → cde() → bcd() → abc() → main()의 순으로 출력된다.

Do it! 실습 　예외 객체의 대표적인 메서드 printStackTrace() 　ExceptoinMethod_2.java

```java
package sec04_userexception.EX03_ExceptoinMethod_2;

class A {
    void abc() throws NumberFormatException {
        bcd();
    }
    void bcd() throws NumberFormatException {
        cde();
    }
    void cde() throws NumberFormatException {
        int num = Integer.parseInt("10A");
    }
}

public class ExceptoinMethod_2 {
    public static void main(String[] args) {
        // 1. 객체 생성
        A a = new A();
        // 2. 메서드 호출 + 예외 처리
        try {
            a.abc();
        } catch (NumberFormatException e) {
            e.printStackTrace();
        }
    }
}
```

실행 결과

```
java.lang.NumberFormatException: For input string: "10A"
    at java.lang.NumberFormatException.forInputString(Unknown Source)
    at java.lang.Integer.parseInt(Unknown Source)
    at java.lang.Integer.parseInt(Unknown Source)
    at sec04_userexception.EX03_ExceptoinMethod_2.A.cde(ExceptoinMethod_2.java:11)
    at sec04_userexception.EX03_ExceptoinMethod_2.A.bcd(ExceptoinMethod_2.java:8)
    at sec04_userexception.EX03_ExceptoinMethod_2.A.abc(ExceptoinMethod_2.java:5)
  at sec04_userexception.EX03_ExceptoinMethod_2.ExceptoinMethod_2.main(ExceptoinMethod_2.
java:22)
```

getMessage()의 결괏값

14.4.3 사용자 정의 예외 클래스의 사용 예

이제 실제 사용자 정의 예외 클래스의 적용 예를 살펴보자. 점수를 저장하는 score 변수에는 정수 0부터 100까지만 대입할 수 있으며, 이외의 값(음수 또는 100보다 큰 값)을 대입했을 때는 일반 예외를 발생시키려고 한다. 이때 두 예외 상황을 구분할 수 있도록 score 값이 음수일 때를 고려한 MinusException 클래스, 100을 초과할 때를 고려한 OverException 클래스를 각각 작성했다.

점수가 음수일 때 발생시킬 예외 클래스

```
class MinusException extends Exception {
    MinusException() {
    }
    MinusException(String s) {
        super(s);  // 부모 생성자 호출
    }
}
```

점수가 100을 초과할 때 발생시킬 예외 클래스

```
class OverException extends Exception {
    OverException() {
    }
    OverException(String s) {
        super(s);  // 부모 생성자 호출
    }
}
```

이번엔 클래스 A를 정의하고, 내부에는 score 값을 넘겨받아 정상적인 범위(0 ~ 100)일 때는 **"정상적인 값입니다"**를 출력하고, 음수 또는 100을 초과할 때는 각각의 예외 객체를 생성해 던지는 기능을 가진 checkScore(int score) 메서드를 정의했다.

점수가 0~100 범위가 아닐 때는 예외를 발생하는 checkScore() 메서드를 갖는 클래스 A

```
class A {
    void checkScore(int score) throws MinusException, OverException {
        if(score < 0) {
            throw new MinusException("예외 발생: 음숫값 입력");
```

```
        }
        else if(score > 100) {
            throw new OverException("예외 발생: 100점 초과");
        }
        else {
            System.out.println("정상적인 값입니다");
        }
      }
}
```

내부에서 두 종류의 예외를 생성해 던지고 있으므로 다중 예외 처리 구문이 필요하겠지만, 여기에서는 두 예외를 모두 상위 메서드로 전가했다. 마지막으로 main() 메서드에서는 A 클래스의 객체를 생성해 checkScore() 메서드를 호출했다.

A 객체의 checkScore() 메서드 호출로 발생하는 예외에 대한 예외 처리

```
public static void main(String[] args) {
    A a = new A();
    try {
        a.checkScore(85);       // 정상적인 값입니다
        a.checkScore(150);      // 예외 발생: 100점 초과
    } catch (MinusException | OverException e) {
        System.out.println(e.getMessage());
    }
}
```

checkScore() 메서드가 2개의 예외를 전가했기 때문에 main() 메서드는 2개의 예외를 처리하거나 자바 가상 머신으로 전가해야 한다. 여기서는 다중 예외 처리 구문을 이용해 예외 처리를 직접 수행했다. 첫 번째 checkScore() 호출 메서드에서는 매개변수로 '85'를 입력했기 때문에 "정상적인 값입니다"가 출력될 것이고, 두 번째는 '150'을 입력했기 때문에 OverException이 발생해 "예외 발생: 100점 초과"가 출력된다. 물론 매개변수로 음수를 입력했다면 "예외 발생: 음숫값 입력"이 출력될 것이다.

Do it! 실습 사용자 예외 클래스 정의 및 예외 발생시키기 UserExceptionExample.java

```java
package sec04_userexception.EX04_UserExceptionExample;

// 점수가 음수일 때 예외 발생
class MinusException extends Exception {
    public MinusException() {
        super();
    }
    public MinusException(String message) {
        super(message);
    }
}
// 점수가 100점을 초과할 때 예외 발생
class OverException extends Exception {
    public OverException() {
        super();
    }
    public OverException(String message) {
        super(message);
    }
}

class A {
    void checkScore(int score) throws MinusException, OverException {
        if(score < 0) {
            throw new MinusException("예외 발생: 음숫값 입력");
        }
        else if (score > 100)
            throw new OverException("예외 발생: 100점 초과");
        else
            System.out.println("정상적인 값입니다.");
    }
}

public class UserExceptionExample {
    public static void main(String[] args) {

        A a = new A();
```

```
        try {
            a.checkScore(85);
            a.checkScore(150);
        } catch (MinusException | OverException e) {
            System.out.println(e.getMessage());
        }
    }
}
```

실행 결과

```
정상적인 값입니다.
예외 발생: 100점 초과
```

실력 상승! 연습 문제

Q1 다음 예외 발생 코드와 예외의 종류를 연결하시오.

`int num = Integer.parseInt("10!");`	① •	• ⓐ	ArrayIndexOutOfBoundsException
`String a = null;` `System.out.println(a.charAt(2));`	② •	• ⓑ	ClassNotFoundException
`System.out.println(3/0);`	③ •	• ⓒ	NumberFormatException
`new FileInputStream("text.txt");`	④ •	• ⓓ	InterruptedException
`Thread.sleep(1000);`	⑤ •	• ⓔ	FileNotFoundException
`Class.forName("java.lang.Object");`	⑥ •	• ⓕ	NullPointerException
`int[] a = {1, 2, 3};` `System.out.println(a[3]);`	⑦ •	• ⓖ	ArithmeticException

Q2 다음 코드의 try{} 구문과 catch(){} 구문에는 공통적인 코드가 포함돼 있다. finally{} 블록을 사용해 중복을 제거한 코드를 작성하시오.

```
try {
    int a = 3;
    System.out.println(5 / a);
    System.out.println("출력 내용 1");
    System.out.println("출력 내용 2");
    System.out.println("출력 내용 3");

} catch (ArithmeticException e) {
    System.out.println("예외 발생");
    System.out.println("출력 내용 1");
    System.out.println("출력 내용 2");
    System.out.println("출력 내용 3");
}
```

Q3 다음은 2개의 try-catch-finally 구문으로 만든 예외 처리 코드다. 다중 catch 구문을 이용해 코드를 1개의 try-catch-finally 구문으로 수정하시오.

```
try {
    int [] array = {1, 2, 3};
    int index = 4;
    System.out.println(array[index]);
} catch (ArrayIndexOutOfBoundsException e) {
    System.out.println("배열값 읽기 실패");
} finally {
    System.out.println("처리 완료");
}

try {
    A aa = new A();
    B bb = (B)aa;
} catch (ClassCastException e) {
    System.out.println("클래스 다운캐스팅 실패");
} finally {
    System.out.println("처리 완료");
}
```

Q4 다음 예외 처리 구문은 오류를 포함하고 있다. 오류가 발생한 이유와 그 해결책을 쓰시오.

```
try {
    int[] array = new int[] {1, 2, 3};
    System.out.println(array[3]);
} catch (Exception e) {
    System.out.println("다른 예외가 발생했습니다.");
} catch (ArrayIndexOutOfBoundsException e) {
    System.out.println("배열 인덱스의 사용 범위를 벗어났습니다");
}
```

오류가 발생한 이유	해결책

Q5 다음은 try-with-resource 구문을 사용해 자동으로 리소스를 해제할 수 있도록 한 코드다. 코드의 빈칸을 완성하시오.

```
class A implements                {
    String res = "리소스 할당";
    @Override
    public void                throws Exception {
        res = null;
        System.out.println("리소스 자동 해제");
    }
}

public static void main(String[] args) {
    try (A b = new A()) {
        // ...
    } catch (Exception e) {
        // ...
    }
}
```

실행 결과

```
리소스 자동 해제
```

Q6 클래스 A 내부에는 abc() 메서드와 bcd() 메서드가 있으며, bcd() 메서드는 예외 처리 구문을 포함하고 있다.

```
class A {
    void abc() {
        bcd();
    }
    void bcd() {
        try {
            Thread.sleep(1000);
            Class.forName("java.lang.Object");
        } catch (InterruptedException | ClassNotFoundException e) {
            e.printStackTrace();
        }
    }
}
```

이때 bcd()가 예외를 직접 처리하지 않고 전가할 때의 코드를 완성하시오.

```
class A {
    void abc() {



    }
    void bcd()                              {
        Thread.sleep(1000);
        Class.forName("java.lang.Object");
    }
}
```

Q7 클래스 A는 학점이 3.0 미만일 때 사용자 정의 일반 예외(ScoreException)를 발생시키는 abc() 메서드를 포함하고 있다.

```
class ScoreException extends Exception {
    public ScoreException() {
    }
    ScoreException(String s) {
        super(s);
    }
}
class A {
    void abc(double score) throws ScoreException {
        if(score >= 3.0) {
            System.out.println("장학금 대상자입니다.");
        } else {
            throw new ScoreException("학점 미달입니다");
        }
    }
}
```

이때 다음 코드의 실행 결과를 쓰시오.

```
public static void main(String[] args) {
    A a = new A();
    try {
        a.abc(3.8);
        a.abc(2.5);
    } catch (ScoreException e) {
        System.out.println(e.getMessage());
    }
}
```

실행 결과

15장 쓰레드

15장에서는 먼저 프로그램과 프로세스 그리고 쓰레드의 관계를 개념적으로 이해하고, 이를 바탕으로 쓰레드의 문법 내용을 설명한다. 규모가 작은 프로젝트라 하더라도 쓰레드 문법을 사용하지 않을 때가 거의 없을 정도로 쓰임새가 매우 많으므로 꼭 이해하길 바란다.

교수님의 동영상 강의
자바가 처음인가요?
그렇다면 동영상으로
예습부터 해 보세요~

15.1 프로그램, 프로세스, 쓰레드

프로그램을 작성하다 보면 어쩔 수 없이 동시에 수행해야 하는 일들이 있다. 예를 들어 비디오 재생 프로그램을 작성한다면 화면 재생과 오디오 재생을 동시에 실행해야 할 것이다. 이런 여러 개의 작업이 동시에 수행되도록 하기 위해서는 한정된 코어의 수를 갖는 CPU를 여러 개의 작업이 나눠 사용해야 하는데, 이것이 바로 '쓰레드'다.

15.1.1 프로그램과 프로세스의 개념

프로그램[program]과 프로세스[process] 그리고 쓰레드[thread]의 개념을 명확히 알기 위해서는 컴퓨터의 구조를 이해할 필요가 있다. 컴퓨터를 이루는 주요 구성 요소에는 중앙 처리 장치[CPU], 메모리[memory] 그리고 하드디스크[hard disk]가 있다. 이 중 CPU는 연산을 수행함으로써 실제 프로그램을 실행하는 장치로, 가장 빠른 속도로 동작한다. 반면 데이터의 저장 역할을 수행하는 하드디스크는 상대적으로 가장 낮은 속도로 동작한다.

CPU와 하드디스크의 속도 차이는 실로 어마어마하기 때문에 이 둘은 서로 대화하지 않는다. 만일 말이 빠른 사람과 말이 느린 사람이 대화를 한다면 누구의 속도에 맞춰질까? 당연히 말이 느린 사람에게 맞춰질 것이다. 따라서 만일 CPU와 하드디스크가 서로 대화한다면 우리는 굳이 비싼 CPU를 살 필요가 없다. 어차피 하드디스크 속도에 맞춰질 것이기 때문이다.

그렇다면 저장된 데이터를 어떻게 CPU로 보내야 할까? 이게 바로 메모리의 역할이다. 메모리의 속도는 CPU보다 느리지만, 거의 근접한 속도로 동작할 수 있다. 당연히 하드디스크보다는 훨씬 빠른 속도로 동작한다. 따라서 실제 하드디스크에 저장된 프로그램[program]이 실행되기 위해서는 먼저 프로그램을 메모리로 로딩[loading]하는 과정을 거쳐 프로세스[process] 상태로 만들어야 한다. 이렇게 로딩된 메모리의 프로세스가 CPU와 비슷한 속도로 대화하면서 프로그램을 실행하는 것이다.

이상의 내용을 정리하면 **프로그램**은 하드디스크에 저장된 파일들의 모임, **프로세스**는 메모리상에 로딩된 프로그램을 의미한다. 메모리는 프로그램 전체를 한꺼번에 로딩하는 것이 아니라 그때그때 필요한 부분만을 동적으로 로딩한다. 이때 동일한 프로그램을 메모리에 2번 로딩하면 2개의 프로세스가 동작하는데, 이를 **멀티 프로세스**[multi-process]라 한다. 예를 들어 워드 파일을 2개 열면 워드 프로그램이 메모리에 2번 로딩돼 멀티 프로세스로 동작한다.

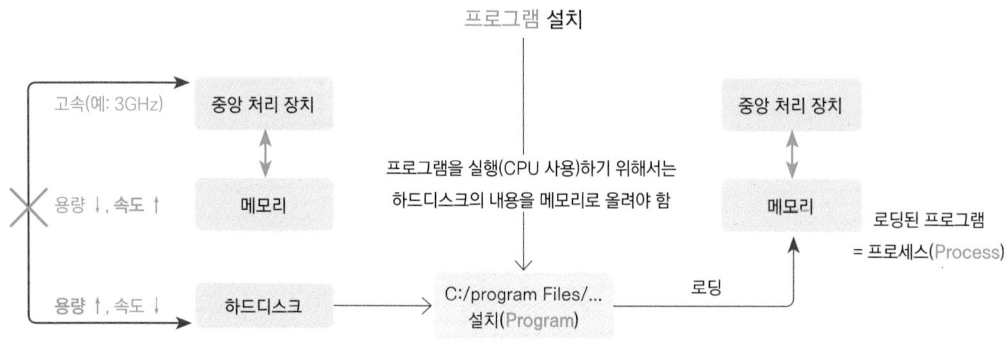

그림 15-1 프로그램과 프로세스의 관계

15.1.2 쓰레드의 개념

이제 이 장의 주제인 쓰레드의 개념을 알아보자. CPU는 속도 차이의 문제로 메모리의 프로세스와만 대화한다고 했다. 이를 바꿔 말하면, 프로세스만 CPU를 사용할 수 있다는 것이다. 하지만 좀 더 들여다보면 실제 CPU를 사용하는 것은 프로세스 내부의 쓰레드라는 것을 알 수 있다. 프로세스가 쓰레드를 갖고 있으므로 외부에서 보면 프로세스가 CPU를 사용하는 것처럼 보였던 것뿐이다. 그렇다면 쓰레드를 포함하고 있지 않은 프로세스가 존재할 수 있을까? 당연히 존재할 수 없다. 쓰레드가 없는 프로세스는 CPU를 사용하지 않는 프로그램이라는 것이므로 애초에 말이 안 된다. 따라서 쓰레드를 다른 말로 정의하면, 'CPU를 사용하는 최소 단위'라고도 할 수 있다.

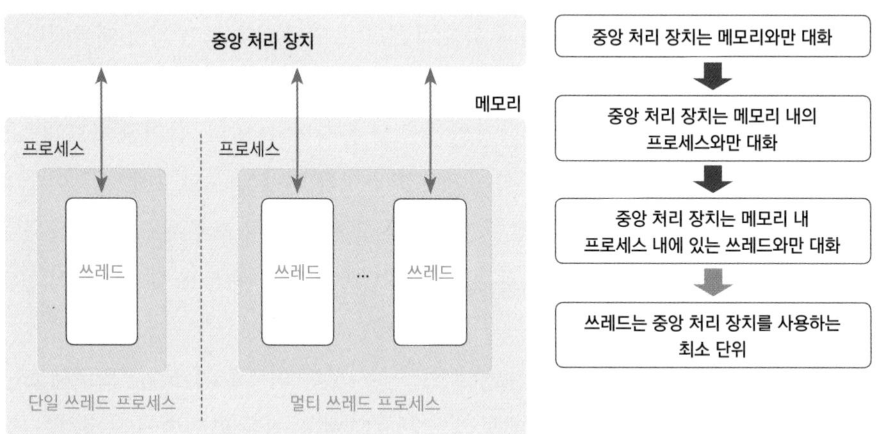

그림 15-2 프로세스와 쓰레드의 관계

15.1.3 자바 프로그램에서의 쓰레드

이제까지 우리가 작성해 온 모든 예제 프로그램도 실행 과정에서 메모리로 로딩될 것이고, 로딩된 프로세스의 내부에는 쓰레드가 있었다는 말이 된다. 당연히 그래왔다. 자바로 작성한 프로그램을 실행하면 메모리로 로딩돼 프로세스 상태가 된다.

그림 15-3을 살펴보자. 먼저 .class 파일을 실행하면 자바 가상 머신은 main 쓰레드를 생성한다. 즉, 프로그램이 처음 실행되면 시작 시점에서는 main 쓰레드 1개만이 존재하는 것이다. main() 메서드에서 작성한 내용이 바로 이 main 쓰레드에서 동작한다. 만일 main 쓰레드의 내부에서 다음과 같이 2개의 쓰레드를 생성해 실행하면 동시에 2개 이상의 쓰레드가 동작하게 되는데, 이를 **멀티 쓰레드**multi-thread 프로세스라고 한다.

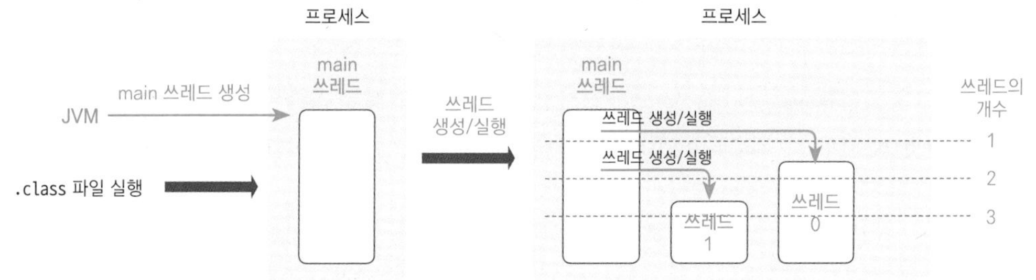

그림 15-3 자바 프로그램에서 쓰레드가 작동하는 모습

15.1.4 멀티 쓰레드의 필요성

앞서 쓰레드는 CPU를 사용하는 최소 단위라고 했다. 그렇다면 멀티 쓰레드는 2개 이상의 쓰레드가 동시에 CPU를 사용한다는 의미다. 이런 멀티 쓰레드가 필요한 이유가 무엇일까? 다음과 같이 비디오 프레임 번호와 자막 번호를 출력하고자 할 때를 살펴보자. 편의상 비디오 프레임 번호는 1, 2, 3, 4, 5, 자막 번호는 하나, 둘, 셋, 넷, 다섯과 같이 표현했다. 당연히 자막 번호는 비디오 프레임에 맞춰 출력돼야 할 것이다.

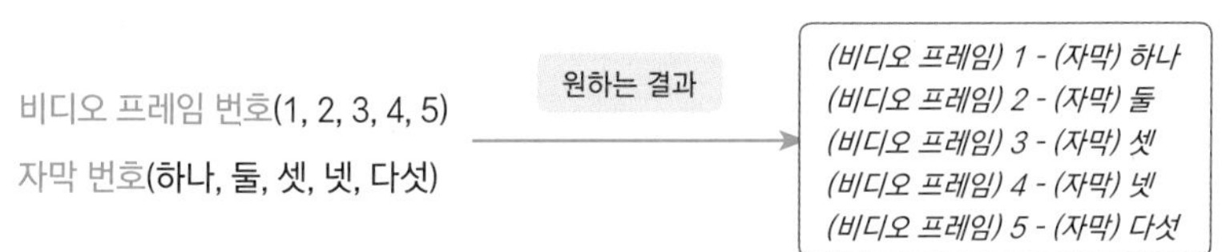

그림 15-4 비디오 프레임 번호와 자막 번호 출력

다음 예제를 살펴보자. 비디오 프레임이든, 자막이든 일단 반복해 출력해야 하므로 이를 구현하기 위해 다음과 같이 2개의 for 반복 제어문을 사용해 작성했다. 2개의 반복문은 단일 쓰레드[single-thread]에서 실행된다. 즉, 비디오 프레임의 출력인 '(비디오 프레임 1), …, (비디오 프레임 5)'가 모두 출력된 이후에 '(자막 번호) 하나, …, (자막 번호) 다섯'과 같이 자막이 순차적으로 출력될 것이다. 영화에 비유해 설명하면, 영화 상영이 끝난 후 자막이 나오기 시작한다는 소리가 되는 것이다. 당연히 원했던 결과가 아니다. 이 문제는 어떻게 해결할 수 있을까? 이런 문제를 해결할 수 있는 것이 바로 멀티 쓰레드[multi-thread]다.

Thread.sleep(200)은 200ms 동안 일시 정지하라는 의미로, '15.5. 쓰레드의 상태'에서 자세히 다룬다.

Do it! 실습 비디오 프레임과 자막을 단일 쓰레드로 출력 TheNeedForThread.java

```java
package sec01_theneedforthread.EX01_TheNeedForThread;

public class TheNeedForThread {
    public static void main(String[] args) {
        // 비디오 프레임 1~5
        int[] intArray = {1, 2, 3, 4, 5};
        // 자막 번호 하나~다섯
        String[] strArray = {"하나", "둘", "셋", "넷", "다섯"};
        // 비디오 프레임 출력
        for (int i = 0; i < intArray.length; i++) {
            System.out.println("(비디오 프레임) "+intArray[i]);
            try {Thread.sleep(200);} catch (InterruptedException e) {}
        }
        // 자막 번호 출력
        for (int i = 0; i < strArray.length; i++) {
            System.out.println("(자막 번호) "+strArray[i]);
            try {Thread.sleep(200);} catch (InterruptedException e) {}
        }
    }
}
```

비디오 프레임 번호가 모두 출력된 후 실행

실행 결과

```
(비디오 프레임) 1
(비디오 프레임) 2
(비디오 프레임) 3
(비디오 프레임) 4
(비디오 프레임) 5
(자막 번호) 하나
(자막 번호) 둘
(자막 번호) 셋
(자막 번호) 넷
(자막 번호) 다섯
```

15.1.5 쓰레드는 정말 동시에 수행될까?

2개의 작업을 동시에 수행하기 위해서는 멀티 쓰레드를 사용해야 한다고 했다. 쓰레드는 CPU를 사용하는 최소 단위라고 했으므로 만일 2개의 쓰레드가 있다면 2개의 작업이 동시에 수행될 것이다. 대표적인 예로 음악을 들으면서 웹 서핑을 하는 것을 들 수 있다. 여기서 '내 컴퓨터에는 단 하나의 CPU만 있는데 어떻게 각 쓰레드는 동시에 실행되는 걸까?'라는 의구심이 들 수 있다.이를 이해하기 위해서는 쓰레드의 동시성[concurrency]과 병렬성[parallelism]을 이해해야 한다.

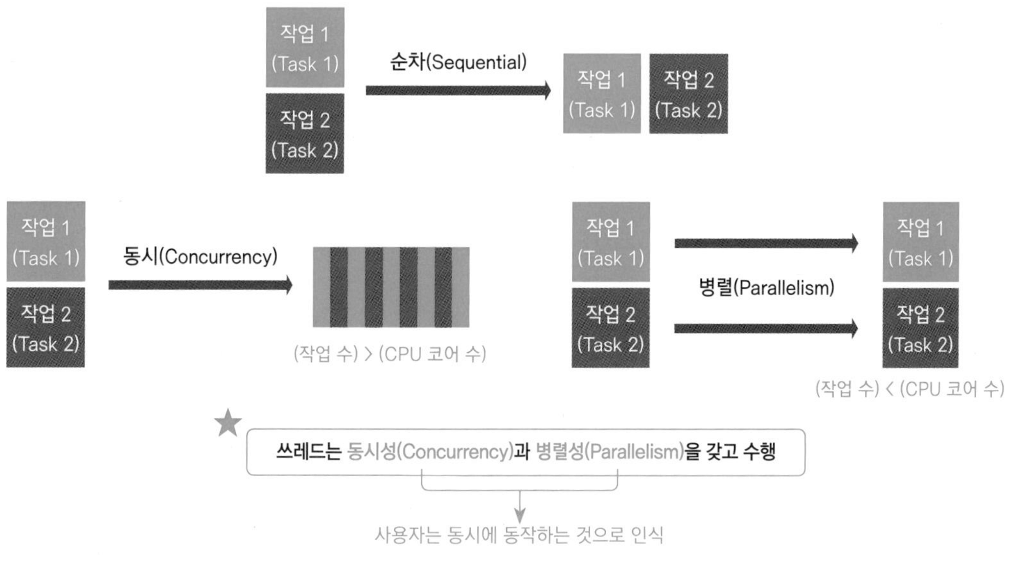

그림 15-5 작업의 순차 처리, 동시 처리, 병렬 처리

먼저 멀티 쓰레드를 사용하지 않을 때, 즉 단일 쓰레드로 2개의 작업을 처리할 때 각 작업은 **순차적**[sequential]으로 처리된다. 즉, 먼저 시작된 작업이 완전히 종료된 이후에 두 번째 작업이 실행되는 것이다. 하지만 멀티 쓰레드에서는 동시성 또는 병렬성을 갖고 처리된다.

동시성

동시성은 처리할 작업의 수가 CPU의 코어 수보다 많을 때다. 예를 들어 CPU의 코어는 1개인데, 동시에 처리해야 할 작업이 2개일 때가 이에 해당한다. 이때 CPU는 각 작업 쓰레드의 요청 작업을 번갈아가면서 실행한다. 매우 짧은 간격으로 교차 실행하기 때문에 사용자는 두 작업이 마치 동시에 실행되는 것처럼 보이는 것이다. 이것이 바로 쓰레드의 **동시성**[concurrency]이다. 따라서 동시성은 엄밀히 이야기하면, 두 작업이 동시에 실행되는 것이 아니라 동시에 실행되는 것처럼 보이도록 하는 방식인 것이다.

병렬성

만일 CPU의 코어 수가 작업 수보나 많을 때는 어떨까? 이때는 각각의 작업을 각각의 코어에 할당해 동시에 실행할 수 있기 때문에 그야말로 동시에 작업이 수행된다. 이를 쓰레드의 **병렬성**parallelism이라 한다. 예를 들어 해야 할 작업이 3개, CPU의 코어 수가 4개라면 각각의 작업을 각각의 코어에서 실행하는 쓰레드 병렬성이 적용된다.

만약 작업 수가 6개, 코어가 2개라면 어떨까? 이때는 쓰레드의 동시성과 병렬성이 함께 적용된다. 먼저 작업이 2개의 코어에 나뉘어 할당되고(병렬성), 각각의 코어는 할당된 작업을 번갈아 실행할 것이다(동시성). 정리하면 멀티 쓰레드의 목적은 병렬성과 동시성을 활용해 여러 작업을 동시에 실행하거나 동시에 실행하는 것처럼 보이게 하는 것이다.

15.2 쓰레드의 생성 및 실행

쓰레드를 생성하는 방법은 크게 2가지로 나눌 수 있다. 첫 번째 방법은 Thread 클래스를 상속받아 run() 메서드를 오버라이딩(재정의)하는 것으로, 이 메서드의 내부에서 작성된 내용이 바로 CPU를 독립적으로 사용하면서 동시에 실행되는 것이다. 두 번째 방법은 두 단계로 이뤄져 있는데, 먼저 첫 번째 단계에서는 Runnable 인터페이스를 구현한 Runnable 객체를 생성한다. 이 인터페이스는 추상 메서드로 run() 메서드를 갖고 있다. 따라서 당연히 인터페이스 객체 생성 과정에서 run() 메서드를 구현해야 할 것이다. 두 번째 단계에서는 Thread 객체를 생성할 때 앞 단계에서 생성한 Runnable 객체를 생성자로 전달하는 것이다. 즉, 2가지 생성 방법 모두 run() 메서드를 재정의하고 있고, 결과적으로 Thread 객체를 생성한다.

이렇게 생성한 쓰레드를 실행하는 방법은 객체를 어떤 방법으로 실행했든 Thread 객체 내의 **start() 메서드를 호출**하는 것이다. 여기서 재정의한 메서드는 run()이지만, run()의 내용을 실행하기 위해서는 반드시 start() 메서드를 호출해야 한다는 것을 명심하자. 또 하나의 특이점은 start() 메서드로 한 번 실행된 Thread 객체는 재사용할 수 없다는 것이다. 만일 다시 실행하고 싶다면 객체를 다시 생성해야 한다.

이제 각각의 쓰레드 객체 생성 방법과 실행 방법에 대해 좀 더 자세하게 알아보자.

15.2.1 쓰레드 생성 및 실행 방법

방법 ① Thread 클래스를 상속받아 run() 메서드 재정의

쓰레드를 생성 및 실행하는 첫 번째 방법은 다음과 같이 세 과정으로 구성된다.

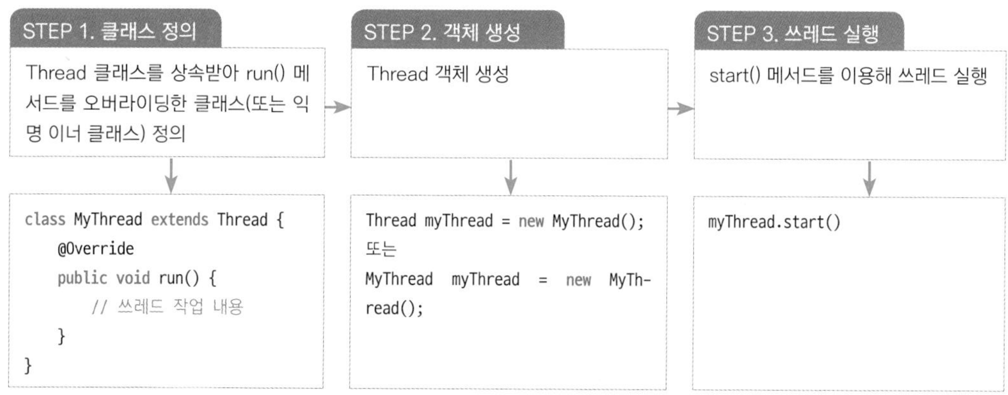

첫 번째는 Thread 클래스를 상속받아 run() 메서드를 재정의한 클래스를 정의하는 것이다. 쓰레드에서 작업할 내용은 run() 메서드 안에 작성한다. 이후 생성한 Thread 클래스의 기본 생성자를 이용해 객체를 생성하고, 마지막 단계에서 start() 메서드를 호출해 실행한다.

앞에서도 언급했지만, run() 메서드를 재정의해 쓰레드 작업 내용을 작성했는데도 실행할 때는 start() 메서드를 호출해야 한다. 그렇다면 run() 메서드와 start() 메서드의 차이점은 무엇일까? 쓰레드는 CPU를 사용하는 최소 단위라고 했는데, 실제 CPU와 이야기하기 위해서는 자신만의 스택stack 메모리를 포함해 준비해야 할 것이 많다. start() 메서드는 바로 '새로운 쓰레드 생성/추가를 위한 모든 준비', '새로운 쓰레드 위에서 run() 실행'이라는 2가지 작업을 연속으로 실행하는 메서드인 것이다.

쓰레드의 내부에 run() 메서드가 있기 때문에 run()을 직접 호출해도 오류는 발생하지 않는다. 다만 이때 별도의 쓰레드가 아닌 현재의 쓰레드에서 일반 메서드처럼 실행된다.

```
start() = 새로운 쓰레드 생성/추가하기 위한 모든 준비 + 새로운 쓰레드 위에 run() 실행
```

이제 단일 쓰레드에서 실행했던 비디오 프레임과 자막을 출력하는 프로그램을 멀티 쓰레드로 바꿔 보자. 출력해야 할 작업은 비디오 프레임 번호 출력과 자막 번호 출력이다. 프로그램이 처음 실행될 때 이미 main 쓰레드가 실행되고 있으므로 이 2개의 작업을 동시에 실행하기 위해서는 적어도 하나 이상의 쓰레드를 추가로 생성해 실행해야 한다.

다음 예제는 이제까지 살펴본 Thread 클래스를 상속받아 클래스를 정의하고, 객체를 생성한 후 start() 메서드로 실행한 예다. main 쓰레드와 SMIFileThread 쓰레드를 사용해 각각 비디오 프레임 번호와 자막 번호를 출력했으며, main 쓰레드에서는 추가로 SMIFileThread 객체를 생성하고 실행하는 기능도 포함하고 있다. 참고로 멀티 쓰레드는 독립적으로 실행되기 때문에 먼저 start() 메서드로 호출됐다 하더라도 나중에 실행된 쓰레드보다 늦게 실행될 수 있다. 이와 같은 이유로 자막 번호가 항상 비디오 번호 뒤에 나오도록 자막 쓰레드에 Thread.sleep(10)을 추가해 0.01초 늦게 출력되도록 했다.

방법 1의 첫 번째 사례라는 의미로 클래스를 M1C1(Method1-Case1)이라는 어미로 생성했으며, 이후에도 같은 형식을 적용했다.

Do it! 실습 방법 ① 2개의 쓰레드 활용(main, SMIFileThread) CreateAndStartThread_M1C1.java

```java
package sec02_createandstartthread.EX01_CreateAndStartThread_M1C1;

// Thread 클래스를 상속해 클래스를 생성한 후 쓰레드 2개 생성

class SMIFileThread extends Thread {
    @Override
    public void run() {
        // 자막 번호 하나~다섯
        String[] strArray = {"하나", "둘", "셋", "넷", "다섯"};
        try {Thread.sleep(10);} catch (InterruptedException e) {}
        // 자막 번호 출력
        for (int i = 0; i < strArray.length; i++) {
            System.out.println(" - (자막 번호) " + strArray[i]);
            try {Thread.sleep(200);} catch (InterruptedException e) {}
        }
    }
}

public class CreateAndStartThread_M1C1 {
    public static void main(String[] args) {

        // SMIFileThread 객체 생성 및 시작
        Thread smiFileThread = new SMIFileThread();
        smiFileThread.start();

        // 비디오 프레임 번호 1~5
        int[] intArray = {1, 2, 3, 4, 5};

        // 비디오 프레임 번호 출력
        for (int i = 0; i < intArray.length; i++) {
            System.out.print("(비디오 프레임) " + intArray[i]);
            try {Thread.sleep(200);} catch (InterruptedException e) {}
        }
    }
}
```

실행 결과

```
(비디오 프레임) 1 - (자막 번호) 하나
(비디오 프레임) 2 - (자막 번호) 둘
(비디오 프레임) 3 - (자막 번호) 셋
(비디오 프레임) 4 - (자막 번호) 넷
(비디오 프레임) 5 - (자막 번호) 나섯
```

다음은 앞의 예제와 동일한 기능을 수행하면서 3개의 쓰레드를 사용해 수행한 예다. SMIFileThread는 자막 번호를 출력하는 쓰레드이고, VideoFileThread는 비디오 프레임 번호를 출력하는 쓰레드이다. main 쓰레드는 이들 2개의 쓰레드 객체를 생성해 실행하는 역할만을 수행한다.

Do it! 실습 방법 ① 3개의 쓰레드 활용(main, SMIFileThread, VideoFileThread)

CreateAndStartThread_M1C2.java

```java
package sec02_createandstartthread.EX02_CreateAndStartThread_M1C2;

// Thread 클래스를 상속해 클래스를 생성한 후 쓰레드 3개 생성

class SMIFileThread extends Thread {
    @Override
    public void run() {
        // 자막 번호 하나~다섯
        String[] strArray = {"하나", "둘", "셋", "넷", "다섯"};
        try {Thread.sleep(10);} catch (InterruptedException e) {}
        // 자막 번호 출력
        for (int i = 0; i < strArray.length; i++) {
            System.out.println(" - (자막 번호) " + strArray[i]);
            try {Thread.sleep(200);} catch (InterruptedException e) {}
        }
    }
}

class VideoFileThread extends Thread {
    @Override
    public void run() {
        // 비디오 프레임 번호 1~5
```

```
        int[] intArray = {1, 2, 3, 4, 5};

        // 비디오 프레임 번호 출력
        for (int i = 0; i < intArray.length; i++) {
            System.out.print("(비디오 프레임) " + intArray[i]);
            try {Thread.sleep(200);} catch (InterruptedException e) {}
        }
    }
}

public class CreateAndStartThread_M1C2 {
    public static void main(String[] args) {
        // SMIFileThread 객체 생성 및 시작
        Thread smiFileThread = new SMIFileThread();
        smiFileThread.start();

        // VideoFileThread 객체 생성 및 시작
        Thread videoFileThread = new VideoFileThread();
        videoFileThread.start();
    }
}
```

실행 결과

```
(비디오 프레임) 1 - (자막 번호) 하나
(비디오 프레임) 2 - (자막 번호) 둘
(비디오 프레임) 3 - (자막 번호) 셋
(비디오 프레임) 4 - (자막 번호) 넷
(비디오 프레임) 5 - (자막 번호) 다섯
```

방법 ② Runnable 인터페이스 구현 객체를 생성한 후 Thread 생성자로 Runnable 객체 전달

쓰레드 생성 및 실행을 위한 두 번째 방법도 세 단계로 구성돼 있다. 첫 번째는 Runnable 인터페이스를 구현한 클래스를 정의하는 것으로, 이때 run() 추상 메서드를 구현하면서 여기에 쓰레드의 작업 내용을 작성한다. 두 번째는 앞서 정의한 클래스를 이용해 Runnable 객체를 생성한다. 문제는 Runnable 객체의 내부에는 start() 메서드가 존재하지 않기 때문에 start()를 갖고 있는 Thread 객체를 생성해야 한다. 다만 구현한 run() 메서드 자체는 Runnable 객체가 갖고 있으므로 Thread 객체를 생성할 때 Runnable 객체를 생성자의 매개변수로 넘겨준다. 이렇게 객체를 생성하면 생성된 Thread 객체 내부의 run() 메서드는 생성자 매개변수로 넘어온 Runnable 객체 내부의 run()으로 대체된다. 이후 첫 번째 방법과 동일하게 Thread 객체의 start()를 호출해 쓰레드를 실행한다.

Runnable 인터페이스를 구현한 클래스를 직접 정의하는 대신 익명 이너 클래스 정의 방법을 이용해 바로 객체를 생성할 수도 있다.

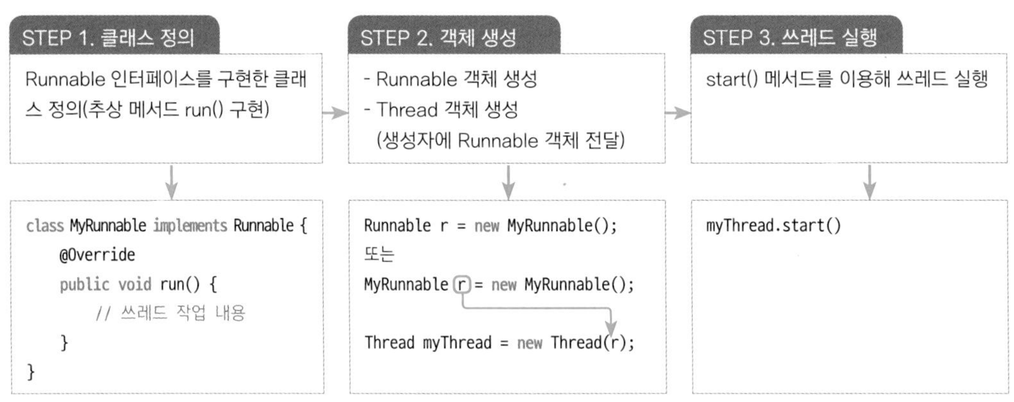

다음 예제는 Runnable 인터페이스를 구현해 쓰레드를 생성하는 두 번째 방법을 사용해 비디오 프레임과 자막 파일 출력을 동시에 실행시킨 첫 번째 예제이다. 방법 ①의 첫 번째 예제와 마찬가지로 main 쓰레드와 SMIFileRunnable 객체를 사용해 각각 비디오 프레임 번호와 자막 번호를 출력했으며, main 쓰레드에서는 추가로 SMIFileRunnable 객체를 넘겨받아 쓰레드를 생성하고 실행하는 기능을 포함하고 있다.

Do it! 실습 방법 ② 2개의 쓰레드 활용(main, SMIFileThread) CreateAndStartThread_M2C1.java

```java
package sec02_createandstartthread.EX03_CreateAndStartThread_M2C1;

// Runnable 인터페이스를 상속해 클래스를 생성한 후 쓰레드 2개 생성

class SMIFileRunnable implements Runnable {
    @Override
    public void run() {
        // 자막 번호 하나~다섯
        String[] strArray = {"하나", "둘", "셋", "넷", "다섯"};
        try {Thread.sleep(10);} catch (InterruptedException e) {}
        // 자막 번호 출력
        for (int i = 0; i < strArray.length; i++) {
```

```
            System.out.println(" - (자막 번호) " + strArray[i]);
            try {Thread.sleep(200);} catch (InterruptedException e) {}
        }
    }
}

public class CreateAndStartThread_M2C1 {
    public static void main(String[] args) {
        // SMIRunnable 객체 생성
        Runnable smiFileRunnable = new SMIFileRunnable();
        // smiFileRunnable.start();
        Thread thread = new Thread(smiFileRunnable);
        thread.start();

        // 비디오 프레임 번호 1~5
        int[] intArray = {1, 2, 3, 4, 5};

        // 비디오 프레임 번호 출력
        for (int i = 0; i < intArray.length; i++) {
            System.out.print("(비디오 프레임) " + intArray[i]);
            try {Thread.sleep(200);} catch (InterruptedException e) {}
        }
    }
}
```

Runnable 객체에는 start() 메서드가 없어 오류 발생

실행 결과

```
(비디오 프레임) 1 - (자막 번호) 하나
(비디오 프레임) 2 - (자막 번호) 둘
(비디오 프레임) 3 - (자막 번호) 셋
(비디오 프레임) 4 - (자막 번호) 넷
(비디오 프레임) 5 - (자막 번호) 다섯
```

다음은 방법 ②의 두 번째 예제로 3개의 쓰레드를 사용해 수행한 예다. SMIFileRunnable은 자막 번호를 출력하는 객체, VideoFileRunnable은 비디오 프레임 번호를 출력하는 객체다. main 쓰레드에서는 이들 2개의 객체를 생성자로 넘겨받아 쓰레드를 생성하고 실행하는 역할만을 수행한다.

Do it! 실습 방법 ② 3개의 쓰레드 활용(main, SMIFileThread, VideoFileThread)

CreateAndStartThread_M2C2.java

```
package sec02_createandstartthread.EX04_CreateAndStartThread_M2C2;

// Runnable 인터페이스 상속 클래스를 생성한 후 쓰레드 3개 생성

class SMIFileRunnable implements Runnable {
    @Override
    public void run() {
        // 자막 번호 하나~다섯
        String[] strArray = {"하나", "둘", "셋", "넷", "다섯"};
        try {Thread.sleep(10);} catch (InterruptedException e) {}
        // 자막 번호 출력
        for (int i = 0; i < strArray.length; i++) {
            System.out.println(" - (자막 번호) " + strArray[i]);
            try {Thread.sleep(200);} catch (InterruptedException e) {}
        }
    }
}

class VideoFileRunnable implements Runnable {
    @Override
    public void run() {
        // 비디오 프레임 번호 1~5
        int[] intArray = {1, 2, 3, 4, 5};
        // 비디오 프레임 번호 출력
        for (int i = 0; i < intArray.length; i++) {
            System.out.print("(비디오 프레임) " + intArray[i]);
            try {Thread.sleep(200);} catch (InterruptedException e) {}
        }
    }
}

public class CreateAndStartThread_M2C2 {
    public static void main(String[] args) {
        // SMIRunnable 객체 생성
        Runnable smiFileRunnable = new SMIFileRunnable();
        // smiFileRunnable.start();
        Thread thread1 = new Thread(smiFileRunnable);
```

Runnable 객체에는 start() 메서드가 없어 오류 발생

```
        thread1.start();
        // VideoFileRunnable 객체 생성
        Runnable videoFileRunnable = new VideoFileRunnable();
        // videoFileRunnable.start();
        Thread thread2 = new Thread(videoFileRunnable);
        thread2.start();
    }
}
```

Runnable 객체에는 start() 메서드가 없어 오류 발생

실행 결과

```
(비디오 프레임) 1 - (자막 번호) 하나
(비디오 프레임) 2 - (자막 번호) 둘
(비디오 프레임) 3 - (자막 번호) 셋
(비디오 프레임) 4 - (자막 번호) 넷
(비디오 프레임) 5 - (자막 번호) 다섯
```

방법 ②의 마지막 예제는 3개의 쓰레드가 동작하는 앞의 예제와 동일하지만, 별도의 클래스를 정의하지 않고, 익명 이너 클래스를 문법을 사용해 Runnable 인터페이스 객체를 생성한 이후에 실행한다는 점에서 차이가 있다. 따라서 실행되는 쓰레드는 main 쓰레드와 2개의 이름이 없는 익명 이너 클래스가 동작한다.

Do it! 실습 방법 ② 이너 클래스를 활용한 쓰레드 객체 생성 및 실행 CreateAndStartThread_M2C3.java

```
package sec02_createandstartthread.EX05_CreateAndStartThread_M2C3;

public class CreateAndStartThread_M2C3 {
    public static void main(String[] args) {

        // 자막 번호를 출력하는 쓰레드의 익명 이너 클래스 정의
        Thread thread1 = new Thread(new Runnable() {
            @Override
            public void run() {
                // 자막 번호 하나~다섯
                String[] strArray = {"하나", "둘", "셋", "넷", "다섯"};
                try {Thread.sleep(10);} catch (InterruptedException e) {}
                // 자막 번호 출력
                for (int i = 0; i < strArray.length; i++) {
```

```
                    System.out.println(" - (자막 번호) " + strArray[i]);
                    try {Thread.sleep(200);} catch (InterruptedException e) {}
                }
            }
        });

        // 비디오 프레임 번호를 출력하는 쓰레드의 익명 이너 클래스 정의
        Thread thread2 = new Thread(new Runnable() {
            @Override
            public void run() {
                // 비디오 프레임 번호 1~5
                int[] intArray = {1, 2, 3, 4, 5};

                // 비디오 프레임 번호 출력
                for (int i = 0; i < intArray.length; i++) {
                    System.out.print("(비디오 프레임) " + intArray[i]);
                    try {Thread.sleep(200);} catch (InterruptedException e) {}
                }
            }
        });

        // Thread 실행
        thread1.start();
        thread2.start();
    }
}
```

실행 결과

```
(비디오 프레임) 1 - (자막 번호) 하나
(비디오 프레임) 2 - (자막 번호) 둘
(비디오 프레임) 3 - (자막 번호) 셋
(비디오 프레임) 4 - (자막 번호) 넷
(비디오 프레임) 5 - (자막 번호) 다섯
```

15.3 쓰레드의 속성

생성한 쓰레드의 객체를 참조하거나 우선순위를 지정하는 것과 같은 쓰레드의 속성 종류와 이를 활용하는 방법을 알아보자.

15.3.1 현재 쓰레드 객체 참좃값 얻어오기

Thread 클래스를 직접 정의하고 객체를 생성해 사용할 때 참조 변수를 이용해 언제든지 쓰레드 객체의 속성(이름 등)을 가져올 수 있다. 하지만 직접 쓰레드 객체를 생성했을 때가 아니거나(자바의 쓰레드 풀 또는 main 쓰레드 등) 객체를 생성할 때 참조 변수를 정의하지 않을 경우에는 (new Thread().start()) 객체를 참조할 수 없게 된다.

쓰레드 풀(thread-pool)은 멀티 쓰레드 작업을 하기 위해 자바가 미리 생성해 놓은 쓰레드의 모음이다.

이처럼 쓰레드 객체를 참조할 수 없을 때 Thread 클래스의 정적 메서드인 currentThread() 메서드를 이용해 현재 쓰레드 객체의 참좃값을 얻어올 수 있다.

현재 쓰레드 객체 참좃값 얻어오기

```
static Thread Thread.currentThread()
```

15.3.2 실행 중인 쓰레드의 개수 가져오기

여러 개의 쓰레드가 실행되고 있을 때 현재 실행active 중인 쓰레드의 개수를 알고자 한다면, Thread 클래스 내의 정적 메서드인 activeCount()를 사용해야 한다.

실행 중인 쓰레드의 개수 가져오기

```
static int Thread.activeCount()
```

activeCount()는 동일한 쓰레드 그룹 내에서 실행 중인 쓰레드의 개수를 리턴한다. 하나의 쓰레드에서 별도의 지정 없이 새로운 쓰레드를 생성하면 생성된 쓰레드는 생성한 쓰레드와 동일한 쓰레드 그룹에 위치한다. 여기서는 프로그램 실행 시 최초로 생성되는 main 쓰레드는 main 쓰레드 그룹에 속하며, main 쓰레드에서 생성한 쓰레드는 모두 같은 main 쓰레드 그룹에 속한다는 정도만 알아두자.

15.3.3 쓰레드의 이름 지정 및 가져오기

여러 개의 쓰레드를 생성하고 실행하다 보면 각각의 쓰레드를 구분할 필요가 생긴다. 쓰레드를 구분하는 가장 손쉬운 방법은 쓰레드마다 이름을 부여하는 것이다. 직접 이름을 부여하려면 Thread 클래스의 인스턴스 메서드인 setName() 메서드를 사용한다.

쓰레드 이름 설정하기

```
String setName(String name)
```

쓰레드의 이름을 직접 지정하지 않으면 컴파일러가 대신해서 자동으로 부여한다. 자동으로 부여한 이름은 thread-0, thread-1, …과 같이 'thread-숫자'의 형태로 부여되며, 쓰레드가 새롭게 생성될 때마다 숫자가 늘어난다.

setName() 메서드는 인스턴스 메서드이므로 일단 쓰레드 객체를 생성한 후에 적용할 수 있을 것이다. 직접 지정했거나 자동으로 부여된 쓰레드의 이름을 가져올 때는 인스턴스 메서드인 getName()을 사용한다.

쓰레드 이름 가져오기

```
String getName()
```

Do it! 실습 쓰레드 객체의 속성 다루기 ThreadProperties_1.java

```
package sec03_threadproperties.EX01_ThreadProperties_1;

// 쓰레드 객체의 속성 다루기

public class ThreadProperties_1 {
    public static void main(String[] args) {

        // 객체 참조하기, 쓰레드의 개수 가져오기
        Thread curThread = Thread.currentThread();
        System.out.println("현재 쓰레드의 이름 = " + curThread.getName());
        System.out.println("동작하는 쓰레드의 개수 = " + Thread.activeCount());

        // 쓰레드 이름 자동 지정
        for(int i = 0; i < 3; i++) {
            Thread thread = new Thread();
            System.out.println(thread.getName());
```

```java
                thread.start();
            }

            // 쓰레드 이름 직접 지정
            for(int i = 0; i < 3; i++) {
                Thread thread = new Thread();
                thread.setName(i + "번째 쓰레드");
                System.out.println(thread.getName());
                thread.start();
            }

            // 쓰레드 이름 자동 지정
            for(int i = 0; i < 3; i++) {
                Thread thread = new Thread();
                System.out.println(thread.getName());
                thread.start();
            }

            // 쓰레드의 개수 가져오기
            System.out.println("동작하는 쓰레스의 개수 = " + Thread.activeCount());
        }
}
```

현재 실행 중인 쓰레드의 개수
(실행 완료된 쓰레드의 개수는 제외)

실행 결과

```
현재 쓰레드의 이름 = main
동작하는 쓰레스의 개수 = 1
Thread-0
Thread-1
Thread-2
0번째 쓰레드
1번째 쓰레드
2번째 쓰레드
Thread-6
Thread-7
Thread-8
동작하는 쓰레스의 개수 = 5
```

15.3.4 쓰레드의 우선순위

모든 쓰레드는 1 ~ 10 사이의 우선순위를 갖고 있다. 1이 가장 낮은 순위 값, 10이 가장 높은 순위 값이다. 우선순위를 지정하지 않으면 기본값으로 5의 우선순위를 갖는다.

다음은 실제 자바 API에서 제공하는 Thread 클래스에 정의된 정적 상수다. 대표적으로 우선순위가 1, 5, 10일 때는 각각 정적 상수 Thread.MIN_PRIORITY, Thread.NORM_PRIORITY, Thread.MAX_PRIORITY 값으로 정의돼 있다.

```
// The minimum priority that a thread can have.
public final static int MIN_PRIORITY = 1;
// The default priority that is assigned to a thread.
public final static int NORM_PRIORITY = 5;
// The maximum priority that a thread can have.
public final static int MAX_PRIORITY = 10;
```

이 우선순위는 쓰레드의 동시성과 관계가 있다. 만일 2개의 쓰레드가 2개의 CPU 코어에 각각 할당돼 동작하는 쓰레드 병렬성일 때 우선순위는 의미가 없다. 2개의 작업이 하나의 CPU 코어에서 동작할 때 쓰레드의 동시성에 따라 2개의 작업은 일정 시간 간격으로 번갈아가면서 실행된다. 이때 우선순위가 높으면 상대적으로 더 많은 시간을 할당받게 된다.

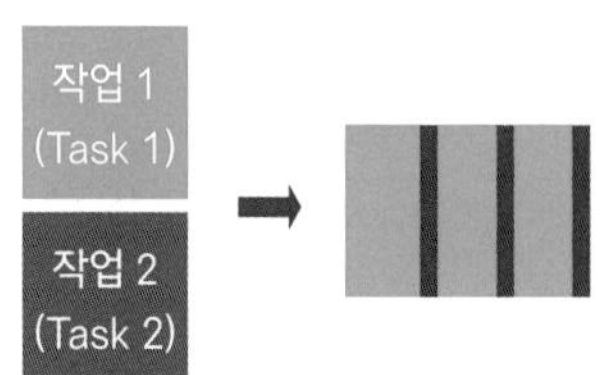

그림 15-6 '작업 1의 우선순위 > 작업 2의 우선순위'일 때 쓰레드 동시성에 따른 시간 할당

만일 동일한 작업량을 가진다면 우선순위가 높은 쓰레드가 먼저 끝날 것이다. 쓰레드의 우선순위를 지정하거나 지정된 우선순위 값을 가져오는 메서드는 Thread 클래스의 인스턴스 메서드인 setPriority()와 getPriority()이다.

쓰레드 객체의 우선순위 정하기

```
void setPriority(int priority)
```

쓰레드 객체의 우선순위 가져오기

```
int getPriority()
```

현재 컴퓨터의 CPU 코어 수를 알고 싶을 때는 다음 메서드를 사용해야 한다.

사용하는 CPU가 하이퍼 쓰레드를 사용할 때 실제 코어 수의 2배를 리턴한다. 하이퍼 쓰레드는 각 코어에서 둘 이상의 쓰레드를 실행할 수 있는 하드웨어 기술로, 실제 코어 수가 4개이고, 하이퍼 쓰레드를 사용할 때 availableProcessors() 메서드는 8을 리턴한다.

```
public native int availableProcessors();
```

다음 예제에서는 10억 번의 for 문을 반복한 후 자신의 이름과 우선순위를 출력하는 MyThread 클래스를 정의했다. main() 메서드에서는 먼저 시스템 CPU의 코어 수를 출력하도록 했다. 이후 이름과 우선순위를 지정하지 않고, MyThread 생성자를 이용해 3개의 쓰레드 객체를 생성 및 실행했다.

Do it! 실습 쓰레드의 우선순위 ThreadProperties_2.java

```
package sec03_threadproperties.EX02_ThreadProperties_2;

// 우선순위
class MyThread extends Thread {
    @Override
    public void run() {
        for(long i = 0; i < 1000000000 ; i++) {}    // 시간 지연용
        System.out.println(getName() + "  우선순위: " + getPriority());
    }
}

public class ThreadProperties_2 {
    public static void main(String[] args) {

        // CPU 코어 수
        System.out.println("코어 수: " + Runtime.getRuntime().availableProcessors());

        // 우선순위 자동 지정
        for(int i = 0; i < 3; i++) {
            Thread thread = new MyThread();
            thread.start();
        }

        try {Thread.sleep(1000);} catch (InterruptedException e) {}

```

```
        // 우선순위 직접 지정
        for(int i = 0; i < 10; i++) {
            Thread thread = new MyThread();
            thread.setName(i + "번째 쓰레드");
            if(i == 9) thread.setPriority(10);
            thread.start();
        }
    }
}
```

가장 마지막에 실행된 쓰레드 객체에 가장 높은 우선순위 부여

실행 결과

```
코어 수: 4
Thread-2  우선순위: 5
Thread-1  우선순위: 5
Thread-0  우선순위: 5
9번째 쓰레드  우선순위: 10
1번째 쓰레드  우선순위: 5
3번째 쓰레드  우선순위: 5
4번째 쓰레드  우선순위: 5
8번째 쓰레드  우선순위: 5
2번째 쓰레드  우선순위: 5
0번째 쓰레드  우선순위: 5
6번째 쓰레드  우선순위: 5
7번째 쓰레드  우선순위: 5
5번째 쓰레드  우선순위: 5
```

결과를 살펴보면 쓰레드의 이름은 Thread-0, Thread-1, Thread-2와 같이 0번부터 순차적으로 지정된다는 것을 알 수 있고, 우선순위는 모두 5의 값을 가진다. 마지막은 10개의 쓰레드를 생성하는 과정에서 각 쓰레드의 이름을 'i번째 쓰레드'로 지정했다. 이 과정에서 마지막에 생성한 쓰레드의 우선순위는 가장 높은 우선순위를 갖도록 지정했다. 실행 결과를 보면 가장 마지막에 생성 및 실행된 쓰레드가 가장 빨리 실행된다는 것을 알 수 있다.

여기서 주의해야 할 점은 쓰레드는 실제로 실행되기 전에 일정 시간의 준비 과정(메모리의 할당 등)이 필요하다는 것이다. 따라서 만일 쓰레드의 실행 시간이 매우 짧을 때는 실행 결과가 다르게 나올 수도 있다. 즉, 우선순위가 가장 높아도 이 쓰레드가 시작되기 전에 앞의 쓰레드

가 이미 종료될 수도 있다는 의미다. 이때 쓰레드의 지연 시간을 증가(for 문의 반복 횟수 증가)시키면 본 예제와 동일한 결과를 얻을 수 있을 것이다.

다음은 4개의 코어에 10개의 작업을 돌렸을 때 CPU의 사용량을 나타낸 그래프다. 쓰레드 병렬성에 따라 모든 코어가 거의 동일한 레벨로 바쁘게 돌아간다는 것을 알 수 있다.

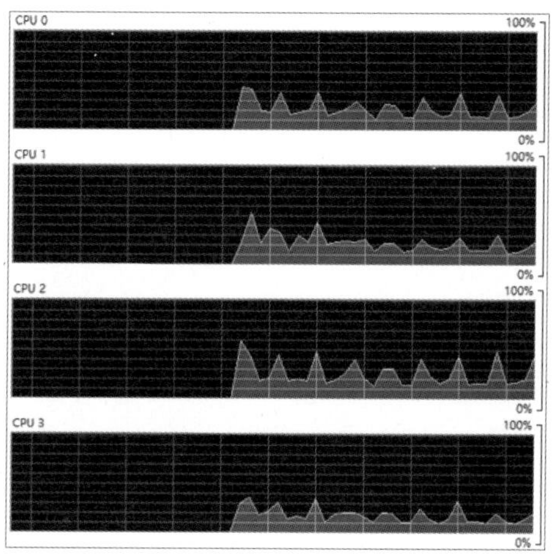

그림 15-7 4개의 코어를 가진 CPU에서 10개의 작업을 실행할 때 사용량을 나타내는 그래프

15.3.5 쓰레드의 데몬 설정

일반적으로 쓰레드 객체를 실행하면 다른 쓰레드의 종료 여부와 관계없이 자신의 쓰레드가 종료될 때까지 계속 실행된다. 따라서 만일 실행된 쓰레드가 무한 반복 쓰레드라면 해당 프로세스는 영원히 종료되지 않을 것이다.

하지만 해당 쓰레드를 생성해 실행한 주 쓰레드를 포함해 다른 쓰레드가 종료되면 남아 있는 작업이 있다 하더라도 종료해야 할 때가 있다. 예를 들면 문서 편집 프로그램에 일정 시간 간격으로 자동 저장을 수행하는 쓰레드가 수행되고 있을 때 문서 편집 프로그램 자체가 종료되면 자동 저장 쓰레드는 더이상 동작할 필요가 없을 것이다. 이렇게 다른 쓰레드, 정확히는 일반 쓰레드가 모두 종료되면 함께 종료되는 쓰레드를 데몬 쓰레드daemon thread라고 한다.

여기서는 데몬 쓰레드가 아닌 쓰레드non-daemon thread를 편의상 '일반 쓰레드'라 부르기로 한다.

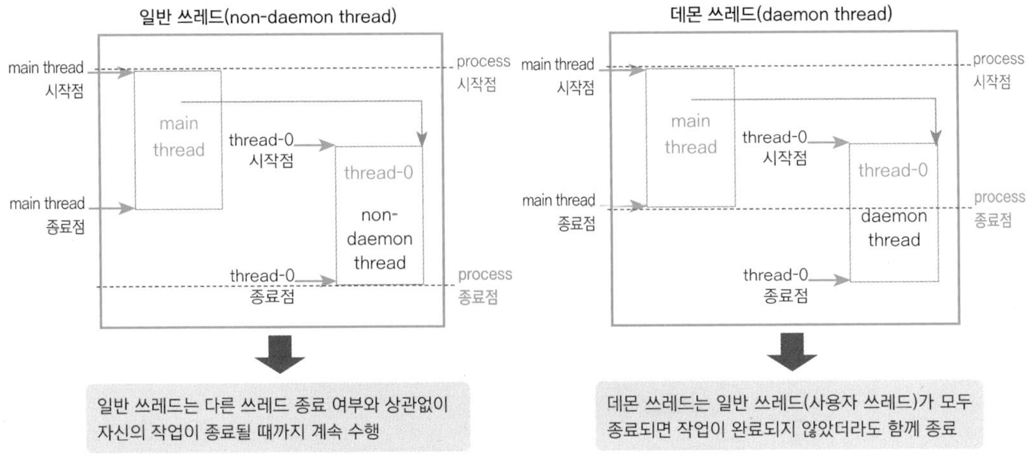

그림 15-8 일반 쓰레드와 데몬 쓰레드

쓰레드의 데몬 설정은 Thread 클래스의 인스턴스 메서드인 setDeamon() 메서드를 사용하며, 기본값은 false다.

데몬 쓰레드 설정

```
void setDeamon(boolean on)
```

생성한 객체의 데몬 설정 여부는 Thread 클래스의 인스턴스 메서드인 isDaemon() 메서드를 이용해 언제든지 확인할 수 있다.

데몬 쓰레드 설정 확인

```
boolean isDaemon()
```

이때 주의해야 할 점은 데몬 설정은 반드시 쓰레드를 실행하기 전, 즉 start() 메서드 호출 전에 설정해야 한다는 것이다. 일단 쓰레드가 실행되고 나면 데몬 설정은 바꿀 수 없다.

다음은 3.5초 동안 지속되는 main 쓰레드 내에서 5초 동안 지속하는 MyThread 객체를 생성 및 실행한 예다. 여기서 MyThread는 일반 쓰레드로 정의했다. 결과를 살펴보면 프로그램이 시작된 지 3.5초 후 main 쓰레드가 종료돼도 MyThread는 자신의 실행이 끝날 때까지 계속 지속된다는 것을 알 수 있다.

setDaemon()의 기본값이 false이므로 다음 실습에서는thread1.setDaemon(false)를 생략할 수 있다.

Do it! 실습 쓰레드의 데몬 설정 ① 일반 쓰레드 ThreadProperties_3_1.java

```java
package sec03_threadproperties.EX03_ThreadProperties_3_1;

class MyThread extends Thread {
    @Override
    public void run() {
       System.out.println(getName() + ": " + (isDaemon()? "데몬 쓰레드":"일반 쓰레드"));
        for(int i = 0; i < 6; i++) {
            System.out.println(getName() + ": " + i + "초");
            try {Thread.sleep(1000);} catch (InterruptedException e) {}
        }
    }
}

public class ThreadProperties_3_1 {
    public static void main(String[] args) {

        // 일반 쓰레드
        Thread thread1 = new MyThread();
        thread1.setDaemon(false);    // 일반 쓰레드로 설정
        thread1.setName("thread1");
        thread1.start();

        // 3.5초 후 main 쓰레드 종료
        try {Thread.sleep(3500);} catch (InterruptedException e) {}
        System.out.println("main Thread 종료");
    }
}
```

실행 결과

```
thread1: 일반 쓰레드
thread1: 0초
thread1: 1초
thread1: 2초
thread1: 3초
main Thread 종료
thread1: 4초
thread1: 5초
```

다음은 위의 예제와 모두 동일한 조건으로 생성한 MyThread 객체를 실행하기 전에 setDaemon(true)로 설정해 데몬 쓰레드로 정의한 것만 다르다. 실행 결과를 살펴보면 MyThread가 아직 실행할 내용이 남아 있는데도 main 쓰레드가 종료되면 함께 종료된다. 즉, MyThread는 데몬 쓰레드로 동작한다는 것을 알 수 있다.

Do it! 실습 쓰레드의 데몬 설정 ② 데몬 쓰레드 ThreadProperties_3_2.java

```java
package sec03_threadproperties.EX04_ThreadProperties_3_2;

class MyThread extends Thread {
    @Override
    public void run() {
        System.out.println(getName() + ": " + (isDaemon()? "데몬 쓰레드":"일반 쓰레드"));
        for(int i = 0; i < 6; i++) {
            System.out.println(getName() + ": " + i + "초");
            try {Thread.sleep(1000);} catch (InterruptedException e) {}
        }
    }
}

public class ThreadProperties_3_2 {
    public static void main(String[] args) {

        // 데몬 쓰레드
        Thread thread2 = new MyThread();
        thread2.setDaemon(true);   // 데몬 쓰레드로 설정
        thread2.setName("thread2");
        thread2.start();

        // 3.5초 후 main 쓰레드 종료
        try {Thread.sleep(3500);} catch (InterruptedException e) {}
        System.out.println("main Thread 종료");
    }
}
```

실행 결과

```
thread2: 데몬 쓰레드
thread2: 0초
thread2: 1초
thread2: 2초
thread2: 3초
main Thread 종료
```

다음 예제는 주의를 기울여 살펴볼 필요가 있다. main 쓰레드에서는 MyThread 객체를 2개 생성해 실행했다. 이때 첫 번째는 일반 쓰레드, 두 번째는 데몬 쓰레드로 지정했다. 즉, 이 예제의 핵심은 '두 번째 데몬 쓰레드가 자신을 실행한 main 쓰레드가 종료되는 3.5초 시점에 종료될 것인가?' 하는 것이다.

결과를 살펴보면 두 번째 쓰레드(thread2)는 데몬 쓰레드인데도 main 쓰레드가 끝난 이후에도 계속 지속된다는 것을 알 수 있다. 대부분 데몬 쓰레드는 자신을 호출한 주 쓰레드가 종료되면 함께 종료된다고 이해할 때가 많다. 하지만 데몬 쓰레드는 주 쓰레드가 아니라 프로세스 내의 모든 일반 쓰레드가 종료돼야 종료된다는 것을 기억하자. 여기서는 일반 쓰레드인 thread1이 아직 끝나지 않았기 때문에 지속되는 것이다.

Do it! 실습 쓰레드의 데몬 설정 ③ 일반 쓰레드와 데몬 쓰레드 ThreadProperties_3_3.java

```
package sec03_threadproperties.EX05_ThreadProperties_3_3;

class MyThread extends Thread {
    @Override
    public void run() {
        System.out.println(getName() + ": " + (isDaemon()? "데몬 쓰레드":"일반 쓰레드"));
        for(int i = 0; i < 6; i++) {
            System.out.println(getName() + ": " + i + "초");
            try {Thread.sleep(1000);} catch (InterruptedException e) {}
        }
    }
}

public class ThreadProperties_3_3 {
    public static void main(String[] args) {

        // 일반 쓰레드
        Thread thread1 = new MyThread();
        thread1.setDaemon(false);    // 일반 쓰레드로 설정
        thread1.setName("thread1");
        thread1.start();

        // 데몬 쓰레드
        Thread thread2 = new MyThread();
        thread2.setDaemon(true) ;    // 데몬 쓰레드로 설정
        thread2.setName("thread2");
```

모든 일반 쓰레드가 중지돼야 종료됨

```
        thread2.start();

        // 3.5초 후 main 쓰레드 종료
        try {Thread.sleep(3500);} catch (InterruptedException e) {}
        System.out.println("main Thread 종료");
    }
}
```

실행 결과

```
thread2: 데몬 쓰레드
thread1: 일반 쓰레드
thread2: 0초
thread1: 0초
thread2: 1초
thread1: 1초
thread2: 2초
thread1: 2초
thread2: 3초
thread1: 3초
main Thread 종료
thread2: 4초
thread1: 4초
thread1: 5초
thread2: 5초
```

15.4 쓰레드의 동기화

이번에는 쓰레드의 동기화에 대해 알아보자.

15.4.1 동기화의 개념

동기화synchronized는 여러 가지로 설명될 수 있지만, 개념적으로 가장 쉽게 표현하면 하나의 작업이 완전히 완료된 후 다른 작업을 수행하는 것을 말한다. 이와 반대로 비동기asynchronous는 하나의 작업 명령 이후 완료 여부와 상관없이 바로 다른 작업 명령을 수행하는 것을 말한다.

15.4.2 동기화의 필요성

왜 멀티 쓰레드를 사용할 때 동기화가 필요할까? 다음 예를 살펴보자.

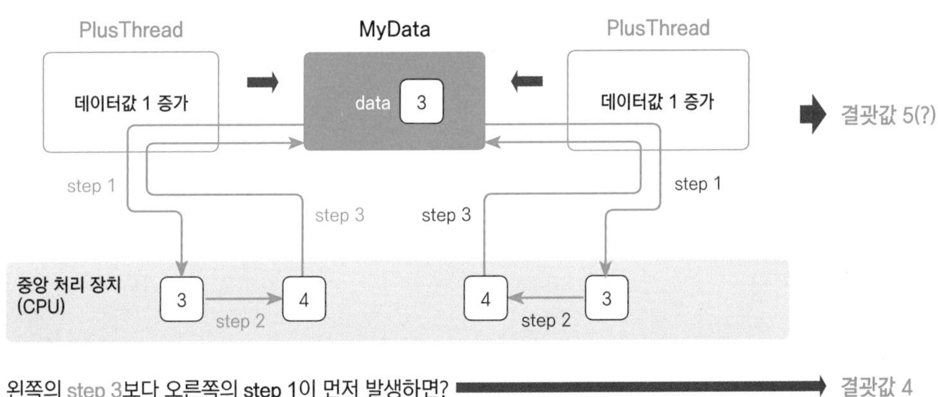

그림 15-9 2개의 쓰레드가 하나의 객체를 공유할 때 동기화의 필요성

객체 내부의 data 필드에 3의 값을 저장하고 있는 MyData 객체가 1개 있다. 이 객체를 동일한 작업을 수행하는 2개의 PlusThread 쓰레드가 공유하고 있다. 즉, 2개의 쓰레드가 동시에 MyData 객체 내의 데이터값을 1씩 증가시키고자 할 때다. 당연히 2개의 쓰레드가 각각 1씩 증가시켰으므로 data 필드값은 5가 돼야 하겠지만, 결과는 그렇지 않다. 그 이유는 무엇일까? 일단 1개의 쓰레드에서의 값을 증가시키는 동작을 살펴보면, MyData 객체 내의 data 필드값을 읽어 CPU에 전달(step 1)하고, CPU는 이 값을 1 증가(step 2)시킨다. 이후 연산 결과를

다시 MyData 객체의 data 필드값에 저장(step 3)하면 쓰레드의 작업은 종료될 것이다. 이러한 과정이 2개의 쓰레드에서 동시에 일어나는 것이다. 만일 왼쪽 쓰레드의 step 3보다 오른쪽 쓰레드의 step 1이 먼저 일어나면 결과는 5가 아닌 4가 나오게 되는 것이다.

다음 예제는 실제 이런 상황을 나타내고 있다. 먼저 MyData 클래스에는 data 필드와 plusData() 메서드가 있다. plusData() 메서드는 data 필드를 가져와 2초 후에 값을 1만큼 증가시킨다. 여기서 2초의 기다림은 CPU에서의 연산 시간을 극대화해 연출하기 위한 것이다. PlusThread 쓰레드는 생성자의 매개변수로 MyData 객체를 입력받아 객체 내부의 plusData() 메서드를 호출함으로써 자신의 이름과 MyData 객체의 data 필드값을 출력하는 것이 전부다. 그리고 main() 메서드에서 2개의 PlusThread 객체를 생성하고, 각각의 이름을 지정한 후 1초 간격으로 실행한다.

Do it! 실습 동기화를 사용하지 않았을 때 문제 발생 TheNeedsForSynchronized.java

```java
package sec04_synchronizedmethodandblock.EX01_TheNeedsForSynchronized;

// 공유 객체
class MyData {
    int data = 3;

    public void plusData() {
        int mydata = data;     // 데이터 가져오기
        try {Thread.sleep(2000);} catch (InterruptedException e) {}
        data = mydata + 1;
    }
}

// 공유 객체를 사용하는 쓰레드
class PlusThread extends Thread {
    MyData myData;
    public PlusThread(MyData myData) {
        this.myData = myData;
    }
    @Override
    public void run() {
        myData.plusData();
        System.out.println(getName() + "실행 결과: " + myData.data);
    }
}
```

```java

public class TheNeedsForSynchronized {
    public static void main(String[] args) {
        // 공유 객체 생성
        MyData myData = new MyData();

        // plusThread 1
        Thread plusThread1 = new PlusThread(myData);
        plusThread1.setName("plusThread1");
        plusThread1.start();

        try {Thread.sleep(1000);} catch (InterruptedException e) {}    // 1초 기다림

        // plusThread 2
        Thread plusThread2 = new PlusThread(myData);
        plusThread2.setName("plusThread2");
        plusThread2.start();
    }
}
```

실행 결과

```
plusThread1 실행 결과: 4
plusThread2 실행 결과: 4
```

결과를 살펴보면 2개의 쓰레드가 각각 MyData 객체의 data 필드값을 1씩 증가시켰는데도 두 쓰레드 모두 4의 결괏값을 가진다. 이유는 두 번째 쓰레드가 data 필드를 증가시키는 시점에 아직 첫 번째 쓰레드의 실행이 끝나지 않았기 때문이다. 즉, 이 시점에서 데이터값은 여전히 3이다.

그렇다면 처음에 예상했던 대로 쓰레드의 결괏값이 5가 나오게 하려면 어떻게 해야 할까? 가장 쉽게 생각할 수 있는 방법은 바로 하나의 쓰레드가 완전히 종료된 후 다른 쓰레드를 실행하는 것이다.

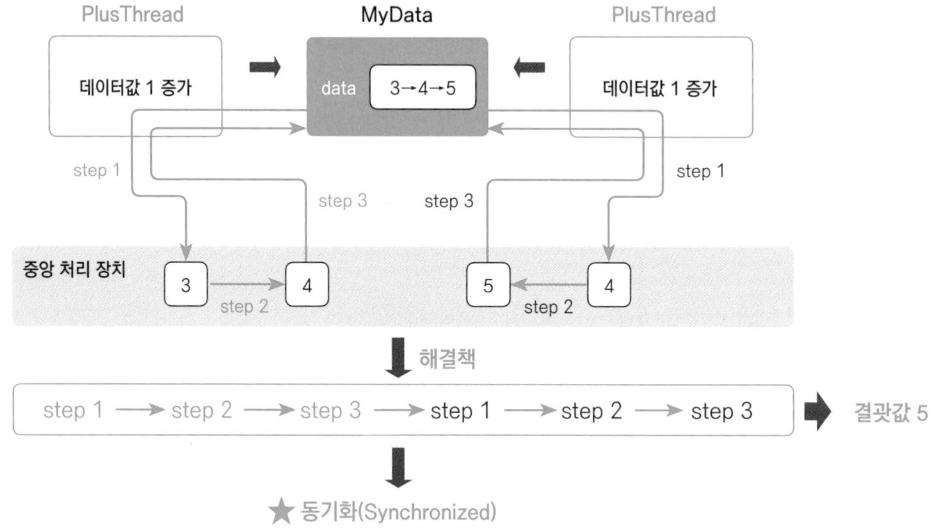

그림 15-10 동기화가 적용됐을 때 각 쓰레드의 단계별 실행 순서

즉, 그림 15-10처럼 하나의 쓰레드가 MyData 객체 내의 data 필드값을 완전히 증가시키고 난 후 다음 쓰레드가 동일한 작업을 수행한다면 data 필드값은 5의 결과를 가질 것이다. 이렇게 한 쓰레드가 객체를 모두 사용해야 다음 쓰레드가 사용할 수 있도록 설정하는 것을 '동기화'라고 한다.

15.4.3 동기화 방법

동기화 방법은 크게 **메서드 동기화**와 **블록 동기화**로 나눌 수 있다. 동기화는 '하나의 쓰레드가 객체를 사용한 후 다른 객체가 사용할 수 있도록 하는 설정'이라고 했다. 다른 말로 하면, 한 객체를 두 쓰레드가 동시에 사용할 수 없도록 설정하는 것이다. 따라서 메서드 동기화는 2개의 쓰레드가 동시에 메서드를 실행할 수 없다는 것, 블록 동기화는 2개의 쓰레드가 동시에 해당 블록을 실행할 수 없다는 것을 의미한다. 즉, 하나의 쓰레드가 메서드 또는 블록 사용을 완전히 종료한 후 잠금이 풀리면 다른 쓰레드가 사용할 수 있는 것이다.

여기서 하나의 쓰레드가 공유 객체를 사용할 때 다른 쓰레드가 해당 객체를 사용할 수 없도록 하는 것을 '객체를 잠근다lock'라고 표현한다. 사용을 완료한 후 객체의 잠금을 풀면unlock 다른 쓰레드가 사용할 수 있게 된다.

메서드 동기화

메서드를 동기화할 때는 동기화하고자 하는 메서드의 리턴 타입 앞에 synchronized 키워드만 넣으면 된다.

메서드 동기화

```
접근 지정자 synchronized 리턴 타입 메서드명(입력매개변수) {
    // 동기화가 필요한 코드
}
```

예

```java
class MyData {
    int data = 3;
    public synchronized void plusData() {
        // data 필드의 값을 +1 수행
    }
}
```

이렇게 되면 동시에 2개의 쓰레드에서 해당 메서드를 실행할 수 없게 된다. 앞의 예제에서 MyData 객체 내의 data 필드를 1 증가시키는 메서드인 plusData() 메서드를 동기화시키면 하나의 쓰레드가 +1 연산을 완전히 종료한 후에만 다른 쓰레드가 이 메서드를 실행시킬 수 있기 때문에 결괏값이 4가 나오는 문제를 해결할 수 있게 되는 것이다.
다음 예제를 살펴보자. 앞에서 살펴본 예제에서 달라진 점은 plusData() 메서드 앞에 synchronized 키워드만 추가된 것이다. 하지만 실행 결과를 살펴보면 이제는 의도한 바와 같이 첫 번째 쓰레드의 결과로 4, 두 번째 쓰레드의 결과로 5의 값을 가진다는 것을 알 수 있다.

Do it! 실습 동기화 메서드를 활용한 동기화 구현 SynchronizedMethod.java

```java
package sec04_synchronizedmethodandblock.EX02_SynchronizedMethod;

// 공유 객체
class MyData {
    int data = 3;
    public synchronized void plusData() {
        int mydata = data;    // 데이터 가져오기
        try {Thread.sleep(2000);} catch (InterruptedException e) {}
        data = mydata + 1;
    }
}

// 공유 객체를 사용하는 쓰레드
```

메서드 동기화

```java
class PlusThread extends Thread {
    MyData myData;
    public PlusThread(MyData myData) {
        this.myData = myData;
    }
    @Override
    public void run() {
        myData.plusData();
        System.out.println(getName() + "실행 결과: " + myData.data);
    }
}

public class SynchronizedMethod {
    public static void main(String[] args) {
        // 공유 객체 생성
        MyData myData = new MyData();

        // plusThread 1
        Thread plusThread1 = new PlusThread(myData);
        plusThread1.setName("plusThread1");
        plusThread1.start();

        try {Thread.sleep(1000);} catch (InterruptedException e) {}

        // plusThread 2
        Thread plusThread2 = new PlusThread(myData);
        plusThread2.setName("plusThread2");
        plusThread2.start();
    }
}
```

실행 결과

```
plusThread1 실행 결과: 4
plusThread2 실행 결과: 5
```

블록 동기화

비록 멀티 쓰레드를 사용하는 프로그램이라 하더라도 동기화 영역에서는 하나의 쓰레드만 실행할 수 있기 때문에 성능 면에서는 많은 손해를 보게 된다. 따라서 동기화 영역은 꼭 필요한 부분에 한정해 적용하는 것이 좋다. 만일 메서드 전체 중에 동기화가 필요한 부분이 일부라면 굳이 전체 메서드를 동기화할 필요 없이 해당 부분만 동기화할 수 있는데, 이것이 바로 '블록 동기화'다. 블록 동기화 문법은 다음과 같이 작성한다.

블록 동기화 문법 구조

```
synchronized (임의의 객체) {
    // 동기화가 필요한 코드
}
```

Key를 가진 객체(모든 객체는 저마다의 Key 하나를 갖고 있음)
일반적으로 클래스 내부에서 바로 사용할 수 있는 객체인 this를 사용

예

```
class MyData {
    int data = 3;
    public void plusData() {
        synchronized (this) {
            // data 필드의 값을 +1 수행
        }
    }
}
```

여기서 임의의 객체는 말 그대로 어떤 객체도 올 수 있지만, 일반적으로 this를 넣어 자기 객체를 가리킨다. this는 모든 클래스 내부에서 객체의 생성 과정 없이 바로 사용할 수 있기 때문이다.

블록 동기화를 사용해 앞의 예제를 수정하면 다음과 같다. 물론 이때는 메서드 내의 모든 내용을 블록 동기화했으므로 메서드 동기화 예제와 성능상의 차이는 없을 것이다. 하지만 메서드 내의 코드가 길고, 연산 과정이 다수 포함돼 있다면 메서드 전체를 동기화하는 것과 일부 코드만을 동기화하는 것 사이에는 성능상의 차이가 존재한다.

Do it! 실습 동기화 블록을 활용한 동기화 구현 SynchronizedBlock.java

```
package sec04_synchronizedmethodandblock.EX03_SynchronizedBlock;

// 공유 객체
class MyData {
    int data = 3;
```

```java
    public void plusData() {
        synchronized (this) {
            int mydata = data;     // 데이터 가져오기
            try {Thread.sleep(2000);} catch (InterruptedException e) {}
            data = mydata + 1;
        }
    }
}

// 공유 객체를 사용하는 쓰레드
class PlusThread extends Thread {
    MyData myData;
    public PlusThread(MyData myData) {
        this.myData  = myData;
    }
    @Override
    public void run() {
        myData.plusData();
        System.out.println(getName() + "실행 결과: " + myData.data);
    }
}

public class SynchronizedBlock {
    public static void main(String[] args) {
        // 공유 객체 생성
        MyData myData = new MyData();

        // plusThread 1
        Thread plusThread1 = new PlusThread(myData);
        plusThread1.setName("plusThread1");
        plusThread1.start();

        try {Thread.sleep(1000);} catch (InterruptedException e) {}

        // plusThread 2
        Thread plusThread2 = new PlusThread(myData);
        plusThread2.setName("plusThread2");
        plusThread2.start();
    }
}
```

블록 동기화

실행 결과

```
plusThread1 실행 결과: 4
plusThread2 실행 결과: 5
```

15.4.4 동기화의 원리

이번에는 동기화가 수행되는 원리를 살펴보자. 모든 객체는 자신만의 열쇠[Key]를 하나씩 갖고 있다. 블록 동기화 코드(synchronized(this){...})일 때를 살펴보자. 이때는 블록이 this 객체가 갖고 있는 열쇠로 잠긴다. 첫 번째로 동기화 블록을 실행하는 쓰레드가 그 열쇠를 갖게 되며, 그 쓰레드가 동기화 블록의 실행을 완료하기 전까지 다른 쓰레드는 열쇠를 얻을 수 없으므로 그 블록을 실행할 수 없는 것이다.

블록 동기화의 소괄호 안에는 어떤 객체가 와도 무방하다. 어차피 열쇠는 모든 객체가 갖고 있기 때문이다. 다만 메서드를 동기화하는 경우에는 this 객체의 열쇠만을 사용한다. 따라서 하나의 객체 내부에 3개의 동기화 메서드가 있다면 이 메서드 모두가 this의 열쇠로 잠겨 있기 때문에 1개의 쓰레드가 이들 중 1개의 메서드를 실행하고 있다면 나머지 2개의 메서드도 함께 잠겨 사용할 수 없게 된다. 매우 중요한 개념이므로 꼭 이해하길 바란다.

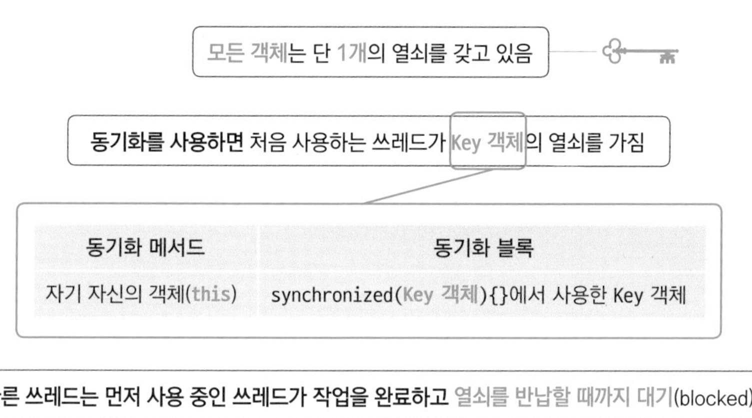

그림 15-11 메서드 동기화 및 블록 동기화의 원리

이해를 돕기 위해 다음 예를 살펴보자. MyData의 내부에는 5개의 메서드가 있다. 2개는 메서드 동기화, 나머지 3개는 블록 동기화돼 있다. 블록 동기화 중 1개는 this 객체의 열쇠를 사용해 동기화돼 있고, 나머지 2개는 keyObject 객체의 열쇠로 동기화돼 있다. 여기서 Object 타입의 keyObject 객체는 오직 열쇠의 역할을 하기 위해 생성한 객체다.

이들 메서드를 2개의 쓰레드(Thread1, Thread2)가 동시에 사용하고자 할 때를 고려해 보자. 먼저 abc(), bcd(), cde()는 모두 this 객체의 열쇠를 사용하기 때문에 이들 중 1개의 메서드가 실행되는 도중에는 다른 어떤 메서드도 동시에 실행할 수 없다. 반면 def(), efg() 메서드는 앞의 3개 메서드와는 다른 열쇠를 사용하기 때문에 2개의 쓰레드가 각각 동시에 실행할 수 있다. 하지만 def()와 efg()도 동일한 열쇠를 사용하기 때문에 이들 두 메서드를 동시에 실행할 수 없다.

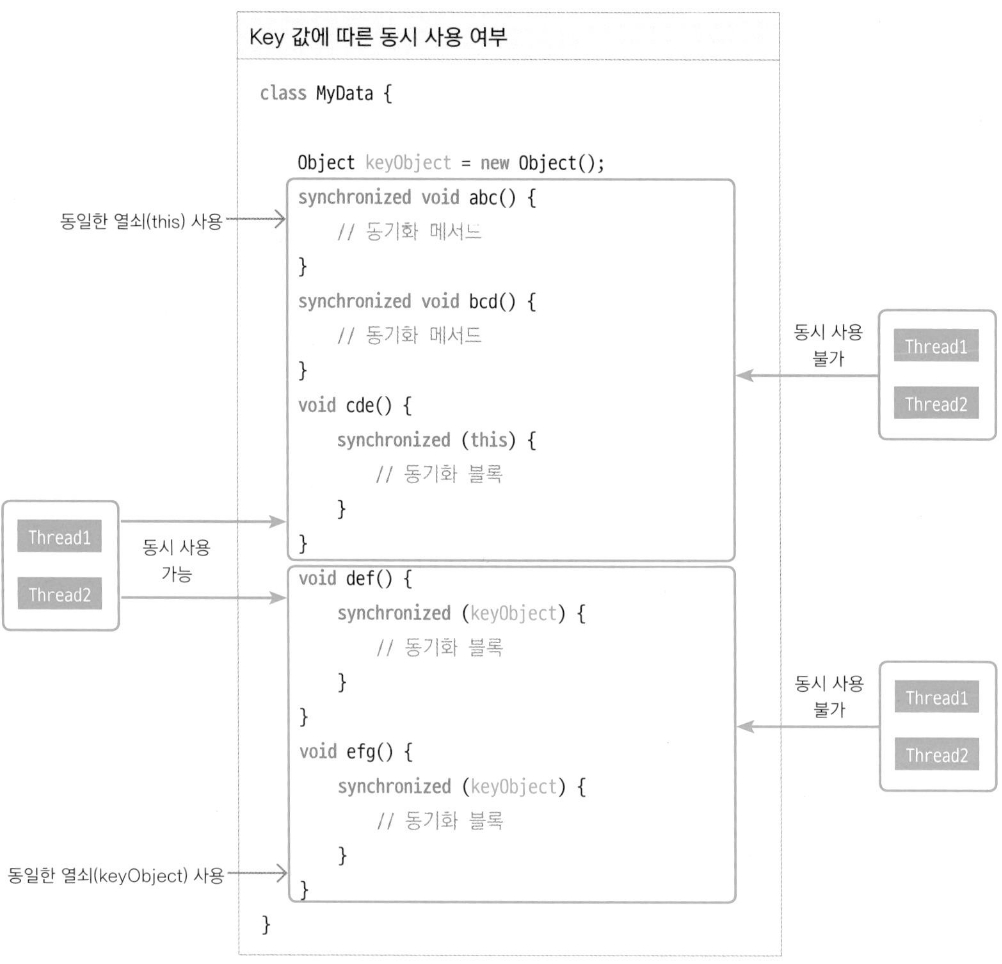
Key 값에 따른 동시 사용 여부
class MyData {
Object keyObject = new Object();
synchronized void abc() {
// 동기화 메서드
}
synchronized void bcd() {
// 동기화 메서드
}
void cde() {
synchronized (this) {
// 동기화 블록
}
}
void def() {
synchronized (keyObject) {
// 동기화 블록
}
}
void efg() {
synchronized (keyObject) {
// 동기화 블록
}
}
}
동일한 열쇠(this) 사용
동일한 열쇠(keyObject) 사용
동시 사용 불가
동시 사용 가능
Thread1
Thread2

은근히 복잡해 보이지만, 결국 어떤 열쇠를 사용하느냐에 따라 동시 사용 여부가 정해지는 것이므로 개념만 잘 파악하면 충분히 이해할 수 있을 것이다.

Do it! 실습 3개의 동기화 영역이 동일한 열쇠로 동기화됐을 때 KeyObject_1.java

```java
package sec04_synchronizedmethodandblock.EX04_KeyObject_1;

class MyData {
    synchronized void abc() {
        for(int i = 0; i < 3; i++) {
            System.out.println(i + "sec");
            try {Thread.sleep(1000);} catch (InterruptedException e) {}
        }
    }
```

this 객체가 갖고 있는 하나의 열쇠를 함께 사용

```java
    synchronized void bcd() {
        for(int i = 0; i < 3; i++) {
            System.out.println(i + "초");
            try {Thread.sleep(1000);} catch (InterruptedException e) {}
        }
    }
    void cde() {
        synchronized(this) {
            for(int i = 0; i < 3; i++) {
                System.out.println(i + "번째");
                try {Thread.sleep(1000);} catch (InterruptedException e) {}
            }
        }
    }
}

public class KeyObject_1 {
    public static void main(String[] args) {
        // 공유 객체
        MyData myData = new MyData();
        // 3개의 쓰레드가 각각의 메서드 호출
        new Thread() {
            public void run() {
                myData.abc();
            };
        }.start();
        new Thread() {
            public void run() {
                myData.bcd();
            };
        }.start();
        new Thread() {
            public void run() {
                myData.cde();
            };
        }.start();
    }
}
```

this 객체가 갖고 있는 하나의 열쇠를 함께 사용 (bcd())

this 객체가 갖고 있는 하나의 열쇠를 함께 사용 (this)

실행 결과

```
0sec
1sec
2sec
0번째
1번째
2번째
0초
1초
2초
```

Do it! 실습 동기화 메서드와 동기화 블록이 다른 열쇠를 사용할 때 KeyObject_2.java

this 객체가 갖고 있는 하나의 열쇠를 함께 사용

this 객체가 갖고 있는 하나의 열쇠를 함께 사용

Object 객체가 갖고 있는 열쇠를 사용

```java
package sec04_synchronizedmethodandblock.EX05_KeyObject_2;

class MyData {
    synchronized void abc() {
        for(int i = 0; i < 3; i++) {
            System.out.println(i + "sec");
            try {Thread.sleep(1000);} catch (InterruptedException e) {}
        }
    }
    synchronized void bcd() {
        for(int i = 0; i < 3; i++) {
            System.out.println(i + "초");
            try {Thread.sleep(1000);} catch (InterruptedException e) {}
        }
    }
    void cde() {
        synchronized(new Object()) {
            for(int i = 0; i < 3; i++) {
                System.out.println(i + "번째");
                try {Thread.sleep(1000);} catch (InterruptedException e) {}
            }
        }
    }
}

```

```java
public class KeyObject_2 {
    public static void main(String[] args) {
        // 공유 객체
        MyData myData = new MyData();
        // 3개의 쓰레드가 각각의 메서드 호출
        new Thread() {
            public void run() {
                myData.abc();
            };
        }.start();
        new Thread() {
            public void run() {
                myData.bcd();
            };
        }.start();
        new Thread() {
            public void run() {
                myData.cde();
            };
        }.start();
    }
}
```

실행 결과

```
0sec
0번째
1sec
1번째
2sec
2번째
0초
1초
2초
```

15.5 쓰레드의 상태

쓰레드는 객체가 생성, 실행, 종료되기까지 다양한 상태를 가진다. 각 쓰레드의 상태는 Thread.State 타입으로 정의돼 있으며, Thread의 인스턴스 메서드인 getState()로 가져올 수 있다. 이 메서드는 쓰레드의 상태를 Thread.State 타입에 저장된 문자열 상숫값 중 하나로 리턴한다.

쓰레드의 상태 값 가져오기

```
Thread.State getState()
```

Thread.State는 enum 타입인데, 간단히 상수들의 집합쯤으로 이해하면 된다. Thread.State의 내부에는 6개의 문자열 상수(NEW, RUNNABLE, TERMINATED, TIMED_WAITING, BLOCKED, WAITING)가 저장돼 있다.

enum 타입은 여기서는 자세히 다루진 않지만, 자바에서 상수의 집합을 표현하기 위한 문법 체계로 문자열 상수들을 모아 놓은 자료형 정도로만 이해하자.

쓰레드의 상태에 따라 특정 작업을 수행해야 할 때는 일반적으로 다음 예와 같이 switch 선택 제어문을 이용해 작성한다.

쓰레드의 상태에 따른 동작 수행

```
Thread.State state = myThread.getState();
switch (state) {
case Thread.State.NEW:
    // ...
case Thread.State.RUNNABLE:
    // ...
case Thread.State.TERMINATED:
    // ...
case Thread.State.TIMED_WAITING:
    // ...
case Thread.State.BLOCKED:
    // ...
case Thread.State.WAITING:
    // ...
}
```

15.5.1 쓰레드의 6가지 상태

이제 쓰레드가 가질 수 있는 6가지의 상태에 대해 본격적으로 알아보자. 우선 각 상태 간의 관계를 살펴보면 그림 15-12와 같다.

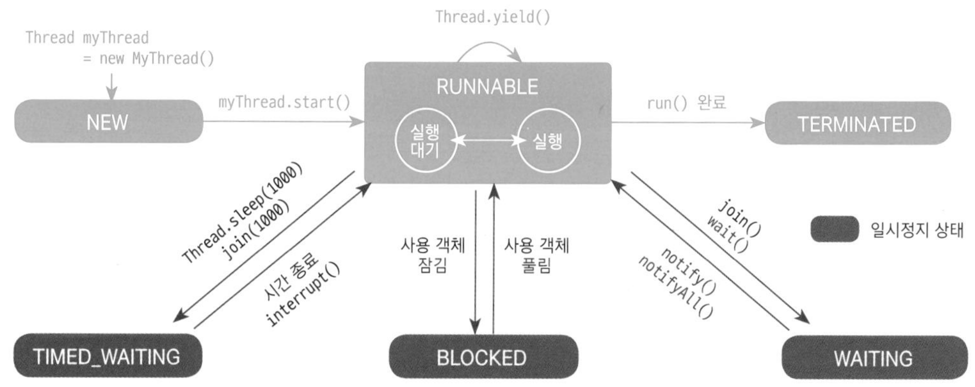

그림 15-12 쓰레드가 가질 수 있는 6가지 상태

NEW, RUNNABLE, TERMINATED

처음 객체가 생성되면 NEW의 상태를 가지며, 이후 start() 메서드로 실행하면 RUNNABLE 상태가 된다. 이 상태에서는 실행과 실행 대기를 반복하면서 CPU를 다른 쓰레드들과 나눠 사용한다. 이후 run() 메서드가 종료되면 TERMINATED 상태가 된다. RUNNABLE 상태에서는 상황에 따라 TIMED_WATING, BLOCKED, WAITING라는 일시정지 상태로 전환될 수 있다.

TIMED_WAITING

먼저 정적 메서드인 Thread.sleep(long millis) 또는 인스턴스 메서드인 join(long millis)가 호출되면 쓰레드는 TIMED_WAITING 상태가 된다.

RUNNABLE → TIMED_WAITING 상태로 전환하기 1

```
static void Thread.sleep(long millis)
```

RUNNABLE → TIMED_WAITING 상태로 전환하기 2

```
synchronized void join(long millis)
```

즉, 말 그대로 일정 시간 동안 일시정지되는 것이다. 만일 설정한 일시정지 시간이 지나거나 중간에 interrupt() 메서드가 호출되면 다시 RUNNABLE 상태가 된다.

TIMED_WAITING → RUNNABLE 상태로 전환하기 1

```
일시정지 시간이 종료
```

TIMED_WAITING → RUNNABLE 상태로 전환하기 2

```
void interrupt()
```

여기서 한 가지 짚고 넘어가야 할 것이 있다. Thread.sleep(long millis) 메서드와 join(long millis) 메서드의 호출로 일시정지되는 대상은 이들 메서드를 호출한 쓰레드라는 점에서는 동일하다. 그렇다면 차이점은 무엇일까? 예를 들어 쓰레드 A에서 Thread.sleep(1000)을 실행했다면 쓰레드 A는 외부에서 interrupt() 메서드가 호출되지 않는 한 1초 동안 일시정지 상태가 유지된다. 하지만 '쓰레드 B 객체.join(1000)'과 같이 호출하면 이는 '나는 일시정지할 테니 쓰레드 B에게 CPU를 할당하라.'는 의미를 갖는다. 따라서 만일 쓰레드 B가 0.5초만에 실행이 완료된다면 외부 interrupt() 메서드의 호출 없이도 다시 쓰레드 A는 RUNNABLE 상태가 된다.

BLOCKED

두 번째 일시정지 상태는 BLOCKED 상태로 바로 이전에 살펴본 동기화 메서드 또는 동기화 블록을 실행하기 위해 먼저 실행 중인 쓰레드의 실행 완료를 기다리는 상태다. 다른 말로 이야기 하면 먼저 실행 중인 쓰레드가 열쇠를 반납할 때까지 문 앞에서 기다리고 있는 상태가 바로 BLOCKED이다. 당연히 객체의 잠금이 풀리면, 즉 앞의 쓰레드의 동기화 영역 수행이 완료되면 BLOCKED 상태의 쓰레드는 RUNNABLE 상태가 돼 해당 동기화 영역을 실행하게 된다.

WAITING

마지막은 WAITING 상태다. 시간 정보가 없는 join() 메서드가 호출되거나 wait() 메서드가 호출되면 WAITING 상태가 된다. wait()는 Object 클래스로부터 상속받은 메서드다.

RUNNABLE → WAITING 상태로 전환하기 1

```
synchronized void join()
```

RUNNABLE → WAITING 상태로 전환하기 2

```
void wait()
```

WAITING 상태로 전환되는 과정에서 일시정지하는 시간을 정한 바가 없으므로 한없이 일시 정지 상태에 빠져 있을 것이다. 이 상태에서 다시 RUNNABLE 상태로 돌아가는 방법은 어떤 메서드를 이용해 WAITING 상태가 됐는지에 따라 다르다.

먼저 join() 메서드의 호출로 WAITING 상태가 됐을 때는 TIMED_WAITIING일 때와 마찬가지로 join()의 대상이 된 쓰레드가 종료되거나 외부에서 interrupt() 메서드가 호출되면 다시 RUNNABLE 상태로 돌아간다.

join() 메서드로 WAITNG 상태가 됐을 때 WAITING → RUNNABLE 상태로 전환하기 1

```
join()의 대상 쓰레드가 종료
```

join() 메서드로 WAITNG 상태가 됐을 때 WAITING → RUNNABLE 상태로 전환하기 2

```
void interrupt()
```

반면 wait() 메서드의 호출로 WAITING 상태가 됐을 때는 Ojbect 클래스의 notify() 또는 notifyAll() 메서드를 이용해 다시 RUNNABLE 상태로 돌아갈 수 있다.

wait() 메서드로 WAITNG 상태가 됐을 때 WAITING → RUNNABLE 상태로 전환하기

```
void notify()
void notifyAll()
```

notify()는 WAITING 상태에 있는 하나의 쓰레드를 RUNNABLE 상태로 전환하는 메서드이며, notifyAll()은 WAITING 상태의 모든 쓰레드를 RUNNABLE 상태로 전환하는 메서드다. 여기서 주의해야 할 점은 **wait(), notify(), notifyAll()은 동기화 블록 내에서만 사용할 수 있다**는 것이다.

이제까지 쓰레드가 가질 수 있는 6가지의 상태에 대해 간략히 알아봤다. 이제 각 쓰레드 상태를 예제와 함께 자세하게 알아보자.

15.5.2 NEW, RUNNABLE, TERMINATED

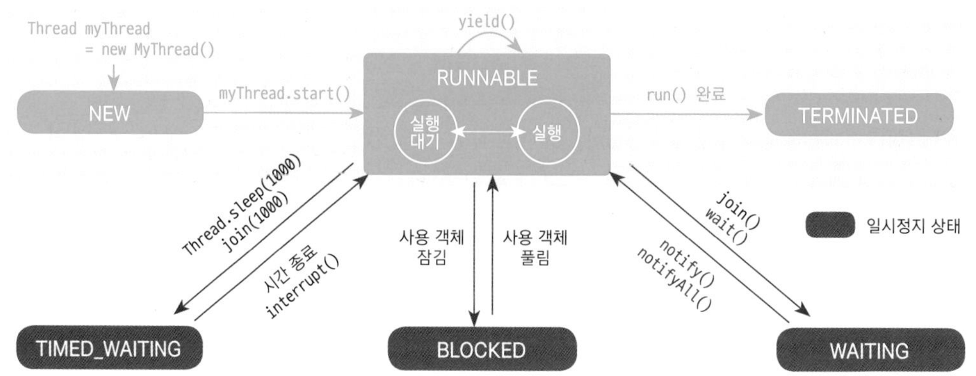

그림 15-13 NEW, RUNNABLE, TERMINATED 간의 쓰레드 상태 전이

먼저 NEW 상태는 Thread 객체를 new 키워드를 이용해 생성한 시점으로 아직 start() 메서드 호출 이전 상태, 즉 실행 이전 상태다. 이후 start() 메서드를 호출하면 RUNNABLE 상태가 된다. 이후 run() 메서드가 완전히 종료되면 쓰레드는 TERMINATED 상태가 된다.

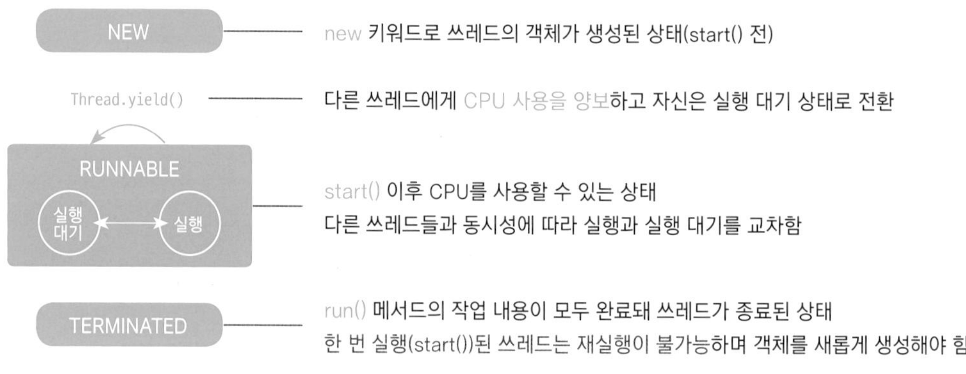

그림 15-14 NEW, RUNNABLE, TERMINATED 상태의 특징

다음 예제를 살펴보자. main() 메서드의 내부에서는 익명 이너 클래스로 쓰레드 객체를 1개 생성했으며, 내부의 run() 메서드에서는 별다른 동작 없이 일정 시간을 지연할 수 있도록 10억 번의 반복을 수행하는 for 문만을 넣어 뒀다. 이후 new 키워드로 객체를 생성한 시점, start() 메서드로 쓰레드를 실행한 시점, 마지막으로 쓰레드가 완전히 종료된 시점에서 getState() 메서드로 쓰레드의 상태를 출력했다. 참고로 myThread.join()은 앞에서도 간략히 언급했던 것처럼 해당 쓰레드(myThread)가 완료될 때까지 main 쓰레드는 기다리겠다는 의미로, 나중에 자세히 다룬다. 여기서는 myThread 객체의 실행이 완전히 종료된 시점에 getState() 메서드를 호출하기 위해 사용했다는 정도로만 이해하자.

실행 결과를 살펴보면 예상처럼 myThread의 상태가 NEW → RUNNABLE → TERMINATED의 순으로 쓰레드의 상태가 변화하는 것을 알 수 있다.

Do it! 실습 쓰레드 상태(NEW, RUNNABLE, TERMINATED) NewRunnableTerminated.java

```
package sec05_threadstates.EX01_NewRunnableTerminated;

public class NewRunnableTerminated {
    public static void main(String[] args) {
        // 쓰레드 상태 저장 클래스
        Thread.State state;

        // 1. 객체 생성(NEW)
        Thread myThread = new Thread() {
            @Override
            public void run() {
                for(long i = 0; i < 1000000000L ; i++) {}  // 시간 지연
            }
        };
        state = myThread.getState();
        System.out.println("myThread state = " + state);

        // 2. myThread 시작
        myThread.start();
        state = myThread.getState();
        System.out.println("myThread state = " + state);

        // 3. myThread 종료
        try {
            myThread.join();
        } catch (InterruptedException e) {}
        state = myThread.getState();
        System.out.println("myThread state = " + state);
    }
}
```

myThread 실행이 완료될 때까지 main 쓰레드 일시 정지

실행 결과

```
myThread state = NEW
myThread state = RUNNABLE
myThread state = TERMINATED
```

RUNNABLE 상태에서는 쓰레드 간의 동시성에 따라 실행과 실행 대기를 반복한다. Thread의 정적 메서드인 yield()를 호출하면 다른 쓰레드에게 CPU 사용을 인위적으로 양보하고, 자신은 실행 대기 상태로 전환할 수도 있다.

```
static void Thread.yield();
```

yield() 메서드로 영영 CPU 사용을 양보하는 것은 당연히 아니다. 자신의 차례를 딱 한 번 양보하는 메서드로, 자신의 차례가 돌아오면 다시 CPU를 사용할 수 있다.

다음 예제를 살펴보자. 먼저 MyThread 클래스를 살펴보면 `yieldFlag = true`일 때 다른 쓰레드에게 자신의 차례를 양보한다. 이와 반대로 `yieldFlag = false`일 때는 자신의 쓰레드의 이름을 출력하고 일정 시간을 지연한다. main() 메서드에서는 MyThread 클래스를 이용해 2개의 객체(thread1, thread2)를 생성하고, 각각 yieldFlag 값을 false와 true로 초기화했다. 이후 1초에 한 번씩 각 쓰레드의 yieldFlag 값을 반전시켰다. 다시 말해 1초마다 번갈아가며 CPU를 사용하도록 했다는 이야기다. 이 예제에서 쓰레드의 실행 시간을 결정 짓는 `for(long i = 0; i < 10000000000L; i++) {}`는 단순히 시간을 지연시키기 위한 반복문으로, 실행 컴퓨터마다 실행 시간이 다르기 때문에 이 예제의 실행 결과(thread1과 thread2의 출력 횟수)는 다르게 나올 수 있다. 자신의 실행 환경에서 thread1과 thread2가 몇 번씩 나오든 1초 간격으로 번갈아가면서 나오는 것만 확인하자.

Do it! 실습 RUNNABLE 상태에서 yield() 메서드를 이용한 CPU 사용 양보 YieldInRunnableState.java

```java
package sec05_threadstates.EX02_YieldInRunnableState;

class MyThread extends Thread {
    boolean yieldFlag;
    @Override
    public void run() {
        while(true) {
            if(yieldFlag) {
                Thread.yield();
            } else {
                System.out.println(getName() + " 실행");
                for(long i = 0; i < 1000000000L ; i++) {}    // 시간 지연
            }
        }
    }
}
```

yieldFlag가 true이면 다른 쓰레드에게 CPU 사용권을 양보

```java
public class YieldInRunnableState {
    public static void main(String[] args) {
        MyThread thread1 = new MyThread();
        thread1.setName("thread1");
        thread1.yieldFlag = false;
        thread1.setDaemon(true);
        thread1.start();

        MyThread thread2 = new MyThread();
        thread2.setName("thread2");
        thread2.yieldFlag = true;
        thread2.setDaemon(true);
        thread2.start();

        // 6초 지연(1초마다 한 번씩 양보)
        for(int i = 0; i < 6; i++) {
            try {Thread.sleep(1000);} catch (InterruptedException e) {}
            thread1.yieldFlag = !thread1.yieldFlag;
            thread2.yieldFlag = !thread2.yieldFlag;
        }
    }
}
```

실행 결과

```
thread1 실행
thread1 실행
thread1 실행
thread2 실행
thread2 실행
thread2 실행
thread1 실행
thread1 실행
thread2 실행
thread2 실행
thread1 실행
thread1 실행
thread2 실행
thread2 실행
thread1 실행
```

RUNNABLE 상태가 끝나면, 즉 쓰레드 내부의 run() 메서드의 실행이 완료되면 쓰레드는 TERMINATED 상태가 된다. 말 그대로 쓰레드의 실행이 완전히 종료됐다는 것을 의미한다. 앞에서도 언급했지만 쓰레드의 실행이 완전히 종료돼도 쓰레드의 객체는 남아 있을 것이다. 하지만 다시 쓰레드를 실행할 수는 없다. 만일 다시 쓰레드를 실행하고 싶다면 새로운 객체를 만들어야 한다는 점은 꼭 기억하자.

실행이 끝난 쓰레드 객체는 내부에서 정의한 필드 또는 메서드를 호출하는 용도로만 사용할 수 있다.

15.5.3 TIMED_WAITING

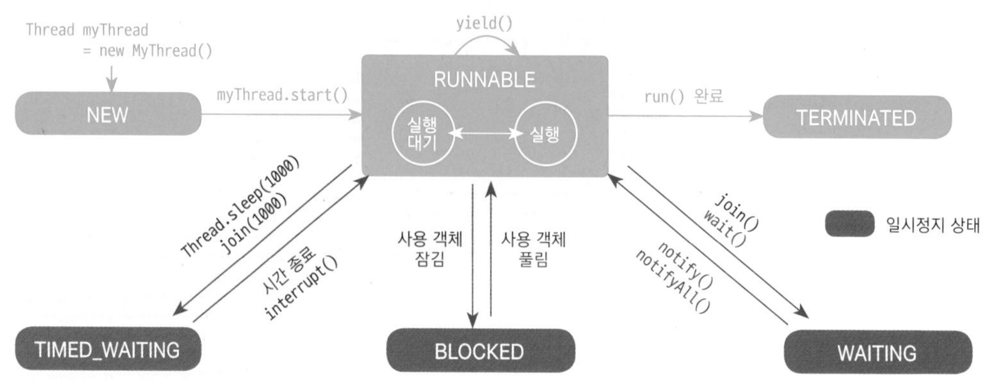

그림 15-15 RUNNABLE와 TIMED_WAITING 간의 쓰레드 상태 전이

이제 RUNNABLE 상태에서 일시정지 상태로 전환되는 TIMED_WAITING 상태에 대해 알아보자. RUNNABLE 상태에서 TIMED_WAITING 상태가 됐을 때는 Thread의 정적 메서드인 sleep(long millis)를 호출하거나 인스턴스 메서드인 join(long millis)가 호출됐을 때다. 여기서 sleep(long millis)와 join(long millis)를 명확히 구분할 필요가 있다. 하나는 정적 메서드, 다른 하나는 인스턴스 메서드라는 점 이외에 메서드의 의미 또한 다르다. 앞에서도 간단히 언급했지만, Thread.sleep()는 이 메서드를 호출한 쓰레드를 일시정지하라는 의미다. 따라서 호출한 쓰레드는 TIMED_WAITING 상태가 된다. 이때 일시정지 시간 동안 CPU를 어떤 쓰레드가 사용하든 상관하지 않는다. 반면 쓰레드 객체.join(long millis) 메서드는 특정 쓰레드 객체에게 일정 시간 동안 CPU를 할당하라는 의미다. 일반적으로 다른 쓰레드의 결과가 먼저 나와야 이후의 작업을 진행할 때 join(long millis)을 사용할 수 있다. 물론 이 메서드를 호출한 쓰레드도 sleep(long millis)와 마찬가지로 TIMED_WAITING 상태

가 된다. 결국 Thread.sleep(long millis)를 호출하던 쓰레드 객체.join(long millis)을 호출하던 호출한 쓰레드는 일시정지 상태가 되는 것이다.

TIMED_WAITING 상태에서 지정된 시간이 다 되거나 일시정지된 쓰레드 객체의 interrupt() 메서드가 호출되면 다시 RUNNABLE 상태가 된다. Thread.sleep(long millis)와 join(long millis)은 모두 필수적으로 InterruptedException을 처리해 줘야 하는데, interrupt() 메서드가 호출되면 이 예외가 발생해 일시정지가 종료되는 것이다.

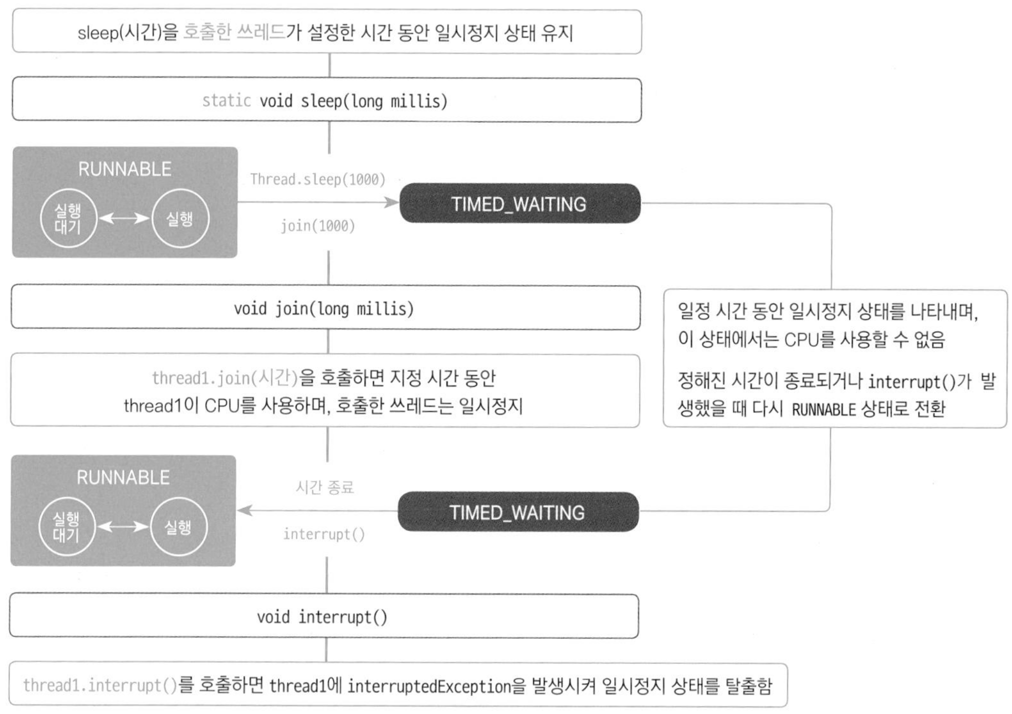

그림 15-16 TIMED_WAITING 상태의 특징 및 상호 전이에 사용되는 메서드 및 조건

Thread.sleep(long millis)를 이용한 일시정지 및 RUNNABLE 상태 전환

다음 예제에서는 run() 메서드의 시작과 동시에 Thread.sleep(3000)를 실행하는, 즉 쓰레드 시작과 동시에 3초 동안 일시정지(TIMED_WAITING) 상태가 되는 MyThread 클래스를 정의했다. main() 메서드에서는 MyThread 객체를 생성 및 실행시켰으며, 실행한 지 0.1초 후에 쓰레드의 상태를 출력했다. 이어서 myThread 객체의 interrupt() 메서드를 호출한 지 0.1초 후에 쓰레드 상태를 출력했다. 출력 결과를 살펴보면 쓰레드의 시작과 동시에 TIMED_WAITING 상태라는 것을 알 수 있고, interrupt() 메서드 호출 이후에는 3초가 지나지 않았는데도 다시 RUNNABLE 상태가 된 것을 알 수 있다.

Do it! 실습 Thread.sleep() 메서드를 이용한 TIMED_WAITING과 interrupt() TimedWaiting_Sleep.java

```java
package sec05_threadstates.EX03_TimedWaiting_Sleep;

class MyThread extends Thread {
    @Override
    public void run() {
        try {
            Thread.sleep(3000);
        } catch (InterruptedException e) {
            System.out.println(" -- sleep() 진행 중 interrupt() 발생");
            for(long i = 0; i < 1000000000L ; i++) {}    // 시간 지연
        }
    }
}

public class TimedWaiting_Sleep {
    public static void main(String[] args) {

        MyThread myThread = new MyThread();
        myThread.start();

        try {Thread.sleep(100);} catch (InterruptedException e) {}
        System.out.println("MyThread State = " + myThread.getState());
        // TIMED_WAITING
        myThread.interrupt();
        try {Thread.sleep(100);} catch (InterruptedException e) {}
        System.out.println("MyThread State = " + myThread.getState());
    }
}
```

쓰레드 시작 준비 시간

TIMED_WAITING → RUNNABLE 상태 전환

인터럽트 준비 시간

실행 결과

```
MyThread State = TIMED_WAITING
 -- sleep() 진행 중 interrupt() 발생
MyThread State = RUNNABLE
```

이 예제에서 주의해서 살펴볼 부분은 쓰레드를 시작한 후 Thread.sleep(100)을 실행해 0.1초 후에 쓰레드의 상태를 출력했다는 점이다. 이는 쓰레드를 처음 시작할 때 자바 가상 머신이 CPU를 독립적으로 사용하기 위한 메모리 할당 등의 준비 과정을 미리 거쳐야 하기 때문이다. 이 모든 준비가 끝나야 비로소 run() 메서드가 실행된다. 만약 start() 메서드를 실행한 후 쓰레드가 아직 준비되지 않은 상태에서 바로 쓰레드의 상태를 출력하면 run() 메서드가 호출되지 않아 RUNNABLE 상태가 출력될 수도 있다.

interrupt() 메서드 호출 이후도 마찬가지다. interrupt() 메서드를 호출하면 자바 가상 머신은 InterruptedException 객체를 생성해 해당 쓰레드의 catch(){} 블록에 전달해야 한다. 일단 전달되면 RUNNABLE 상태가 되겠지만, 전달되기 전까지는 여전히 TIMED_WAITING 상태일 것이다. 이것이 바로 start() 메서드와 interrupt() 메서드 사이에 0.1초의 시간 지연을 둔 이유다. 또한 MyThread 클래스 내부의 for 반복문이 0.1초보다 빨리 끝나면 interrupt() 메서드 호출 이후의 상태가 TERMINATED로 출력될 수도 있다. 그러므로 for 문의 반복 횟수를 적절히 조절해야 한다. 쓰레드의 상태를 출력할 때 내부적인 동작으로 조금은 까다롭고 번거로운 처리를 해 줘야 하지만, 시간 지연 코드는 앞으로도 계속 사용되므로 여기서 그 사용 이유를 확실히 알고 넘어가자.

join(long millis)를 이용한 일시정지 및 RUNNABLE 상태 전환

이제 join(long millis) 메서드 호출로 RUNNABLE 상태에서 TIMED_WAITING 상태가 됐을 때를 살펴보자. 특정 쓰레드 객체의 join(long millis) 메서드를 호출하면 해당 쓰레드 객체에게 매개변수로 넘겨 준 시간 동안 CPU 사용권을 넘겨 주고, 자신은 일시정지 상태가 된다.

2개의 쓰레드(MyThread1, MyThread2)와 main 쓰레드로 구성돼 있는 다음 예를 살펴보자. 첫 번째 쓰레드인 MyThread1은 단순히 시간을 끌기 위한 반복문을 포함하고 있다. 두 번째 쓰레드인 MyThread2는 내부에 MyThread1 타입의 필드를 갖고 있으며, 객체를 생성할 때 생성자의 매개변수로 넘겨받아 이 필드를 초기화한다. MyThread2 클래스의 run() 메서드에서는 시작과 동시에 myThread1.join(3000)을 호출했다. 즉, myThread2 쓰레드를 실행하면 **myThread1을 3초 동안 먼저 실행**하라는 의미다. 물론 이 시간 동안 myThread2는 TIMED_WAITING 상태가 될 것이다. 3초가 지나거나 interrupt()가 발생하면 myThread2도 다시 RUNNABLE 상태가 될 것이다. 추가로 3초의 조인(join)을 걸었던 myThread1이 3초 이내에 완료돼도 myThread2는 다시 RUNNABLE 상태가 된다. myThread1의 실행이 완료되면 더이상 CPU를 사용할 일이 없으므로 당연한 일이다.

main() 메서드에서는 2개의 쓰레드를 생성 및 실행했다. 이때 첫 번째 쓰레드 객체를 두 번째 쓰레드의 생성자 매개변수로 넘겨 줬다. 이후 각 쓰레드의 상태를 살펴보면 2개의 쓰레드 상태 값은 각각 RUNNABLE과 TIMED_WAITING이 되는 것을 알 수 있다. 시작과 동시에 두 번째 쓰레드가 첫 번째 쓰레드에게 조인(join)을 걸었기 때문이다. 이후에 두 번째 쓰레드의 interrupt() 메서드를 호출하면 InterruptedException이 발생해 try{} 블록을 탈출하기 때문에 두 쓰레드 모두 RUNNABLE 상태가 된다.

Do it! 실습 join() 메서드를 이용한 TIMED_WAITING과 interrupt() TimedWaiting_Join.java

```java
package sec05_threadstates.EX04_TimedWaiting_Join;

class MyThread1 extends Thread {
    @Override
    public void run() {
        for(long i = 0; i < 1000000000L ; i++) {}         // 시간 지연
    }
}

class MyThread2 extends Thread {
    MyThread1 myThread1;
    public MyThread2(MyThread1 myThread1) {
        this.myThread1 = myThread1;
    }
    @Override
    public void run() {
        try {
            myThread1.join(3000);
        } catch (InterruptedException e) {
            System.out.println(" -- join(...) 진행 중 interrupt() 발생");
            for(long i = 0; i < 1000000000L ; i++) {}     // 시간 지연
        }
    }
}

public class TimedWaiting_Join {
    public static void main(String[] args) {
        // 객체 생성
        MyThread1 myThread1 = new MyThread1();
        MyThread2 myThread2 = new MyThread2(myThread1);
        myThread1.start();
        myThread2.start();
```

myThread1에게 최대 3초 동안 CPU 우선 사용권 부여

```
        
        try {Thread.sleep(100);} catch (InterruptedException e) {}
        System.out.println("MyThread1 State = " + myThread1.getState());
        System.out.println("MyThread2 State = " + myThread2.getState());
          // TIMED_WAITING
        myThread2.interrupt();
        try {Thread.sleep(100);} catch (InterruptedException e) {}
        System.out.println("MyThread1 State = " + myThread1.getState());
        System.out.println("MyThread2 State = " + myThread2.getState());
    }
}
```

쓰레드 시작 준비 시간

TIMED_WAITING → RUNNABLE 상태 전환

인터럽트 준비 시간

실행 결과

```
MyThread1 State = RUNNABLE
MyThread2 State = TIMED_WAITING
 -- join(...) 진행 중 interrupt() 발생
MyThread1 State = RUNNABLE
MyThread2 State = RUNNABLE
```

15.5.4 BLOCKED

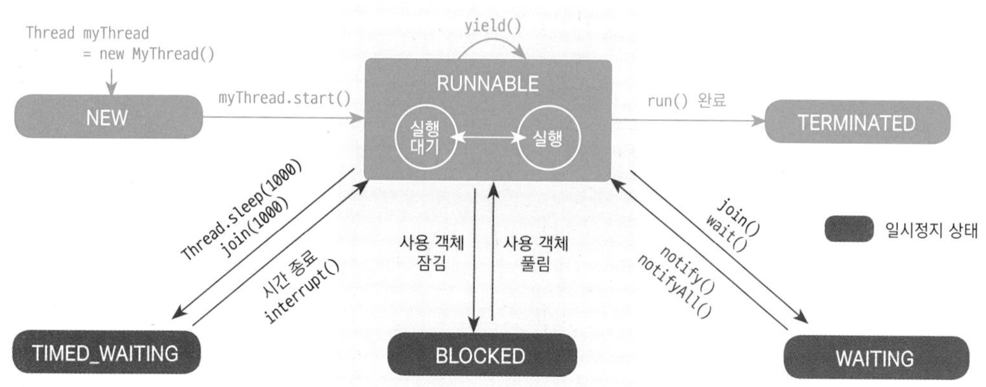

그림 15-17 RUNNABLE과 BLOCKED 간의 쓰레드 상태 전이

BLOCKED는 동기화 메서드 또는 동기화 블록을 실행하고자 할 때 이미 다른 쓰레드가 해당 영역을 실행하고 있는 경우 발생한다. 이렇게 해당 동기화 영역이 잠겨[lock] 있을 때는 이미 실

행하고 있는 쓰레드가 실행을 완료하고, 해당 동기화 영역의 열쇠를 반납할 때까지 기다려야 하는데, 이것이 바로 BLOCKED 상태다.

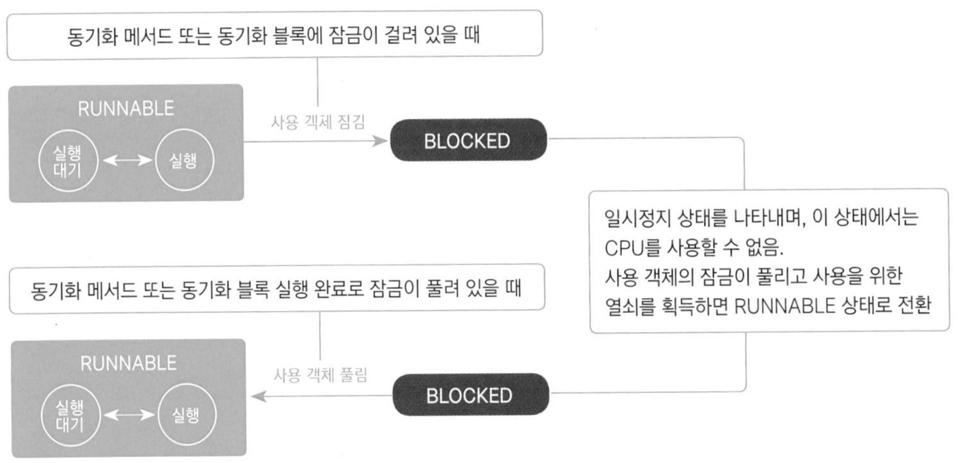

그림 15-18 BLOCKED 상태의 특징 및 상호 전이에 사용되는 메서드 및 조건

여기서 한 가지 유의해야 할 점이 있다. 만일 동일한 동기화된 영역을 3개의 쓰레드(t1, t2, t3)가 동시에 실행할 때를 생각해 보자. 동기화 영역에 실행 명령이 도착한 순서가 t1 → t2 → t3이라고 가정하면, 당연히 가장 먼저 도착한 t1 쓰레드가 동기화 영역을 실행할 것이고, t2, t3 쓰레드는 BLOCKED 상태가 될 것이다. 문제는 '다음 실행을 위한 열쇠를 누가 갖느냐?' 하는 것이다. t2가 두 번째로 도착했으므로 다음 실행 순서는 t2가 될 것 같지만, 그렇지 않다. 개념적으로 설명하면 t1 쓰레드는 실행을 완료한 후 열쇠를 동기화 영역에 반납한다. 열쇠가 반납되면 이제 t2와 t3는 다시 경쟁을 하게 돼 먼저 도착하는 쓰레드가 실행 권한을 갖게 되는 것이다. 따라서 몇 번째로 BLOCKED 상태에 빠졌는지는 전혀 중요하지 않으며, 열쇠가 반납되는 순간 BLOCKED 상태의 모든 쓰레드가 다시 경쟁해 열쇠를 먼저 차지하는 쓰레드가 실행되는 것이다.

다음 예제를 살펴보자. MyBlockTest 클래스에는 3개의 쓰레드가 익명 이너 클래스로 정의돼 있고, 각 쓰레드는 MyClass 객체(mc) 1개의 동기화 메서드(syncMethod())를 호출하고 있다. startAll() 메서드에서는 내부에 포함된 3개의 쓰레드를 한꺼번에 실행하도록 했다. main() 메서드에서는 단순히 MyBlockTest 객체를 생성한 후 startAll() 메서드를 호출해 내부의 쓰레드를 실행했다. 이때 3개의 쓰레드가 모두 같은 동기화 메서드를 실행하려고 하므로 가장 먼저 1개의 쓰레드가 열쇠를 획득하면 나머지 2개의 쓰레드는 BLOCKED 상태가 될 것이다. 이후 열쇠가 반납되면 이전의 실행 순서와 상관없이 다시 기다리던 2개의 쓰레드가 경쟁하게 되며, 먼저 열쇠를 획득한 쓰레드가 동기화 영역을 실행하게 된다. 이 예제에서는 t1 → t3 → t2의 순으로 열쇠를 획득해 동기화 메서드를 실행한다.

Do it! 실습 공유 객체 동기화로 인한 BLOCKED 상태 BlockedState.java

```
package sec05_threadstates.EX05_BlockedState;

class MyBlockTest {
    // 공유 객체
    MyClass mc = new MyClass();
    // 3개의 쓰레드 필드 생성
    Thread t1 = new Thread("thread1") {
        public void run() {
            mc.syncMethod();
        };
    };
    Thread t2 = new Thread("thread2") {
        public void run() {
            mc.syncMethod();
        };
    };
    Thread t3 = new Thread("thread3") {
        public void run() {
            mc.syncMethod();
        };
    };

    void startAll() {
        t1.start();
        t2.start();
        t3.start();
    }

    class MyClass {
        synchronized void syncMethod() {
            try {Thread.sleep(100);} catch (InterruptedException e) {}
            System.out.println("====" + Thread.currentThread().getName() + "====");
            System.out.println("thread1->" + t1.getState());
            System.out.println("thread2->" + t2.getState());
```

쓰레드 시작 준비 시간

```
                System.out.println("thread3->" + t3.getState());
                for(long i = 0; i < 1000000000L ; i++) {}    // 시간 지연
            }
        }
}

public class BlockedState {
    public static void main(String[] args) {
        MyBlockTest mbt = new MyBlockTest();
        mbt.startAll();
    }
}
```

실행 결과

```
====thread1====
thread1->RUNNABLE
thread2->BLOCKED
thread3->BLOCKED
====thread3====
thread1->TERMINATED
thread2->BLOCKED
thread3->RUNNABLE
====thread2====
thread1->TERMINATED
thread2->RUNNABLE
thread3->TERMINATED
```

15.5.5 WAITING

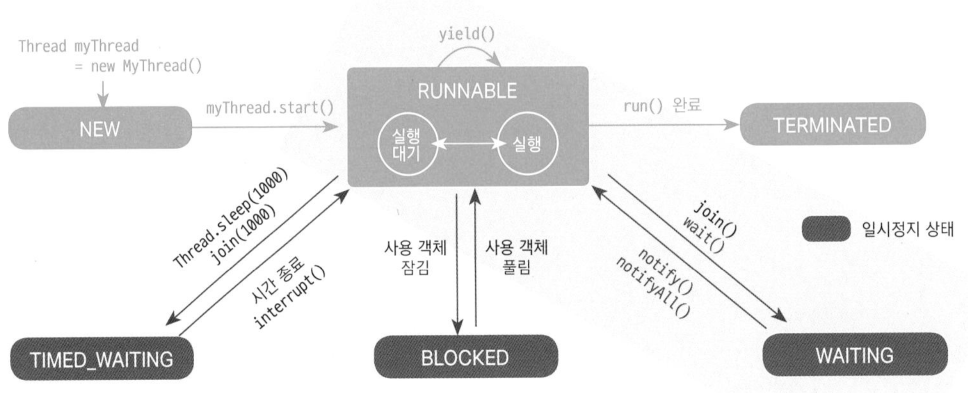

그림 15-19 RUNNABLE과 WAITING 간의 쓰레드 상태 전이

마지막 일시정지 상태는 WAITING이다. 먼저 일시정지하는 시간의 지정 없이 쓰레드 객체.join() 메서드를 호출하면 조인된 쓰레드 객체의 실행이 완료될 때까지 이를 호출한 쓰레드는 WAITING 상태가 된다. 이때는 조인된 쓰레드가 완료되거나 interrupt() 메서드 호출로 예외를 인위적으로 발생시켰을 때만 다시 RUNNABLE 상태로 돌아갈 수 있다.
쓰레드의 인스턴스 메서드인 wait()를 호출할 때도 해당 쓰레드는 WAITING 상태가 된다. 정확히는 Object 클래스의 인스턴스 메서드이며, Thread 클래스도 당연히 Object 클래스의 자식 클래스이므로 이 메서드를 포함하고 있을 것이다.
wait() 메서드의 호출로 WAITING 상태가 됐을 때 주의해야 할 점은 2가지다. 첫 번째는 일단 wait() 메서드로 WAITING이 된 쓰레드는 다른 쓰레드에서 notify() 또는 notifyAll()을 호출해야만 RUNNABLE 상태가 될 수 있다는 점이다. 즉, 스스로는 WAITING 상태를 벗어날 수 없다는 것이다. 쓰레드는 실행 중에 wait() 메서드를 만나면 그 자리에서 WAITING 상태가 된다. 이후 다른 쓰레드에서 notify() 또는 notifyAll() 메서드가 호출되면 일시정지됐던 지점인 wait()의 다음 줄부터 다시 이어서 실행한다. 처음부터 다시 실행되는 것이 아니므로 wait()의 위치를 신경써서 작성해야 한다. 두 번째는 wait(), notify(), notifyAll() 메서드는 반드시 동기화 블록에서만 사용할 수 있다는 점이다.

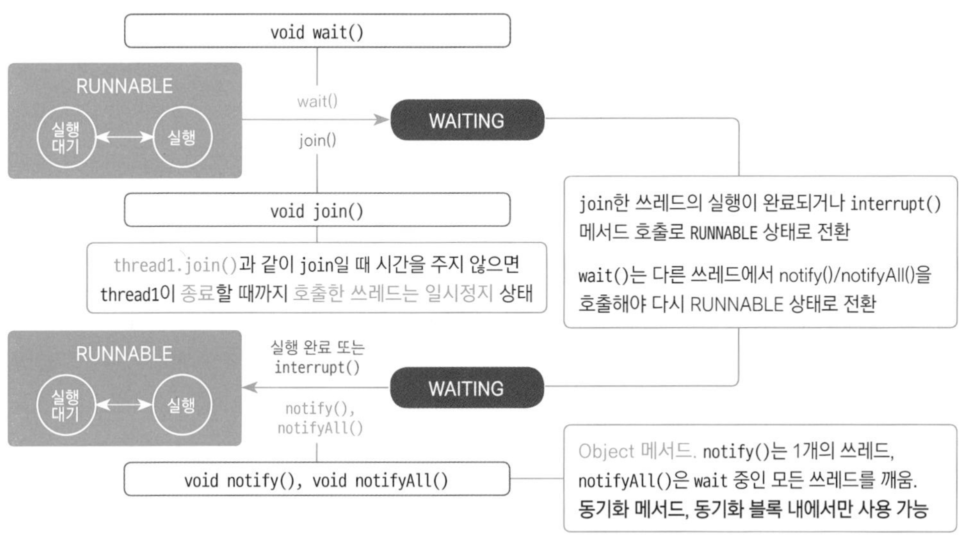

그림 15-20 WAITING 상태의 특징 및 상호 전이에 사용되는 메서드 및 조건

그럼 이러한 wait() 메서드와 notify()를 사용해야 할 때는 언제일까? 그림 15-21을 살펴보자. 데이터 1개만을 갖고 있는 객체를 2개의 쓰레드(SetThread, GetThread)가 공유하고 있다. 하나는 객체에 데이터를 쓰는 쓰레드, 다른 하나는 읽는 쓰레드다. 그림 15-21처럼 SetThread

에서는 8개의 데이터를 순차적으로 1개씩 넣고, GetThread는 순차적으로 꺼내고자 한다. 읽은 데이터를 출력하면 원하는 결과는 당연히 data1, data2, …, data8과 같이 입력된 순서대로 출력되는 것이다.

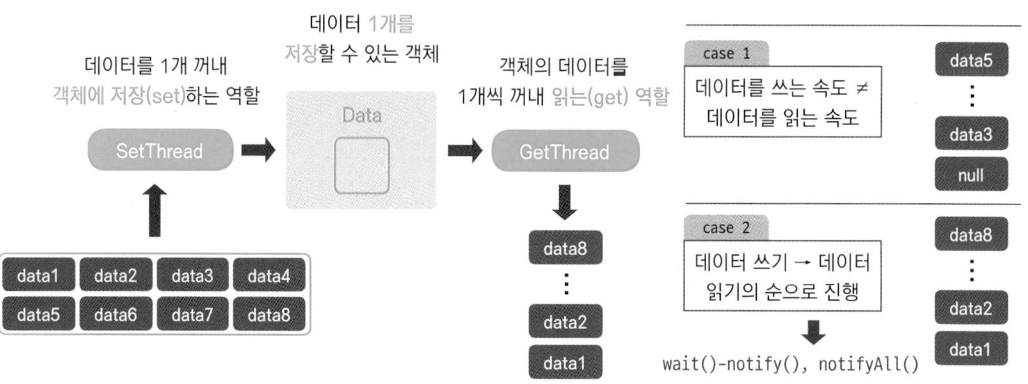

그림 15-21 하나의 데이터 공간에 8번의 쓰기와 8번의 읽기를 수행하는 적용 예시

원하는 대로 결과가 나오는지 다음 예를 살펴보자. 쓰는 과정에서 읽거나, 읽는 과정에서 쓰는 것을 방지하기 위해 DataBox 클래스의 읽기 메서드(inputData(int data))와 쓰기 메서드(outputData())를 모두 동기화 메서드로 설정했다. 즉, 읽고 쓰는 것은 절대 동시에 일어나지 않는다. 하지만 결과는 말 그대로 엉망이 된다.

그 이유는 무엇일까? 먼저 쓰기 쓰레드가 동기화 메서드를 실행하고 열쇠를 반납한 상황을 생각해 보자. 열쇠가 반납됐으므로 읽기 쓰레드가 실행될 것 같지만, 그렇지 않다. 열쇠가 반납되는 순간, 그 열쇠를 얻고자 하는 쓰레드는 여전히 쓰기와 읽기 쓰레드 둘인 것이다. 쓰기 쓰레드도 동기화된 쓰기 메서드를 8번 호출해야 하므로 매번 호출할 때마다 열쇠를 얻기 위해 경쟁해야 하기 때문이다. 따라서 읽기 메서드(inputData())와 쓰기 메서드(outputData())가 번갈아가면서 실행되는 것이 아니라 자유 경쟁에서 승리한 쓰레드가 랜덤하게 나오게 되는 것이다. 이 예제에서는 처음 한 번은 읽기 메서드가 먼저 실행되고, 다음 아홉 번은 모두 쓰기 메서드가 먼저 실행됐다. 쓰기 쓰레드는 모두 종료했으므로 이후 8번은 경쟁 없이 읽기 메서드만 호출된다. 물론 결과는 실행할 때마다 다르게 나타날 수 있다.

Do it! 실습 동기화만을 사용했을 때 임의적인 두 쓰레드의 실행 순서 Waiting_WaitNotify_1.java

```java
package sec05_threadstates.EX06_Waiting_WaitNotify_1;

class DataBox {
    int data;
    synchronized void inputData(int data) {
        this.data = data;
        System.out.println("입력 데이터: " + data);
    }
    synchronized void outputData() {
        System.out.println("출력 데이터: " + data);
    }
}

public class Waiting_WaitNotify_1 {
    public static void main(String[] args) {
        DataBox dataBox = new DataBox();
        Thread t1 = new Thread() {
            public void run() {
                for(int i = 1; i < 9; i++) {
                    dataBox.inputData(i);
                }
            };
        };

        Thread t2 = new Thread() {
            public void run() {
                for(int i = 1; i < 9; i++) {
                    dataBox.outputData();
                }
            };
        };

        t1.start();
        t2.start();
    }
}
```

실행 결과

```
입력 데이터: 1
출력 데이터: 1
출력 데이터: 1
출력 데이터: 1
출력 데이터: 1
출력 데이터: 1
출력 데이터: 1
출력 데이터: 1
출력 데이터: 1
입력 데이터: 2
입력 데이터: 3
입력 데이터: 4
입력 데이터: 5
입력 데이터: 6
입력 데이터: 7
입력 데이터: 8
```

이를 해결하기 위해서는 쓰기 → 읽기 → 쓰기 → 읽기 → …와 같이 쓰기와 읽기가 번갈아가며 한 번씩 실행돼야 한다. 이를 가능하게 하는 것이 바로 wait(), notify() 메서드다.

다음 예제를 살펴보자. 쓰기 쓰레드에서 호출하는 inputData() 메서드에서는 isEmpty 불리언값을 이용해 데이터가 비어 있는지를 검사한다. 만일 `isEmpty = true`이면 데이터값이 비어 있는 것으로 판단해 매개변수로 넘어온 데이터값을 필드에 복사한 후 `isEmpty = false`로 변경하고, WAITING 상태의 읽기 쓰레드를 RUNNABLE 상태로 바꾸기 위한 notify() 메서드를 호출한다. 이와 반대로 `isEmpty = false`이면 쓰기를 완료한 데이터를 아직 읽기 쓰레드가 읽지 않은 것으로 간주해 wait() 메서드를 실행함으로써 자신은 WAITING 상태가 된다. WAITING 상태가 되면 당연히 열쇠는 반납하게 되며, 이 열쇠를 차지한 읽기 쓰레드가 동기화 영역을 실행할 것이다.

이번에는 읽기 쓰레드를 살펴보자. 쓰기 쓰레드와는 반대로 `isEmpty = true`이면 아직 읽을 데이터가 없는 것이므로 자신은 열쇠를 반납하고 WAITING 상태가 된다. 이와 반대로 `isEmpty = false`이면 읽을 데이터가 있다는 것이므로 해당 데이터를 출력한 후 `isEmpty = true`로 변환하고, 쓰기 쓰레드를 RUUNABLE 상태로 변환시키기 위한 notify() 메서드를 호출한다. 이상의 과정을 정리하면 다음과 같다.

① 쓰기 쓰레드 동작(데이터 쓰기)
② 읽기 쓰레드 깨우기(notify())
③ 쓰기 쓰레드 일시정지(wait())
④ 읽기 쓰레드 동작(데이터 읽기)
⑤ 쓰기 쓰레드 깨우기(notify())
⑥ 읽기 쓰레드 일시정지(wait())
⑦ ①~⑥ 반복

Do it! 실습 wait(), notify()를 이용한 쓰레드의 교차 실행 Waiting_WaitNotify_2.java

```
package sec05_threadstates.EX07_Waiting_WaitNotify_2;

class DataBox {
    boolean isEmpty = true;
    int data;
    synchronized void inputData(int data) {
```

```
        if(!isEmpty) {
            try { wait(); } catch (InterruptedException e) {} // WAITING
        }
        this.data = data;
        isEmpty = false;
        System.out.println("입력 데이터: " + data);
        notify();
    }
    synchronized void outputData() {
        if(isEmpty) {
            try { wait(); } catch (InterruptedException e) {} // WAITING
        }
        isEmpty = true;
        System.out.println("출력 데이터: " + data);
        notify();
    }
}

public class Waiting_WaitNotify_2 {
    public static void main(String[] args) {
        DataBox dataBox = new DataBox();
        Thread t1 = new Thread() {
            public void run() {
                for(int i = 1; i < 9; i++) {
                    dataBox.inputData(i);
                }
            };
        };
        Thread t2 = new Thread() {
            public void run() {
                for(int i = 1; i < 9; i++) {
                    dataBox.outputData();
                }
            };
        };
        t1.start();
        t2.start();
    }
}
```

```
실행 결과
입력 데이터: 1
출력 데이터: 1
입력 데이터: 2
출력 데이터: 2
입력 데이터: 3
출력 데이터: 3
입력 데이터: 4
출력 데이터: 4
입력 데이터: 5
출력 데이터: 5
입력 데이터: 6
출력 데이터: 6
입력 데이터: 7
출력 데이터: 7
입력 데이터: 8
출력 데이터: 8
```

다소 복잡해 보이지만, 두 사람이 마주보고 얼음땡 놀이를 하듯이 한 사람이 먼저 말하고, 말이 끝나면 상대방의 어깨를 톡톡 두드리고 이후 상대방이 말하고 다시 어깨를 두드리는 것과 같은 과정을 코드로 구현해 놓은 것에 불과하다. 실무에서 작성하는 프로그램을 단일 쓰레드로만 작성하는 때는 거의 없을 것이다. 그만큼 쓰레드에 대한 이해는 반드시 필요하므로 여러 번 반복해서라도 꼭 익히길 바란다.

실력 상승! **연습 문제**

Q1 다음과 같이 Thread 클래스를 상속한 클래스 MyThread가 있다. 이때 새로운 쓰레드 객체를 생성한 후 쓰레드를 실행하는 코드를 작성하시오(참조 변수명은 자유롭게 작성 가능).

```
class MyThread extends Thread {
    @Override
    public void run() {
        for(int i = 1; i <= 5; i++) {
            try {Thread.sleep(1000);} catch (InterruptedException e) {}
            System.out.println(i + "초");
        }
    }
}
```

```
public static void main(String[] args) {

    // MyThread 객체를 이용한 쓰레드의 실행

}
```

실행 결과

```
1초
2초
3초
4초
5초
```

Q2 다음과 같이 Runnable 인터페이스를 구현한 클래스 MyRunnable이 있다. 이때 새로운 쓰레드 객체를 생성한 후 쓰레드를 실행하는 코드를 작성하시오(참조 변수명은 자유롭게 작성 가능).

```
class MyRunnable implements Runnable {
    @Override
    public void run() {
        for(int i = 1; i <= 5; i++) {
            try {Thread.sleep(1000);} catch (InterruptedException e) {}
            System.out.println(i + "초");
        }
    }
}
```

```
public static void main(String[] args) {
    // MyRunnable 객체를 이용한 쓰레드의 실행



}
```

실행 결과

```
1초
2초
3초
4초
5초
```

Q3 다음은 현재 쓰레드의 객체 참조 방법과 실행 쓰레드의 개수 그리고 쓰레드의 이름을 지정하거나 가져오는 기능을 포함한 코드다. 실행 결과를 쓰시오.

```
public static void main(String[] args) {

    // 현재 쓰레드 객체 가져오기 + 쓰레드 이름 가져오기 + 쓰레드의 개수
    Thread curThread = Thread.currentThread();
    System.out.println(curThread.getName());
    System.out.println(Thread.activeCount());

    // 새로운 쓰레드 생성 + 쓰레드 이름 가져오기
    Thread t1 = new Thread();
    System.out.println(t1.getName());

    // 두 번째 쓰레드 생성 + 쓰레드 이름 설정 + 쓰레드 이름 가져오기
    Thread t2 = new Thread();
    t2.setName("두 번째 쓰레드");
    System.out.println(t2.getName());

}
```

실행 결과

Q4 다음은 main 쓰레드 내에서 익명 이너 클래스 방법으로 쓰레드 객체를 생성해 쓰레드를 실행하는 코드다. 쓰레드는 데몬 쓰레드로 설정했다. 이때 실행 결과를 쓰시오.

```
public class EX04 {
    public static void main(String[] args) {
        Thread t = new Thread() {
            public void run() {
                for(int i = 1; i <= 5; i++) {
                    try {Thread.sleep(1000);} catch (InterruptedException e) {}
                    System.out.println(i);
                }
            }
        };
        t.setDaemon(true);
        t.start();

        try {Thread.sleep(3500);} catch (InterruptedException e) {}
    }
}
```

실행 결과

Q5 클래스 MyData 내의 modifyData() 메서드는 동기화돼 있다. 다음 코드의 실행 결과를 작성하시오.

```
class MyData {
    int data;
    synchronized void modifyData() {
        for(int i = 0; i < 10000; i++) {
            data++;
        }
        System.out.println(data);
    }
}
class MyThread extends Thread {
    MyData myData;
    public MyThread(MyData myData) {
        this.myData = myData;
    }
    @Override
    public void run() {
        myData.modifyData();
    }
}
```

```
public static void main(String[] args) {
    MyData md = new MyData();

    MyThread mt1 = new MyThread(md);
    mt1.start();

    MyThread mt2 = new MyThread(md);
    mt2.start();
}
```

실행 결과

Q6 쓰레드에서 공유 객체로 사용할 MyData 클래스의 내부에는 메서드 동기화와 블록 동기화가 섞여 있다. 이때 2개의 쓰레드가 공유 객체를 사용할 때 동시 사용 가능 여부를 표기하시오.

```
class MyData {
    String name = "홍길동";
    synchronized void abc() {
    }
    void bcd() {
        synchronized(this) {
        }
    }
    void cde() {
        synchronized (name) {
        }
    }
}
```

Thread1	Thread2	동시 사용(가능/불가능)
abc()	bcd()	
bcd()	cde()	
cde()	abc()	

Q7 다음 Thread 클래스는 내부에 Thread.sleep() 메서드를 호출하고 있다. 이때 다음과 같이 외부에서 interrupt() 메서드를 호출할 때 실행 결과를 쓰시오.

```
class MyThread extends Thread {
    @Override
    public void run() {
        try {
            System.out.println("첫 번째 출력");
            Thread.sleep(1000);
            System.out.println("두 번째 출력");
            Thread.sleep(1000);
            System.out.println("세 번째 출력");
            Thread.sleep(1000);
        } catch (InterruptedException e) {
            System.out.println("쓰레드 종료");
        }
    }
}
```

```
public static void main(String[] args) {
    MyThread mt = new MyThread();
    mt.start();
    try {Thread.sleep(1500);} catch (InterruptedException e) {}
    mt.interrupt();
}
```

실행 결과

Q8 클래스 MyData 내부에 "A"와 "B"를 출력하는 메서드를 1개씩 포함하고 있다. ThreadA와 ThreadB는 각각 MyData 내의 메서드를 0.5초 간격으로 5번 호출하는 클래스다. 이때 다음 코드의 실행 결과가 A → B → A → B와 같이 순서대로 나오도록 코드를 완성하시오.

```
class MyData {
    boolean flag = false;
    synchronized void printA(){



        System.out.println("A");



    }
    synchronized void printB() {



        System.out.println("B");



    }
}

class ThreadA extends Thread {
    MyData myData;
    public ThreadA (MyData myData) {
        this.myData = myData;
    }
    @Override
    public void run() {
        for(int i = 0; i < 5; i++) {
            myData.printA();
```

```
            try {Thread.sleep(500);} catch (InterruptedException e) {}
        }
    }
}

class ThreadB extends Thread {
    MyData myData;
    public ThreadB (MyData myData) {
        this.myData = myData;
    }
    @Override
    public void run() {
        for(int i = 0; i < 5; i++) {
            myData.printB();
            try {Thread.sleep(500);} catch (InterruptedException e) {}
        }
    }
}
```

```
public static void main(String[] args) {
    MyData myData = new MyData();
    Thread t1 = new ThreadA(myData);
    Thread t2 = new ThreadB(myData);

    t1.start();
    t2.start();
}
```

실행 결과

```
A
B
A
B
A
B
A
B
A
B
```

16장 제네릭

16장에서는 제네릭에 대해 알아본다. 제네릭 클래스와 제네릭 메서드를 이해하면 자바에서 제공하는 다양한 종류의 클래스와 인터페이스를 좀 더 효율적으로 활용할 수 있다.

교수님의 동영상 강의
자바가 처음인가요?
그렇다면 동영상으로
예습부터 해 보세요~

16.1 제네릭 클래스와 제네릭 인터페이스

자바에서는 다양한 종류의 클래스와 인터페이스를 제공하고 있다. 이런 클래스와 인터페이스를 내부 멤버에서 활용하는 클래스를 작성하고자 할 때는 제공되는 클래스나 인터페이스의 다양성 만큼이나 많은 가짓수의 클래스를 생성해야 한다. 또한 동일한 이름의 메서드가 다양한 타입의 입력매개변수를 가질 수 있도록 하려면 고려하는 입력매개변수 타입의 수만큼 오버로딩을 수행해야 한다. 이러한 비효율성을 한 번에 해결하는 데 필요한 문법 요소가 바로 '제네릭[generic]'이다.

16.1.1 제네릭 없이 여러 객체를 저장하는 클래스 작성하기

제네릭 개념을 설명하기 전에 이전까지의 자바 문법 지식만으로 다음과 같이 사과와 연필을 각각 저장 및 관리할 수 있는 예제를 살펴보자.

```
class Apple {        // 사과(Apple)만 저장할 수 있는 클래스
}
class Goods1 {
    private Apple apple = new Apple();
    public Apple get() {
        return apple;
    }
    public void set(Apple apple) {
        this.apple = apple;
    }
}
```

사과를 저장(set)하고 가져오기(get)

```
Goods1 goods1 = new Goods1();
goods1.set(new Apple());
Apple apple = goods1.get();
```

```
class Pencil {        // 연필(Pencil)만 저장할 수 있는 클래스
}
class Goods2 {
    private Pencil pencil = new Pencil();
    public Pencil get() {
        return pencil;
    }
    public void set(Pencil pencil) {
        this.pencil = pencil;
    }
}
```

연필을 저장(set)하고 가져오기(get)

```
Goods2 goods2 = new Goods2();
goods2.set(new Pencil());
Pencil pencil = goods2.get();
```

먼저 클래스 Goods1은 Apple 타입의 필드, 이 필드값을 읽고 쓸 수 있는 getter 메서드, setter 메서드를 갖고 있다. 따라서 이 클래스의 객체를 생성함으로써 사과를 저장(set)하고 저장된 사과를 가져오는(get) 기능을 수행할 수 있다. 클래스 Goods2는 연필을 저장 및 관리할 수 있는 클래스로, 필드가 Pencil 타입이라는 것을 제외하면 클래스 Goods1과 동일하다. 즉, 사과와 연필을 저장하고 관리하기 위해 각각의 기능을 수행하는 클래스를 2개 만든 것이다.

setter, getter는 각각 필드에 값을 저장하고 저장된 값을 읽는 메서드를 말한다.

Do it! 실습 제네릭 없이 사과와 연필을 저장할 수 있는 클래스 생성 ProblemsBeforeGeneric.java

```
package sec01_theneedforgeneric.EX01_ProblemsBeforeGeneric;

// Apple 클래스와 Apple 클래스를 담을 수 있는 Goods1 클래스
class Apple {}
class Goods1 {
    private Apple apple = new Apple();
    public Apple getApple() {
        return apple;
    }
    public void setApple(Apple apple) {
        this.apple = apple;
    }
}

// Pencil 클래스와 Pencil 클래스를 담을 수 있는 Goods2 클래스
class Pencil {}
class Goods2 {
    private Pencil pencil = new Pencil();
    public Pencil getPencil() {
        return pencil;
    }
    public void setPencil(Pencil pencil) {
        this.pencil = pencil;
    }
}

public class ProblemsBeforeGeneric {
    public static void main(String[] args) {
        // Goods1을 이용해 Apple 객체를 추가하거나 가져오기
```

```
        Goods1 goods1 = new Goods1();
        goods1.setApple(new Apple());    Apple 타입만 입력 가능
        Apple apple = goods1.getApple();
        Apple 타입 리턴
        // Goods2를 이용해 Pencil 객체를 추가하거나 가져오기
        Goods2 goods2 = new Goods2();
        goods2.setPencil(new Pencil());    Pencil 타입만 입력 가능
        Pencil pencil = goods2.getPencil();
    }   Pencil 타입 리턴
}
```

실행 결과

없음

그렇다면 새로운 상품이 추가될 때마다 새롭게 클래스를 생성해야 할까? 1개의 상품 클래스로 모든 타입의 상품을 저장하고 관리할 수 없을까? 이에 대한 첫 번째 해결책은 다음과 같이 필드를 모든 자바 클래스의 최상위 클래스인 Object 타입으로 선언하는 것이다. 즉, Object 객체를 저장하고 관리하는 클래스를 생성하면 사과이든 연필이든 저장하거나 읽을 수 있을 것이다.

해결책 ① 필드의 타입을 모든 객체를 저장할 수 있는 Object로 정의

```
class Apple {}
class Pencil {}

class Goods {        모든 타입의 객체 저장 가능
    private Object object = new Object();
    public Object get() {
        return object;
    }
    public void set(Object object) {
        this.object = object;
    }
}
```

다만 이때 주의해야 할 점이 있다. 다음 예를 살펴보자.

```
Goods goods1 = new Goods();
goods1.set(new Apple());               // Apple 저장
Apple apple = (Apple)goods1.get();     // Object → Apple

Goods goods2 = new Goods();
goods2.set(new Pencil());              // Pencil 저장
Pencil pencil = (Pencil)goods2.get();  // Object → Pencil
```

데이터를 저장할 때는 상관없지만, 저장된 데이터를 각각의 타입(Apple, Pencil)으로 꺼내오기 위해서는 저장된 형태로 캐스팅해야 한다. 필드 자체가 Object 타입이기 때문에 get() 메서드로 가져오는 타입 또한 항상 Object 타입이다. 따라서 Apple 객체를 저장했을 때는 get() 메서드로 가져온 Object를 Apple 타입, Pencil 객체를 저장했을 때는 가져온 Object 타입을 Pencil 객체로 캐스팅해야 한다. 실제 저장 객체가 각각의 타입이기 때문에 다운캐스팅이 가능할 것이다.

하지만 만일 다음과 같이 실수로 실제로는 Apple 객체를 저장했는데, 가져온 Object를 Pencil 객체로 캐스팅하면 어떤 일이 벌어질까?

```
Goods goods3 = new Goods();
goods3.set(new Apple());              // Apple 객체 저장
Pencil pen = (Pencil)goods3.get();    // Pencil 타입으로 캐스팅 → ClassCastException 발생
```

우선 잘못 캐스팅했을 때 발생하는 예외인 ClassCastException은 실행 예외이기 때문에 문법 오류는 발생하지 않는다. 하지만 이러한 잘못된 캐스팅은 실행 중 예외를 발생시키고, 프로그램은 강제 종료될 것이다. 이를 '약한 타입 체크[weak type checking]'라고 한다. 약한 타입 체크는 잘못된 타입 캐스팅에도 문법 오류를 발생시키지 않는 것을 말한다.

Do it! 실습 해결책 ① Object를 사용해 다양한 객체 저장 Solution1_UsingObject.java

```
package sec01_theneedforgeneric.EX02_Solution1_UsingObject;

// Apple, Pencil 클래스를 모두 저장하거나 꺼낼 수 있는 클래스

class Apple {}
class Pencil {}
```

```java

class Goods {
    private Object object = new Object();
    public Object getObject() {
        return object;
    }
    public void setObject(Object object) {
        this.object = object;
    }
}

public class Solution1_UsingObject {
    public static void main(String[] args) {
        // Goods를 이용해 Apple 객체를 추가하거나 가져오기
        Goods goods1 = new Goods();
        goods1.setObject(new Apple());
        Apple apple = (Apple)goods1.getObject();

        // Goods를 이용해 Pencil 객체를 추가하거나 가져오기
        Goods goods2 = new Goods();
        goods2.setObject(new Pencil());
        Pencil pencil = (Pencil)goods2.getObject();

        // 잘못된 캐스팅(약한 타입 체크)
        // Goods goods3 = new Goods();
        // goods3.setObject(new Apple());
        // Pencil pencil2 = (Pencil)goods3.getObject();
    }
}
```

실행 예외 발생

실행 결과

없음

지금까지의 내용을 정리해 보자. 각 상품마다 각각의 클래스를 생성하는 대신, 최상위 클래스인 Object 타입의 필드를 선언하면 모든 타입의 상품을 저장할 수 있는 클래스를 생성할 수 있다. 다만 객체를 get() 메서드로 가져온 경우 각각의 타입으로 다운캐스팅을 수행해야 한다. 이때 약한 타입 체크만이 가능하므로 잘못된 캐스팅으로 실행 예외가 발생할 수 있으며 실행 중인 프로그램이 종료될 수 있다는 문제점이 있다. 이러한 문제점까지 해결할 수 있는 개념이 바로 '제네릭'이다.

16.2 제네릭의 문법

제네릭을 사용하면 모든 타입의 상품을 저장할 수 있으면서도 잘못된 캐스팅을 할 때 문법 오류를 발생시켜 잘못된 캐스팅으로 발생할 수 있는 문제를 사전에 예방할 수 있다. 이를 강한 타입 체크strong type checking라고 한다. 이것이 어떻게 가능할까? 이를 이해하기 위해서는 먼저 제네릭 클래스와 제네릭 인터페이스의 문법 구조를 알아야 한다.

16.2.1 제네릭 클래스와 제네릭 인터페이스 정의하기

제네릭 클래스와 제네릭 인터페이스를 정의하는 방법은 클래스명 다음에 〈제네릭 타입 변수명(들)〉을 삽입하는 것이다.

여기서 제네릭 타입 변수명은 사용자가 임의로 지정할 수 있지만, 일반적으로 영문 대문자 한 글자를 사용한다. 관례적으로 사용하는 제네릭 타입 변수명과 의미는 다음과 같다.

표 16-1 제네릭 타입 변수의 관례적 표기 및 의미

제네릭 타입 변수	의미
T	타입(Type)
K	키(Key)
V	값(Value)
N	숫자(Number)
E	원소(Element)

실제 제네릭 클래스와 제네릭 인터페이스를 정의한 예를 살펴보자.

```
public class MyClass<T> {
    private T t;
    public T get() {
        return t;
    }
    public void set(T t) {
        this.t = t;
    }
}
```

```
public interface MyInterface<K, V> {

    public abstract void setKey(K k);
    public abstract void setValue(V v);
    public abstract K getKey();
    public abstract V getValue();

}
```

제네릭 클래스인 MyClass〈T〉는 제네릭 타입 변수 1개를 갖고 있으며, 이 제네릭 타입은 필드 타입, getter 메서드의 리턴 타입, setter 메서드의 입력 타입에 사용됐다. 제네릭 인터페이스인 MyInterface〈K, V〉는 2개의 제네릭 타입 변수를 갖고 있으며, 각 setter, getter 메서드의 입력과 리턴 타입으로 사용됐다.

16.2.2 제네릭 클래스의 객체 생성

제네릭 클래스라고 해도 객체 생성 과정은 일반 클래스의 객체 생성 과정과 비슷하다. 다만 다음과 같이 클래스명 다음에 〈실제 제네릭 타입〉을 삽입한다는 점에서만 차이가 있다. 즉, **객체를 생성할 때 제네릭 타입 변수에 실제 타입을 대입**하는 것이다.

```
클래스명<실제 제네릭 타입> 참조 변수명 = new 클래스명<실제 제네릭 타입>();
또는
클래스명<실제 제네릭 타입> 참조 변수명 = new 클래스명<>();
```

일반 클래스의 객체 생성과 비교해 클래스명만 길어진 형태(클래스명〈실제 제네릭 타입〉)라고 생각하면 기억하기 쉬울 것이다. 추가로 객체의 생성 과정에서 생성자명에 포함된 오른쪽 항의 실제 제네릭 타입은 항상 왼쪽 항과 동일하기 때문에 생략할 수 있다.

다음 예제를 살펴보자. 먼저 제네릭 클래스 MyClass〈T〉를 정의한 후 객체를 생성해 사용했다. 첫 번째 객체 mc1은 객체를 생성할 때 실제 제네릭 타입으로 String을 대입했다. 즉, MyClass〈T〉에서 T의 제네릭 타입 변수가 모두 String으로 치환된다고 생각하면 된다. 이렇게 되면 mc1 객체는 String 타입을 저장 및 관리하는 객체가 되는 것이다. 두 번째 객체인 mc2는 객체를 생성할 때 Integer 타입을 대입했기 때문에 Integer 타입을 저장 및 관리할 수 있는 객체가 된다. 즉, 제네릭 클래스는 **클래스를 정의하는 시점에 타입을 지정하는 것이 아니라 객체를 생성하는 시점에 타입을 지정**하기 때문에 하나의 제네릭 클래스로 다양한 타입의 객체를 저장 및 관리할 수 있는 객체를 생성할 수 있는 것이다. 마지막 생성 객체인 mc3도 mc2와 마찬가지로 객체를 생성할 때 Integer 타입을 제네릭 타입으로 지정했다. 즉, 모든 제네릭 타입 변수가 Integer 타입으로 치환된 것이다. 따라서 setter 메서드의 입력으로 문자열을 입력하면 바로 문법 오류를 발생(강한 타입 체크)시킨다. 지금까지의 내용을 완벽하게 이해했다면 이런 문법을 만든 이의 천재성에 경외감이 들 것이다.

Do it! 실습 제네릭 타입 변수 1개를 가진 제네릭 클래스의 선언 및 활용 SingleGenericArgument.java

```
package sec02_genericclass.EX01_SingleGenericArgument;

class MyClass<T> {
    private T t;
    public T get() {
        return t;
    }
    public void set(T t) {
        this.t = t;
    }
}

public class SingleGenericArgument {
    public static void main(String[] args) {
        MyClass<String> mc1 = new MyClass<String>();
        mc1.set("안녕");
        System.out.println(mc1.get());
        MyClass<Integer> mc2 = new MyClass<>();
```

String 타입을 저장하거나 꺼내 올 수 있는 객체로 지정

Integer 타입을 저장하거나 꺼내올 수 있는 객체로 지정

```
        mc2.set(100);
        System.out.println(mc2.get());
        // MyClass<Integer> mc3 = new MyClass<>();
        // mc3.set("안녕");
    }
}
```

강한 타입 체크로 문법 오류 발생

실행 결과

```
안녕
100
```

앞에서 살펴본 것처럼 단순히 하나의 클래스로 다양한 타입의 객체를 저장하고 관리할 수 있도록 하는 것은 Object 타입의 필드를 사용하는 것만으로도 가능하다. 하지만 이때 모든 객체는 Object 타입이기 때문에 실수로 엉뚱한 객체를 저장하더라도 오류가 발생하지 않으며 getter 메서드로 꺼내온 값도 Object 타입이므로 항상 다운캐스팅을 수행해야 한다. 하지만 제네릭 클래스를 사용한 mc1, mc2 객체 생성 예제를 살펴보면, 입출력이 각각 객체를 생성할 때 정해진 타입으로 확정되기 때문에 setter 메서드를 사용할 때 입력 타입을 정확히 확인(강한 타입 체크)할 수 있고, 출력 또한 해당 타입으로 리턴되기 때문에 다운캐스팅 자체가 필요 없는 것이다.

이번에는 제네릭 타입 변수가 2개일 때의 예시를 살펴보자. 제네릭 타입 변수가 2개인 점을 제외하면 앞에서 살펴본 제네릭 타입 변수가 1개일 때와 완벽히 동일하다. 객체를 생성할 때 사용한 실제 제네릭 타입은 순서대로 각각의 제네릭 타입 변수로 치환된다.

Do it! 실습 제네릭 타입 변수 2개를 가진 제네릭 클래스의 선언 및 활용 TwoGenericArguments.java

```
package sec02_genericclass.EX02_TwoGenericArguments;

class KeyValue<K, V> {
    private K key;
    private V value;
    public K getKey() {
        return key;
    }
```

```java
    public void setKey(K key) {
        this.key = key;
    }
    public V getValue() {
        return value;
    }
    public void setValue(V value) {
        this.value = value;
    }
}

public class TwoGenericArguments {
    public static void main(String[] args) {
        KeyValue<String, Integer> kv1 = new KeyValue<>();
        kv1.setKey("사과");
        kv1.setValue(1000);
        String key1 = kv1.getKey();
        int value1 = kv1.getValue();
        System.out.println("key: " + key1 + " value: " + value1);

        KeyValue<Integer, String> kv2 = new KeyValue<>();
        kv2.setKey(404);
        kv2.setValue("Not Found(요청한 페이지를 찾을 수 없습니다.)");
        int key2 = kv2.getKey();
        String value2 = kv2.getValue();
        System.out.println("key: " + key2 + " value: " + value2);

        KeyValue<String, Void> kv3 = new KeyValue<>();
        kv3.setKey("키 값만 사용");
        String key3 = kv3.getKey();
        System.out.println("key: " + key3);
    }
}
```

제네릭 타입 변수 K, V가 각각 String, Integer 타입으로 결정

제네릭 타입 변수 K, V가 각각 Integer, String 타입으로 결정

해당 제네릭 타입 변수의 필드를 사용하지 않는다는 것을 의미

실행 결과

```
key: 사과 value: 1000
key: 404 value: Not Found(요청한 페이지를 찾을 수 없습니다.)
key: 키 값만 사용
```

이제 제네릭의 필요성에 대해 이야기할 때 들었던 사과와 연필을 저장하는 예로 돌아가 보자. 결국 우리가 하고 싶은 것은 바로 ❶ 추가 클래스 생성 없이 어떤 상품도 저장 및 관리할 수 있어야 한다는 것과 ❷ setter 메서드에 잘못된 객체를 입력했을 때 바로 문법으로 체크할 수 있어야 하며 getter 메서드의 리턴 타입도 다운캐스팅이 필요 없어야 한다는 것이다. 항목 ❶은 Object 타입으로 선언하는 것만으로도 가능하지만, 항목 ❷까지 만족시키기 위한 유일한 방법이 바로 제네릭인 것이다.

다음 예제에서는 Goods〈T〉 클래스를 제네릭 클래스로 선언했다. 객체 생성 과정에서는 goods1일 때 제네릭 타입을 Apple 타입, goods2일 때 Pencil 타입으로 설정했다. 이제 goods1은 Apple 타입만 입력(set())할 수 있고, 출력(get()) 또한 Apple 타입으로 나온다. goods2는 제네릭 타입을 Pencil 타입으로 설정한 것만 다르다. 마지막으로 goods3을 보면 Apple 타입으로 제네릭 타입을 설정했는데도 꺼낸 값을 Pencil 타입으로 저장하면, 즉 잘못된 타입을 지정하면 바로 문법 오류를 발생시켜 사전에 수정할 수 있게 된다.

Do it! 실습 해결책 ② 제네릭 클래스를 사용한 다양한 객체의 저장 Solution2_Generic.java

```java
package sec02_genericclass.EX03_Solution2_Generic;

class Apple {}
class Pencil {}
class Goods<T> {
    private T t;
    public T get() {
        return t;
    }
    public void set(T t) {
        this.t = t;
    }
}

public class Solution2_Generic {
    public static void main(String[] args) {
        // 1. Goods를 이용해 Apple 객체를 추가하거나 가져오기
        Goods<Apple> goods1 = new Goods<>();
        goods1.set(new Apple());
        Apple apple = goods1.get(); // 다운캐스팅 필요 없음

        // 2. Goods를 이용해 Pencil 객체를 추가하거나 가져오기
```

```
        Goods<Pencil> goods2 = new Goods<>();
        goods2.set(new Pencil());
        Pencil pencil = goods2.get();

        // 3. 잘못된 타입 선언
        Goods<Apple> goods3 = new Goods<>();
        goods3.set(new Apple());
        // Pencil pencil2 = goods3.get(); // 강한 타입 체크로 문법 오류 발생
    }
}
```

실행 결과

```
없음
```

참고로 제네릭 클래스의 객체를 생성할 때 〈실제 제네릭 타입〉을 생략해도 문법 오류는 발생하지 않는다. 이때 제네릭 타입 변수에는 올 수 있는 타입 중 최상위 클래스인 Object가 대입된 것으로 간주해 객체가 생성된다. 즉, 제네릭 클래스 A〈T〉가 있을 때 `A a = new A()`와 같이 객체를 생성하는 것은 `A<Object> a = new A<Object>()`와 동일한 의미를 갖는 것이다.

```
A  a = new A();     =     A<Object> a = new A<Object>();
```

16.3 제네릭 메서드

16.3.1 제네릭 메서드의 정의와 호출

클래스 전체를 제네릭으로 선언하는 대신, 일반 클래스 내부의 특정 메서드만 제네릭으로 선언할 수도 있다. 이를 '제네릭 메서드'라고 하며, 리턴 타입 또는 입력매개변수의 타입을 제네릭 타입 변수로 선언한다. 제네릭 클래스가 객체를 생성하는 시점에 실제 타입을 지정하는 것과 달리 **제네릭 메서드는 호출되는 시점에 실제 제네릭 타입을 지정**한다. 먼저 제네릭 메서드의 문법 구조를 살펴보자.

제네릭 메서드의 문법 구조

제네릭 타입 변수명이 1개일 때

```
접근 지정자 <T> T 메서드명 (T t) {
    // 타입 T를 사용한 코드
}
```

제네릭 타입 변수명이 2개일 때

```
접근 지정자 <T, V> T 메서드명 (T t, V v) {
    // 타입 T, V를 사용한 코드
}
```

매개변수에만 제네릭이 사용됐을 때

```
접근 지정자 <T> void 메서드명 (T t) {
    // 타입 T를 사용한 코드
}
```

리턴 타입에만 제네릭이 사용됐을 때

```
접근 지정자 <T> T 메서드명 (int a) {
    // 타입 T를 사용한 코드
}
```

제네릭 메서드를 정의할 때는 리턴 타입 앞에 〈제네릭 타입 변수(들)〉이 위치하고, 제네릭 클래스와 마찬가지로 2개 이상의 제네릭 타입 변수를 가질 수도 있다. 입력매개변수와 리턴 타입에 제네릭 타입 변수를 모두 사용할 수도 있고, 둘 중 한 곳에서만 사용할 수도 있다. 이번에는 제네릭 메서드 호출의 문법 구조를 살펴보자.

제네릭 메서드 호출의 문법 구조

```
참조 객체.<실제 제네릭 타입>메서드명(입력매개변수);
```

위에서 정의한 제네릭 메서드를 호출할 때는 호출할 메서드명 앞에 〈실제 제네릭 타입〉을 삽입해 표현한다. 앞서 언급한 것처럼 제네릭 메서드는 메서드를 호출할 때 실제 제네릭 타입을 결정해 줘야 하기 때문이다.

다만 입력매개변수에 제네릭 타입 변수가 사용돼 입력매개변수의 타입만으로 실제 제네릭 타입을 예측할 수 있을 때 생략할 수 있다. 다음과 같이 method1(T t)와 같은 제네릭 메서드를 고려해 보자.

```
public <T> T method1(T t) {
    return t;
}
```

이때 제네릭 타입 변수로 Integer를 대입해 메서드를 호출하고자 할 때 원칙적으로는 **참조 객체.<Integer>method1(100)**과 같이 사용해야 하지만, 입력매개변수를 보고 제네릭 타입 변수의 실제 타입을 예측할 수 있기 때문에 제네릭 타입 변수를 생략하고 **참조 객체.method1(100)**과 같이 표현해도 무방하다.

다음 예제에서 일반 클래스인 GenericMethods는 3개의 제네릭 메서드를 갖고 있다. main() 메서드에서는 GenericMethods 클래스의 객체를 생성하고, 각각의 제네릭 메서드를 호출했다. 이 과정에서 method1()은 호출할 때 제네릭 타입으로 String을 지정했고, method2()는 Double로 지정했다. 마지막 method3()에서는 2개의 제네릭 타입 변수를 사용하고 있으며, 호출할 때 각각 String과 Integer로 지정해 사용했다. 세 메서드 모두 입력매개변수로 제네릭 타입 변수를 사용하고 있기 때문에 호출 과정에서 〈실제 제네릭 타입〉은 생략할 수 있다. 만일 입력매개변수 자체가 없거나 입력매개변수에서 제네릭 타입 변수를 사용하지 않을 때는 제네릭 타입 변수를 입력값으로 예측할 수 없기 때문에 생략할 수 없을 것이다.

Do it! 실습 일반 클래스의 내부에 포함되는 제네릭 메서드 GenericMethod.java

```java
package sec03_genericmethod.EX01_GenericMethod;

// 일반 클래스 안에 제네릭 메서드
class GenericMethods{
    public <T> T method1(T t) {
        return t;
    }
    public <T> boolean method2(T t1, T t2) {
        return t1.equals(t2);
    }
    public <K,V> void method3(K k, V v) {
        System.out.println(k + ":" + v);
    }
}

public class GenericMethod {
    public static void main(String[] args) {

        GenericMethods gm = new GenericMethods();

        String str1 = gm.<String>method1("안녕");
        String str2 = gm.method1("안녕");
        System.out.println(str1);
        System.out.println(str2);

        boolean bool1 = gm.<Double>method2(2.5, 2.5);
        boolean bool2 = gm.method2(2.5, 2.5);
        System.out.println(bool1);
        System.out.println(bool2);

        gm.<String, Integer>method3("국어", 80);
        gm.method3("국어", 80);
    }
}
```

제네릭 타입을 String으로 지정

입력매개변숫값으로 제네릭 타입을 유추할 수 있을 때 제네릭 타입 지정 생략 가능

실행 결과

```
안녕
안녕
true
true
국어: 80
국어: 80
```

16.3.2 제네릭 메서드 내에서 사용할 수 있는 메서드

제네릭 메서드 내에서 제네릭 타입의 입력매개변수로 전달된 객체의 메서드를 호출할 때를 고려해 보자. 앞에서 이야기한 것처럼 제네릭 메서드의 제네릭 타입 변수는 메서드가 호출되는 시점에 결정된다. 즉, 제네릭 메서드를 정의하는 시점에서는 아직 어떤 타입이 입력될지 전혀 모르는 것이다. 따라서 특정 타입에 포함돼 있는 메서드(String 객체의 length() 등)는 메서드를 정의하는 시점에 사용할 수 없다.

그렇다면 아직 결정되지 않은 제네릭 타입 T 객체의 내부에서는 어떤 메서드를 사용할 수 있을까? 이후 제네릭 메서드가 호출되는 시점에서 실제 제네릭 타입이 어떤 것으로 결정되더라도 해당 타입은 Object 타입이라고 불릴 수 있을 것이다. 여러 번 이야기한 것처럼 자바의 모든 클래스는 Object 클래스의 자식 클래스이기 때문이다. 따라서 제네릭 메서드의 내부에서는 아직 확정되지 않은 제네릭 타입 객체의 멤버 중 Object에서 물려받은 메서드만 사용할 수 있다. 즉, 나중에 어떤 타입이 제네릭 타입 변수로 확정되더라도 항상 사용할 수 있는 메서드만 제네릭 메서드 내부에서 사용할 수 있는 것이다.

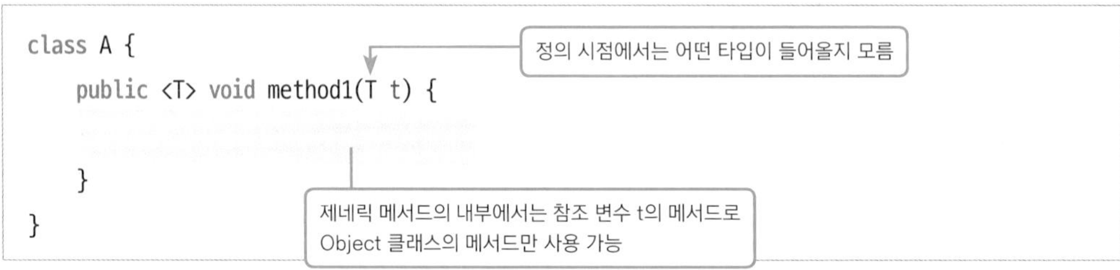

'비록 제네릭 메서드이지만, 이후 호출할 때 제네릭 타입으로 String만 넣을 예정이므로 내부에서 String 클래스의 메서드를 사용할 수 있지 않을까?'라는 생각을 할 수도 있다. 하지만 불가능하다. 비록 나중에 String만 넣는다고는 하지만 문법적으로는 모든 타입이 올 수 있도록 허용하고 있기 때문에 String일 때만 사용할 수 있는 메서드의 사용을 허용할 수 없는 것이다. 즉, 어떤 상황이든 제네릭 타입의 입력매개변수 객체 내부에서는 Object에게 상속받은 메서드만 활용할 수 있다.

```
A a = new A();
a.<String>method1("안녕");
```

```
class A {
    public <T> void method1(T t) {
        System.out.println(t.length());            // 불가능
    }
}
```

String 클래스의 메서드

```
class A {
    public <T> void method1(T t) {
        System.out.println(t.equals("안녕"));       // 가능
    }
}
```

Object 클래스의 메서드

사실 제네릭 메서드 내에서 Object의 메서드만 활용할 수 있다면 제네릭 메서드의 활용 범위는 매우 좁아질 것이다. 이에 대한 해결책이 바로 제네릭 타입의 범위 제한이며, 이는 다음 절에서 다룬다.

Do it! 실습 제네릭 메서드 내부에서 사용할 수 있는 메서드 AvailableMethodInGenericMethod.java

```
package sec03_genericmethod.EX02_AvailableMethodInGenericMethod;

class A {
    public <T> void method(T t) {
        // System.out.println(t.length());
        System.out.println(t.equals("안녕"));
    }
}

public class AvailableMethodInGenericMethod {
    public static void main(String[] args) {

        A a = new A();
        a.<String>method("안녕");

    }
}
```

불가능(String 메서드 호출 불가능)

가능(Object 메서드만 호출 가능)

실행 결과

```
true
```

16.4 제네릭 타입 범위 제한

16.4.1 제네릭 타입 범위 제한의 필요성

제네릭 클래스 또는 제네릭 메서드를 사용할 때는 각각 객체를 생성할 때와 메서드를 호출할 때 제네릭 타입을 지정하기 때문에 그때그때 다양한 타입을 처리할 수 있다는 장점이 있다. 하지만 다음과 같을 때를 고려해 보자. 사과, 배, 딸기 등은 과일 클래스를 상속해 만든 클래스이고, 연필, 지우개, 볼펜 등은 문구 클래스를 상속받은 자식 클래스이다. 이때 과일의 종류만 저장 및 관리하는 제네릭 클래스를 생성하고 싶거나 문구류만 저장 및 관리하는 클래스를 생성하고 싶다면 어떻게 해야 할까? 일반적인 제네릭 클래스 또는 제네릭 메서드는 제네릭 타입 변수에 모든 타입이 올 수 있기 때문에 이런 기능은 구현할 수 없다.

```
class Goods<T> {
    private T t;
    public T get() {
        return t;
    }
    public void set(T t) {
        this.t = t;
    }
}
```

과일류 또는 문구류만 저장하는 것은 불가능

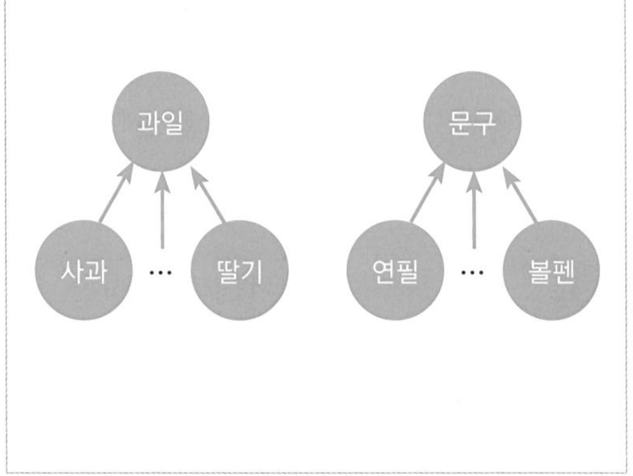

이런 기능을 구현하려면 제네릭 타입으로 올 수 있는 실제 타입의 종류를 제한해야 한다. 이것이 바로 '제네릭 타입의 범위 제한bound'이다. 만일 위의 제네릭 클래스에서 사용하는 제네릭 타입 변수 〈T〉를 과일 객체로 한정하면 여기에는 사과, 배, 딸기 등과 같은 과일의 하위 클래스들이 올 수 있지만, 연필, 볼펜과 같은 문구의 하위 클래스들은 저장 자체가 불가능해질 것이다. 물론 이와 반대일 때도 마찬가지다. 따라서 제네릭 타입의 범위를 제한함으로써 과일만 저장할 수 있는 제네릭 클래스 또는 문구만 저장할 수 있는 제네릭 클래스를 만들 수 있다.

제네릭 타입의 범위 제한으로 얻을 수 있는 또 하나의 장점은 입력매개변수로 제네릭 타입의 객체 t가 전달됐을 때 메서드 내부에서 사용할 수 있는 객체 t의 메서드 종류다. 이전에 알아본 것처럼 제네릭 타입 변수가 이후에 어떤 타입으로 지정될지 모르기 때문에 제네릭 입력매개변수를 갖는 메서드의 내부에서는 Object 클래스의 메서드만 사용할 수 있었다. 하지만 대입할 수 있는 제네릭 타입이 과일로 제한되면 제네릭 변수로는 과일 또는 과일의 자식 클래스만 대입할 수 있고, 이때 어떤 타입이 지정되든 과일의 메서드는 모두 포함하고 있을 것이다. 따라서 해당 제네릭 메서드의 내부에서는 과일 객체의 메서드를 모두 사용할 수 있게 된다. 이와 비슷한 예로, 만일 입력매개변수의 제네릭 타입 변수가 Number 클래스로 한정된다면 실제 제네릭 타입으로는 Number 또는 Number 클래스의 자식 클래스인 Integer, Long, Float, Double 등과 같은 타입만 지정될 수 있을 것이다.

Number 클래스는 8개의 기본 자료형 중 숫자를 저장하는 6개의 기본 자료형(byte, short, int, long, float, double)을 클래스로 포장(wrapping)한 클래스들(Byte, Short, Integer, Long, Float, Double)의 공통된 특성을 뽑아 정의한 부모 클래스다.

16.4.2 제네릭 타입 범위 제한의 종류와 타입 범위 제한 방법

제네릭 타입의 범위를 제한하는 방법은 제네릭 클래스에서 제네릭 타입을 제한할 때, 제네릭 메서드에서 제네릭 타입을 제한할 때, 일반 메서드의 매개변수로서 제네릭 클래스의 타입을 제한할 때로 나눠 고려할 수 있다. 이들 모두 제네릭 클래스와 제네릭 메서드 그리고 제네릭 타입을 입력매개변수로 갖는 일반 메서드를 **정의하는 과정에서 제네릭 타입의 범위를 제한한다**.

제네릭 클래스의 타입 제한

제네릭 클래스의 정의 과정에서 제네릭 타입을 제한하는 방법은 〈제네릭 타입 변수 extends 상위 클래스〉와 같이 제네릭 타입으로 대입될 수 있는 최상위 클래스를 extends 키워드와 함께 정의하는 것이다.

제네릭 클래스의 타입 제한 문법 구조

```
접근 지정자 class 클래스명 <T extends 최상위 클래스/인터페이스명> {

}
```

클래스/인터페이스 상관없이 항상 extends 사용

예를 들어 〈T extends Fruit〉와 같이 작성하면 Fruit 객체 또는 Fruit의 자식 클래스 객체만 대입할 수 있게 된다.

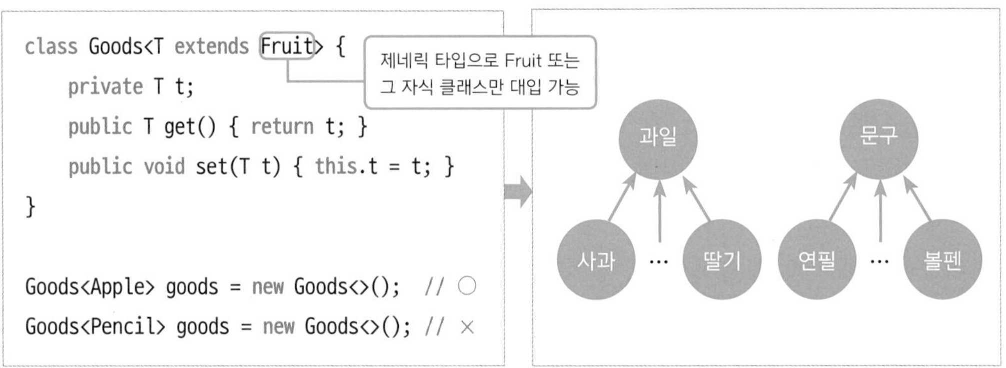
class Goods<T extends Fruit> {
private T t;
public T get() { return t; }
public void set(T t) { this.t = t; }
}
Goods<Apple> goods = new Goods<>(); // ○
Goods<Pencil> goods = new Goods<>(); // ×
제네릭 타입으로 Fruit 또는
그 자식 클래스만 대입 가능
과일
사과
딸기
문구
연필
볼펜

이때 주의해야 할 점은 여기서 사용한 extends 키워드는 상속에서 사용한 것처럼 '상속하라.'의 의미가 아니라 '최상위 클래스/인터페이스로 지정한다.'의 의미를 갖는다는 것이다. 따라서 상속에서와 달리, 뒤에 나오는 요소가 **클래스이든, 인터페이스이든 항상 extends 키워드를 사용**해야 한다.

다음 예제를 살펴보자. 먼저 3개의 클래스는 A ← B ← C의 상속 구조를 갖고 있다. 이때 제네릭 클래스 D는 다음과 같이 제네릭 타입으로 클래스 B 또는 클래스 B의 자식 클래스만 오도록 제한했다.

```
class D<T extends B> {
    private T t;
    public T get() { return t; }
    public void set(T t) { this.t = t; }
}
```

이 경우 다음 4가지 형태로 객체를 생성했을 때를 살펴보자.

```
D<A> d1 = new D<>();        // 불가능
D<B> d2 = new D<>();
D<C> d3 = new D<>();
D d4 = new D();             // D<B> d4 = D<>();와 동일
```

먼저 `D<A> d1 = new D<>()`는 제네릭 타입 제한에 걸려 객체 생성 자체가 불가능하다. 제네릭 클래스 D의 제네릭 타입으로 사용할 수 있는 타입은 B와 C로 한정되기 때문이다. 따라서 두 번째와 세 번째처럼 각각 `D<B> d2 = new D<>()`와 `D<C> d3 = new D<>()`는 모두 적절히 객체가 생성될 것이다. 마지막 줄인 `D d4 = new D()`와 같이 제네릭 클래스의 객체를 생성할 때 제네

릭 타입을 생략하면 대입될 수 있는 모든 타입의 최상위 클래스가 입력된 것으로 간주한다. 클래스 D는 〈T extends B〉를 이용해 최상위 클래스를 B로 제한했으므로 제네릭 타입을 생략하고 객체를 생성하면 올 수 있는 모든 타입의 최상위 클래스인 〈B〉 타입이 제네릭 타입으로 대입된 것으로 간주한다. 따라서 `D d4 = new D()`는 `D<B> d4 = new D<>()`와 동일한 의미를 가진다. 입력매개변수로 제네릭 타입을 갖는 클래스 D의 set() 메서드에서도 동일하게 적용되므로 입력매개변수 타입으로는 B, C 타입만 올 수 있다.

Do it! 실습 제네릭 클래스에서의 제네릭 타입 제한 범위 설정 BoundedTypeOfGenericClass.java

```java
package sec04_boundedtype.EX01_BoundedTypeOfGenericClass;

class A {}
class B extends A {}
class C extends B {}

class D <T extends B> {              // B와 C만 올 수 있음
    private T t;
    public T get() {
        return t;
    }
    public void set(T t) {
        this.t = t;
    }
}

public class BoundedTypeOfGenericClass {
    public static void main(String[] args) {
        // D<A> d1 = new D<>();        // 불가능
        D<B> d2 = new D<>();
        D<C> d3 = new D<>();
        D d4 = new D();                // D<B> d4 = new D<>();

        d2.set(new B());
        d2.set(new C());

        // d3.set(new B());
        d3.set(new C());
```

d3 객체는 객체를 생성할 때 제네릭 타입으로 C를 지정하므로 B 객체는 입력 불가능

```java

        d4.set(new B());
        d4.set(new C());
    }
}
```

실행 결과

```
없음
```

제네릭 메서드의 타입 제한

이번에는 제네릭 메서드의 타입 제한 방법에 대해 알아보자. 제네릭 클래스와 마찬가지로 〈제네릭 타입 변수 extends 상위 클래스〉와 같이 올 수 있는 최상위 타입을 정의하며, 클래스와 인터페이스 모두 extends 키워드를 사용한다. 즉, 제네릭 클래스일 때와 동일한 타입 제한 방식이 적용되는 것이다.

제네릭 메서드의 타입 제한 문법 구조

```
접근 지정자 <T extends 최상위 클래스/인터페이스명> T 메서드명(T t) {
    // 최상위 클래스의 메서드 사용 가능
}
```

제네릭 메서드에서 중요한 것은 메서드 내부에서 사용할 수 있는 메서드의 종류다. 타입을 제한하지 않을 때는 모든 타입의 최상위 클래스인 Object 메서드만 사용할 수 있었다. 하지만 같은 원리로 〈T extends String〉과 같이 표현하면 올 수 있는 모든 타입의 최상위 타입이 String이기 때문에 해당 제네릭 메서드의 내부에서는 String 객체의 멤버(필드/메서드)를 사용할 수 있는 것이다.

chatAt(int index) 메서드는 String 클래스의 메서드로, 문자열에서 index 위치의 문자를 char 타입으로 리턴하는 메서드다.

```java
class GenericMethods {
    public <T> void method1(T t) {
        char c = t.charAt(0);  // Object 메서드만 사용 가능
        System.out.println(c);
    }
    public <T extends String> void method2(T t) {
        char c = t.charAt(0);  // String의 메서드 사용 가능
        System.out.println(c);
    }
}
```

참고로 String은 자식 클래스를 생성할 수 없는 final 클래스이기 때문에 〈T extends String〉과 같이 표현하면 실제 제네릭 타입으로 올 수 있는 타입은 String밖에 없다. 다음 예제를 살펴보자.

```
class A {
    public <T extends Number> void method1(T t) {
        System.out.println(t.intValue()); // 값을 정수로 리턴하는 Number 클래스의 메서드
    }
}
```

```
interface MyInterface {
    public abstract void print();
}
class B {
    public <T extends MyInterface> void method1(T t) {
        t.print();
    }
}
```

인터페이스에서도 extends 키워드 사용

클래스 A 내의 제네릭 메서드인 method1()은 제네릭 타입으로 올 수 있는 최상위 타입을 Number 타입으로 제한했다. 따라서 메서드 내에서 Number 클래스의 메서드인 intValue()를 호출할 수 있다. 여기서 intValue()는 숫자를 정숫값으로 바꿔 리턴하는 메서드다. 두 번째는 인터페이스 MyInterface를 정의했으며, 이 인터페이스의 내부는 print() 추상 메서드를 갖고 있다. 클래스 B에 포함된 제네릭 메서드 method1()은 최상위 제네릭 타입을 MyInterface로 한정했으며, 이 과정에서도 클래스와 동일하게 extends 키워드를 사용했다. 최상위 타입이 MyInterface로 제한돼 있기 때문에 이 메서드의 내부에서는 print() 메서드를 호출할 수 있을 것이다. 다만 이 메서드를 호출하기 위해서는 MyInterface 객체를 생성해야 하며, 이 과정에서 print() 메서드를 구현해야 할 것이다.

Do it! 실습 제네릭 메서드에서의 제네릭 타입 제한 범위 설정 BoundedTypeOfGenericMethod.java

```
package sec04_boundedtype.EX02_BoundedTypeOfGenericMethod;

class A {
    public <T extends Number> void method1(T t) {
        System.out.println(t.intValue());
    }
}

interface MyInterface {
    public abstract void print();
}

class B {
    public <T extends MyInterface> void method1(T t) {
        t.print();
    }
}

public class BoundedTypeOfGenericMethod {
    public static void main(String[] args) {
        A a = new A();
        a.method1(5.8);  // = a.<Double>method1(5.8)

        B b = new B();
        b.method1(new MyInterface() {
            @Override
            public void print() {
                System.out.println("print() 구현");
            }
        });
    }
}
```

실행 결과

```
5
print() 구현
```

메서드 매개변수일 때 제네릭 클래스의 타입 제한

마지막으로 제네릭 클래스 타입 변수가 일반 메서드의 입력매개변수로 사용될 때를 알아보자. 이때 입력매개변수에 입력되는 제네릭 클래스 객체의 제네릭 타입은 크게 4가지 형태로 제한할 수 있다.

제네릭 클래스 객체의 제네릭 타입

```
리턴 타입 메서드명(제네릭 클래스명<제네릭 타입명> 참조 변수명) {
    // ...
}
```

```
리턴 타입 메서드명(제네릭 클래스명<?> 참조 변수명) {
    // ...
}
```

```
리턴 타입 메서드명(제네릭 클래스명<? extends 상위 클래스/인터페이스> 참조 변수명) {
    // ...
}
```

```
리턴 타입 메서드명(제네릭 클래스명<? super 하위 클래스/인터페이스> 참조 변수명) {
    // ...
}
```

예

```
method(Goods<A> v)                // 제네릭 타입 = A인 객체만 가능
method(Goods<?> v)                // 제네릭 타입 = 모든 타입인 객체 가능
method(Goods<? extends B> v)      // 제네릭 타입 = B 또는 B의 자식 클래스인 객체만 가능
method(Goods<? super B> v)        // 제네릭 타입 = B 또는 B의 부모 클래스인 객체만 가능
```

첫 번째는 객체의 제네릭 타입을 특정 타입으로 확정하는 방법이다. 이때 해당 타입을 제네릭 타입으로 갖는 제네릭 객체만 입력매개변수로 전달할 수 있다. 두 번째는 제네릭 타입 변수에 〈?〉를 사용할 때로, 이때는 제네릭 타입으로 어떤 것이 대입됐든 해당 제네릭 객체이기만 하면 매개변수로 사용할 수 있다는 것을 의미한다. 세 번째는 〈? extends 상위 클래스/인터페이스〉와 같이 표기하는 방법으로, 이때 상위 클래스 또는 상위 클래스의 자식 클래스 타입이 제네릭 타입으로 대입된 객체가 매개변수로 올 수 있다. 마지막으로 〈? super 하위 클래스/인터페이스〉는 extends와 반대 개념으로, 제네릭 타입으로 하위 클래스 또는 하위 클래스의 부모 클래스 타입이 올 수 있다는 것을 의미한다.

다음 예는 Goods〈T〉의 제네릭 클래스가 있고, A ← B ← C ← D와 같은 상속 구조를 갖고 있다. 이제 Test 클래스에 포함된 4개 메서드의 매개변수를 살펴보자. Goods〈A〉는 제네릭 타입으로 A만을 지정했을 때이고, Goods〈?〉는 A, B, C, D 타입이 모두 ? 자리에 올 수 있다는 것을 의미한다. Goods〈? extends B〉일 때는 B 또는 B의 자식 클래스만 가능하기 때문에 제네릭 타입으로 B, C, D 타입이 가능하다. 마지막으로 Goods〈? super B〉는 B 또는 B의 부모 클래스들이 가능하기 때문에 A, B가 제네릭 타입으로 지정될 수 있는 것이다. 참고로 A ← B의 상속 관계를 가진다고 해서 Goods〈A〉 ← Goods〈B〉의 관계를 갖는 것으로 생각해서는 절대 안 된다. Goods〈A〉와 Goods〈B〉는 서로 상속 관계에 있는 것이 아니라 대입된 제네릭 타입만 다른 완벽히 동일한 클래스다.

Do it! 실습 메서드 매개변수로서 제네릭 클래스의 타입 제한 범위 설정 BoundedTypeOfInputArguments.java

```
package sec04_boundedtype.EX03_BoundedTypeOfInputArguments;

class A {}
class B extends A {}
class C extends B {}
class D extends C {}

class Goods<T> {
    private T t;
    public T get() {
        return t;
    }
    public void set(T t) {
        this.t = t;
    }
}

class Test {
    void method1(Goods<A> g) {}              // case1
    void method2(Goods<?> g) {}              // case2
    void method3(Goods<? extends B> g) {}    // case3
    void method4(Goods<? super B> g) {}      // case4
}

public class BoundedTypeOfInputArguments {
    public static void main(String[] args) {
```

```
        Test t = new Test();

        // case1
        t.method1(new Goods<A>());
//      t.method1(new Goods<B>());
//      t.method1(new Goods<C>());
//      t.method1(new Goods<D>());

        // case2
        t.method2(new Goods<A>());
        t.method2(new Goods<B>());
        t.method2(new Goods<C>());
        t.method2(new Goods<D>());

        // case3
//      t.method3(new Goods<A>());
        t.method3(new Goods<B>());
        t.method3(new Goods<C>());
        t.method3(new Goods<D>());

        // case4
        t.method4(new Goods<A>());
        t.method4(new Goods<B>());
//      t.method4(new Goods<C>());
//      t.method4(new Goods<D>());
    }
}
```

실행 결과

없음

16.5 제네릭의 상속

16.5.1 제네릭 클래스의 상속

부모 클래스가 제네릭 클래스일 때, 이를 상속한 자식 클래스도 제네릭 클래스가 된다. 즉, 제네릭 타입 변수를 자식 클래스가 그대로 물려받게 되는 것이다. 또한 자식 클래스는 제네릭 타입 변수를 추가해 정의할 수도 있다. 따라서 자식 클래스의 제네릭 타입 변수의 개수는 항상 부모보다 같거나 많을 것이다.

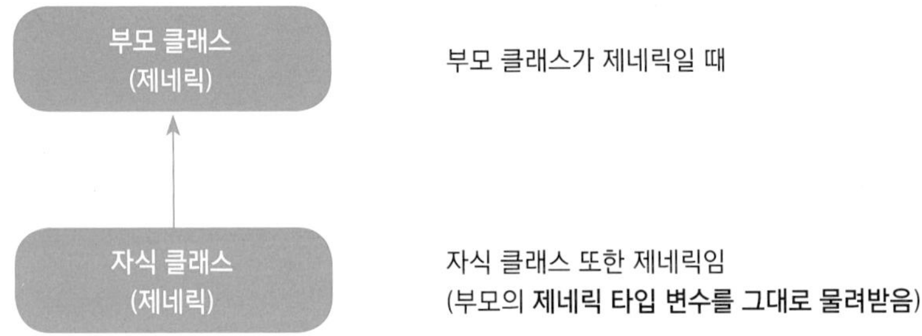

그림 16-1 제네릭 클래스의 상속

부모 클래스와 제네릭 타입 변수의 개수가 동일할 때

```
class Parent<K, V> {
    // ...
}
class Child<K, V> extends Parent<K, V> {
    // ...
}
```

부모 클래스보다 제네릭 타입 변수의 개수가 많을 때

```
class Parent<K> {
    // ...
}
class Child<K, V> extends Parent<K> {
    // ...
}
```

다음 예제에서 클래스 Parent⟨T⟩는 하나의 제네릭 타입 변수를 갖고 있다. 이 클래스를 상속받아 Child1⟨T⟩와 Child2⟨T, V⟩ 자식 클래스를 생성했다. 첫 번째 자식 클래스는 부모의 제네릭 타입 변수를 그대로 물려받은 것이고, 두 번째 자식 클래스는 추가로 제네릭 타입 변수를 정의했다. 제네릭 타입 변수를 포함하고 있다는 점을 제외하면 일반 클래스의 상속과 동일하며, 객체를 생성하고 실행하는 방법은 상속 여부와 관계없이 앞에서의 예제들과 동일하게 적용할 수 있다. main() 메서드 내에서는 3개의 제네릭 객체를 생성해 각각의 메서드를 호출했다. 첫 번째로는 Parent 객체를 생성했으며, 이때 제네릭 타입으로는 String을 대입했다. 두 번째는 Child1 객체를 생성했고, String 타입을 제네릭 타입으로 지정했다. 실제 Child1 클래스의 내부에서는 아무것도 작성하지 않았지만, 부모 클래스에게서 모든 멤버를 상속받았으므로 부모의 메서드를 그대로 호출할 수 있을 것이다. 마지막은 자식 클래스에서 제네릭 타입 변수를 추가 지정했을 때로, Child2 클래스는 2개의 제네릭 타입 변수를 가진다. 객체 생성 과정에서는 제네릭 타입을 각각 String과 Interger 타입으로 지정했다.

Do it! 실습 제네릭 클래스의 상속 InheritanceGenericClass.java

```
package sec05_inheritanceofgeneric.EX01_InheritanceGenericClass;

class Parent<T> {
    T t;
    public T getT() {
        return t;
    }
    public void setT(T t) {
        this.t = t;
    }
}

class Child1<T> extends Parent<T> {

}

class Child2<T, V> extends Parent<T> {
    V v;
    public V getV() {
```

```
            return v;
        }
        public void setV(V v) {
            this.v = v;
        }
}

public class InheritanceGenericClass {
    public static void main(String[] args) {
        // 부모 제네릭 클래스
        Parent<String> p = new Parent<>();
        p.setT("부모 제네릭 클래스");
        System.out.println(p.getT());

        // 자식 클래스1
        Child1<String> c1 = new Child1<>();
        c1.setT("자식 1 제네릭 클래스");
        System.out.println(c1.getT());

        // 자식 클래스 2
        Child2<String, Integer> c2 = new Child2<>();
        c2.setT("자식 2 제네릭 클래스");
        c2.setV(100);
        System.out.println(c2.getT());
        System.out.println(c2.getV());
    }
}
```

실행 결과

```
부모 제네릭 클래스
자식 1 제네릭 클래스
자식 2 제네릭 클래스
100
```

16.5.2 제네릭 메서드의 상속

제네릭 메서드를 포함한 일반 클래스를 상속해 자식 클래스를 생성할 때도 부모 클래스 내의 제네릭 메서드는 그대로 자식 클래스로 상속된다. 즉, 자식 클래스도 싫든, 좋든 제네릭 메서드를 포함하게 되는 것이다.

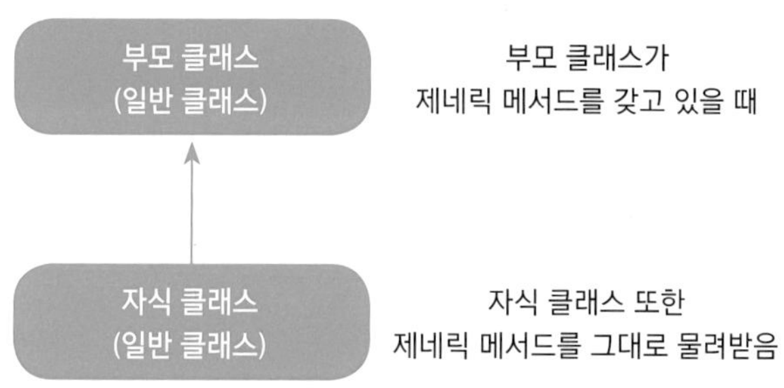
부모 클래스
(일반 클래스)
부모 클래스가
제네릭 메서드를 갖고 있을 때
자식 클래스
(일반 클래스)
자식 클래스 또한
제네릭 메서드를 그대로 물려받음

그림 16-2 제네릭 메서드를 가진 일반 클래스의 상속

부모 클래스의 제네릭 메서드를 상속받아 사용하는 예

```
class Parent {
    public <T> void print(T t) {
        System.out.println(t);
    }
}
class Child extends Parent {

}
```

```
Parent p = new Parent();
p.<String>print("안녕");

Child c = new Child();
c.<String>print("안녕");
```

다음 예제는 부모 클래스로부터 최상위 제네릭 타입이 Number로 제한돼 있는 print() 제네릭 메서드를 상속받아 사용하는 예다. 참고로 앞에서도 이미 다룬 바와 같이 Number 클래스는 boolean과 char를 제외한 기본 자료형 6개의 래퍼 클래스[wrapper class]의 부모 클래스이고, 각 클래스의 이름은 Byte, Short, Integer, Long, Float, Double이다. 자식 클래스에서 부모 클래스의 제네릭 메서드를 상속받았으므로 부모 클래스에서 사용하던 방법과 동일한 방법으로 제네릭 메서드를 호출해 사용할 수 있을 것이다.

래퍼 클래스는 기본 자료형을 클래스로 변환해 놓은 것이다.

Do it! 실습 제네릭 메서드의 상속 InheritanceGenericMethod.java

```
package sec05_inheritanceofgeneric.EX02_InheritanceGenericMethod;

class Parent {
    <T extends Number> void print(T t) {
        System.out.println(t);
    }
}
class Child extends Parent {

}

public class InheritanceGenericMethod {
    public static void main(String[] args) {

        // 부모 클래스에서 제네릭 메서드 이용
        Parent p = new Parent();
        p.<Integer>print(10);
        p.print(10);

        // 자식 클래스에서 제네릭 메서드 이용
        Child c = new Child();
        c.<Double>print(5.8);
        c.print(5.8);
    }
}
```

실행 결과

```
10
10
5.8
5.8
```

실력 상승!

연습 문제

Q1 클래스 MyGeneric<T>는 하나의 제네릭 변수를 갖고 있는 제네릭 클래스이며, 클래스 A와 B는 다음과 같다.

```
class MyGeneric <T> {
    T t;
    public T get() {
        return t;
    }
    public void set(T t) {
        this.t = t;
    }
}

class A {
    @Override
    public String toString() {
        return "클래스 A 객체";
    }
}
class B {
    @Override
    public String toString() {
        return "클래스 B 객체";
    }
}
```

이때 set() 메서드의 매개변수로 A, B 객체를 전달받은 후 get() 메서드를 이용해 각각의 타입을 받을 수 있도록 빈칸을 완성하시오.

```
public static void main(String[] args) {

    A a_in = new A();
    B b_in = new B();

                              mg1 = 
    mg1.set(a_in);
    A a_out = mg1.get();
    System.out.println(a_out); // 클래스 A 객체

                              mg2 = 
    mg2.set(b_in);
    B b_out = mg2.get();
    System.out.println(b_out); // 클래스 B 객체
}
```

실행 결과

```
클래스 A 객체
클래스 B 객체
```

Q2 클래스 MyClass는 제네릭 메서드 myMethod()를 포함하고 있다.

```
class MyClass {
    public <T> T myMethod(T t) {
        return t;
    }
}
```

myMethod() 메서드의 입력매개변수로 각각 "감사", 3, 5.8을 넘겨 줘 다음의 실행 결과가 나올 수 있도록 코드를 완성하시오(단, 제네릭 타입을 생략하지 말고 표기).

```
public static void main(String[] args) {
    // MyClass 객체 생성 + 제네릭 메서드 호출
    MyClass mc = new MyClass();
    String out1 =                          ("감사");
    Integer out2 =                          (3);
    Double out3 =                          (5.8);

    System.out.println(out1);
    System.out.println(out2);
    System.out.println(out3);
}
```

실행 결과

```
감사
3
5.8
```

Q3 다음과 같이 클래스 A와 인터페이스 B가 있을 때, MyGenericA는 'A 또는 A의 자식 클래스'만 제네릭 타입으로 지정할 수 있고, MyGenericB는 'B 또는 B의 자식 클래스'만 제네릭 타입으로 지정할 수 있도록 코드를 완성하시오.

```
class A {}
interface B {}

// A 또는 A의 자식 클래스만 제네릭 타입으로 지정 가능
class MyGenericA<T                          > {

}
// B 또는 B의 자식 클래스만 제네릭 타입으로 지정 가능
class MyGenericB<T                          > {

}
```

Q4 클래스 A, B, C, D가 다음과 같은 상속 관계를 갖고 있다.

```
class A {}
class B extends A {}
class C extends B {}
class D extends C {}

class MyClass <T extends C> {

}
```

다음 올바른 코드를 표기하시오(O/X로 표기).

```
public static void main(String[] args) {

    MyClass<A> mca = new MyClass<A>();          ( O / X )
    MyClass<B> mcb = new MyClass<B>();          ( O / X )
    MyClass<C> mcc = new MyClass<C>();          ( O / X )
    MyClass<D> mcd = new MyClass<D>();          ( O / X )

}
```

Q5 다음과 같은 상속 구조를 갖는 클래스 A, B, C와 제네릭 클래스 MyGeneric<T>가 있다. 또한 클래스 MyClass 내부에는 제네릭 클래스 객체 타입을 매개변수로 갖는 4개의 메서드가 있다.

```
class A {}
class B extends A {}
class C extends B {}

class MyGeneric <T> {
    T t;
    public void set(T t) {
        this.t = t;
    }
    public T get() {
```

```
        return t;
    }
}

class MyClass {
    void method1(MyGeneric<B> a) {}
    void method2(MyGeneric<?> a) {}
    void method3(MyGeneric<? extends B> a) {}
    void method4(MyGeneric<? super B> a) {}
}
```

다음 중 올바른 코드를 모두 고르시오(O/X로 표기).

```
public static void main(String[] args) {
    MyClass mc = new MyClass();
    mc.method1(new MyGeneric<A>());                 ( O / X )
    mc.method1(new MyGeneric<B>());                 ( O / X )
    mc.method1(new MyGeneric<C>());                 ( O / X )

    mc.method2(new MyGeneric<A>());                 ( O / X )
    mc.method2(new MyGeneric<B>());                 ( O / X )
    mc.method2(new MyGeneric<C>());                 ( O / X )

    mc.method3(new MyGeneric<A>());                 ( O / X )
    mc.method3(new MyGeneric<B>());                 ( O / X )
    mc.method3(new MyGeneric<C>());                 ( O / X )

    mc.method4(new MyGeneric<A>());                 ( O / X )
    mc.method4(new MyGeneric<B>());                 ( O / X )
    mc.method4(new MyGeneric<C>());                 ( O / X )
}
```

Q6 제네릭 클래스 B는 제네릭 클래스 A를 상속받아 추가로 제네릭 변수를 추가한 것이다. 제네릭 클래스 B의 객체를 생성해 메서드를 호출하는 다음 코드의 빈칸을 완성하고 실행 결과를 쓰시오.

```
class A <K> {
    K k;
    public void setK(K k) {
        this.k = k;
    }
}
class B                          extends A<K> {
    V v;
    public void setV(V v) {
        this.v = v;
    }
    public void print() {
        System.out.println(k + ": " + v);
    }
}

public static void main(String[] args) {
    B                                  b = new B<>();
    b.setK(1);
    b.setV("감사");
    b.print();
}
```

실행 결과

17장 컬렉션 프레임워크

컬렉션은 이름에서 유추할 수 있듯이 '여러 데이터를 수집해 놓은 자료구조'를 말한다. 컬렉션의 가장 큰 특징은 데이터 저장 공간의 크기가 동적으로 변화한다는 것이다. 따라서 데이터의 개수가 시간적으로 변할 때는 컬렉션 프레임워크가 유용하다. 17장은 지금까지의 내용 중 가장 많은 분량이 편성돼 있긴 하지만, 중복되는 부분이 많으므로 암기가 아니라 이해를 중심으로 읽어 나간다면 어렵지 않게 읽을 수 있을 것이다.

교수님의 동영상 강의
자바가 처음인가요?
그렇다면 동영상으로
예습부터 해 보세요~

17.1 컬렉션 프레임워크의 개념과 구조

17.1.1 컬렉션이란?

컬렉션collection은 동일한 타입을 묶어 관리하는 자료구조를 말한다. 우표 수집첩에는 우표만 넣듯이 한 컬렉션에는 동일한 타입의 데이터만 모아 둘 수 있다. 배열도 동일한 타입을 묶어 관리하는 것이지만, 배열을 컬렉션이라 부르지는 않는다. 배열과 컬렉션은 무엇이 다를까? 컬렉션이 배열과 구분되는 가장 큰 특징은 바로 데이터의 저장 용량capacity을 동적으로 관리 할 수 있다는 것이다. 배열은 생성 시점에 저장 공간의 크기를 확정해야 하고, 나중에 변경할 수 없는 반면, 컬렉션의 저장 공간은 데이터의 개수에 따라 얼마든지 동적으로 변화할 수 있다. 따라서 컬렉션은 메모리 공간이 허용하는 한 저장 데이터의 개수에 제약이 없다.

저장 용량은 저장할 수 있는 최대 데이터의 개수를 말한다.

17.1.2 컬렉션 프레임워크란?

그렇다면 컬렉션 프레임워크란 무엇일까? 먼저 '프레임워크framework'에 대해 알아보자. 일반적으로 단순히 연관된 클래스와 인터페이스들의 묶음을 '라이브러리'라고 한다. 반면 프레임워크는 클래스 또는 인터페이스를 생성하는 과정에서 설계의 원칙 또는 구조에 따라 클래스 또는 인터페이스를 설계하고, 이렇게 설계된 클래스와 인터페이스를 묶어 놓은 개념이다.

컬렉션 프레임워크는 이러한 컬렉션과 프레임워크가 조합된 개념으로, 리스트, 스택, 큐, 트리 등의 자료구조에 정렬, 탐색 등의 알고리즘을 구조화해 놓은 프레임워크다. 쉽게 말해 여러 개의 데이터 묶음 자료를 효과적으로 처리하기 위해 구조화된 클래스 또는 인터페이스의 모음 정도로 생각하면 된다.

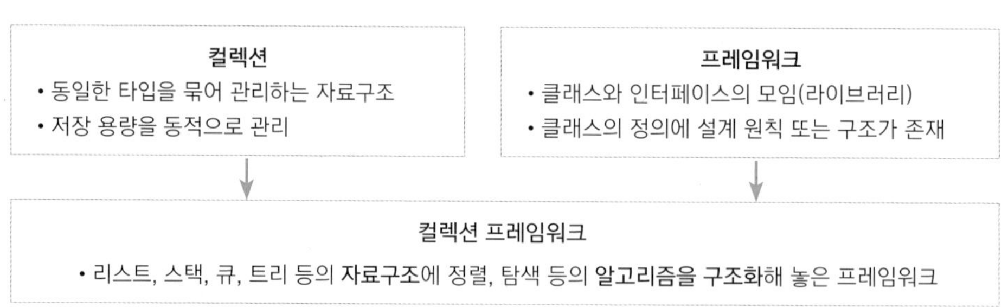

자바에서 제공하는 컬렉션 프레임워크의 주요 클래스와 인터페이스는 다음과 같다. 이들을 컬렉션의 특성에 따라 구분하면 크게 List〈E〉, Set〈E〉, Map〈K, V〉로 나눌 수 있고, 메모리의 입출력 특성에 따라 기존의 컬렉션 기능을 확장 또는 조합한 Stack〈E〉, Queue〈E〉가 있다. 이제부터 이들 5가지의 컬렉션 클래스와 인터페이스에 대해 자세히 알아보자.

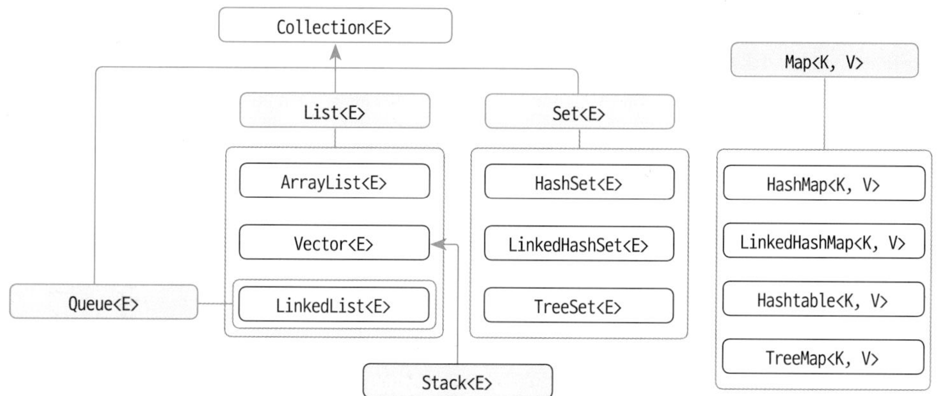

그림 17-1 컬렉션 프레임워크를 이루는 주요 클래스 및 인터페이스와 구현 클래스

17.2 List<E> 컬렉션 인터페이스

5개의 대표적인 컬렉션 중 List<E>는 배열과 가장 비슷한 구조를 지니고 있는 자료구조다. List<E>에 대해 본격적으로 이야기하기 전에 배열과 리스트의 차이점을 자세히 알아보자.

17.2.1 배열과 리스트의 차이점

배열과 리스트의 가장 큰 차이점은 저장 공간의 크기가 고정적이냐, 동적으로 변화하느냐다. 저장 공간이 고정 또는 동적으로 변환된다는 것이 무슨 말일까? 다음 예제를 살펴보자.

배열의 특징

```
String[] array = new String[]{"가", "나", "다", "라", "마", "바", "사"};
array[2] = null;
array[5] = null;
System.out.println(array.length);   // 7
```

저장 공간의 크기가 7인 배열 참조 객체

저장 공간의 크기가 7인 배열 참조 객체

크기가 7인 문자열 배열을 생성했고, 생성과 동시에 초기화했다. 이후 "다", "바"의 데이터가 필요 없어졌다고 가정해 보자. 하지만 배열은 최초로 지정된 크기를 변경할 수 없으므로 해당 위치에 null 값을 입력하는 것 말고는 할 수 있는 일이 없다. 2개의 데이터를 null 값으로 바꾼 이후에도 여전히 크기는 7일 것이다. 이번에는 리스트를 살펴보자.

리스트의 특징

```
List<String> aList = new ArrayList<>();
aList.add("가"); aList.add("나"); aList.add("다"); aList.add("라");
aList.add("마"); aList.add("바"); aList.add("사");
System.out.println(aList.size());   // 7
aList.remove("다");
aList.remove("바");
System.out.println(aList.size());   // 5
```

저장 공간의 크기가 0인 리스트 참조 객체

저장 공간의 크기가 7인 리스트 참조 객체

저장 공간의 크기가 5인 리스트 참조 객체

아직 리스트 객체를 생성하는 방법, 데이터를 추가하고 삭제하는 방법도 모르지만, 메서드명만으로도 흐름은 충분히 파악할 수 있을 것이다. 여기서는 저장 공간 크기의 동적 변화에만 초점을 맞춰 이해하길 바란다. 먼저 최초 리스트 객체를 생성하면 데이터가 없으므로 저장 공간의 크기는 0이다. 이 상태에서 데이터를 7개 추가하면 저장 공간의 크기는 7로 늘어날 것이다. 이제 배열에서와 마찬가지로 "**다**"와 "**바**"의 데이터가 필요 없어졌을 때 이 둘을 삭제하면 리스트의 저장 공간 크기는 5로 줄어들고, 인덱스 번호 또한 그에 맞게 조정된다.

여기서 데이터의 저장 공간 크기(size)는 실제 저장돼 있는 데이터의 수를 의미하며, 나중에 다루게 될 '저장 용량(capacity)'과는 구분하자.

Do it! 실습 배열과 리스트의 비교 ArrayVsList.java

```java
package sec01_list.EX01_ArrayVsList;
import java.util.ArrayList;
import java.util.Arrays;
import java.util.List;

public class ArrayVsList {
    public static void main(String[] args) {
        // 배열
        String[] array = new String[] {"가", "나", "다", "라", "마", "바", "사"};
        System.out.println(array.length);
        array[2] = null;
        array[5] = null;
        System.out.println(array.length);
        System.out.println(Arrays.toString(array));
        System.out.println();
        // 리스트
        List<String> aList = new ArrayList<>();
        System.out.println(aList.size());          // 데이터의 개수 구하기
        aList.add("가");          aList.add("나");
        aList.add("다");          aList.add("라");
        aList.add("마");          aList.add("바");
        aList.add("사");
        System.out.println(aList.size());          // 데이터의 개수 구하기
        aList.remove("다");
        aList.remove("바");
        System.out.println(aList.size());          // 데이터의 개수 구하기
        System.out.println(aList);
    }
}
```

실행 결과

```
7
7
[가, 나, null, 라, 마, null, 사]

0
7
5
[가, 나, 라, 마, 사]
```

17.2.2 List<E> 객체 생성하기

List〈E〉는 인터페이스이기 때문에 객체를 스스로 생성할 수 없다. 따라서 객체를 생성하기 위해서는 List〈E〉를 상속받아 자식 클래스를 생성하고, 생성한 자식 클래스를 이용해 객체를 생성해야 한다. 하지만 컬렉션 프레임워크를 이용할 때는 직접 인터페이스를 구현하지 않아도 된다. 컬렉션 프레임워크 안에 이미 각각의 특성 및 목적에 따른 클래스가 구현돼 있기 때문이다. List〈E〉 인터페이스를 구현한 대표적인 클래스로는 크게 ArrayList〈E〉, Vector〈E〉, LinkedList〈E〉를 들 수 있다. 이 구현 클래스들을 이용하면 List〈E〉 객체를 생성할 수 있다.

인터페이스의 모양에서도 알 수 있듯이 List<E>는 제네릭 인터페이스다. 따라서 이후 객체를 생성하는 시점에 제네릭 변수의 타입, 즉 내부에 어떤 타입의 데이터를 저장할 것인지를 지정해 줘야 한다.

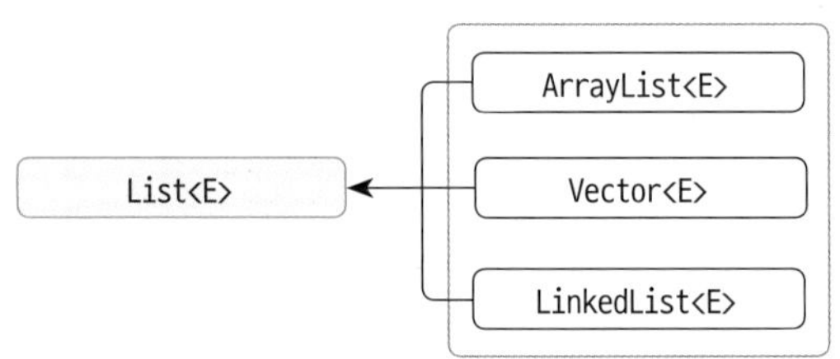

그림 17-2 대표적인 List<E> 인터페이스 구현 클래스

List<E> 인터페이스 구현 클래스 생성자로 동적 컬렉션 객체 생성

List〈E〉 자체가 제네릭 인터페이스이므로 이를 상속한 자식 클래스들도 제네릭 클래스다. 즉, 객체를 생성할 때 제네릭의 실제 타입을 지정해야 한다. 객체를 생성할 때는 일반적으로 기본 생성자를 사용하지만, 초기 저장 용량[capacity]을 매개변수로 포함하고 있는 생성자를 사용할 수도 있다.

단, List<E>의 대표적인 구현 클래스 중 LinkedList<E>는 기본 생성자만 존재한다.

저장 용량은 실제 데이터의 개수를 나타내는 저장 공간의 크기(size())와는 다른 개념으로, 데이터를 저장하기 위해 미리 할당해 놓은 메모리의 크기라고 생각하면 된다. 예를 들어 List〈E〉는 기본 생성자를 사용해 객체를 생성하면 기본으로 10만큼의 저장 용량을 내부에 확보해 놓는다. 이후 데이터가 추가돼 저장 용량이 더 필요하면 자바 가상 머신이 저장 용량을 자동으로 늘리므로 개발자가 따로 신경쓸 필요가 없다. 이렇게 자식 클래스로 객체를 생성할 때는 각각의 클래스 타입으로 선언할 수 있지만, 당연히 다형적 표현에 따라 부모 타입인 List〈E〉 타입으로 선언할 수도 있다.

List<E> 인터페이스의 구현 클래스 생성자로 동적 컬렉션 생성

```
List<제네릭 타입 지정> 참조 변수 = new ArrayList<제네릭 타입 지정>();
List<제네릭 타입 지정> 참조 변수 = new Vector<제네릭 타입 지정>();
List<제네릭 타입 지정> 참조 변수 = new LinkedList<제네릭 타입 지정>();

ArrayList<제네릭 타입 지정> 참조 변수 = new ArrayList<제네릭 타입 지정>();
Vector<제네릭 타입 지정> 참조 변수 = new Vector<제네릭 타입 지정>();
LinkedList<제네릭 타입 지정> 참조 변수 = new LinkedList<제네릭 타입 지정>();
```

예

```
List<Integer> aList1 = new ArrayList<Integer>();   // capacity = 10
List<Integer> aList2 = new ArrayList<Integer>(30); // capacity = 30
Vector<String> aList3 = new Vector<String>();      // capacity = 10
List<MyWork> aList4 = new LinkedList<MyWork>(20);  // 오류
```

LinkedList는 capacity 지정 불가

Arrays.asList() 메서드를 이용해 정적 컬렉션 객체 생성

List〈E〉 객체를 생성하는 또다른 방법은 Arrays 클래스의 asList(T...) 정적 메서드를 사용하는 것이다. 내부적으로 배열을 먼저 생성하고, 이를 List〈E〉로 래핑[wrapping], 즉 포장만 해 놓은 것이다. 따라서 내부 구조는 배열과 동일하므로 컬렉션 객체인데도 저장 공간의 크기를 변경할 수 없다.

Arrays.asList() 메서드로 정적 컬렉션 객체 생성

```
List<제네릭 타입 지정> 참조 변수 = Arrays.asList(제네릭 타입 저장 데이터);
```

예

```
List<Integer> aList1 = Arrays.asList(1, 2, 3, 4);
aList1.set(1, 7);         // [1 7 3 4]
aList1.add(5);            // 오류(UnsupportedOperationException)
aList1.remove(0);         // 오류(UnsupportedOperationException)
```

즉, 구현 클래스로 객체를 생성했을 때와 달리 데이터의 추가(add()) 및 삭제(remove())가 불가능하다. 다만 저장 공간의 크기를 변경하지 않는 데이터의 변경(set())은 가능하다. 따라서 고정된 개수의 데이터를 저장하거나 활용할 때 주로 사용한다.

> 고정된 개수의 데이터를 사용하는 대표적인 예로는 요일(월, 화, 수, 목, 금, 토, 일) 등을 들 수 있다.

다음은 List<E> 인터페이스의 구현 클래스를 이용해 다양한 방법으로 객체를 생성한 예다. aList1, aList3, aList5는 객체를 기본 생성자로 생성했기 때문에 저장 용량은 기본값 크기인 10을 가진다. aList2와 aList4는 생성자 매개변수로, 각각 30과 20을 넘겨 초기 저장 용량을 설정했다. aList7과 aList8은 Arrays.asList(T...)의 메서드를 이용해 각각 정수와 문자열을 저장하는 List<E> 객체를 생성했다. 이때는 데이터의 변경만 가능하고, 추가 및 삭제는 불가능하다.

> 다시 한번 말하지만, 저장 용량은 컬렉션의 크기(size())와 다른 개념이다. 실제 프로그램을 작성할 때는 컬렉션의 크기를 의미하는 size()가 중요하므로 혼동하지 말자.

Do it! 실습 동적 크기와 정적 크기를 지니고 있는 리스트 객체 생성 CreateListObject.java

```java
package sec01_list.EX02_CreateListObject;
import java.util.ArrayList;
import java.util.Arrays;
import java.util.LinkedList;
import java.util.List;
import java.util.Vector;

public class CreateListObject {
    public static void main(String[] args) {
        // 1. List 구현 클래스의 생성자를 사용해 객체 생성
        List<Integer> aList1 = new ArrayList<>();        // capacity = 10
        List<Integer> aList2 = new ArrayList<>(30);      // capacity = 30
        List<Integer> aList3 = new Vector<>();           // capacity = 10
        List<Integer> aList4 = new Vector<>(20);         // capacity = 20
        List<Integer> aList5 = new LinkedList<>();       // capacity = 10
//      List<Integer> aList6 = new LinkedList<>(30);     // 저장 용량 지정 불가

        // 2. Arrays 클래스의 정적 메서드 활용
        List<Integer> aList7 = Arrays.asList(1, 2, 3, 4);
        List<String> aList8 = Arrays.asList("안녕", "방가");
        aList7.set(1, 7);
        aList8.set(0, "감사");
//      aList7.add(5);             // 불가능
```

```
//      aList8.remove(0);        // 불가능
        System.out.println(aList7);
        System.out.println(aList8);
    }
}
```

실행 결과

```
[1, 7, 3, 4]
[감사, 방가]
```

17.2.3 List<E>의 주요 메서드

List<E>에는 데이터 추가, 변경, 삭제, 리스트 데이터 정보 추출 및 리스트의 배열 변환 등의 추상 메서드가 정의돼 있다. 이 중 주요한 메서드는 다음과 같다.

구분	리턴 타입	메서드명	기능
데이터 추가	boolean	add(E element)	매개변수로 입력된 원소를 리스트 마지막에 추가
	void	add(int index, E element)	index 위치에 입력된 원소 추가
	boolean	addAll(Collection<? Extends E> c)	매개변수로 입력된 컬렉션 전체를 마지막에 추가
	boolean	addAll(int index, Collection <? Extends E> c)	index 위치에 입력된 컬렉션 전체를 추가
데이터 변경	E	set(int index, E element)	index 위치의 원솟값을 입력된 원소로 변경
데이터 삭제	E	remove(int index)	index 위치의 원솟값 삭제
	boolean	remove(Object o)	원소 중 매개변수 입력과 동일한 객체 삭제
	void	clear()	전체 원소 삭제
리스트 데이터 정보 추출	E	get(int index)	index 위치의 원솟값을 꺼내 리턴
	int	size()	리스트 객체 내에 포함된 원소의 개수
	boolean	isEmpty()	리스트의 원소가 하나도 없는지 여부를 리턴
리스트 배열 변환	Object[]	toArray()	리스트를 Object 배열로 변환
	T[]	toArray(T[] t)	입력매개변수로 전달한 타입의 배열로 변환

list의 size() ≥ 배열의 length → list의 크기를 지니고 있는 배열 생성
list의 size() < 배열의 length → 배열 length의 크기를 지니고 있는 배열 생성

이 중에서 리스트를 배열 객체로 변환하는 메서드에 대해 좀 더 알아보자. 첫 번째인 toArray()는 리스트를 원소의 자료형과 상관없이 Object[]로 반환한다. 따라서 특정 타입으로 변환하기 위해서는 다운캐스팅이 필요하다. 애초에 특정 타입의 배열로 리턴받기 위해서는 toArray(T[] t)를 사용해 매개변수로 특정 타입의 배열 객체를 만들어 넘겨 주면 되는데, 이때 만일 리스트의 데이터 개수가 배열 객체의 크기보나 삭을 때는 입력된 배열 크기가 그대로 리턴되지만, 리스트 데이터의 개수가 더 많을 때는 배열 크기가 데이터의 개수만큼 확장돼 리턴된다.

List〈E〉에 있는 메서드는 추상 메서드이므로 List〈E〉의 자식 클래스들은 반드시 이 메서드들을 구현해야 한다. 즉, List〈E〉의 대표적 구현 클래스인 ArrayList〈E〉, Vector〈E〉, LinkedList〈E〉의 내부에는 앞에서 알아본 메서드들이 구현된 상태로 있다는 말이다. 그럼 이제 각각의 구현 클래스를 이용해 List〈E〉의 메서드를 활용해 보자.

17.2.4 ArrayList〈E〉 구현 클래스

ArrayList〈E〉는 대표적인 List〈E〉 구현 클래스로, List〈E〉가 지니고 있는 대표적인 특징인 데이터를 인덱스로 관리하는 기능, 저장 공간을 동적으로 관리하는 기능 등을 그대로 지니고 있다.

ArrayList〈E〉의 특징

- List〈E〉 인터페이스를 구현한 구현 클래스
- 배열처럼 수집(collect)한 원소(element)를 인덱스(index)로 관리하며 저장 용량(capacity)을 동적 관리

기본값은 10이며, 원소가 10을 넘을 때는 자동으로 저장 용량을 확대

데이터 추가하기 - add()

ArrayList〈E〉의 내부에는 앞에서 다룬 List〈E〉의 모든 메서드가 구현돼 있다. 데이터의 추가 메서드부터 활용법을 하나씩 알아보자.

단일 데이터 추가

```
List<Integer> aList1 = new ArrayList<Integer>();
// add(E element)
aList1.add(3);
aList1.add(4);
aList1.add(5);
```

```
System.out.println(aList1.toString());      // [3, 4, 5]
// add(int index, E element)
aList1.add(1, 6);
System.out.println(aList1.toString());      // [3, 6, 4, 5]
```

먼저 ArrayList〈Integer〉() 생성자로 Integer 타입을 저장하는 List〈Integer〉 객체를 생성했다. 최초 객체가 생성되면 데이터의 크기는 0일 것이다. 이후 add() 메서드를 이용해 3개의 데이터를 추가했다. 위치를 지정하지 않았으므로 추가된 순서대로 저장될 것이다. System.out.println() 메서드에 컬렉션 객체를 전달하면 객체 내의 toString()을 호출하는데, 모든 컬렉션 구현 클래스는 이 메서드에서 모든 데이터를 한 번에 정리해 출력하도록 오버라이딩해 놓았다. 두 번째 데이터 추가 방법으로 1번 인덱스에 데이터 6을 삽입했다. 이렇게 되면 1번 인덱스에 6이 들어가고, 기존 값들은 1개씩 뒤로 밀려나게 된다.

여기서는 System.out.println() 메서드의 매개변수에 명시적으로 toString() 메서드를 호출했지만, 생략해도 입력 객체의 toString() 메서드를 자동으로 호출해 주기 때문에 실행 결과는 같다.

이번에는 컬렉션 객체를 통째로 입력매개변수로 받아 추가할 때를 살펴보자.

컬렉션 객체 추가

```
// addAll(Collection<? extends E> c)
List<Integer> aList2 = new ArrayList<Integer>();
aList2.add(1);
aList2.add(2);
aList2.addAll(aList1);                      // aList1 = [3, 6, 4, 5]
System.out.println(aList2.toString());      // [1, 2, 3, 6, 4, 5]
// addAll(int index, Collection<? extends E> c)
List<Integer> aList3 = new ArrayList<Integer>();
aList3.add(1);
aList3.add(2);
aList3.addAll(1, aList3);
System.out.println(aList3.toString());      // [1, 1, 2, 2]
```

이번에는 새로운 객체를 만들고, 2개의 데이터를 추가한 후 앞에서 생성한 aList1 객체를 통째로 추가했다. 이렇게 되면 추가된 리스트 객체의 전체 데이터가 뒤쪽에 한꺼번에 추가된다. 마지막은 특정 위치에 리스트 객체를 통째로 추가할 때로, 심지어 자신의 데이터를 다시 한번 추가할 수도 있다.

데이터 변경하기 - set()

이번에는 데이터 변경에 대해 알아보자.

데이터의 변경

```
// set(int index, E element): aList3 = [1, 1, 2, 2]
aList3.set(1, 5);
aList3.set(3, 6);
// aList3.set(4, 7);                    // IndexOutOfBoundsException
System.out.println(aList3.toString());  // [1, 5, 2, 6]
```

기존의 데이터를 변경할 때는 set(int index, E element) 메서드가 사용된다. 이전까지의 결과로 aList3에는 [1, 1, 2, 2]의 데이터가 저장돼 있었다. set() 메서드를 이용해 인덱스 1번에는 5, 3번에는 6을 넣었으므로 이제 리스트 값은 [1, 5, 2, 6]을 갖게 된다. set() 메서드에서는 기존에 있는 데이터만 변경할 수 있다. 즉, 특정 위치에 데이터를 추가하는 용도로는 set() 메서드를 사용할 수 없다. 만일 set(4, 7)과 같이 없는 인덱스의 위치에 값을 대입하면 IndexOutOfBounds Exception이 발생한다.

참고로 배열에서 잘못된 위칫값에 값을 대입하거나 변경하면 ArrayIndexOutOfBoundsException이 발생한다.

데이터 삭제하기 - remove(), clear()

이번에는 데이터 삭제를 알아보자.

데이터 삭제

```
// remove(int index): aList3 = [1, 5, 2, 6]
aList3.remove(1);
System.out.println(aList3.toString());  // [1, 2, 6]
// remove(Object o)
aList3.remove(new Integer(2));
System.out.println(aList3.toString());  // [1, 6]
// clear()
aList3.clear();
System.out.println(aList3.toString());  // []
```

데이터를 삭제할 때는 특정 위치의 값만을 삭제할 수도 있고, 특정 원소를 삭제할 수도 있다. 먼저 이전까지의 결과에서 aList3은 [1, 5, 2, 6]의 값을 갖고 있다. 여기서 remove(1)을 실행하면 1번 인덱스에 위치한 값을 삭제하라는 의미로 [1, 2, 6]과 같이 수정된다. 그리고 remove(new Integer(2))를 실행하면 정숫값 2를 원소로 갖는 객체가 지워져 [1, 6]으로 수정된다. 데이터를 제거하는 또다른 메서드인 clear()는 데이터의 개수에 관계없이 모든 데이터를 한 번에 삭제한다.

모든 컬렉션의 원소에는 객체만 올 수 있다. 즉, remove(1)과 같이 기본 자료형 값으로 숫자를 직접 넣으면 숫자 1은 인덱스값을 의미한다.

데이터 정보 추출하기 - isEmpty(), size(), get(int index)

이번에는 ArrayList<E> 객체의 정보를 추출하는 메서드에 대해 알아보자.

데이터 정보 추출

```
// isEmpty() aList3 = []
System.out.println(aList3.isEmpty());                // true
// size()
aList3.add(1);
aList3.add(2);
aList3.add(3);
System.out.println(aList3.toString());               // [1, 2, 3]
System.out.println("size: " + aList3.size());        // size: 3
// get(int index)
System.out.println("0번째: " + aList3.get(0));        // 0번째: 1
System.out.println("1번째: " + aList3.get(1));        // 1번째: 2
System.out.println("2번째: " + aList3.get(2));        // 2번째: 3
for(int i = 0; i < aList3.size(); i++) {
    System.out.println(i + "번째: " + aList3.get(i));
}
```

List<E> 객체를 사용할 때 주로 사용되는 정보의 대표적인 예로는 데이터의 존재 여부(isEmpty()), 저장 데이터의 개수(size()), 특정 위치의 데이터값(get(int index))을 들 수 있다. 먼저 isEmpty()는 말 그대로 데이터가 하나도 없을 때만 true 값을 리턴한다. size()는 실제 데이터의 개수를 리턴하며, 데이터가 추가 및 삭제될 때마다 그 값은 변하게 될 것이다. 특정 위치의 값을 가져올 때는 get(int index)를 사용한다. 메서드명이나 사용 방법이 매우 직관적이므로 그리 어렵지 않게 사용할 수 있을 것이다.

배열로 변환하기 - toArray(), toArray(T[] t)

마지막으로 리스트를 배열로 변환하는 2개의 메서드 활용법을 알아보자.

리스트 → 배열

```
// toArray() aList3 = [1, 2, 3]
Object[] object = aList3.toArray();
System.out.println(Arrays.toString(object));         // [1, 2, 3]
// toArray(T[] t)
Integer[] integer1 = aList3.toArray(new Integer[0]);
System.out.println(Arrays.toString(integer1));       // [1, 2, 3]
// toArray(T[] t)
Integer[] integer2 = aList3.toArray(new Integer[5]);
System.out.println(Arrays.toString(integer2));       // [1, 2, 3, null, null]
```

list의 size() ≥ 배열의 length → list의 크기를 지니는 배열 생성
list의 size() < 배열의 length → 배열 length의 크기를 지니는 배열 생성

toArray() 메서드는 원소의 타입과 관계없이 모든 데이터를 Object[]에 담아 리턴하기 때문에 저장 원소 타입으로 다운캐스팅해 사용해야 할 수도 있다. 특정 타입의 배열로 바로 변환하기 위해서는 toArray(T[] t) 메서드를 이용해 매개변수로 특정 타입의 배열 객체를 만들어 넣어 주면 된다.

toArray(T[] t) 메서드를 이용할 때 주의해야 할 점은 매개변수로 전달되는 배열의 크기다. 리스트가 갖고 있는 데이터의 개수보다 작은 크기의 배열을 넘겨 주면 리스트 데이터의 개수만큼 크기가 확장된 배열을 리턴한다. 하지만 리스트 데이터의 개수보다 더 큰 배열을 입력하면 해당 배열의 앞부분부터 데이터를 넣어 리턴한다. 일반적으로 리스트의 데이터 개수와 동일한 배열을 생성하기 때문에 매개변수로 특정 타입의 크기가 0인 배열을 넣어 주는 방법이 많이 사용된다.

Do it! 실습 ArrayList<E> 클래스의 주요 메서드 활용 방법 ArrayListMethod.java

```
package sec01_list.EX03_ArrayListMethod;
import java.util.ArrayList;
import java.util.Arrays;
import java.util.List;

public class ArrayListMethod {
    public static void main(String[] args) {
```

```
        List<Integer> aList1 = new ArrayList<Integer>();
        // 1. add(E element)
        aList1.add(3);
        aList1.add(4);
        aList1.add(5);
        System.out.println(aList1.toString());
        // 2. add(int index, E element)
        aList1.add(1, 6);
        System.out.println(aList1.toString());
        // 3. addAll(또 다른 리스트 객체)
        List<Integer> aList2 = new ArrayList<>();
        aList2.add(1);
        aList2.add(2);
        aList2.addAll(aList1);
        System.out.println(aList2);
        // 4. addAll(int index, 또 다른 리스트 객체)
        List<Integer> aList3 = new ArrayList<>();
        aList3.add(1);
        aList3.add(2);          // [1 2]
        aList3.addAll(1, aList3);
        System.out.println(aList3);
        // 5. set(int index, E element)
        aList3.set(1, 5);
        aList3.set(3, 6);
//      aList3.set(4, 7);               // java.lang.IndexOutOfBoundsException:
        System.out.println(aList3);
        // 6. remove(int index)
        aList3.remove(1);       // 1번 인덱스를 삭제
        System.out.println(aList3);
        // 7. remove(Object o)
        aList3.remove(new Integer(2));
        System.out.println(aList3);
        // 8. clear()
        aList3.clear();
        System.out.println(aList3);
        // 9. isEmpty()
        System.out.println(aList3.isEmpty());
        // 10. size()
```

```java
        System.out.println(aList3.size());
        aList3.add(1);
        aList3.add(2);
        aList3.add(3);
        System.out.println(aList3);
        System.out.println(aList3.size());
        // 11. get(int index)
        System.out.println("0번째: " + aList3.get(0));
        System.out.println("1번째: " + aList3.get(1));
        System.out.println("2번째: " + aList3.get(2));
        for(int i = 0; i < aList3.size(); i++)
            System.out.println(i + "번째: " + aList3.get(i));
        // 12. toArray() List -> Array
        Object[] object = aList3.toArray();
        System.out.println(Arrays.toString(object));
        // 13-1. toArray(T[] t) -> T[]
        Integer[] integer1 = aList3.toArray(new Integer[0]);
        System.out.println(Arrays.toString(integer1));
        // 13-2. toArray(T[] t) -> T[]
        Integer[] integer2 = aList3.toArray(new Integer[5]);
        System.out.println(Arrays.toString(integer2));
    }
}
```

실행 결과

```
[3, 4, 5]
[3, 6, 4, 5]
[1, 2, 3, 6, 4, 5]
[1, 1, 2, 2]
[1, 5, 2, 6]
[1, 2, 6]
[1, 6]
[]
true
0
[1, 2, 3]
3
0번째: 1
1번째: 2
2번째: 3
0번째: 1
1번째: 2
2번째: 3
[1, 2, 3]
[1, 2, 3]
[1, 2, 3, null, null]
```

17.2.5 Vector〈E〉 구현 클래스

이번에는 List〈E〉의 두 번째 구현 클래스인 Vector〈E〉에 대해 알아보자. List〈E〉를 상속했으므로 당연히 동일한 타입의 객체를 수집할 수 있고, 메모리를 동적 할당할 수 있으며, 데이터의 추가, 변경, 삭제 등이 가능하다는 List〈E〉의 공통적인 특성을 모두 갖고 있을 것이다. 또한 ArrayList〈E〉와 메서드 기능 및 사용법 또한 완벽히 동일하다.

그렇다면 앞에서 알아본 ArrayList〈E〉와의 차이점은 무엇일까? 바로 Vector〈E〉의 주요 메서드는 동기화 메서드synchronized method로 구현돼 있으므로 멀티 쓰레드에 적합하도록 설계돼 있다는 것이다. 다음은 자바 API에 포함된 Vector〈E〉 클래스의 remove(int index){} 메서드와 get(int index){} 메서드의 정의식 일부다.

```
public synchronized E remove(int index) {
    // ...
}
public synchronized E get(int index) {
    // ...
}
```

동기화 메서드는 하나의 공유 객체를 2개의 쓰레드가 동시에 사용할 수 없도록 만든 메서드다. 메서드를 동기화하지 않으면 그림 17-3과 같이 하나의 List〈E〉 객체가 있을 때 하나의 쓰레드는 데이터를 읽고, 또 하나의 쓰레드는 데이터를 삭제하는 작업을 동시에 수행해 작업이 충돌하는 상황이 발생할 수 있다.

쓰레드와 동기화에 대해서는 15장에서 자세히 다뤘다.

그림 17-3 2개의 쓰레드가 하나의 List<E> 객체를 동시에 공유하고 사용할 때

정리하면 Vector〈E〉는 ArrayList〈E〉와 동일한 기능을 수행하지만, 멀티 쓰레드에서 사용할 수 있도록 기능이 추가된 것이다. 물론 하나의 쓰레드로만 구성된 싱글 쓰레드에서도 사용할 수 있지만, 싱글 쓰레드에서는 굳이 무겁고 많은 리소스를 차지하는 Vector〈E〉를 쓰는 대신, ArrayList〈E〉를 쓰는 것이 훨씬 효율적이다.

멀티 쓰레드에서 사용할 수 있다는 점을 제외하면 사용 방법이 ArrayList<E>와 동일하기 때문에 앞의 예제에서 ArrayList<Integer>를 Vector<Integer>로만 수정해도 잘 동작한다.
다음 실습 코드는 List<E> 객체를 생성할 때 Vector<E>() 생성자를 사용했다는 점을 제외하면 앞의 ArrayList<E> 예제와 완벽하게 동일하다. 따라서 여기에서는 따로 설명하지 않기로 한다.

Do it! 실습 Vector<E> 클래스의 주요 메서드 활용 방법 VectorMethod.java

```
package sec01_list.EX04_VectorMethod;
import java.util.Arrays;
import java.util.List;
import java.util.Vector;

public class VectorMethod {
    public static void main(String[] args) {
        List<Integer> vector1 = new Vector<Integer>();
        ...
    }
}
```

Vector<E>() 생성자로 vector1 객체 생성

참조 변수명과 생성자명을 제외한 나머지 코드는 이전 실습과 동일하므로 생략

실행 결과

```
'[Do it! 실습] ArrayList<E> 클래스의 주요 메서드 활용 방법'과 동일
```

17.2.6 LinkedList<E> 구현 클래스

이번에는 List<E>의 마지막 구현 클래스인 LinkedList<E>에 대해 알아보자. 역시 List<E>의 모든 공통적인 특징(동일 타입 수집, 메모리 동적 할당, 데이터 추가/변경/삭제 메서드)을 모두 지니고 있다. ArrayList<E>처럼 메서드를 동기화synchronized하지 않았기 때문에 싱글 쓰레드에서 사용하기에 적합하다.
그렇다면 LinkedList<E>는 ArrayList<E>와 어떤 차이가 있을까? 첫 번째로 LinkedList<E>는 저장 용량capacity을 매개변수로 갖는 생성자가 없기 때문에 객체를 생성할 때 저장 용량을 지정할 수 없다.

```
List<E> aLinkedList1 = new LinkedList<Integer>();    // O
List<E> aLinkedList1 = new LinkedList<Integer>(20);  // X
```

두 번째가 가장 큰 차이점인데, 바로 내부적으로 데이터를 저장하는 방식이 서로 다르다는 것이다. 그림 17-4처럼 ArrayList〈E〉가 모든 데이터를 위치 정보(인덱스)와 값으로 저장하는 반면, LinkedList〈E〉는 앞뒤 객체의 정보를 저장한다. 말 그대로 모든 데이터가 서로 연결된 linked 형태로 관리되는 것이다.

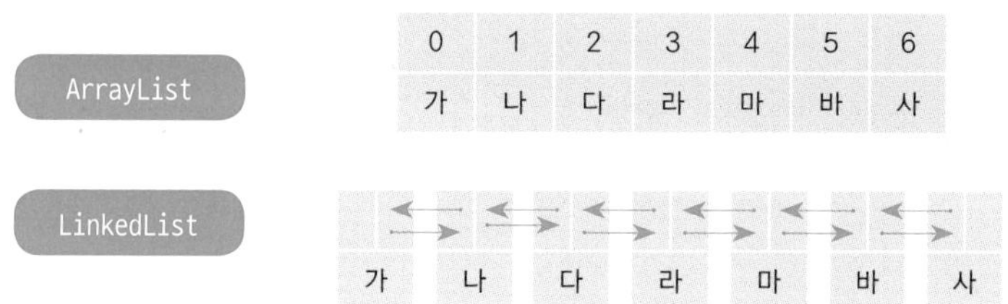

그림 17-4 ArrayList〈E〉와 LinkedList〈E〉의 데이터 저장 방식

이렇게 내부적으로 데이터를 저장하는 방식만 다를 뿐 메서드의 종류와 활용 방법은 Vector〈E〉에서와 마찬가지로 ArrayList〈E〉 예제와 완벽히 동일하다. 즉, ArrayList〈E〉의 예제를 LinkedList〈E〉로만 수정해 실행하면 동일하게 동작한다.

다음 실습은 앞의 예제에서 LinkedList() 생성자로 List〈E〉 객체를 생성했다는 점을 제외하고 앞의 예제와 동일하며, 메서드의 활용에 대한 추가 설명은 앞의 예를 참고하기 바란다.

Do it! 실습 LinkedList<E> 클래스의 주요 메서드 활용 방법 LinkedListMethod.java

```
package sec01_list.EX05_LinkedListMethod;
import java.util.Arrays;
import java.util.LinkedList;
import java.util.List;

public class LinkedListMethod {
    public static void main(String[] args) {
        List<Integer> linkedlist1 = new LinkedList<Integer>();
        ...
    }
}
```

LinkedList<E>() 생성자로 linkedlist1 객체 생성

참조 변수명과 생성자명을 제외한 나머지 코드는 이전 실습과 동일하므로 생략

실행 결과

```
'[Do it! 실습] ArrayList<E> 클래스의 주요 메서드 활용 방법'과 동일
```

17.2.7 ArrayList<E>와 LinkedList<E>의 성능 비교

LinkedList〈E〉와 같은 저장 구조를 지니게 되면 얻을 수 이점이 무엇일까? 다음 예를 한번 살펴보자.

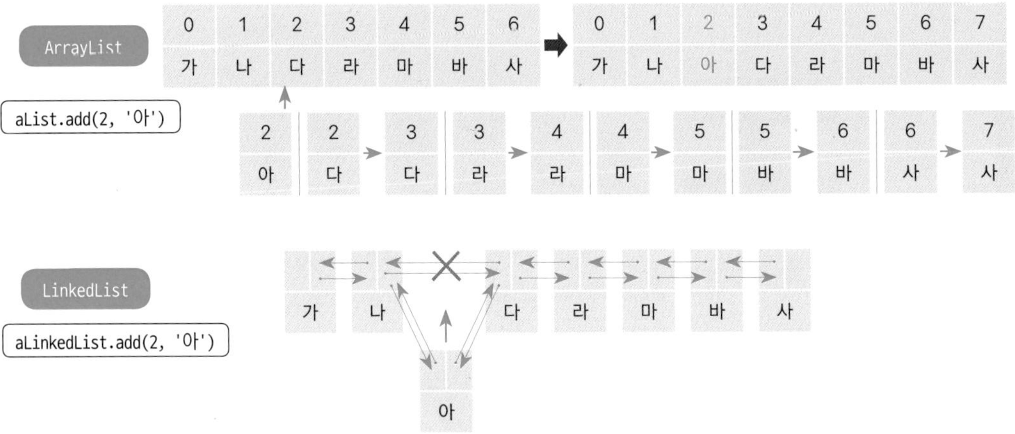

그림 17-5 ArrayList<E>와 LinkedList<E>의 데이터 저장 방식

7개의 데이터를 가진 ArrayList〈E〉 객체에서 2번 인덱스에 데이터를 추가하고자 한다. 이때 기존 2번 이후의 모든 데이터는 한 칸씩 뒤로 밀려나게 되는데, 이는 밀려나는 모든 데이터의 위치 정보를 수정해야 한다는 것을 의미한다. 만일 데이터가 1,000개이고, 0번 인덱스에 데이터를 추가하면 1,000개 데이터의 위치 정보를 모두 수정해야 하는 것이다. 반면 LinkedList〈E〉는 각 원소의 앞뒤 객체 정보만을 저장하고 있으므로 어딘가에 값이 추가되면 값이 추가된 위치의 앞뒤 데이터 정보만 수정하면 된다. 따라서 중간에 데이터를 추가할 때 속도 차이가 날 것이라는 점을 예상할 수 있을 것이다. 물론 중간의 데이터를 삭제할 때도 이와 동일한 상황이 발생할 것이다.

그렇다면 LinkedList〈E〉가 ArrayList〈E〉와 비교해 장점만 있을까? 당연히 아니다. LinkedList에서는 각 원소가 자신의 인덱스 정보를 따로 갖고 있지 않다. 특정 인덱스 위치의 값을 가져오기 위해서는 앞에서부터 차례대로 번호를 세어가면서 인덱스의 위치를 찾아야 한다. 반면 ArrayList는 데이터 자체가 인덱스 번호를 갖고 있으므로 특정 인덱스 위치의 데이터를 빠르게 찾을 수 있을 것이다.

이상의 내용을 정리하면 데이터를 추가 또는 삭제할 때는 LinkedList〈E〉의 속도가 빠르며, 데이터를 검색할 때는 ArrayList〈E〉의 속도가 빠를 것이라고 쉽게 유추할 수 있다.

구분	ArrayList<E>	LinkedList<E>
추가, 삭제(add, remove)	속도 느림	속도 빠름
검색(get)	속도 빠름	속도 느림

실제로 그런지 다음 실습을 살펴보자. 먼저 데이터의 추가(add()) 시간 비교를 위해 for 문을 이용해 10만 개의 데이터를 갖는 ArrayList〈E〉 객체와 LinkedList〈E〉 객체를 생성했다. 데이터를 추가할 때는 변경해야 할 데이터 개수의 차이를 극대화하기 위해 0번 인덱스에 추가했다. 수행 시간을 측정하기 위해 사용한 메서드는 System.nanoTime()으로 시작과 끝 시점을 측정해 그 차잇값을 나노초(10^{-9}초) 단위로 읽음으로써 실행 시간을 계산할 수 있다. 이렇게 10만 개의 데이터를 0번 위치에 추가할 때 LinkedList〈E〉는 ArrayList〈E〉와 비교해 약 237배 빠른 것을 알 수 있다.

데이터의 검색(get()) 시간을 비교할 때는 앞에서 생성한 10만 개의 데이터를 처음부터 마지막까지 순서대로 읽는 검색 속도를 비교했다. 동일한 시간 측정 방식을 사용한 결과, ArrayList〈E〉가 무려 3,061배 정도 빠른 것으로 나타났다. 많은 데이터를 여러 번 검색할 일이 많다면 ArrayList〈E〉가 적합할 것이다.

마지막은 데이터를 제거(remove())할 때다. 추가할 때와 마찬가지로 0번 인덱스에 위치한 값을 10만 번 반복해 삭제했고, 제거할 때와 동일한 시간 측정 방식을 사용했다. 결과는 예상처럼 LinkedList가 약 218배 빠른 것으로 나왔다. 정리하면 중간 위치에 데이터를 추가 또는 삭제할 일이 많을 때는 LinkedList〈E〉, 데이터를 검색할 일이 많을 때는 ArrayList〈E〉를 사용하는 것이 효율적이다.

물론 컴퓨터마다 실행 결과는 조금씩 다르게 나올 것이다.

Do it! 실습 ArrayList<E>와 LinkedList<E>의 성능 비교(데이터 추가/검색/삭제)

ArrayListVsLinkedList.java

```
package sec01_list.EX06_ArrayListVsLinkedList;
import java.util.ArrayList;
import java.util.LinkedList;
import java.util.List;

public class ArrayListVsLinkedList {
    public static void main(String[] args) {
        // 1. 데이터 추가 시간 비교
        List<Integer> aList = new ArrayList<>();
        List<Integer> linkedList = new LinkedList<>();
        long startTime = 0, endTime = 0;
```

```java
        // 1-1. ArrayList 데이터 추가 시간
        startTime = System.nanoTime();
        for(int i = 0; i < 100000; i++) {
            aList.add(0, i);
        }
        endTime = System.nanoTime();
        System.out.println("ArrayList 데이터 추가 시간 = " + (endTime-startTime) + " ns");
        // 1-2. LinkedList 데이터 추가 시간
        startTime = System.nanoTime();
        for(int i = 0; i < 100000; i++) {
            linkedList.add(0, i);
        }
        endTime = System.nanoTime();
        System.out.println("LinkedList 데이터 추가 시간 = " + (endTime-startTime) + " ns");

        // 2-1. ArrayList 데이터 검색 시간
        startTime = System.nanoTime();
        for(int i = 0; i < 100000; i++) {
            aList.get(i);
        }
        endTime = System.nanoTime();
        System.out.println("ArrayList 데이터 검색 시간 = " + (endTime-startTime) + " ns");
        // 2-2. LinkedList 데이터 검색 시간
        startTime = System.nanoTime();
        for(int i = 0; i < 100000; i++) {
            linkedList.get(i);
        }
        endTime = System.nanoTime();
        System.out.println("LinkedList 데이터 검색 시간 = " + (endTime-startTime) + " ns");

        // 3-1. ArrayList 데이터 제거 시간
        startTime = System.nanoTime();
        for(int i = 0; i < 100000; i++) {
            aList.remove(0);
        }
        endTime = System.nanoTime();
        System.out.println("ArrayList 데이터 제거 시간 = " + (endTime-startTime) + " ns");
        // 3-2. LinkedList 데이터 제거 시간
```

```java
        startTime = System.nanoTime();
        for(int i = 0; i < 100000; i++) {
            linkedList.remove(0);
        }
        endTime = System.nanoTime();
        System.out.println("LinkedList 데이터 제거 시간 = " + (endTime-startTime) + " ns");
    }
}
```

실행 결과

```
ArrayList 데이터 추가 시간 = 994549700 ns
LinkedList 데이터 추가 시간 = 4181500 ns
ArrayList 데이터 검색 시간 = 1316200 ns
LinkedList 데이터 검색 시간 = 4029315900 ns
ArrayList 데이터 제거 시간 = 842283900 ns
LinkedList 데이터 제거 시간 = 3863000 ns
```

전공자라면 이 정도는 꼭!

currentTimeMillis() 메서드와 nanoTime() 메서드

자바에서 시간과 관련해 사용되는 대표적인 메서드는 System 클래스의 정적 메서드인 currentTimeMillis() 메서드와 nanoTime() 메서드다. 먼저 System.currentTimeMillis()는 1970년 1월 1일 00시 00분과 현재 시간과의 차이를 ms(밀리초, 1/1000초) 단위로 리턴(long형)하는 메서드다. 반면 System.nanoTime()은 현재의 시간 정보와는 관계 없으며, 상대적인 시간 차이를 나노초(10^{-9}초) 단위로 구하는 데 사용되는 메서드다. 일반적으로 다음과 같이 시간 측정이 필요한 모듈의 앞뒤에 System.nanoTime() 메서드를 호출해 시간 정보를 나노초 단위로 추출한 후 실행 시간을 차잇값을 이용해 측정한다.

```java
long startTime = System.nanoTime();
// 시간 측정 대상 모듈
long endTime = System.nanoTime();
// 측정 시간(ns) = endTime - startTime;
```

17.3 Set<E> 컬렉션 인터페이스

17.3.1 Set<E> 컬렉션의 특징

Set<E>는 동일한 타입의 묶음이라는 특징은 그대로 갖고 있지만, 인덱스 정보를 포함하고 있지 않은, 즉 집합의 개념과 같은 컬렉션이다. 인덱스 정보가 없으므로 데이터를 중복해 저장하면 중복된 데이터 중 특정 데이터를 지칭해 꺼낼 방법이 없다. 즉, Set<E>는 데이터를 구분할 수 있는 유일한 방법이 데이터 그 자체인 것이다. 따라서 동일한 데이터의 중복 저장을 허용하지 않는다.

중복을 허용하지 않기 위해서는 '같음' 또는 '다름'을 비교할 수 있어야 한다. 쉬운 일일 것 같지만 그렇지 않다. 다음과 같이 2개의 A 클래스 객체를 고려해 보자.

```
A a1 = new A(3);
A a2 = new A(3);
```

이때 a1 객체와 a2 객체는 동일한 데이터인가? 답은 그럴 수도, 아닐 수도 있다. 이 부분에 대해서는 차차 알아보기로 하고, 여기서는 데이터의 중복을 허용하느냐, 허용하지 않느냐를 판단하는 기준에 대해 좀 더 알아보자. 데이터 중복 허용의 기준은 앞에서 잠깐 언급한 것처럼 특정 데이터를 꺼낼 수 있느냐에 달려 있다. 다음 예시를 살펴보자.

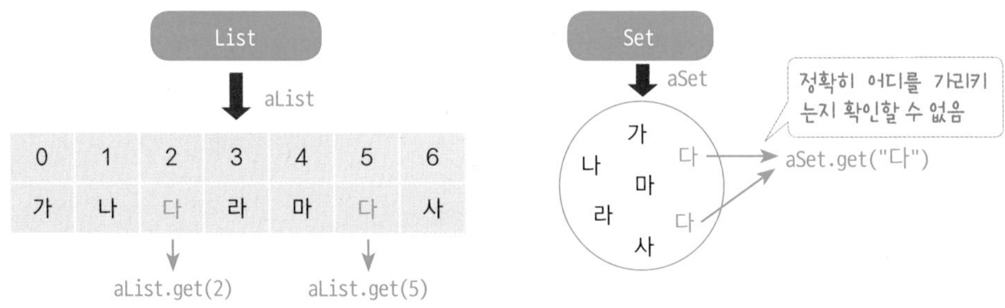

그림 17-6 중복 저장 가능 여부 판단 기준(중복된 특정 원소 중 하나를 특정해 꺼낼 수 있는지 여부)

인덱스 정보와 함께 데이터를 저장하는 List<E>에 "다"라는 값을 갖는 데이터가 중복돼 있다. 이때 중복된 데이터는 서로 다른 인덱스에 저장돼 있기 때문에 첫 번째 "다"는 `aList.get(2)`, 두 번째 "다"는 `aList.get(5)`로 정확히 구분해 가져올 수 있다. 반면 Set<E>에서 데이터가 중복됐을 때는 `aSet.get("다")`가 가리키는 정확한 데이터를 알 수 없다. 이것이 바로 Set〈E〉 컬렉션이 데이터 중복을 허용하지 않는 이유다.

17.3.2 Set〈E〉의 주요 메서드

Set〈E〉에는 데이터의 추가, 삭제, 정보 추출 그리고 Set〈E〉를 배열로 변환하는 메서드들이 포함돼 있다. Set〈E〉 자체가 데이터의 인덱스 정보를 갖고 있지 않으므로 List〈E〉의 메서드와 비교하면 인덱스가 포함된 메서드가 모두 사라진 형태다.

표 17-1 Set〈E〉 인터페이스의 주요 메서드

구분	리턴 타입	메서드명	기능
데이터 추가	boolean	add(E element)	매개변수로 입력된 원소를 리스트에 추가
	boolean	addAll(Collection〈? Extends E〉 c)	매개변수로 입력된 컬렉션 전체를 추가
데이터 삭제	boolean	remove(Object o)	원소 중 매개변수 입력과 동일한 객체 삭제
	void	clear()	전체 원소 삭제
데이터 정보 추출	boolean	isEmpty()	Set〈E〉 객체가 비어 있는지 여부를 리턴
	boolean	contains(Object o)	매개변수로 입력된 원소가 있는지 여부를 리턴
	int	size()	리스트 객체 내에 포함된 원소의 개수
	Iterator〈E〉	iterator()	Set〈E〉 객체 내의 데이터를 연속해 꺼내는 Iterator 객체 리턴
Set〈E〉 객체 배열 변환	Object[]	toArray()	리스트를 Object 배열로 변환
	T[]	toArray(T[] t)	입력매개변수로 전달한 타입의 배열로 변환

앞에서 List〈E〉에서 소개되지 않았던 2개의 메서드에 대해서만 추가로 알아보자. 먼저 contains(Object o)는 해당 Set〈E〉 매개변수로 넘어온 데이터가 객체 내에 포함돼 있는지를 불리언값으로 리턴한다. iterator() 메서드는 Iterator〈E〉 객체를 리턴하는데, 이 객체는 Set〈E〉 객체에서 데이터를 1개씩 꺼내는 기능을 포함하고 있다. Set〈E〉는 for 문으로 인덱스 값을 바꿔가면서 데이터를 출력할 수 있었던 List〈E〉와 달리 인덱스 정보를 갖고 있지 않으므로 일반적인 for 문으로는 데이터를 꺼낼 수 없다. 이런 Set〈E〉의 모든 데이터를 1개씩 모두 꺼낼 수 있도록 하는 것이 iterator() 메서드로 리턴되는 Iterator〈E〉 객체다. 이 방법 외에도 집합 객체에서 인덱스 정보 없이 각 원소를 1개씩 반복적으로 꺼내 처리하는 for-each 구문을 이용할 수도 있다.

인덱스 정보가 없는 Set〈E〉뿐 아니라 인덱스 정보를 갖고 있는 List〈E〉에도 iterator() 메서드가 있지만, List〈E〉는 인덱스 정보를 바로 이용할 수 있기 때문에 굳이 Iterator〈E〉를 가져와 사용할 필요가 없다.

Set〈E〉도 인터페이스이므로 자체적으로는 객체를 생성할 수 없다. List〈E〉처럼 자바 컬렉션 프레임워크에서 제공하는 Set〈E〉 인터페이스를 상속한 구현 클래스를 이용해야 한다. 대표적인 예로는 HashSet〈E〉, LinkedHashSet〈E〉, TreeSet〈E〉 클래스를 들 수 있다.

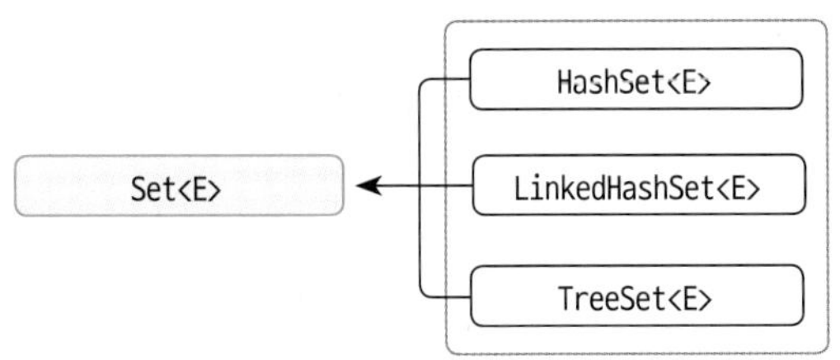

그림 17-7 대표적인 Set<E> 인터페이스 구현 클래스

17.3.3 HashSet<E> 구현 클래스

HashSet〈E〉는 Set〈E〉 인터페이스의 대표적인 구현 클래스다. Set〈E〉의 특성상 저장 데이터를 꺼낼 때는 입력 순서와 다를 수 있다. 인덱스 번호가 없으므로 말 그대로 주머니에 손을 넣어 1개씩 꺼내는 셈인 것이다. HashSet〈E〉 컬렉션도 저장 용량capacity을 동적 관리하며, 기본 생성자로 생성할 때 기본값은 16이다. 이후 데이터의 개수가 많아지면 동적으로 증가한다.

List<E> 객체를 기본 생성자로 만들 때 초기 저장 용량은 10이다. 얼마의 저장 용량을 갖든 데이터의 저장 개수에 따라 자동으로 늘어나거나 줄어들 것이므로 개발자는 크게 신경쓰지 않아도 된다.

데이터 추가하기 - add()

데이터 추가

```
Set<String> hSet1 = new HashSet<String>();
// 1. add(E element)
hSet1.add("가");
hSet1.add("나");
hSet1.add("가");
System.out.println(hSet1.toString());       // [가, 나]
// 2. addAll(Collection<? extends E> c)
Set<String> hSet2 = new HashSet<String>();
hSet2.add("나");
hSet2.add("다");
hSet2.addAll(hSet1);
System.out.println(hSet2.toString());       // [가, 다, 나]  입력 순서와 다름
```

먼저 HashSet〈E〉로 객체를 생성하면 최초 데이터의 개수(size())는 0이다. 이후 3개의 데이터("가", "나", "가")를 추가했다. 이때 "가"는 중복된 데이터다. System.out.println() 메서드로 모든 데이터를 출력해 보면 2개의 데이터만 저장됐다는 것을 알 수 있다. 마지막으로 추가한 "가" 데이터는 중복이므로 추가되지 않은 것이다. 두 번째에서는 새로운 객체 hSet2를 생성하고 "나", "다"를 추가한 후 앞에서 생성한 hSet1 객체를 통째로 추가했다. hSet2를 출력해 보니 두 번째로 추가한 "나"는 중복으로 저장되지 않은 것을 알 수 있다. 여기서 값이 출력되는 순서를 보면 앞에서 값을 저장한 순서와 다르다. 즉, HashSet〈E〉는 **모든 데이터를 하나의 주머니에 넣어 관리하므로 입력 순서와 다르게 출력될 수 있다.**

Set<E>의 모든 구현 클래스는 모든 항목을 출력하도록 toString()를 오버라이딩해 놓았기 때문에 System.out.println() 메서드로 항목을 쉽게 확인할 수 있다.

데이터 삭제하기 - remove(), clear()

데이터 삭제

```
// 3. remove(Object o) hSet2 = [가, 다, 나]
hSet2.remove("나");
System.out.println(hSet2.toString());      // [가, 다]
// 4. clear()
hSet2.clear();
System.out.println(hSet2.toString());      // []
```

Set〈E〉 객체에는 인덱스 번호가 없으므로 데이터를 삭제하려면 remove() 메서드의 매개변수로 실제 삭제할 원솟값을 넣어야 한다. clear() 메서드는 모든 데이터를 한 번에 삭제한다.

데이터 정보 추출하기 - isEmpty(), contains(), size(), iterator()

데이터 정보 추출

```
// 5. isEmpty() hSet2 = []
System.out.println(hSet2.isEmpty());          // true
// 6. contains(Object o)
Set<String> hSet3 = new HashSet<String>();
hSet3.add("가");
hSet3.add("다");
hSet3.add("나");
System.out.println(hSet3.contains("나"));      // true
```

```
System.out.println(hSet3.contains("라"));          // false
// 7. size()
System.out.println(hSet3.size());                  // 3
// 8. iterator()
Iterator<String> iterator = hSet3.iterator();
while(iterator.hasNext()) {
    System.out.print(iterator.next() + " ");       // 가 다 나
}
System.out.println();
```

데이터가 비어 있는지의 여부는 isEmpty()로 알 수 있다. contains(Object o) 메서드는 HashSet〈E〉 객체 안에 해당 원소가 있는지를 true/false로 리턴하고, size()는 저장된 데이터의 개수를 정수형으로 리턴한다.

iterator()는 Set〈E〉 객체 내부의 데이터를 1개씩 꺼내 처리하고자 할 때 사용하는 메서드다. 인덱스 번호가 없으므로 List〈E〉 객체처럼 일반적인 for 문으로 1개씩 꺼내는 것은 불가능하다. iterator() 메서드를 호출하면 먼저 제네릭 클래스 타입인 Iterator〈E〉의 객체가 생성된다. 여기서 제네릭 타입은 당연히 HashSet〈E〉가 저장하고 있는 원소의 타입이다. Iterator의 사전적인 의미는 '반복한다.'인데, 모든 데이터를 담고 있는 것이 아니라 각각의 데이터의 위치를 번갈아가면서 가리킬 수 있다. Iterator〈E〉 클래스에서는 2개의 메서드만 기억하자.

표 17-2 Iterator〈T〉의 대표적인 메서드

리턴 타입	메서드	기능
boolean	hasNext()	다음으로 가리킬 원소의 존재 여부를 불리언으로 리턴
E	next()	다음 원소 위치로 가서 읽은 값을 리턴

먼저 hasNext() 메서드는 다음으로 가리킬 원소의 존재 여부를 불리언으로 리턴하는 것으로, 이 값이 false일 때 마지막 데이터까지 읽은 것이다. next() 메서드는 다음 원소 위치로 가서 읽은 값을 리턴하는 것이다. 여기서 주의해야 할 점은 최초 Iterator〈E〉 객체가 생성되면 이 객체가 가리키고 있는 위치는 첫 원소 위치가 아닌 첫 원소 바로 이전의 위칫값이라는 것이다. 즉, 첫 번째 원솟값을 읽으려면 iterator.next()를 실행해야 한다. 혼동할 수 있으므로 주의하자.

HashSet〈E〉의 각 데이터를 꺼내기 위해 iterator() 메서드 대신, 다음과 같이 for-each 구문을 사용할 수도 있다.

for-each 구문으로 데이터 정보 추출

```
// 8. for-each
for(String s: hSet3) {
    System.out.print(s + " ");      // 가 다 나
}
System.out.println();
```

배열로 변환하기 - toArray(), toArray(T[] t)

마지막으로 HashSet〈E〉 객체도 배열로 만들 수 있다. 다만 List〈E〉와 다른 점은 HashSet〈E〉의 특성상 입출력 순서가 다를 수 있다는 것이다.

배열로 변환

```
// 9. toArray() hSet3 = [가 다 나]
Object[] objArray = hSet3.toArray();
System.out.println(Arrays.toString(objArray));      // [가 다 나]
// 10-1. toArray(T[] t)
String[] strArray1 = hSet3.toArray(new String[0]);
System.out.println(Arrays.toString(strArray1));     // [가 다 나]
// 10-2. toArray(T[] t)
String[] strArray2 = hSet3.toArray(new String[5]);
System.out.println(Arrays.toString(strArray2));     // [가 다 나 null null]
```

toArray() 메서드는 HashSet〈E〉 내의 모든 원소를 담는 Object[]을 리턴한다. toArray(T[] t)는 특정 타입의 배열로 변환하는 메서드로, HashSet〈E〉의 데이터 개수보다 작은 크기의 배열을 넘겨 주면 데이터의 개수만큼 확장된 배열을 리턴한다. 이와 반대로 HashSet〈E〉의 데이터 개수보다 큰 배열을 넘겨 주면 데이터를 배열의 앞에서부터 채운 후 리턴한다. List〈E〉에서와 사용 방법이 완벽히 동일하다.

Do it! 실습 HashSet<E> 클래스의 주요 메서드 활용 방법 HashSetMethod.java

```
package sec02_set.EX01_HashSetMethod;
import java.util.Arrays;
import java.util.HashSet;
import java.util.Iterator;
import java.util.Set;

```

```java
public class HashSetMethod {
    public static void main(String[] args) {
        Set<String> hSet1 = new HashSet<>();
        // 1. add(E element)
        hSet1.add("가");
        hSet1.add("나");
        hSet1.add("가");
        System.out.println(hSet1.toString());
        // 2. addAll(다른 set 객체)
        Set<String> hSet2 = new HashSet<>();
        hSet2.add("나");
        hSet2.add("다");
        hSet2.addAll(hSet1);
        System.out.println(hSet2.toString());
        // 3. remove(Object o)
        hSet2.remove("나");
        System.out.println(hSet2.toString());
        // 4. clear()
        hSet2.clear();
        System.out.println(hSet2.toString());
        // 5. isEmpty();
        System.out.println(hSet2.isEmpty());
        // 6. contains (Object o)
        Set<String> hSet3 = new HashSet<>();
        hSet3.add("가");
        hSet3.add("나");
        hSet3.add("다");
        System.out.println(hSet3.contains("나"));
        System.out.println(hSet3.contains("라"));
        // 7. size()
        System.out.println(hSet3.size());
        // 8. iterator()
        Iterator<String> iterator = hSet3.iterator();
        while(iterator.hasNext()) {                          // 총 3바퀴
            System.out.println(iterator.next());
        }
        // 9. toArray()
        Object[] objArray = hSet3.toArray();
```

```
        System.out.println(Arrays.toString(objArray));
        // 10-1. toArray(T[] t)
        String[] strArray1 = hSet3.toArray(new String[0]);
        System.out.println(Arrays.toString(strArray1));
        // 10-2. toArray(T[] t)
        String[] strArray2 = hSet3.toArray(new String[5]);
        System.out.println(Arrays.toString(strArray2));
    }
}
```

실행 결과

```
[가, 나]
[가, 다, 나]
[가, 다]
[]
true
true
false
3
가
다
나
[가, 다, 나]
[가, 다, 나]
[가, 다, 나, null, null]
```

HashSet<E>의 중복 확인 메커니즘

HashSet〈E〉는 데이터의 중복을 허용하지 않는다고 했다. 즉, 같은 데이터를 2개 이상 포함할 수 없다는 말이다. 여기서 중요한 것이 '데이터가 같다.' 또는 '데이터가 다르다.'의 기준이다. 왜 이 기준이 중요한지 간단한 예로 알아보자.

3과 3은 같은 데이터다. 즉, 2개 이상을 저장할 수 없다. 그렇다면 `A a1 = new A(3)`과 `A a2 = new A(3)`은 어떨까? 생성자에 동일한 값을 넘겨 객체를 생성했으므로 두 객체는 완벽히 똑같이 생겼을 것이다. 하지만 클래스 A에서 특별한 처리를 해 주지 않았다면 HashSet〈E〉의 관점에서는 다른 객체다. 즉, 둘 다 저장할 수 있다는 것이다. 이런 결과가 나오는 것이 a1과 a2가 객체이기 때문에 그런 것은 아니다. 실제로 모든 컬렉션은 객체만 저장할 수 있기 때문에 3

의 데이터를 넣으면 내부적으로는 new Integer(3)과 같이 객체로 변환돼 저장된다. 이와 같은 예로 String s1 = new String("안녕")과 String s2 = new String("안녕")은 HashSet<E>의 관점에서 동일한 객체다.

도대체 어떤 차이가 있을까? 이 모든 것을 이해하기 위해서는 먼저 해시코드hashcode의 개념, 등가연산자(==), equal() 메서드의 차이점을 알아야 한다. 먼저 객체의 해시코드는 객체가 저장된 번지와 연관된 값으로, 실제 번짓값은 아니다. 즉, **객체가 저장된 번지를 기준으로 생성된 정수형 고윳값이 바로 해시코드다.** 객체의 해시코드값을 리턴하는 hashCode() 메서드는 Object 클래스에 정의돼 있다. 또한 하위 클래스에서 Object의 toString() 메서드를 오버라이딩하지 않았다면 toString() 메서드로도 해시코드값을 확인할 수 있다. Object의 toString() 메서드는 '패키지명.클래스명@해시코드'를 출력한다.

오버라이딩하지 않았을 때 객체의 hashcode(), toString()를 이용한 해시코드값 출력

```
package mypack;
class A extends Object {}
public class Test {
    public static void main(String[] args) {
        A a = new A();
        System.out.printf("%x",a.hashCode());  // 7852e922
        System.out.println(a.toString());       // mypack.A@7852e922
    }
}
```

해시코드

객체가 아닌 좀 더 복잡한 기준으로 해시코드를 생성할 수도 있는데, 이때는 Objects 클래스의 정적 메서드인 hash(Object... values)를 사용한다. 매개변수로 들어오는 값과 순서까지 고려해 고유한 해시코드를 생성해 낸다.

Objects.hash() 메서드를 이용한 해시코드 생성

```
System.out.println(Objects.hash(1, 2, 3));    // 30817
System.out.println(Objects.hash(2, 1, 3));    // 31747
System.out.println(Objects.hash("안녕"));      // 1611052
System.out.println(Objects.hash("방가"));      // 1537302
```

이번에는 등가연산자(==)와 Object 클래스의 equals() 메서드에 대해 알아보자. 등가연산자(==)는 스택 메모리값을 동등 비교한다. 그런데 기본 자료형과 참조 자료형은 스택 메모리

에 각각 실젯값과 위칫값을 저장하고 있다. 따라서 기본 자료형의 등가연산은 실젯값, 참조 자료형의 등가연산은 위칫값을 비교한다. Object의 equals() 메서드는 등가연산과 완벽하게 동일하다. 즉, Object의 equals() 메서드 내부에서는 다음과 같이 자신의 객체와 매개변수로 넘어온 객체의 등가연산을 수행한 결과를 리턴한다.

Object 클래스의 equals() 메서드

```
public boolean equals(Object obj) {
    return (this == obj);
}
```

따라서 equals() 메서드를 오버라이딩하지 않았다면 등가연산과 equals() 메서드의 결과는 다음 예와 같이 항상 동일한 값을 가질 것이다.

equals() 메서드를 오버라이딩하지 않았을 때 등가연산과 equals() 연산 결과 비교

```
class A {
    int data;
    public A(int data) {
        this.data = data;
    }
}

public class Test {
    public static void main(String[] args) {
        A a1 = new A(3);
        A a2 = new A(3);
        System.out.println(a1 == a2);              // false
        System.out.println(a1.equals(a2));         // false
    }
}
```

이제 본격적으로 HashSet<E>에서의 중복 확인 메커니즘에 대해 알아보자. 중복 확인은 다음과 같이 2단계로 처리된다.

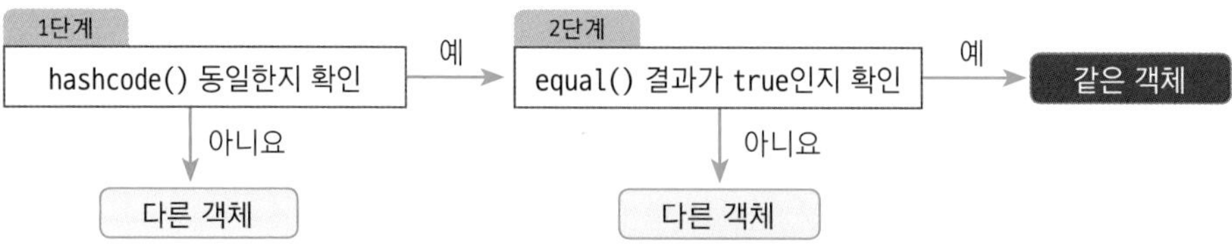

그림 17-8 HashSet<E>에서의 중복 확인 메커니즘

첫 번째 단계에서는 두 객체의 해시코드가 동일한지를 비교하고, 두 번째 단계에서는 equals() 메서드를 이용해 두 객체를 비교한다. 해시코드가 동일하고 equals() 메서드가 true를 리턴하면 두 객체는 동일한 객체로 인식(즉, 중복된 값으로 인식)하고, 이외에는 다른 객체로 인식한다. 따라서 하위 클래스에서 Object의 hashCode()와 equals()를 오버라이딩했는지, 했다면 어떻게 했는지에 따라 객체의 동등 여부 결과는 달라질 것이다. 그럼 먼저 두 메서드를 하위 클래스에서 모두 오버라이딩하지 않았을 때를 살펴보자.

① 두 메서드 모두 오버라이딩하지 않았을 때

```
class A {
    int data;
    public A(int data) {
        this.data = data;
    }
}

public class Test {
    public static void main(String[] args) {
        // equals(): 오버라이딩 X + hashcode(): 오버라이딩 X
        Set<A> hashSet1 = new HashSet<>();
        A a1 = new A(3);
        A a2 = new A(3);
        System.out.println(a1 == a2);                                   // false
        System.out.println(a1.equals(a2));                              // false
        System.out.println(a1.hashCode() + " " + a2.hashCode());       // 2018699554, 
1311053135
        hashSet1.add(a1);
        hashSet1.add(a2);
        System.out.println(hashSet1.size());                            // 2(다른 객체)
    }
}
```

2개의 객체를 동일한 생성자로 생성했기 때문에 객체의 모양은 동일하지만, 당연히 각각 다른 위치에 저장될 것이다. 따라서 객체의 위칫값을 비교하는 등가연산(==)의 결과는 false가 나올 것이다. 또한 하위 클래스에서 equals()를 별도로 오버라이딩하지 않았기 때문에 등가연산(==)과 동일한 결과를 가진다. 해시코드값은 객체의 위칫값을 기반으로 생성된 고윳값인데, 객체의 위치가 다르므로 해시코드값도 당연히 다를 것이다. 따라서 a1과 a2는 똑같이 생긴 객체이지만, HashSet<E>의 관점에서는 완벽히 다른 객체다. 참고로 1단계에서 해시코드(hashCode()) 값이 다를 때 2단계(equals())는 검사조차 하지 않는다. 그럼 이번에는 equals() 메서드만 다음과 같이 오버라이딩했을 때를 살펴보자.

② equals() 메서드만 오버라이딩했을 때

```
class B {
    int data;
    public B(int data) {
        this.data = data;
    }
    @Override
    public boolean equals(Object obj) {
        if (obj instanceof B) {
            if (this.data == ((B) obj).data)
                return true;
        }
        return false;
    }
}

public class Test {
    public static void main(String[] args) {
        // equals(): 오버라이딩 ○ + hashcode(): 오버라이딩 X
        Set<B> hashSet2 = new HashSet<>();
        B b1 = new B(3);
        B b2 = new B(3);
        System.out.println(b1 == b2);                                   // false
        System.out.println(b1.equals(b2));                              // true
        System.out.println(b1.hashCode() + " " + b2.hashCode()); // 118352462, 1550089733
        hashSet2.add(b1);
        hashSet2.add(b2);
        System.out.println(hashSet2.size());                            // 2(다른 객체)
    }
}
```

클래스 B는 단 1개의 필드(int data)만 갖고 있고, 오버라이딩한 equals() 메서드에서는 두 객체의 필드 값이 같을 때 true를 리턴했다. 이때 같은 방식으로 동일한 생성자로 객체를 2개 생성하면 두 객체의 위치가 다르기 때문에 등가연산(==)의 결과는 false가 나오지만, equals() 메서드는 재정의한 것처럼 두 객체의 필드 값을 비교하기 때문에 true를 리턴한다. 하지만 여전히 해시코드값은 두 객체의 위치가 다르므로 서로 다른 값을 가진다. 따라서 이때도 HashSet<E>의 관점에서는 다른 객체다. 이제 마지막으로 2개의 메서드(equals(), hashCode())를 모두 재정의했을 때를 살펴보자.

③ equals(), hashCode() 메서드 모두 오버라이딩했을 때

```
class C {
    int data;
    public C(int data) {
        this.data = data;
    }
    @Override
    public boolean equals(Object obj) {
        if (obj instanceof C) {
            if (this.data == ((C) obj).data)
                return true;
        }
        return false;
    }
    @Override
    public int hashCode() {
        return Objects.hash(data); // data
    }
}
```

= return (new Integer(data)).hashCode();
= retutn data

```
public class Test {
    public static void main(String[] args) {
        // equals(): 오버라이딩 ○ + hashcode(): 오버라이딩 ○
        Set<C> hashSet3 = new HashSet<>();
        C c1 = new C(3);
        C c2 = new C(3);
        System.out.println(c1 == c2);                              // false
        System.out.println(c1.equals(c2));                         // true
        System.out.println(c1.hashCode() + " " + c2.hashCode()); // 34 34
```

```
        hashSet3.add(c1);
        hashSet3.add(c2);
        System.out.println(hashSet3.size());                    // 1(같은 객체)
    }
}
```

equals()는 필드값이 동일할 때 true를 리턴하도록 오버라이딩했다. hashCode()는 Objects 클래스의 정적 메서드인 hash() 메서드를 사용해 필드 값을 기준으로 해시코드를 생성하도록 했다. 즉, 필드 값이 같으면 같은 해시코드값을 리턴한다. 이때는 `return (new Integer(data)).hashCode()` 또는 그냥 `return data`와 같이 간단히 써 주기만 해도 동일한 결과를 얻을 수 있다.

HashMap<K, V>, HashTree<K, V> 등과 같이 Hash가 포함된 모든 컬렉션은 이와 같은 중복 확인 메커니즘으로 데이터의 저장 가능 여부를 결정한다.

Do it! 실습 HashSet<E>의 중복 확인 메커니즘 HashSetMachanism.java

```
package sec02_set.EX02_HashSetMachanism;
import java.util.HashSet;
import java.util.Objects;
import java.util.Set;

class A {
    int data;
    public A(int data) {
        this.data = data;
    }
}
class B {
    int data;
    public B(int data) {
        this.data = data;
    }
    @Override
    public boolean equals(Object obj) {
        if(obj instanceof B) {
            if(this.dat = ((B)obj).data)
            return true;
        }
```

```
            return false;
        }
}
class C {
    int data;
    public C(int data) {
        this.data = data;
    }
    @Override
    public boolean equals(Object obj) {
        if(obj instanceof C) {
            this.data = ((C)obj).data;
            return true;
        }
        return false;
    }
    @Override
    public int hashCode() {
        return Objects.hash(data);
    }
}
public class HashSetMachanism {
    public static void main(String[] args) {
        // 1. 어떤 것도 오버라이딩하지 않음
        Set<A> hashSet1 = new HashSet<>();
        A a1 = new A(3);
        A a2 = new A(3);
        System.out.println(a1 == a2);
        System.out.println(a1.equals(a2));
        System.out.println(a1.hashCode() + ", " + a2.hashCode());
        hashSet1.add(a1);
        hashSet1.add(a2);
        System.out.println(hashSet1.size());
        System.out.println();
        // 2. equals() 메서드만 오버라이딩
        Set<B> hashSet2 = new HashSet<>();
        B b1 = new B(3);
        B b2 = new B(3);
```

```
        System.out.println(b1 == b2);
        System.out.println(b1.equals(b2));
        System.out.println(b1.hashCode() + ", " + b2.hashCode());
        hashSet2.add(b1);
        hashSet2.add(b2);
        System.out.println(hashSet2.size());
        System.out.println();
        // 3. equals(), hashCode() 메서드 오버라이딩
        Set<C> hashSet3 = new HashSet<>();
        C c1 = new C(3);
        C c2 = new C(3);
        System.out.println(c1 == c2);
        System.out.println(c1.equals(c2));
        System.out.println(c1.hashCode() + ", " + c2.hashCode());
        hashSet3.add(c1);
        hashSet3.add(c2);
        System.out.println(hashSet3.size());
    }
}
```

실행 결과

```
false
false
2018699554, 1311053135
2

false
true
118352462, 1550089733
2

false
true
34, 34
1
```

17.3.4 LinkedHashSet<E> 구현 클래스

HashSet〈E〉는 하나의 주머니 안에 데이터를 보관하는 개념으로, 입출력 순서는 서로 다를 수 있었다. LinkedHashSet〈E〉는 HashSet〈E〉의 자식 클래스로 HashSet〈E〉의 모든 기능에 데이터 간의 연결 정보만을 추가로 갖고 있는 컬렉션이다. 즉, 입력된 순서를 기억하고 있는 것이다. 따라서 **LinkedHashSet〈E〉는 출력 순서가 항상 입력 순서와 동일**한 특징을 갖고 있다. 입력 순서의 정보를 갖고 있지만, List〈E〉처럼 중간에 데이터를 추가하거나 특정 순서에 저장된 값을 가져오는 것은 불가능하다.

LinkedHashSet〈E〉의 모든 메서드 활용 방법은 출력 순서가 입력 순서와 동일하다는 점을 제외하고는 부모 클래스인 HashSet〈E〉와 동일하다. 다음 실습은 HashSet〈E〉 실습에서 HashSet〈String〉을 LinkedHashSet〈String〉으로만 변경했다. 결괏값에서는 출력 순서만 차이가 난다. 따라서 다음 실습에 대한 자세한 설명은 생략한다.

Do it! 실습 LinkedHashSet<E> 클래스의 주요 메서드 활용 방법 LinkedHashSetMethod.java

```java
package sec02_set.EX03_LinkedHashSetMethod;
import java.util.Arrays;
import java.util.Iterator;
import java.util.LinkedHashSet;
import java.util.Set;

public class LinkedHashSetMethod {
    public static void main(String[] args) {
        Set<String> linkedSet1 = new LinkedHashSet<>();
        // 1. add(E element)
        linkedSet1.add("가");
        linkedSet1.add("나");
        linkedSet1.add("가");
        System.out.println(linkedSet1.toString());
        // 2. addAll(다른 set 객체)
        Set<String> linkedSet2 = new LinkedHashSet<>();
        linkedSet2.add("나");
        linkedSet2.add("다");
        linkedSet2.addAll(linkedSet1);
        System.out.println(linkedSet2.toString());
        // 3. remove(Object o)
        linkedSet2.remove("나");
        System.out.println(linkedSet2.toString());
```

```
        // 4. clear()
        linkedSet2.clear();
        System.out.println(linkedSet2.toString());
        // 5. isEmpty();
        System.out.println(linkedSet2.isEmpty());
        // 6. contains (Object o)
        Set<String> linkedSet3 = new LinkedHashSet<>();
        linkedSet3.add("가");
        linkedSet3.add("나");
        linkedSet3.add("다");
        System.out.println(linkedSet3.contains("나"));
        System.out.println(linkedSet3.contains("라"));
        // 7. size()
        System.out.println(linkedSet3.size());
        // 8. iterator()
        Iterator<String> iterator = linkedSet3.iterator();
        while(iterator.hasNext()) {                    // 총 3바퀴
            System.out.println(iterator.next());
        }
        // 9. toArray()
        Object[] objArray = linkedSet3.toArray();
        System.out.println(Arrays.toString(objArray));
        // 10-1. toArray(T[] t)
        String[] strArray1 = linkedSet3.toArray(new String[0]);
        System.out.println(Arrays.toString(strArray1));
        // 10-2. toArray(T[] t)
        String[] strArray2 = linkedSet3.toArray(new String[5]);
        System.out.println(Arrays.toString(strArray2));
    }
}
```

실행 결과

```
[가, 나]
[나, 다, 가]
[다, 가]
[]
true
true
false
3
가
나
다
[가, 나, 다]
[가, 나, 다]
[가, 나, 다, null, null]
```

17.3.5 TreeSet<E> 구현 클래스

TreeSet<E>는 공통적인 Set<E>의 기능에 크기에 따른 정렬 및 검색 기능이 추가된 컬렉션이다. 저장된 데이터를 출력할 때 HashSet<E>는 입력 순서와 다를 수 있고, LinkedHashSet<E>는 항상 입력 순서와 동일하다고 했다. **TreeSet<E>는 데이터를 입력 순서와 상관없이 크기 순으로 출력**한다. 따라서 HashSet<E>에서는 단지 두 객체가 같은지, 다른지를 비교했다면, TreeSet<E>에서는 두 객체의 크기를 비교해야 한다.

TreeSet<E> 클래스의 상속 구조를 살펴보자. TreeSet<E>는 다른 구현 클래스와 달리 Navigable Set<E>와 SortedSet<E>를 부모 인터페이스로 두고 있다. 이 두 인터페이스에서 TreeSet<E>의 가장 주요한 기능인 정렬과 검색 기능이 추가로 정의된 것이다. 따라서 TreeSet<E> 생성자로 객체를 생성해도 Set<E> 타입으로 선언하면 추가된 정렬 및 검색 기능을 사용할 수 없다. 즉, TreeSet<E>로 선언해야 SortedSet<E>와 NavigableSet<E>에서 추가된 정렬 및 검색 메서드를 호출할 수 있다.

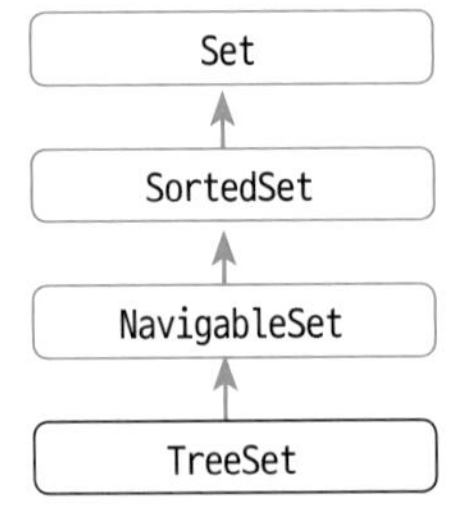

그림 17-9 TreeSet<E>의 상속 구조

Set<E>로 객체 타입을 선언할 때

```
Set<String> treeSet = new TreeSet<String>();
treeSet.[          ]── Set<E> 메서드만 사용 가능
```

TreeSet<E>로 객체 타입을 선언할 때

```
TreeSet<String> treeSet = new TreeSet<String>();
treeSet.[          ]── Set<E> 메서드와 정렬/검색 기능 메서드도 사용 가능
```

TreeSet<E>의 주요 메서드

TreeSet〈E〉도 결국 Set〈E〉의 구현 클래스이므로 다른 구현 클래스처럼 Set〈E〉의 모든 메서드를 사용할 수 있고, 활용법 또한 동일하다. 여기서는 TreeSet〈E〉에서 추가된 정렬과 검색 관련 메서드에 대해 알아보자. 이들 메서드는 크게 데이터 검색, 꺼내기, 부분 집합 생성 그리고 정렬로 나눌 수 있다.

표 17-3 TreeSet<E>의 주요 메서드

구분	리턴 타입	메서드명	기능
데이터 검색	E	first()	Set 원소 중 가장 작은 원솟값 리턴
	E	last()	Set 원소 중 가장 큰 원솟값 리턴
	E	lower(E element)	매개변수로 입력된 원소보다 작은, 가장 큰 수
	E	higher(E element)	매개변수로 입력된 원소보다 큰, 가장 작은 수
	E	floor(E element)	매개변수로 입력된 원소보다 같거나 작은 가장 큰 수
	E	ceiling(E element)	매개변수로 입력된 원소보다 같거나 큰 가장 작은 수
데이터 꺼내기	E	pollFirst()	Set 원소들 중 가장 작은 원솟값을 꺼내 리턴
	E	pollLast()	Set 원소들 중 가장 큰 원솟값을 꺼내 리턴
데이터 부분 집합 생성	SortedSet<E>	headSet(E toElement)	toElement 미만인 모든 원소로 구성된 Set을 리턴(toElement 미포함)
	NavigableSet<E>	headSet(E toElement, boolean inclusive)	toElement 미만/이하인 모든 원소로 구성된 Set을 리턴(inclusive=true이면 toElement 포함, inclusive=false이면 toElement 미포함)
	SortedSet<E>	tailSet(E fromElement)	toElement 이상인 모든 원소로 구성된 Set을 리턴(fromElement 포함)

<table>
<tr><td rowspan="3">데이터
부분 집합
생성</td><td>NavigableSet<E></td><td>tailSet(E fromElement, boolean inclusive)</td><td>fromElement 초과/이상인 모든 원소로 구성된 Set을 리턴(inclusive=true이면 fromElement 포함, inclusive=false이면 fromElement 미포함)</td></tr>
<tr><td>SortedSet<E></td><td>subSet(E fromElement, E toElement)</td><td>fromElement 이상 toElement 미만인 원소들로 이뤄진 Set을 리턴(fromElement 포함, toElement 미포함)</td></tr>
<tr><td>NavigableSet<E></td><td>subSet(E fromElement, boolean frominclusive, E toElement, boolean toinclusive)</td><td>fromElement 초과/이상 toElement 미만/이하인 원소들로 이뤄진 Set을 리턴(fromclusive=true/false이면 fromElement 포함/미포함, toinclusive =true/false이면 toElement 포함/미포함)</td></tr>
<tr><td>데이터 정렬</td><td>NavigableSet<E></td><td>descendingSet()</td><td>내림차순의 의미가 아니라 현재 정렬 기준을 반대로 변환</td></tr>
</table>

먼저 데이터를 검색하는 메서드에 대해 알아보자. first()와 last()는 각각 첫 번째 값과 마지막 값을 리턴한다. 크기 순으로 정렬돼 있으므로 결국 가장 작은 값과 가장 큰 값일 것이다. lower()는 입력매개변수 원소보다 작으면서 가장 가까운 수를 말하고, higher()는 이와 반대다. floor(), ceiling()은 lower(), higher()와 비슷하지만, 값이 매개변수와 같을 때도 함께 고려한다는 점에서만 차이가 있다.

pollFirst()와 pollLast()는 TreeSet<E>에서 각각 처음과 마지막 값을 꺼내 리턴한다. 따라서 검색 메서드와 달리 수행한 후 데이터의 개수가 줄어든다.

TreeSet<E>의 일부분만으로 구성된 새로운 Set<E> 객체를 만들 수 있는데, 메서드의 매개변수에 따라 SortedSet<E> 또는 NavigableSet<E> 타입을 리턴한다. 어렵게 외울 필요 없이 메서드 매개변수에 불리언 타입이 들어가지 않으면 SortedSet<E>를 리턴하고, 불리언 타입이 들어가면 NavigableSet<E> 타입을 리턴한다고 생각하면 이해하기 쉽다. headSet()은 입력매개변수보다 작은 원소로 구성된 Set<E>을 리턴하는데, 불리언값을 이용해 입력매개변숫값의 포함 여부를 설정할 수 있다. tailSet()은 이와 반대로 동작한다. subSet()은 전달되는 2개의 원솟값을 최솟값과 최댓값으로 하는 Set<E>을 구성하는 메서드로, 불리언값으로 시작과 끝 값의 포함 여부를 설정할 수 있다. 마지막으로 데이터 정렬을 위해 사용되는 descendingSet()은 현재의 정렬 기준을 반대로 변환하는 메서드다.

descending의 사전적인 의미가 내림차순이라고 해서 내림차순으로 정렬하는 것이 아니라는 점에 유의하자.

다음은 앞에서 설명한 TreeSet<E> 메서드를 적용한 예다. TreeSet<E>에 추가된 메서드를 이용하기 위해 참조 변수를 Set<E> 타입이 아닌 TreeSet<E> 타입으로 선언했다. 처음 TreeSet<E> 객체를 생성한 후 50, 48, …, 2의 순서로 25개의 데이터를 추가했다. 이후 결과를 살펴보면 크기의 역순으로 입력했는데도 오름차순으로 정렬된 것을 확인할 수 있다.

TreeSet<E>의 객체 생성 및 데이터 추가와 출력

```
TreeSet<Integer> treeSet = new TreeSet<Integer>();
for(int i = 50; i > 0; i -= 2)
    treeSet.add(i);
System.out.println(treeSet.toString());       // [2, 4, 6, ..., 50]
```

그럼 데이터 검색 메서드를 사용해 보자. 앞에서 treeSet 객체에는 [2, 4, 6, ..., 50]의 데이터가 저장돼 있는 상태다.

데이터 검색

```
// 1. first()
System.out.println(treeSet.first());          // 2
// 2. last()
System.out.println(treeSet.last());           // 50
// 3. lower(E element)
System.out.println(treeSet.lower(26));        // 24
// 4. higher(E element)
System.out.println(treeSet.higher(26));       // 28
// 5. floor(E element)
System.out.println(treeSet.floor(25));        // 24
System.out.println(treeSet.floor(26));        // 26
// 6. ceiling(E element)
System.out.println(treeSet.ceiling(25));      // 26
System.out.println(treeSet.ceiling(26));      // 26
```

first()와 last() 메서드로 각각 가장 작은 값(2)과 큰 값(50)이 출력됐다. `lower(26)`, `higher(26)`은 각각 입력값보다 작거나 큰 첫 번째 값을 의미하기 때문에 24와 28이 출력된다. `floor(26)`과 `ceiling(26)`은 입력값과 동일한 것까지 고려하는 것이기 때문에 모두 26의 값을 가진다는 것을 알 수 있다.

이번에는 데이터를 꺼내는 메서드에 대해 알아보자. 역시 현재 treeSet 객체에는 [2, 4, 6, ⋯, 50]의 데이터가 저장된 상태다.

데이터 꺼내기

```
// 7. pollFirst()
int treeSetSize = treeSet.size();
System.out.println(treeSetSize);                    // 25
for (int i = 0; i < treeSetSize; i++)
    System.out.print(treeSet.pollFirst() + " ");    // 2 4 6 ... 50
System.out.println(treeSet.size());                 // 0
// 8. pollLast()
for (int i = 50; i > 0; i -= 2)
    treeSet.add(i);
treeSetSize = treeSet.size();
System.out.println(treeSetSize);                    // 25
for (int i = 0; i < treeSetSize; i++)
    System.out.print(treeSet.pollLast() + " ");     // 50 48 46 ... 2
System.out.println(treeSet.size());                 // 0
```

TreeSet<E>의 첫 번째 값을 pollFirst()로 꺼내는 동작을 25번 반복했다. pollFirst()는 실제 데이터를 꺼내 리턴하므로 size()로 데이터의 크기를 확인해 보면 모든 데이터가 꺼내졌으므로 0이 된다는 것을 알 수 있다. pollLast()도 마지막 값을 25번 반복해 꺼내면 역순으로 꺼내지는 것을 제외하고 동일한 결과를 얻을 수 있다.

이제 TreeSet<E> 데이터의 일부분을 가져와 TreeSet<E> 객체를 생성하는 데이터 부분 집합 생성 메서드에 대해 알아보자. 앞에서 treeSet 객체의 모든 데이터를 비웠기 때문에 다시 '50, 48, 46, …, 2'의 데이터를 입력한 후 메서드를 호출했다. 비록 크기의 역순으로 입력하지만, 앞에서 여러 번 언급한 것처럼 treeSet 객체는 오름차순으로 데이터를 정렬해 저장하므로 2, 4, 6, …, 50과 같이 저장될 것이다.

데이터 부분 집합 생성 - headSet(), tailSet()

```
for (int i = 50; i > 0; i -= 2)
    treeSet.add(i);
// 9. SortedSet<E> headSet(E toElement)
SortedSet<Integer> sSet = treeSet.headSet(20);
System.out.println(sSet.toString());        // [2, 4, 6, ..., 18]
// 10. NavigableSet<E> headSet(E toElement, boolean inclusive)
NavigableSet<Integer> nSet = treeSet.headSet(20, false);
System.out.println(nSet.toString());        // [2, 4, 6, ..., 18]
```

```
nSet = treeSet.headSet(20, true);
System.out.println(nSet.toString());        // [2, 4, 6, ..., 20]
// 11. SortedSet<E> tailSet(E toElement)
sSet = treeSet.tailSet(20);
System.out.println(sSet.toString());        // [20, 22, 24, ..., 50]
// 12. NavigableSet<E> tailSet(E toElement, boolean inclusive)
nSet = treeSet.tailSet(20, false);
System.out.println(nSet.toString());        // [22, 24, 26 ..., 50]
nSet = treeSet.tailSet(20, true);
System.out.println(nSet.toString());        // [20, 22, 24, ..., 50]
```

headSet(20)은 TreeSet〈E〉의 데이터 중 20 미만의 데이터들을 Set〈E〉 객체로 리턴하므로 결과로 '2, 4, …, 18'의 데이터를 갖는 TreeSet〈E〉 객체가 생성될 것이다. 입력값의 포함 여부는 두 번째 불리언값으로 제어할 수 있다. tailSet()은 정확히 이와 반대로 동작한다.

데이터 부분 집합 생성 - subSet()

```
// 13. SortedSet<E> subSet(E fromElement, E toElement)
sSet = treeSet.subSet(10, 20);
System.out.println(sSet.toString());        // [10, 12, 14, 16, 18]
// 14. NavigableSet<E> subSet(E fromElement, boolean frominclusive, E toElement, boolean
toinclusive)
nSet = treeSet.subSet(10, true, 20, false);
System.out.println(nSet.toString());        // [10, 12, 14, 16, 18]
nSet = treeSet.subSet(10, false, 20, true);
System.out.println(nSet.toString());        // [12, 14, 16, 18, 20]
```

subSet(10, 20)은 첫 번째 매개변수 이상이면서 두 번째 매개변수 미만인 데이터로 구성된 Set〈E〉 객체를 리턴한다. 따라서 그 결과로 '10, 12, …, 18'이 포함된다는 것을 알 수 있다. 입력매개변수의 포함 여부는 역시 불리언값으로 제어할 수 있다.

마지막으로 알아볼 것은 데이터 정렬 메서드다.

데이터 정렬

```
// 15. NavigableSet<E> descendingSet()
System.out.println(treeSet);            // [2, 4, 6, ..., 50]
NavigableSet<Integer> descendingSet = treeSet.descendingSet();
System.out.println(descendingSet);      // [50, 48, 46, ..., 2]
descendingSet = descendingSet.descendingSet();
System.out.println(descendingSet);      // [2, 4, 6, ..., 50]
```

desendingSet()은 현재의 정렬 기준(오름차순, 내림차순)을 바꾸는 메서드다. 오름차순으로 정렬된 값은 내림차순으로 바뀌고, 내림차순으로 정렬된 값은 다시 오름차순으로 바뀌는 것을 볼 수 있다.

Do it! 실습 TreeSet<E> 클래스의 주요 메서드 활용 방법 TreeSetMethod_1.java

```
package sec02_set.EX04_TreeSetMethod_1;
import java.util.NavigableSet;
import java.util.SortedSet;
import java.util.TreeSet;

public class TreeSetMethod_1 {
    public static void main(String[] args) {
        TreeSet<Integer> treeSet = new TreeSet<>();
        for(int i = 50; i > 0; i -= 2) {
            treeSet.add(i);
        }
        System.out.println(treeSet.toString());
        // 1. first()
        System.out.println(treeSet.first());
        // 2. last()
        System.out.println(treeSet.last());
        // 3. lower(E element)
        System.out.println(treeSet.lower(26));
        // 4. higher(E element)
        System.out.println(treeSet.higher(26));
        // 5. floor(E element)
        System.out.println(treeSet.floor(25));
        System.out.println(treeSet.floor(26));
        // 6. ceiling(E element)
```

```
        System.out.println(treeSet.ceiling(25));
        System.out.println(treeSet.ceiling(26));
        System.out.println();
        // 7. pollFirst()
        int treeSetSize = treeSet.size();
        System.out.println(treeSetSize);
        for(int i = 0; i < treeSetSize; i++) {
            System.out.print(treeSet.pollFirst() + " ");
        }
        System.out.println();
        System.out.println(treeSet.size());
        // 8. pollLast()
        for(int i = 50; i > 0; i -= 2) {
            treeSet.add(i);
        }
        treeSetSize = treeSet.size();
        for(int i = 0; i < treeSetSize; i++) {
            System.out.print(treeSet.pollLast() + " ");
        }
        System.out.println();
        System.out.println(treeSet.size());
        // 9. SortedSet<E> headSet(E element)
        for(int i = 50; i > 0; i -= 2) {                    // [2, 4, 6, ..., 50]
            treeSet.add(i);
        }
        SortedSet<Integer> sSet = treeSet.headSet(20);
        System.out.println(sSet.toString());
        // 10. NavigableSet<E> headSet(E element, boolean inclusive)
        NavigableSet<Integer> nSet = treeSet.headSet(20, true);
        System.out.println(nSet.toString());
        nSet = treeSet.headSet(20, false);
        System.out.println(nSet.toString());
        // 11. SortedSet<E> tailSet(E element)
        sSet = treeSet.tailSet(20);
        System.out.println(sSet.toString());
        // 12. NavigableSet<E> tailSet(E element, boolean inclusive)
        nSet = treeSet.tailSet(20, true);
        System.out.println(nSet.toString());
```

```java
        nSet = treeSet.tailSet(20, false);
        System.out.println(nSet.toString());
        // 13. SortedSet<E> subSet(E element, E element)
        sSet = treeSet.subSet(10, 20);
        System.out.println(sSet.toString());
        // 14. NavigableSet<E> subSet(E element, boolean inclusive, E element, boolean inclusive)
        nSet = treeSet.subSet(10, true, 20, false);
        System.out.println(nSet.toString());
        nSet = treeSet.subSet(10, false, 20, true);
        System.out.println(nSet.toString());
        // 15. NavigableSet<E> descendingSet()
        System.out.println(treeSet);
        NavigableSet<Integer> descendingSet = treeSet.descendingSet();
        System.out.println(descendingSet);
        descendingSet=descendingSet.descendingSet();
        System.out.println(descendingSet);
    }
}
```

실행 결과

```
[2, 4, 6, 8, 10, 12, 14, 16, 18, 20, 22, 24, 26, 28, 30, 32, 34, 36, 38, 40, 42, 44, 46, 48, 50]
2
50
24
28
24
26
26
26

25
2 4 6 8 10 12 14 16 18 20 22 24 26 28 30 32 34 36 38 40 42 44 46 48 50
0
50 48 46 44 42 40 38 36 34 32 30 28 26 24 22 20 18 16 14 12 10 8 6 4 2
0
```

```
[2, 4, 6, 8, 10, 12, 14, 16, 18]
[2, 4, 6, 8, 10, 12, 14, 16, 18, 20]
[2, 4, 6, 8, 10, 12, 14, 16, 18]
[20, 22, 24, 26, 28, 30, 32, 34, 36, 38, 40, 42, 44, 46, 48, 50]
[20, 22, 24, 26, 28, 30, 32, 34, 36, 38, 40, 42, 44, 46, 48, 50]
[22, 24, 26, 28, 30, 32, 34, 36, 38, 40, 42, 44, 46, 48, 50]
[10, 12, 14, 16, 18]
[10, 12, 14, 16, 18]
[12, 14, 16, 18, 20]
[2, 4, 6, 8, 10, 12, 14, 16, 18, 20, 22, 24, 26, 28, 30, 32, 34, 36, 38, 40, 42, 44, 46,
48, 50]
[50, 48, 46, 44, 42, 40, 38, 36, 34, 32, 30, 28, 26, 24, 22, 20, 18, 16, 14, 12, 10, 8,
6, 4, 2]
[2, 4, 6, 8, 10, 12, 14, 16, 18, 20, 22, 24, 26, 28, 30, 32, 34, 36, 38, 40, 42, 44, 46,
48, 50]
```

TreeSet<E>에서 데이터 크기 비교

TreeSet〈E〉의 가장 큰 특징은 입력 순서와 관계없이 데이터를 크기 순으로 정렬한다고 했다. 정렬을 위해서는 각 데이터들의 크고 작음을 비교할 수 있어야 한다. 다음을 살펴보자.

TreeSet<E>에서 Integer 객체의 크기 비교

```
TreeSet<Integer> treeSet1 = new TreeSet<Integer>();
Integer intValue1 = new Integer(20);
Integer intValue2 = new Integer(10);
treeSet1.add(intValue1);
treeSet1.add(intValue2);
System.out.println(treeSet1.toString());      // [10, 20]
```

intValue1 > intValue2

TreeSet<E>에서 String 객체의 크기 비교

```
TreeSet<String> treeSet2 = new TreeSet<String>();
String str1 = "가나";
String str2 = "다라";
treeSet2.add(str1);
treeSet2.add(str2);
System.out.println(treeSet2.toString());      // [가나, 다라]
```

str1 < str2

먼저 2개의 Integer 객체를 생성한 후 각각의 객체에는 20과 10의 값을 저장했다. 이때는 예측할 수 있는 것처럼 intValue1 〉 intValue2 값을 가진다. 따라서 treeSet1 객체에 역순으로 데이터를 저장했는데도 [10, 20]과 같이 크기 순으로 출력되는 것을 볼 수 있다. 이번에는 문자열일 때를 살펴보자. "가나"와 "다라"의 문자열은 사전 순서로 비교되기 때문에 뒤의 "다라"가 더 큰 값을 가진다. 따라서 역시 treeSct2 객체에 어떤 순서로 서상하는 ["가나", "다라"]의 크기 순으로 정렬돼 저장될 것이다. Integer 객체와 String 객체의 크기를 이렇게 쉽게 비교할 수 있는 이유는 자바가 이미 이들 클래스에 크기 비교 기준을 작성해 놓았기 때문이다.

이제 직접 클래스를 생성해 크기를 비교하는 다음 예를 살펴보자. 먼저 2개의 필드(data1, data2)가 있고, 생성자의 매개변수로 이 두 필드를 초기화하는 MyClass 클래스를 다음과 같이 정의했다.

```
class MyClass {
    int data1;
    int data2;
    public MyClass(int data1, int data2) {
        this.data1 = data1;
        this.data2 = data2;
    }
}
```

이제 이 MyClass 객체를 원소로 갖는 TreeSet〈E〉 객체를 생성하고, 2개의 MyClass 객체를 다음과 같이 추가해 보자.

TreeSet<E>에서 MyClass 객체의 크기 비교

```
TreeSet<MyClass> treeSet3 = new TreeSet<MyClass>();
MyClass myClass1 = new MyClass(2, 5);
MyClass myClass2 = new MyClass(3, 3);
treeSet3.add(myClass1);                   // 예외 발생
treeSet3.add(myClass2);                   // 예외 발생
System.out.println(treeSet3.toString());  // 예외 발생
```

myClass1 ??? myClass2

이때 new MyClass(2, 5)와 new MyClass(3, 3) 중 어떤 객체가 클까? data1 필드는 두 번째가 크고, data2 필드는 첫 번째가 크다. 또 두 필드의 합은 첫 번째가 크다. 도대체 어느 것이 크고 작음의 기준이 되는 것일까? 이 두 객체를 treeSet에 추가하면 예외가 발생한다. 이는 treeSet〈E〉는 데이터를 입력할 때 크기 순으로 정렬해야 하는데, 이 데이터들의 크기를 비교할 수 없기 때문이다. 즉, **treeSet〈E〉에 저장되는 모든 객체는 크기 비교의 기준이 제공**돼야 한다. 그 기준이 꼭 필드 값일 필요는 없으며, 어떤 것이라도 기준이 될 수 있다. 예를 들어 '필드 값을 3으로 나눈 나머지 값이 크면 큰 값이다.'와 같이 정의해도 무방하다. 앞에서 살펴본 Integer와 String은 각각 내부에 포함돼 있는 정숫값과 문자열만으로 크기의 기준을 정해 놓은 것뿐이다.

크기 비교의 기준을 제공하는 방법은 2가지다. 첫 번째 방법은 java.lang 패키지의 Comparable〈T〉 제네릭 인터페이스를 구현하는 것이다. 이 인터페이스의 내부에는 정숫값을 리턴하는 int compareTo(T t) 추상 메서드가 존재한다. 크기 비교의 결과는 설정한 기준에 따라 자신의 객체가 매개변수 t보다 작을 때는 음수, 같을 때는 0, 클 때는 양수를 리턴하면 되는데, 일반적으로 -1, 0, 1을 리턴한다. 그럼 Comparable 제네릭 인터페이스를 상속해 크기 비교가 가능한 클래스인 MyComparableClass를 정의해 보자.

방법 ① java.lang.Comparable<T> 인터페이스를 구현

```
class MyComparableClass implements Comparable<MyComparableClass> {
    int data1;
    int data2;
    public MyComparableClass(int data1, int data2) {
        this.data1 = data1;
        this.data2 = data2;
    }
    @Override
    public int compareTo(MyComparableClass m) {
        if (data1 < m.data1) {
            return -1;
        } else if (data1 == m.data1) {
            return 0;
        } else
            return 1;
    }
}
```

타입 일치

data2와는 상관없이 data1만으로 크기를 결정하는 예제네릭 인터페이스의 제네릭 타입 변수를 자신과 동일한 MyComparableClass로 대입했으므로 compareTo()의 입력 타입으로는 자신과 동일한 타입의 객체가 들어올 것이다. 이후 자신의 필드 값(this.data1)과 입력매개변수 객체의 필드 값(m.data1)을 비교해 작을 때, 같을 때, 클 때 각각 -1, 0, 1을 리턴했다. 즉, 이렇게 작성할 때 data2 필드와는 상관없이 오로지 data1의 크기에 따라 객체의 크기가 결정된다는 것이다. 따라서 다음과 같이 두 객체를 원소로 갖는 treeSet〈E〉의 정렬 결과는 다음과 같다.

MyComparableClass 객체의 크기 비교

```
TreeSet<MyComparableClass> treeSet4 = new TreeSet<MyComparableClass>();
MyComparableClass myComparableClass1 = new MyComparableClass(2, 5);
MyComparableClass myComparableClass2 = new MyComparableClass(3, 3);
treeSet4.add(myComparableClass1);
treeSet4.add(myComparableClass2);
for (MyComparableClass mcc: treeSet4) {
    System.out.println(mcc.data1);      // 2 → 3
}
```

myComparableClass1 < myComparableClass2

두 번째 방법은 TreeSet〈E〉 객체를 생성하면서 생성자 매개변수로 Comparator〈T〉 객체를 제공하는 것이다. Comparator〈T〉 또한 인터페이스이므로 TreeSet〈T〉 객체 생성 과정에서 내부에 포함된 추상 메서드인 compare()를 구현함으로써 크기 비교의 기준을 갖게 되는 것이다. 이 방법을 사용하면 기존의 MyClass 클래스를 수정하지 않아도 된다.

방법 ② TreeSet 생성자 매개변수로 java.util.Comparator<T> 인터페이스 객체 제공

```
TreeSet<MyClass> treeSet5 = new TreeSet<MyClass>(new Comparator<MyClass>() {
    @Override
    public int compare(MyClass o1, MyClass o2) {
        if (o1.data1 < o2.data1)
            return -1;
        else if (o1.data1 == o2.data1)
            return 0;
        else
            return 1;
    }
});
MyClass myClass1 = new MyClass(2, 5);
MyClass myClass2 = new MyClass(3, 3);
```

TreeSet<E>() 생성자 매개변수로 크기 비교 기준을 구현한 객체 전달

data2와는 상관없이 data1만으로 크기를 결정하는 예

myClasss1 < myClasss2

```
treeSet5.add(myClass1);
treeSet5.add(myClass2);
for (MyClass mc: treeSet5) {
    System.out.println(mc.data1);      // 2 → 3
}
```

Comparator〈T〉 인터페이스에는 int compare(T t1, T t2)와 같이 2개의 입력매개변수가 있으며, t1과 t2의 크기 비교 결과를 동일한 방식으로 리턴한다. 즉, t1 〉 t2일 때 음수, t1 = t2일 때 0, t1 〈 t2일 때 양수를 리턴한다. 이를 이용해 크기 비교의 기준이 없는 MyClass 객체도 TreeSet〈E〉 데이터로 사용할 수 있게 되는 것이다. 다음 실습에서 볼 수 있듯이 크기 비교의 기준을 제공하는 방법은 방법 1과 방법 2 모두 data1 필드 값만을 기준으로 했다. 따라서 결과는 동일하게 얻을 수 있다.

Do it! 실습 사용자 클래스의 크기 비교 기준 제공 및 TreeSet<E> 데이터로의 활용 TreeSetMethod_2.java

```
package sec02_set.EX05_TreeSetMethod_2;
import java.util.Comparator;
import java.util.TreeSet;

class MyClass {
    int data1;
    int data2;
    public MyClass(int data1, int data2) {
        this.data1 = data1;
        this.data2 = data2;
    }
}
class MyComparableClass implements Comparable<MyComparableClass> {
    int data1;
    int data2;
    public MyComparableClass(int data1, int data2) {
        this.data1 = data1;
        this.data2 = data2;
    }
    // 크기 비교의 기준 설정(음수, 0, 양수)
    @Override
    public int compareTo(MyComparableClass o) {
```

```
        if(this.data1 < o.data1) return -1;
        else if(this.data1 == o.data1) return 0;
        else return 1;
    }
}
public class TreeSetMethod_2 {
    public static void main(String[] args) {
        // 1. Integer 크기 비교
        TreeSet<Integer> treeSet1 = new TreeSet<Integer>();
        Integer intValue1 = new Integer(20);
        Integer intValue2 = new Integer(10);
        treeSet1.add(intValue1);
        treeSet1.add(intValue2);
        System.out.println(treeSet1.toString());
        // 2. String 크기 비교
        TreeSet<String> treeSet2 = new TreeSet<String>();
        String str1 = "가나";
        String str2 = "다라";
        treeSet2.add(str1);
        treeSet2.add(str2);
        System.out.println(treeSet2.toString());
        // 3. MyClass 객체 크기 비교
        /*
        TreeSet<MyClass> treeSet3 = new TreeSet<MyClass>();
        MyClass myClass1 = new MyClass(2, 5);
        MyClass myClass2 = new MyClass(3, 3);
        treeSet3.add(myClass1);
        treeSet3.add(myClass2);
        System.out.println(treeSet3.toString());
        */
        // 4. MyComparableClass 객체 크기 비교 방법 1
        TreeSet<MyComparableClass> treeSet4 = new TreeSet<MyComparableClass>();
        MyComparableClass myComparableClass1 = new MyComparableClass(2, 5);
        MyComparableClass myComparableClass2 = new MyComparableClass(3, 3);
        treeSet4.add(myComparableClass1);
        treeSet4.add(myComparableClass2);
        for(MyComparableClass mcc: treeSet4) {
            System.out.println(mcc.data1);
```

```
        }
        // 5. MyClass 객체 크기 비교 방법 2
        TreeSet<MyClass> treeSet5 = new TreeSet<MyClass>(new Comparator<MyClass>() {
            @Override
            public int compare(MyClass o1, MyClass o2) {
                if(o1.data1 < o2.data1) return -1;
                else if(o1.data1 == o2.data1) return 0;
                else return 1;
            }
        });
        MyClass myClass1 = new MyClass(2, 5);
        MyClass myClass2 = new MyClass(3, 3);
        treeSet5.add(myClass1);
        treeSet5.add(myClass2);
        for(MyClass mcc: treeSet5) {
            System.out.println(mcc.data1);
        }
    }
}
```

실행 결과

```
[10, 20]
[가나, 다라]
2
3
2
3
```

17.4 Map<K, V> 컬렉션 인터페이스

Map⟨K, V⟩ 컬렉션은 상속 구조상 List⟨E⟩, Set⟨E⟩와 분리돼 있다. 즉, List⟨E⟩와 Set⟨E⟩가 Collection⟨E⟩ 인터페이스를 상속받는 반면, Map⟨K, V⟩는 별도의 인터페이스로 존재한다. 따라서 저장의 형태와 방식이 앞의 두 컬렉션과 다르다.

기억이 나지 않는다면 '그림 17-1'을 다시 한번 살펴보자.

17.4.1 Map<K, V> 컬렉션의 특징

Key와 Value 한 쌍으로 데이터를 저장

먼저 Map⟨K, V⟩ 컬렉션은 Key(키)와 Vlaue(값)의 한 쌍으로 데이터를 저장한다. 이때 한 쌍의 데이터를 '엔트리entry'라고 하며, Map.Entry 타입으로 정의된다. 즉, Map⟨K, V⟩는 데이터를 엔트리 단위로 입력받는 것이다.

Key는 중복 저장 불가, Value는 중복 가능

얼핏 보면 인덱스와 데이터를 저장하는 List⟨E⟩와 비슷해 보이는데, List⟨E⟩의 인덱스는 고정적인 반면, Map⟨K, V⟩의 Key 값으로는 무엇이든 올 수 있다. 데이터를 구분하는 기준이 바로 이 Key 값이기 때문에 List⟨E⟩에서 인덱스가 중복되지 않았던 것처럼 Key 값도 중복될 수 없다. 하지만 Value 값은 Key 값으로 구분해 가져올 수 있으므로 중복이 허용된다. 다음 예를 살펴보자.

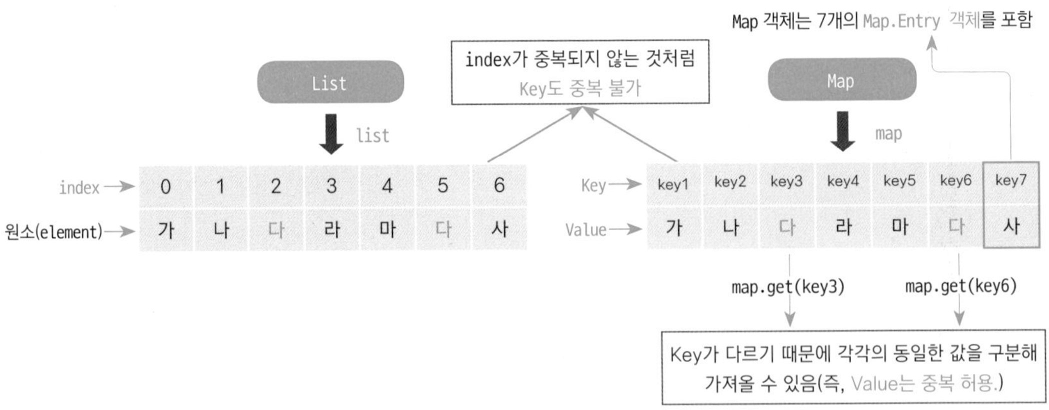

그림 17-10 List<E>와 비슷한 Map<K, V>에서 Key와 Value의 중복 가능 여부

List〈E〉는 7개의 데이터를 갖고 있으며, 이 중 "다"의 원소가 중복돼 있다. 하지만 각각의 값은 `list.get(2)`와 `list.get(5)`와 같이 인덱스 번호로 구분해 가져올 수 있기 때문에 값의 중복이 전혀 문제가 되지 않았다. 이와 같은 개념은 Map〈K, V〉에도 그대로 적용된다. 7개의 엔트리를 갖고 있는 Map〈K, V〉의 객체에서 "다"의 값이 중복돼 포함돼 있다. 하지만 이들 2개의 값을 저장하고 있는 Key가 다르기 때문에 첫 번째 "다"와 두 번째 "다"를 각각 `map.get(key3)`, `map.get(key6)`과 같이 구분해 가져올 수 있어 Value 값의 중복은 허용된다.
하지만 Key는 어떨까? 만일 동일한 Key가 2개 이상이라면 map.get(중복 키) 와 같이 실행할 때 어떤 값을 가져올지 결정할 수 없을 것이다. 따라서 Map〈K, V〉에서 Key는 중복이 불가하며, Value는 중복이 허용되는 것이다.

17.4.2 Map<K, V> 인터페이스의 주요 메서드

Map〈K, V〉 인터페이스의 메서드를 살펴보면 크게 데이터의 추가, 변경, 정보 추출 및 삭제로 나눌 수 있다.

표 17-4 Map<K, V> 인터페이스의 메서드

구분	리턴 타입	메서드명	기능
데이터 추가	V	put(K key, V value)	입력매개변수의 (key, vaule)를 Map 객체에 추가
	void	putAll(Map<? extends K, ? extends V> m)	입력매개변수의 Map 객체를 통째로 추가
데이터 변경	V	replace(K key, V value)	Key에 해당하는 값을 Value 값으로 변경(old 값 리턴) (단, 해당 Key가 없으면 null 리턴)
	boolean	replace(K key, V oldValue, V newValue)	(key, oldValue)의 쌍을 갖는 엔트리에서 oldValue를 newValue로 변경(단, 해당 엔트리가 없으면 false를 리턴)
데이터 정보 추출	V	get(Object key)	매개변수의 Key 값에 해당하는 oldValue를 리턴
	boolean	containsKey(Object key)	매개변수의 Key 값이 포함돼 있는지 여부
	boolean	containsValue(Object value)	매개변수의 Value 값이 포함돼 있는지 여부
	Set<K>	keySet()	Map 데이터들 중 Key들만 뽑아 Set 객체로 리턴
	Set<Entry<K, V>>	entrySet()	Map의 각 엔트리들을 Set 객체로 담아 리턴
	int	size()	Map에 포함된 엔트리의 개수

데이터 삭제	V	remove(Object key)	입력매개변수의 Key를 갖는 엔트리 삭제(단, 해당 Key가 없으면 아무런 동작을 하지 않음)
	boolean	remove(Object key, Object value)	입력매개변수의 (key, value)를 갖는 엔트리 삭제(단, 해당 엔트리가 없으면 아무런 동작을 하지 않음)
	void	clear()	Map 객체 내의 모든 데이터 삭제

데이터를 추가할 때는 put(K key, V value)와 같이 (Key, Value)의 쌍으로 전달하며, putAll()을 이용해 다른 Map〈K, V〉 객체를 통째로 추가할 수도 있다. 데이터를 변경할 때는 replace() 메서드를 사용하며, 해당 엔트리(Key와 Kalue의 쌍)가 없을 때는 매개변수에 따라 null 또는 false를 리턴한다.

데이터의 값을 꺼낼 때는 다른 컬렉션처럼 get() 메서드를 사용하며, 매개변수로는 Key 값을 사용한다. 즉, 해당 Key 값을 갖는 Value 값이 리턴된다. containKey()와 containValue()는 각각 매개변수로 들어오는 Key와 Value의 객체가 Map〈K, V〉 객체 내에 존재하는지를 불리언으로 리턴한다. KeySet()은 Map〈K, V〉 데이터 쌍들 중에서 Key만을 뽑아 Set〈E〉로 리턴한다. 나중에 다시 다루겠지만, Map〈K, V〉는 Key 값들을 Set〈E〉 형태로 관리한다. 이것이 바로 Key 값의 중복이 불가능한 이유다. Map 데이터를 1개씩 꺼낼 때 일반적으로 이 keySet()로 전체 Key를 추출하고, 각 Key 값에 따라 Value 값을 읽는다. Key의 집합이 아니라 엔트리를 Set〈Entry〈K, V〉〉로 바로 가져올 수도 있는데, 이때 사용하는 메서드가 entrySet()이다. 리턴 타입이 다소 복잡해 보이지만, 내부 원소로 Entry〈K, V〉 타입을 갖는 Set〈E〉 객체일 뿐이다. 전체 엔트리의 개수는 size()로 구할 수 있다.

데이터를 삭제할 때는 remove() 메서드를 사용하는데, 매개변수로 Key만 넘길 때는 해당 Key를 포함하는 엔트리가 삭제되며, 해당 Key가 없을 때는 아무런 동작도 하지 않는다. 반면 Key와 Value를 함께 매개변수로 전달하면, Key와 Value가 정확히 일치하는 엔트리가 있을 때만 데이터의 삭제가 이뤄진다. 마지막으로 clear()는 Map〈K, V〉 객체의 전체 엔트리를 삭제하는 메서드다.

Map〈K, V〉 역시 인터페이스이기 때문에 객체를 생성하기 위해서는 하위 클래스에서 위의 모든 메서드를 구현해야 한다. Map〈K, V〉 인터페이스의 대표적인 구현 클래스로는 HashMap〈K, V〉, LinkedHashMap〈K, V〉, Hashtable〈K, V〉, TreeMap〈K, V〉를 들 수 있다. 이제 구현 클래스들의 특징을 하나씩 알아보자.

HashMap<K, V>와 Hashtable<K, V>는 Key 값을 HashSet<E>로 관리하고, LinkedHashMap<K, V>와 TreeMap<K, V>는 Key 값을 각각 LinkedHashSet<E> 및 TreeSet<E>로 관리한다.

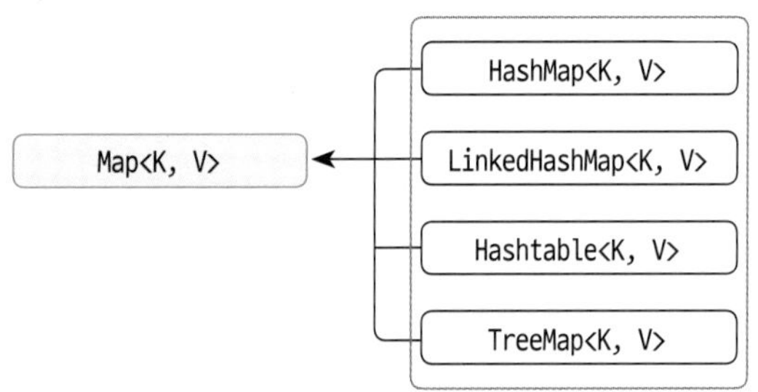

그림 17-11 Map<K, V>의 대표적인 구현 클래스

17.4.3 HashMap<K, V>

HashMap〈K, V〉는 Map〈K, V〉의 대표적인 구현 클래스로, Key 값의 중복을 허용하지 않는다. **Key 값의 중복 여부를 확인하는 메커니즘은 HashSet〈E〉 때와 완벽히 동일**하다. 즉, 두 Key 객체의 hashCode() 값이 같고, equals() 메서드가 true를 리턴하면 같은 객체로 인식한다. 이외에는 서로 다른 객체로 간주해 각각의 Key 값으로 등록할 수 있다.

HashMap〈K, V〉 객체는 개념상으로 Key 값을 HashSet〈E〉로 구현한 Map〈K, V〉 객체다. 따라서 Key 값이 HashSet〈E〉의 특성이 있으므로 입출력 순서는 동일하지 않을 수도 있다. 초기 저장 용량의 기본값은 16이고, 원소의 개수가 16을 넘어가면 자동으로 늘어난다.

HashMap<K, V>의 주요 메서드

그럼 앞에서 알아본 Map〈K, V〉 인터페이스의 구현 메서드 활용법을 알아보자. 첫 번째로 데이터를 추가하기 위한 메서드의 활용 예는 다음과 같다.

데이터 추가

```
Map<Integer, String> hMap1 = new HashMap<Integer, String>();
// 1. put(K key, V value)
hMap1.put(2, "나다라");
hMap1.put(1, "가나다");
hMap1.put(3, "다라마");
System.out.println(hMap1.toString());       // {1=가나다, 2=나다라, 3=다라마}
// 2. putAll(<Map<? extends K,? extends V> m)                  입력 순서와 불일치
Map<Integer, String> hMap2 = new HashMap<Integer, String>();
hMap2.putAll(hMap1);
System.out.println(hMap2.toString());       // {1=가나다, 2=나다라, 3=다라마}
```

먼저 HashMap〈K, V〉 객체를 생성한 후 3쌍의 (Key, Value)를 추가했다. Map〈K, V〉의 모든 구현 클래스는 내부에 포함된 모든 요소를 {Key=Value, Key=Value, …}의 형식으로 출력하도록 toString() 메서드를 오버라이딩했으므로 System.out.println() 메서드로 객체를 넘겨 주는 것만으로도 저장 데이터를 쉽게 확인할 수 있다. 첫 번째 객체의 출력 결과를 살펴보면 입력 순서와 달리 출력된 것을 볼 수 있다. 두 번째는 객체를 생성한 후 앞에서 생성한 hMap1을 통째로 추가했다. 역시 순서는 일치하지 않지만, 모든 쌍의 데이터가 추가된 것을 볼 수 있다. 이번에는 데이터를 변경하는 예를 살펴보자.

데이터 변경

```
// 3. replace(K key, V value)
hMap2.replace(1, "가가가");
hMap2.replace(4, "라라라");                    // 동작하지 않음
System.out.println(hMap2.toString());          // {1=가가가, 2=나다라, 3=다라마}
// 4. replace(K key, V oldValue, V newValue)
hMap2.replace(1, "가가가", "나나나");
hMap2.replace(2, "다다다", "라라라");           // 동작하지 않음
System.out.println(hMap2.toString());          // {1=나나나, 2=나다라, 3=다라마}
```

앞에서 저장된 데이터 중 Key = 1인 곳의 Value 값을 "가가가"로 변경했다. 두 번째는 Key = 4인 곳의 Value 값을 "라라라"로 변경했는데, 현재 저장된 데이터에는 Key = 4인 엔트리가 없으므로 아무런 동작도 하지 않는다. 이와 비슷하게 두 번째 예에서는 먼저 Key = 1, Value = "가가가"인 엔트리를 찾아 값을 "나나나"로 변경했다. 그리고 Key = 2, Value = "다다다"인 엔트리의 값을 "라라라"로 바꾸라고 명령했는데, 해당하는 엔트리가 없으므로 아무런 동작도 하지 않는다. 이번에는 객체에 포함돼 있는 데이터의 정보를 추출하는 메서드에 대해 알아보자.

데이터 정보 추출

```
// 5. V get(Object key)
System.out.println(hMap2.get(1));                   // 나나나
System.out.println(hMap2.get(2));                   // 나다라
System.out.println(hMap2.get(3));                   // 다라마
// 6. containsKey(Object key)
System.out.println(hMap2.containsKey(1));           // true
System.out.println(hMap2.containsKey(5));           // false
// 7. containsValue(Object value)
System.out.println(hMap2.containsValue("나나나"));  // true
```

```
System.out.println(hMap2.containsValue("다다다"));  // false
// 8. Set<K> keySet()
Set<Integer> keySet = hMap2.keySet();
System.out.println(keySet.toString());             // [1, 2, 3]
// 9. Set<Map.Entry<K, V>> entrySet()
Set<Map.Entry<Integer, String>> entrySet = hMap2.entrySet();
System.out.println(entrySet);                      // [1=나나나, 2=나다라, 3=다라마]
// 10. size()
System.out.println(hMap2.size());                  // 3
```

특정 Key 값을 갖는 엔트리의 Value 값을 리턴하는 메서드인 get()을 호출해 Key 값이 각각 1, 2, 3일 때의 Value 값을 가져왔다. 여기서 Key 값의 타입이 Integer이므로 혼동할 수 있는데, **인덱스 번호가 아닌 Key 값이라는** 것을 명심하자. 특정 Key와 Value가 포함돼 있는지는 containsKey()와 containsValue()로 쉽게 확인할 수 있다. 이어서 keySet() 메서드로 현재 저장돼 있는 엔트리 중 Key 값만을 Set〈E〉로 가져왔는데, 이전까지의 데이터가 갖고 있는 Key는 [1, 2, 3]이었다. 이와 비슷한 방식을 사용해 entrySet()으로 Map〈K, V〉에 포함된 모든 엔트리를 set〈E〉으로 가져올 수도 있다. 즉, Set〈E〉 객체의 원소 타입이 바로 엔트리인 것이다. 엔트리 클래스는 Map 클래스 내부에 이너 인터페이스로 정의돼 있으므로 entrySet()의 리턴 타입이 Set〈Map.Entry〈K, V〉〉와 같이 다소 복잡해 보이는 타입 형태를 띠지만, 하나씩 따져보면 그냥 클래스명이 긴 것에 불과하다. 데이터의 개수는 다른 컬렉션들과 마찬가지로 size() 메서드로 가져왔다. 마지막으로 데이터의 삭제 메서드를 알아보자.

데이터 삭제

```
// 11. remove(Object key)
hMap2.remove(1);
hMap2.remove(4);                             // 동작하지 않음
System.out.println(hMap2.toString());        // {2=나다라, 3=다라마}
// 12. remove(Object key, Object value)
hMap2.remove(2, "나다라");
hMap2.remove(3, "다다다");                    // 동작하지 않음
System.out.println(hMap2.toString());        // {3=다라마}
// 13. clear()
hMap2.clear();
System.out.println(hMap2.toString());        // {}
```

이전까지 hMap2 객체에 저장된 데이터는 {1=나나나, 2=나다라, 3=다라마}였다. 여기서 Key 값을 매개변수로 넘겨 해당 Key 값을 갖는 엔트리를 삭제했다. 다만 Key 값이 존재하지 않을 때는 아무런 동작도 하지 않는 것을 알 수 있다. Key 값 말고 (Key, Value)의 쌍으로도 삭제할 엔트리를 지정할 수 있는데, 이때는 Key와 Value가 모두 일치해야 해당 엔트리를 삭제한다. 마지막으로 clear()로 모든 데이터를 삭제했다.

Do it! 실습 HashMap<K, V> 클래스의 주요 메서드 활용 방법 HashMapMethod.java

```java
package sec03_map.EX01_HashMapMethod;
import java.util.HashMap;
import java.util.Map;
import java.util.Set;

public class HashMapMethod {
    public static void main(String[] args) {
        Map<Integer, String> hMap1 = new HashMap<Integer, String>();
        // 1. put (K key, V value)
        hMap1.put(2, "나다라");
        hMap1.put(1, "가나다");
        hMap1.put(3, "다라마");
        System.out.println(hMap1.toString());
        // 2. putAll(다른 맵 객체)
        Map<Integer, String> hMap2 = new HashMap<Integer, String>();
        hMap2.putAll(hMap1);
        System.out.println(hMap2.toString());
        // 3. replace(K key, V value)
        hMap2.replace(1, "가가가");
        hMap2.replace(4, "라라라");                    // 동작하지 않음
        System.out.println(hMap2.toString());
        // 4. replace(K key, V oldValue, V newValue)
        hMap2.replace(1, "가가가", "나나나");
        hMap2.replace(2, "다다다", "라라라");          // 동작하지 않음
        System.out.println(hMap2.toString());
        // 5. V get(Object key)
        System.out.println(hMap2.get(1));
        System.out.println(hMap2.get(2));
        System.out.println(hMap2.get(3));
        // 6. containsKey(Object key)
```

```java
        System.out.println(hMap2.containsKey(1));
        System.out.println(hMap2.containsKey(5));
        // 7. containsValue(Object value)
        System.out.println(hMap2.containsValue("나나나"));
        System.out.println(hMap2.containsValue("다다다"));
        // 8. Set<K> keySet()
        Set<Integer> keySet = hMap2.keySet();
        System.out.println(keySet.toString());
        // 9. Set<Map.Entry<K,V>> entrySet()
        Set<Map.Entry<Integer,String>> entrySet = hMap2.entrySet();
        System.out.println(entrySet.toString());
        // 10. size();
        System.out.println(hMap2.size());
        // 11. remove(Object key)
        hMap2.remove(1);
        hMap2.remove(4);                    // 동작하지 않음
        System.out.println(hMap2.toString());
        // 12. remove(Object key, Object value)
        hMap2.remove(2, "나다라");
        hMap2.remove(3, "다다다");             // 동작하지 않음
        System.out.println(hMap2.toString());
        // 13. clear()
        hMap2.clear();
        System.out.println(hMap2.toString());
    }
}
```

실행 결과

```
{1=가나다, 2=나다라, 3=다라마}
{1=가나다, 2=나다라, 3=다라마}
{1=가가가, 2=나다라, 3=다라마}
{1=나나나, 2=나다라, 3=다라마}
나나나
나다라
다라마
true
false
true
false
[1, 2, 3]
[1=나나나, 2=나다라, 3=다라마]
3
{2=나다라, 3=다라마}
{3=다라마}
{}
```

HashMap<K, V>에서 Key의 중복을 확인하는 메커니즘은 HashSet<E>에서의 중복 메커니즘과 동일하다. 다음 예제는 앞의 HashSet<E>의 중복 확인 메커니즘 과정을 HashMap<E>의 Key에만 적용한 예로, 이외의 모든 내용은 동일하다. 따라서 코드에 대해서는 앞의 HashSet<E> 부분을 참고하기 바라며, 여기에서는 추가로 설명하지 않는다.

Do it! 실습 HashMap<K, V>에서 Key의 중복 확인 메커니즘 HashMapMachanism.java

```
package sec03_map.EX02_HashMapMachanism;
import java.util.HashMap;
import java.util.Map;
import java.util.Objects;

class A {
    int data;
    public A(int data) {
        this.data = data;
    }
}
class B {
    int data;
    public B(int data) {
        this.data = data;
    }
    @Override
    public boolean equals(Object obj) {
        if(obj instanceof B) {
            this.data = ((B)obj).data;
            return true;
        }
        return false;
    }
}
class C {
    int data;
    public C(int data) {
        this.data = data;
    }
    @Override
    public boolean equals(Object obj) {
```

```
        if(obj instanceof C) {
            this.data = ((C)obj).data;
            return true;
        }
        return false;
    }
    @Override
    public int hashCode() {
        return Objects.hash(data);
    }
}
public class HashMapMachanism {
    public static void main(String[] args) {
        // 1. 어떤 것도 오버라이딩하지 않음
        Map<A, String> hashMap1 = new HashMap<>();
        A a1 = new A(3);
        A a2 = new A(3);
        System.out.println(a1 == a2);
        System.out.println(a1.equals(a2));
        System.out.println(a1.hashCode() + ", " + a2.hashCode());
        hashMap1.put(a1, "첫 번째");
        hashMap1.put(a2, "두 번째");
        System.out.println(hashMap1.size());     // 2
        System.out.println();
        // 2. equals 메서드만 오버라이딩
        Map<B, String> hashMap2 = new HashMap<>();
        B b1 = new B(3);
        B b2 = new B(3);
        System.out.println(b1==b2);
        System.out.println(b1.equals(b2));
        System.out.println(b1.hashCode() + ", " + b2.hashCode());
        hashMap2.put(b1, "첫 번째");
        hashMap2.put(b2, "두 번째");
        System.out.println(hashMap2.size());     // 2
        System.out.println();
        // 3 . equals + hashCode 메서드 오버라이딩
        Map<C, String> hashMap3 = new HashMap<>();
        C c1 = new C(3);
```

```
        C c2 = new C(3);
        System.out.println(c1 == c2);
        System.out.println(c1.equals(c2));
        System.out.println(c1.hashCode() + ", " + c2.hashCode());
        hashMap3.put(c1, "첫 번째");
        hashMap3.put(c2, "두 번째");
        System.out.println(hashMap3.size());     // 1
    }
}
```

실행 결과

```
false
false
2018699554, 1311053135
2

false
true
118352462, 1550089733
2

false
true
34, 34
1
```

17.4.4 Hashtable<K, V>

앞에서 다룬 HashMap<K, V> 구현 클래스가 단일 쓰레드에 적합한 반면, Hashtable은 멀티 쓰레드에 안정성을 가진다. 즉, 다음과 같이 하나의 Map<K, V> 객체를 2개의 쓰레드가 동시에 접근할 때도 모든 내부의 주요 메서드가 동기화synchronized 메서드로 구현돼 있으므로 멀티 쓰레드에서도 안전하게 동작한다.

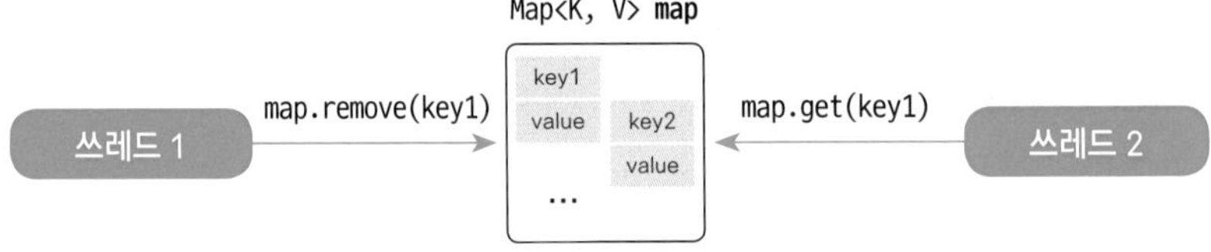

그림 17-12 2개의 쓰레드가 동시에 1개의 Map<K, V> 객체를 공유하고 동시에 사용할 때

이는 ArrayList〈E〉가 단일 쓰레드에 적합한 반면, Vector〈E〉 클래스가 멀티 쓰레드에 안전하도록 설계한 것과 비슷한 관계다.

Hashtable<K, V>의 주요 메서드

Hashtable〈K, V〉는 HashMap〈K, V〉와 비교해 멀티 쓰레드에도 안전하다는 특징 말고는 완벽히 HashMap〈K, V〉와 동일한 특징을 가진다. 즉, 동일한 Key 값의 중복을 허용하지 않으며, 입출력의 순서는 일치하지 않을 수 있다. 주요 메서드 및 메서드의 활용 방법 또한 이와 동일하게 사용될 수 있기 때문에 별도의 추가 설명은 하지 않겠다.

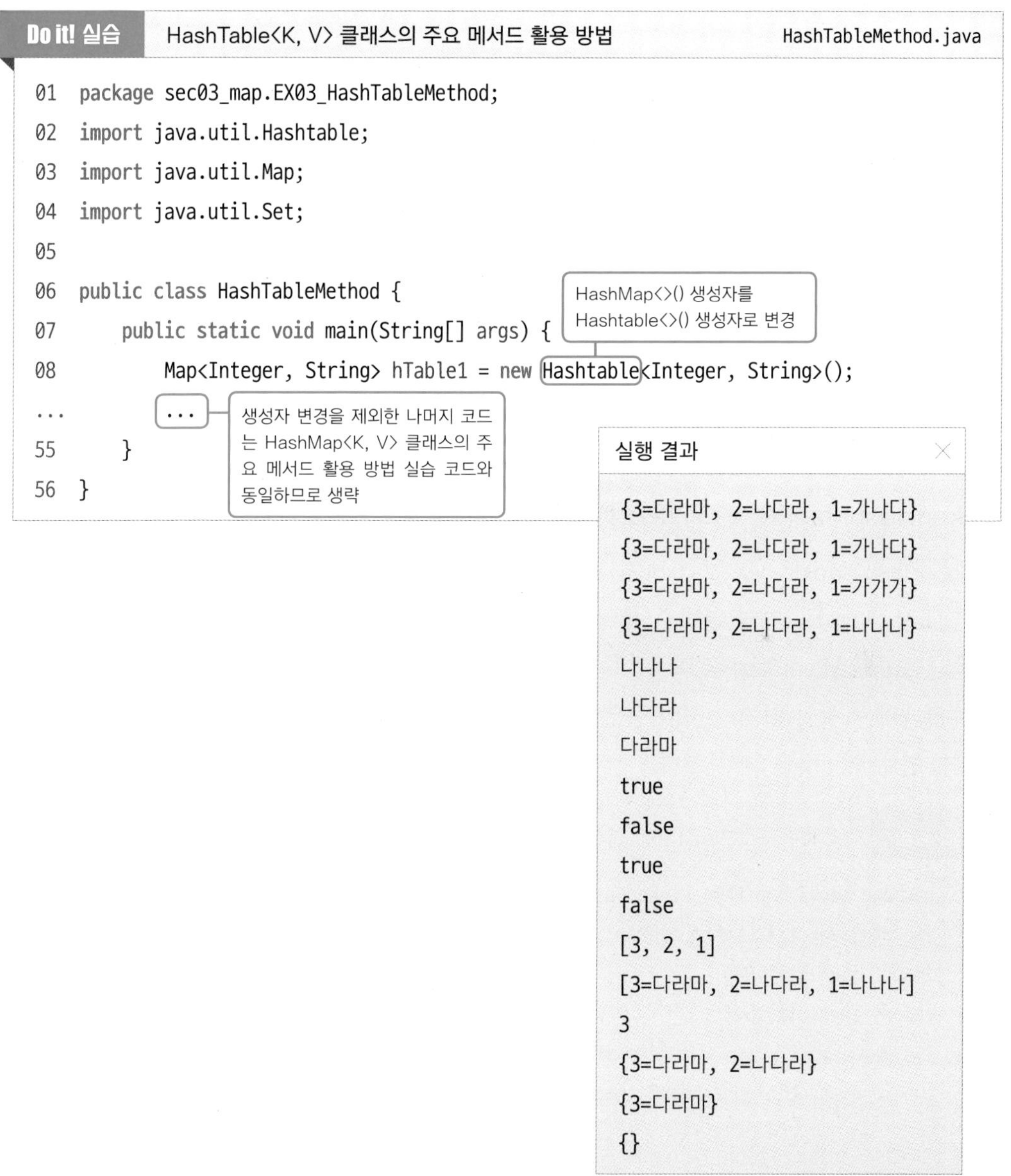

HashMap<>() 생성자를 Hashtable<>() 생성자로 변경
생성자 변경을 제외한 나머지 코드는 HashMap<K, V> 클래스의 주요 메서드 활용 방법 실습 코드와 동일하므로 생략

Do it! 실습 HashTable<K, V> 클래스의 주요 메서드 활용 방법 HashTableMethod.java

```
package sec03_map.EX03_HashTableMethod;
import java.util.Hashtable;
import java.util.Map;
import java.util.Set;

public class HashTableMethod {
    public static void main(String[] args) {
        Map<Integer, String> hTable1 = new Hashtable<Integer, String>();
...         ...
    }
}
```

실행 결과

```
{3=다라마, 2=나다라, 1=가나다}
{3=다라마, 2=나다라, 1=가나다}
{3=다라마, 2=나다라, 1=가가가}
{3=다라마, 2=나다라, 1=나나나}
나나나
나다라
다라마
true
false
true
false
[3, 2, 1]
[3=다라마, 2=나다라, 1=나나나]
3
{3=다라마, 2=나다라}
{3=다라마}
{}
```

17.4.5 LinkedHashMap〈K, V〉

LinkedHashMap〈K, V〉는 HashMap〈K, V〉의 기본적인 특성에 입력 데이터의 순서 정보를 추가로 갖고 있는 컬렉션이다. 따라서 저장 데이터를 출력하면 항상 입력된 순서대로 출력된다. HashMap〈K, V〉와 LinkedHashMap〈K, V〉의 관계는 HashSet〈E〉와 LinkedHashSet〈E〉의 관계와 동일한 개념을 가진다. HashMap〈K, V〉에서는 Key를 HashSet〈E〉로 관리하는 반면, LinkedHashMap〈K, V〉는 Key를 LinkedHashSet〈E〉로 관리한다. Key의 순서 정보를 갖고 있으므로 Key 값을 기반으로 출력되는 LinkedHashMap〈K, V〉 또한 순서 정보를 갖게 되는 것이다.

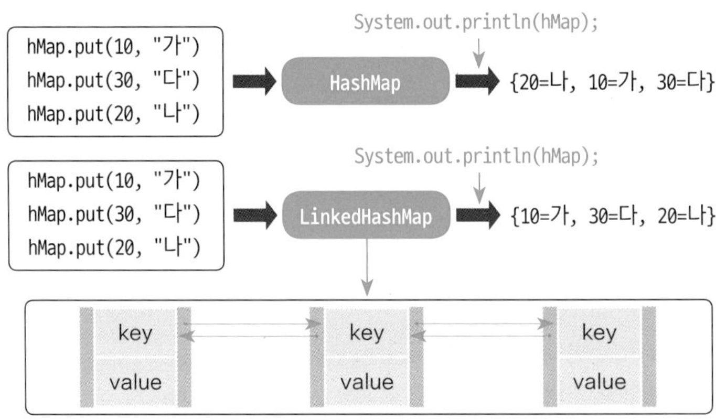

그림 17-13 HashMap〈K, V〉와 LinkedHashMap〈K, V〉의 입출력 순서 차이점

LinkedHashMap〈K, V〉의 주요 메서드

LinkedHashMap〈K, V〉에서 사용되는 메서드 또한 출력이 입력의 순으로 나오는 것을 제외하면 HashMap〈K, V〉와 완벽히 동일하다. 따라서 HashMap〈K, V〉 실습에서 객체의 생성 부분만 LinkedHashMap〈K, V〉으로 수정해 작성하면 결과를 쉽게 확인할 수 있다. 다음 실습의 결과에서 항상 입력 순서와 동일하게 출력된다는 점을 제외하면 앞의 예제들과 동일한 결과를 얻는다는 것을 알 수 있다.

Do it! 실습 LinkedHashMap〈K, V〉 클래스의 주요 메서드 활용 방법 LinkedHashMapMethod.java

```
package sec03_map.EX04_LinkedHashMapMethod;
import java.util.LinkedHashMap;
import java.util.Map;
import java.util.Set;

public class LinkedHashMapMethod {
```

```
    public static void main(String[] args) {
        Map<Integer, String> lhMap1 = new LinkedHashMap<Integer, String>();
...
    }
}
```

HashMap<>() 생성자를 LinkedHashMap<>() 생성자로 변경

생성자 변경을 제외한 나머지 코드는 'HashMap<K, V> 클래스의 주요 메서드 활용 방법' 실습 코드와 동일하므로 생략

실행 결과

```
{2=나다라, 1=가나다, 3=다라마}
{2=나다라, 1=가나다, 3=다라마}
{2=나다라, 1=가가가, 3=다라마}
{2=나다라, 1=나나나, 3=다라마}
나나나
나다라
다라마
true
false
true
false
[2, 1, 3]
[2=나다라, 1=나나나, 3=다라마]
3
{2=나다라, 3=다라마}
{3=다라마}
{}
```

출력 순서는 입력 순서와 동일함.

17.4.6 TreeMap<K, V>

Map〈K, V〉 인터페이스의 마지막 구현 클래스는 TreeMap〈K, V〉이다. List〈E〉와 Set〈E〉의 학습을 거쳐 여기까지 잘 따라왔다면 TreeMap〈K, V〉의 기본적인 특성을 알고 있을 것이다. TreeMap〈K, V〉는 Map〈K, V〉의 기본 기능에 정렬 및 검색 기능이 추가된 컬렉션으로, 입력 순서와 관계없이 **데이터를 Key 값의 크기 순으로 저장**한다. 따라서 반드시 Key 객체는 크기 비교의 기준을 갖고 있어야 한다.

크기 비교의 방법과 객체에 크기 비교 기준을 포함하는 모든 과정은 TreeSet〈E〉의 설명 내용을 참고하길 바란다. TreeSet〈E〉의 상속 구조와 비슷하게 TreeMap〈K, V〉도 SortedMap〈K, V〉와 NavigableMap〈K, V〉 인터페이스의 자식 클래스다.

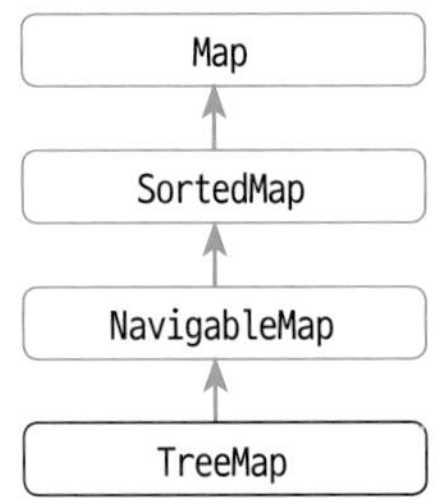

그림 17-14 TreeMap〈K, V〉의 상속 구조

이 두 인터페이스에서 TreeMap〈K, V〉의 가장 주요한 기능인 정렬과 검색 기능이 추가로 정의된 것이다. 따라서 TreeMap〈K, V〉 생성자로 객체를 생성해도 Map〈K, V〉 타입으로 선언하면 추가된 정렬 및 검색 기능을 사용할 수 없다. 즉, TreeMap〈K, V〉로 선언해야 SortedMap〈K, V〉와 NavigableMap〈K, V〉에서 추가된 정렬 및 추가 메서드를 호출할 수 있다.

TreeMap〈K, V〉의 주요 메서드

기본적인 Map〈K, V〉의 주요 메서드 종류와 활용법은 다른 구현 클래스와 동일하기 때문에 여기서는 TreeMap〈K, V〉에서 추가로 사용할 수 있는 정렬과 검색 관련 메서드에 대해서만 다룬다. 이들 메서드는 크게 데이터 검색, 꺼내기, 데이터 부분 집합 생성 그리고 정렬 기능을 가진 메서드다. 전체적으로 TreeSet〈E〉의 메서드와 매우 비슷하며, 단지 데이터가 (Key, Value) 쌍의 엔트리 형태로 저장되기 때문에 Key와 엔트리에 데이터를 검색하거나 추출하는 메서드가 포함된다는 점에서만 차이가 있다.

표 17-5 TreMap<K, V>의 주요 메서드

구분	리턴 타입	메서드명	기능
데이터 검색	K	firstKey()	Map 원소 중 가장 작은 Key 값 리턴
	Map.Entry<K, V>	firstEntry()	Map 원소 중 가장 작은 Key 값을 갖는 엔트리 리턴
	K	lastKey()	Map 원소 중 가장 큰 Key 값 리턴
	Map.Entry<K,V>	lastEntry()	Map 원소 중 가장 큰 Key 값을 갖는 엔트리 리턴
	K	lowerKey(K key)	매개변수로 입력된 Key 값보다 작은 Key 값 중 가장 큰 Key 값 리턴
	Map.Entry<K, V>	lowerEntry(K key)	매개변수로 입력된 Key 값보다 작은 Key 값 중 가장 큰 Key 값을 갖는 엔트리 리턴
	K	higherKey(K key)	매개변수로 입력된 Key 값보다 큰 Key 값 중 가장 작은 Key 값 리턴
	Map.Entry<K, V>	higherEntry(K key)	매개변수로 입력된 Key 값보다 큰 Key 값 중 가장 작은 Key 값을 갖는 엔트리 리턴
데이터 추출	Map.Entry<K, V>	pollFirstEntry()	Map 원소 중 가장 작은 Key 값을 갖는 엔트리를 꺼내 리턴
	Map.Entry<K, V>	pollLastEntry()	Map 원소 중 가장 큰 Key 값을 갖는 엔트리를 꺼내 리턴
데이터 부분 집합 생성	SortedMap<K, V>	headMap(K toKey)	toKey 미만의 Key 값을 갖는 모든 엔트리를 포함한 Map 객체 리턴(toKey 미포함)
	NavigableMap<K, V>	headMap(K toKey, boolean inclusive)	toKey 미만/이하의 Key 값을 갖는 모든 엔트리를 포함한 Map 객체 리턴(inclusive=true이면 toKey 포함, inclusive=false이면 toKey 미포함)
	SortedMap<K, V>	tailMap(K fromKey)	fromKey 이상인 Key 값을 갖는 모든 엔트리를 포함한 Map 객체 리턴(fromKey 포함)
	NavigableMap<K, V>	tailMap(K fromKey, boolean inclusive)	fromKey 초과/이상인 Key 값을 갖는 모든 엔트리를 포함한 Map 객체 리턴(inclusive=true이면 fromKey 포함, inclusive=false이면 fromKey 미포함)
	SortedMap<K, V>	subMap(K fromKey, K toKey)	fromKey 이상 toKey 미만의 Key 값을 갖는 모든 엔트리를 포함한 Map 객체 리턴(fromKey 포함, toKey 미포함)
	NavigableMap<K, V>	subMap(K fromKey, boolean frominclusive, K toKey, boolean toinclusive)	fromKey 초과/이상 toKey 미만/이하인 Key 값을 갖는 모든 엔트리를 포함한 Map 객체 리턴(frominclusive=true/false이면 fromKey 포함/미포함, toinclusive=true/false이면 toKey 포함/미포함)

데이터 정렬	NavigableSet〈K〉	descendingKeySet()	Map에 포함된 모든 Key 값의 정렬을 반대로 변환한 Set 객체 리턴
	NavigableMap〈K, V〉	descendingMap()	Map에 포함된 모든 Key 값의 정렬을 반대로 변환한 Map 객체 리턴

번저 데이터의 검색에 대해 알아보면, firstKey()와 firstEntry()는 각각 첫 번째 검색 데이터의 Key 값과 엔트리를 가져온다. 모든 데이터가 Key 값의 오름차순으로 저장돼 있으므로 리턴되는 첫 번째 값은 가장 작은 Key 값을 갖는 엔트리를 의미한다. 앞에서 언급한 것처럼 엔트리는 Map의 이너 인터페이스로 정의돼 있으므로 Map.Entry〈K, V〉와 같이 타입을 표현한다. lastKey()와 lastEntry()는 정확히 반대의 역할을 수행한다. lowerKey()와 lower Entry()는 각각 입력된 매개변수보다 작은 가장 인접한 값을 의미하고, higherKey()와 higherEntry()는 역시 그 반대의 역할을 수행한다.

pollFirstEntry()와 pollLastEntry()는 각각 가장 작은 Key 값의 엔트리와 가장 큰 Key 값의 엔트리를 꺼내오는 메서드로, 실제 TreeMap〈K, V〉 객체에서 데이터를 꺼내기 때문에 데이터의 개수는 꺼낸 만큼 줄어든다.

TreeMap〈K, V〉 객체 내에 저장된 데이터의 일부분을 가져와 새로운 Map〈K, V〉 객체를 구성할 수도 있는데, 이는 TreeSet〈E〉와 비슷하다. 매개변수에 불리언이 포함되지 않을 때는 SortedMap〈K, V〉 타입을 리턴하고, 불리언이 포함될 때는 NavigableMap〈K, V〉 타입을 리턴한다. 여기서 불리언값은 입력된 Key 값의 포함 여부를 나타낸다.

마지막으로 데이터의 정렬에 관한 메서드인 descendingKeySet()은 Map에 포함된 모든 Key 값의 정렬 순서를 반대로 변환한 NavigableSet〈E〉 객체를 리턴하는 메서드다. 이와 비슷하게 descendingMap()은 현재의 TreeMap〈K, V〉에 포함된 모든 Key 값의 정렬을 반대로 변환한 NavigableMap〈K, V〉 객체를 리턴한다.

TreeMap<K, V>의 주요 메서드 사용하기

이제 각각의 메서드를 사용해 보자. 먼저 TreeMap〈Integer, String〉 객체를 생성한 후 (20, 20번째 데이터), (18, 18번째 데이터), …, (2, 2번째 데이터)의 순으로 10개의 데이터를 추가했다. Key 값의 크기를 역순으로 입력했는데도 출력을 살펴보면 Key 값의 오름차순으로 정렬된 것을 볼 수 있다.

TreeMap<K, V>의 객체 생성 및 데이터 추가와 출력

```
TreeMap<Integer, String> treeMap = new TreeMap<Integer, String>();
for(int i = 20; i > 0; i -= 2)
    treeMap.put(i, i + "번째 데이터");
System.out.println(treeMap.toString());  // {2=2번째 데이터, 4=4번째 데이터, ..., 20=20번
째 데이터}
```

그럼 이제 데이터 검색의 예를 살펴보자.

데이터 검색

```
// 1. firstKey()
System.out.println(treeMap.firstKey());        // 2
// 2. firstEntry()
System.out.println(treeMap.firstEntry());      // 2=2번째 데이터
// 3. lastKey()
System.out.println(treeMap.lastKey());         // 20
// 4. lasttEntry()
System.out.println(treeMap.lastEntry());       // 20=20번째 데이터
// 5. lowerKey(K key)
System.out.println(treeMap.lowerKey(11));      // 10
System.out.println(treeMap.lowerKey(10));      // 8
// 6. higherKey(K key)
System.out.println(treeMap.higherKey(11));     // 12
System.out.println(treeMap.higherKey(10));     // 12
```

이제 firstKey()와 firstEntry()로 첫 번째 Key 또는 첫 번째 엔트리를 꺼내 오면 가장 작은 Key 값과 그 Key가 포함된 엔트리가 출력되는 것을 볼 수 있다. lastKey()와 lastEntry()는 반대의 결과로 가장 큰 Key 값과 그 Key 값을 갖는 엔트리가 출력된다. lowerKey(11)은 11보다 작은 값을 갖는 가장 인접한 Key 값이 출력되기 때문에 10이 출력된다. 이때 입력매개변수보다 반드시 작아야 하기 때문에 lowerKey(10)의 값은 8이 출력된다. higherKey()는 정확히 반대로 동작하고 있다는 것을 알 수 있다. 이번에는 데이터를 1개씩 꺼내는 메서드를 알아보자.

데이터 꺼내기

```
// 7. pollFirstEntry()
System.out.println(treeMap.pollFirstEntry()); // 2=2번째 데이터
System.out.println(treeMap.toString());       // {4=4번째 데이터, 6=6번째 데이터, …, 20=20
번째 데이터}
// 8. pollLastEntry()
System.out.println(treeMap.pollLastEntry()); // 20=20번째 데이터
System.out.println(treeMap.toString());       // {4=4번째 데이터, 6=6번째 데이터, …, 18=18
번째 데이터}
```

pollFisrtEntry()는 첫 번째 엔트리를 실제로 꺼내 리턴하기 때문에 실행한 후 TreeMap〈K, V〉 데이터에서 삭제된 것을 볼 수 있다. pollLastEntry()는 정확히 그 반대의 역할을 했다는 것을 결과로 확인할 수 있다.

이번에는 TreeMap〈K, V〉에 포함된 데이터의 일부를 가져와 새로운 TreeMap〈K, V〉 객체를 생성하는 예를 알아보자.

데이터 부분 집합(subMap)의 생성

```
// 9. SortedMap<K, V> headMap(K toKey)
SortedMap<Integer, String> sortedMap = treeMap.headMap(8);
System.out.println(sortedMap);    // {4=4번째 데이터, 6=6번째 데이터}
// 10. NavigableMap<K, V> headMap(K toKey, boolean inclusive)
NavigableMap<Integer, String> navigableMap = treeMap.headMap(8, true);
System.out.println(navigableMap); // {4=4번째 데이터, 6=6번째 데이터, 8=8번째 데이터}
// 11. SortedMap<K, V> tailMap(K toKey)
sortedMap = treeMap.tailMap(14);
System.out.println(sortedMap);    // {14=14번째 데이터, 16=16번째 데이터, 18=18번째 데이터}
// 12. NavigableMap<K, V> tailMap(K toKey, boolean inclusive)
navigableMap = treeMap.tailMap(14, false);
System.out.println(navigableMap); // {16=16번째 데이터, 18=18번째 데이터}
// 13. SortedMap<K, V> subMap(K fromKey, K toKey)
sortedMap = treeMap.subMap(6,10);
System.out.println(sortedMap);    // {6=6번째 데이터, 8=8번째 데이터}
// 14. NavigableMap<K, V> subMap(K fromKey, boolean frominclusive, K toKey, boolean
toinclusive)
navigableMap = treeMap.subMap(6, false, 10, true);
System.out.println(navigableMap); // {8=8번째 데이터, 10=10번째 데이터}
```

이전까지의 실행 결과로 TreeMap<Integer, String> 객체는 (4, 4번째 데이터), (6, 6번째 데이터), …, (18, 18번째 데이터)를 갖고 있다. headMap(8)은 8보다 작은 Key 값들로 구성된 Map<K, V> 객체를 리턴하며, tailMap(14)는 14보다 같거나 큰 Key 값으로 구성된 Map<K, V> 객체를 리턴한다. 불리언 타입의 매개변수로 입력 Key 값의 포함 여부를 설정할 수 있다. subMap(6, 10)은 6 이상 10 미만의 Key 값을 갖는 데이터로 Map<K, V> 객체를 구성해 리턴하며, 역시 불리언으로 입력 Key 값의 포함 여부를 확인할 수 있다. 일반적으로 범위를 지정할 때 최솟값은 포함, 최댓값은 미포함되는 것이 기본값일 때가 많다. 여기에서도 이와 같은 방식이 적용된다.

마지막으로 데이터를 정렬하는 메서드에 대해 알아보자.

논리 시프트를 이용해 각 비트 위치에서의 값 알아 내기

```
// 15. NavigableSet<K> descendingKeySet()
NavigableSet<Integer> navigableSet = treeMap.descendingKeySet();
System.out.println(navigableSet);                      // [18, 16, 14, …, 4]
System.out.println(navigableSet.descendingSet());      // [4, 6, 8, …, 18]
// 16. NavigableMap<K,V> descendingMap()
navigableMap = treeMap.descendingMap();
System.out.println(navigableMap);                      // {18=18번째 데이터, 16=16번째 데이터
…, 4=4번째 데이터}
System.out.println(navigableMap.descendingMap());      // {4=4번째 데이터, 6=6번째 데이터, …,
18=18번째 데이터}
```

descendingKeySet()로 현재 저장된 Key 값의 역순, 즉 18, 16, …, 4의 데이터를 갖는 Set<E> 객체가 출력된다. 다시 한번 말하지만, decendingKeySet() 메서드는 내림차순으로 정렬하는 것이 아니라 현재의 정렬 상태를 바꾸는 것이다. descendingMap()은 출력 결과가 Map<K, V> 객체로 나온다는 점만 다르고, 나머지는 동일하다.

Do it! 실습 TreeMap<K, V> 클래스의 주요 메서드 활용 방법 TreeMapMethod_1.java

```
package sec03_map.EX05_TreeMapMethod_1;
import java.util.NavigableMap;
import java.util.NavigableSet;
import java.util.SortedMap;
import java.util.TreeMap;

public class TreeMapMethod_1 {
    public static void main(String[] args) {
```

```
        TreeMap<Integer, String> treeMap = new TreeMap<Integer, String>();
        for(int i = 20; i > 0; i -= 2) {
            treeMap.put(i, i+" 번째 데이터");
        }
        System.out.println(treeMap.toString());
        // 1. firstKey()
        System.out.println(treeMap.firstKey());
        // 2. firstEntry()
        System.out.println(treeMap.firstEntry());
        // 3. lastKey()
        System.out.println(treeMap.lastKey());
        // 4. lastEntry()
        System.out.println(treeMap.lastEntry());
        // 5. lowerKey(K key)
        System.out.println(treeMap.lowerKey(11));
        System.out.println(treeMap.lowerKey(10));
        // 6. higherKey(K key)
        System.out.println(treeMap.higherKey(11));
        System.out.println(treeMap.higherKey(10));
        // 7. pollFirsrtEntry()
        System.out.println(treeMap.pollFirstEntry());
        System.out.println(treeMap.toString());
        // 8. pollLastEntry()
        System.out.println(treeMap.pollLastEntry());
        System.out.println(treeMap.toString());
        // 9. SortedMap<K, V> headMap(K toKey)
        SortedMap<Integer, String> sortedMap = treeMap.headMap(8);
        System.out.println(sortedMap);
        // 10. NavigableMap<K, V> headMap(K toKey, boolean inclusive)
        NavigableMap<Integer, String> navigableMap = treeMap.headMap(8, true);
        System.out.println(navigableMap);
        // 11. SortedMap<K, V> tailMap(K toKey)
        sortedMap = treeMap.tailMap(14);
        System.out.println(sortedMap);
        // 12. NavigableMap<K, V> headMap(K toKey, boolean inclusive)
        navigableMap = treeMap.tailMap(14, false);
        System.out.println(navigableMap);
        // 13. SortedMap<K, V> subMap(K fromKey, K toKey)
```

```
        sortedMap = treeMap.subMap(6, 10);
        System.out.println(sortedMap);
        // 14. NavigableMap<K, V> subMap(K toKey, boolean inclusive)
        navigableMap = treeMap.subMap(6, false, 10, true);
        System.out.println(navigableMap);
        // 15. NavigableSet<K> descendingKeySet()
        NavigableSet<Integer> navigableSet = treeMap.descendingKeySet();
        System.out.println(navigableSet.toString());
        System.out.println(navigableSet.descendingSet());
        // 16. NavigableMap<K, V> descendingMap()
        navigableMap = treeMap.descendingMap();
        System.out.println(navigableMap.toString());
        System.out.println(navigableMap.descendingMap());
    }
}
```

실행 결과

```
{2=2번째 데이터, 4=4번째 데이터, 6=6번째 데이터, 8=8번째 데이터, 10=10번째 데이터, 12=12번째 데이터, 14=14번째 데이터, 16=16번째 데이터, 18=18번째 데이터, 20=20번째 데이터}
2
2=2번째 데이터
20
20=20번째 데이터
10
8
12
12
2=2번째 데이터
{4=4번째 데이터, 6=6번째 데이터, 8=8번째 데이터, 10=10번째 데이터, 12=12번째 데이터, 14=14번째 데이터, 16=16번째 데이터, 18=18번째 데이터, 20=20번째 데이터}
20=20번째 데이터
{4=4번째 데이터, 6=6번째 데이터, 8=8번째 데이터, 10=10번째 데이터, 12=12번째 데이터, 14=14번째 데이터, 16=16번째 데이터, 18=18번째 데이터}
{4=4번째 데이터, 6=6번째 데이터}
{4=4번째 데이터, 6=6번째 데이터, 8=8번째 데이터}
{14=14번째 데이터, 16=16번째 데이터, 18=18번째 데이터}
{16=16번째 데이터, 18=18번째 데이터}
```

```
{6=6번째 데이터, 8=8번째 데이터}
{8=8번째 데이터, 10=10번째 데이터}
[18, 16, 14, 12, 10, 8, 6, 4]
[4, 6, 8, 10, 12, 14, 16, 18]
{18=18번째 데이터, 16=16번째 데이터, 14=14번째 데이터, 12=12번째 데이터, 10=10번째 데이터, 8=8번째 데이터, 6=6번째 데이터, 4=4번째 데이터}
{4=4번째 데이터, 6=6번째 데이터, 8=8번째 데이터, 10=10번째 데이터, 12=12번째 데이터, 14=14번째 데이터, 16=16번째 데이터, 18=18번째 데이터}
```

Key 값의 크기에 따라 오름차순으로 정렬하는 과정에서 적용되는 TreeMap〈K, V〉의 크기 비교 메커니즘은 TreeSet〈E〉와 모든 내용이 완벽하게 동일하다. 유일한 차이점은 TreeMap〈K, V〉일 때는 Key 값의 크기를 비교해 정렬을 수행한다는 점이다. 따라서 TreeMap〈K, V〉에 대한 크기 비교 메커니즘에 대한 다음 실습은 따로 설명하지 않겠다.

Do it! 실습 사용자 클래스의 크기 비교 기준 제공 및 TreeMap<K, V> 데이터의 활용

TreeMapMethod_2.java

```java
package sec03_map.EX06_TreeMapMethod_2;
import java.util.Comparator;
import java.util.TreeMap;

class MyClass {
    int data1;
    int data2;
    public MyClass(int data1, int data2) {
        this.data1 = data1;
        this.data2 = data2;
    }
    @Override
    public String toString() {
        return "data1 = " + data1 + "을 갖고 있는 클래스";
    }
}
class MyComparableClass implements Comparable<MyComparableClass> {
    int data1;
    int data2;
    public MyComparableClass(int data1, int data2) {
        this.data1 = data1;
```

```
        this.data2 = data2;
    }
    // 크기 비교의 기준을 여기서 설정(음수, 0, 양수)
    @Override
    public int compareTo(MyComparableClass o) {
        if(this.data1 < o.data1) return -1;
        else if(this.data1 == o.data1) return 0;
        else return 1;
    }
    @Override
    public String toString() {
        return "data1 = " + data1 + "을 갖고 있는 클래스";
    }
}
public class TreeMapMethod_2 {
    public static void main(String[] args) {
        // 1. Integer 크기 비교
        TreeMap<Integer, String> treeMap1 = new TreeMap<Integer, String>();
        Integer intValue1 = new Integer(20);
        Integer intValue2 = new Integer(10);
        treeMap1.put(intValue1, "가나다");
        treeMap1.put(intValue2, "나라다");
        System.out.println(treeMap1.toString());
        // 2. String 크기 비교
        TreeMap<String, Integer> treeMap2 = new TreeMap<String, Integer>();
        String str1 = "가나";
        String str2 = "다라";
        treeMap2.put(str1, 10);
        treeMap2.put(str2, 20);
        System.out.println(treeMap2.toString());
        // 3. MyClass 객체 크기 비교
        /*
        TreeMap<MyClass, String> treeMap3 = new TreeMap<MyClass, String>();
        MyClass myClass1 = new MyClass(2, 5);
        MyClass myClass2 = new MyClass(3, 3);
        treeMap3.put(myClass1, "가나다");
        treeMap3.put(myClass2, "나라다");
        System.out.println(treeMap3.toString());
```

```java
        */
        // 4. MyComparableClass 객체 크기 비교 방법 1
        TreeMap<MyComparableClass, String> treeMap4 = new TreeMap<MyComparableClass, String>();
        MyComparableClass myComparableClass1 = new MyComparableClass(2, 5);
        MyComparableClass myComparableClass2 = new MyComparableClass(3, 3);
        treeMap4.put(myComparableClass1, "가나다");
        treeMap4.put(myComparableClass2, "나라다");
        System.out.println(treeMap4);
        // 5. MyClass 객체 크기 비교 방법 2
        TreeMap<MyClass, String> treeMap5 = new TreeMap<MyClass, String>(new Comparator<MyClass>() {
            @Override
            public int compare(MyClass o1, MyClass o2) {
                if(o1.data1 < o2.data1) return -1;
                else if(o1.data1 == o2.data1) return 0;
                else return 1;
            }
        });
        MyClass myClass1 = new MyClass(2, 5);
        MyClass myClass2 = new MyClass(3, 3);
        treeMap5.put(myClass1, "가나다");
        treeMap5.put(myClass2, "나라다");
        System.out.println(treeMap5);
    }
}
```

실행 결과

```
{10=나라다, 20=가나다}
{가나=10, 다라=20}
{data1=2를 갖고 있는 클래스=가나다, data1=3을 갖고 있는 클래스=나라다}
{data1=2를 갖고 있는 클래스=가나다, data1=3을 갖고 있는 클래스=나라다}
```

17.5 Stack<E> 컬렉션 클래스

17.5.1 Stack<E> 컬렉션의 특징

Stack〈E〉 컬렉션은 17장에서 다루는 5개의 컬렉션 중 유일하게 클래스다. 즉, 자체적으로 객체를 생성할 수 있다. 상속 구조를 살펴보면 List〈E〉 컬렉션의 구현 클래스인 Vector〈E〉 클래스의 자식 클래스로 후입선출LIFO: last in first out 자료구조를 구현한 컬렉션이다.

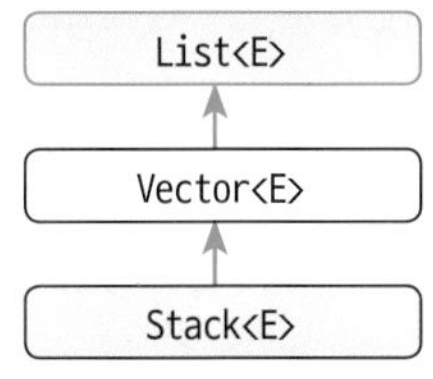

그림 17-15 Stack〈E〉의 상속 구조

LIFO는 말 그대로 나중에 입력된 데이터가 먼저 출력되는 것을 말한다. 당연히 Vector〈E〉의 모든 기능을 포함하고 있으며, 여기에 추가로 LIFO 구조를 위한 5개의 메서드가 추가됐다. 이들 추가 메서드는 Stack〈E〉 클래스에서 추가됐기 때문에 이들 기능을 사용하려면 변수를 Stack〈E〉 타입으로 선언해야 한다.

스택 메모리 영역도 데이터를 LIFO 방식으로 입출력한다.

17.5.2 Stack<E>의 주요 메서드

추가된 5개의 메서드에 대해 알아보자. 먼저 그림 17-16과 같이 Stack〈E〉 컬렉션에 E1, E2, E3, E4의 순으로 데이터를 추가했다고 생각해 보자. 데이터를 꺼내는 순서는 LIFO 방식에 따라 입력된 순서와 반대인 E4, E3, E2, E1이다. Stack 구조를 설명할 때는 흔히 접시를 쌓는 예와 비교한다. 사실 이보다 더 적절한 예는 없는 것 같다. 가장 아래에 깔려 있는 접시를 꺼내기 위해서는 위의 접시를 먼저 걷어 내야 하는 것이다.

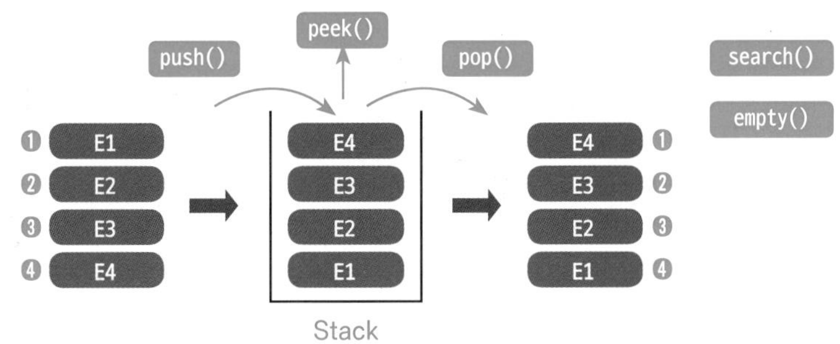

그림 17-16 Stack〈E〉의 입출력 구조와 LIFO 구현을 위한 5개의 메서드

LIFO를 위해 추가된 5개의 메서드에는 데이터를 Stack〈E〉에 추가하는 push(), 위에서부터 데이터를 꺼내는 pop(), 가장 위의 데이터를 읽는 peek(), 현재 데이터의 위칫값(맨 위의 값이 1, 아래로 갈수록 1씩 증가, 해당 데이터가 없을 때 -1을 리턴)을 리턴하는 search(), 마지막으로 Stack〈E〉 객체의 데이터가 비어 있는지를 알아보는 empty()가 있다.

표 17-6 Stack 클래스의 주요 메서드

구분	리턴 타입	메서드명	기능
데이터 추가	E	push(E item)	매개변수인 item을 Stack<E>에 추가
데이터 확인	E	peek()	가장 상위에 있는 원솟값 리턴(데이터는 변화 없음)
데이터 위치 검색	int	search(Object o)	Stack<E> 원소의 위칫값을 리턴(맨 위의 값이 1, 아래로 내려갈수록 1씩 증가)
데이터 추출	E	pop()	최상위 데이터 꺼내기(데이터의 개수 감소)
empty 여부 검사	boolean	empty()	Stack<E> 객체가 비어 있는지 여부를 리턴

여기서 한 가지 주의해야 할 점이 있다. 앞에서 말한 것처럼 Stack〈E〉는 Vector〈E〉의 자식 클래스다. 즉, Vector〈E〉에 포함돼 있는 add() 메서드나 remove() 메서드로도 데이터의 추가 및 삭제를 수행할 수 있다. 다만 Vector〈E〉의 메서드를 사용할 때는 LIFO의 특성이 반영되지 않는다. 따라서 Stack〈E〉 본연의 특징을 갖기 위해서는 Stack〈E〉에서 추가한 5개의 메서드를 사용해야 한다.

다음 실습에서는 Stack〈Integer〉 객체를 생성한 후 2, 5, 3, 7의 순서로 4개의 데이터를 추가했다. 이후 peek() 메서드를 이용해 값을 읽으면 스택 구조상 가장 위에 위치하는 값 7이 읽힌다. 이때 peek()은 읽기만 하는 것일 뿐 꺼내는 것은 아니므로 데이터의 변화는 없다. search(Object o)는 매개변수로 넘어오는 데이터의 위치 정보를 정수로 리턴하는 메서드로 가장 꼭대기의 위치가 1이며, 이후 아래쪽으로 내려갈수록 1씩 증가한다. 만일 해당하는 데이터가 없을 때는 -1을 리턴한다. 이후 pop() 메서드를 4번 연속으로 호출했다. 이러면 위에 있는 데이터(마지막에 들어간 데이터)부터 차례대로 꺼내지기 때문에 입력의 역순인 7, 3, 5, 2의 순서로 출력된다는 것을 알 수 있다. 모든 데이터를 꺼냈으므로 empty() 메서드로 확인하면 true가 나올 것이다.

Do it! 실습 Stack<E> 클래스의 주요 메서드 활용 방법 StatckMethod.java

```java
package sec04_stackandqueue.EX01_StatckMethod;
import java.util.Stack;

public class StatckMethod {
    public static void main(String[] args) {
        Stack<Integer> stack = new Stack<Integer>();
        // 1. E push(E element)
        stack.push(2);
        stack.push(5);
        stack.push(3);
        stack.push(7);
        // 2. E peek();
        System.out.println(stack.peek());
        System.out.println(stack.size());
        System.out.println();
        // 3. search(Object o)
        System.out.println(stack.search(7));
        System.out.println(stack.search(3));
        System.out.println(stack.search(5));
        System.out.println(stack.search(2));
        System.out.println(stack.search(9));
        System.out.println();
        // 4. E pop()
        System.out.println(stack.pop());
        System.out.println(stack.pop());
        System.out.println(stack.pop());
        System.out.println(stack.pop());
        System.out.println();
        // 5. boolean empty()
        System.out.println(stack.empty());
    }
}
```

실행 결과

```
7
4

1
2
3
4
-1

7
3
5
2

true
```

17.6 Queue<E> 컬렉션 인터페이스

17.6.1 Queue<E> 컬렉션의 특징

마지막으로 알아볼 컬렉션은 Queue<E> 인터페이스다. List<E>와 Set<E>처럼 Collection<E>에게서 상속된 인터페이스로 앞에서 배운 LinkedList<E>가 Queue<E> 인터페이스를 구현하고 있다. 즉, LinkedList<E>가 Queue<E> 인터페이스의 구현 클래스인 것이다.

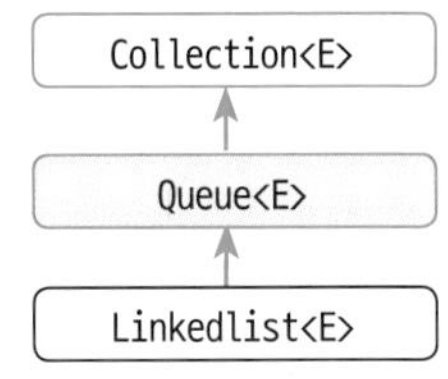

그림 17-17 Queue<E>의 상속 구조

Queue<E>의 가장 큰 특징은 Stack<E>의 LIFO와 반대되는 개념인 **선입선출**FIFO: first in first out 구조를 가진다는 것이다. 즉, 먼저 저장된 데이터가 먼저 출력된다. FIFO 자료구조의 대표적인 예로는 이벤트를 처리하는 이벤트 큐를 들 수 있다. 키보드 이벤트가 발생하면 각 이벤트는 발생한 순서대로 이벤트 큐에 저장되고, CPU는 이벤트 큐에서 이벤트를 1개씩 꺼내 처리한다. 이때 당연히 먼저 동작한 이벤트가 먼저 처리될 것이다. 그림 17-18을 살펴보자.

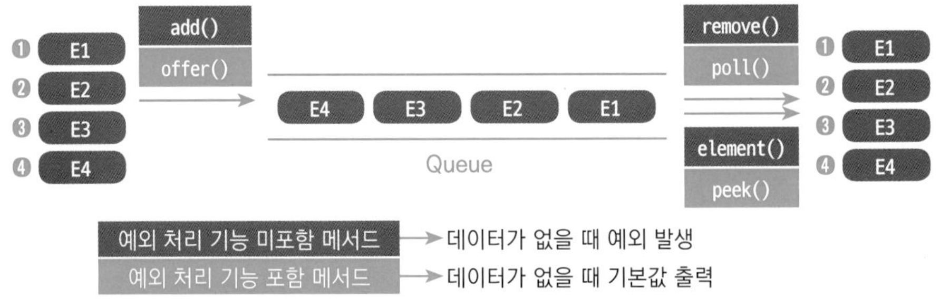

그림 17-18 Queue<E>의 입출력 순서 및 FIFO 구조를 구현하기 위한 대표적인 메서드

데이터가 E1, E2, E3, E4 순으로 Queue<E>에 입력될 때 꺼내려면 입력과 동일한 순서로 꺼내야 한다. 즉, 먼저 들어간 데이터가 먼저 나오는 것이다. 앞에서 다룬 여러 컬렉션 중에서 'Linked'가 붙은 컬렉션은 입력 순서 정보를 저장하기 때문에 입력 순서와 출력 순서가 동일하다고 했는데, 이것이 바로 Queue<E>의 특징이라고 생각하면 된다. 데이터를 추가, 삭제할 때와 다음 출력 데이터를 확인하기 위해서는 add(), remove(), element() 메서드나 offer(), poll(), peek() 메서드를 사용할 수 있다.

17.6.2 Queue<E>의 주요 메서드

Queue〈E〉 내에 FIFO 기능을 부여하는 메서드는 2쌍이 존재한다. 이 둘 사이의 유일한 차이점은 데이터가 없을 때 예외를 발생시키느냐, 기본값으로 대체하느냐이다. 당연히 예외로 갑자기 프로그램이 종료되는 것보다는 기본값으로 대체하는 것이 훨씬 안전할 것이다. 그럼 각각의 메서드를 알아보자.

사실 기본값이라고 해 봐야 데이터가 없을 때 null을 리턴하는 것이 전부다. 하지만 적절한 예외 처리 없이 예외가 발생하면 프로그램이 강제 종료되기 때문에 예외 발생 여부는 매우 중요한 차이를 가진다.

표 17-7 Queue<E>의 주요 메서드

구분		리턴 타입	메서드명	기능
예외 처리 기능 미포함 메서드	데이터 추가	boolean	add(E item)	매개변수인 item을 Queue에 추가
	데이터 확인	E	element()	가장 상위에 있는 원솟값 리턴(데이터는 변화 없음, 데이터가 하나도 없을 때 NoSuchElement Exception 발생)
	데이터 추출	E	remove()	가장 상위에 있는 원솟값 꺼내기(꺼낼 데이터가 없을 때 NoSuchElementException 발생)
예외 처리 기능 포함 메서드	데이터 추가	boolean	offer(E item)	매개변수인 item을 Queue에 추가
	데이터 확인	E	peek()	가장 상위에 있는 원솟값 리턴(데이터는 변화 없음, 데이터가 하나도 없을 때 null을 리턴)
	데이터 추출	E	poll()	가장 상위에 있는 원솟값 꺼내기(꺼낼 데이터 없을 때 null을 리턴)

6개의 메서드 중 add() 메서드만 java.util.Collection 인터페이스에 정의돼 있고, 나머지는 모두 java.util.Queue 인터페이스에 정의돼 있다. 먼저 예외 처리 기능이 포함되지 않은 메서드셋에는 데이터를 추가하는 add(), 데이터를 꺼내는 remove(), 가장 상위(다음 출력 대상)의 요소 값을 읽는 element() 메서드가 있다. 각각의 동일한 기능을 수행하면서 예외 처리 기능이 포함된 메서드셋에는 데이터를 추가하는 offer(), 데이터를 꺼내는 poll(), 가장 상위의 요소 값을 읽는 peek()가 있다. 예외 처리만 잘 하면 어떤 메서드를 사용해도 무방하지만, 가능한 한 예외 처리 기능이 포함된 메서드를 사용하기를 권고한다.

그럼 다음 실습으로 메서드를 이용하는 방법을 알아보자. 먼저 Queue〈E〉 인터페이스의 구현 클래스인 LinkedList〈Integer〉 객체를 생성했다. 이후 element() 메서드를 이용해 다음 출력 대상 데이터를 출력하면 예외가 발생한다. element() 메서드는 예외 처리가 돼 있지 않기 때문에 데이터가 없을 때 값을 읽으려고 하면 NoSuchElementException을 발생시키면서 프로그램을 종료한다. 이후 add() 메서드를 이용해 데이터를 3, 5, 4 순으로 추가했다. 이제 element()로 다음 출력 대상 값을 읽으면 가장 먼저 입력된 3의 값을 출력한다. 즉, 다음 데이터를 출력했을 때 가장 먼저 출력될 데이터가 3이라는 말이다. 다만 이 메서드는 값을 읽기만 할 뿐 실제 데이터를 꺼내지는 않는다. 이후 remove() 메서드를 3번 연속 호출하면 입력된 순서대로 실제 데이터가 출력되는 것을 볼 수 있다. 모든 데이터를 꺼낸 후 다시 한번 remove()를 호출하면 역시 남아 있는 데이터가 없으므로 NoSuchElementException을 발생시키면서 프로그램을 종료한다.

다음으로 예외 처리 기능이 포함돼 있을 때를 살펴보자. 새로운 객체를 생성한 후 바로 peek() 메서드로 다음 출력 데이터를 확인했다. 현재 아무런 데이터가 없지만, 예외가 발생하지 않고 null을 출력한다. 이후 offer()를 이용해 3, 5, 4의 순으로 입력한 후 peek()로 다음 출력 데이터를 확인하면 3이라는 결과가 출력된다. 마지막으로 poll()을 연속 호출해 데이터를 꺼내면 입력한 순서대로 출력된다는 것을 알 수 있다. 여기서도 Queue<E> 객체의 데이터가 없을 때 poll()을 호출하면 null 값을 출력하는 것을 볼 수 있다.

실제 자바 API 문서에서 peek()와 poll() 메서드의 정의를 확인해 보면, 예외 처리를 하는 대신 if 조건문을 사용해 데이터가 없을 때 null을 리턴하도록 작성돼 있다.

Do it! 실습 Queue<E> 컬렉션의 주요 메서드 활용 방법 QueueMethod.java

```java
package sec04_stackandqueue.EX02_QueueMethod;
import java.util.LinkedList;
import java.util.Queue;

public class QueueMethod {
    public static void main(String[] args) {
        // 1. 예외 처리 기능 미포함 메서드
        Queue<Integer> queue1 = new LinkedList<Integer>();
        // System.out.println(queue1.element());    // NoSuchElementException
        // 1-1. add(E item)
        queue1.add(3);
        queue1.add(4);
        queue1.add(5);
        // 1-2. element()
        System.out.println(queue1.element());
        // 1-3. E remove()
        System.out.println(queue1.remove());
        System.out.println(queue1.remove());
        System.out.println(queue1.remove());
```

```
        // System.out.println(queue1.remove());    // NoSuchElementException
        System.out.println();
        // 2. 예외 처리 기능 포함 메서드
        Queue<Integer> queue2 = new LinkedList<Integer>();
        System.out.println(queue1.peek());
        // 2-1. offer(E item)
        queue2.offer(3);
        queue2.offer(4);
        queue2.offer(5);
        // 2-2. E peek();
        System.out.println(queue2.peek());
        // 2-3. E poll();
        System.out.println(queue2.poll());
        System.out.println(queue2.poll());
        System.out.println(queue2.poll());
        System.out.println(queue2.poll());
    }
}
```

실행 결과

```
3
3
4
5

null
3
3
4
5
null
```

실력 상승! 연습 문제

Q1 다음은 서로 다른 2가지 방법으로 List 객체를 생성한 후 데이터를 추가한 예다. 오류가 발생한 위치와 그 원인을 설명하시오.

```
01 public static void main(String[] args) {
02     List<Integer> list1 = new ArrayList<Integer>();
03     list1.add(1);
04     list1.add(2);
05     list1.add(3);
06     System.out.println(list1);
07     List<Integer> list2 = Arrays.asList(1, 2);
08     list2.add(3);
09     System.out.println(list2);
10 }
```

실행 결과

```
[1, 2, 3]
[1, 2]
```

오류가 발생한 행 번호	오류가 발생한 원인

Q2 다음은 ArrayList 생성자를 이용해 List 객체를 생성하고 add() 메서드와 remove() 메서드를 이용해 데이터를 추가, 삭제한 코드다. 다음 코드의 실행 결과를 쓰시오.

```
public static void main(String[] args) {
    List<Integer> list = new ArrayList<>();
    list.add(2);
    list.add(3);
    list.add(4);
    System.out.println(list);
    list.remove(2);
    System.out.println(list);
}
```

실행 결과

Q3 다음은 Vector의 생성자를 이용해 List의 객체를 생성한 예다. 다음 코드의 실행 결과를 쓰시오.

```
public static void main(String[] args) {
    List<Boolean> list = new Vector<>();
    list.add(true);
    list.add(false);
    list.add(true);
    Boolean[] bArray = list.toArray(new Boolean[5]);
    System.out.println(Arrays.toString(bArray));
}
```

실행 결과

Q4 다음은 List 인터페이스를 구현한 자식 클래스의 생성자를 이용해 List 객체를 생성한 후 0번 위치에 100,000개의 데이터를 추가하는 코드다. 이때 빈칸에 들어갈 3개의 자식 클래스(ArrayList, LinkedList, Vector) 중에서 가장 효율적인 자식 클래스의 생성자를 선택하고 그 이유를 설명하시오.

```
public static void main(String[] args) {
    List<String> list = new 
    for(int i = 0; i < 100000; i++) {
        list.add(0, i + "데이터");
    }
    System.out.println("완료");
}
```

실행 결과

```
완료
```

Q5 다음과 같이 클래스 Data가 정의돼 있다.

```
class Data {
    int m;
    public Data(int m) {
        this.m = m;
    }
    @Override
    public boolean equals(Object obj) {
        if(obj instanceof Data)
            return this.m == ((Data)obj).m;
        else
            return false;
    }
}
```

다음 코드의 실행 결과를 쓰시오.

```
public static void main(String[] args) {
    Data data1 = new Data(3);
    Data data2 = new Data(3);
    System.out.println(data1 == data2);
    System.out.println(data1.equals(data2));
    System.out.println(data1.hashCode() == data2.hashCode());
}
```

실행 결과

Q6 다음과 같이 클래스 Data가 정의돼 있다.

```
class Data{
    int m;
    public Data(int m) {
        this.m = m;
    }
    @Override
    public boolean equals(Object obj) {
        if(obj instanceof Data)
            return this.m == ((Data)obj).m;
        else
            return false;
    }
    @Override
    public int hashCode() {



    }
}
```

다음 코드의 실행 결과로 2가 나오도록 클래스 Data 내에 hashCode() 메서드의 내부를 작성하시오.

```
public static void main(String[] args) {
    Set<Data> set = new HashSet<>();
    set.add(new Data(2));
    set.add(new Data(2));
    set.add(new Data(3));
    System.out.println(set.size());
}
```

실행 결과

```
2
```

Q7 다음 MyData 클래스는 크기를 비교하기 위해 Comparable<MyData> 인터페이스를 구현했다. 또한 toString() 메서드를 필드인 str을 리턴하도록 오버라이딩했다. 이때 다음과 같은 실행 결과(글자 수의 오름차순)가 나오도록 compareTo 메서드의 내부를 작성하시오.

```
class MyData implements Comparable<MyData> {
    String str;
    public MyData(String str) {
        this.str = str;
    }
    @Override
    public int compareTo(MyData o) {



    }
    @Override
    public String toString() {
        return str;
    }
}

public static void main(String[] args) {
    MyData md1 = new MyData("자바 프로그램");
    MyData md2 = new MyData("반가워");
    MyData md3 = new MyData("감사합니다");
    TreeSet<MyData> treeSet = new TreeSet<>();
    treeSet.add(md1);
    treeSet.add(md2);
    treeSet.add(md3);
    System.out.println(treeSet);
}
```

실행 결과

```
[반가워, 감사합니다, 자바 프로그램]
```

Q8 다음은 HashMap을 이용해 Map 객체를 생성한 후 (Key, Value)의 쌍을 추가한 코드다. 빈칸에 들어갈 코드와 실행 결과를 쓰시오(단, 실행 결과는 Key = Value, Key = Value, … 의 형식으로 작성하며 순서는 상관없음).

```
public static void main(String[] args) {
    Map<String, Boolean> map = new HashMap<>();
    map.                    ("사운드", true);
    map.                    ("그래픽", false);
    map.                    ("배경음", true);
    map.                    ("그래픽", true);

    System.out.println(map);
}
```

실행 결과

Q9 다음은 Stack 객체를 생성하고 데이터 입출력 메서드와 위치 확인 메서드를 활용한 코드다. 실행 결과를 쓰시오.

```
public static void main(String[] args) {
    Stack<Double> stack = new Stack<Double>();
    stack.push(1.1);
    stack.push(2.2);
    stack.pop();
    stack.push(3.3);
    stack.push(4.4);

    System.out.println(stack.search(1.1));
    System.out.println(stack.search(2.2));
    System.out.println(stack.search(3.3));
    System.out.println(stack.search(4.4));
}
```

실행 결과

Q10 다음은 LinkedList 생성자를 이용해 Queue 객체를 생성한 후 데이터의 입출력을 수행한 코드다. 다음 실행 코드의 출력 결과를 쓰시오.

```
public static void main(String[] args) {
    Queue<String> queue = new LinkedList<>();

    queue.offer("땡큐");
    queue.offer("베리");
    queue.offer("감사");
    queue.poll();
    queue.offer("방가");
    System.out.println(queue.peek());
    System.out.println(queue.poll());
    System.out.println(queue.poll());
    System.out.println(queue.poll());

}
```

실행 결과

18장 람다식

람다식은 객체 지향형 언어인 자바에서 함수형 프로그래밍 방식을 쓸 수 있게 해 주는 문법 요소다. 람다식은 최근 자바 API에서 제공하는 여러 메서드의 매개변수로 자주 사용되고 쓰임새가 계속 많아질 것이므로 꼭 익히도록 하자.

교수님의 동영상 강의
자바가 처음인가요?
그렇다면 동영상으로
예습부터 해 보세요~

18.1 람다식

람다식^{Lambda expression}은 함수형 프로그래밍 기법을 지원하는 자바의 문법 요소다. 람다식을 본격적으로 설명하기 전에 용어를 먼저 정리해 보자. 함수[function]는 기능 또는 동작을 정의한 일련의 명령 모음, 메서드[method]는 클래스 또는 인터페이스 내에 정의된 함수를 말한다.

자바에서 람다식은 Java 8 버전부터 사용할 수 있다.

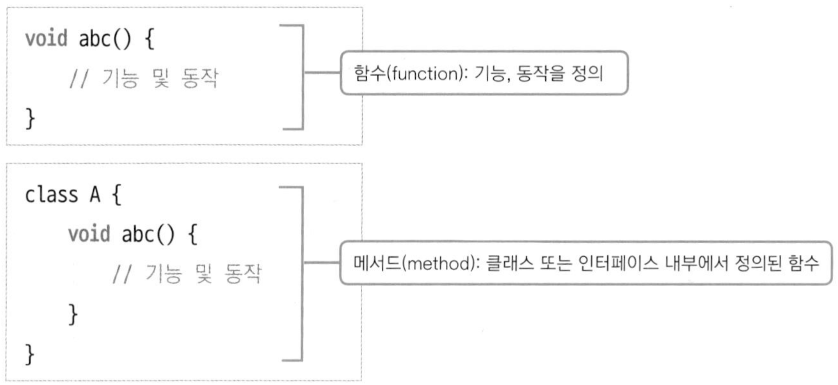

void abc() {
// 기능 및 동작
}
함수(function): 기능, 동작을 정의
class A {
void abc() {
// 기능 및 동작
}
}
메서드(method): 클래스 또는 인터페이스 내부에서 정의된 함수

자바에서 메서드를 사용하려면 항상 클래스 객체를 먼저 생성한 후 생성한 객체로 메서드를 호출해야 한다. 만일 모든 클래스에서 공통적으로 사용하는 기능이 있다면 모든 클래스마다 메서드를 정의해야 할 것이다.

그런데 이 공통 기능을 일반적인 함수처럼 독립적으로 만든 후 모든 클래스에서 공통적으로 사용할 수 있다면 어떨까? 모든 클래스에서 공통 기능을 정의하지 않아도 되고, 독립적으로 정의한 함수를 호출만 하면 공통 기능을 사용할 수 있으므로 훨씬 효율적일 것이다.

하지만 자바는 객체 지향 언어이므로 모든 함수는 클래스 또는 인터페이스 내부에만 존재한다. 즉, 외부에 독립적으로 함수를 구성할 수 없다. 앞에서 언급한 것처럼 객체 지향형 프로그래밍에서 함수는 다음과 같이 항상 클래스 내부에 메서드로 존재해야 하고, 메서드를 사용하기 위해서는 클래스의 객체를 먼저 생성한 후에 메서드를 호출해야 한다.

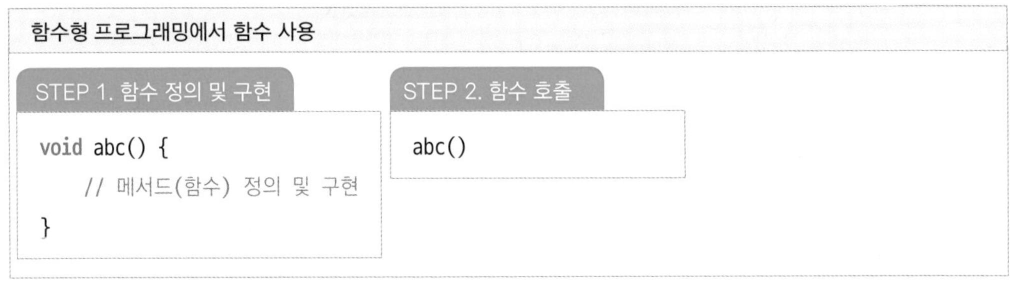

객체 지향형 프로그래밍에서 메서드 사용

STEP 1. 메서드 정의 및 구현

```
class A {
  void abc() {
  // 메서드(함수) 정의 및 구현
  }
}
```

STEP 2. 객체 생성

```
A a = new A();
```

STEP 3. 객체 내부 메서드 호출

```
a.abc();
```

모든 메서드가 특정 클래스 안에 위치하고 있으므로 기능을 사용하기 위해서는 어쩔 수 없는 과정이다. 하지만 이는 외부에 어떤 기능을 가진 함수를 정의하고, 이 함수를 호출함으로써 기능을 수행하는 본래의 함수형 프로그래밍과는 거리가 있다.

이를 해결하기 위해 나온 방법이 '람다식'이다. 자바는 새로운 함수 문법을 정의하는 대신, 이미 있는 인터페이스의 문법을 활용해 람다식을 표현한다. **단 하나의 추상 메서드만을 포함하는 인터페이스를 함수형 인터페이스**라 하고, 이 함수형 인터페이스의 호출 및 기능을 구현하는 방법을 새롭게 정의한 문법이 바로 람다식인 것이다. 정리하면 람다식은 기존의 객체 지향 프로그램 체계 안에서 함수형 프로그래밍을 가능하게 하는 기법이라 생각할 수 있다.

18.1.1 객체 지향 구조 내에서 람다식 적용 과정

이번에는 자바의 객체 지향 구조 내에서 람다식이 적용되는 과정을 살펴보자. 다음은 함수형 인터페이스를 상속받아 추상 메서드를 구현한 객체를 생성한 후 메서드를 호출하는 과정을 기존 방법과 람다식을 이용한 방법을 비교해 나타내고 있다.

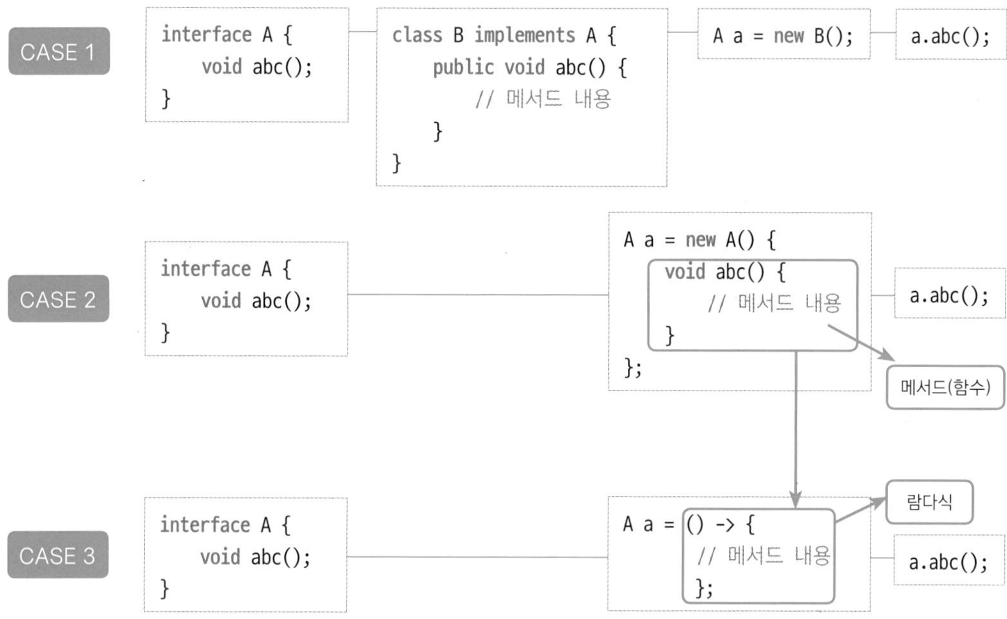

인터페이스 A는 추상 메서드인 abc()를 포함하고 있다. 이제 이 추상 메서드 abc()를 구현해 호출하는 과정을 3가지로 나눠 살펴보자. 첫 번째는 인터페이스 A를 구현한 클래스 B를 생성한다. 이후 구현 클래스의 생성자(B())를 이용해 객체를 생성한 후 객체의 참조 변수로 abc() 메서드를 호출한다. 두 번째는 추가 클래스 정의 없이 익명 이너 클래스를 사용해 객체를 생성하며, 이후 이 객체로 메서드를 호출한다. 마지막은 람다식을 활용한 방법으로 익명 이너 클래스의 메서드 정의 부분만 가져와 메서드를 정의하고 호출한다.

Do it! 실습 객체 지향 프로그래밍 문법과 함수형 프로그래밍 문법 OOPvsFP.java

```
package sec01_lambdaexpression.EX01_OOPvsFP;

interface A {
    void abc();
}
class B implements A {
    @Override
    public void abc() {
        System.out.println("메서드 내용 1");
    }
}
```

```
public class OOPvsFP {
    public static void main(String[] args) {
        // 1. 객체 지향 프로그래밍 문법 1
        A a1 = new B();
        a1.abc();    // 메서드 내용
        // 2. 객체 지향 프로그래밍 문법 2(익명 이너 클래스 사용)
        A a2 = new A() {
            @Override
            public void abc() {
                System.out.println("메서드 내용 2");
            }
        };
        a2.abc();    // 메서드 내용
        // 3. 함수형 프로그래밍 문법(람다식)
        A a3 = () -> {System.out.println("메서드 내용 3");};
        a3.abc();
    }
}
```

실행 결과

```
메서드 내용 1
메서드 내용 2
메서드 내용 3
```

람다식은 익명 이너 클래스 정의 내부에 있는 메서드명을 포함해 이전 부분을 삭제한 형태다. 즉, **람다식은 익명 이너 클래스의 축약된 형태**라고 볼 수 있다. 여기까지 이해했다면 앞에서 말한 것처럼 내부에 단 하나의 추상 메서드만을 가진 함수형 인터페이스만 람다식으로 표현할 수 있는 이유를 유추할 수 있을 것이다. 람다식은 내부 메서드명을 생략하므로 만일 구현해야 할 추상 메서드가 2개 이상이라면 어떤 메서드를 구현한 것인지 구분할 수 없기 때문이다.

18.1.2 람다식의 기본 문법 및 약식 표현

람다식의 기본 문법

그럼 이제 본격적으로 클래스 내부에서 구현한 함수형 인터페이스의 메서드 정의를 람다식으로 변환하는 문법에 대해 알아보자. 구현된 추상 메서드를 람다식으로 표현할 때는 메서드명 이후의 소괄호와 중괄호만을 차례대로 포함하며, 이들 사이에는 람다식 기호인 화살표(->)가 들어간다.

소괄호는 입력매개변수, 중괄호는 메서드의 내용을 나타내기 때문에 람다식은 입력매개변수에 따른 메서드의 기능만을 정의한다고 생각하면 된다. 다음은 4가지 간단한 메서드를 람다식으로 표현한 예다. 메서드의 내부에 1줄의 코드만 포함돼 있지만, 여러 줄이어도 달라지는 것은 없다. 메서드를 람다식으로 표현할 때는 '**(소괄호) ->{중괄호}**'의 형태만 꼭 기억하자.

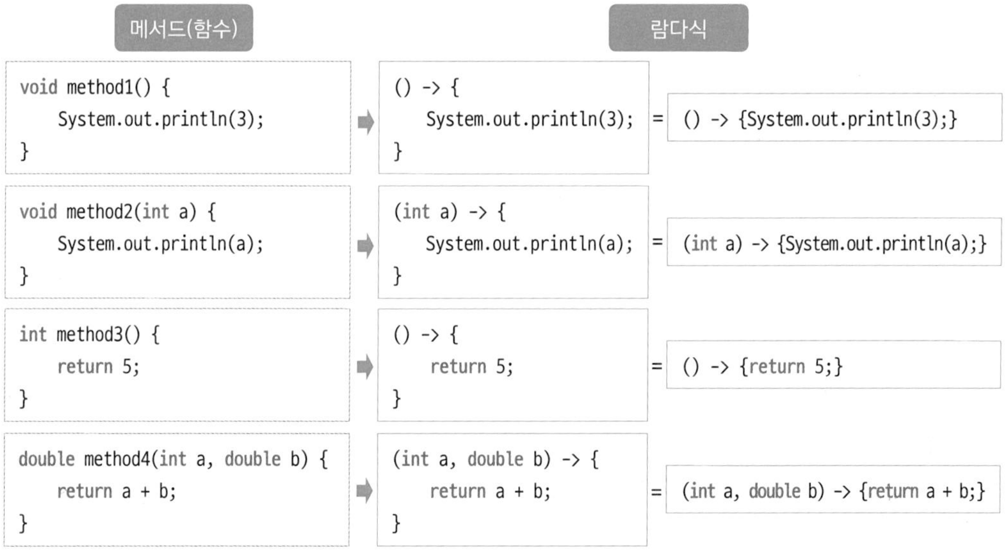

그림 18-1 인터페이스 구현 메서드를 람다식으로 변환한 예

람다식의 약식 표현

람다식은 익명 이너 클래스를 활용한 객체 생성 방법의 축약 형태라고 했다. 이런 람다식은 특정 조건에서 더욱 축약해 표현할 수 있다. 먼저 중괄호 안의 실행문이 1개일 때 중괄호는 생략할 수 있다. 2줄 이상의 코드를 포함하고 있을 때는 당연히 생략할 수 없다.

람다식의 약식 표현 ① 중괄호 안의 실행문이 1개일 때 중괄호 생략 가능

```
A a1 = () -> {System.out.println("테스트");};
A a2 = () -> System.out.println("테스트");
```

두 번째는 입력매개변수의 자료형은 생략할 수 있다는 것이다. 이는 함수형 인터페이스에 포함된 추상 메서드의 입력매개변수 타입으로 쉽게 유추할 수 있기 때문이다. 입력매개변수가 1개일 때는 소괄호도 생략할 수 있다. 단, 소괄호를 생략할 때는 매개변수의 자료형을 반드시 생략해야 한다.

람다식의 약식 표현 ② 매개변수 타입의 생략이 가능하고, 매개변수가 1개일 때 () 생략 가능

```
A a1 = (int a) -> { ... };
A a2 = (a) -> { ... };
A a3 = a -> { ... };
A a4 = int a -> { ... };     // X
```

소괄호가 생략될 때는 매개변수 타입을 반드시 생략

마지막으로 메서드가 return 문 하나만으로 이뤄져 있을 때는 return도 생략할 수 있다. 다만 return을 생략할 때 중괄호를 반드시 함께 생략해야 한다.

람다식의 약식 표현 ③ return 구문만 포함할 때 return 생략 가능

```
A a1 = (int a, int b) -> {return a + b;};
A a2 = (int a, int b) -> a + b;
A a3 = (int a, int b) -> {a + b;}     // X
```

return을 생략할 때 중괄호를 반드시 함께 생략

18.2 람다식의 활용

람다식은 익명 이너 클래스 내부 **구현 메서드의 약식 표현**뿐 아니라 **메서드 참조**와 **생성자 참조**에도 사용된다. 여기서 참조한다는 의미는 함수형 인터페이스의 메서드를 구현하는 데 있어 직접 구현하는 대신, 이미 있는 기능을 가져다 쓰겠다는 의미다. 즉, 구현 메서드의 약식 표현은 함수형 인터페이스의 추상 메서드를 직접 구현했을 때, 메서드 참조는 이미 있는 메서드로 대체했을 때다. 생성자 참조는 구현 메서드의 내용이 객체 생성 코드만으로 고정돼 있을 때다. 결국 람다식은 함수형 인터페이스의 추상 메서드를 어떤 방식으로 구현하느냐에 따라 3가지 형태를 띠는 것이다. 그럼 각각의 활용 예를 좀 더 자세히 알아보자.

18.2.1 구현 메서드의 약식 표현

첫 번째 람다식의 활용 예는 함수형 인터페이스의 객체 생성 과정에서 익명 이너 클래스를 이용한 객체 생성 방식의 축약된 표현을 제공하는 것이다. 즉, 직접 추상 메서드를 구현하는 형태다. 다음은 입력매개변수와 리턴 타입의 존재 유무에 따른 4가지 예시다.

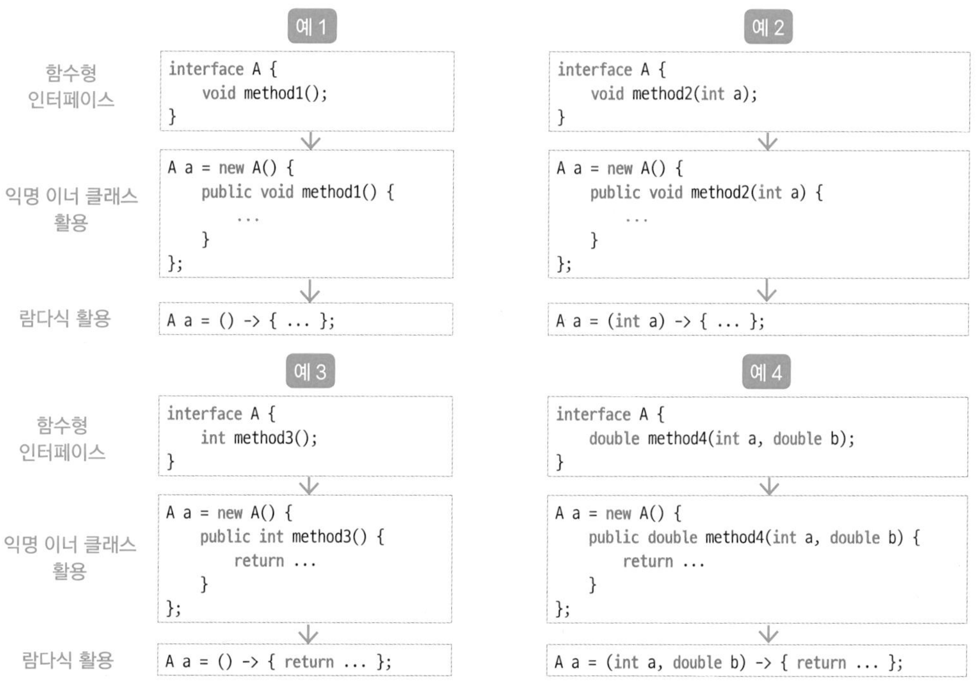

그림 18-2 함수형 인터페이스를 람다식으로 구현

첫 번째 활용법은 익명 이너 클래스 내부의 구현 메서드를 단순히 축약해 표현한 형태로, 앞 절에서 다룬 내용과 비슷하므로 쉽게 이해할 수 있으리라 생각한다.

Do it! 실습 함수형 인터페이스의 객체를 생성하기 위한 람다식 표현 방법

FunctionToLambdaExpression.java

```
package sec01_lambdaexpression.EX02_FunctionToLambdaExpression;

interface A {     // 입력 X, 리턴 X
    void method1();
}
interface B {     // 입력 ○, 리턴 X
    void method2(int a);
}
interface C {     // 입력 X, 리턴 ○
    int method3();
}
interface D {     // 입력 ○, 리턴 ○
    double method4(int a, double b);
}
public class FunctionToLambdaExpression {
    public static void main(String[] args) {
        // 인터페이스의 함수 구현 → 람다식
        // 1. 입력 X, 리턴 X
        // 1-1. 익명 이너 클래스 방식
        A a1 = new A() {
            @Override
            public void method1() {
                System.out.println("입력 x 리턴 x 함수");
            }
        };
        // 1-2. 람다식 표현
        A a2 = () -> {System.out.println("입력 x 리턴 x 함수");};
        A a3 = () -> System.out.println("입력 x 리턴 x 함수");
        // 2. 입력 ○, 리턴 X
        // 2-1. 익명 이너 클래스 방식
        B b1 = new B() {
            @Override
            public void method2(int a) {
                System.out.println("입력 ○ 리턴 x 함수");
```

1줄 명령이면 중괄호 생략 가능

```
            }
        };
        // 2-2. 람다식 표현
        B b2 = (int a) -> {System.out.println("입력 O 리턴 x 함수");};
        B b3 = (a) -> {System.out.println("입력 O 리턴 x 함수");};
        B b4 = (a) -> System.out.println("입력 O 리턴 x 함수");
        B b5 = a -> System.out.println("입력 O 리턴 x 함수");
        // 3. 입력 X, 리턴 O
        // 3-1. 익명 이너 클래스 방식
        C c1 = new C() {
            @Override
            public int method3() {
                return 4;
            }
        };
        // 3-2. 람다식 표현
        C c2 = () -> {return 4;};
        C c3 = () -> 4;
        // 4. 입력 O, 리턴 O
        // 4-1. 익명 이너 클래스 방식
        D d1 = new D() {
            @Override
            public double method4(int a, double b) {
                return a + b;
            }
        };
        // 4-2. 람다식 표현
        D d2 = (int a, double b) -> {return a + b;};
        D d3 = (a, b) -> {return a + b;};
        D d4 = (a, b) -> a + b;
    }
}
```

입력매개변수 생략 가능

1줄 명령이면 중괄호 생략 가능

입력매개변수가 1개일 때 소괄호도 생략 가능

실행문에 return만 있는 경우 생략 가능

return이 생략되면 중괄호도 함께 생략

실행 결과

없음

18.2.2 메서드 참조

두 번째 람다식의 활용 예는 추상 메서드를 직접 구현하는 대신, 이미 구현이 완료된 메서드를 참조하는 것이다. 메서드를 참조하는 방식은 다시 인스턴스 메서드를 참조할 때와 정적 메서드를 참조할 때로 나뉘지며, 인스턴스 메서드의 참조는 다시 2가지로 나뉜다. 그럼 하나씩 알아보자.

정의돼 있는 인스턴스 메서드 참조

첫 번째는 말그대로 이미 정의된 인스턴스 메서드를 참조하는 방법이다. 인스턴스 메서드를 참조하기 위해서는 먼저 인스턴스 메서드가 사용할 수 있는 상태가 돼야 하므로 당연히 객체를 먼저 생성해야 할 것이다. 객체 생성 이후 인스턴스 메서드를 참조하는 방법은 '객체 참조 변수::인스턴스 메서드명'과 같이 작성한다.

인스턴스 멤버(필드, 메서드, 이너 클래스)는 인스턴스, 즉 객체 내부에 존재하기 때문에 이를 사용하기 위해서는 항상 객체를 먼저 생성해야 한다.

정의돼 있는 인스턴스 메서드 참조

```
클래스 객체::인스턴스 메서드명
```

다음과 같이 abc() 추상 메서드 하나를 갖는 함수형 인터페이스 A와 인스턴스 메서드 bcd()를 갖고 있는 B 클래스가 정의돼 있을 때를 고려해 보자.

```
interface A {
    void abc();
}
class B {
    void bcd() {
        System.out.println("메서드");
    }
}
```

이때 익명 이너 클래스 및 람다식을 이용해 각각 A 인터페이스 객체를 다음과 같이 생성했다.

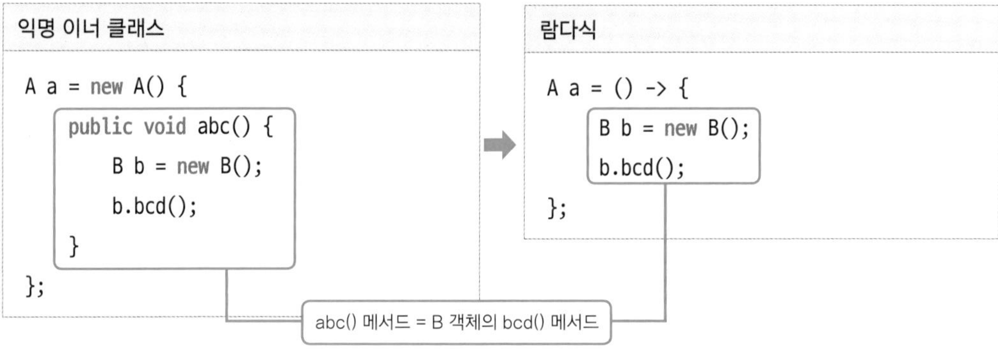

구현 메서드의 내용을 살펴보면 구현한 abc() 메서드에서는 B 클래스 객체를 생성해 인스턴스 메서드인 bcd()를 호출했다. 즉, abc() 메서드를 호출하면 B 객체 멤버인 bcd()를 호출하는 것이므로 결국 abc()는 bcd()와 동일한 셈이다.

그렇다면 굳이 이렇게 할 필요가 있을까? bcd()는 이미 완성된 인스턴스 메서드이므로 abc()가 bcd()와 동일하다는 사실만 알려 주면 될 것이다. 이게 바로 람다식의 인스턴스 메서드 참조이며, 다음과 같이 간단하게 표현할 수 있다.

정의돼 있는 인스턴스 메서드 참조

```
B b = new B();
A a = b::bcd;
```

즉, B 객체를 생성한 후 `A a = b::bcd`와 같이 작성하면, 이는 'A 인터페이스 내부의 abc() 메서드는 참조 변수 b 객체 내부의 인스턴스 메서드 bcd()와 동일하다.'는 의미가 되는 것이다. 이렇게 abc()가 bcd()를 참조하기 위해서는 리턴 타입과 매개변수의 타입이 반드시 동일해야 한다.

Do it! 실습 정의돼 있는 인스턴스 메서드 참조 RefOfIntanceMethod_Type1_1.java

```
package sec01_lambdaexpression.EX03_RefOfIntanceMethod_Type1_1;

interface A {
    void abc();
}
class B {
    void bcd() {
        System.out.println("메서드");
    }
```

```
}
public class RefOfIntanceMethod_Type1_1 {
    public static void main(String[] args) {
        // 1. 익명 이너 클래스
        A a1 = new A() {
            @Override
            public void abc() {
                B b = new B();
                b.bcd();
            }
        };
        // 2. 람다식으로 표현
        A a2 = () -> {
            B b = new B();
            b.bcd();
        };
        // 3. 정의된 인스턴스 메서드 참조
        B b = new B();
        A a3 = b::bcd;
        a1.abc();
        a2.abc();
        a3.abc();
    }
}
```

실행 결과

```
메서드
메서드
메서드
```

이러한 인스턴스 메서드 참조 방법을 이용해 이번에는 지금까지 자주 사용한 메서드를 참조해 보자. 내부에 void abc(int k) 추상 메서드를 가진 함수형 인터페이스 A와 익명 이너 클래스 및 람다식으로 구현한 메서드의 내용이 다음과 같을 때를 고려해 보자.

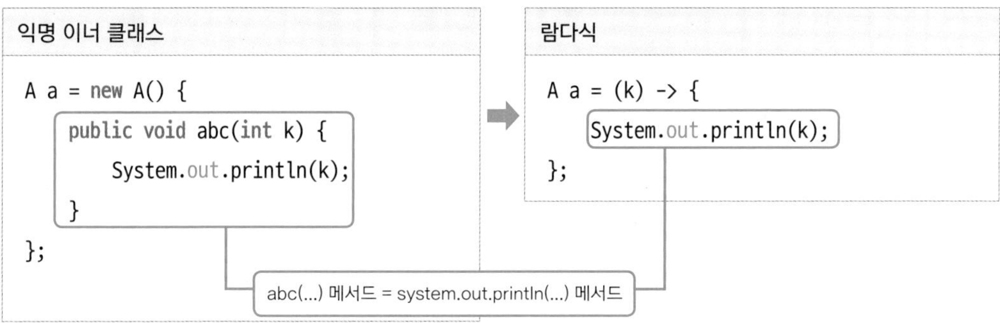
익명 이너 클래스
A a = new A() {
public void abc(int k) {
System.out.println(k);
}
};
람다식
A a = (k) -> {
System.out.println(k);
};
abc(...) 메서드 = system.out.println(...) 메서드

익명 이너 클래스 또는 람다식으로 구현한 abc() 메서드는 입력매개변수를 그대로 전달해 System.out.println()만을 호출하고 있다. 즉, abc()는 System.out.println()와 항상 동일한 동작을 수행하는 셈이다. 또한 System.out 자체가 객체이므로 객체를 따로 생성할 필요 없이 다음과 같이 간단하게 작성할 수 있다.

```
A a = System.out::println;
```

이는 '인터페이스 A의 추상 메서드인 abc()는 System.out.println()을 참조하라.'는 의미다. 결국 참조의 의미는 abc()를 호출하면 대신 System.out.println()을 호출하라는 말이 되는 것이다.

Do it! 실습 자바가 제공하는 인스턴스 메서드 참조 RefOfIntanceMethod_Type1_2.java

```
package sec01_lambdaexpression.EX04_RefOfIntanceMethod_Type1_2;

interface A {
    void abc(int k);
}
public class RefOfIntanceMethod_Type1_2 {
    public static void main(String[] args) {
        // 1. 익명 이너 클래스
        A a1 = new A() {
            @Override
            public void abc(int k) {
                System.out.println(k);
            }
        };
```

```
        // 2. 람다식으로 표현
        A a2 = (int k) -> {
            System.out.println(k);
        };
        // 3. 인스턴스 메서드 참조
        A a3 = System.out::println;
        a1.abc(3);
        a2.abc(3);
        a3.abc(3);
    }
}
```

실행 결과

```
3
3
3
```

정의돼 있는 정적 메서드 참조

두 번째는 이미 정의돼 있는 정적 메서드를 참조하는 방법이다. 다음과 같이 '클래스명::정적 메서드명'으로 메서드를 참조한다.

정적 메서드 참조

```
클래스명::정적 메서드명
```

정적 메서드는 객체 생성 없이 클래스명으로 바로 사용할 수 있기 때문에 객체의 생성 없이 클래스명을 바로 사용했다고 생각하면 된다. 정적 메서드 역시 메서드의 참조를 위해서는 리턴 타입과 입력매개변수 타입이 동일해야 한다.

그럼 다음과 같이 abc() 추상 메서드 1개를 갖는 함수형 인터페이스 A와 정적 메서드 bcd()를 갖고 있는 B 클래스가 정의돼 있을 때를 고려해 보자.

```
interface A {
    void abc();
}
class B {
    static void bcd() {
        System.out.println("메서드");
    }
}
```

이때 익명 이너 클래스 및 람다식을 이용해 각각 A 인터페이스 객체를 다음과 같이 생성했다.

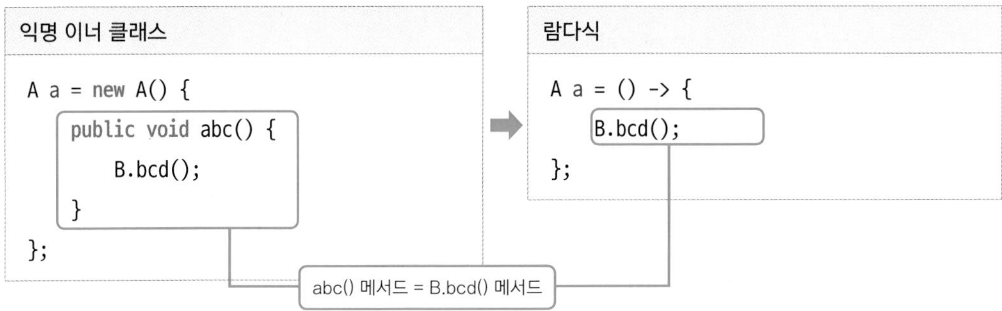

인터페이스 A의 객체를 생성하면서 구현한 abc() 메서드의 내부에서는 B.bcd()와 같이 클래스 B의 정적 메서드만 호출했다. 즉, abc() 메서드가 B.bcd()와 동일한 기능을 수행하는 것이다. 이때는 다음과 같이 람다식의 정적 메서드 참조 문법을 이용해 간략하게 작성할 수 있다.

정의돼 있는 정적 메서드 참조

```
A a = B::bcd;
```

`A a = B::bcd`와 같이 작성하면 이는 '인터페이스 A의 객체를 생성할 때 구현해야 하는 abc() 메서드를 B.bcd()와 동일하게 하라.'는 의미다. 즉, abc()를 호출하는 대신 B.bcd()를 호출하겠다는 뜻이다.

Do it! 실습 정적 메서드 참조 RefOfStaticMethod.java

```java
package sec01_lambdaexpression.EX05_RefOfStaticMethod;

interface A {
    void abc();
}
class B {
    static void bcd() {
        System.out.println("메서드");
    }
}
public class RefOfStaticMethod {
    public static void main(String[] args) {
        // 1. 익명 이너 클래스
        A a1 = new A() {
            @Override
            public void abc() {
                B.bcd();
            }
        };
        // 2. 람다식으로 표현
        A a2 = () -> {B.bcd();};
        // 3. 정적 메서드 참조
        A a3 = B::bcd;
        a1.abc();
        a2.abc();
        a3.abc();
    }
}
```

실행 결과

```
메서드
메서드
메서드
```

첫 번째 매개변수로 전달된 객체의 인스턴스 메서드 참조

세 번째 메서드 참조 방법은 첫 번째 인스턴스 메서드 참조 방법의 변형된 형태다. 추상 메서드의 구현 과정에서 첫 번째 매개변수로 인스턴스 메서드를 포함하고 있는 객체를 함께 전달하고, 이후 전달된 객체의 인스턴스 메서드를 참조할 때다. 이때 람다식의 표현 방법은 다음과 같이 '클래스명::인스턴스 메서드명'을 사용한다. 이때는 객체가 첫 번째 매개변수로 전달되므로 따로 생성하는 과정은 필요 없을 것이다.

첫 번째 매개변수로 전달된 객체의 메서드 참조

```
클래스명::인스턴스 메서드명
```

여기서 의아한 부분이 생길 수 있다. 메서드를 참조할 때 클래스명이 앞에 오면 정적 메서드를 호출할 때라고 했다. 그런데 여기서도 클래스명이 사용된다. 즉, 메서드 참조에서 앞에 클래스명이 나오면 정적 메서드 참조이거나 매개변수로 전달된 객체의 인스턴스 메서드를 참조하는 것이다.

일단 해당 메서드가 정적 메서드인지, 인스턴스 메서드인지는 static 키워드의 존재 여부만으로도 쉽게 구분할 수 있으므로 어떤 메서드 참조인지는 금방 확인할 수 있다. 또 하나의 차이점은 정적 메서드를 참조할 때는 추상 메서드와 참조 메서드의 입력매개변수가 모두 동일하지만, 전달된 객체의 메서드를 참조할 때는 추상 메서드의 첫 번째 매개변수로 객체가 들어가기 때문에 참조 메서드보다 매개변수가 1개 많다는 것이다.

다음 예제를 살펴보자. 먼저 abc(B b, int k)와 같이 2개의 매개변수를 입력받는 추상 메서드를 포함한 인터페이스 A와 bcd(int k)와 같이 하나의 매개변수를 갖는 인스턴스 메서드를 포함한 클래스 B가 다음과 같이 정의돼 있다.

```
interface A {
    void abc(B b, int k);
}
class B {
    void bcd(int k) {
        System.out.println(k);
    }
}
```

이때 익명 이너 클래스 또는 람다식으로 인터페이스 A의 객체를 생성하는 과정에서 구현한 abc() 메서드에는 첫 번째 매개변수로 넘어온 객체의 bcd() 메서드를 호출한 것이 전부다.

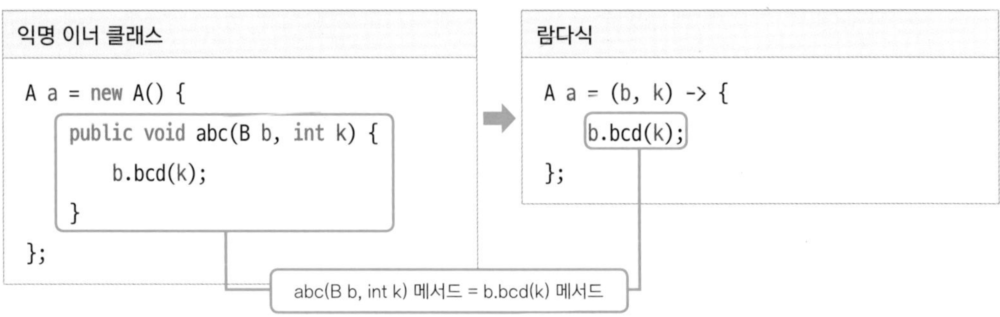

여기서 객체를 입력매개변수로 넘겼으므로 메서드 내부에서 객체를 따로 생성할 필요는 없는 것이다. 이때 `A a = B::bcd`라고 작성하면 abc(B b, int k)의 메서드는 첫 번째 매개변수 내부의 bcd() 메서드와 동일하다는 뜻이다.

첫 번째 매개변수로 전달된 객체의 메서드를 참조

```
A a = B::bcd;
```

즉, abc(B b, int k)가 호출되면 첫 번째 매개변수 b 내부의 bcd(int k) 메서드를 대신 호출하라는 의미가 된다. 따라서 구현해야 하는 메서드(인터페이스의 추상 메서드, void abc(B b, int k))의 매개변수는 객체를 포함하는 첫 번째 매개변수 때문에 참조하는 메서드(클래스의 인스턴스 메서드, void bcd(int k))의 매개변수보다 항상 1개가 더 많을 수밖에 없는 것이다.

Do it! 실습 직접 정의한 인스턴스 메서드 참조 RefOfInstanceMethod_Type2_1.java

```java
package sec01_lambdaexpression.EX06_RefOfInstanceMethod_Type2_1;

interface A {
    void abc(B b, int k);
}
class B {
    void bcd(int k) {
        System.out.println(k);
    }
}
public class RefOfInstanceMethod_Type2_1 {
```

```
    public static void main(String[] args) {
        // 익명 이너 클래스
        A a1 = new A() {
            @Override
            public void abc(B b, int k) {
                b.bcd(k);
            }
        };
        // 람다식
        A a2 = (B b, int k) -> {b.bcd(k);};
        // 직접 정의한 인스턴스 메서드 참조
        A a3 = B::bcd;
        a1.abc(new B(), 3);
        a2.abc(new B(), 3);
        a3.abc(new B(), 3);
    }
}
```

실행 결과

```
3
3
3
```

직접 정의한 메서드를 참조해 봤으므로 이번에는 자바에서 제공하는 클래스의 메서드를 이 방법으로 참조해 보자. 먼저 내부에 int abc(String str) 추상 메서드를 포함하는 인터페이스 A가 있을 때 익명 이너 클래스 및 람다식의 방법으로 다음과 같이 인터페이스 A의 객체를 생성했다.

익명 이너 클래스

```
A a = new A() {
    public int abc(String str) {
        return str.length();
    }
};
```

➡

람다식

```
A a = (str) -> str.length();
```

구현된 메서드의 내부에서는 입력매개변수로 넘어온 String 객체의 length() 메서드를 호출하고 있다. 즉, 추상 메서드 abc()는 String 클래스의 length() 메서드와 동일한 기능을 하는 것이다. 따라서 다음과 같이 간략하게 표현할 수 있다.

```
A a = String::length;
```

여기서도 객체를 메서드 내부에서 생성한 것이 아니라 매개변수로 넘겨 주기 때문에 abc (String str) 추상 메서드의 매개변수는 length() 메서드 매개변수에 1개가 추가된 형태다.

Do it! 실습 자바가 제공하는 인스턴스 메서드 참조 RefOfInstanceMethod_Type2_2.java

```java
package sec01_lambdaexpression.EX07_RefOfInstanceMethod_Type2_2;

interface A {
    int abc(String str);
}
public class RefOfInstanceMethod_Type2_2 {
    public static void main(String[] args) {
        // 1. 익명 이너 클래스
        A a1 = new A() {
            @Override
            public int abc(String str) {
                return str.length();
            }
        };
        // 2. 람다식
        A a2 = (String str) -> str.length();
        // 3. 자바가 제공하는 인스턴스 메서드 참조
        A a3 = String::length;
        System.out.println(a1.abc("안녕"));
        System.out.println(a2.abc("안녕"));
        System.out.println(a3.abc("안녕"));
    }
}
```

실행 결과

```
2
2
2
```

18.2.3 생성자 참조

람다식의 마지막 활용 방법은 생성자 참조다. 생성자 참조에서 참조하는 생성자는 크게 배열 객체 생성자와 클래스 객체 생성자로 나뉜다. 그럼 먼저 배열 객체 생성자를 참조하는 것부터 알아보자.

배열 생성자 참조

배열 타입 생성자를 참조한다는 의미는 무엇일까? 함수형 인터페이스에 포함된 추상 메서드가 배열의 크기를 입력매개변수로 하며, 특정 배열 타입을 리턴한다면 구현 메서드의 내부에는 반드시 new 자료형[]이 포함될 것이다. 이때 인터페이스에 포함된 추상 메서드의 구현 메서드가 new 자료형[]과 같이 배열 객체의 생성 기능만을 수행할 때는 람다식의 배열 생성자 참조 방법을 사용할 수 있다. 람다식 사용 방법은 다음과 같다.

배열 생성자 참조

```
배열 타입::new
```

다음 예를 살펴보자. 먼저 정수 1개를 입력매개변수로 갖고, int[] 배열 타입을 리턴하는 추상 메서드를 포함하는 인터페이스 A가 다음과 같이 정의돼 있다.

```
interface A {
    int[] abc(int len);
}
```

이때 인터페이스 A의 객체를 익명 이너 클래스 및 람다식으로 다음과 같이 작성했다.

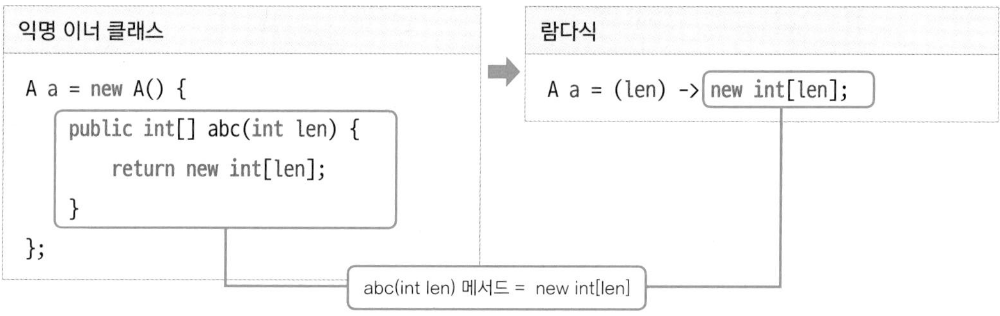

익명 이너 클래스
A a = new A() {
public int[] abc(int len) {
return new int[len];
}
};
람다식
A a = (len) -> new int[len];
abc(int len) 메서드 = new int[len]

구현 메서드 내부에서는 new int[len]과 같이 new 키워드로 입력매개변수로 전달받은 정수의 크기를 갖는 배열 객체만을 생성한 후 리턴했다. 이렇게 구현 메서드의 내용이 단순히 배열 객체를 생성할 때는 다음과 같이 람다식의 배열 생성자 참조 방법을 사용해 표현할 수 있다.

배열의 new 생성자를 참조할 때

```
A a = int[]::new;
```

이는 'abc(len)를 호출하면 len 크기를 갖는 int[]를 생성하는 new int[len]을 실행한 후 객체를 리턴하라.'는 의미가 되는 것이다. 예를 들어 a.abc(3)을 호출하면 new int[3], a.abc(10)을 호출하면 new int[10]이 실행돼 객체가 리턴되는 것이다.

Do it! 실습 배열의 생성자 참조 RefOfArrayConstructor.java

```
package sec01_lambdaexpression.EX08_RefOfArrayConstructor;

interface A {
    int[] abc(int len);
}
public class RefOfArrayConstructor {
    public static void main(String[] args) {
        // 1. 익명 이너 클래스
        A a1 = new A() {
            @Override
            public int[] abc(int len) {
                return new int[len];
            }
        };
        // 2. 람다식
        A a2 = (int len) -> {
            return new int[len];
        };
        // 3. 배열의 생성자 참조
        A a3 = int[]::new;
        int[] array1 = a1.abc(3);
        System.out.println(array1.length);
        int[] array2 = a2.abc(3);
        System.out.println(array2.length);
        int[] array3 = a3.abc(3);
        System.out.println(array3.length);
    }
}
```

실행 결과

```
3
3
3
```

클래스 생성자 참조

인터페이스의 추상 메서드가 클래스 타입의 객체를 리턴할 때도 배열과 마찬가지로 생성자 참조를 사용할 수 있다. 이때는 다음과 같이 표현한다.

클래스 생성자 참조

```
클래스명::new
```

배열과 완벽히 동일한 개념으로 추상 메서드를 구현할 때 new 생성자()와 같이 객체만을 생성해 리턴하면 이러한 클래스 생성자 참조를 사용할 수 있다.
다음 예를 살펴보자. 인터페이스 A는 B 타입을 리턴하는 추상 메서드 abc()를 갖고 있고, 클래스 B에는 기본 생성자를 포함해 2개의 생성자가 정의돼 있다.

```
interface A {
    B abc();
}
class B {
    B() {}          // 첫 번째 생성자
    B(int k) {}     // 두 번째 생성자
}
```

이때 인터페이스 A의 객체를 익명 이너 클래스와 람다식의 방법으로 다음과 같이 작성했다.

익명 이너 클래스

```
A a = new A() {
    public B abc() {
        return new B();
    }
};
```

➡

람다식

```
A a = () -> new B();
```

객체를 생성할 때 구현한 abc() 메서드의 내부에서는 new B()와 같이 클래스 B의 객체만을 생성해 리턴했다. 이때는 다음과 같이 람다식의 클래스 생성자 참조 방법으로 표현할 수 있다.

클래스의 new 생성자를 참조할 때

```
A a = B::new;
```

이는 'a.abc() 메서드를 호출하면 new B()를 실행해 객체를 생성하라.'는 의미다.

Do it! 실습 클래스의 생성자 참조 - 기본 생성자 참조 RefOfClassConstructor_1.java

```
package sec01_lambdaexpression.EX09_RefOfClassConstructor_1;

interface A {
    B abc();
}
class B {
    B() {
        System.out.println("첫 번째 생성자");
    }
    B(int k) {
        System.out.println("두 번째 생성자");
    }
}
public class RefOfClassConstructor_1 {
    public static void main(String[] args) {
        // 1. 익명 이너 클래스
        A a1 = new A() {
            @Override
            public B abc() {
                return new B();
            }
        };
        // 2. 람다식
        A a2 = () -> new B();
        // 3. 클래스 생성자 참조
        A a3 = B::new;
        a1.abc();
        a2.abc();
        a3.abc();
    }
}
```

실행 결과

```
첫 번째 생성자
첫 번째 생성자
첫 번째 생성자
```

여기까지의 클래스 생성자 참조는 배열의 참조와 완벽히 동일한 개념이다. 하지만 클래스 생성자 참조에서는 고려해야 할 사항이 있는데, 그것은 바로 생성자가 여러 개일 수 있다는 것이다. 즉, 클래스 B가 여러 개의 생성자를 갖고 있을 때 `A a = B::new`와 같이 표현하면 클래스 B의 어떤 생성자가 호출되는지의 문제가 남는다. 앞의 예제에서는 클래스 B의 기본 생성자를 호출해 객체를 생성했다. 그렇다면 다른 생성자를 호출해 객체를 생성하고자 할 때는 어떻게 해야 할까? 바로 인터페이스 A에 포함된 추상 메서드의 매개변수에 따라 결정된다.

이전 예제는 추상 메서드 abc()가 입력매개변수가 없을 때로, 항상 a.abc()와 같이 호출해야 할 것이다. 이때는 동일하게 매개변수가 없는 new B()가 실행된 것이다. 반면 다음 예를 살펴보자. 앞의 예제와 클래스 B는 동일하지만, 인터페이스 내부의 추상 메서드가 정숫값 하나를 매개변수로 가진다.

```
interface A {
    B abc(int k);
}
class B {
    B() {}          // 첫 번째 생성자
    B(int k) {}     // 두 번째 생성자
}
```

이때 익명 이너 클래스와 람다식으로 생성한 인터페이스 A의 객체를 다음과 같이 구성했다.

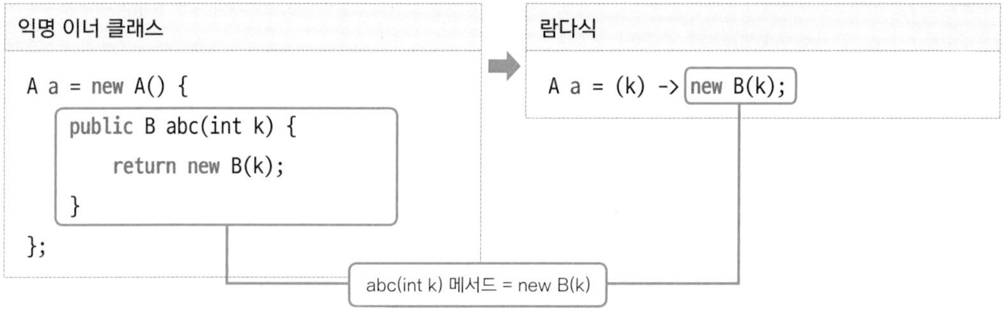

구현된 메서드의 내부를 살펴보면 B의 객체를 생성해 리턴한다는 점에서 앞의 예제와 동일하지만, 이 과정에서 구현 메서드로 넘어온 매개변수를 그대로 입력매개변수로 갖는 생성자를 이용해 객체를 생성한다. 이때는 `A a = B::new`와 같이 앞의 예제와 동일한 표현식인데도 'abc(k)를 호출하면 new B(k)를 실행하라.'는 말이 되는 것이다.

Do it! 실습 클래스의 생성자 참조 - 매개변수를 가진 생성자 참조 RefOfClassConstructor_2.java

```java
package sec01_lambdaexpression.EX10_RefOfClassConstructor_2;

interface A {
    B abc(int k);
}
class B {
      B() {
          System.out.println("첫 번째 생성자");
      }
      B(int k) {
          System.out.println("두 번째 생성자");
      }
}
public class RefOfClassConstructor_2 {
    public static void main(String[] args) {
        // 1. 익명 이너 클래스
        A a1 = new A() {
            @Override
            public B abc(int k) {
                return new B(3);
            }
        };
        // 2. 람다식
        A a2 = (int k) -> new B(3);
        // 3. 클래스 생성자 참조
        A a3 = B::new;
        a1.abc(3);
        a2.abc(3);
        a3.abc(3);
    }
}
```

실행 결과

```
두 번째 생성자
두 번째 생성자
두 번째 생성자
```

지금까지 함수형 인터페이스의 객체를 생성하는 과정에서 추상 메서드를 구현하는 3가지 람다식 활용 방법에 대해 알아봤다. 첫 번째는 객체를 생성할 때 메서드 구현의 축약 표현으로서 람다식을 활용하는 방법, 두 번째와 세 번째는 각각 메서드 참조 방법과 생성자 참조 방법이다. 사실 두 번째와 세 번째 방법은 첫 번째 방법을 추가로 축약한 표현이라고 볼 수 있다. 그러므로 적어도 첫 번째 활용법만큼은 완벽하게 이해하고 넘어가길 바란다.

실력 상승! 연습 문제

Q1 다음은 함수형 인터페이스 A의 객체를 익명 이너 클래스 방법으로 생성한 후 메서드를 호출한 코드다. 이를 람다식 코드로 변경하시오(단, 람다식의 약식 표현(중괄호 생략 등)은 사용하지 말 것).

```
A a = new A() {
    public void abc(double k) {
        System.out.println(k + 0.5);
    };
};
a.abc(3.8);    // 4.3
```

Q2 다음과 같이 함수형 인터페이스 A가 정의돼 있다.

```
interface A {
    int abc(String str);
}
```

이때 다음의 람다식을 이용한 객체 생성 코드를 익명 이너 클래스를 이용한 객체 생성 코드로 바꿔 작성하시오.

```
A a = str -> str.length();
```

Q3 다음과 같이 인터페이스 A와 클래스 B가 정의돼 있다.

```
interface A {
    double abc(int k);
}
class B {
    double bcd(int k) {
        return k * 0.1;
    }
}
```

이때 익명 이너 클래스 방법을 사용해 인터페이스 A 객체를 생성한 코드는 다음과 같다.

```
A a = new A() {
    @Override
    public double abc(int k) {
        B b = new B();
        return b.bcd(k);
    }
};
```

위의 코드를 인스턴스 메서드를 참조하는 람다식 문법을 사용해 변경하시오.

Q4 다음은 abc() 추상 메서드를 갖고 있는 함수형 인터페이스 A 객체를 익명 이너 클래스 방법으로 생성한 코드다. 구현 메서드의 내부에서는 문자열을 정수로 변환하는 Integer 클래스의 정적 메서드인 parseInt() 메서드로 매개변수를 그대로 넘겨 호출했다. 이때 다음 코드를 정적 메서드를 참조하는 람다식 문법을 사용해 변경하시오.

```
A a = new A() {
    @Override
    public int abc(String str) {
        return Integer.parseInt(str);
    }
};
```

Q5 다음 코드는 배열 생성자 참조를 이용한 람다식으로 인터페이스 A의 객체를 생성하는 코드다. 인터페이스 A를 작성하시오.

```
A a = double[]::new;
```

Q6 3개의 생성자가 오버로딩된 클래스 B는 다음과 같다.

```
class B {
    B() {System.out.println("첫 번째 생성자");}
    B(int a) {System.out.println("두 번째 생성자");}
    B(int a, double b) {System.out.println("세 번째 생성자");}
}
```

다음과 같이 클래스 생성자 참조 람다식을 사용해 a의 객체를 생성하고, A 객체의 abc() 메서드를 호출했을 때 '세 번째 생성자'가 출력될 수 있도록 인터페이스 A를 작성하시오.

```
A a = B::new;
a.abc(3, 5.8);
```

Q7 다음과 같이 클래스 B 내부에는 정숫값 하나를 입력받는 bcd(int k) 인스턴스 메서드가 정의돼 있다.

```
class B {
    void bcd(int k) {
        System.out.println(k);
    }
}
```

다음과 같이 람다식을 이용해 인터페이스 A 객체를 생성한 후 abc()를 호출하면 3이 출력된다. 이때 인터페이스 A를 작성하시오.

```
A a = B::bcd;
a.abc(3, 5.8);
B b = new B();
a.abc(b, 3);  // 3
```

19장 자바 입출력

데이터를 처리하는 모든 프로그램은 처리 대상이 되는 데이터를 읽거나 처리한 데이터를 저장 또는 출력하는 기능을 포함한다. 19장에서는 파일 또는 콘솔에서 다양한 형태로 데이터를 읽고, 이를 다시 파일 또는 콘솔로 출력하는 방법에 대해 알아본다.

교수님의 동영상 강의
자바가 처음인가요?
그렇다면 동영상으로
예습부터 해 보세요~

19.1 파일 관리와 문자셋

자바의 입출력을 이해하려면 자바에서 파일을 관리하는 방법과 문자셋charset의 개념을 알 필요가 있다. 먼저 자바에서 파일을 관리하는 방법을 알아보자.

19.1.1 자바로 파일 관리하기

파일 객체 생성하기

자바의 File 클래스는 **파일file과 폴더directory**를 관리하는 클래스로, 다음과 같이 대표적인 4개의 생성자 중 하나를 이용해 객체를 생성한다.

클래스의 이름이 File이지만, 파일과 폴더를 함께 저장 및 관리한다는 점에 유의하자.

표 19-1 파일 객체를 생성하기 위한 4가지 생성자

클래스명	기능
File(String pathname)	pathname 위치를 가리키는 파일 객체 생성
File(File parent, String child)	parent 폴더에 child의 위치를 가리키는 파일 객체 생성
File(String parent, String child)	parent 폴더에 child의 위치를 가리키는 파일 객체 생성
File(URI uri)	uri의 위치를 가리키는 파일 객체 생성

첫 번째 생성자는 문자열로 파일 또는 폴더의 경로를 입력받아 해당 위치를 가리키는 File 객체를 생성한다. 두 번째와 세 번째 생성자는 부모 경로와 자식 경로를 분리해 매개변수로 입력받는 생성자이며, 부모 경로는 각각 File 또는 String 타입의 객체로 넘겨받는다. 마지막 생성자는 파일 또는 폴더의 경로를 URIUniform resource identifier 타입으로 입력받는 매개변수다.

URI는 통합 자원 식별자로, 인터넷상의 주소를 나타내는 URLUniform resource locator을 포함하는 상위 개념이다. 즉, URI에는 정보의 주소 이외에 사용자 이름과 비밀 번호 등 정보와 관련된 추가 정보가 포함된다.

여기서 주의해야 할 사항은 **파일 객체를 생성하는 시점에서는 실제 파일의 존재 유무는 전혀 문제되지 않는다**는 것이다. 즉, 매개변수로 전달된 경로에 해당 파일이 없다 하더라도 File 객체의 생성에는 전혀 문제가 없다는 것이다. 다만 해당 경로에 실제 파일이 존재하지 않을 때 File 객체로 파일을 읽으려고 하면 FileNotFoundException이 발생한다. File 객체를 생성한 후 실제 해당 경로에 파일이 존재하는지의 여부는 exists() 메서드를 이용해 확인할 수 있다.

파일 또는 폴더의 존재 여부 확인 메서드

```
boolean exists()
```

또한 File 클래스의 mkdir()와 createNewFile() 메서드를 이용해 실제 경로 위치에 폴더 및 파일을 직접 생성할 수도 있다.

경로 위치에 폴더 생성

```
boolean mkdir()
```

경로 위치에 파일 생성

```
boolean createNewFile()
```

다음은 "C:/temp/newFile.txt"를 가리키는 파일 객체를 1개 생성한 후 실제 파일의 존재 여부를 확인하고, 존재하지 않을 때 실제 파일을 생성하는 예다.

파일 객체 생성 및 존재 여부에 따른 실제 파일 생성

```
// 1-1. 파일 객체 생성
File newFile = new File("C:/temp/newFile.txt");
// 1-2. 파일이 없을 때 실제 파일 생성
if(!newFile.exists()) newFile.createNewFile();
```

다만 Windows NTFS 파일 시스템은 자바 코드로 C:/ 루트 위치에 파일을 쓰는 것을 허용하지 않는다. 물론 이클립스를 실행할 때 관리자 권한으로 실행하면 C:/ 루트에도 파일을 쓸 수 있지만, 가능한 C:/에 파일을 직접 생성하는 일은 지양하는 것이 좋다.

파일 경로 표시하기

파일의 경로를 표시할 때 상위 경로와 하위 경로를 구분하기 위해 파일 구분자[separator]를 이용한다. 운영체제마다 기본적으로 사용되는 구분자가 서로 다른데, 윈도우[Windows]는 '\(역슬래시)', 맥[Mac]은 '/(슬래시)'를 사용한다.

쌍따옴표("") 내에서는 \를 제어 문자로 인식하므로 윈도우 시스템의 문자열 안에서 경로를 표기할 때는 반드시 \\와 같이 2개를 연속적으로 표기해야 한다. 윈도우와 맥의 공식적인 파일 구분자는 서로 다르지만, 윈도우(Windows 10 기준)에서는 맥의 파일 구분자인 /도 인식하기 때문에 혼용해도 무방하다. 운영체제별 파일 구분자를 하나씩 외울 필요 없이 각 운영체제별로 다음과 같이 File 클래스의 정적 필드인 separator를 이용해 쉽게 확인할 수도 있다.

파일 구분자를 확인하기 위한 File 클래스의 정적 필드

```
public static final String separator
```

다음은 C:/abc/bcd.txt의 경로를 각각 윈도우와 맥 운영체제에서 문자열로 저장하는 방법과 File.separator를 사용해 운영체제에 관계없이 공통으로 저장하는 예다.

그림 19-1 운영체제와 상관없이 사용할 수 있는 File.separator를 이용한 파일 구분자 사용

파일의 절대 경로와 상대 경로

파일의 절대 경로absolute path는 다음 예처럼 드라이브명(C:/, D:/)부터 특정 위치까지의 전체 경로를 표기하는 방식이다.

절대 경로를 이용해 File 객체를 생성한 예

```
File newFile1 = new File("C:/abc/newFile11.txt");
File newFile2 = new File("C:/abc/bcd/newFile12.txt");
```

경로 자체가 전체 위치를 그대로 표기하기 때문에 직관적이기는 하지만, 다른 컴퓨터에서 프로그램을 실행할 때 파일을 해당 위치에 정확히 옮겨 놓아야 한다는 단점이 있다.

반면 상대 경로relative path는 현재 작업 폴더working directory 위치를 기준으로 상대적인 경로를 표기하는 방식으로, 절대 경로에 비해 경로가 간단히 표현될 뿐 아니라 다른 컴퓨터에서 실행할 때도 작업 폴더의 위치가 어디가 됐든 그 위치를 기준으로 파일의 위치를 지정할 수 있다는 장점이 있다.

상대 경로를 이용해 File 객체를 생성한 예(현재 작업 폴더의 위치가 C:/abc 폴더일 때)

```
File newFile1 = new File("newFile21.txt");  →  C:/abc/newFile21.txt
File newFile2 = new File("bcd/newFile22.txt");  →  C:/abc/bcd/newFile22.txt
```

File 클래스의 인스턴스 메서드인 getAbsolutePath()는 파일 객체가 가리키는 위치를 절대 경로로 리턴한다. 이미 절대 경로로 생성한 파일 객체는 동일 경로를 리턴하겠지만, 상대 경로를 이용해 생성한 File 객체는 절대 경로로 변환돼 리턴된다.

절대 경로 가져오기

```
public String getAbsolutePath()
```

상대 경로의 기준이 되는 현재 작업 폴더의 위치는 다음과 같이 System 클래스의 정적 메서드인 getProperty(String key)의 문자열 매개변수인 key 값에 "user.dir"을 넘겨 구해 올 수 있다.

작업 폴더의 위치 구하기

```
public static String getProperty(String key)
```

전공자라면 이 정도는 꼭!

System.getProperty() 메서드로 가져 올 수 있는 다양한 값

System 클래스의 정적 메서드인 getProperty(String key) 메서드는 자바 가상 머신이 동작할 때 적용되는 시스템 속성값을 가져온다. 이들 속성값은 Key와 Value로 구성돼 있으며, 앞에서 살펴본 작업 폴더 이외에 다음과 같이 다양한 Key 값에 따라 자바 버전, 운영체제 정보 등을 가져올 수 있다.

표 19-2 System 클래스의 정적 메서드 getProperty()의 매개변수로 사용되는 Key와 Value의 의미

Key	Value
java.version	Java 버전
java.vendor	Java 공급자
java.vendor.url	Java 공급자의 주소
java.home	Java가 위치한 디렉터리

java.class.version	Java 클래스 버전
java.class.path	Java 클래스의 경로
user.name	사용자 계정
user.home	사용자 홈 디렉터리
user.dir	현재 디렉터리
os.name	운영체제 이름
os.arch	운영체제 아키텍처
os.version	운영체제 버전 정보
file.separator	파일 구분 문자
path.separator	경로 구분 문자
line.separator	행 구분 문자

Do it! 실습 파일 객체 생성과 파일 구분자 및 절대 경로와 상대 경로 CreateFileObject.java

```java
package sec01_fileandcharset.EX01_CreateFileObject;
import java.io.File;
import java.io.IOException;

public class CreateFileObject {
    public static void main(String[] args) throws IOException {
        // 1-1. C 드라이브 내에 temp 폴더가 없을 때 생성
        File tempDir = new File("C:/temp");
        if(!tempDir.exists())
            tempDir.mkdir();
        System.out.println(tempDir.exists());
        // 1-2. 파일 객체 생성(실제 파일 생성)
        File newFile = new File("C:/temp/newFile.txt");
        if(!newFile.exists())
            newFile.createNewFile();  // temp 폴더가 없을 때 예외 발생
        System.out.println(newFile.exists());
        System.out.println();
        // 2. 파일 구분자
        File newFile2 = new File("C:\\temp\\newFile.txt");
        File newFile3 = new File("C:/temp/newFile.txt");
        File newFile4 = new File("C:" + File.separator + "temp" + File.separator + "newFile.txt");
```

```
        System.out.println(newFile2.exists());
        System.out.println(newFile3.exists());
        System.out.println(newFile4.exists());
        System.out.println();
        // 3-1. 절대 경로
        File newFile5 = new File("C:/abc/newFile.txt");
        File newFile6 = new File("C:/abc/bcd/newFile.txt");
        System.out.println(newFile5.getAbsolutePath());
        System.out.println(newFile6.getAbsolutePath());
        // 3-2. 상대 경로
        // 현재 위치
        System.out.println(System.getProperty("user.dir"));
        File newFile7 = new File("newFile1.txt");
        File newFile8 = new File("bcd/newFile2.txt");
        System.out.println(newFile7.getAbsolutePath());
        System.out.println(newFile8.getAbsolutePath());
    }
}
```

실행 결과

```
true
true

true
true
true

C:\abc\newFile.txt
C:\abc\bcd\newFile.txt
D:\github_down\chap19_javaio
D:\github_down\chap19_javaio\newFile1.txt
D:\github_down\chap19_javaio\bcd\newFile2.txt
```

파일 클래스의 주요 메서드

앞에서 File 객체를 생성하거나 경로를 표시하기 위해 File 클래스의 메서드를 몇 개 알아봤다. 이들을 포함해 File 클래스에서 자주 사용하는 대표적인 메서드들은 다음과 같다.

표 19-3 File 클래스의 주요 메서드

리턴 타입	메서드명	기능
boolean	isDirectory()	폴더 여부를 참 또는 거짓으로 리턴
boolean	isFile()	파일 여부를 참 또는 거짓으로 리턴
String	getName()	파일의 이름을 문자열로 리턴
String	getParent()	부모 폴더의 이름을 문자열로 리턴
String[]	list()	경로 내의 폴더와 파일 이름을 문자열 배열로 리턴
File[]	listFiles()	경로 내의 폴더와 파일 이름을 파일 객체 배열로 리턴
boolean	mkdir()	해당 경로에 폴더 생성(하위 폴더만 생성 가능)
boolean	mkdirs()	존재하지 않는 경로상의 모든 폴더 생성
String	getAbsolutePath()	파일의 절대 경로를 문자열로 리턴

File **객체는 실제 파일뿐 아니라 폴더도 함께 관리하는 클래스**이기 때문에 객체가 가리키는 실체가 파일인지, 폴더인지 구분할 필요가 있다. 이때 사용하는 메서드가 isDirectory()와 isFile()이다. getName()은 가리키는 파일 또는 폴더의 이름, getParent()는 부모 폴더의 경로를 문자열로 리턴한다. list()와 listFiles()는 해당 경로 내의 모든 File 객체(파일과 폴더)를 각각 String[]과 File[]로 리턴한다. mkdir()은 make directory를 줄여 표현한 것으로, 말 그대로 폴더를 생성하는 메서드다. 다만 mkdir()은 이미 존재하는 폴더 아래에만 폴더를 생성할 수 있다. 만일 존재하지 않는 경로상의 모든 폴더를 한꺼번에 생성하고자 한다면 mkdirs()를 사용해야 한다. getAbsolutePath()는 앞에서 살펴본 바와 같이 파일의 절대 경로를 문자열로 리턴하는 메서드로, File 객체를 생성할 때 상대 경로로 지정해도 절대 경로로 변환해 리턴한다.

Do it! 실습 파일 클래스의 주요 메서드 FileMethods.java

```java
package sec01_fileandcharset.EX02_FileMethods;
import java.io.File;

public class FileMethods {
    public static void main(String[] args) {
        // C 드라이브 내에 temp 폴더가 없을 때 생성
        File tempDir = new File("C:/temp");
        if(!tempDir.exists())
            tempDir.mkdir();
        // 1. 파일 객체 생성
```

```
        File file = new File("C:/Windows");
        // 2. 파일 메서드
        System.out.println("절대 경로: " + file.getAbsolutePath());
        System.out.println("폴더(?): " + file.isDirectory());
        System.out.println("파일(?): " + file.isFile());
        System.out.println("파일/폴더명: " + file.getName());
        System.out.println("부모 폴더: " + file.getParent());
        File newfile1 = new File("C:/temp/abc");
        System.out.println(newfile1.mkdir());
        File newfile2 = new File("C:/temp/bcd/cde");
        System.out.println(newfile2.mkdir());
        System.out.println(newfile2.mkdirs());
        File[] fnames = file.listFiles();
        for(File fname: fnames) {
            System.out.println( (fname.isDirectory()? "폴더: ":"파일: ") + fname.getName());
        }
    }
}
```

기존에 없던 폴더를 새롭게 생성할 때는 true를 리턴하고, 폴더를 생성할 수 없거나 폴더가 이미 있을 때는 false를 리턴

실행 결과

```
절대 경로: C:\Windows
폴더(?): true
파일(?): false
파일/폴더명: Windows
부모 폴더: C:\
true
false
true
폴더: addins
파일: AhnInst.log
폴더: appcompat
...
파일: WMSysPr9.prx
파일: write.exe
```

19.1.2 자바에서 문자셋 이용하기

문자셋은 어떤 언어를 표현하는 데 사용하는 문자들의 집합set을 말한다. 먼저 문자셋에 대해 좀 더 자세히 알아본 후 자바에서 문자셋을 이용하는 방법을 알아보자.

아스키코드와 유니코드

아스키ASCII는 미국 정보 교환 표준 부호American Standard Code for Information Interchange의 약자로, 영문 알파벳, 숫자, 특수 기호, 제어 코드로 구성된 코드표다. 세계 어느 나라이든 영문 알파벳, 숫자, 특수 기호, 제어 코드는 공통으로 사용하기 때문에 아스키는 전 세계의 문자셋에서 공통적으로 포함해 사용된다.

아스키코드로는 모든 나라의 문자를 표현할 수 없다. 따라서 각 나라는 자신들만의 문자셋을 표준화해 사용해야 했다. 예를 들어 한국어, 일본어, 중국어의 표준 문자셋은 각각 EUC-KR, EUC-JP, EUC-CN이다. 앞서 설명한 것처럼 어느 나라의 언어를 표현하는 문자셋이든 제어 문자, 영문자, 숫자, 특수 기호는 공통으로 사용하기 때문에 모든 문자셋의 하위 비트에는 아스키코드를 중복해 포함하고 있다. 이렇게 각각의 나라별로 표준화된 문자셋으로 각 나라의 언어를 표현할 수는 있지만, 가장 큰 문제는 하나의 시스템에서는 하나의 문자셋만 사용할 수 있기 때문에 동시에 여러 나라의 문자를 혼용할 수 없다는 것이다. 예를 들어 하나의 웹 페이지에서 ECU-KR과 ECU-JP를 동시에 사용할 수 없다. 이러한 문제점을 해결하기 위한 방법이 유니코드unicode다. 유니코드는 하나의 문자셋 안에 전 세계 문자를 통합한 문자셋으로, 다국어 문자를 동시에 표현할 수 있다.

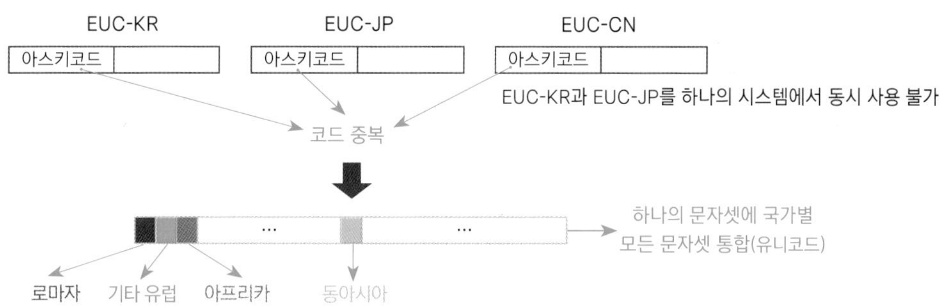

그림 19-2 하나의 문자셋 안에 전 세계 문자를 통합한 유니코드 문자셋

한글 전용 문자셋 - EUC-KR, MS949

이번에는 대표적인 한글(영문/한자) 전용 문자셋인 EUC-KR과 MS949에 대해 좀 더 알아보자. 먼저 초기의 한글 완성형 문자셋은 KS 완성형이며, 공식 명칭은 'KS C 601-1987'이다. 한글 문자 11,172자(초성(19)×중성(21)×종성(27+1(종성이 없을 때))=11,172) 중 2,350자만을 포함하며, 나머지 8,822 문자는 누락했다. 추가적으로 4,888개의 한자가 포함된다. 누락된 한글 문자는 표준 맞춤법에 위배되는 '뷁' 등의 문자가 포함된다. 이러한 KS 완성형에 아스키를 추가해 구성한 문자셋이 바로 **EUC-KR** 국가 표준 문자셋이며, 지금도 한글 웹 페이지 표준 문자셋으로 사용된다.

EUC-KR 문자셋은 아스키(영문, 숫자, 특수 문자)는 1byte, 이외의 문자(한글, 한자)는 2byte의 크기로 인코딩된다.

비록 자주 사용되지 않더라도 표현할 수 없는 문자가 있다는 것은 조금 불편한 일이다. **MS949** 문자셋은 마이크로소프트Microsoft에서 도입해 윈도우 운영체제에서 기본으로 사용되는 한글 완성형 문자셋으로, EUC-KR에 누락된 8,822의 한글 문자를 모두 포함하고 있다. 다시 말하면 'EUC-KR + 누락된 8,822자'인 것이다. 또한 EUC-KR과 하위 호환성이 있기 때문에 EUC-KR 문자셋으로 표현된 문자들을 정확히 읽을 수 있다. 다만 표준 문자셋은 아니기 때문에 여전히 한글 웹 페이지 등에서 사용할 때는 EUC-KR 문자셋을 사용해야 한다.

맥Mac의 기본 문자셋은 UTF-8이다.

그럼 EUC-KR과 MS949의 차이를 간단한 코드를 이용해 확인해 보자. 문자열을 byte[]로 분할해 저장할 때는 문자셋을 매개변수로 하는 String 클래스의 getByte(String charset Name) 메서드를 이용하면 된다. 이와 반대로 이렇게 byte[]로 분해돼 저장된 데이터를 다시 문자열로 조합할 때는 byte[]와 문자셋을 매개변수로 하는 String 클래스의 생성자를 사용해야 한다.

문자열을 구성하는 각각의 글자는 문자의 종류와 문자셋에 따라 1~3byte의 크기를 가진다. 따라서 어떤 문자셋을 사용하느냐에 따라 분할된 byte[]의 결과가 다르기 때문에 분할할 때는 문자셋을 반드시 고려해야 한다. 이는 조합을 할 때도 동일하게 적용된다.

표 19-4 문자열 → byte[] 변환 및 byte[] → 문자열 변환 방법

동작	방법	의미
문자열 → byte[]	문자열.getBytes(문자셋)	문자셋을 기준으로 문자열을 byte[]로 **분해**하라.
byte[] → 문자열	new String(byte[], 문자셋)	문자셋을 기준으로 byte[]를 문자열로 **조합**하라.

다음 실습을 살펴보자. 먼저 "a" 문자를 각각 EUC-KR과 MS949 문자셋을 기준으로 byte[]로 분해했다. 이후 각각의 문자셋에서 "a" 문자가 차지하는 바이트 수를 구하기 위해 분해된 byte[] 배열의 길이를 출력했다. 출력 결과, 영문일 때는 두 문자셋 모두 1byte를 차지한다는

것을 알 수 있다. 이후 String 클래스의 생성자를 이용해 각각 동일한 문자셋으로 조합해 출력하면 원래의 "a" 문자가 출력된다.

다음은 한글 "가" 문자열로 동일한 작업을 진행했다. 한글 문자 1개가 두 문자셋에서 모두 2byte를 차지한다는 점을 제외하면 앞과 동일하다.

마지막으로 EUC-KR 문자셋에 포함되지 않는 한글인 "뷁"으로 동일한 작업을 진행했다. 실행 결과를 보면 "뷁"이라는 문자를 EUC-KR 문자셋으로 분해하면 한글인데도 1byte 크기라는 것을 알 수 있다. 애초에 EUC-KR 문자셋에 포함돼 있지 않은 한글이므로 심지어 한글인지도 모르는 것이다. 당연히 다시 문자열로 변환해도 원래의 문자를 얻어 내지 못한다. 반면 MS949는 모든 한글을 포함하고 있기 때문에 정상적으로 분해 및 조합된다는 것을 알 수 있다.

문자셋을 분해하는 과정에서 자신에게 포함돼 있지 않은 문자일 때는 ? 문자 하나로 분해된다.

Do it! 실습 EUC-KR 문자셋과 MS949 문자셋의 비교 EUCKRvsMS949.java

```
package sec01_fileandcharset.EX03_EUCKRvsMS949;
import java.io.UnsupportedEncodingException;

public class EUCKRvsMS949 {
    public static void main(String[] args) throws UnsupportedEncodingException {
        // EUC-KR vs. MS949
        byte[] b1 = "a".getBytes("EUC-KR");  // 문자열 -> byte[]
        byte[] b2 = "a".getBytes("MS949");   // 문자열 -> byte[]
        System.out.println(b1.length);
        System.out.println(b2.length);
        System.out.println(new String(b1, "EUC-KR"));
        System.out.println(new String(b2, "MS949"));
        System.out.println();
        byte[] b3 = "가".getBytes("EUC-KR"); // 문자열 -> byte[]
        byte[] b4 = "가".getBytes("MS949");  // 문자열 -> byte[]
        System.out.println(b3.length);
        System.out.println(b4.length);
        System.out.println(new String(b3, "EUC-KR"));
        System.out.println(new String(b4, "MS949"));
        System.out.println();
        byte[] b5 = "뷁".getBytes("EUC-KR"); // 문자열 -> byte[]
        byte[] b6 = "뷁".getBytes("MS949");  // 문자열 -> byte[]
        System.out.println(b5.length);
        System.out.println(b6.length);
```

매개변수로 전달한 문자셋을 지원하지 않을 때 발생하는 UnsupportedEncodingException은 예외 전가

```java
        System.out.println(new String(b5, "EUC-KR"));
        System.out.println(new String(b6, "MS949"));
        System.out.println();
    }
}
```

실행 결과

```
1
1
a
a

2
2
가
가

1
2
?
뷁
```

대표적인 유니코드 문자셋 - UTF-16, UTF-8

이번에는 대표적인 유니코드 문자셋인 UTF-16과 UTF-8에 대해 알아보자. UTF-16은 영문을 포함해 모든 문자를 고정 길이(2byte)로 인코딩하는 방식으로 자바에서 char 자료형(2byte)을 저장하기 위해 사용한다. 즉, 모든 문자를 2byte 내의 숫자로 매핑한 것인데, 이를 그대로 저장해 바이트[byte] 단위로 순차적으로 읽으면 문제가 발생할 수 있다. 그 이유는 저장된 바이트값 중 0이 포함되기 때문이다. 문자열을 바이트 단위로 읽는 과정에서 0을 만나면 문자열의 끝을 의미하는 null(아스키코드값 0번)로 인식하게 돼 읽을 문자열이 남아 있는데도 읽기가 중단된다. 예를 들어 'AC00(가)+AC01(각)'은 AC00AC01의 값을 지닌다. 이를 바이트 단위로 읽으면 처음 바이트인 AC를 잘 읽지만, 두 번째 00은 null로 인식해 문자열의 끝이라고 인식하는 것이다.

물론 UTF-16이 2byte 고정이므로 2byte씩 읽는다면 이런 문제는 발생하지 않는다. 하지만 UTF-16으로 작성한 파일을 C 등 다른 프로그램에서 읽을 때는 바이트 단위로 처리되는 일이 많기 때문에 문자열을 변환하거나 파일로 저장할 때는 MS949 또는 UTF-8 문자셋으로 변환해야 한다. UTF-16으로 저장된 문자열 앞에는 Little Endian/Big Endian 방식을 구분하기 위한 **2byte(0xFEFF)** BOM(Byte Order Mark) 코드가 삽입돼 있다. 따라서 다음 예와 같이 실제 문자열을 분해한 바이트 수보다 2byte가 크게 나온다.

```
"abc".getBytes("UTF-16");        // FE FF 00 61 00 62 00 63    → 8 byte
"가나다".getBytes("UTF-16");      // FE FF AC 00 B0 98 B2 E4    → 8 byte
```

실제 자바 입출력을 목적으로 UTF-16을 사용할 일은 거의 없으므로 Little Endian, Big Endian, BOM 등을 이해하기보다는 byte[]로 분할할 때 앞에 2byte가 추가된다는 정도만 기억하자.

이제 가장 넓게 사용되는 UTF-8 문자셋에 대해 알아보자. UTF-8은 가변 길이 문자 인코딩 방식으로, 대부분의 웹 서버(Apache, IIS, NginX), 데이터베이스(MySQL 등), 리눅스, 맥 시스템 등의 기본 인코딩 방식이다. 한 문자를 표현하기 위해 1~4byte의 크기를 사용한다. 영어와 숫자 등 아스키코드에 해당하는 문자에는 1byte가 할당되고, 유니코드(U+AC00(가) ~ U+D7A3(힣))에 해당하는 한글은 3byte로 표현된다.

참고로 4byte로 표현되는 문자는 모두 기본 다국어 평면(BMP) 바깥의 유니코드 문자로 거의 사용되지 않는다.

UTF-8은 변환된 바이트값에 0을 포함하지 않도록 설계돼 있으며, 이를 위해 1byte일 때 7bit, 2byte일 때 11bit, 3byte일 때 16bit만을 문자를 저장하는 데 사용한다.

다음 예에서 영문으로 구성된 문자열 **"abc"**와 한글 문자열 **"가나다"**를 각각 UTF-8 문자셋을 기준으로 byte[]로 분해하면 각각 3byte와 9byte가 나오는 것을 알 수 있다. 즉, 앞에서 살펴본 것처럼 UTF-8에서는 영문은 1byte, 한글은 3byte가 할당되는 것이다.

Do it! 실습 UTF-16 문자셋과 UTF-8 문자셋의 비교 UTF16vsUTF8.java

```java
package sec01_fileandcharset.EX04_UTF16vsUTF8;
import java.io.UnsupportedEncodingException;

public class UTF16vsUTF8 {
    public static void main(String[] args) throws UnsupportedEncodingException {
        // UTF-16 vs. UTF-8
        byte[] b1 = "abc".getBytes("UTF-16");  // 문자열 -> byte[]
        byte[] b2 = "abc".getBytes("UTF-8");   // 문자열 -> byte[]
        System.out.println(b1.length);
        System.out.println(b2.length);
        for(byte b: b1)
```

```
                System.out.printf("%02X ", b);
            System.out.println();
            for(byte b: b2)
                System.out.printf("%02X ", b);
            System.out.println();
            System.out.println(new String(b1, "UTF-16"));
            System.out.println(new String(b2, "UTF-8"));
            System.out.println();
            byte[] b3 = "가나다".getBytes("UTF-16");    // 문자열 -> byte[]
            byte[] b4 = "가나다".getBytes("UTF-8");     // 문자열 -> byte[]
            System.out.println(b3.length);
            System.out.println(b4.length);
            for(byte b: b3)
                System.out.printf("%02X ", b);
            System.out.println();
            for(byte b: b4)
                System.out.printf("%02X ", b);
            System.out.println();
            System.out.println(new String(b3, "UTF-16"));
            System.out.println(new String(b4, "UTF-8"));
            System.out.println();
        }
    }
```

실행 결과

```
8
3
FE FF 00 61 00 62 00 63
61 62 63
abc
abc

8
9
FE FF AC 00 B0 98 B2 E4
EA B0 80 EB 82 98 EB 8B A4
가나다
가나다
```

Charset 클래스로 문자셋 이용하기

자바에서는 문자셋 객체의 생성 및 관리를 위해 Charset 클래스를 제공한다. 먼저 Charset 객체 생성에는 Charset의 2가지 정적 메서드를 사용할 수 있다.

표 19-5 Charset 객체 생성을 위한 2가지 정적 메서드

메서드	동작
static Charset defaultCharset()	• 현재 설정돼 있는 기본값 문자셋 리턴 • 미설정했을 때 기본 문자셋(Windows JVM: MS949, Mac JVM: UTF-8)
static Charset forName(String charsetName)	• 매개변수로 넘어온 charsetName의 문자셋 리턴 • 지원하지 않는 문자셋일 때는 UnsupportedCharsetException 실행 예외 발생

첫 번째 메서드인 defaultCharset() 메서드는 현재 이클립스에서 설정된 기본값[default] Charset 객체를 리턴한다. 별다른 설정을 하지 않았을 때 윈도우와 맥 운영체제에서 이클립스는 각각 MS949와 UTF-8을 기본값 문자셋으로 사용한다. 참고로 이클립스에서 문자셋은 워크스페이스, 프로젝트 단위뿐 아니라 최소 파일 단위로도 설정할 수 있지만, 일반적으로 워크스페이스 또는 프로젝트 단위로 설정한다. 두 번째 메서드인 forName() 메서드는 매개변수로 입력되는 문자셋 객체를 리턴하는데, 매개변수로 넘어온 문자셋을 지원하지 않을 때는 UnsupportedCharsetException 실행 예외가 발생한다. 다음은 각각의 메서드를 이용해 Charset 객체를 생성한 예다.

```
Charset cs1 = Charset.defaultCharset();     // x-windows-949/UTF-8
Charset cs2 = Charset.forName("MS949");     // x-windows-949  MS949의 확장 완성형
Charset cs3 = Charset.forName("UTF-8");     // UTF-8
```

여기서 x-windows-949는 MS949의 확장 버전이라고 생각하면 된다. cs2와 cs3 객체는 운영체제와 상관없이 문자셋을 명시적으로 지정했기 때문에 항상 지정된 문자셋을 리턴한다. 반면 cs1은 문자셋 설정값에 따라 다른 문자셋 객체를 리턴할 것이다. 즉, 그림 19-3과 같이 Text file encoding 방식이 MS949일 때는 x-windows-949가 리턴되고, 이와 반대로 UTF-8로 설정됐을 때는 UTF-8이 리턴될 것이다.

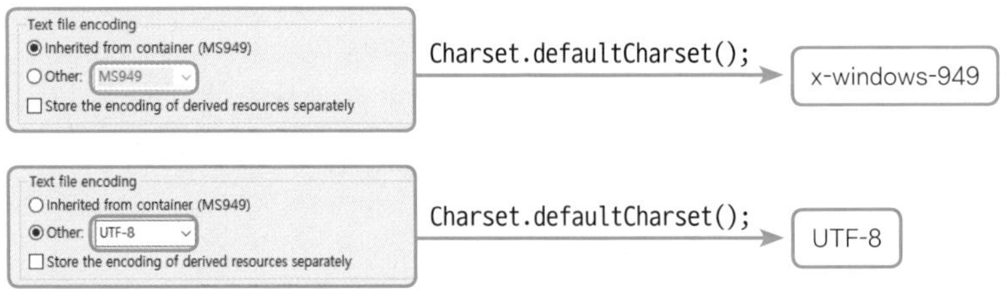

그림 19-3 기본값 문자셋 설정에 따른 defaultCharset() 메서드의 리턴 문자셋

전공자라면 이 정도는 꼭!

워크스페이스 또는 프로젝트의 최소 단위로 문자셋 UTF-8을 설정하는 방법

일반적으로 Text file encoding 방식은 워크스페이스 또는 프로젝트 단위로 기본값 문자셋을 설정한다. [Window → Preference → General → Workspace → Text file encoding → Other: UTF-8]로 설정하면, 워크스페이스의 기본값 문자셋을 UTF-8로 지정할 수 있다.

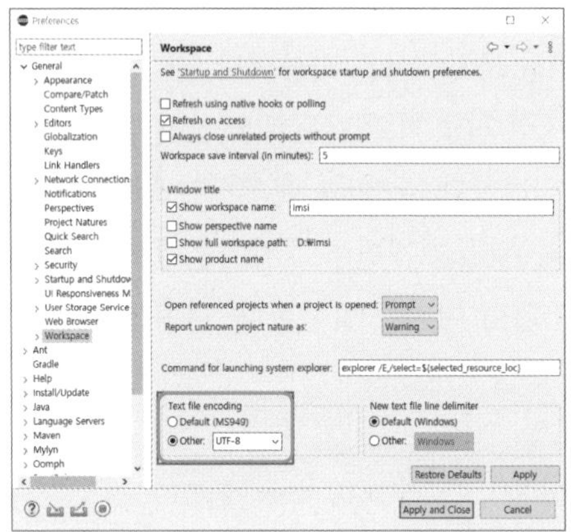

[Project 선택 → 마우스 오른쪽 버튼 클릭 → Properties → Resource → Text file encoding → Other: UTF-8]로 설정하면, 프로젝트의 기본값 문자셋을 UTF-8로 지정할 수 있다.

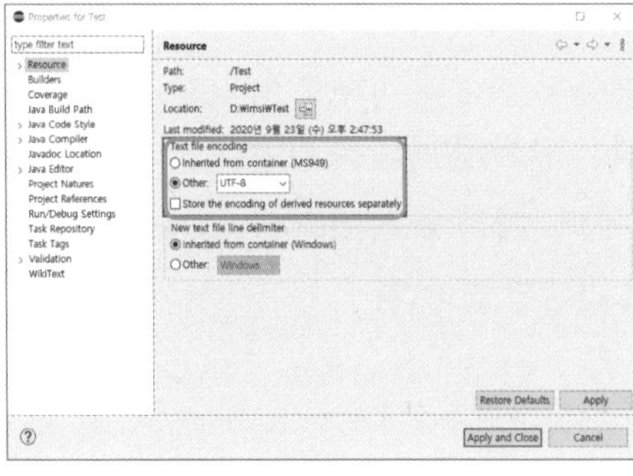

시스템에서의 해당 문자셋 지원 여부는 Charset의 정적 메서드인 isSupported()로 확인할 수 있다.

```
public static boolean isSupported(String charsetName)
```

다음은 MS949 문자셋과 UTF-8 문자셋의 지원 여부를 출력한 예다.

```
System.out.println(Charset.isSupported("MS949"));    // true
System.out.println(Charset.isSupported("UTF-8"));    // true
```

이번에는 이클립스의 new file을 이용해 텍스트 파일을 생성할 때를 고려해 보자. 기본값 문자셋의 설정에 따라 생성되는 텍스트 파일의 문자셋은 다음과 같이 4가지가 있을 수 있다.

19장의 뒷부분에서 다루겠지만, 자바 코드를 이용해 텍스트 파일을 생성할 때도 이와 동일한 결과가 나타난다.

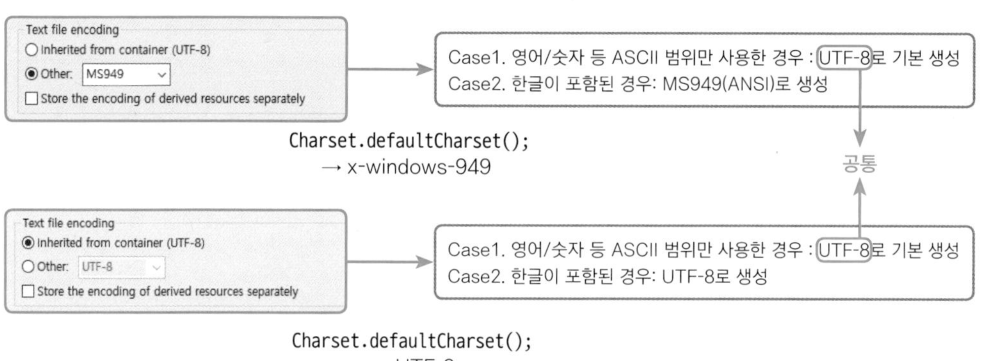

그림 19-4 이클립스에서 텍스트 파일을 생성할 때 기본값 문자셋과 텍스트 내용에 따른 파일의 문자셋 설정

그림 19-4에서도 볼 수 있듯이 텍스트 파일을 영문으로만 구성했을 때는 기본값 문자셋과 관계없이 UTF-8 문자셋으로 저장된다. 반면 한글이 한 글자라도 포함돼 있을 때는 설정돼 있는 기본값 문자셋과 동일한 문자셋으로 텍스트 파일이 저장된다. 저장된 텍스트 파일의 문자셋은 다음과 같이 메모장 프로그램을 열어 확인할 수 있다.

그림 19-5 기본값 문자셋이 MS949(왼쪽) 또는 UTF-8(오른쪽)일 때 메모장으로 확인한 파일 문자셋

Do it! 실습 문자셋을 저장 및 관리하는 Charset 객체 생성 및 지원 여부 확인 CreateChasetObject.java

```java
package sec01_fileandcharset.EX05_CreateChasetObject;
import java.nio.charset.Charset;

public class CreateChasetObject {
    public static void main(String[] args) {
        Charset cs1 = Charset.defaultCharset();
        Charset cs2 = Charset.forName("MS949");
        Charset cs3 = Charset.forName("UTF-8");
        System.out.println(cs1);
        System.out.println(cs2);
        System.out.println(cs3);
        System.out.println();
        System.out.println(Charset.isSupported("MS949"));
        System.out.println(Charset.isSupported("UTF-8"));
    }
}
```

실행 결과

```
UTF-8
x-windows-949
UTF-8

true
true
```

명시적 문자셋 지정이 필요할 때

명시적으로 문자셋 지정이 필요할 때는 크게 2가지다. 첫 번째는 앞에서 간단히 알아본 것처럼 문자열을 byte[]로 저장할 때로, String 클래스의 인스턴스 메서드인 getBytes() 메서드가 사용된다. 말 그대로 문자열을 바이트 단위의 배열로 변환해 리턴한다는 말이다. 이때 어떤 문자셋으로 변환하느냐에 따라 리턴되는 byte[]의 값이 달라진다.

예를 들어, 앞에서 살펴본 것처럼 한글 문자 하나를 MS949 문자셋을 기준으로 byte[]로 변환하면 2byte, UTF-8 문자셋을 기준으로 변환하면 3byte로 변환된다.

getBytes()의 매개변수에 문자셋을 지정하지 않으면 기본값 문자셋이 적용돼 변환되며, 운영체제와 상관없이 특정 문자셋으로 변환하고자 할 때는 반드시 문자셋을 명시적으로 지정해야 한다.

표 19-6 문자열 → byte[]로 변환하기 위한 String 클래스 인스턴스 메서드 getBytes()

byte[] getBytes()	문자열을 기본값 문자셋(charset)을 이용해 byte[]로 변환
byte[] getBytes(Charset charset)	문자열을 매개변수 charset 문자셋(charset)을 이용해 byte[]로 변환
byte[] getBytes(String charsetName)	문자열을 매개변수 charsetName이라는 이름의 문자셋(charset)을 이용해 byte[]로 변환

다음 예를 살펴보자.

String의 getBytes()를 이용한 byte[] → 문자열

```
byte[] array1 = "안녕".getBytes();
byte[] array2 = "땡큐".getBytes(Charset.defaultCharset());
byte[] array3 = "베리".getBytes(Charset.forName("MS949"));
byte[] array4 = "감사".getBytes("UTF-8");
System.out.println(array1.length);      // 4 또는 6
System.out.println(array2.length);      // 4 또는 6
System.out.println(array3.length);      // 4
System.out.println(array4.length);      // 6
```

모두 한글 문자 2개를 각각 다른 방식으로 byte[] 배열로 변환했다. array1은 매개변수를 생략했기 때문에 기본값 문자셋이 적용돼 항상 array2와 동일한 결과를 나타낸다. array3과 array4는 명시적으로 문자셋을 지정해 줬으며, 매개변수로 전달한 객체의 타입에서만 차이가 있다. 이후 byte[]로 분해된 각 객체의 길이를 출력하면 기본값 문자셋에 따라 다를 것이다. 그림 19-6처럼 MS949 문자셋이 기본값이면 array1 ~ array3이 모두 MS949 문자셋을 기준으로 변환한 것이므로 4, 4, 4, 6의 순서로 출력될 것이다. 반면 UTF-8 문자셋이 기준일 때는 6, 6, 4, 6이 출력될 것이다.

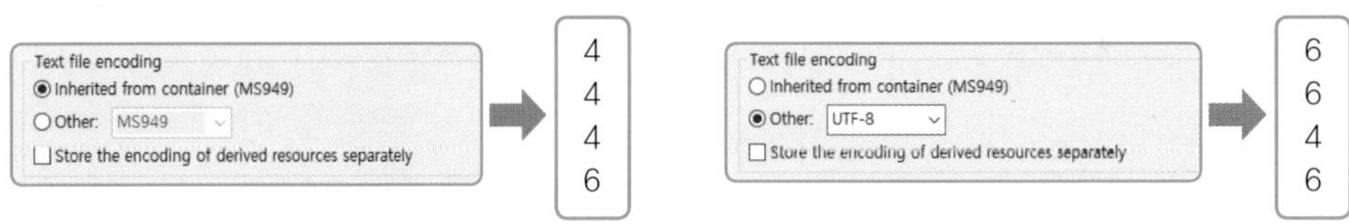

그림 19-6 기본값 문자셋 설정에 따른 array1~array4 배열의 길이

문자셋을 지정해야 하는 두 번째는 byte[]를 문자열로 조합할 때다. byte[]를 문자열로 변환하는 가장 일반적인 방법은 String 클래스의 생성자를 사용하는 것이다. byte[]와 문자셋을 생성자의 매개변수로 넘겨 주면 해당 문자셋을 기준으로 byte[]를 문자열로 조합한다. 이때 문자셋이 필요한 이유는 어떤 문자셋을 이용해 변환하느냐에 따라 어떤 때는 2byte씩 묶어 한 문자를 표현해야 하고, 어떤 때는 3byte씩 묶어 문자를 하나의 문자로 생성해야 하기 때문이다.

표 19-7 byte[] → 문자열로 변환하기 위한 String 생성자

String(byte[] bytes)	매개변수 bytes를 기본값 문자셋(charset)을 이용해 문자열로 변환
String(byte[] bytes, Charset charset)	매개변수 bytes를 매개변수 charset 문자셋을 이용해 문자열 변환
String(byte[] bytes, String charsetName)	매개변수 bytes를 매개변수 charsetName 문자셋을 이용해 문자열 변환
String(byte bytes[], int offset, int length, Charset charset)	매개변수 bytes의 offset 위치에서부터 length개를 읽은 후 매개변수 charset 문자셋을 이용해 문자열로 변환
String(byte bytes[], int offset, int length, String charsetName)	매개변수 bytes의 offset 위치에서부터 length개를 읽어 매개변수 charsetName 문자셋을 이용해 문자열로 변환

여기서도 문자셋을 생략할 때 기본값 문자셋이 적용된다. 문자셋은 Charset 또는 String 타입으로 입력할 수 있으며, 정숫값의 오프셋(offset)과 길이(length)로 byte[] 배열의 일부분만을 문자열로 변환할 수도 있다.

그럼 앞의 예제에서 생성한 4개의 byte[] 배열 객체인 array1 ~ array4이 저장하고 있는 데이터를 다시 문자열로 조합하는 예를 살펴보자.

String 생성자를 이용한 문자열 → byte[]

```
String str1 = new String(array1);
String str2 = new String(array2, Charset.defaultCharset());
String str3 = new String(array3, Charset.forName("MS949"));
String str4 = new String(array4, "UTF-8");
String str5 = new String(array3, "UTF-8");
String str6 = new String(array4, "MS949");
System.out.println(str1);  // defaultCharset -> defaultCharset
System.out.println(str2);  // defaultCharset -> defaultCharset
System.out.println(str3);  // MS949 -> MS949
System.out.println(str4);  // UTF-8 -> UTF-8
System.out.println(str5);  // MS949 -> UTF-8(깨짐)
System.out.println(str6);  // UTF-8 -> MS949(깨짐)
```

위의 예제에서 str1 ~ str4는 byte[] 배열로 분할 과정에서 사용된 문자셋을 그대로 이용해 문자열을 조합했다. 따라서 기본값 문자셋이 무엇이든 항상 원래의 문자열을 조합해 낼 것이다. 반면 str5를 살펴보자. array3은 MS949 문자셋을 기준으로 byte[]로 분할한 객체인데, UTF-8 문자셋을 기준으로 조합했다. 다른 말로 이야기하면, 영어로 쓰여진 문장을 일본어 사전을 펴고 읽으려고 하는 것과 동일한 상황이다. 당연히 정상적인 결과가 출력되지 않을 것이다. str6도 문자셋의 순서만 바꿨을 뿐 str5와 동일한 상황이다. 따라서 byte[] 배열을 문자열로 조합할 때는 반드시 byte[] 배열로 분해하는 과정에서 사용한 문자셋을 사용해야 한다는 점을 꼭 기억하자.

Do it! 실습 String → byte[]와 byte[] → String 변환(UTF-8이 기본 문자셋일 때)

ByteArrayToFromString.java

```
package sec01_fileandcharset.EX06_ByteArrayToFromString;
import java.io.UnsupportedEncodingException;
import java.nio.charset.Charset;

public class ByteArrayToFromString {
    public static void main(String[] args) throws UnsupportedEncodingException {
        // 1. String getBytes(): String -> byte[] 분해
        byte[] array1 = "안녕".getBytes();
        byte[] array2 = "땡큐".getBytes(Charset.defaultCharset());
        byte[] array3 = "베리".getBytes(Charset.forName("MS949"));
        byte[] array4 = "감사".getBytes("UTF-8");
```

```java
        System.out.println(array1.length);
        System.out.println(array2.length);
        System.out.println(array3.length);
        System.out.println(array4.length);
        // 2. new String()을 이용: byte[] -> String 조합
        String str1 = new String(array1);
        String str2 = new String(array2, Charset.defaultCharset());
        String str3 = new String(array3, Charset.forName("MS949"));
        String str4 = new String(array4, "UTF-8");
        String str5 = new String(array3, "UTF-8");
        String str6 = new String(array4, "MS949");
        System.out.println(str1);  // defaultCharset -> defaultCharset
        System.out.println(str2);  // defaultCharset -> defaultCharset
        System.out.println(str3);  // MS949 -> MS949
        System.out.println(str4);  // UTF-8 -> UTF-8
        System.out.println(str5);  // MS949 -> UTF-8(깨짐)
        System.out.println(str6);  // UTF-8 -> MS949(깨짐)
    }
}
```

실행 결과

```
6
6
4
6
안녕
땡큐
베리
감사
����
媛먯궗
```

깨진 문자가 출력됨

19.2 byte 단위 입출력

자바 입출력Java IO은 프로그램을 기준으로 외부로부터 데이터가 들어오는 입력input과 프로그램에서 외부로 나가는 출력output으로 구성된다. 입력의 대상은 키보드, 마우스, 파일, 네트워크 등이고, 출력의 대상은 화면, 프린터, 파일, 네트워크 등이다.

19.2.1 byte 단위 입출력과 char 단위 입출력

자바의 입출력은 크게 byte 단위의 입출력과 char 단위의 입출력으로 나눌 수 있다. byte 단위의 입출력은 말 그대로 송수신하고자 하는 데이터를 byte 단위로 쪼개 보내고 받는 것이다. 이때 전송되는 데이터는 그림 파일이든, 텍스트이든, 동영상이든 상관 없다. 모든 데이터는 byte들의 모음이기 때문이다.

그렇다면 char 단위 입출력은 왜 사용할까? 입출력을 수행하다 보면 채팅 프로그램과 같이 텍스트를 전송할 때가 많다. 이렇게 텍스트 전송에 특화된 방법이 char 단위 입출력이다. byte 단위 입출력만으로도 텍스트 정보를 송수신할 수 있지만, 텍스트 정보를 주고받을 땐 char 단위 입출력을 사용하는 것이 훨씬 효율적이다.

byte 단위의 입출력에는 각각 InputStream과 OutputStream 추상 클래스, char 단위의 입출력에는 Reader와 Writer 추상 클래스가 사용된다. 클래스의 이름이 일정한 규칙과 대칭 구조를 이루고 있으며, 각 추상 클래스의 하위 클래스도 이들의 이름을 포함하고 있다.

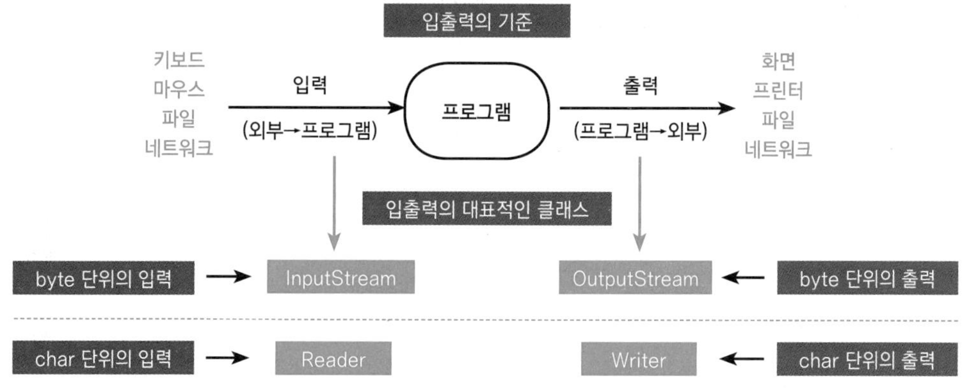

그림 19-7 자바 입출력의 개념과 대표적인 자바 입출력 클래스

19.2.2 InputStream과 OutputStream의 상속 구조

먼저 byte 단위의 입출력에 사용하는 추상 클래스인 InputStream과 OutputStream에 대해 알아보자. 먼저 입력의 최상위 추상 클래스인 InputStream을 상속해 추상 메서드를 구현한 대표적인 자식 클래스에는 FileInputStream, BufferedInputStream, DataInputStream 등이 있으며, 자바에서 콘솔 입력을 위해 미리 객체를 생성해 제공하는 System.in도 이 InputStream의 추상 메서드를 구현한 클래스의 객체다.

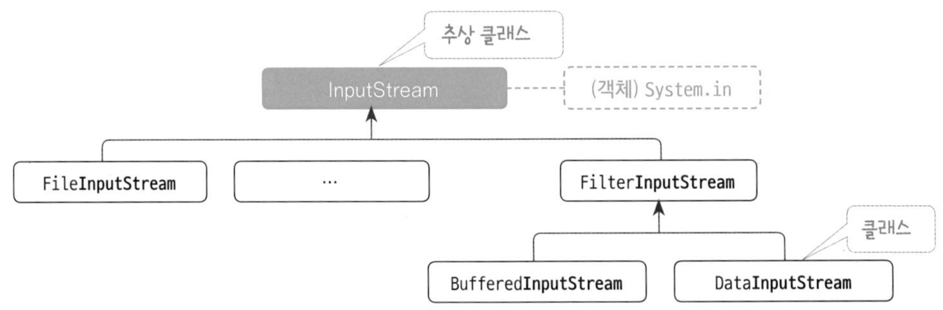

그림 19-8 byte 단위 입력을 위한 최상위 클래스와 이를 구현한 자식 클래스의 상속 구조

출력을 위한 최상위 추상 클래스는 OutputStream이며, 이를 구현한 대표적인 자식 클래스로는 FileOutputStream, BufferedOutputStream, DataOutputStream 클래스와 출력에 특화된 PrintStream 등을 들 수 있다. 자바에서 콘솔 출력을 위해 미리 만들어 제공하는 객체인 System.out도 PrintStream 타입의 객체다.

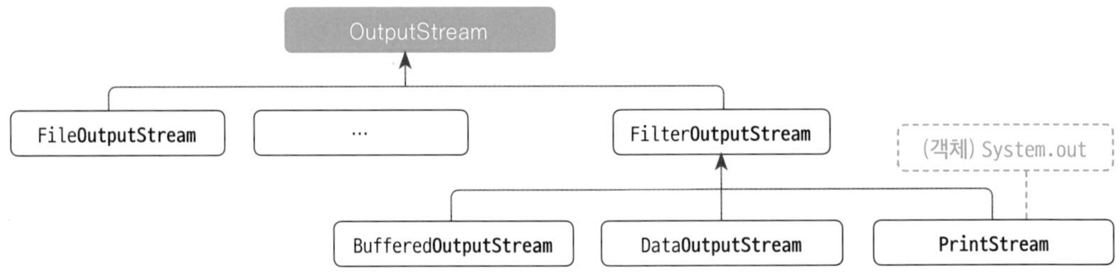

그림 19-9 byte 단위 출력을 위한 최상위 클래스와 이를 구현한 자식 클래스의 상속 구조

byte 단위의 입출력에 사용되는 클래스의 이름을 보면 기본이 되는 클래스명(InputStream, OutputStream)을 포함하고 있으며, 입력과 출력이 대부분 대칭 구조를 지니고 있는 것을 볼 수 있다. 다만 출력일 때는 다양한 형태로 출력하기 위해 출력에 특화된 PrintStream 클래스가 하나 더 추가된 것이라고 생각하자.

19.2.3 InputStream의 주요 메서드

byte 단위의 자바 입력에 사용되는 클래스는 모두 InputStream 클래스를 상속하고 있다. 다시 말해 모두 InputStream 클래스의 메서드를 포함하고 있다. InputStream의 주요 메서드는 표 19-8과 같다.

int(4byte)의 마지막 byte 위치에 저장 (→ 읽은 데이터가 있을 때는 항상 + 값 리턴)

표 19-8 InputStream의 주요 메서드

int available()	InputStream의 남은 바이트 수를 리턴
abstract int read()	int(4byte)의 하위 1byte에 읽은 데이터를 저장해 리턴(**추상 메서드**)
int read(byte[] b)	읽은 데이터를 byte[] b의 0번째 위치부터 저장하며 읽은 바이트 수를 리턴
int read(byte[] b, int off, int len)	len 개수만큼 읽은 데이터를 byte[] b의 off 위치부터 저장
void close()	InputStream의 자원 반환

내부에서 이 메서드 호출

1개씩 살펴보면 먼저 첫 번째 available() 메서드는 InputStream 내에 남아 있는 바이트 수를 정숫값으로 리턴한다. read() 메서드는 3가지 타입으로 오버로딩overloading돼 있는데, 첫 번째 메서드인 read()는 1byte를 읽어 int 값으로 리턴한다. 물론 추상 메서드이기 때문에 하위 클래스에서 반드시 구현해야 한다. 여기서 주의해야 할 점은 리턴 타입이 byte가 아니라 int라는 것이다. read() 메서드 자체는 1byte를 읽지만, 실제 리턴할 때는 int(4byte)의 하위 1byte에 읽은 값을 넣어 리턴한다. 따라서 읽은 값은 항상 양수다. 유일하게 음수를 지닐 때는 파일의 끝을 만났을 때이고, 이때는 -1의 값을 리턴한다. 두 번째 메서드인 read(byte[] b)는 배열 길이만큼의 byte 데이터를 한 번에 읽어 byte[]의 0번째 위치부터 차례대로 저장하는 메서드로, 읽은 바이트 수를 리턴한다. 세 번째 read(byte[] b, int off, int len)는 len 크기 만큼의 바이트 수를 읽어 배열 byte[] b의 off 값에 해당하는 위치에서부터 채워 넣는 메서드이며, 역시 읽은 바이트 수를 리턴한다. 마지막 close()는 InputStream의 자원을 반납하는 메서드로, 어떤 입출력 객체를 사용하든 메모리의 효율성과 쓰기 금지 등의 문제가 발생하지 않도록 사용한 후에는 자원을 반납하는 습관을 지니자.

정리하면 InputStream의 주요 메서드에는 크게 available(), read(), close()가 있으며, 오버로딩된 read() 메서드들 중 입력매개변수가 없는 read()가 추상 메서드다. 당연한 말이지만 InputStream 클래스는 추상 클래스이므로 직접 객체를 생성할 수 없다. 그럼 어떻게 객체를

생성할 수 있을까? 일단 InputStream 클래스의 나머지 2개의 read() 메서드는 이미 완성된 메서드, 즉 추상 메서드가 아니므로 InputStream 클래스를 상속해 직접 자식 클래스를 생성하고, 추상 메서드인 read()는 아무런 기능이 없는 껍데기만 있는 메서드로 구현하면 어떨까?

```
class MyInputStream extends InputStream {
    @Override
    public int read() throws IOException {
        return 0;
    }
}
```

이렇게 직접 생성한 자식 클래스인 MyInputStream의 read() 메서드는 아무런 기능이 없으므로 이 메서드는 사용하지 않고, 나머지 2개의 상속받은 메서드 read(byte[] b), read(byte[] b, int offset, int len)만 사용하면 파일 입력을 잘 받아 올 수 있을 것처럼 보일 수도 있다. 하지만 이는 불가능하다. 우선 나머지 2개의 오버로딩된 메서드 내부에서 read() 메서드를 호출해 사용한다. 즉, read() 메서드가 아무런 기능을 하지 않는다면 나머지 2개의 오버로딩된 메서드 또한 제기능을 하지 못한다. 또한 실제 입력을 처리하기 위한 read() 메서드는 속도적인 측면도 매우 중요한 이슈이기 때문에 JNI[Java native interface]를 이용해 오버라이딩한다.

JNI는 자바 프로그램 내에서 자바 가상 머신을 거치지 않고 운영체제가 지니고 있는 고유의 기능을 직접 사용하기 위해 운영체제가 구현된 언어(C, C++ 등)로 작성된 프로그램을 의미한다.

이러한 이유들 때문에 직접 InputStream을 상속해 자식 클래스를 생성하고, 이를 이용해 객체를 생성하는 일은 어렵기도 하고, 번거롭기도 하다. 다행히 자바는 다양한 목적을 띠고 구현한 여러 가지의 자식 클래스를 제공하고 있고, 당연히 이들 클래스 내부에는 read()가 이미 구현돼 있기 때문에 우리는 그저 이 자식 클래스로 객체를 생성해 사용하기만 하면 된다.

19.2.4 OutputStream의 주요 메서드

InputStream과 마찬가지로 OutputStream 클래스 역시 추상 클래스로, 내부에는 write(int b) 추상 메서드를 포함하고 있으므로 직접 객체를 생성할 수 없다. 다음은 OutputStream 추상 클래스의 주요 메서드다.

표 19-9 OutputStream의 주요 메서드

	메서드	설명
	void flush()	메모리 버퍼에 저장된 output stream 내보내기(실제 출력 수행)
내부에서 이 메서드 호출	abstract void write (int b)	int(4byte)의 하위 1byte를 output 버퍼에 출력(추상 메서드)
	void write(byte[] b)	매개변수로 넘겨진 byte[] b의 0번째 위치에서부터 메모리 버퍼에 출력
	void write(byte[] b, int off, int len)	byte[]의 off 위치에서 len개를 읽은 후 출력
	void close()	OutputStream의 자원 반환

순서대로 살펴보면 flush()는 메모리 버퍼에 쓰여진 데이터를 내보내는 명령으로, flush()가 실행돼야 실제 출력이 이뤄진다. write() 메서드는 3가지 형태로 오버로딩돼 있다. 첫 번째 write(int b)는 추상 메서드로, 메모리 버퍼에 1byte의 데이터를 쓰는 역할을 수행한다. 여기서도 read() 메서드와 마찬가지로 주의해야 할 점은 1byte 데이터를 쓰는데도 int 타입을 매개변수로 사용한다는 것이다. 입력매개변수로 4byte 크기의 int 타입을 전달하면 하위 1byte가 실제 메모리 버퍼에 출력된다. 두 번째 write(byte[] b)는 매개변수로 넘어온 byte[] b의 0번째 위치부터 마지막 위치까지의 모든 데이터를 메모리 버퍼에 연속적으로 출력하는 메서드다. 세 번째 write(byte[] b, int off, int len)는 byte[] b의 off 위치에서부터 len 길이만큼의 데이터를 메모리 버퍼에 출력하는 메서드다. 마지막으로 close() 메서드는 OutputStream 자원을 반납하는 데 사용한다. InputStream에서 설명한 것과 동일한 이유로 OutputStream 추상 클래스도 직접 상속해 자식 클래스를 생성하고자 할 때 write(int b)를 JNI를 이용해 오버라이딩해야 한다. 따라서 자바 API에서 제공하는 다양한 자식 클래스를 활용해 OutputStream의 객체를 생성하는 것이 일반적이다.

19.2.5 InputStream 객체 생성 및 활용하기

그럼 지금부터 다양한 자식 클래스를 활용해 InputStream과 OutputStream 객체를 생성하고, 이를 활용하는 방법을 알아보자.

FileInputStream으로 InputStream 객체 생성하기

먼저 InputStream의 자식 클래스인 FileInputStream을 이용해 객체를 생성해 보자. FileInputStream은 InputStream을 상속한 대표적인 클래스로, File의 내용을 byte 단위로 읽는다.

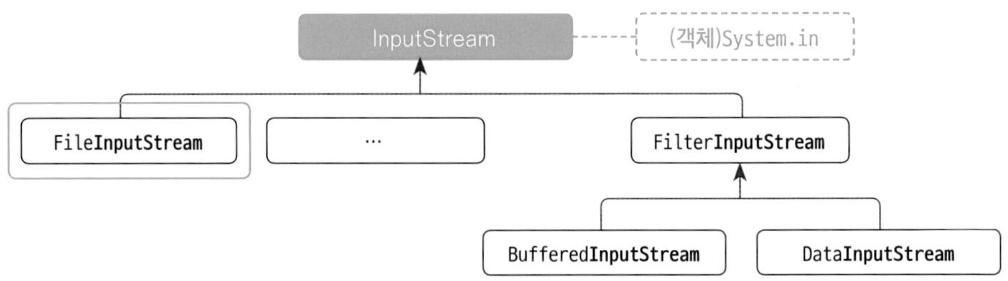

그림 19-10 FileInputStream의 상속 구조

FileInputStream 객체는 다음 2가지 생성자를 이용해 생성할 수 있다. 생성자의 입력매개변수로는 File 객체를 직접 넘겨 주거나 문자열로 파일의 경로를 넘겨 줄 수 있다.

표 19-10 FileInputStream 객체를 생성하기 위한 생성자

FileInputStream(File file)	매개변수로 넘어온 file을 읽기 위한 InputStream 생성
FileInputStream(String name)	매개변수로 넘어온 name 위치의 파일을 읽기 위한 InputStream 생성

이들 각각의 생성자로 객체를 생성한 예는 다음과 같다.

FileInputStream 생성자를 이용한 객체 생성

```
// 첫 번째 생성자
File inFile = new File("infile.txt");
InputStream fis = new FileInputStream(inFile);
// 두 번째 생성자
InputStream fis = new FileInputStream("infile.txt");
```

이렇게 FileInputStream 객체가 생성되면 그림 19-11처럼 생성자의 매개변수로 전달된 파일에서 애플리케이션 쪽으로만 데이터가 흐르는 빨대를 꼽은 것과 비슷하다. 즉, 데이터는 한 쪽으로만 이동할 수 있으므로 데이터를 읽는 것만 가능하다.

그림 19-11 FileInputStream 객체의 역할

FileInputStream 객체를 이용해 File에서 데이터를 읽는 과정은 크게 3단계로 구성된다. 첫 번째는 읽고자 하는 파일과 연결된 FileInputStream 객체를 생성하는 단계다. 다음 예제는 현재 작업 폴더를 기준으로 특정 상대 경로(src/sec02_fileinputoutputstream/files)에 위치하고 있는 FileInputStream1.txt과 연결된 FileInputStream 객체를 생성한 예다.

FileInputStream1.txt 파일과 연결된 FileInputStream 객체 생성

```
File inFile = new File("src/sec02_fileinputoutputstream/files/FileInputStream1.txt");
InputStream is = new FileInputStream(inFile);
```

여기서 FileInputStream1.txt는 다음과 같이 영문으로만 구성된 문자열을 포함하고 있다고 가정해 보자.

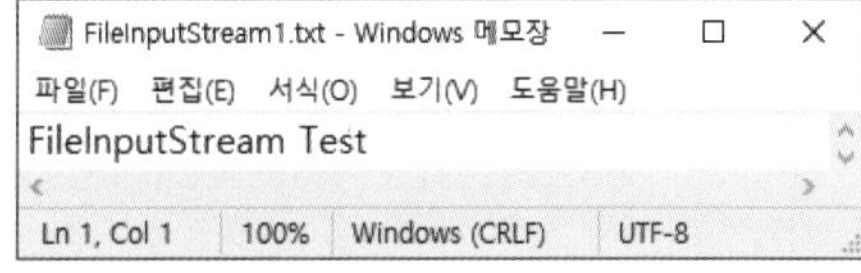

그림 19-12 영문 문자열만 포함하는 텍스트 파일

이후 다음과 같이 생성된 FileInputStream 객체의 read() 메서드를 반복적으로 호출해 파일의 데이터를 하나씩 읽는 것이 두 번째 단계다.

데이터를 파일에서 byte 단위로 읽어 문자로 변환하고 남은 바이트 수를 출력하는 예

```
int data;
while ((data=is.read()) !=-1 ) {
    System.out.println("읽은 데이터: " + (char)data + " 남은 바이트 수: " + is.available());
}
```

파일의 끝을 나타냄

여기서 is.read()는 앞에서 살펴본 것처럼 데이터를 1byte씩 읽어 int 값의 하위 1byte에 복사한 후 그 값을 리턴한다. 따라서 읽은 값들은 항상 양수의 값만 지닌다. 만일 -1과 같이 음수가 나올 때는 파일의 끝을 의미하며, 더 이상 읽을 데이터가 없다는 것을 의미한다. 그럼 이제 마지막 단계를 살펴보자.

FileInputStream 객체의 자원 반납

```
is.close();
```

모든 작업이 끝나면 사용했던 FileInputStream 자원을 close() 메서드를 호출해 반납한다. 이렇게 하면 FileInputStream 객체는 더 이상 사용할 수 없으며, 당연히 파일과의 연결도 종료된다.

Do it! 실습 FileInputStream의 객체 생성과 available(), close() 메서드의 활용 FileInputStream_1.java

```
package sec02_fileinputoutputstream.EX01_FileInputStream_1;
import java.io.File;
import java.io.FileInputStream;
import java.io.IOException;
import java.io.InputStream;

public class FileInputStream_1 {
    public static void main(String[] args) throws IOException {
        // 입력 파일 생성
        File inFile = new File("src/sec02_fileinputoutputstream/files/FileInputStream1.txt");
        // InputStream 객체 생성
        InputStream is = new FileInputStream(inFile);
        int data;
        while ((data = is.read()) != -1) {
            System.out.println("읽은 데이터: " + (char)data + "남은 바이트 수: " + is.available());
        }
        // InputStream 자원 반납
        is.close();
    }
}
```

실행 결과

```
읽은 데이터: F 남은 바이트 수: 19
읽은 데이터: I 남은 바이트 수: 18
읽은 데이터: l 남은 바이트 수: 17
읽은 데이터: e 남은 바이트 수: 16
읽은 데이터: I 남은 바이트 수: 15
읽은 데이터: n 남은 바이트 수: 14
읽은 데이터: p 남은 바이트 수: 13
읽은 데이터: u 남은 바이트 수: 12
읽은 데이터: t 남은 바이트 수: 11
읽은 데이터: S 남은 바이트 수: 10
읽은 데이터: t 남은 바이트 수: 9
읽은 데이터: r 남은 바이트 수: 8
읽은 데이터: e 남은 바이트 수: 7
읽은 데이터: a 남은 바이트 수: 6
읽은 데이터: m 남은 바이트 수: 5
읽은 데이터:   남은 바이트 수: 4
읽은 데이터: T 남은 바이트 수: 3
읽은 데이터: e 남은 바이트 수: 2
읽은 데이터: s 남은 바이트 수: 1
읽은 데이터: t 남은 바이트 수: 0
```

영문 데이터 파일 읽고 출력하기

이번에는 3가지 형태로 오버로딩된 read() 메서드를 이용해 데이터를 읽어 출력하는 과정을 살펴보자. 먼저 앞의 예제와 동일하게 'FileInputStream Test'과 같이 영문만을 포함한 파일(FileInputStream1.txt)과 연결된 FileInputStream 객체를 다음과 같이 생성했다.

FileInputStream1.txt 파일과 연결된 FileInputStream 객체 생성

```
File inFile = new File("src/sec02_fileinputoutputstream/files/FileInputStream1.txt");
InputStream is = new FileInputStream(inFile);
```

첫 번째로 매개변수를 포함하지 않는 read() 메서드를 이용한 데이터 읽기 및 출력 방법은 다음과 같다. 출력 문자열만 조금 다를 뿐 구조는 앞의 예제와 동일하다.

read() 메서드 활용(파일: 영문 → 읽기 방식: 영문(byte))

```
int data;
while ((data=is.read()) != -1 ) {
    System.out.print((char)data);
}
```

그럼 이번에는 byte[] 배열을 매개변수로 포함하고 있는 read(byte[] b)의 활용 예를 살펴보자.

read(byte[] b) 메서드 활용(파일: 영문 → 읽기 방식: 영문(byte))

```
byte[] byteArray = new byte[9];
int count;
while ((count = is.read(byteArray)) != -1) {  // count = 9, 9, 2, -1
    for (int i = 0; i < count; i++)
        System.out.print((char) byteArray[i]);
    System.out.println(": count=" + count);
}
```

먼저 매개변수로 사용할 크기가 9인 byte[]를 생성했다. 이는 한 번에 읽을 수 있는 최대 데이터가 9byte라는 것을 의미한다. 이후 읽은 바이트 수의 값, 즉 리턴값이 -1이 나올 때까지 반복해 데이터를 읽는다. 여기서 '읽은 바이트 수 = -1'은 파일의 끝을 의미한다. 전체 읽을 데이터의 수가 20byte이므로 read(byte[] b)로 읽은 바이트 수, 즉 리턴값(count)은 9, 9, 2, -1이 될 것이다. 마지막 -1이 리턴되면, while() 반복문을 탈출하기 때문에 실제로 읽은 데이터의 수는 9 + 9 + 2 = 20byte가 되는 것이다.

read() 메서드의 리턴값은 읽은 데이터, read(byte[] b)의 리턴값은 읽은 바이트 수를 의미한다.

이제 마지막으로 오프셋(offset)과 길이(length) 정보를 지니고 있는 read(byte[] b, int off, int len) 메서드의 활용법을 살펴보자.

read(byte[] b, int off, int len) 메서드 활용(파일: 영문 → 읽기 방식: 영문(byte))

```
int offset = 3;
int length = 6;
byte[] byteArray = new byte[9];  // offset + length
int count = is.read(byteArray, offset, length);     // offset:3 length:6
for (int i = 0; i < offset + count; i++)
    System.out.print((char) byteArray[i]);          // ___FileIn
```

앞의 예제와 동일하게 9의 크기를 사용했으며, offset 값과 length는 각각 3과 6을 지정했다. 이를 적용한 코드인 read(byteArray, offset, length)는 '파일에서 데이터를 6개 읽어 배열의 3번 위치부터 넣으라.'는 의미다. 따라서 출력을 살펴보면 배열의 앞쪽에 3개의 공백 이후에 데이터가 출력된다.

공백(offset) 3byte + 읽은 데이터(length) 6byte = 9byte이기 때문에 배열의 크기는 9 이상이 필요하다.

간혹 혼동할 때가 있는데, read()일 때 offset의 의미는 파일의 중간 부분부터 읽으라는 말이 아니라 읽은 데이터를 배열의 중간 부분부터 넣으라는 말이다. 일반적인 파일 객체는 애초에 중간부터 읽을 수도 없다.

File 클래스는 항상 처음부터 순차적으로 데이터를 읽을 수 있으며, RandomAccessFile 클래스는 파일에서 임의의 위치 데이터에 바로 접근해 읽는 기능을 제공한다.

이상의 모든 과정은 영문으로만 구성된 파일의 데이터를 읽어 영문으로 출력하는 것이므로 기본값 문자셋이 무엇인지는 전혀 문제가 되지 않는다. MS949 문자셋과 UTF-8 문자셋 모두 영문자는 동일한 방식(1byte)으로 저장하기 때문이다.

Do it! 실습 read() 메서드를 이용한 영문 데이터 읽기 FileInputStream_2.java

```java
package sec02_fileinputoutputstream.EX02_FileInputStream_2;
import java.io.File;
import java.io.FileInputStream;
import java.io.IOException;
import java.io.InputStream;

public class FileInputStream_2 {
    public static void main(String[] args) throws IOException {
        // 입력 파일 생성
        File inFile = new File("src/sec02_fileinputoutputstream/files/FileInput-
Stream1.txt");
        // 1. 1-byte 단위 읽기
        InputStream is1 = new FileInputStream(inFile);
        int data;
        while ((data=is1.read()) != -1) {
            System.out.print((char)data);
        }
        is1.close();
        System.out.println();
        System.out.println();
        // 2. n-byte 단위 읽기(byte[]의 처음 위치에서부터 읽은 데이터 저장)
        InputStream is2 = new FileInputStream(inFile);
```

```
        byte[] byteArray1 = new byte[9];
        int count1;
        while ((count1 = is2.read(byteArray1)) != -1) {  // count1 = 9, 9, 2, -1
            for (int i = 0; i < count1; i++) {
                System.out.print((char)byteArray1[i]);
            }
            System.out.println(": count1 = " + count1);
        }
        is2.close();
        System.out.println();
        System.out.println();
         // 3. n-byte 단위 읽기(앞에서 length만큼 읽어 byte[] offset 위치에서부터 입력)
        InputStream is3 = new FileInputStream(inFile);
        byte[] byteArray2 = new byte[9];  // 최소 offset + length
        int offset = 3;
        int length = 6;
        int count2 = is3.read(byteArray2, offset, length);
        for (int i = 0; i < offset + count2; i++) {
            System.out.print((char)byteArray2[i]);
        }
        is3.close();
    }
}
```

실행 결과

```
FileInputStream Test

FileInput: count1 = 9
Stream Te: count1 = 9
st: count1 = 2


   FileIn
```

한글 데이터 파일 읽고 출력하기

앞에서 알아본 3개의 오버로딩된 메서드는 영문으로만 작성된 파일을 읽어 화면에 출력했을 때였다. 그렇다면 한글을 저장하고 있는 파일을 읽어 출력할 때는 어떨까? 한글은 MS949 문자셋에서 2byte, UTF-8 문자셋에서 3byte로 구성된다. 따라서 한글 파일을 읽을 때는 '읽고자 하는 텍스트 파일이 어떤 문자셋으로 저장돼 있느냐?'가 매우 중요한 문제다.

먼저 한글 데이터를 포함하고 있는 FileInputStream2.txt 파일은 다음과 같이 '안녕하세요'라는 5글자의 한글만을 포함하고 있으며, UTF-8 문자셋으로 저장돼 있다.

윈도우의 메모장 프로그램에서 한글을 포함한 내용을 작성하면 기본적으로 UTF-8 문자셋으로 저장(Windows 10 기준)된다. 다른 이름으로 저장 → 인코딩을 ANSI로 변경하면 MS949 문자셋으로 저장할 수 있다.

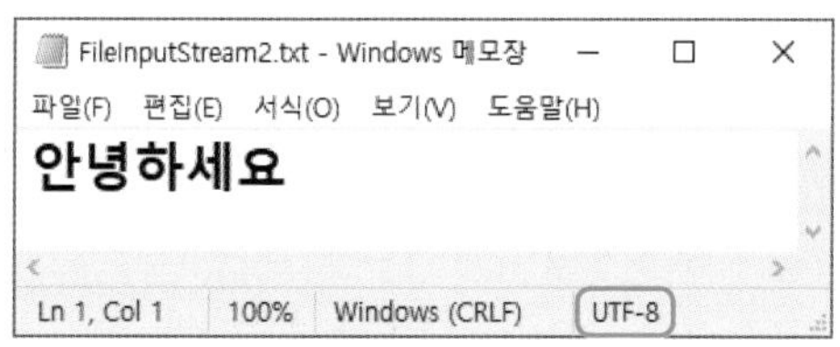

그림 19-13 UTF-8 문자셋을 사용해 한글만을 저장한 텍스트 파일

이 한글 파일과 연결된 FileInputStream 객체를 생성하는 방법은 앞에서 살펴본 방법과 같다.

FileInputStream2.txt 파일과 연결된 FileInputStream 객체 생성

```
File inFile = new File("src/sec02_fileinputoutputstream/files/FileInputStream2.txt ");
InputStream is = new FileInputStream(inFile);
```

이제 FileInputStream 객체를 이용해 한글 데이터를 읽어보자. 1byte씩 읽어 읽은 값을 리턴하는 매개변수가 없는 read() 메서드는 문자당 2 ~ 3byte를 갖는 한글 데이터를 읽어 출력하는 데 어려움이 있다. 따라서 두 번째 메서드인 read(byte[] b)부터 한글 파일을 읽는 예를 살펴보자. 이때 이클립스의 기본값 문자셋은 UTF-8로 설정돼 있다.

read(byte[] b) 메서드 활용(파일: 한글 → 읽기 방식: 문자열(String))

```
byte[] byteArray = new byte[9];
int count;
while ((count = is.read(byteArray)) != -1) {
    String str = new String(byteArray, 0, count, Charset.forName("UTF-8"));
    System.out.print(str);
    System.out.println(": count=" + count);
}
```

이클립스 기본값 문자셋이 UTF-8일 때는 Charset.defaultCharset()으로 변경 가능

위의 예제에서 byte[]의 크기는 9를 사용했다. 즉, 한 번에 읽을 수 있는 최대 바이트 수를 9로 지정한 것이다. 이후 읽은 바이트 수를 나타내는 리턴값이 -1이 될 때까지 while 문을 반복했다. read(byte[] b)로 읽은 byte[]를 문자열로 변환하는 것은 앞에서 살펴본 것처럼 String 클래스의 생성자를 사용하며, 만일 이클립스의 기본값 문자셋과 파일의 문자셋이 다를 때 반드시 문자셋을 명시적으로 지정해야 한다. 여기에서는 `String(byteArray, 0, count, Charset.forName("UTF-8"))`과 같이 작성했는데, 이는 byteArray의 0번째부터 count-1번째까지의 byte[] 데이터를 UTF-8 문자셋을 이용해 문자열로 변환한다는 의미다. UTF-8 문자셋으로 저장된 데이터를 읽었으므로 당연히 문자열로 다시 조합할 때도 UTF-8 문자셋을 이용해 조합해야 하는 것이다. 이클립스의 기본값 문자셋 설정이 UTF-8로 지정돼 있다면, Charset.defaultCharset()으로 변경해도 동일한 결과를 얻을 수 있을 것이다. 다시 돌아가서 UTF-8은 한글 1문자에 3byte가 할당되므로 "안녕하"와 "세요"와 같이 2번에 걸쳐 데이터를 출력할 것이다.

이번에는 세 번째 메서드인 read(byte[] b, int off, int len)를 사용해 한글 데이터 파일을 읽어 와 화면에 출력해 보자. 바로 이전의 예와 비슷하며 단지 offset 값과 length 값이 추가된 것만 차이가 난다.

read(byte[] b, int offet, int len) 메서드 활용(파일: 한글 → 읽기 방식: 문자열(String))

```
int offset = 3; int length = 6;
byte[] byteArray = new byte[9]; // offset + length
int count = is.read(byteArray, offset, length); // offset: 3 length: 6
String str = new String(byteArray, 0, offset+count, Charset.defaultCharset()); // ___안녕
// String str = new String(byteArray, offset, count, Charset.defaultCharset()); // 안녕
System.out.println(str);
```

여기에서는 offset = 3, length = 6의 값을 사용했다. 읽은 바이트 수가 6이므로 UTF-8 문자셋의 한글 2글자를 읽을 것이다. 당연히 파일의 첫 번째부터 2글자를 읽기 때문에 읽은 데이터는 **"안녕"**이다. 이렇게 읽은 데이터를 배열의 3번 위치부터 저장한 후 배열 전체를 문자열로 변환하면 앞에 3칸의 공백 이후에 **"안녕"**이 출력될 것이다. 이 과정에서 이클립스의 기본값 문자셋이 파일과 동일한 UTF-8로 설정돼 있기 때문에 Charset.defaultCharset()과 같이 사용했다. 만일 자신의 이클립스 문자셋이 MS949라면 반드시 Charset.forName("UTF-8")과 같이 문자셋을 명시적으로 지정해야 한다.

byte[] → 문자열의 변환 과정에서 String str = new String(byteArray, offset, count, Charset.defaultCharset())과 같이 작성하면 배열의 문자열 변환 시작점이 offset부터 시작하기 때문에 공백 없이 바로 출력된다.

Do it! 실습 FileInputStream의 read() 메서드를 이용한 한글 데이터 읽기 FileInputStream_3.java

```
package sec02_fileinputoutputstream.EX03_FileInputStream_3;
import java.io.File;
import java.io.FileInputStream;
import java.io.IOException;
import java.io.InputStream;
import java.nio.charset.Charset;

public class FileInputStream_3 {
    public static void main(String[] args) throws IOException {
        // 1. 입력 파일 생성
        File inFile = new File("src/sec02_fileinputoutputstream/files/FileInputStream2.txt");
        // 2. n-byte 단위 읽기(byte[]의 처음 위치에서부터 읽은 데이터 저장)
        InputStream is2 = new FileInputStream(inFile);
        byte[] byteArray1 = new byte[9];
        int count1;
        while((count1 = is2.read(byteArray1)) != -1) {
            String str = new String(byteArray1, 0, count1, Charset.forName("UTF-8"));
            System.out.print(str);
            System.out.println(": count = " + count1);
        }
        is2.close();
        System.out.println();
        System.out.println();
        // 3. n-byte 단위 읽기(앞에서 length만큼 읽어 byte[] offset 위치에 넣기)
```

```java
        InputStream is3 = new FileInputStream(inFile);
        byte[] byteArray2 = new byte[9];  // 최소 offset + length
        int offset = 3;
        int length = 6;
        int count2 = is3.read(byteArray2, offset, length);
        String str = new String(byteArray2, 0, offset + count2, Charset.defaultCharset());
        // String str = new String(byteArray2, offset, count2, Charset.defaultCharset());
        System.out.println(str);
        is3.close();
    }
}
```

실행 결과

```
안녕하 : count = 9
세요 : count = 6

 안녕
```

지금까지 byte 단위로 데이터를 읽는 FileInputStream의 객체를 생성한 후 3가지로 오버로딩된 read() 메서드를 이용해 영문 데이터 파일과 한글 데이터 파일을 읽어 출력하는 과정을 살펴봤다.

19.2.6 OutputStream 객체 생성 및 활용하기

이제 앞 과정과 대칭되는 FileOutputStream에 대해 알아보자.

FileOutputStream으로 OutputStream 객체 생성하기

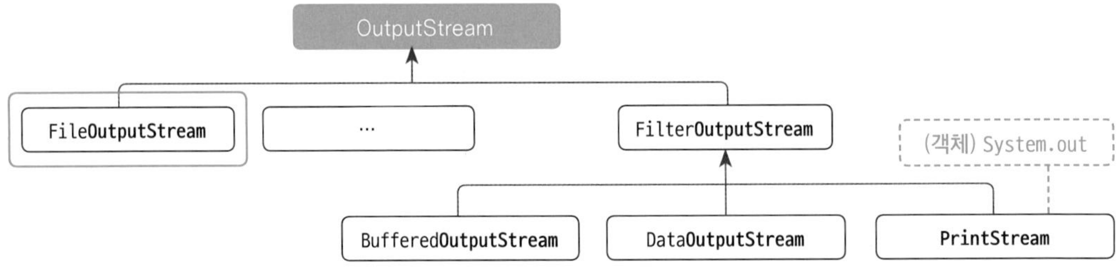

그림 19-14 FileOutputStream의 상속 구조

FileOutputStream은 데이터를 File 단위로 쓰는 OutputStream을 상속한 클래스로, 객체를 다음 4가지 생성자로 생성할 수 있다. 첫 번째와 세 번째는 각각 매개변수로 File 객체와 String 객체로 파일 경로를 전달하는 생성자다. 두 번째와 네 번째에는 boolean 타입의 매개변수가 추가로 포함되는데, 이 값이 true이면 파일 이어쓰기를 수행하고, false이면 해당 파일을 새롭게 덮어쓴다.

표 19-11 FileOuputStream의 생성자

FileOutputStream(File file)	매개변수로 넘어온 file을 쓰기 위한 OutputStream 생성, append = true일 때 이어쓰기, append = false일 때 새로 덮어쓰기(default = false)
FileOutputStream(File file, boolean append)	
FileOutputStream(String name)	매개변수로 넘어온 name 위치의 파일을 쓰기 위한 OutputStream 생성, append = true일 때 이어쓰기, append = false일 때 덮어쓰기(default = false)
FileOutputStream(String name, boolean append)	

다음은 이들 4개의 생성자를 이용해 FileOutputStream 객체를 생성한 예다.

FileOutputStream 생성자를 이용한 객체 생성

```
// 1. 첫 번째 생성자
File outFile1 = new File("outfile1.txt");
OutputStream fos1 = new FileOutputStream(outFile1);
// 2. 두 번째 생성자
File outFile2 = new File("outfile2.txt");
OutputStream fos2 = new FileOutputStream(outFile2, true);
// 3. 세 번째 생성자
OutputStream fos3 = new FileOutputStream("outfile1.txt");
// 4. 네 번째 생성자
OutputStream fos4 = new FileOutputStream("outfile2.txt", true);
```

이렇게 FileOutputStream 생성자로 객체를 생성하는 것은 애플리케이션에서 File 쪽으로만 흐르는 빨대를 꼽은 개념이라고 생각하면 된다. 즉, 오로지 파일 쓰기만 가능하다는 의미다.

그림 19-15 FileOutputStream 객체의 역할

그럼 FileOutputStream에서 사용되는 주요 메서드와 활용 방법을 하나씩 알아보자.

영문 데이터 파일 출력하기

먼저 파일로 출력하기 위해 다음과 같은 상대적 위치에 FileOutputStream1.txt 파일 객체를 생성했다. 이때 해당 파일이 없을 때 새롭게 파일을 생성했는데, 이와 같이 파일을 쓸 때는 파일 생성 코드를 생략해도 자동으로 생성된다.

FileOutputStream1.txt 파일 객체 생성 및 실제 파일이 없을 때 파일 생성

```
File outFile = new File("src/sec02_fileinputoutputstream/files/FileOutputStream1.txt");
if(!outFile.exists()) outFile.createNewFile();      // 파일을 쓸 때 생략 가능(자동 생성)
```

다음의 첫 번째 예제는 write(int b), flush(), close() 메서드를 활용한 예다.

write()-flush()-close() 메서드 활용(쓰기 방식: 영문(byte) → 파일: 영문)

```
OutputStream os1 = new FileOutputStream(outFile);  // 덮어쓰기
os1.write('J');
os1.write('A');
os1.write('V');
os1.write('A');
os1.write('\r');  // 13
os1.write('\n');  // 10 → 파일에서는 \n만으로도 개행 가능
os1.flush();      // FileOutputStream은 내부적으로 메모리 버퍼를 사용하지 않아 생략 가능
os1.close();
```

단, 윈도우 콘솔에서 Enter를 입력하면 2byte(\r\n)가 입력됨

가장 먼저 앞에서 생성한 파일에 데이터를 쓰기 위해 이 파일과 연결된 FileOutputStream 객체를 생성했다. boolean 매개변수를 사용하지 않았기 때문에 기본값 설정에 따라 기존에 파일이 있을 때 파일을 항상 새롭게 덮어쓸 것이다. 이후 'J', 'A', 'V', 'A' 문자를 매개변수로 넘겨 주는 write() 메서드를 호출했다. write() 메서드는 int 값을 매개변수로 포함하고 있

지만, 실제 쓰는 데이터는 1byte, 즉 넘어온 int 값의 하위 1byte 값이다. 영문(1byte)이 넘어왔으므로 전달된 문자가 그대로 출력될 것이다. 이후 write() 메서드의 매개변수로 넘겨진 '\r', '\n'은 각각 캐리지 리턴carriage return 값(13)과 라인 피드line feed 값(10)을 의미하며, 이 둘의 조합으로 개행되는 것이다.

파일을 작성할 때는 \n만으로도 개행할 수 있지만, 윈도우 콘솔에서 Enter를 입력했을 때는 \r, \n의 순으로 입력된다.

앞 과정과 같이 데이터 쓰기를 write() 메서드로 수행하면, 실제로는 내부 메모리 버퍼에 기록된다. 따라서 실제로 출력하기 위해서는 flush() 메서드를 사용해야 한다. 사실 FileOutputStream 객체는 내부적으로 메모리 버퍼를 사용하지 않으므로 flush()를 생략할 수 있다. 하지만 콘솔, 네트워크 등 메모리 버퍼를 사용할 때 실제로 출력하기 위해서는 반드시 flush() 메서드를 호출해야 한다. 따라서 내부 메모리 버퍼를 사용할 때와 사용하지 않을 때를 일일이 구분할 필요 없이 write() 메서드 호출 이후에는 flush()를 기계적으로 함께 써준다고 생각하는 것이 편할 수 있다. 위 예제의 결과로 파일에는 "JAVA" + 개행문자(\r\n)가 기록될 것이다. 마지막으로 FileOutputStream의 자원을 close()로 해제했다.

이번에는 두 번째 예제로 write(byte[] b)를 사용해 파일에 출력했다.

write(byte[] b)-flush()-close() 메서드 활용(쓰기 방식: 영문(byte) → 파일: 영문)

```
OutputStream os2 = new FileOutputStream(outFile, true);  // 내용 연결
byte[] byteArray1 = "Hello!".getBytes();
os2.write(byteArray1);
os2.write('\n');
os2.flush();  // FileOutputStream은 내부적으로 메모리 버퍼를 사용하지 않아 생략 가능
os2.close();
```

String → byte[]

먼저 FileOutputStream 파일 객체를 생성했는데, 생성자의 매개변수로 파일 객체와 함께 boolean 값을 true로 전달해 기존 파일에 이어쓰기를 수행했다. 이후 String 클래스의 getBytes() 메서드로 문자열을 byte[]로 변환했다. 이때 매개변수로 아무런 문자셋을 넘겨주지 않았으므로 이클립스의 기본값 문자셋(여기서는 UTF-8)으로 변환이 수행될 것이다. 이어서 write(byte[] b)의 메서드에 매개변수로 byte[]를 전달했으며, `write('\n')`을 수행해 개행했다. 따라서 기존 파일에 문자열 `"Hello!"`가 추가될 것이다. 마지막으로 flush()와 close()를 호출해 실제 파일로의 출력과 자원을 반납했다.

사실 영문으로만 구성된 문자열을 byte[]로 변환할 때는 이클립스의 기본값 문자셋 설정과 관계없이 항상 동일한 결과가 나타난다.

마지막 예제는 write(byte[] b, int off, int len) 메서드를 사용해 파일을 기록한 것으로, FileOutput Stream 객체는 이어쓰기를 수행하도록 생성했으며, getBytes() 메서드를 이용해 문자열을 byte[]로 변환했다. 이후 데이터를 쓰는 과정에서 매개변수로 offset = 7, length = 8의 값을 전달했다.

write(byte[] b, int off, int len)-flush()-close() 메서드 활용(쓰기 방식: 영문(byte) → 파일: 영문)

```
// 3. n-byte 단위 쓰기(byte[]의 offset 위치에서부터 length 개수를 읽어 출력)
OutputStream os3 = new FileOutputStream(outFile, true);  // 내용 연결
byte[] byteArray2 = "Better the last smile than the first laughter.".getBytes();
os3.write(byteArray2, 7, 8);
os3.flush();  // FileOutputStream은 내부적으로 메모리 버퍼를 사용하지 않아 생략 가능
os3.close();
```

String → byte[]

이렇게 되면 byte[] 배열 데이터의 7번째 위치(offset 위치)에서 8개의 데이터(length 길이)를 읽어 파일에 쓰라는 말이 된다. 따라서 "the last"라는 문자열이 파일에 추가될 것이다. 참고로 파일에서 데이터를 읽을 때(read())는 파일의 처음 위치에서 length 데이터를 읽어 배열의 offset 위치부터 저장하라는 의미였다. 즉, 읽을 때와 쓸 때 원본의 데이터 시작 위치가 서로 다르므로 주의하기 바란다.

정리하면 메모리에 있는 배열 데이터는 얼마든지 중간부터 읽을 수 있지만, 일반적인 파일은 항상 처음부터 데이터를 읽을 수 있다는 점을 기억하면 위 내용을 이해하는 데 도움이 될 것이다.

Do it! 실습 FileOutputStream의 write() 메서드를 이용한 영문 데이터 쓰기 FileOutputStream_1.java

```
package sec02_fileinputoutputstream.EX04_FileOutputStream_1;
import java.io.File;
import java.io.FileOutputStream;
import java.io.IOException;
import java.io.OutputStream;

public class FileOutputStream_1 {
    public static void main(String[] args) throws IOException {
        // 입력 파일 생성
        File outFile = new File("src/sec02_fileinputoutputstream/files/FileOutputStream1.txt");
        // 1. 1-byte 단위 쓰기
        OutputStream os1 = new FileOutputStream(outFile);
```

```
        os1.write('J');
        os1.write('A');
        os1.write('V');
        os1.write('A');
        os1.write('\r');  // 13(생략 가능)
        os1.write('\n');  // 10 개행 /r/n
        os1.flush();
        os1.close();
        // 2. n-byte 단위 쓰기(byte[]의 처음부터 끝까지 데이터 쓰기)
        OutputStream os2 = new FileOutputStream(outFile, true);  // 내용 연결
        byte[] byteArray1 = "Hello!".getBytes();
        os2.write(byteArray1);
        os2.write('\n');
        os2.flush();
        os2.close();
        // 3. n-byte 단위 쓰기(byte[]의 offset부터 length개의 byte 데이터 쓰기)
        OutputStream os3 = new FileOutputStream(outFile, true); // 내용 연결
        byte[] byteArray2 = "Better the last smile than the first laughter".getBytes();
        os3.write(byteArray2, 7, 8);
        os3.flush();
        os3.close();
    }
}
```

실행 결과

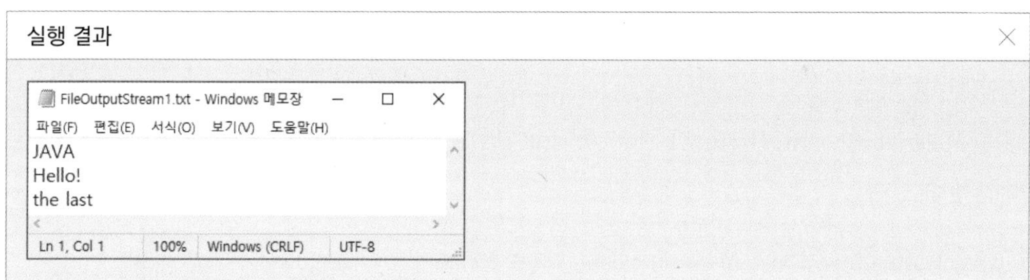

한글 데이터 파일 출력하기

앞에서 살펴본 3개의 예제는 영문 데이터만을 포함하고 있는 파일을 작성하는 방법이었다. 이제 한글 데이터를 파일로 작성해 보자. 먼저 한글 데이터를 쓰기 위한 파일 객체를 다음과 같이 생성했다.

FileOutputStream2.txt 파일 객체 생성 및 실제 파일이 없을 때 파일 생성

```
File outFile = new File("src/sec02_fileinputoutputstream/files/FileOutputStream2.txt");
if(!outFile.exists()) outFile.createNewFile(); // 파일을 쓸 때 생략 가능(자동 생성)
```

write(int b) 메서드는 1byte씩 쓰기를 수행하기 때문에 최소 2byte 이상인 한글을 작성하는 데는 추가 작업이 필요하다. 한글을 작성하기 위해서는 여러 개의 byte 데이터를 한 번에 전달해야만 하는 것이다. 다음은 두 번째 메서드인 write(byte[] b), flush(), close()를 이용해 파일을 작성한 예다.

write(byte[] b)-flush()-close() 메서드 활용(쓰기 방식: 영문(byte) → 파일: 한글)

```
OutputStream os2 = new FileOutputStream(outFile, false);  // 덮어쓰기
byte[] byteArray1 = "안녕하세요".getBytes();
os2.write(byteArray1);
os2.write('\n');
os2.flush();  // FileOutputStream은 내부적으로 메모리 버퍼를 사용하지 않아 생략 가능
os2.close();
```

"안녕하세요"를 getBytes() 메서드를 이용해 byte[] 배열로 변환한 후에 전달했으며, 매개변수로 아무것도 넘겨 주지 않았으므로 Charset.defaultCharset(), 즉 이클립스의 기본값 문자셋을 기준으로 byte[]이 생성될 것이다. 이렇게 변환된 byte[]를 write(byte[] b) 메서드의 매개변수로 넘겨 준 후 '\n'을 추가로 기록해 개행했다. 이후 flush()와 close() 메서드를 호출해 실제로 출력한 후 자원을 반납했다. 따라서 파일에는 "안녕하세요" + 개행 문자가 그대로 쓰일 것이다.

세 번째 메서드인 write(byte[] b, int off, int len)도 영문 데이터를 작성할 때와 마찬가지로 작성할 수 있다.

write(byte[] b, int off, int len)-flush()-close() 메서드 활용(쓰기 방식: 영문(byte) → 파일: 한글)

```
OutputStream os3 = new FileOutputStream(outFile, true);  // 내용 연결
byte[] byteArray2 = "반갑습니다.". getBytes(Charset.defaultCharset());
os3.write(byteArray2, 6, 6);
os3.flush();  // FileOutputStream은 내부적으로 메모리 버퍼를 사용하지 않으므로 생략 가능
os3.close();
```

예제에서는 getBytes(Charset.defualtCharset())과 같이 기본값 문자셋을 넘겨 줬는데, 매개변수를 생략했을 때와 동일한 방식으로 byte[]로 변환한다. 여기서는 offset = 6, length = 6이기 때문에 입력된 byte[]의 6번 위치에서부터 6byte를 읽어 파일에 작성한다. 따라서 실제로 작성되는 내용은 "습니"이다.

이 예제에서는 이클립스의 기본값 문자셋이 UTF-8로 설정돼 있으므로 한글 1글자는 3byte를 차지한다. 따라서 앞의 2글자(offset = 6) 이후 2글자(length = 6)를 읽어 파일에 출력한다.

Do it! 실습 FileOutputStream의 write() 메서드를 이용해 한글 데이터 쓰기 FileOutputStream_2.java

```
package sec02_fileinputoutputstream.EX05_FileOutputStream_2;
import java.io.File;
import java.io.FileOutputStream;
import java.io.IOException;
import java.io.OutputStream;
import java.nio.charset.Charset;

public class FileOutputStream_2 {
    public static void main(String[] args) throws IOException {
        // 1. 입력 파일 생성
        File outFile = new File("src/sec02_fileinputoutputstream/files/FileOutputStream2.txt");
        // 2. n-byte 단위 쓰기(byte[]의 처음부터 끝까지 데이터 쓰기)
        OutputStream os2 = new FileOutputStream(outFile, true);  // 내용 연결
        byte[] byteArray1 = "안녕하세요".getBytes(Charset.forName("UTF-8"));
        os2.write(byteArray1);
        os2.write('\n');
        os2.flush();
        os2.close();
        // 3. n-byte 단위 쓰기(byte[]의 offset부터 length개의 byte 데이터 쓰기)
        OutputStream os3 = new FileOutputStream(outFile, true);  // 내용 연결
        byte[] byteArray2 = "반갑습니다.".getBytes(Charset.defaultCharset());
        os3.write(byteArray2, 6, 6);
        os3.flush();
        os3.close();
    }
}
```

실행 결과

FileOutputStream2.txt - Windows 메모장
파일(F) 편집(E) 서식(O) 보기(V) 도움말(H)
안녕하세요
습니
Ln 1, Col 1 | 100% | Unix (LF) | UTF-8

참고로 자바 코드로 텍스트 파일을 생성할 때도 이클립스에서 new file로 텍스트 파일을 생성할 때와 같은 방식으로 문자셋이 지정된다. 즉, 이클립스의 기본값 문자셋이 MS949일 때는 영문 파일과 한글 파일이 각각 UTF-8과 MS949(ANSI) 문자셋을 기준으로 생성되고, 기본값 문자셋이 UTF-8일 때는 영문 파일과 한글 파일 모두 UTF-8 문자셋을 기준으로 생성된다. 다만 메모장 프로그램을 이용해 직접 작성할 때는 한글의 포함 여부와 상관없이 UTF-8로 저장된다(Window10 기준).

19.2.7 콘솔로 InputStream 사용하기

이제 콘솔로 입출력해 보자. 앞에서 살펴본 FileInputStream과 FileOutputStream 생성자의 매개변수로 FileDescriptor 클래스의 정적 필드인 in과 out을 넘겨 객체를 생성하면, 이후 FileInputStream과 FileOutputStream 객체를 이용해 콘솔로 입출력할 수 있다.

FileDescriptor.in과 FileDescriptor.out을 이용한 콘솔 입출력

```
InputStream is = new FileInputStream(FileDescriptor.in);      // 콘솔 입력 스트림 설정
OutputStream os = new FileOutputStream(FileDescriptor.out);  // 콘솔 출력 스트림 설정
```

하지만 위 방법보다는 자바에서 이미 콘솔의 입출력을 위해 제공된 객체를 사용하는 것이 가장 간단한 방법이다. 입력을 하는 데는 InputStream 타입의 System.in 객체가 제공되며, 출력을 위한 객체는 PrintStream 타입의 System.out이다.

콘솔 출력 과정에서 많이 사용한 System.out.println()에서 System.out이 바로 콘솔 출력을 위해 자바가 미리 만들어 제공하는 객체다.

System.in 객체로 InputStream 사용하기

그럼 먼저 System.in 객체를 이용해 콘솔에서 입력을 받아보자.

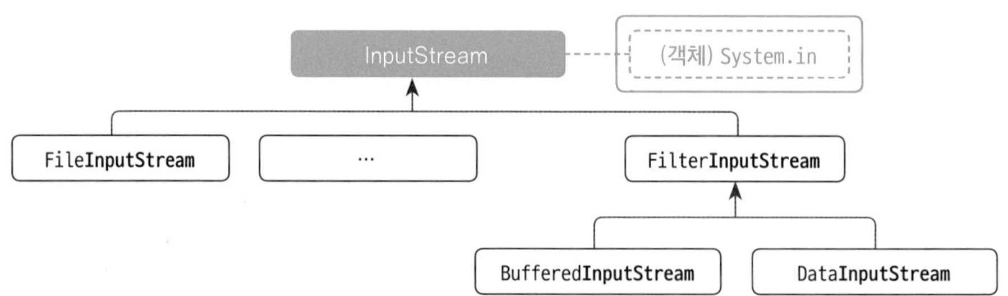

그림 19-16 InputStream 상속 구조도에서 Java API가 제공하는 System.in 객체의 위치

System.in은 자바 API에서 제공하는 콘솔 입력을 위한 InputStream 객체다. 단 1개의 객체를 미리 생성해 제공하므로 close() 메서드로 자원을 반납하면 이후에는 콘솔로 입력받을 수 없다. 따라서 콘솔 입력을 받을 때는 자원을 반납하지 않는다. 콘솔을 통해 입력할 때 반드시 기억해야 하는 것은 바로 데이터가 전달되는 시점이다. 콘솔로 입력된 데이터는 Enter**를 입력한 시점에 InputStream으로 전달**된다. 즉, 1줄 단위로만 입력할 수 있다는 말이 된다.

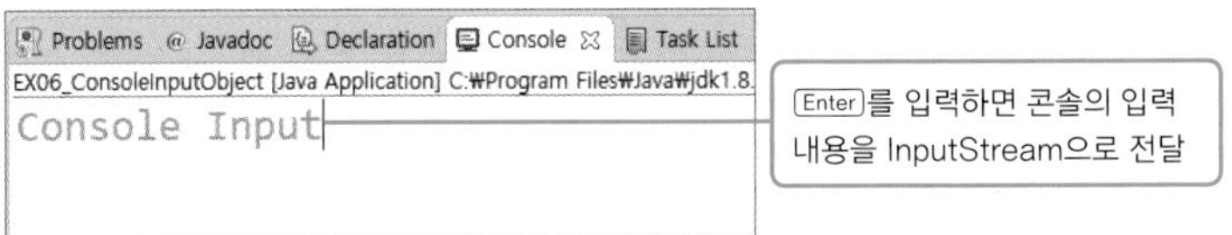

그렇다면 Enter가 입력되는 시점은 어떻게 알 수 있을까? 운영체제마다 Enter를 입력했을 때 InputStream으로 전달되는 데이터가 서로 다르다. 먼저 윈도우 운영체제의 콘솔에서 Enter를 입력하면 '\r'(13) + '\n'(10)의 순으로 2byte의 데이터가 순서대로 입력된다. 반면 맥에서 Enter를 입력하면 '\n'(10)만 입력된다. 다시 말하면 윈도우는 '\r' 이전까지, 맥은 '\n' 이전까지가 순수 데이터가 되는 것이다. 따라서 윈도우 시스템에서는 순수 데이터를 추출할 때 읽은 바이트 데이터가 '\r' 또는 13이 아닐 때까지 반복해 데이터를 읽고, 맥 시스템에서는 읽은 데이터가 '\n' 또는 10이 나오기 전까지 반복해 데이터를 읽는다.

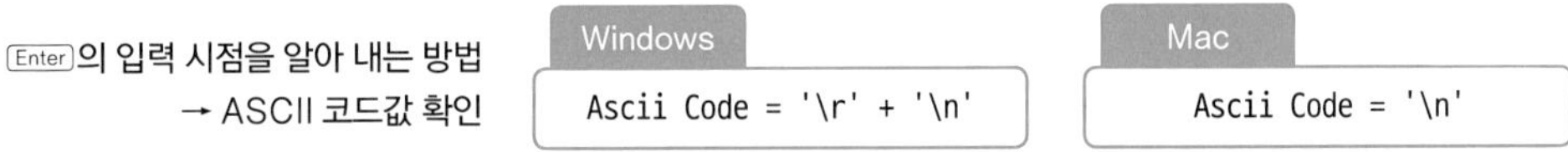

다음 예제는 윈도우와 맥 운영체제에서 콘솔에서 실제 입력된 데이터까지만 읽어 화면에 출력하는 예다.

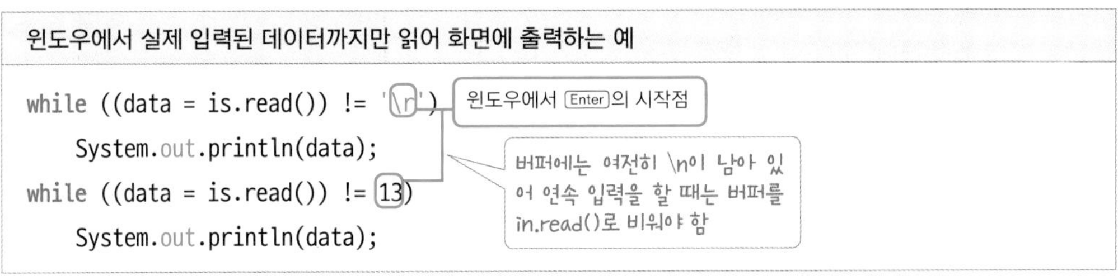

윈도우에서 실제 입력된 데이터까지만 읽어 화면에 출력하는 예

```
while ((data = is.read()) != '\r')
    System.out.println(data);
while ((data = is.read()) != 13)
    System.out.println(data);
```

맥에서 실제 입력된 데이터까지만 읽어 화면에 출력하는 예

```
while ((data = is.read()) != '\n')
    System.out.println(data);
while ((data = is.read()) != 10)
    System.out.println(data);
```

맥에서 Enter의 시작점

콘솔로 입력된 영문 데이터 읽기와 처리하기

System.in 자체가 InputStream 타입의 객체이기 때문에 그대로 사용해도 되지만, 앞 예제들과의 일관성을 유지하기 위해 InputStream 참조 변수에 대입해 사용했다. 다음은 콘솔에 'Hello + Enter'를 입력했을 때 읽은 데이터와 남아 있는 바이트 수를 리턴하는 예제다. while 문을 살펴보면 Enter의 직전까지의 데이터를 읽기 위해 읽은 데이터가 '\r'일 때 반복문을 탈출하도록 작성했다. 윈도우 운영체제이기 때문에 그렇게 한 것인데, 만일 맥이었다면 '\n'을 넣어야 할 것이다. 물론 일반적으로는 두 운영체제에서 모두 동작하도록 '\r' 또는 '\n'일 때 탈출하도록 OR(||) 구문으로 작성하는 것이 바람직할 것이다.

Do it! 실습 콘솔 입력을 위한 System.in 활용과 available(), close() 메서드의 활용

ConsoleInputObject_1.java

```
package sec03_consoleinputoutput.EX01_ConsoleInputObject_1;
import java.io.IOException;
import java.io.InputStream;

public class ConsoleInputObject_1 {
    public static void main(String[] args) throws IOException {
        // InputStream 객체 생성
        InputStream is = System.in;
        int data;
        while((data = is.read()) != '\r') {
            System.out.println("읽은 데이터: " + (char)data + " 남은 바이트 수: " + is.available());
        }
        System.out.println(data);        // \r (13)
        System.out.println(is.read());   // \n (10)
    }
}
```

버퍼를 비워 주기 위해 입력 버퍼에 남아 있는 '\n'을 read() 메서드를 이용해 꺼냄

실행 결과

```
Hello
읽은 데이터: H 남은 바이트 수: 6
읽은 데이터: e 남은 바이트 수: 5
읽은 데이터: l 남은 바이트 수: 4
읽은 데이터: l 남은 바이트 수: 3
읽은 데이터: o 남은 바이트 수: 2
13
10
```

만일 콘솔에서 연속적으로 입력을 받는다면 버퍼에 남아 있는 데이터는 반드시 꺼내야 한다. 만일 이 버퍼값을 모두 읽지 않으면 다음 입력이 실행도 되기 전에 버퍼에 남겨진 값을 읽는다. 위의 예제에서 버퍼에 마지막으로 저장돼 있는 '\n'(10)까지의 값을 read()로 읽은 이유다.

그럼 이번에는 3가지 형태로 오버로딩된 read()의 적용 예를 하나씩 살펴보자. 먼저 InputStream 참조 변수에는 System.in을 그대로 대입해 사용했다.

InputStream 객체 참조

```
InputStream is = System.in;
```

이후의 모든 과정은 데이터의 끝을 구분하기 위해 -1 대신, '\r'을 사용했다는 점만 제외하고 FileInputStream과 완벽히 일치한다. 매개변수가 없는 read() 메서드를 이용한 다음 예제는 1byte씩 읽은 데이터를 그대로 출력했으므로 입력한 문자가 그대로 출력될 것이다.

read() 메서드 활용(콘솔: 영문 → 읽기 방식: 영문(byte))

```
int data;
while((data = is.read()) != '\r') {
    System.out.print((char)data);
}
is.read();  // '\n';
```

이번에는 read(byte[] b)이다. 콘솔로 얼마만큼의 데이터가 입력될지 모르므로 넉넉히 100의 크기를 갖는 byte[]를 생성했다.

read(byte[] b) 메서드 활용(콘솔: 영문 → 읽기 방식: 영문(byte))

```
byte[] byteArray = new byte[100];
int count = is.read(byteArray);
for (int i = 0; i < count; i++)
    System.out.print((char) byteArray[i]);
System.out.println(": count=" + count);
```

콘솔은 1줄 단위로 입력을 받으므로 일반적으로 반복문 대신 크기가 큰 배열로 입력을 처리

앞에서 이야기한 것처럼 콘솔은 1줄 단위로 입력받으므로 일반적으로 반복문 대신 크기가 큰 배열로 입력을 처리할 때가 많다. 한 번에 읽은 데이터를 읽은 바이트 수만큼 for 문으로 화면에 출력하고, 이어서 읽은 데이터의 수를 출력했다. 만일 실제 입력한 데이터가 "abcdef"라면 실제 입력된 개수는 6이지만, Enter 값으로 2byte가 추가돼(Mac의 경우 1byte 추가) 전체 count 값은 8이 출력될 것이다.

마지막 예제는 read(byte[] b, int off, int len)을 이용해 콘솔의 데이터를 읽는 예제로 여기에서는 offset = 3, length = 5를 설정했다.

read(byte[] b, int off, int len) 메서드 활용(콘솔: 영문 → 읽기 방식: 영문(byte))

```
int offset = 3;
int length = 5;
byte[] byteArray = new byte[8]; // offset + length
int count = is.read(byteArray, offset, length); // offset: 3 length: 5
for (int i = 0; i < offset+count; i++)
    System.out.print((char) byteArray[i]);
System.out.println(": count=" + count);
```

입력된 데이터 중 5byte만 읽은 후 배열의 3번 위치부터 작성하라는 의미이기 때문에 배열의 크기는 8이면 충분하다. 예를 들어 콘솔에 "Hello GoodBye!!"와 같이 입력했다면, 입력된 데이터 중 처음 5byte, 즉 "Hello"를 읽어 byteArray[] 배열의 3번 인덱스 위치에 저장할 것이다. 따라서 실제 byteArray[]의 내부 데이터는 {0, 0, 0, 'H', 'e', 'l', 'l', 'o'}의 값을 지니게 된다.

앞에서 여러 번 언급한 것처럼 콘솔에 영문으로만 입력할 때 MS949이든, UTF-8이든 항상 동일한 방식으로 처리되기 때문에 기본값 문자셋과 관계없이 항상 동일하게 동작할 것이다.

Do it! 실습 read() 메서드를 이용해 콘솔로 영문 데이터 읽기 ConsoleInputObject_2.java

```java
package sec03_consoleinputoutput.EX02_ConsoleInputObject_2;
import java.io.IOException;
import java.io.InputStream;

public class ConsoleInputObject_2 {
    public static void main(String[] args) throws IOException {
        InputStream is = System.in;
        // 1. 1-byte 단위 읽기
        int data;
        while((data = is.read()) != '\r') {
            System.out.print((char)data);
        }
        is.read();  // \n (10)
        System.out.println();
        System.out.println();
        // 2. n-byte 단위 읽기(byte[]의 처음 위치에서부터 읽은 데이터 저장)
        byte[] byteArray1 = new byte[100];
        int count1 = is.read(byteArray1);
        for(int i = 0; i < count1; i++)
            System.out.print((char)byteArray1[i]);
        System.out.println(": count = " + count1);
        System.out.println();
        // 3. n-byte 단위 읽기(앞에서 length만큼 읽어 byte[] offset 위치에 넣기)
        byte[] byteArray2 = new byte[8]; // offset + length
        int offset = 3;
        int length = 5;
        int count2 = is.read(byteArray2, offset, length);
        for(int i = 0; i < offset+count2; i++) {
            System.out.print((char)byteArray2[i]);
        }
        System.out.println(": count = " + count2);
    }
}
```

실행 결과

```
Hello
Hello

abcdef
abcdef
: count = 8

Hello Goodbye!!
   Hello: count = 5
```

콘솔로 입력된 한글 데이터 읽어 처리하기

콘솔로 입력된 한글을 처리하는 과정에서는 콘솔에 입력된 문자열을 먼저 byte[]로 읽어야 한다. 따라서 일단 1byte씩 읽는 read() 메서드를 이용해 콘솔로 입력되는 한글을 처리하는 것은 불가능한 것은 아니지만 비효율적이다. 따라서 한글 처리를 하기 위해서는 read(byte[] b) 또는 read(byte[] b, int off, int len)을 사용해야 한다.
그럼 먼저 read(byte[] b)를 이용해 콘솔로 입력된 한글을 읽어 출력하는 예를 살펴보자.

read(byte[] b) 메서드 활용(콘솔: 한글 → 읽기 방식: 문자열(String))

```
byte[] byteArray = new byte[100];
int count = is.read(byteArray);
String str = new String(byteArray, 0, count, Charset.forName("UTF-8"));
System.out.println(str);
```

콘솔도 이클립스의 기본값 문자셋을 기준으로 문자에 대한 인코딩을 수행한다. 따라서 이클립스의 기본값 문자셋이 UTF-8이라면, 이 콘솔을 이용해 입력된 한글은 UTF-8 문자셋을 기준으로 byte[] 배열로 변환돼 입력되는 것이다. 그렇게 읽은 byte[]는 String 클래스의 생성자를 이용해 넘겨 줌으로써 문자열로 변환할 수 있는데, 이때 실제로 읽은 데이터의 크기만큼만 지정 문자셋을 이용해 변환해야 하기 때문에 코드를 `String(byteArray, 0, count, Charset.forName("UTF-8"))`과 같이 작성했다. 만일 이클립스의 기본값 문자셋이 MS949였다면, 콘솔에서는 MS949 문자셋을 사용해 문자열 → byte[]로 변환했을 것이므로 byte[]를 다시 문자열로 변환할 때도 String 생성자의 마지막 매개변수인 문자셋으로 "MS949"를 지정해야 할 것이다.

마지막 메서드인 read(byte[] b, int off, int len) 메서드를 사용할 때의 방식도 앞의 여러 예제와 동일하다.

read(byte[] b, int off, int len) 메서드 활용(콘솔: 한글 → 읽기 방식: 문자열(String))

```
int offset = 3;
int length = 6;
byte[] byteArray = new byte[9];  // offset + length
int count = is.read(byteArray, offset, length);  // offset: 3 length: 6
String str = new String(byteArray, 0, offset + count, Charset.defaultCharset());  // ___반갑
// String str = new String(byteArray, offset, count, Charset.defaultCharset()); // 반갑
System.out.println(str);
```

offset = 3, length = 6일 때 배열의 크기는 9 이상이면 된다. 콘솔에 "반갑습니다."를 입력했을 때 처음 6byte, 즉 한글 1문자에 3byte를 사용하는 UTF-8에서는 한글 2문자를 배열의 3번 위치부터 저장한다. 이후 배열의 처음부터 데이터가 저장된 마지막 위치(offset + count) 전까지의 데이터를 기본값 문자셋을 이용해 문자열로 변환하면, "   반갑"과 같이 3칸의 공백 이후 문자열이 출력될 것이다. 참고로 byte[]를 문자열로 변환하는 과정에서 시작 인덱스값과 데이터의 길이를 `new String(byteArray, offset, count, Charset.defaultCharset())`과 같이 설정하면 공백 없이 문자열만 출력할 수 있다.

Do it! 실습 read() 메서드를 이용해 콘솔로 한글 데이터 읽기 ConsoleInputObject_3.java

```
package sec03_consoleinputoutput.EX03_ConsoleInputObject_3;
import java.io.IOException;
import java.io.InputStream;
import java.nio.charset.Charset;

public class ConsoleInputObject_3 {
    public static void main(String[] args) throws IOException {
        InputStream is = System.in;
        // n-byte 단위 읽기(byte[]의 처음 위치에서부터 읽은 데이터 저장)
        byte[] byteArray1 = new byte[100];
        int count1 = is.read(byteArray1);
        String str1 = new String(byteArray1, 0, count1, Charset.forName("UTF-8"));
        System.out.println(str1);
        // n-byte 단위 읽기(앞에서 length만큼 읽어 byte[] offset 위치에 넣기)
        byte[] byteArray2 = new byte[9]; // offset + length
```

입력 데이터의 바이트 수 + 2byte(Enter)

```java
        int offset = 3;
        int length = 6;
        int count2 = is.read(byteArray2, offset, length);
        String str2 = new String(byteArray2, 0, offset + count2, Charset.defaultCharset());
        // String str2 = new String(byteArray2, offset, count2, Charset.defaultCharset());
        System.out.println(str2);
    }
}
```

19.2.8 콘솔로 OutputStream 사용하기

System.out 객체로 OutputStream(PrintStream) 사용하기

콘솔에 데이터를 출력할 때도 자바에서 객체화해 제공하는 PrintStream 타입의 System.out 객체를 사용할 수 있다.

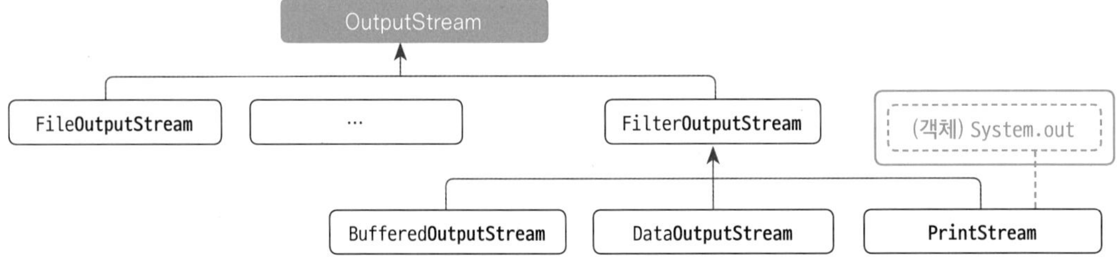

그림 19-17 OutputStream 상속 구조도에서 Java API가 제공하는 System.out 객체의 위치

아직 PrintStream은 다루지 않았지만, 그동안 콘솔 출력을 위해 수도 없이 System.out.println()을 사용해 봤을 것이다. 즉, System.out.println()은 자바 API가 미리 생성해 제공하는 System.out 객체 내에 있는 println() 메서드(PrintSream 클래스의 인스턴스 메서드)를

호출해 왔던 것이다. System.out 객체 역시 콘솔 출력용으로 단 1개의 객체를 생성해 제공하기 때문에 사용한 후 close()로 자원을 반납하면 이후에는 이 객체를 이용해 콘솔을 출력할 수 없다. 심지어 기존에 계속 사용하던 System.out.println()조차도 동작하지 않는다. 따라서 OutputStream 객체로 System.out를 사용했을 때는 자원을 반납하면 안 된다.

콘솔 입력과 달리 콘솔에 출력할 때는 운영체제와 상관없이 '\r+ \n', '\n' 모두로 개행할 수 있다. 또한 내부적으로 출력 버퍼를 사용하지 않으므로 flush() 메서드를 생략할 수 있었던 FileOutputStream과 달리 System.out 객체의 write() 메서드 자체는 출력 버퍼에 기록하기 때문에 실제 콘솔로 출력하기 위해서는 반드시 flush() 메서드를 호출해야 한다.

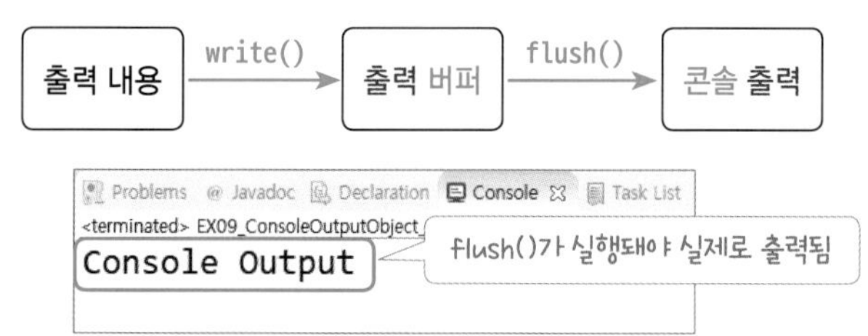

그림 19-18 System.out을 이용해 콘솔을 출력할 때 write() 메서드와 flush() 메서드의 동작

영문 데이터를 콘솔로 출력하기

먼저 영문 데이터를 콘솔로 출력하기 위해 다음과 같이 OutputStream 참조 변수에 System.out 객체를 대입했다.

OutputStream 객체 참조

```
OutputStream os = System.out;
```

실제로 System.out 객체는 PrintStream 타입이므로 훨씬 많은 메서드를 포함하고 있지만, 여기서는 OutputStream 타입으로 선언했기 때문에 앞의 여러 예제처럼 OutputStream의 메서드(write(), flush(), close() 등)만 사용할 수 있다.

write() 메서드 활용(쓰기 방식: 영문(byte) → 콘솔: 영문)

```
os.write('J');
os.write('A');
os.write('V');
os.write('A');
os.write(13);  // carriage return: \r
os.write(10);  // line feed: \n
os.flush();
```

첫 번째 예제는 write(int b) 메서드를 활용해 'J', 'A', 'V', 'A'의 문자를 입력했고, 이후 Enter에 해당하는 13('\r'), 10('\n')의 값을 추가로 입력했다. System.out 객체를 이용해 콘솔을 출력할 때 write() 메서드는 출력 버퍼에만 작성한 것이므로 실제 콘솔로 출력되도록 하기 위해서는 반드시 flush() 메서드를 호출해야 한다. 즉, flush()를 반드시 호출해야 한다는 점을 제외하면 FileOutputStream의 코드와 동일하다. 다음의 wrire(btye[] b) 메서드를 활용한 콘솔로의 영문 출력 또한 마찬가지다.

write(byte[] b) 메서드 활용(쓰기 방식: 영문(byte) → 콘솔: 영문)

```
byte[] byteArray = "Hello!".getBytes();
os.write(byteArray);
os.write('\n');
os.flush();
```

getBytes() 메서드를 이용해 기본값 문자셋을 기준으로 문자열 → byte[] 변환을 수행한 후 변환된 byte[] 배열을 write(byte[] b)의 매개변수로 전달했다. 이후 '\n'을 추가로 넘겨 개행했다. 역시 출력 버퍼의 내용을 실제 콘솔에 출력하기 위해 flush() 메서드를 호출했다.
이제 마지막으로 write(byte[], int off, int len) 메서드를 살펴보자.

write(byte[] b, int off, int len) 메서드 활용(쓰기 방식: 영문(byte) → 콘솔: 영문)

```
byte[] byteArray = "Better the last smile than the first laughter.".getBytes();
os.write(byteArray, 7, 8);
os.flush();
```

write() 메서드에서는 offset = 7, length = 8의 값을 넘겨 줬으므로 byte[] 배열의 7번 인덱스 위치에서부터 8byte를 읽어 출력 버퍼에 기록한다. 역시 마지막에는 실제 콘솔의 출력하기 위해 flush() 메서드를 호출했다.

영문만을 출력할 때 문자셋(MS949, UTF-8)과 관계없이 항상 동일한 결과가 나타난다.

앞에서도 언급했지만, 위의 모든 과정은 OutputStream의 객체를 생성하는 방법을 제외하면 File에 쓰는 과정과 동일하다. 즉, 사용하고자 하는 InputStream 및 OutputStream이 File에 연결돼 있으면 파일 입출력, 콘솔에 연결돼 있으면 콘솔 입출력이 되는 것이다.

InputStream과 OutputStream이 네트워크의 특정 지점에 연결돼 있을 때는 네트워크 입출력을 수행할 수 있다. 이때도 InputStream, OutputStream의 객체 생성 방법만 다를 뿐 사용 방법은 동일하다.

Do it! 실습 write() 메서드를 이용해 콘솔로 영문 데이터 출력하기 ConsoleOutputObject_1.java

```
package sec03_consoleinputoutput.EX04_ConsoleOutputObject_1;
import java.io.IOException;
import java.io.OutputStream;

public class ConsoleOutputObject_1 {
    public static void main(String[] args) throws IOException {
        OutputStream os = System.out;
        // 1. 1-byte 단위 쓰기
        os.write('J');
        os.write('A');
        os.write('V');
        os.write('A');
        os.write('\r');  // 13(생략 가능)
        os.write('\n');  // 10 개행 /r/n
        os.flush();
        // 2. N-byte 단위 쓰기(byte[]의 처음부터 끝까지 데이터 쓰기)
        byte[] byteArray1 = "Hello!".getBytes();
        os.write(byteArray1);
        os.write('\n');
        os.flush();
        // 3. N-byte 단위 쓰기(byte[]의 offset부터 length개의 byte 데이터를 쓰기)
        byte[] byteArray2 = "Better the last smile than the first laughter".getBytes();
        os.write(byteArray2, 7, 8);
        os.flush();
    }
}
```

실행 결과

```
JAVA
Hello!
The last
```

한글 데이터를 콘솔로 출력하기

콘솔로 한글을 출력할 때도 이전과 동일하게 출력하고자 하는 문자열을 getBytes()를 이용해 byte[] 배열로 변환한다. 이때 변환에 사용되는 문자셋을 지정할 수 있다. 따로 지정하지 않으면 기본값으로 지정된다. 이렇게 변환된 byte[]를 write(byte[] b) 또는 write(byte[] b, int off, int len)로 전달해 한글을 출력할 수 있다. 물론 System.out 자체가 PrintStream 타입이기 때문에 OutputStream 타입이 아닌 PrintStream 타입으로 선언했다면 println() 등의 메서드로 훨씬 수월하게 출력할 수 있을 것이다. 다만 여기서는 OutputStream 객체로서 System.out를 가져와 사용한 것뿐이며, PrintStream은 나중에 자세히 설명한다.

다음은 이클립스의 기본값 문자셋이 UTF-8일 때 write(byte[] b) 메서드를 활용해 콘솔에 한글을 출력하는 예다.

write(byte[] b) 메서드 활용(쓰기 방식: 영문(byte) → 콘솔: 한글)

```
byte[] byteArray = "안녕하세요".getBytes(Charset.forName("UTF-8"));
os.write(byteArray);
os.write('\n');
os.flush();
```

getBytes() 메서드의 매개변수로 Charset.forName("UTF-8")과 같이 명시적으로 UTF-8 문자셋을 지정했다. 사실 기본값 문자셋을 UTF-8으로 지정해 놓았기 때문에 매개변수를 생략하거나 Charset.defaultCharset()과 같이 넘겨 줘도 이와 동일한 결과를 얻을 수 있다. 어찌됐든 이렇게 변환된 byte[]와 개행을 위한 '\n'을 각각 write() 메서드의 매개변수로 넘겨 준 후 flush()를 호출해 실제 콘솔에 출력되도록 했다.

이제 마지막으로 write(byte[] b, int off, int len) 메서드를 활용한 예를 살펴보자.

write(byte[] b, int off, int len) 메서드 활용(쓰기 방식: 영문(byte) → 콘솔: 한글)

```
byte[] byteArray = "반갑습니다".getBytes(Charset.defaultCharset());
os.write(byteArray, 6, 6);
os.flush();
```

offset = 6, length = 6을 넘겨 줬으므로 변환된 byte[]의 6번 인덱스 위치에서 6byte, 즉 처음 2글자 이후에 한글 2글자를 가져와 화면에 출력할 것이다.

이상의 모든 과정에서 만일 기본값 문자셋이 MS949라면 getBytes() 메서드 매개변수로 UTF-8 대신, MS949

MS949 문자셋은 한글 한 문자에 2byte를 할당하며, UTF-8은 3byte를 할당한다.

를 지정해야 하며, 동일한 결과를 출력하기 위해서는 offset = 4, length = 4를 넘겨 줘야 할 것이다.

Do it! 실습 write() 메서드를 이용해 콘솔로 한글 데이터 출력하기 ConsoleOutputObject_2.java

```java
package sec03_consoleinputoutput.EX05_ConsoleOutputObject_2;
import java.io.IOException;
import java.io.OutputStream;
import java.nio.charset.Charset;

public class ConsoleOutputObject_2 {
    public static void main(String[] args) throws IOException {
        OutputStream os = System.out;
        // n-byte 단위 쓰기(byte[]의 처음부터 끝까지 데이터 쓰기)
        byte[] byteArray1 = "안녕하세요".getBytes(Charset.forName("UTF-8"));
        os.write(byteArray1);
        os.write('\n');
        os.flush();
        // n-byte 단위 쓰기(byte[]의 offset부터 length개의 byte 데이터를 쓰기)
        byte[] byteArray2 = "반갑습니다.".getBytes(Charset.defaultCharset());
        os.write(byteArray2, 6, 6);
        os.flush();
    }
}
```

실행 결과

```
안녕하세요
습니
```

19.2.9 입출력 필터링하기

InputStream과 OutputStream만으로도 데이터의 입출력을 수행할 수 있지만, byte 단위로 데이터를 출력하다 보니 속도가 느리고 다양한 타입(int, double 등)으로 바로 출력할 수 없다. 이러한 문제점을 개선할 수 있는 것이 바로 FilterInputStream과 FilterOutputStream이다. Filter(Input/Output)Stream에 해당하는 대표적인 클래스로는 Buffered(Input/Output)Stream, Data(Input/Output)Stream, PrintStream을 들 수 있다. 이들 클래스들을 좀 더 개념적으로 파악하기 위해 그림 19-19를 살펴보자.

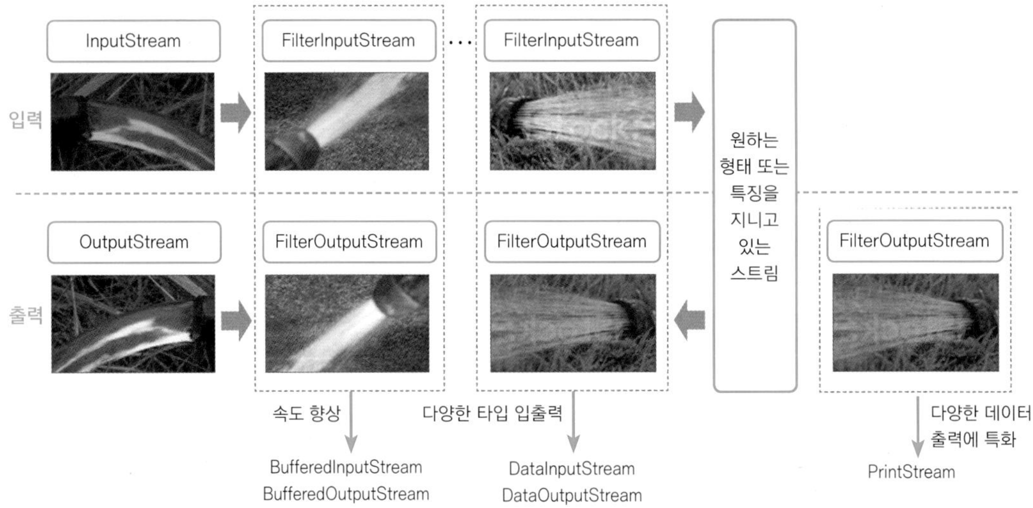

그림 19-19 FilterInputStream/FilterOutputStream의 역할

먼저 InputStream과 OutputStream은 수도꼭지에 연결된 호스라고 생각하자. 말 그대로 '물의 흐름[stream]'이다. 이 호스의 끝에 필터를 달고 수압을 높여 물의 속도를 증가시키는 필터가 BufferedInputStream, BufferedOutputStream이다. 다시 말해 이들 클래스를 활용하면 입출력 속도를 증가시킬 수 있다. 이번에는 호스의 끝에 다양한 모양으로 물줄기가 나오도록 하는 필터를 달아 어떤 때는 샤워기처럼 여러 갈래로 나오고, 어느 때는 하나로 뭉쳐 나오도록 하는 필터가 DataInputStream과 DataOutputStream이다. 즉, 이들 클래스를 사용하면 단순히 byte 단위의 입출력이 아닌 int, float, double 또는 문자열로 데이터를 읽고 쓸 수 있다. PrintStream도 FilterOutStream의 하위 클래스로, 다양한 형태의 출력을 생성할 수 있는 필터라고 생각하면 된다. 그럼 하나씩 살펴보자.

BufferedInputStream과 BufferedOutputStream을 이용해 속도 향상시키기

BufferedInputStream과 BufferedOutputStream은 입출력 과정에서 메모리 버퍼를 사용해 속도를 향상시키는 클래스다. 예를 들어 100byte의 데이터를 파일에 기록할 때 byte 단위로 파일에 데이터를 쓴다면 파일에 100번 액세스해야 할 것이다. 파일은 물리적으로 하드디스크에 저장돼 있으므로 결국 하드디스크에 100번 쓰기를 수행해야 한다는 것이다. Buffered(Input/Output)Stream의 기본적인 개념은 일단 쓰고자 하는 데이터를 메모리 버퍼에 기록하고, 한 번씩 모아 파일에 쓴다는 말이다. 만일 버퍼의 사이즈가 50이라면 메모리 버퍼에 50개의 데이터가 가득찰 때 1번씩 파일에 액세스한다. 즉, 이때 100byte의 데이터를 기록하기 위해 2번만 하드디스크에 액세스하는 것이다. 하드디스크와 메모리의 쓰기 속도는 비교 자체가 불가능할 정도로 차이가 나기 때문에 메모리 버퍼를 사용하면 속도가 엄청나게 빨라질 수 있다.

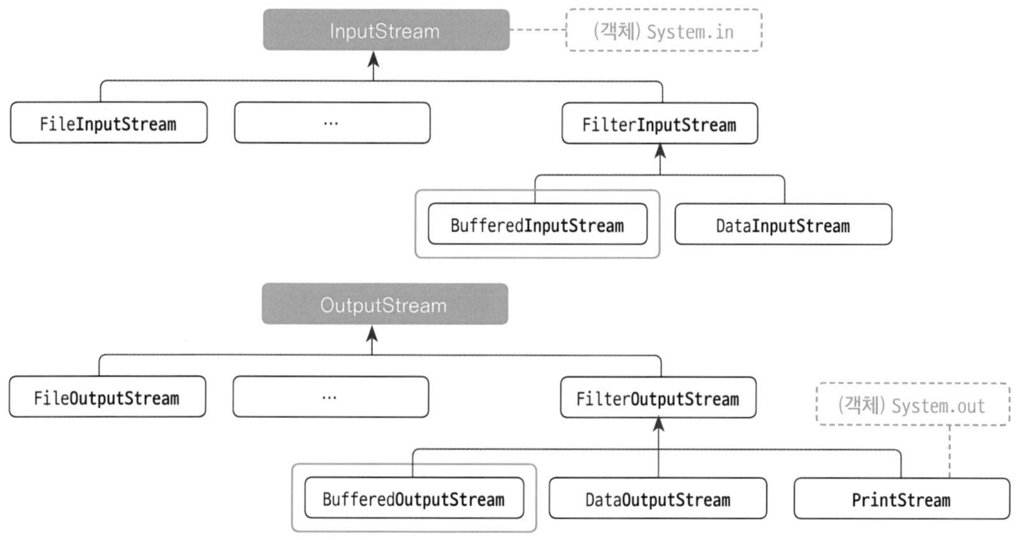

그림 19-20 BufferedInputStream과 BufferedOutputStream의 상속 구조

BufferedInputStream의 객체는 다음 2가지 생성자를 이용해 생성한다. 2가지 생성자 모두 매개변수로 InputStream을 포함하고 있는데, 앞에서 말한 것처럼 개념적으로는 InputStream의 끝에 필터인 BufferedInputStream을 연결해야 하기 때문이다.

BufferedInputStream의 2가지 생성자

```
BufferedInputStream(InputStream in)
BufferedInputStream(InputStream in, int size)    // 버퍼의 크기를 직접 지정 가능
```

두 번째 생성자의 size 값은 내부 메모리 버퍼 크기로 지정하지 않았을 때 기본값 버퍼 크기가 사용된다. 다음은 BufferedInputStream 객체 생성의 예다.

BufferedInputStream 객체 생성의 예

```
File orgfile = new File("mycat_origin.jpg");
InputStream is = new FileInputStream(orgfile);
BufferedInputStream bis = new BufferedInputStream(is);
```

이와 비슷하게 BufferedOutputStream도 2가지 생성자 중 하나를 이용해 객체를 생성할 수 있으며, 2가지 생성자 모두 OutputStream 객체를 매개변수로 받는다. BufferedOutputStream도 OutputStream의 끝에 필터를 연결한 개념이기 때문이다.

BufferedOutputStream의 2가지 생성자

```
BufferedOutputStream(OutputStream os)
BufferedOutputStream(OutputStream os, int size)
```

버퍼의 크기를 직접 지정 가능

이 역시 메모리 버퍼의 크기는 직접 지정할 수도 있고, 생략해 기본값 크기를 사용할 수도 있다. 다음은 BufferedOutputStream 객체를 생성한 예다.

BufferedOutputStream 객체 생성의 예

```
File outfile = new File("mycat_origin.jpg");
OutputStream os = new FileOutputStream(outfile);
BufferedOutputStream bos = new BufferedOutputStream(os);
```

앞에서 이야기한 것처럼 BufferedInputStream과 BufferedOutputStream을 이용하면 속도를 향상시킬 수 있다고 했다. 그럼 정말 속도가 향상되는지 다음 실습을 살펴보자. Buffered InputStream과 BufferedOuputStream을 사용하지 않았을 때(mycat_copy1)와 사용했을 때(mycat_copy2) 이미지 파일의 복사 시간을 측정했다. 자원을 쉽게 반납할 수 있도록 리소스 자동 해제 예외 처리(try with resource) 구문을 사용해 try() 구문의 소괄호 안에서 스트림 객체를 생성했다. 나머지 코드는 단순히 파일을 byte 단위로 읽고, 읽은 데이터를 그대로 새로운 파일에 저장하는 코드와 시간을 측정하는 코드가 포함돼 있다. 실행 결과를 살펴보면 BufferedInputStream과 BufferedOutputStream을 사용할 때 속도가 약 239배 향상됐다는 것을 알 수 있다. 실무에서는 파일을 기록할 때 기계적으로 Buffered(Input/Output) Stream 필터를 함께 사용하므로 반드시 사용법을 익혀 두길 바란다.

Do it! 실습 **Buffered(Input/Output)Stream 클래스를 활용한 입출력 속도 개선**

BufferedInputOutputStream.java

```
package sec04_filterinputoutputstream.EX01_BufferedInputOutputStream;
import java.io.BufferedInputStream;
import java.io.BufferedOutputStream;
import java.io.File;
```

```java
import java.io.FileInputStream;
import java.io.FileOutputStream;
import java.io.IOException;
import java.io.InputStream;
import java.io.OutputStream;

public class BufferedInputOutputStream {
    public static void main(String[] args) {
        // 파일 생성
        File orgfile = new File("src/sec04_filterinputoutputstream/files/mycat_origin.jpg");
        File copyfile1 = new File("src/sec04_filterinputoutputstream/files/mycat_copy1.jpg");
        File copyfile2 = new File("src/sec04_filterinputoutputstream/files/mycat_copy2.jpg");
        long start, end, time1, time2;
        // 1. BufferedInputStream, BufferedOutputStream을 사용하지 않을 때
        start = System.nanoTime();
        try(InputStream is = new FileInputStream(orgfile);
            OutputStream os = new FileOutputStream(copyfile1);) {
            // 복사하는 코드
            int data;
            while((data = is.read()) != -1) {
                os.write(data);
            }
        } catch(IOException e) {e.printStackTrace();}
        end = System.nanoTime();
        time1 = end - start;
        System.out.println("Without BufferedXXXStream: " + time1);
        // 2. BufferedInputStream, BufferedOutputStream을 사용했을 때
        start = System.nanoTime();
        try(InputStream is = new FileInputStream(orgfile);
            BufferedInputStream bis = new BufferedInputStream(is);
            OutputStream os = new FileOutputStream(copyfile2);
            BufferedOutputStream bos = new BufferedOutputStream(os);) {
            // 복사하는 코드
            int data;
            while((data=bis.read()) != -1) {
```

속도 향상을 위한 추가 처리

```java
                bos.write(data);
            }
        } catch(IOException e) {e.printStackTrace();}
        end = System.nanoTime();
        time2 = end-start;
        System.out.println("With BufferedXXXStream: " + time2);
        // 사용했을 때와 사용하지 않았을 때 비교
        System.out.println("Ratio of with and without: " + time1/time2);
    }
}
```

실행 결과

```
Without BufferedXXXStream: 764440400
With BufferedXXXStream: 3195300
Ratio of with and without: 239
```

DataInputStream과 DataOutputStream을 이용해 데이터 타입 다양화하기

InputStream과 OutputStream만으로는 데이터를 오직 byte 단위로만 입출력할 수 있다. 만일 4byte 크기인 int 데이터를 저장하려면 1byte씩 4번 저장해야 한다. 문제는 그 값을 정확히 읽는 것이 절대 녹록지 않다는 것이다. 매우 간단한 예로 2548이라는 4자리 숫자를 한 글자씩 저장한다고 생각해 보자. 1글자씩 4번 저장하면, 각각 저장된 글자는 '2', '5', '4', '8'일 것이다. 하지만 글자가 실제 2548이라는 숫자가 되기 위해서는 각 숫자마다 자릿수에 해당하는 숫자를 곱한 후 더해야 할 것이다. 즉, 2 × 1000 + 5 × 100 + 4 × 10 + 8 × 1 = 2548처럼 계산해야 한다는 것이다. 복잡해 보일지는 모르겠지만, 이건 int나 double의 데이터를 1byte씩 잘라 보낸 후 그 값을 읽는 과정에 비하면 한없이 간단한 예에 해당한다.

InputStream과 OutputStream만으로 int, float, double 등의 타입으로 데이터를 쓰고 읽는 것은 엄청난 노력이 필요하다. 이런 문제점을 해결해 주는 필터가 DataInputStream과 DataOutputStream인 것이다. DataInputStream과 DataOutputStream은 다양한 데이터 타입(int, long, float, double, String 등)으로 입출력을 지원하는 클래스다.

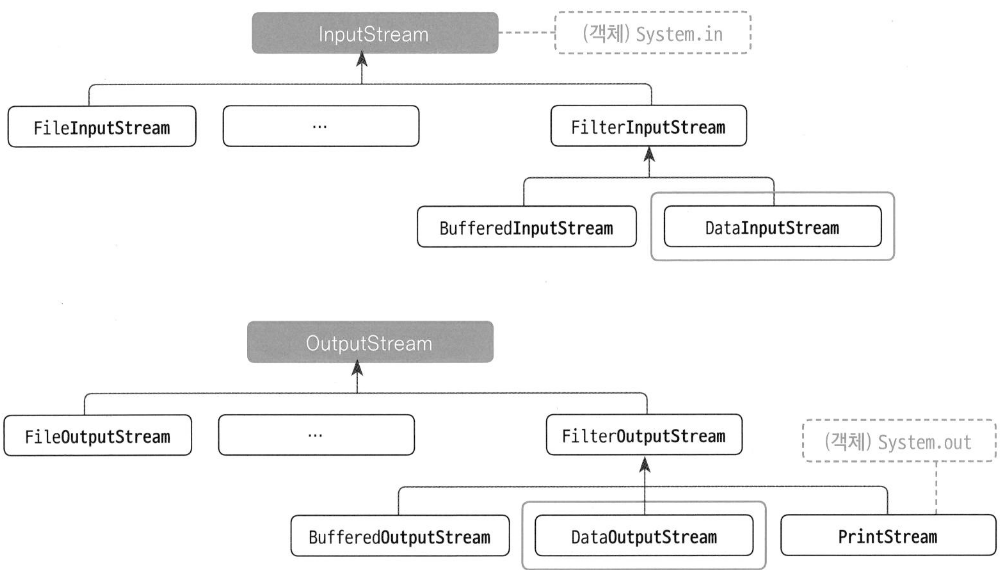

그림 19-21 DataInputStream과 DataOutputStream의 상속 구조

DataInputStream의 객체는 다음과 같이 InputStream 객체를 매개변수로 포함하고 있는 생성자를 이용해 생성한다. 이 역시 FilterInputStream이므로 InputStream에 연결해야 하기 때문이다.

DataInputStream 생성자

```
DataInputStream(InputStream in)
```

다음은 DataInputStream 객체 생성의 예다.

DataInputStream 객체 생성의 예

```
File datafile = new File("file1.data");
InputStream is = new FileInputStream(datafile);
DataInputStream dis = new DataInputStream(is);
```

DataOutputStream 객체 또한 OutputStream 객체를 매개변수로 전달받는 생성자를 이용해 생성한다. 다음은 DataOutputStream 생성자와 이를 이용한 객체 생성의 예다.

DataOutputStream 생성자
`DataOutputStream(OutputStream out)`

DataOutputStream 객체 생성의 예

```
File datafile = new File("file1.data");
OutputStream os = new FileOutputStream(datafile);
DataOutputStream dos = new DataOutputStream(os);
```

DataInputStream과 DataOutputStream 클래스의 대표적인 메서드는 표 19-12와 같다.

표 19-12 DataInputStream과 DataOutputStream의 주요 메서드

	DataInputStream 메서드	DataOutputStream 메서드
상속받은 메서드	int read(byte[] b) int read(byte[] b, int off, int len)	void write(int b) void write(byte[] b, int off, int len)
추가 메서드	boolean readBoolean() byte readByte() char readChar() short readShort() int readInt() long readLong() float readFloat() double readDouble() String readUTF()	void writeBoolean(boolean v) void writeByte(int v) void writeChar(int v) void writeShort(int v) void writeInt(int v) void writeLong(long v) void writeFloat(float v) void writeDouble(double v) void writeUTF(String str) void writeBytes(String s)

DataInputStream과 DataOutputStream 클래스도 InputStream과 OutputStream의 자식 클래스이므로 부모 클래스의 메서드는 당연히 포함하고 있을 것이다. 이외에 read×××(), write×××()의 형태로 다양한 타입의 데이터를 읽고 쓸 수 있는 메서드가 추가돼 있다. 특이한 점은 readUTF()와 writeUTF(String str) 또는 writeBytes(String s) 메서드를 포함하고 있기 때문에 앞에서 다룬 예제처럼 한글의 입출력을 위해 '문자열 → byte[]', 'byte[] → 문자열'과 같은 변환 단계를 거치지 않고 쉽게 한글을 포함한 문자열을 읽고 쓸 수 있다는 것이다.
다음 실습은 InputStream과 OutputStream에 각각 DataInputStream과 DataOutput Stream을 연결하고, 파일로 int, double, char, 문자열을 입력한 후 다시 파일에서 각각의 타입으로 읽어들이는 예다. 실행 결과에서 다양한 타입으로 저장했던 데이터가 그대로 출력되는 것을 볼 수 있다.

Do it! 실습 Data(Input/Output)Stream 클래스를 활용한 다양한 타입의 입출력 구현

DataInputOutputStream.java

```java
package sec04_filterinputoutputstream.EX02_DataInputOutputStream;
import java.io.DataInputStream;
import java.io.DataOutputStream;
import java.io.File;
import java.io.FileInputStream;
import java.io.FileOutputStream;
import java.io.IOException;
import java.io.InputStream;
import java.io.OutputStream;

public class DataInputOutputStream {
    public static void main(String[] args) throws IOException {
        // 파일 생성
        File dataFile = new File("src/sec04_filterinputoutputstream/files/file1.data");
        // 데이터 쓰기(DataOutputStream)
        try(OutputStream os = new FileOutputStream(dataFile);
            DataOutputStream dos = new DataOutputStream(os);) {
            dos.writeInt(35);
            dos.writeDouble(5.8);
            dos.writeChar('A');
            dos.writeUTF("안녕하세요");
            dos.flush();
        }
        // 데이터 읽기(DataInputStream)
        try(InputStream is = new FileInputStream(dataFile);
            DataInputStream dis = new DataInputStream(is);) {
            System.out.println(dis.readInt());
            System.out.println(dis.readDouble());
            System.out.println(dis.readChar());
            System.out.println(dis.readUTF());
        }
    }
}
```

실행 결과

```
35
5.8
A
안녕하세요
```

참고로 다양한 타입의 데이터를 저장한 후 저장 데이터를 메모장으로 읽으면 그림 19-22와 과 같이 데이터가 깨져 보이는데, 이는 너무도 당연한 일이다. 예를 들어 double 데이터를 저장했다면 실제 8byte가 저장되겠지만, 메모장은 모든 데이터를 문자셋(MS949, UTF-8)에 따라 문자(1byte~4byte)로 인식해 표기하기 때문이다.

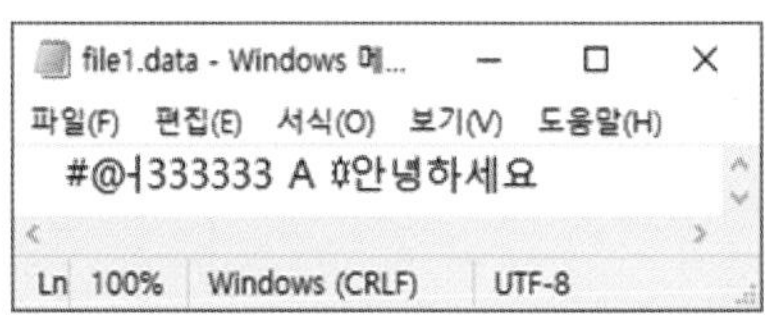

그림 19-22 DataInputStream을 이용해 다양한 타입으로 기록한 파일을 메모장에서 열었을 때

필터 조합하기 - Buffered(Input/Output)Stream + Data(Input/Output)Stream

앞에서 속도를 개선하는 Buffered(Input/Output)Stream과 다양한 타입의 입출력을 수행하는 Data(Input/Output)Stream을 다뤘다. 이들 필터는 얼마든지 조합해 사용할 수 있다. 각각의 생성자 매개변수로는 InputStream과 OutputStream 객체가 들어가는데, Filter(Input/Output)Stream도 InputStream과 OutputStream의 자식 클래스이므로 매개변수로 사용될 수 있기 때문이다.

그럼 다음 실습을 살펴보자. 앞의 Data(Input/Output)Stream 예제에서 속도를 개선하는 Bufferd(Input/Output)Stream 필터를 추가했다. 즉, 순서를 보면 OutputStream → BufferedOutputStream → DataOutputStream으로 데이터를 출력했고, InputStream → BufferedInputStream → DataInputStream의 순으로 입력했다. 여기서 필터의 순서는 어떻게 정해야 할까? 어떤 순서로 구성해도 문법으로는 전혀 오류가 나지 않는다. 다만 만일 (Input/Output)Stream → Data(Input/Output)Stream → Buffered(Input/Output)Stream의 순서대로 구성했다면, 최종 스트림은 Buffered(Input/Output)Stream이기 때문에 다양한 입출력 기능은 사용할 수 없을 것이다. 즉, 최종적으로 하고자 하는 기능을 포함하고 있는 Filter(Input/Output)Stream이 마지막에 위치하도록 필터를 조합하면 되는 것이다.

Do it! 실습 Buffered(Input/Output)Stream과 Data(Input/Output)Stream의 조합

CombineFilterStream.java

```java
package sec04_filterinputoutputstream.EX03_CombineFilterStream;
import java.io.BufferedInputStream;
import java.io.BufferedOutputStream;
import java.io.DataInputStream;
import java.io.DataOutputStream;
import java.io.File;
import java.io.FileInputStream;
import java.io.FileOutputStream;
import java.io.IOException;
import java.io.InputStream;
import java.io.OutputStream;

public class CombineFilterStream {
    public static void main(String[] args) throws IOException {
        // 파일 생성
        File dataFile = new File("src/sec04_filterinputoutputstream/files/file2.data");
        // 데이터 쓰기(DataOutputStream)
        try(OutputStream os = new FileOutputStream(dataFile);
            BufferedOutputStream bos = new BufferedOutputStream(os);
            DataOutputStream dos = new DataOutputStream(bos);) {
            dos.writeInt(35);
            dos.writeDouble(5.8);
            dos.writeChar('A');
            dos.writeUTF("안녕하세요");
            dos.flush();
        }
        // 데이터 읽기(DataInputStream)
        try(InputStream is = new FileInputStream(dataFile);
            BufferedInputStream bis = new BufferedInputStream(is);
            DataInputStream dis = new DataInputStream(bis);) {
            System.out.println(dis.readInt());
            System.out.println(dis.readDouble());
            System.out.println(dis.readChar());
            System.out.println(dis.readUTF());
        }
    }
}
```

실행 결과

```
35
5.8
A
안녕하세요
```

다양한 출력에 특화된 PrintStream

이제 마지막 FilterOutputStream인 PrintStream에 대해 알아보자. PrintStream은 다양한 타입의 출력에 특화된 클래스로, 자동 flush() 기능을 제공하기 때문에 따로 flush() 메서드를 호출할 필요가 없다. 이제까지 많이 사용해 온 System.out의 객체 타입이 바로 PrintStream이다. 즉, System.out.println()은 PrintStream 클래스의 인스턴스 메서드인 println()을 호출해 왔던 것이다.

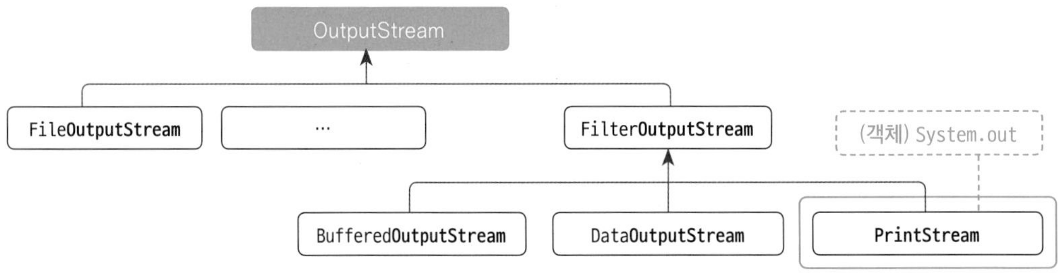

그림 19-23 PrintStream의 상속 구조

PrintStream의 생성자는 다음과 같이 매개변수로 파일의 위치 정보 또는 OutputStream 객체를 받을 수 있다.

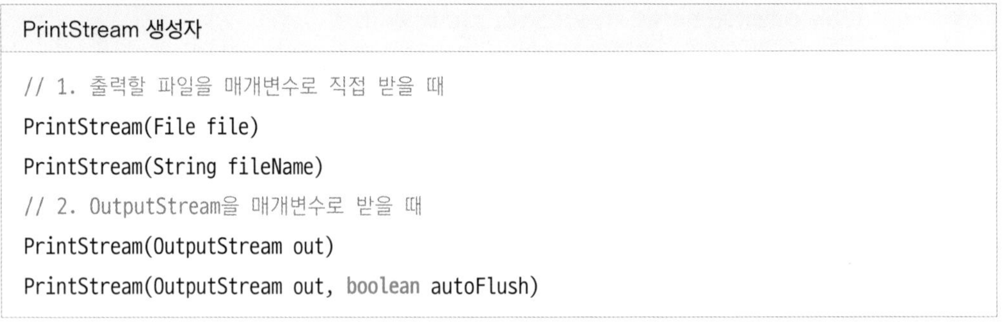

PrintStream 생성자

```
// 1. 출력할 파일을 매개변수로 직접 받을 때
PrintStream(File file)
PrintStream(String fileName)
// 2. OutputStream을 매개변수로 받을 때
PrintStream(OutputStream out)
PrintStream(OutputStream out, boolean autoFlush)
```

파일의 위치 정보는 File 객체 또는 파일의 경로를 나타내는 문자열로 전달한다. 앞에서 다룬 모든 Filter(Input/Output)Stream들이 생성자의 매개변수로 InputStream 또는 OutputStream만을 받는 것과 비교하면 파일의 위치 정보를 직접받는 것은 조금 특이한 구조다. 아마도 파일로 출력하는 일이 자주 있는 일이라 이를 위해 추가된 생성자일 것이다. 추가로 OutputStream으로 받을 때는 boolean 타입으로 자동 flush 여부를 설정할 수 있는데, 기본값이 true이기 때문에 생략하면 자동 flush가 동작해 실제 출력을 위해 flush() 메서드를 따로 호출할 필요가 없다.

PrintStream의 대표적인 메서드는 표 19-13과 같다.

표 19-13 PrintStream의 메서드

개행 포함	개행 미포함
void println(boolean b)	void print(boolean b)
void println(char c)	void print(char c)
void println(int i)	void print(int i)
void println(long l)	void print(long l)
void println(float f)	void print(float f)
void println(double d)	void print(double d)
void println(String s)	void print(String s)
void println(Object obj)	void print(Object obj)
void println()	PrintStream printf(String format, Object... args)

출력값 없이 단순히 개행만 수행

연속 호출 가능

먼저 다양한 타입의 매개변수를 포함하고 있는 println()과 print() 메서드가 여러 매개변수를 처리할 수 있도록 오버로딩돼 있다. println()과 print()의 가장 큰 차이점은 출력 후 개행 여부다. println()은 출력 후 개행하며, print()는 개행 없이 연속해 출력한다. 이들 메서드 모두 Object 타입을 매개변수로 지니는 메서드를 포함하고 있다. 이는 모든 타입의 객체를 매개변수로 전달받을 수 있다는 의미다. printf() 메서드는 C 언어의 문법이 그대로 자바로 넘어온 것으로, PrintStream 타입을 다시 리턴하기 때문에 연속으로 호출할 수 있다. pritnf() 메서드에 대해서는 여기서 자세히 다루지 않으며, 다음 예제로 동작을 이해하는 정도면 충분할 것으로 보인다.

printf() 메서드의 간단한 사용 방법은 1장에서 다뤘다.

다음 실습은 PrintStream을 이용해 생성자의 매개변수로 넘어온 OutputStream, File, Console 객체에 각각 출력하는 예다.

Do it! 실습 PrintStream 객체 생성 및 활용(File 출력, OutputStream 출력, 콘솔 출력)

PrintStreamExample.java

```java
package sec04_filterinputoutputstream.EX04_PrintStreamExample;
import java.io.File;
import java.io.FileNotFoundException;
import java.io.FileOutputStream;
import java.io.IOException;
import java.io.OutputStream;
import java.io.PrintStream;

public class PrintStreamExample {
```

```java
    public static void main(String[] args) throws FileNotFoundException, IOException{
        // File 객체 생성
        File outFile1 = new File("src/sec04_filterinputoutputstream/files/PrintStream1.txt");
        File outFile2 = new File("src/sec04_filterinputoutputstream/files/PrintStream2.txt");
        // 1. PrintStream(FileOutputStream(File))
        try(OutputStream os1 = new FileOutputStream(outFile1);
            PrintStream ps = new PrintStream(os1);) {
            ps.println(5.8);
            ps.print(3+ " 안녕 "+ 12345 + "\n");
            ps.printf("%d ", 7).printf("%s %f", "안녕", 5.8);
            ps.println();
        } catch(IOException e) {}
        // 2. PrintStream(File)
        try(PrintStream ps = new PrintStream(outFile2);) {
            ps.println(5.8);
            ps.print(3 + " 안녕 "+ 12345 + "\n");
            ps.printf("%d ", 7).printf("%s %f", "안녕", 5.8);
            ps.println();
        } catch(IOException e) {}
        // 3. PrintStream ps = System.out
        try(OutputStream os2 = System.out;
            PrintStream ps = new PrintStream(os2)) {
            ps.println(5.8);
            ps.print(3+ " 안녕 "+ 12345 + "\n");
            ps.printf("%d ", 7).printf("%s %f", "안녕", 5.8);
            ps.println();
        } catch(IOException e) {}
    }
}
```

실행 결과

```
5.8
3 안녕 12345
7 안녕 5.800000
```

19.3 char 단위 입출력

앞에서 알아본 byte 단위의 입출력만으로도 파일, 콘솔, 심지어 네트워크 전송까지 전혀 문제없이 입출력을 수행할 수 있다. 하지만 실제 입출력에서 가장 많이 사용되는 데이터는 단연 문자열이다. 채팅 프로그램이 대표적인 예다. 한글을 포함한 문자열 또한 byte 단위의 입출력으로 가능하지만, 문자셋 지정을 비롯해 고려해야 할 것이 많았다. 이번 절에서 다루는 char 단위의 입출력은 문자열 입출력을 위해 특화된 기법이라고 생각하면 될 것이다. char 단위로 입출력을 수행하는 기본 클래스는 Reader와 Writer 추상 클래스다.

19.3.1 Reader와 Writer의 상속 구조

Reader 클래스의 자식 클래스에는 FileReader, BufferedReader, InputStreamReader가 있고, Writer의 자식 클래스에는 FileWriter, BufferedWriter, OutputStreamWriter, PrintWriter가 있다.

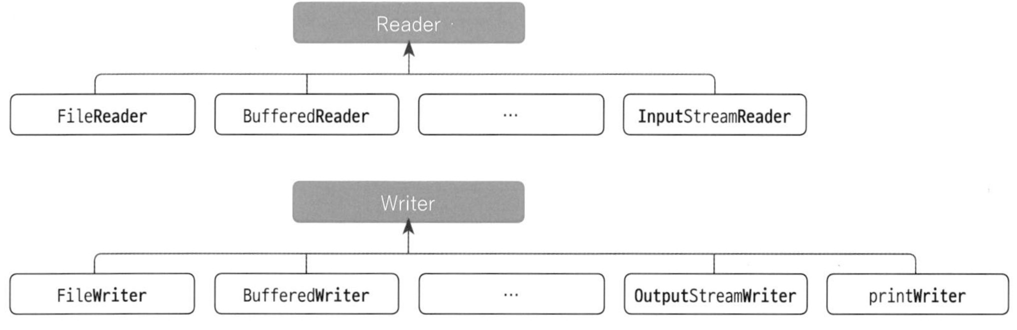

그림 19-24 char 단위 입출력을 위한 최상위 클래스와 이를 구현한 자식 클래스의 상속 구조

byte 단위의 입출력을 처리하는 클래스와 비교해 보면 InputStream과 OutputStream이 Reader와 Writer로 변경됐고, 다양한 타입으로 출력하는 Data(Input/Output)Stream에 대응되는 클래스가 빠져 있는 형태다. Reader/Writer 클래스 및 하위 클래스들은 문자열의 입출력에 특화된 클래스들이기 때문에 다양한 타입의 출력이 필요 없기 때문이다. 그 대신 InputStreamReader와 OutputStreamReader 클래스가 추가돼 있는데, 이는 byte 단위의 데이터 입출력 클래스인 InputStream과 OutputStream을 char 단위의 입출력 클래스인 Reader와 Writer로 변환하는 클래스다.

19.3.2 Reader의 주요 메서드

Reader의 자식 클래스들은 당연히 Reader의 모든 메서드를 사용할 수 있으므로 우선 Reader 클래스의 메서드에 대해 알아보자. 주요 메서드는 다음과 같다.

표 19-14 Reader 클래스의 주요 메서드

메서드	기능
int skip(long n)	n개의 char 스킵하기(실제 스킵된 char 개수를 리턴)
int read()	int(4byte)의 하위 **2byte**에 읽은 데이터를 저장해 리턴
int read(**char**[] cbuf)	읽은 데이터를 char[] cbuf에 저장하고, 읽은 char 개수를 리턴
abstract int read(**char**[] cbuf, int off, int len)	len 개수만큼 읽은 데이터를 char[] cbuf의 off 위치부터 저장 **(추상 메서드)**
abstract void close()	Reader의 자원 반환

내부에서 이 메서드 호출

skip(long n)은 n개의 문자를 건너뛰는 메서드다. read() 메서드는 3개의 메서드로 오버로딩돼 있으며, byte 단위의 입출력과 비교했을 때 byte[] 배열이 char[] 배열로 바뀐 것을 제외하면 동일하다. Reader는 추상 메서드 read(char[] cbuf, int off, int len)을 포함하고 있는 추상 클래스이기 때문에 객체를 스스로 생성하지 못한다. 직접 Reader 클래스를 상속해 추상 메서드를 구현할 수도 있겠지만, 속도를 위해 JNI로 오버라이딩해야 한다. 따라서 직접 자식 클래스를 생성하는 것보다는 이미 read() 메서드를 구현한 자식 클래스로 Reader 객체를 생성해 사용하는 것이 효율적이다. 각 read() 메서드의 동작과 close() 메서드는 입출력 단위를 제외하면 byte 단위의 입출력과 동일하므로 여기서는 설명을 생략한다.

19.3.3 Writer의 주요 메서드

Writer 추상 클래스의 주요 메서드 또한 OutputStream 클래스의 메서드와 비슷하다.

표 19-15 Writer 클래스의 주요 메서드

메서드	기능
abstract void flush()	메모리 버퍼에 저장된 데이터 내보내기(실제 출력 수행) **(추상 메서드)**
void write(int c)	int(4byte)의 하위 **2byte**를 메모리 버퍼에 출력
void write(char[] cbuf)	매개변수로 넘겨진 char[] cbuf 데이터를 메모리 버퍼에 출력
void write(String str)	매개변수로 넘겨진 String 값을 메모리 버퍼에 출력
void write(String str, int off, int len)	str의 off 위치에서부터 len 개수를 읽어 메모리 버퍼에 출력

내부에서 이 메서드 호출

abstract void write(char[] cbuf, int off, int len)	char[]의 off 위치에서부터 len 개수를 읽어 출력 **(추상 메서드)**
abstract void close()	Writer의 자원 반환(**추상 메서드**)

다만 Writer 클래스의 write() 메서드는 byte[] 배열 대신 char[] 배열이 사용되며, 추가로 String 타입도 매개변수로 사용할 수 있다. 앞에서 Reader/Writer 클래스가 char 단위의 입출력, 즉 문자열의 입출력에 특화돼 있다고 했는데, 이렇게 어떤 부가적인 처리 없이 바로 문자열을 출력할 수 있는 메서드를 지원하는 것이다. 또 하나의 특이점은 Reader 클래스에서와 마찬가지로 close() 메서드도 추상 메서드로 정의돼 있다는 것인데, 우리는 직접 이들 메서드를 구현하는 대신, 자바 API에서 제공하는 자식 클래스를 사용할 것이기 때문에 신경쓰지 않아도 된다.

그럼 Reader와 Writer의 자식 클래스를 이용해 객체를 생성하고, 이를 활용하는 방법에 대해 하나씩 알아보자.

19.3.4 Reader/Writer 객체 생성 및 활용하기

먼저 FileReader와 FileWriter는 파일로부터 문자열을 읽거나 파일에 문자열을 저장하는 데 사용하는 클래스로, 입출력을 char 단위로 수행한다.

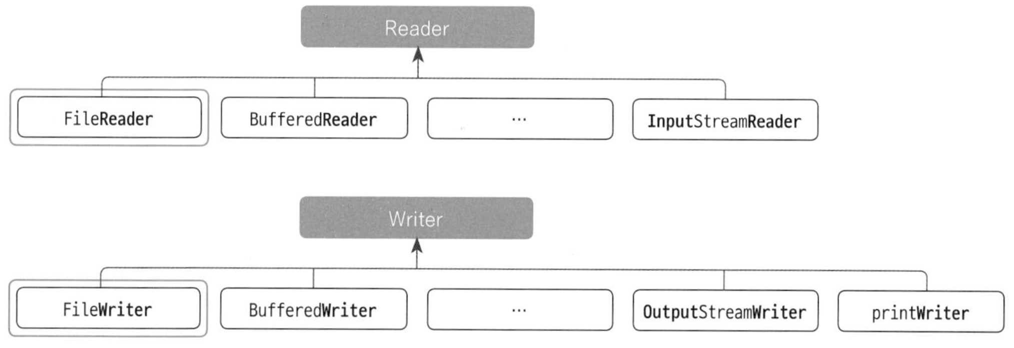

그림 19-25 FileReader와 FileWriter의 상속 구조

char 단위 입출력을 수행한다는 의미는 문자열에 영문만 있든, 한글 등의 다국어 문자가 포함돼 있든 차이가 전혀 없다는 것을 의미한다. char 타입 자체가 다국어 문자를 저장할 수 있는 유니코드이기 때문이다.

FileReader의 객체는 다음 2개의 생성자 중 하나로 생성할 수 있다. 매개변수로는 File 객체를 넣을 수도 있고, 파일의 경로를 문자열로 넘겨 줄 수도 있다.

표 19-16 FileReader 객체 생성을 위한 생성자

FileReader(File file)	매개변수로 넘어온 file을 읽기 위한 Reader 생성
FileReader(String name)	매개변수로 넘어온 name 위치의 파일을 읽기 위한 Reader 생성

다음은 File 객체를 입력받아 FileReader 객체를 생성하는 예다.

FileReader 객체 생성

```
File readerwriterFile = new File("ReaderWriterFile.txt");
Reader reader = new FileReader(readerwriterFile);
```

FileWriter의 생성자는 다음 4개의 생성자 중 하나를 사용할 수 있으며, 매개변수로는 File 객체 또는 파일 경로의 문자열을 받을 수 있다.

표 19-17 FileWriter의 생성자

FileWriter(File file)	• 매개변수로 넘어온 file을 쓰기 위한 Writer 생성 • append = true일 때 이어쓰기 • append = false일 때 새로 덮어쓰기(default = false)
FileWriter(File file, boolean append)	
FileWriter(String name)	• 매개변수로 넘어온 name 위치의 파일을 쓰기 위한 Writer 생성 • append = true일 때 이어쓰기 • append = false일 때 덮어쓰기(default = false)
FileWriter(String name, boolean append)	

추가로 파일에 이어쓰기 여부를 지정하는 boolean 타입 매개변수를 포함하고 있는 생성자를 제공한다. 이 값이 true이면 이어쓰기, false이면 덮어쓰기가 수행된다. 이 값의 기본값은 false이기 때문에 따로 지정하지 않으면 파일은 항상 덮어쓰기가 된다. 다음은 File 객체를 입력받아 FileWriter 객체를 생성하는 예다.

FileWriter 객체 생성

```
File readerwriterFile = new File("ReaderWriterFile.txt");
Writer writer = new FileWriter(readerwriterFile);
```

그러면 이번에는 FileReader와 FileWriter의 생성자를 이용해 Reader와 Writer의 객체를 선언하고, 이들 객체를 이용해 한글과 영문이 혼용된 파일을 작성하며, 이를 다시 읽어 출력하는 과정을 예를 이용해 알아보자. File을 쓰는 과정에서 write() 메서드는 매개변수로 int, char[], String 타입이 사용될 수 있다. 앞에서 살펴본 String 클래스의 getBytes() 메서드가

문자열 → byte[]로 변환하는 메서드였다면, 다음 예제에 포함된 toCharArray() 메서드는 문자열 → char[]로 변환하는 메서드다.

자바 코드로 파일을 작성할 때 영문만 포함돼 있다면 항상 UTF-8 문자셋이 인코딩된 파일이 생성되며, 한글이 포함돼 있을 때는 기본값 문자셋과 동일한 문자셋으로 인코딩된 파일이 생성된다.

```
public char[] toCharArray()  // 문자열 → char[] 변환하는 String 클래스의 메서드
```

다음 실습은 FileWriter 객체를 이용해 한글과 영문이 혼용된 텍스트 파일을 작성한 후 FileReader 객체를 이용해 앞에서 생성한 파일의 내용을 읽어 콘솔에 그대로 출력했다. 결과에서 볼 수 있듯이 문자셋에 대한 별도의 처리 없이 한글과 영문 모두 정상적으로 읽히는 것을 알 수 있다.

Do it! 실습 FileReader와 FileWriter를 이용한 char 단위의 파일 입출력 구현 FileReaderWriter.java

```java
package sec05_readerwriter.EX01_FileReaderWriter;
import java.io.File;
import java.io.FileReader;
import java.io.FileWriter;
import java.io.IOException;
import java.io.Reader;
import java.io.Writer;

public class FileReaderWriter {
    public static void main(String[] args) {
        // 파일 객체 생성
        File readerWriterFile = new File("src/sec05_readerwriter/files/ReaderWriterFile.txt");
        // 1. FileWiter를 이용한 파일 쓰기(UTF-8 모드)
        try(Writer writer = new FileWriter(readerWriterFile)) {
            writer.write("안녕하세요\n".toCharArray());
            writer.write("Hello");
            writer.write('\r');
            writer.write('\n');
            writer.write("반갑습니다.", 2, 3);
            writer.flush();
        } catch(IOException e) {}
        // 2. FileReader를 이용한 파일 읽기(UTF-8 모드)
        try(Reader reader = new FileReader(readerWriterFile)) {
```

```
            int data;
            while((data = reader.read()) != -1) {
                System.out.print((char)data);
            }
        } catch(IOException e) {}
    }
}
```

실행 결과

```
안녕하세요
Hello
습니다
```

19.3.5 BufferedReader/BufferedWriter로 속도 개선하기

char 단위의 입출력도 메모리 버퍼를 사용함으로써 속도를 향상할 수 있는 BufferedReader와 BufferedWriter 클래스를 제공한다.

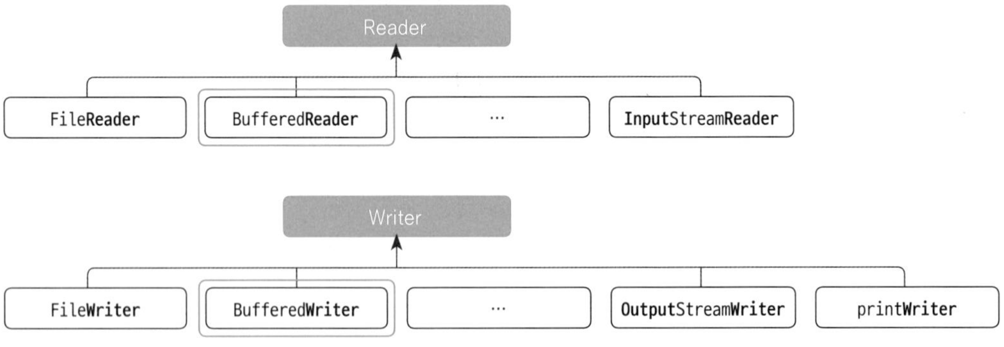

그림 19-26 BufferedReader와 BufferedWriter 클래스의 상속 구조

BufferedReader 객체는 다음과 같이 2개의 생성자 중 하나를 사용해 생성할 수 있으며, 두 생성자 모두 Reader 객체를 매개변수로 지니고 있다. 여기에서는 FilterReader/FilterWriter 클래스의 하위 클래스는 아니지만, 여전히 개념상으로는 Reader에 연결된 필터의 역할을 하기 때문이다.

BufferedReader의 2가지 생성자

```
BufferedReader(Reader in)
BufferedReader(Reader in, int size)
```

버퍼의 크기를 직접 지정 가능

두 번째 생성자에서처럼 내부 메모리 버퍼의 크기를 직접 지정할 수도 있으며, 생략했을 때 기본값 버퍼 크기를 사용한다. 다음은 BufferedReader 객체 생성의 예다.

BufferedReader 객체 생성의 예

```
File buffredReaderFile = new File("BuffredReaderFile.txt");
Reader reader = new FileReader(buffredReaderFile);
BufferedReader br = new BufferedReader(reader);
```

BufferedReader 클래스에서 특이한 점은 단순히 속도의 향상뿐 아니라 매우 편리하게 사용될 수 있는 readLine() 메서드가 추가됐다는 것이다. 이 메서드는 1줄의 데이터를 읽어 문자열로 리턴하는 메서드로, 여러 줄로 구성된 텍스트 파일을 1줄씩 읽어 처리할 때 매우 유용하다.

```
public String readLine()  // 1줄씩 읽어 문자열로 리턴하는 메서드
```

BufferedWriter 생성자도 2가지가 있으며, 매개변수로는 Writer 객체를 받는다. 추가로 메모리 버퍼의 크기를 지정할 수도 있다. 다음은 BufferedWriter의 2가지 생성자와 객체 생성의 예다.

BufferedWriter의 2가지 생성자

```
BufferedWriter(Writer out)
BufferedWriter(Writer out, int size)
```

버퍼의 크기를 직접 지정 가능

BufferedWriter 객체 생성의 예

```
File buffredWriterFile = new File("BuffredWriterFile.txt");
Writer writer = new FileWriter(buffredWriterFile);
BufferedWriter bw = new BufferedWriter(writer);
```

다음 실습은 앞의 실습에서 속도 향상을 위해 BufferedReader와 BufferedWriter를 추가한 것으로, 데이터를 읽을 때 하나의 char 문자 단위가 아닌 readLine()으로 1줄씩 읽어 출력했다. readLine() 메서드가 1줄씩 읽은 데이터를 String 타입으로 리턴하다 보니 파일의 마지막은 -1이 아니라 null의 값을 포함하고 있다는 점에 주의하자.

Do it! 실습 Buffered(Reader/Writer) 클래스를 활용한 입출력 속도 개선 BufferedReaderWriter.java

```java
package sec05_readerwriter.EX02_BufferedReaderWriter;
import java.io.BufferedReader;
import java.io.BufferedWriter;
import java.io.File;
import java.io.FileReader;
import java.io.FileWriter;
import java.io.IOException;
import java.io.Reader;
import java.io.Writer;

public class BufferedReaderWriter {
    public static void main(String[] args) {
        // 파일 객체 생성
        File readerWriterFile = new File("src/sec05_readerwriter/files/BufferedFile.txt");
        // 1. FileWiter를 이용한 파일 쓰기(UTF-8 모드)
        try(Writer writer = new FileWriter(readerWriterFile);
           BufferedWriter bw = new BufferedWriter(writer); ) {
            bw.write("안녕하세요\n".toCharArray());
            bw.write("Hello");
            bw.write('\r');
            bw.write('\n');
            bw.write("반갑습니다.", 2, 3);
            bw.flush();
        } catch(IOException e) {}
        // 2. FileReader를 이용한 파일 읽기(UTF-8 모드)
        try(Reader reader = new FileReader(readerWriterFile);
            BufferedReader br = new BufferedReader(reader);) {
            String data;
            while((data=br.readLine()) != null) {
                System.out.println(data);
            }
        } catch(IOException e) {}
    }
}
```

실행 결과

```
안녕하세요
Hello
습니다
```

19.3.6 InputStreamReader/OutputStreamWriter로 Reader/Writer 객체 생성하기

입출력을 수행하다 보면 이미 byte 단위로 입출력을 수행한 객체(InputStream, OutputStream)를 char 단위의 입출력 객체(Reader, Writer)로 변환해야 할 때가 있다. 이때 사용하는 클래스가 바로 InputStreamReader와 OutputStreamWriter이다. 이름에서 쉽게 유추할 수 있듯이 앞의 클래스는 InputStream → Reader로 변환하고, 뒤의 클래스는 OutputStream → Writer로 변환한다.

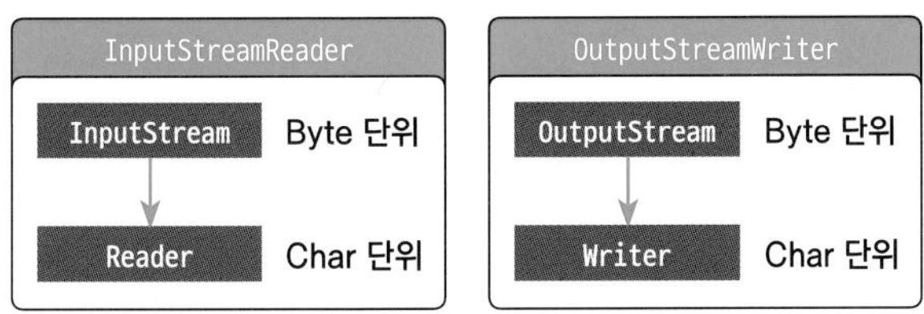

그림 19-27 InputStreamReader와 OutputStreamWriter의 역할

char 단위의 입출력을 수행하는 클래스의 상속 구조도에서 InputStreamReader와 OutputStreamWriter의 클래스의 위치는 다음과 같다.

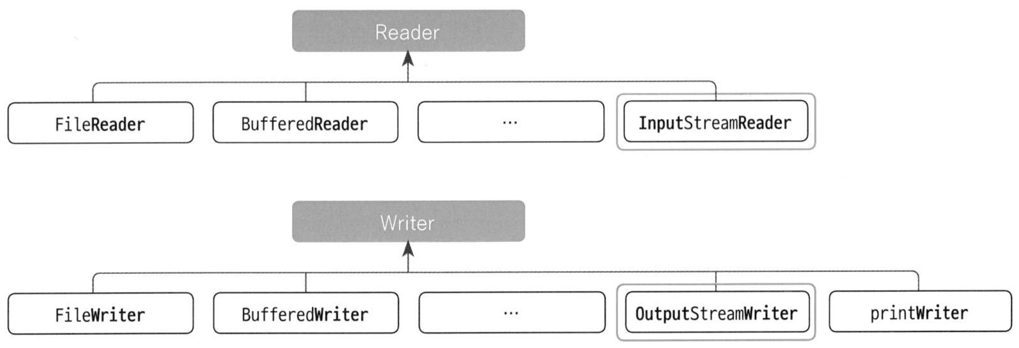

그림 19-28 InputStreamReader와 OutputStreamWriter 클래스의 상속 구조

InputStreamReader 객체는 다음과 같이 3개의 생성자 중 1개를 이용해 생성하며, 3개의 생성자 모두 InputStream 객체를 매개변수로 넘겨받는다. InputStream을 Reader 객체로 변경하는 것이므로 당연히 InputStream이 있어야 할 것이다.

InputStreamReader의 3가지 생성자

```
InputStreamReader(InputStream in)
InputStreamReader(InputStream in, Charset cs)
InputStreamReader(InputStream in, String charsetName)
```

매개변수로 전달되는 문자셋을 기준으로 byte 단위 → char 단위로 변환 여기서 중요한 건 문자셋이다. InputStreamReader 자체는 앞에서 언급한 바와 같이 byte 단위 → char 단위로 변환하는 클래스다. 즉, byte 단위를 char 단위, 즉 문자 단위로 변환하는 과정에서 어떤 문자셋을 사용해야 하는지를 알려 줘야 할 필요가 있다. 한글의 경우 MS949 문자셋을 사용할 때는 2byte를 묶어 1개의 문자를 생성할 것이고, UTF-8 문자셋을 사용할 때는 3byte를 묶어 문자로 표현해야 하기 때문이다.

영문일 때는 문자셋(MS949와 UTF-8)과 상관없이 항상 1byte를 차지한다.

문자셋은 Charset 객체를 생성해 넘겨 주거나 문자열로 문자셋의 이름을 넘겨 줄 수도 있다. 문자셋을 생략한 첫 번째 생성자에는 기본값 문자셋이 적용된다. 다음은 InputStreamReader를 이용해 InputStream 객체를 Reader 객체로 변환한 예다. 이때 문자셋은 UTF-8을 기준으로 변환했다.

InputStreamReader를 이용한 InputStream → Reader 변환 예

```
File inputStreamReaderTest = new File("test.txt");
InputStream is = new FileInputStream(inputStreamReaderTest);
Reader isr = new InputStreamReader(is, "UTF-8");
```

OutputStreamWriter도 다음 3개의 생성자 중 1개를 사용해 객체를 생성하고, 매개변수로 OutputStream과 문자셋을 넘겨받는다. 생성자에서 설정된 문자셋을 이용해 byte 단위의 OutputStream을 char 단위의 Writer 객체로 변환하는 것이다. 다음은 OutputStreamWriter의 3가지 생성자와 이를 이용해 OutputStream 객체를 UTF-8 문자셋을 사용하는 Writer 객체로 변환한 예다.

OutputStreamWriter의 3가지 생성자

```
OutputStreamWriter(OutputStream out)
OutputStreamWriter(OutputStream out, Charset cs)
OutputStreamWriter(OutputStream out, String charsetName)
```

매개변수로 전달되는 문자셋을 기준으로 byte 단위 → char 단위로 변환

OutputStreamWriter를 이용한 OutputStream → Writer 변환 예

```
File outputStreamWriterTest = new File("test.txt");
OutputStream os = new FileOutputStream(outputStreamWriterTest);
Writer osw = new OutputStreamWriter(os, "UTF-8");
```

여기서 하나 짚고 넘어가야 할 것이 있다. 바로 이전에 알아본 기존 byte 단위의 입출력을 char 단위로 변경하는 InputStreamReader, OutputStreamWriter를 제외한 Reader와 Writer 클래스들은 객체 생성 과정에서 문자셋을 지정하지 않는다. 좀 더 정확히 말하면 char 단위로 입출력이 수행되기 때문에 쓰고 읽는 과정에서 문자셋에 아무런 영향을 받지 않고 모든 다국어 문자를 아무런 문제 없이 쓰고 읽을 수 있기 때문에 문자셋을 지정할 필요가 없는 것이다. 다시 말해서 byte 단위의 입출력에서 문자셋의 설정이 필요했던 이유는 문자 단위, 즉 char를 byte 단위로 변환하거나 이를 다시 역변환할 때 1char → 1 ~ 4byte를 결정하기 위해 필요한 것이었다. 따라서 애초에 입출력을 char 단위로 수행하면 이러한 변환이 필요 없으므로 문자셋을 고려할 필요가 없는 것이다. 하지만 이렇게 Reader와 Writer 객체를 생성할 때는 문자셋을 지정할 수 없기 때문에 발생할 수 있는 문제점이 있다.

InputStreamReader, OutputStreamWriter는 이미 문자셋에 영향을 받는 byte 단위로 분할된 객체를 다시 char 단위로 조합해야 하기 때문에 이 조합 과정에서 문자셋의 지정이 필요하다.

다음 예제를 살펴보자. 먼저 메모장 프로그램으로 그림 19-29와 같이 한글과 영문이 혼용돼 있는 텍스트 파일을 하나 생성했다. 이때 윈도우 메모장으로 직접 파일을 생성하면 기본적으로 UTF-8 문자셋으로 인코딩돼 저장되지만, '파일(File) → 다른 이름으로 저장 → 인코딩'을 변경해 MS949(ANSI) 문자셋으로 변경해 저장할 수 있다.

그림 19-29 MS949(ANSI) 문자셋으로 인코딩된 한글과 영문이 혼용된 텍스트 파일

이제 이클립스의 기본값 문자셋이 UTF-8일 때, 다음과 같이 FileReader 객체를 이용해 이 파일을 읽으면 어떤 결과가 나타날까?

FileReader를 이용해 MS949 문자셋 텍스트 파일 읽기(기본값 문자셋 UTF-8)

```
File inputStreamReader = new File("InputStreamReader.txt");
try(Reader reader = new FileReader(inputStreamReader);) {
    int data;
    while((data = reader.read()) != -1) {System.out.print((char)data);}
} catch(IOException e) {}
```

읽을 대상 파일은 MS949 문자셋을 사용해 인코딩돼 있는데, FileReader 객체는 항상 기본값 문자셋으로만 문자를 읽을 수 있으므로 UTF-8 문자셋을 기준으로 읽을 것이다. 즉, MS949로 인코딩된 한글을 UTF-8로 읽어 출력하므로 당연히 한글이 깨진 상태로 출력될 것이다. 이를 해결하기 위한 방법은 당연히 MS949로 인코딩된 문자열을 MS949로 읽는 것이다. char 단위의 입출력 클래스 중 유일하게 문자셋을 지정할 수 있는 클래스는 InputStreamReader와 OutputStreamWriter이다. 이를 활용하면 위 코드를 다음과 같이 수정할 수 있다.

InputStreamReader를 이용해 MS949 문자셋 텍스트 파일 읽기(기본값 문자셋 UTF-8)

```
try (InputStream is = new FileInputStream(inputStreamReader);
    InputStreamReader isr = new InputStreamReader(is, "MS949 ")) {
        int data;
        while ((data = isr.read()) != -1) {
            System.out.print((char) data);
        }
} catch (IOException e) {}
```

이때는 파일을 FileReader가 아닌 byte 단위의 FileInputStream 객체로 읽어들이고, 이를 InputStreamReader로 변경하는 것이다. 이 변경 과정에서 문자셋을 지정하면 문자열을 특정 문자셋으로 읽을 수 있다. 이렇게 적용하면 한글이 모두 정상적으로 출력될 것이다.

Do it! 실습 MS949 인코딩 파일을 FileReader와 FileInputStreamReader로 각각 읽기

InputStreamReader_1.java

```
package sec05_readerwriter.EX03_InputStreamReader_1;
import java.io.File;
import java.io.FileInputStream;
import java.io.FileReader;
import java.io.IOException;
import java.io.InputStream;
import java.io.InputStreamReader;
import java.io.Reader;

public class InputStreamReader_1 {
    public static void main(String[] args) {
        // 파일 객체 생성
```

```
        File inputStreamReader = new File("src/sec05_readerwriter/files/InputStreamReader.txt");
        // 1. FileReader를 이용한 파일 읽기
        try(Reader reader = new FileReader(inputStreamReader)) {
            int data;
            while((data = reader.read()) != -1) {
                System.out.print((char)data);
            }
        } catch(IOException e) {}
        System.out.println();
        // 2. FileInputStream + InputStreamReader를 이용한 파일 읽기
        try(InputStream is = new FileInputStream(inputStreamReader);
           InputStreamReader isr = new InputStreamReader(is, "MS949");) {
            int data;
            while((data = isr.read()) != -1) {
                System.out.print((char)data);
            }
            System.out.println("\n" + isr.getEncoding()); // MS949
        } catch(IOException e) {}
    }
}
```

실행 결과

```
InputStreamReaderTest ����
�ψ·� ������ ��� ���ㅌØ� ���ⓔ�.
Good Bye!!!
InputStreamReaderTest 예제
한글과 영문이 모두 포함되어 있습니다.
Good Bye!!!
MS949
```

이번에는 콘솔 입력일 때를 살펴보자. 콘솔 입력을 위해 제공되는 객체인 System.in은 InputStream 타입이다. 즉, 콘솔의 입력은 byte 단위로 이뤄진다는 것이다. 만일 콘솔의 입력을 char 단위로 처리하기 위해서는 byte 단위를 char 단위로 변환하는 InputStreamReader 클래스를 사용해야 한다.

다음 실습으로 확인해 보자. InputStreamReader 객체를 생성하면서 InputStream 타입인 System.in을 넘겨 줬다. 이때 콘솔에 입력되는 데이터는 byte 단위로 읽혀 System.in에 전달되고, 이는 다시 지정 문자셋을 이용해 char로 변환돼 InputStreamReader 객체로 전달된다. 이 책의 모든 예제 및 실습에서는 기본값 문자셋으로 UTF-8을 사용하고 있기 때문에 콘솔에 입력되는 문자는 UTF-8을 기준으로 쓰일 것이다. 첫 번째 코드에서는 문자셋을 UTF-8로 지정함으로써 UTF-8로 입력된 문자를 UTF-8로 읽었으므로 모든 문자는 정상적으로 저장될 것이다. 반면 두 번째 코드에서는 문자셋을 MS949로 지정했다. 즉, UTF-8로 쓰여진 문자를 MS949로 읽었으므로 한글은 모두 깨진 상태로 저장될 것이다. 물론 이클립스의 기본값 문자셋으로 MS949를 사용할 때는 정확히 이와 반대의 결과를 얻게 될 것이다.

콘솔의 입력을 읽어 처리하는 과정은 UTF-8로 인코딩된 텍스트 파일을 읽는 과정과 동일하다.

Do it! 실습 콘솔로 입력된 문자열을 MS949 문자셋과 UTF-8 문자셋으로 각각 읽기

InputStreamReader_2.java

```java
package sec05_readerwriter.EX04_InputStreamReader_2;
import java.io.IOException;
import java.io.InputStreamReader;

public class InputStreamReader_2 {
    public static void main(String[] args) {
        // 콘솔로 입력(UTF-8)
        try {
            InputStreamReader isr = new InputStreamReader(System.in, "UTF-8");
            int data;
            while((data = isr.read()) != '\r') {
                System.out.print((char)data);
            }
            System.out.println("\n" + isr.getEncoding());
        } catch (IOException e) {}
        // 콘솔로 입력(MS949)
        try {
            InputStreamReader isr = new InputStreamReader(System.in, "MS949");
            int data;
```

```
            while((data = isr.read()) != '\r') {
                System.out.print((char)data);
            }
            System.out.println("\n" + isr.getEncoding());
        } catch (IOException e) {}
    }
}
```

실행 결과

```
안녕하세요
안녕하세요
UTF8
안녕하세요
�븞�뀞�븯�꽭�슂
MS949
```

이번에는 OutputStreamWriter로 파일을 쓰는 것에 대해 알아보자. 다음은 FileWriter 객체를 이용해 기본값 문자셋으로 인코딩된 텍스트 파일을 작성한 예제다. 앞에서 이야기한 것처럼 FileWriter 클래스는 텍스트 파일을 쓰는 과정에서 특정 문자셋을 지정할 수 없으며, 한글이 포함돼 있는 경우 항상 기본값 문자셋이 적용된다. 따라서 이 코드에서는 UTF-8로 인코딩된 파일이 생성될 것이다.

FileWriter만을 이용한 파일 쓰기(기본값 문자셋 UTF-8)

```
File outputStreamWriter1 = new File("OutputStreamWriter1.txt");
try(Writer writer = new FileWriter(outputStreamWriter1);) {
    writer.write("OutputStreamWriter1 예제파일입니다.\n".toCharArray());
    writer.write("한글과 영문이 모두 포함돼 있습니다.");
    writer.write('\n');
    writer.write("Good Bye!!!\n\n");
    writer.flush();
} catch(IOException e) {}
```

반면, 다음과 같이 byte 단위의 FileOutputStream을 먼저 생성하고, 이를 char 단위로 변환하는 OutputStreamWriter 클래스를 사용하면 객체 생성 과정에서 특정 문자셋을 지정할 수 있다.

FileOutputStream과 OutputStreamWriter를 이용한 이용한 파일 쓰기(기본값 문자셋 UTF-8)

```
File outputStreamWriter2 = new File("OutputStreamWriter2.txt");
try(OutputStream os = new FileOutputStream(outputStreamWriter2, true);
    OutputStreamWriter isr = new OutputStreamWriter(os, "MS949")) {
    isr.write("OutputStreamWriter2 예제파일입니다.\n".toCharArray());
    isr.write("한글과 영문이 모두 포함돼 있습니다.");
    isr.write('\n');
    isr.write("Good Bye!!!\n");
    isr.flush();
} catch(IOException e) {}
```

여기서는 "MS949"를 명시적으로 지정했기 때문에 이때 생성된 파일은 MS949(ANSI) 문자셋으로 인코딩돼 저장될 것이다.

Do it! 실습 File Writer와 OutputStreamWriter를 이용해 각각 파일 쓰기 OutputStreamWriter_1.java

```
package sec05_readerwriter.EX05_OutputStreamWriter_1;
import java.io.File;
import java.io.FileOutputStream;
import java.io.FileWriter;
import java.io.IOException;
import java.io.OutputStream;
import java.io.OutputStreamWriter;
import java.io.Writer;

public class OutputStreamWriter_1 {
    public static void main(String[] args) {
        // 1. FileWriter를 이용해 데이터 쓰기(기본값 (UTF-8))
        File outputStreamWriter1 = new File("src/sec05_readerwriter/files/OutputStreamWiter1.txt");
        try(Writer writer = new FileWriter(outputStreamWriter1);) {
            writer.write("OutputStreamWriter1 예제파일입니다.\n".toCharArray());
            writer.write("한글과 영문이 모두 포함돼 있습니다.");
            writer.write('\n');
            writer.write("Good Bye!!!\n\n");
            writer.flush();
        } catch(IOException e) {}
        // 2. FileWriter 이용해 데이터 쓰기(기본값 (UTF-8) -> MS949 파일 생성)
```

```
        File outputStreamWriter2 = new File("src/sec05_readerwriter/files/OutputStreamWiter2.txt");
        try(OutputStream os = new FileOutputStream(outputStreamWriter2, false);
            OutputStreamWriter osw = new OutputStreamWriter(os, "MS949");) {
            osw.write("OutputStreamWriter1 예제파일입니다.\n".toCharArray());
            osw.write("한글과 영문이 모두 포함돼 있습니다.");
            osw.write('\n');
            osw.write("Good Bye!!!\n\n");
            osw.flush();
            System.out.println(osw.getEncoding()); // MS949
        } catch(IOException e) {}
    }
}
```

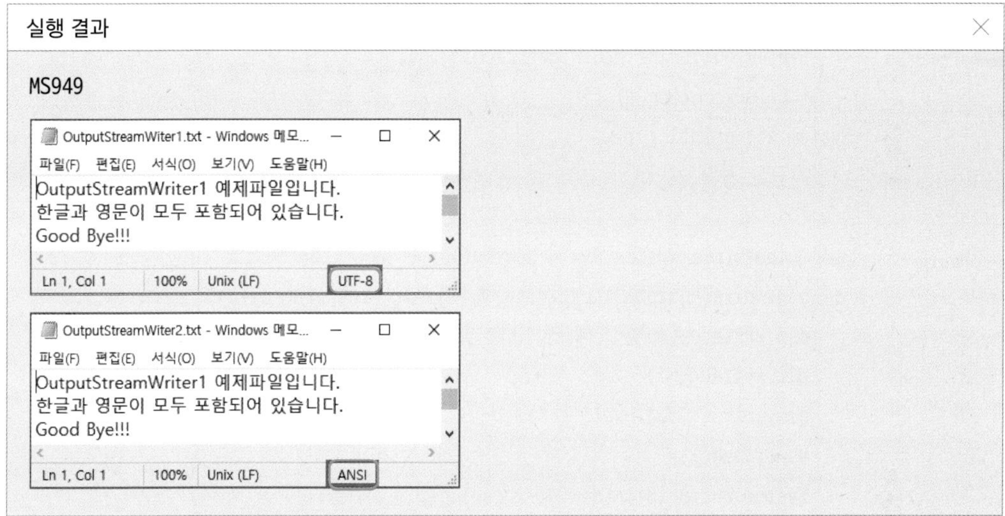

이제 마지막으로 콘솔 출력을 살펴보자. 콘솔의 문자셋은 이클립스의 기본값 문자셋에 따라 결정된다. 따라서 이클립스의 기본값 문자셋이 UTF-8일 때 다음 실습의 첫 번째 코드처럼 UTF-8로 인코딩된 문자를 콘솔에 출력하면 한글이 정상적으로 출력되지만, 두 번째 코드처럼 MS949 문자셋으로 인코딩된 문자를 출력하면 한글이 깨져 출력된다. 물론 기본값 문자셋이 MS949일 때는 이와 반대의 결과가 나타날 것이다.

Do it! 실습 MS949 문자셋과 UTF-8 문자셋을 이용해 콘솔에 각각 출력하기 OutputStreamWriter_2.java

```java
package sec05_readerwriter.EX06_OutputStreamWriter_2;
import java.io.IOException;
import java.io.OutputStreamWriter;

public class OutputStreamWriter_2 {
    public static void main(String[] args) {
        // 1. 콘솔 출력 1(기본값: UTF-8 -> UTF-8)
        try {
            OutputStreamWriter osw = new OutputStreamWriter(System.out, "UTF-8");
            osw.write("OutputStreamWriter를 이용한\n".toCharArray());
            osw.write("콘솔 출력 예제입니다. \n 한글과 영문이 모두 포함돼 있습니다.");
            osw.write("\n");
            osw.write("Good Bye!!!\n");
            osw.flush();
            System.out.println(osw.getEncoding());
        } catch(IOException e) {}
        System.out.println();
        // 2. 콘솔 출력 2(기본값: UTF-8 -> MS949)
        try {
            OutputStreamWriter osw = new OutputStreamWriter(System.out, "MS949");
            osw.write("OutputStreamWriter를 이용한\n".toCharArray());
            osw.write("콘솔 출력 예제입니다. \n 한글과 영문이 모두 포함돼 있습니다.");
            osw.write("\n");
            osw.write("Good Bye!!!\n");
            osw.flush();
            System.out.println(osw.getEncoding()); // MS949
        } catch(IOException e) {}
        System.out.println();
    }
}
```

실행 결과

```
OutputStreamWriter를 이용한
콘솔 출력 예제입니다.
한글과 영문이 모두 포함돼 있습니다.
Good Bye!!!
UTF8

OutputStreamWriter�� �¯���
�ο���� �����ɿ�.
�ψ·� ������ ��� ���ƠØ� ���ɵ.
Good Bye!!!
MS949
```

이클립스의 기본값 문자셋에 따라 출력되는 결과가 다르고, 자바 코드로 생성되는 파일의 인코딩 방식 또한 한글의 포함 여부에 따라 다르므로 많이 혼동스럽다. 하지만 몇 번만 예제 위주로 반복해서 결과를 살펴보면 그리 어렵지 않게 정리되리라 생각한다.

19.3.7 PrinterWriter로 Writer 객체 생성하기

이제 char 단위 입출력의 마지막 클래스인 PrinterWriter 클래스에 대해 알아보자.

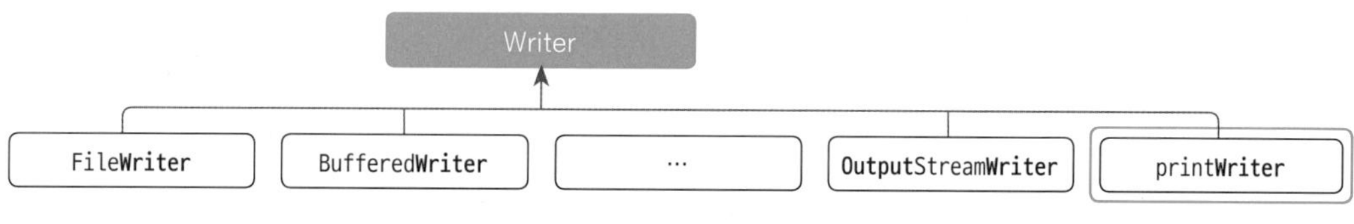

그림 19-30 PrintWriter의 상속 구조

PrintWriter 클래스는 PrinterStream과 같이 다양한 타입의 출력에 특화된 클래스로, 이 역시 자동 flush 기능이 추가돼 있으므로 flush() 메서드를 호출할 필요가 없다. PrintWriter 클래스의 생성자는 다음과 같이 6개가 있고, byte 단위의 입출력 클래스인 PrintStream과 비교하면 Writer 객체를 매개변수로 포함하고 있는 생성자가 추가된 형태다.

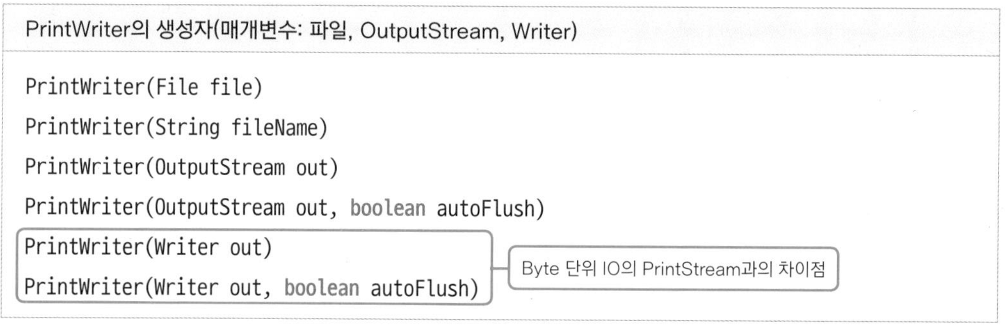

PrintWriter의 생성자에서 주의깊게 살펴볼 사항은 autoFlush이다. autoFlush = true이면 말 그대로 자동으로 flush가 수행되는데, 기본값이 false다. 따라서 만일 자동 flush를 사용하고 싶다면 이 매개변수를 true로 넘겨 줘야 한다. 그런데 자원을 반납하는 close() 메서드가 호출되면 flush()가 자동으로 호출되기 때문에 사용 후 자원을 반납할 때는 이 매개변수를 따로 설정할 필요가 없다. 정리하면 자동 flush를 위해서는 autoFlush = true로 설정하거나 PrintWriter의 자원을 반납해야 한다.

다음은 File 객체, OutputStream, 콘솔(System.out) 그리고 Writer 객체를 매개변수로 PrinterWriter 객체를 생성한 예다.

PrinterWriter 객체를 생성한 예

```
PrintWriter pw1 = new PrintWriter(new File(...)); // File → PrintWriter
PrintWriter pw2 = new PrintWriter(new FileOutputStream (...)); // OutputStream → PrintWriter
PrintWriter pw3 = new PrintWriter(System.out); // Console(System.out) → PrintWriter
PrintWriter pw4 = new PrintWriter(new FileWriter(...)); // Writer → PrintWriter
```

PrintWriter의 대표적인 메서드로는 PrintStream와 동일하게 print(), println(), printf() 메서드를 들 수 있다.

표 19-18 PrintWriter의 메서드

개행 포함	개행 미포함
void println(boolean b)	void print(boolean b)
void println(char c)	void print(char c)
void println(int i)	void print(int i)
void println(long l)	void print(long l)
void println(float f)	void print(float f)
void println(double d)	void print(double d)
void println(String s)	void print(String s)
void println(Object obj)	void print(Object obj)
void println()	PrintWriter printf(String format, Object... args)

출력값 없이 단순히 개행만 수행

연속 호출 가능

printf() 메서드가 PrintWriter 타입을 리턴한다는 점을 제외하면 PrintStream 메서드와 사용법이 완벽하게 동일하기 때문에 여기서 별도로 설명하지 않겠다.
다음 실습은 다양한 객체를 생성자로 전달해 생성한 PrintWriter 객체를 이용해 파일 및 콘솔에 출력하는 예다. 앞의 3가지는 모두 파일로 저장되고, 마지막은 콘솔에 출력될 것이다. 여기서 마지막 콘솔에 출력할 때 자원 반납을 별도로 하지 않으므로 PrintWriter의 두 번째 매개변수에 autoFlush 값으로 true를 입력했다.

Do it! 실습 PrintWriter 객체 생성 및 활용(File, OutputStream, Writer, 콘솔 출력)

PrintWriterExample.java

```java
package sec05_readerwriter.EX07_PrintWriterExample;
import java.io.File;
import java.io.FileOutputStream;
import java.io.FileWriter;
import java.io.IOException;
import java.io.PrintWriter;

public class PrintWriterExample {
    public static void main(String[] args) {
        // 파일 객체 생성
        File printWriter1 = new File("src/sec05_readerwriter/files/printWriter1.txt");
        File printWriter2 = new File("src/sec05_readerwriter/files/printWriter2.txt");
        File printWriter3 = new File("src/sec05_readerwriter/files/printWriter3.txt");
        // 1. PrintWriter(File file)
        try(PrintWriter pw = new PrintWriter(printWriter1);) {
            pw.println("PrintWriter 예제#1");
            pw.println(13);
            pw.println(5.8);
            pw.print("안녕하세요! ");
            pw.println("반갑습니다.");
            pw.printf("%d", 7).printf("%s %f", "감사", 3.7);
        } catch(IOException e) {}
        // 2. PrintWriter(OutputStream os)
        try(PrintWriter pw = new PrintWriter(new FileOutputStream(printWriter2));) {
            pw.println("PrintWriter 예제#2");
            pw.println(13);
            pw.println(5.8);
            pw.print("안녕하세요! ");
            pw.println("반갑습니다.");
            pw.printf("%d", 7).printf("%s %f", "감사", 3.7);
        } catch(IOException e) {}
        // 3. PrintWriter(Writer w)
        try(PrintWriter pw = new PrintWriter(new FileWriter(printWriter3));) {
            pw.println("PrintWriter 예제#3");
            pw.println(13);
            pw.println(5.8);
```

```
            pw.print("안녕하세요! ");
            pw.println("반갑습니다.");
            pw.printf("%d", 7).printf("%s %f", "감사", 3.7);
        } catch(IOException e) {}
        // 4. PrintWriter(System.out)
        PrintWriter pw = new PrintWriter(System.out, true);
        pw.println("PrintWriter 예제#4");
        pw.println(13);
        pw.println(5.8);
        pw.print("안녕하세요! ");
        pw.println("반갑습니다.");
        pw.printf("%d", 7).printf("%s %f", "감사", 3.7);
    }
}
```

자동 flash 설정

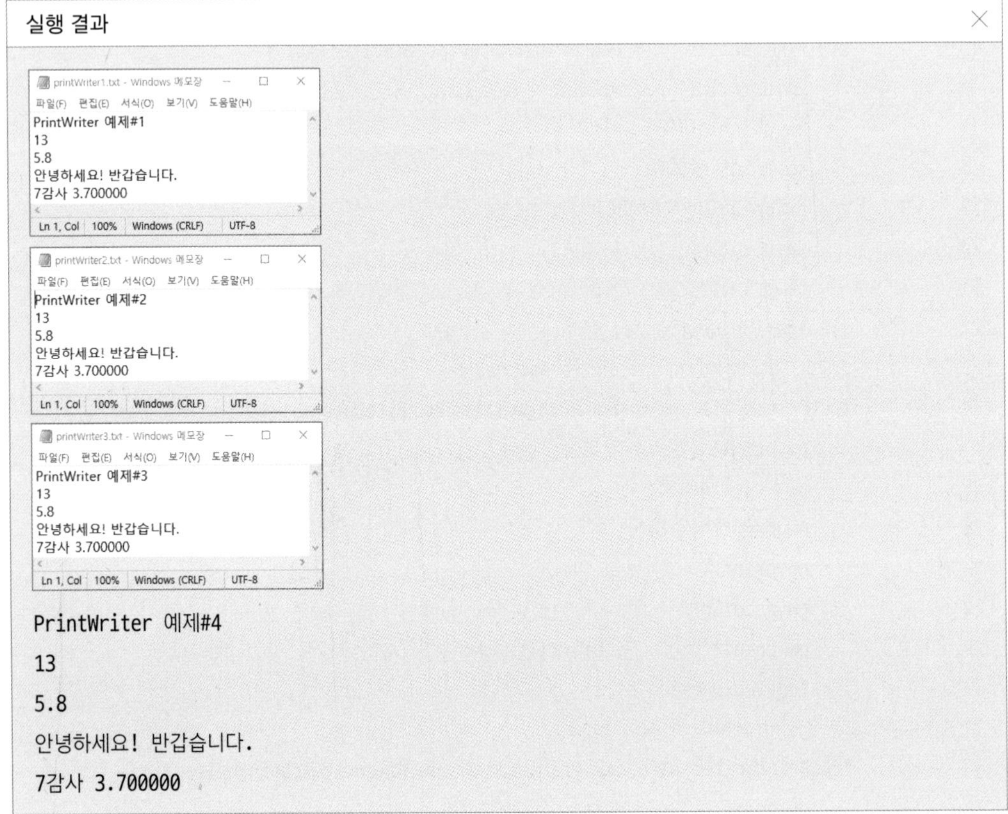

실력 상승! 연습 문제

Q1 파일의 경로를 저장하기 위해 다음과 같이 path1 문자열을 작성했다. 이를 File.separator 파일 구분자를 사용해 동일한 경로를 나타내는 문자열로 표기하시오.

```
String path1 = "D:\\abc\\bcd\\cde.txt";   separator modification
String path2 = 

System.out.println(path1);
System.out.println(path2);
```

실행 결과

```
D:\abc\bcd\cde.txt
D:\abc\bcd\cde.txt
```

Q2 현재의 작업 위치는 E:/work 폴더다. 이때 다음 코드의 실행 결과를 쓰시오.

```
File file = new File("mydata/result.txt");
System.out.println(file.getAbsolutePath());
```

Q3 다음은 영문과 한글이 혼합된 문자열을 MS949와 UTF-8문자셋을 기준으로 byte[]로 변환한 예다. 다음 코드의 실행 결과를 쓰시오(단, 예외 처리는 고려하지 않음).

```
byte[] a = "abc가나다".getBytes("MS949");
byte[] b = "abc가나다".getBytes("UTF-8");

System.out.println(a.length);
System.out.println(b.length);
```

Q4 다음과 같이 영문과 한글이 혼용된 텍스트를 UTF-8로 인코딩한 파일을 현재 작업 폴더 위치에 넣어 뒀다.

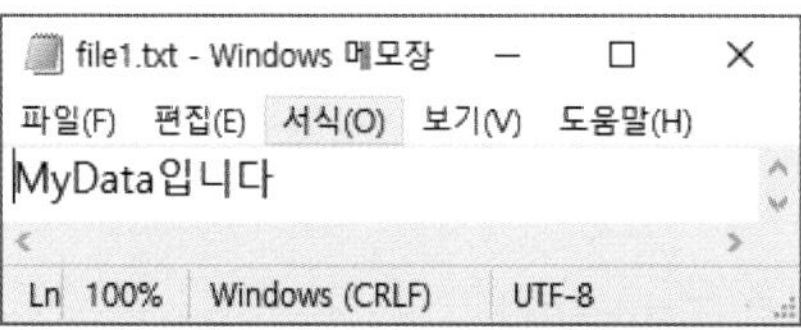

이때 다음과 같이 FileInputStream 객체를 생성하고, read(byte[] b)를 반복적으로 읽어 리턴되는 count 값을 출력했다. 실행 결과를 쓰시오(단, 예외 처리는 고려하지 않음).

```
File file = new File("file1.txt");
InputStream is = new FileInputStream(file);

byte[] byteArray = new byte[6];

int count;
while ((count = is.read(byteArray)) != -1) {
    System.out.println(count);
}
```

Q5 다음은 "안녕하세요" 문자열을 byte[]로 변환한 후 이를 다시 문자열로 변환하는 코드로, 이 과정에서 byte[]의 일부분만을 문자열로 변환했다. 실행 결과가 "하세요"만 나오도록 byte[] → 문자열 변환 코드를 완성하시오(단, 예외 처리는 고려하지 않음).

```
byte[] a = "안녕하세요".getBytes("UTF-8");
String b = 

System.out.println(b); // 하세요
```

Q6 다음은 기본값 문자셋이 UTF-8로 설정돼 있을 때 OutputStream의 write() 메서드와 flush() 메서드를 이용해 콘솔에 "반가워"가 출력되도록 코드를 완성하시오(단, 예외 처리는 고려하지 않음).

```
OutputStream os = System.out;
```

실행 결과

```
반가워
```

Q7 다음은 작업 폴더에 file2.dat 파일을 작성하는 예제다. 이때 속도 향상을 위해 내부 버퍼를 사용하고, 다양한 타입의 값을 파일에 쓸 수 있는 객체를 생성하시오(이때 참조 변수명은 임의로 지정할 수 있으며, 예외 처리를 고려하지 않음).

```
File file = new File("file2.dat");
```

Q8 다음은 PrintStream 객체를 이용해 콘솔에 출력하는 예다. 실행 결과를 쓰시오.

```
try (OutputStream os = System.out;
    PrintStream ps = new PrintStream(os)) {
    ps.print("안녕");
    ps.print("abc" + "방가" + "\n");
    ps.printf("%s ", "땡큐").printf("%f %d", 3.5, 7);
} catch (IOException e) {}
```

Q9 다음은 char 단위의 파일 출력 클래스인 FileWriter를 이용해 각각 영문과 한글을 저장하고 있는 파일을 생성하는 예제다. 기본값 문자셋이 "MS949"일 때 생성되는 2개 파일(file3.txt, file4.txt)의 인코딩 문자셋을 쓰시오(단, 예외 처리는 고려하지 않음).

```
File file3 = new File("file3.txt");
try(Writer writer = new FileWriter(file3)) {
    writer.write("Hi\n".toCharArray());
    writer.flush();
}
File file4 = new File("file4.txt");
try(Writer writer = new FileWriter(file4)) {
    writer.write("반갑습니다\n".toCharArray());
    writer.flush();
}
```

파일명	인코딩 문자셋
file3.txt	
file4.txt	

Q10 다음은 byte 단위로 입력받는 콘솔을 이용해 한글을 입력받아 그대로 출력하는 코드다. 기본값 문자셋이 UTF-8로 설정돼 있을 때 다음과 같이 입력된 한글이 깨짐 없이 출력되도록 코드를 완성하시오(단, 예외 처리는 고려하지 않음).

```
Reader reader = 
int data;
while ((data = reader.read()) != '\r') {
    System.out.print((char) data);
}
```

실행 결과

```
안녕하세요
안녕하세요
```

특별 부록

PDF 전자책

세상의 속도를
따라잡고 싶다면

Do it!

자바 완전 정복

심화 편

부록 1 • 자바 네트워크

부록 2 • 자바 API의 함수형 인터페이스

김동형 지음

PDF 내려받기

부록 1 강의

부록 2 강의

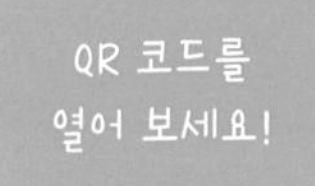

이지스퍼블리싱

한글

Web Programming Course

웹 프로그래밍 코스

웹 기술의 기본은 HTML, CSS, 자바스크립트!
기초 단계를 독파한 후 응용 단계로 넘어가세요!

기초 단계

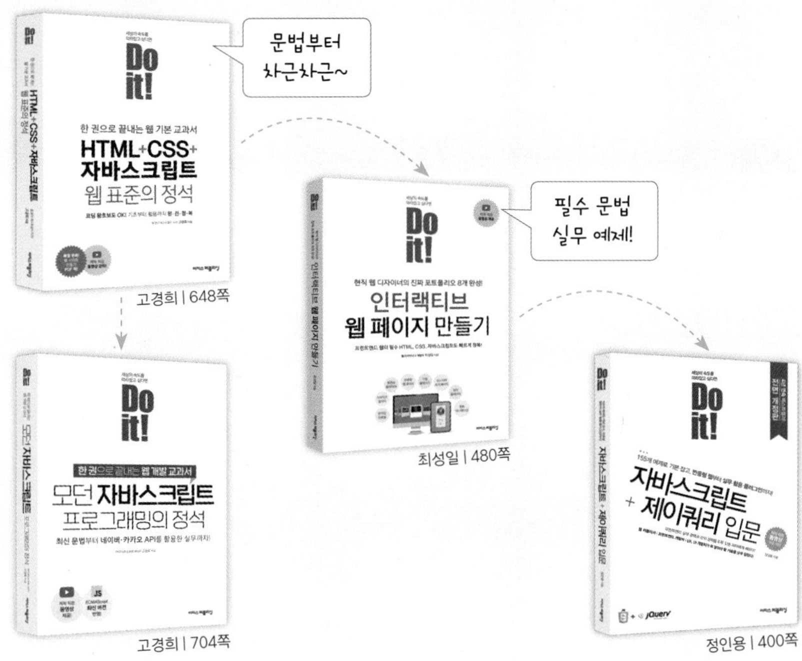

고경희 | 648쪽

최성일 | 480쪽

고경희 | 704쪽

정인용 | 400쪽

응용 단계

김운아 | 344쪽

니꼴라스, 강윤호 | 296쪽

니꼴라스, 김형태 | 248쪽

니꼴라스, 김준혁 | 256쪽

나는 어떤 코스가 적합할까?

A 웹 퍼블리셔가 되고 싶은 사람

- Do it! HTML+CSS+자바스크립트 웹 표준의 정석
- Do it! 인터랙티브 웹 만들기
- Do it! 자바스크립트+제이쿼리 입문
- Do it! 반응형 웹 페이지 만들기
- Do it! 웹 사이트 기획 입문

B 웹 개발자가 되고 싶은 사람

- Do it! HTML+CSS+자바스크립트 웹 표준의 정석
- Do it! 모던 자바스크립트 프로그래밍의 정석
- Do it! 클론 코딩 줌
- Do it! 클론 코딩 영화 평점 웹서비스 만들기
- Do it! 클론 코딩 트위터
- Do it! 리액트 프로그래밍 정석

Application Programming Course

앱 프로그래밍 코스

자바, 코틀린, 스위프트로 시작하는 앱 프로그래밍!
나만의 앱을 만들어 보세요!

기초 단계

김동형 | 856쪽

황영덕 | 680쪽

송호정, 이범근 | 696쪽

정재곤 | 800쪽

강성윤 | 720쪽

강성윤 | 712쪽

응용 단계

조준수 | 500쪽

전예홍 | 856쪽

김응석 | 576쪽

나는 어떤 코스가 적합할까?

A 빠르게 앱을 만들고 싶은 사람

- Do it! 안드로이드 앱 프로그래밍 — 개정 8판
- Do it! 깡샘의 안드로이드 앱 프로그래밍 with 코틀린 — 개정 2판
- Do it! 스위프트로 아이폰 앱 만들기 입문 — 개정 7판
- Do it! 플러터 앱 프로그래밍 — 개정판

B 앱 개발 실력을 더 키우고 싶은 사람

- Do it! 자바 완전 정복
- Do it! 코틀린 프로그래밍
- Do it! 리액트 네이티브 앱 프로그래밍
- Do it! 프로그레시브 웹앱 만들기
- Do it! 깡샘의 플러터&다트 프로그래밍

ㅇ

ㅈ

ㅊ

ㅎ

고쳐 쓴 한국현대사

1판 1쇄 발행 • 1994년 2월 5일
1판 26쇄 발행 • 2005년 4월 15일
2판 1쇄 발행 • 2006년 7월 10일
2판 17쇄 발행 • 2024년 3월 13일

지은이 • 강만길
펴낸이 • 염종선
책임편집 • 권나명
펴낸곳 • (주)창비
등록 • 1986년 8월 5일 제85호
주소 • 10881 경기도 파주시 회동길 184
전화 • 031-955-3333
팩시밀리 • 영업 031-955-3399 편집 031-955-3400
홈페이지 • www.changbi.com
전자우편 • nonfic@changbi.com

ISBN 978-89-364-8232-9 03910

* 책값은 뒤표지에 표시되어 있습니다.